네덜란드 개혁주의 전통에서, 우리는 정기적으로 하이델베르크 요리문답과 관련된 성경 구절을 사용하여 주일마다 한 번씩 1년 동안 설교합니다. 마찬가지로 개혁주의 장로교 전통에서, 우리의 개혁주의 신학의 동역자이자 귀한 믿음의 형제인 신호섭 박사가 웨스트민스터 소요리문답과 관련된 성경 본문을 통해 50개의 그리스도 중심적이며, 복음 중심적이자, 체험적인 설교를 책으로 엮어 냈습니다. 이 책은 그의 강단에서 매주일 선포된 말씀들로서 성경적으로 견고하고 신학적으로 탄탄하며 목회적으로 따뜻합니다. 주님께서 이 귀한 설교들을 사용하셔서 그분의 백성들을 교육하시고 한국과 전 세계의 한국인들 사이에서 그분의 복음을 전파하시기를 소원합니다.

조엘 비키 퓨리턴리폼드 신학대학원 총장

신호섭 박사의 웨스트민스터 소요리문답 강해를 추천하게 되어 영광입니다. 그는 매우 명확하고 매력적인 방식으로 글을 씁니다. 그의 전작인 벨직 신앙고백서 강해에 이어 웨스트민스터 소요리문답을 주해하는 그의 성경적 접근 방식은 여전히 감탄스럽습니다. 과거의 많은 시도들과는 달리 이 책은 단순히 교리문답의 각 교리를 뒷받침하는 '증거 본문'들을 제시하지 않고, 교리문답의 질문과 답변에 관련된 영적 통찰력과 신학적 진리를 이끌어내기 위해 그 문맥적 정황 속에서 인용된 다양한 성경본문들을 주의 깊게 주해합니다. 신 박사는 사려 깊은 성경학자이자 청교도 개혁주의와 장로교 신학에 정통하며 신학교에서 장로교 신학과 목회를 강의하기에 웨스트민스터 소요리문답 강해를 누구보다 가장 정확하게 설교할 수 있습니다. 그럼에도 신 박사는 목회적 마음을 가진 신학자이자 설교자이며, 이는 이 책의 각 장에서 분명하게 드러납니다. 이 책은 하나님의 말씀과 그 신학적 메시지에 대한 독자들의 이해를 풍부하게 하는 한편, 삶 속에서 살아계신 하나님을 경배하며 그리스도인으로 살아가는 삶의 현장에 큰 도전을 줄 탁월한 저작입니다.

필립 입슨 영국 런던신학교 전 학장, 순회 복음설교자, 히브리어와 구약성경 연구교사

유명한 스위스 개혁가 하인리히 불링거(1504-1575)는 더 많은 청중에게 핵심적인 성경 교리를 제시하는 50편의 설교를 출판했습니다. 디케이드(Decades)로 알려진 이 작품은 매우 영향력이 있었고 개혁주의 전통에서 교회를 세우고, 신학과 개인적 신앙을 구축하는 데 큰 도움을 주었습니다. 이제 신호섭 박사도 이와 유사한 내용과 목적을 가진 50편의 설교를 출판했으며 불링거의 노선을 이어가고 있습니다. 웨스트민스터 소요리문답에 대한 50편의 명확하고 주해적이며 목회적이고 교훈적인 설교를 통해 신 박사는 그가 불링거와 일치하는 신학적 노선을 따르고 있음을 보여주었습니다. 신 박사의 이 작품이 큰 영향을 끼치기를 소망하며, 무엇보다도 개혁주의권을 넘어 온 세상의 교회를 건강하게 세우고 신학과 신앙을 견고히 하는데 큰 도움이 되기를 기도합니다.

헤르만 셀더하위스 네덜란드 아펠도른 신학대학원 교수, 국제칼빈학회 회장

참 즐거운 마음입니다. 또 하나의『웨스트민스터 소요리문답 해설서』를 만나는 기쁨이 큽니다.『웨스트민스터 소요리문답』이 1647년에 작성된 이후로 장로교회의 신앙의 기초를 형성하고 근간을 유지하는 데에 실로 커다란 유익을 주었기 때문입니다. 종교개혁 이후로 개신교가 요리문답을 만들어 교인을 교육하기에 얼마나 힘을 쏟았는지를 안다면, 지금 우리가『웨스트민스터 소요리문답 해설서』를 손쉽게 구하여 읽을 수 있다는 것이 얼마나 복된 일인지요! 더욱이 개혁신학에 정통하며 그 의미를 글로 전하는 일에 숙련된 아주 훌륭한 학자이자 목회자에게서 그 해설을 듣는다는 것은 참으로 유익한 일입니다.

신앙을 가질 뿐만 아니라 성장시키는 일에, 그리고 무엇보다도 신앙을 자손에게 계승하는 일에 소요리문답을 익히고 설명하는 능력을 갖추는 것보다 앞서는 일은 없습니다. 우리나라 교회의 여러 양태를 보면서 만일 답답함이나 아쉬움 또는 빈곤함을 경험한 분이라면 이것의 처방은 소요리문답의 해설을 읽는 일을 반드시 포함합니다. 일찍이 칼뱅이 영국 왕 에드워드 6세에게 편지를 보내어 요리문답을 가르치는 일의 중요성을 힘주어 말한 한 대목을 상기하시기 바랍니다. "하나님의 교회는 요리문답이 없이는 결코 보존되지 않을 것입니다. 이것(=요

리문답)은 알곡이 죽지 않도록 보존하고, 그것을 계속해서 번성하게 하는 씨앗과도 같습니다. 이 책을 만난 독자 여러분의 신앙과 교회는 "요리문답이 없이는 결코 보존되지 않을"것입니다. 꼭 소유하여 필독하기를 진심으로 권합니다.

김병훈 나그네교회 담임목사, 합동신학대학원대학교 석좌교수(조직신학)

이 책은 신뢰할 만한 교리 문답에 대한 신뢰할 만한 해설입니다. 웨스트민스터 소요리문답은 신학적 정확성과 간결성에서 이미 검증된 교리문답입니다. 이에 대한 저자의 해설은 단순한 교리적 설명이 아니라 성경 본문을 가지고 풀어낸 것으로 그 깊이와 풍성함이 단연 돋보입니다. 신학대학원에서 역사적 개혁파 신조를 연구하고 가르쳐온 신학자요, 교회 현장에서 교리와 삶의 중요성을 강조해 온 목회자로서의 지식과 경험이 어우러진 작품입니다. 성경의 가르침을 체계적으로, 생동감 있게 배울 수 있는 더없이 좋은 도구라고 생각합니다.

믿음과 행함에 대한 교리를 다루는 이 책은 현재 교회의 상태를 생각할 때 특별한 가치가 있습니다. 오늘날 그리스도인의 삶에 대해 문제를 지적하는 사람은 많습니다. 그렇지만 그 문제의 원인을 제대로 파악하는 사람은 많지 않습니다. 그 해결책을 제시함에 있어 질병은 놔둔 채 증상만을 다루는 경우가 비일비재합니다. 이렇게 된 것은 교리와 삶을 분리하는 경향이 대세로 자리 잡았기 때문입니다. 삶에만 강조점을 두고 정작 교리에 대한 오해와 무관심이 일반적인 추세가 되었습니다. 교리는 지루하고 따분하며, 분열을 조장하며, 성공의 걸림돌이라는 생각이 널리 퍼져 있습니다.

그러나 성경은 교리와 삶을 결코 분리하지 않습니다. 그리스도인다운 삶을 가능하게 하는 것이 성경이 가르치는 교리입니다. 기독교 윤리는 기독교 교리와 별개로 존재할 수 없습니다. J. C. 라일은 이렇게 말했습니다. "저는 뿌리 없이도 기독교 신앙의 열매를 가질 수 있고, 기독교의 교리를 모르고도 그리스도인의 성품을 가질 수 있으며, 마음에 역사하는 은혜 없이도 기독교의 사랑을 가질 수 있으리라고 기대하는 모든 근거 없는 낙관과 기대를 단호히 거부합니다. … 바른 교리와 가르침 없이는 거룩한 삶도 있을 수 없습니다. 하나님이 하나로 하신 것을 나누어 보려고 하는 것은 모두 부질없는 짓입니다." 이 책을 읽고 생각하십시오. 여러분이 거룩한 삶의 뿌리를 깊이 내리도록 도울 것입니다.

도지원 예수비전교회 담임목사

현장에서는 참으로 절실했던 이런 책을 여태 못 만난 것이 애석했는데, 이제라도 손에 쥐었으니 얼마나 반갑고 감사한지 모릅니다. 중요한 줄 알지만 부담스러웠고, 제대로 모르는 것 같아서 아예 시작도 못하는 것이 교리교육입니다. 그런 탓인지 주변을 둘러보면 교리교육 부재의 대가는 이미 충분히 혹독합니다. 이단의 공세에 속수무책으로 당하고, 풍요로운 신학 용어는 난해한 코드가 되었고, 뼈대 없는 설교는 듣는 즉시 휘발되는 감각적인 선동으로 전락했고, 신앙의 유산이라는 말은 내용 없는 공허한 레토릭이 되었습니다. 교리 없는 교회는 흐물거리는 아메바 신앙만 양산할 뿐 자기 자신을 정의하지 못하고 내 바깥을 해석할 문법도 갖추지 못한 정체 불명의 집단이 되어 가고 있습니다. 더는 미룰 수 없고 뭐라도 해야 할 것 같을 때, 이 책은 우리에게 교리교육을 시작할 엄두를 낼 수 있게 하는 친절한 안내서로 손색이 없습니다. 군더더기 없는 진술은 저자가 얼마나 자기가 할 말을 잘 알고 있는지를 유감없이 보여주며, 본문이 주는 감동은 자기 고백에 확신 있는 사람만이 나눠줄 수 있는 선물입니다. 저자는 늘 그랬습니다.

박대영 광주소명교회 책임목사, 〈묵상과 설교〉 책임편집

오늘날 교회 안에는 바른 진리 위에 견고히 선 교회와 성도들도 있지만, 두 극단의 치우침 또한 있습니다. 하나는 성경의 진리 체계, 곧 교리를 알지 못함으로 인해 신앙과 삶의 혼란을 겪는 것이고, 다른 하나는 교리를 알되 사변적이고 생기가 없는 죽은 정통주의를 답습하는 것입니다. 그런 현실 속에서 성도들을 바르게 잘 이끄는 길이 있다면, 성경을 체계화한 교리를 가르쳐 그것을 신앙과 삶에 준칙으로 삼도록 하는 것입니다. 바로 그것에 큰 도움이 될 교리 문답들이 있는데, 그중 하나가 지금으로부터 약 350년 전에 작성된 웨스트민스터 소요리문

답(WSC, Westminster Shorter Catechism)입니다. 이것은 성경을 체계적으로 배울 수 있도록 문답의 형식을 취하여 지금까지 교회와 가정에서 긴히 활용되어 왔습니다. 신호섭 목사님은 그런 소요리문답을 가르치는 것이 교회를 건강하고 튼튼하게 세우는 일임을 알고, 그것을 매우 풍성하게 강론하고는 마침내 책으로 엮어냈습니다.

저는 이 강론집의 명쾌한 설명을 읽으면서 다음 장에는 어떤 강론이 진행될지 이어 읽고 싶을 정도로 기대감을 갖게 되었습니다. 분명 이 책을 손에 들고 읽는 독자들도 비슷한 경험을 할 것이라고 믿습니다. 바라기는 많은 교회와 가정에서 이 책을 함께 읽고 나누며 공부함으로써 풍성한 영적 유익을 얻었으면 합니다. 또한 앞서 말한 두 극단이 있는 오늘날의 현실에서 교회 안의 사람들이 이 책을 통해 견고한 신앙과 삶을 세우고 흔들리지 않을 뿐 아니라 소요리문답 1문 1답 즉, 하나님을 영화롭게 하고 그를 영원토록 즐거워하는 신앙과 삶을 실제적으로 갖는 것을 보기를 소망합니다. 이 책이 그런 도구가 되리라고 확신하며 기쁨으로 추천합니다.

박순용 하늘영광교회 담임목사

그리스도인으로서 우리가 제대로 살아가고 있는지 묻는다면 어디에서 그 답을 찾을 수 있을까요? 다름 아닌 성경입니다. 하나님의 살아있는 계시의 말씀인 성경이야말로 우리가 반드시 살피고 따라가야 할 믿음의 이정표입니다. 그 안에 하나님이 우리에게 말씀하시려는 모든 진리가 담겨 있습니다. 주님이 다시 오시는 날까지 우리를 거룩함과 영광으로 이끌어줄 모든 자원이 가득합니다.

감사하게도, 우리의 믿음의 선배들이 방대한 분량의 성경을 요약하여 쉽게 가르치고 차근차근히 배울 수 있도록 정리해 놓았습니다. 그 가운데 하나인 웨스트민스터 소요리문답 해설서가 이번에 신호섭 교수님에 의해 출간되어 기쁘기 그지없습니다. 교회에서든, 가정에서든, 일터에서든 늘 성경과 더불어 이 책을 가까이 두십시오. 크고 작은 삶의 순간마다 하나님의 뜻이 무엇인지 배우고 순종할 수 있도록 우리에게 큰 도움이 되어줄 것입니다.

무엇보다 소요리문답의 주제가 하나님의 영광으로 시작하여 영광으로 일관되게 마무리한다는 점을 잊지 마십시오. 그것이 곧 우리가 이 땅에서 살아가는 동안 흔들림 없이 추구해야 하는 결승선이기 때문입니다. 믿음을 키우고 삶에서 그리스도인으로 바로 설 뿐 아니라 진리의 수호자로서도 교회를 건강하게 지켜가는 일에 하나님께서 이 책을 귀하게 사용하실 것을 기대합니다. 특별히 교리를 해설하는 일에 도움 자료를 구하는 설교자들에게도 이 책을 기쁘게 추천합니다.

이찬수 분당우리교회 담임목사

15년 전 소요리문답을 성도들에게 해설할 때만 하더라도 참고할 만한 서적이 없었습니다. 과거 한국 교회는 그만큼 교리 교육의 불모지였습니다. 그러나 세월이 흘러 소요리문답 해설을 비롯한 여러 요리문답서와 교리서의 해설집들이 연이어 출간되면서 교리 교육에 깊은 관심을 가진 많은 성도들과 목회자들이 귀한 도움을 얻게 된 일은 매우 고무적인 일이라 하겠습니다. 이런 상황에서 개혁과 정통주의 신학과 청교도 사상에 대한 남다른 지식과 애정으로 목회 사역과 후학 양성에 애쓰고 계신, 조직신학과 실천신학에 정통한 신호섭 교수님의 소요리문답 해설을 독자에게 추천하게 된 것을 영광으로 생각합니다.

신 교수님의 성경을 토대로 한 깊이 있는 교리의 해설은 이미 벨직 신앙고백서를 통해 우리가 충분히 그 진수를 맛본 바 있습니다. 이어 출간되는 이 소요리문답 해설은 철저하게 성경중심으로 그리고 신본주의에 입각한 해설을 통해 인본주의적 사상에 오염된 이 시대에 물들지 않은 신앙의 핵심교리들을 잘 정돈해 놓았으며, 이를 통해 모든 올바른 교리는 곧 성경임을 다시 한 번 깊이 인식할 수 있는 계기를 마련해 주고 있습니다. 칼뱅의 기독교 강요와 헤르만 바빙크의 개혁교의학 내에서 필요한 부분들을 발췌 및 인용하여 이해를 돕는 부분 또한 수평적으로 교리의 내용을 확대해서 이해하는 데 충분한 도움을 주고 있습니다.

특히 소요리문답의 문항들을 묶어 해설하면서 〈나눔 질문〉의 내용을 각 장마다 포함하고 있어 교회에서 새신자들을 위한 학습교재로 활용하는 데 조금도 손색이 없습니다. 이미 소요리문답에 관련한 해설서들은 여러 권 출간되어 있습니다. 다만 이 책은 가벼운 일상적 삶의 적용에 치중하지 않고 성경 신학적이고 청교도적이며 신학자답게 더 치밀하게 요리문답의 해설과 그 설명에 강조점을 둔다는 점에서 독보적이며 차별성이 있다고 하겠습니다. 교리를 설교하고 교육하는 일은 결코 한줄기 바람처럼 지나가는 유행이 되어서는 안 됩니다. 세대와 세대를 뛰어넘어 주께서 다시 오실 때까지 계속되어야 합니다. 올바른 신앙교육의 흔들림 없는 토대가 마련되도록 수고해야 합니다. 다시 시들해지고 있는 한국 교회의 교리 교육의 현장에 불쏘시개의 역할을 하는 귀한 저서가 되기를 기도하고 응원합니다.

이홍수 서교장로교회 담임목사

변화하는 시대 가운데 신앙의 본질에서 이탈한 교인이 적지 않습니다. 팬데믹 이후로 신앙의 형태가 다변화하면서 공적 예배나 성도 간 교제를 가볍게 생각하는 교인도 있습니다. 이렇게 신앙의 기초가 흔들리다 보니 세상의 가치관이나 이단의 유혹에 쉽게 휩쓸립니다. 그러므로 교리를 가르치고 설교하는 일의 필요성은 그 어느 때보다 절실합니다.

이 책, '영광에서 영광으로'는 교리 설교의 필요성을 느끼지만, 선뜻 시작하지 못하는 설교자들에게 꼭 필요한 도구입니다. '영광에서 영광으로'의 가장 도드라진 특징은 책에 담긴 모든 설교의 본문이 웨스트민스터 소요리문답 자체가 아니라는 점입니다. 이 책이 분명 웨스트민스터 소요리문답 강해서임에도 불구하고, '영광에서 영광으로'에 수록된 모든 설교는 성경에서부터 출발합니다. 지난 세기, 위대한 설교자였던 마틴 로이드 존스는 성경 대신 교리서를 본문으로 삼아 설교하는 것을 반대하면서 다음과 같이 말했습니다. "설교 메시지는 언제나 성경에서 직접 나와야지 아무리 훌륭한 인간이라도 인간이 만든 공식에서 나오면 안 되기 때문입니다." '영광에서 영광으로'는 로이드 존스의 바로 이 확신을 구현하고 있다고 해도 과언이 아닙니다. 성경이 여기 수록된 모든 설교의 기초입니다. '영광에서 영광으로'는 교리서를 본문 삼아서 설교하기가 꺼려졌던 설교자들, 성경 본문을 근거로 교리를 설교하고 싶은 설교자들에게 확실한 길잡이가 될 것입니다.

그리고 '영광에서 영광으로'는 복잡하게 느껴질 수 있는 교리적 내용을 간결하고 이해하기 쉽게 풀어내고 있습니다. 아마, 저자 신호섭 목사님이 신학대학원에서 교리를 가르치는 학자이기만 한 것이 아니라 오랜 기간 목회 현장에서 실제 교리 설교를 해 온 목회자이기 때문인 듯합니다. 청중이 듣고 이해하기 쉬운 설교는 학자의 연구실에서보다는 지역 교회의 목양실에서 나오기 마련입니다. 특히 이 책은 실제 저자가 목회하는 올곧은교회에서 두 차례에 걸쳐 진행한 웨스트민스터 소요리문답 설교에 근거하고 있습니다. 그러므로 이 책에 담긴 모든 설교는 임상실험을 통과한 신약과 같이 교인들의 눈높이에 이미 맞춰진 교리 설교입니다. '영광에서 영광으로'는 교리 설교가 우리 교회 교인들에게 혹시 어렵지는 않을까 싶어 교리 설교를 망설였던 설교자에게 유용한 자료가 되리라 확신합니다.

조광현 고려신학대학원 설교학 교수

영광에서 영광으로
웨스트민스터 소요리문답 강해

인간의 존재 목적을 가장 선명하게 보여주는
역사적 개혁교회의 교리문답서

THE
WESTMINSTER
SHORTER
CATECHISM

웨스트민스터 소요리문답 강해

· 영광에서 영광으로 ·

신호섭

좋은씨앗

서문

웨스트민스터 소요리문답(WSC: Westminster Shorter Catechism)은 1643년 7월 1일부터 1649년 2월 22일까지 영국 웨스트민스터에서 열린 총회 기간에 만들어진 어린이의 신앙교육을 위한 장로교회의 교리 문답서입니다. 이것을 소요리문답(Shorter Catechism)이라 부르는 이유는 대요리문답(Larger Catechism)보다 작기 때문이며, 문답서(Catechism)라 부르는 이유는 질문하고 답하는 형식의 교리교육서이기 때문입니다. 1643년 7월 1일에 영국 의회가 발의하고 런던에서 열린 웨스트민스터 총회의 주된 목적은 당시 영국국교회의 39개 신앙조항을 개정하고, 영국과 스코틀랜드 모든 교회가 공히 사용할 수 있는 신앙고백서와 교리와 예배모범과 교회정치를 만드는 것이었습니다. 약 5년 8개월에 걸친 총회가 모든 임무를 완수하고 종료하기까지, 151명의 신학자와 목회자들이 참여했으며 오전부터 오후까지 무려 1,163차례에 걸친 공식 회의가 열렸습니다.

그 결과로 만들어진 것이 오늘날 장로교회의 신앙고백인 웨스트민스터 신앙고백서(Westminster Confession of Faith)와 대요리문답 및 소요리문답 등입니다. 웨스트민스터 신앙고백서는 이후 교파를 초월하여 회중교회의 신앙고백서인 사보이선언(1658년)과 침례교 신앙고백서인 제2차 런던 신앙고백서(1689년) 등에 지대한 영향을 끼쳤습니다. 우리나라의 대한예수교 장로회는 1907년 총회 시에 웨스트민스터 신앙고백서를 장로교회의 신앙고백서로 채택했습니다. 당시 회의록에 기록된 내용은 다음과 같습니다. "웨스트민스터 신앙고백서와 성경 대요리문답, 소요리문답은 성경을 밝히 해석한 책으로 인정한 것인즉, 우리 교회와 신학교에서 마땅히 가르칠 것으로 알며, 그 중에 성경 교리문답은 우리 교회 문답책으로 채용하는 것이다." 그리고 이 총회의 결의사항은 지금까지 한 번도 수정된 적이 없습니다.

한국 교회의 장로교 헌법은 교리표준과 관리표준으로 구성되어 있는데 관리표준이란 교회를 어떻게 정치하고 관리할 것인가에 대한 지침입니다. 그 지침 앞에 먼저 나오는 것이 교리표준입니다. 그리고 그 교리표준은 웨스트민스터 신앙고백서 및 대소요리문답 전문입니다. 그렇다면 장로교회는 성경을 밝히 해설한 웨스트민스터 신앙고백서와 교리문답서에 따라 성도를 교육하고 교회를 관리하고 정치하고 치리해야 한다는 것을 뜻합니다. 그러므로 적어도 장로교단에 속한 모든 교회는 교파를 초월해 영적 유익을 끼치는 웨스트민스터 신앙고백서와 대소요리문답을 마땅히 가르쳐야 합니다. 이것은 선택사항이 아니라 필수사항입니다.

신앙고백은 우리가 믿는 바를 요약한 것이고 교리문답은 성경이 가르치는 긴요한 교훈들을 요약한 것입니다. 우리는 이 모든 것을 합쳐 신조, 즉 믿음의 조항이라고 부릅니다. 그렇다면 교리란 무엇입니까? 교리란 신구약 성경의 가르침의 총체를 교회가 요약한 것입니다. 교회가 정리하고 요약해 놓은 신앙고백과 교리문답, 즉 신조는 신자의 믿음을 증진시킬 뿐 아니라 오류를 바로잡고 이단의 공격에 맞서 진리를 수호하고 교회를 건강하게 지켜내는 중대한 역할을 합니다.

나아가 성경을 좀 더 정확하게 읽고 바르게 해석하는 데 도움이 될 뿐 아니라 거짓된 교훈과 부패한 생활을 막아주는 공적 표준으로서의 방패가 됩니다. 신조가 없이는 신앙과 생활의 순결을 지켜나감에 있어 치명적인 약점을 안게 되며, 이단이나 거짓 교사들의 공격에 취약해지는 위험이 따릅니다.

웨스트민스터 신학자들은 이런 신앙고백과 교리의 중요성을 간파하고 성인과 어린이 모두를 위한 신앙교육교재를 만들었습니다. 웨스트민스터 소요리문답은 어린이의 교육을 위한 교재이고, 대요리문답은 목회자 후보생인 신학생과 성인의 교육을 위한 교재입니다. 이 가운데 소요리문답은 장로교회의 교리문답서이기는 하지만 그 신학적 깊이와 간결성으로 인해 교파를 초월하여 모든 교회와 성도들에게 사랑받는 교리문답서로 자리매김하고 있습니다. 이 책을 통해 우리가 공부할 소요리문답은 1번을 하나님의 영광으로 시작해서 107번을 하나님의 영광으로 마칩니다. 말하자면, 대요리문답과 마찬가지로 소요리문답도 하나님의 영광으로 시작해서 하나님의 영광으로 진행하며 하나님의 영광으로 끝납니다. 이런 의미에서 소요리문답은 '하나님의 영광'에 관한 책입니다.

우리는 어떻게 하나님께 영광을 돌릴 수 있습니까? 믿음과 행함으로 그렇게 할 수 있습니다. 소요리문답은 바울서신의 구조를 따라 구성되었는데, 전반부는 하나님에 관하여 무엇을 믿을 것인지에 대한 내용을 (4-38문답), 후반부는 하나님이 인간에게 요구하시는 의무가 무엇인지에 대한 내용을(39-107문답) 다룹니다. 사람은 믿음과 행함으로 하나님께 영광을 돌립니다. 소요리문답은 이런 의미에서 하나님에 관한 믿음과 하나님을 향한 행함, 하나님에 관한 교리와 하나님을 위한 윤리를 다룹니다.

소요리문답은 이것을 초등학생이 이해할 수 있도록 간결하게 진술하되 신학자도 깊이 고민해야 할 만큼 심오하게 진술해 놓았습니다.

그러나 이런 명성에도 불구하고 한국 교회 내에서 소요리문답 교육의 상황은 낙관적이지 않습니다. 저는 25년 전부터 교회 현장에서 오랫동안 소요리문답을 강의해 왔습니다. 20여 년 전, 장로, 집사, 권사 피택자들이 참석한 어느 직분자 교육에서 교리와 소요리문답을 강의할 기회가 있었습니다. 그때 참석자들에게 소요리문답이 어떤 책인지 알고 있는지를 물었습니다. 놀랍게도 많은 분들이 들어본 적조차 없다고 했습니다. 그 가운데 어떤 분은 "소요리문답이 혹시 소로 요리하는 책이냐?"고 되물었던 기억이 생생합니다. 호기심이 발동한 저는 "그러면 대요리문답은 무엇이냐?"고 물었는데 그분이 "그건 큰 요리를 하는 책 같다"고 대답했습니다. 믿기 힘들겠지만 실제 있었던 일입니다. 이 에피소드는 당시 한국의 장로교회와 성도들의 형편을 잘 보여주는 것이라 하겠습니다. 성도들은 무늬만 장로교일 뿐 장로교 신학과 교리에 대한 이해가 전혀 없었습니다. 그때부터 저는 부지런히 교리를 가르쳐 왔습니다. 신학교를 다닐 때는 소요리문답 학생교재를 만들기도 했고, 소요리문답 교단 공과를 집필하기도 했습니다. 그 후로 꾸준히 역사적 개혁파 신조에 대한 연구를 진행했고 고려신학대학원에서는 웨스트민스터 신앙고백서와 벨직 신앙고백서를 필두로 개혁주의 장로교회의 신학을 가르쳐 왔으며, 하나님 말씀과 교리의 토대 위에 교회다운 교회를 건강하게 세우는 일에 힘써 왔습니다.

이 강해는 제가 올곧은교회를 목회하는 동안 완성되었습니다. 2016년과 2023년 이렇게 두 차례에 걸쳐 진행한 소요리문답 교리 설교에 기초하고 있습니다. 저는 신조와 신앙고백서가 교회를 튼튼하고 건강하게 세우는 최고의 규범이라 믿습니다. 또한 목사의 모든 설교가 필연적으로 교리적이어야 한다고 믿습니다. 코비드19라는 팬데믹 시대를 통과하면서 한국 교회는 성도가 예배당에 함께 모여 드리는 예배 금지라는 초유의 사태를 경험했으며, 수많은 교회들이 모임과 교제에 어려움을 겪었습니다. 팬데믹이 끝났음에도 교회마다 30-40퍼센트에 달하는 교인들이 여전히 출석하지 않고 있다는 통계가 있습니다. 이는 그동안 한국 교회가 튼튼하지 않았다는 방증이기도 합니다. 한국 교회는 다시 말씀과 교리로 돌아가야 합니다.

예배당에 사람들을 가득 채우는 것이 능사가 아닙니다. 밀도 있는 튼튼하고 건강한 교회를 세워야 합니다. 밀도란 어떤 물질의 단위 부피만큼의 질량을 뜻하는 물리학 용어입니다. 예를 들면, 스펀지는 부피에 비해 질량이 적습니다. 반면 금속은 부피에 비해 질량이 크고 무겁습니다. 교회에 아무리 많은 사람이 모인다 할지라도 밀도가 낮으면 영적으로 허약합니다. 그러나 숫자가 적다 할지라도 밀도 높은 교회는 튼튼하고 건강합니다. 그 밀도는 수많은 행사나 분주한 모임이 아니라 교회와 성도들이 하나님의 말씀과 그 말씀이 가르치는 교리에 천착할 때 높아집니다.

웨스트민스터 소요리문답 강해가 성도들을 교리로 잘 양육하여 밀도 있는 튼튼하고 건강한 교회를 세우는 일에 큰 유익이 되기를 기대합니다. 성경을 읽고 바르게 해석하기를 기대하며 성경이 가르치는 교리를 제대로 배우기 원하는 신자들, 그 교리를 효과적으로 가르치려는 사역자들, 특별히 성경을 교리적으로 전하려는 설교자들에게 본서가 큰 도움이 되기를 소망합니다.

웨스트민스터 소요리문답 강해는 저자가 2019년 『벨직 신앙고백서 강해』를 집필한 데 이은 역사적 개혁파 신조에 관한 두 번째 작품입니다.

이 강해에 기초가 되는 소요리문답 교리 설교를 두 차례 들으면서 오직 겸손히 말씀만을 사모하며 저자의 설교를 위해 기도하고 지지해 주신 올곧은교회 모든 성도들과 가족들에게 감사의 말씀을 드립니다. 방대한 내용을 독자들이 읽기 쉽도록 깔끔하게 편집해 주신 좋은씨앗 출판사에도 감사드립니다. 매우 바쁘신 중에도 번역 원고를 읽으시고 벨직 신앙고백서 강해에 이어 이번에도 기꺼이 추천의 글을 써주신 조엘 비키, 필립 입슨, 헤르만 셀더하위스 박사님들께 감사드립니다. 또한 저자의 책 출간을 진심으로 기뻐하며 추천해 주신 도지원, 박대영, 박순용, 이찬수, 이흥수 목사님과 김병훈 조광현 교수님께도 감사드립니다. 아울러 개혁주의 신학에 기초한 저자의 책의 출간을 위해 항상 기도하고 후원해 주시는 귀한 한 분에게 감사의 말씀을 전합니다.

끝으로 이 책의 제목을 『영광에서 영광으로』로 정했습니다. 소요리문답이 하나님의 영광으로 시작해서 하나님의 영광으로 마치기 때문입니다. 이 책의 출간에 따른 모든 영광을 하나님께 돌리면서 이 책을 통해 조국 교회에 하나님의 영광이 더 높고 더 넓고 더 깊게 드러나기를 기도하고 소망합니다.

2024년 눈부신 5월
행신동 올곧은교회 목양실에서
신호섭 목사

차례

추천사 · 001
서문 · 012
웨스트민스터 소요리문답 · 023

1부　사람이 반드시 믿어야 할 것
1. 개혁주의 신앙과 교리 · 053
2. 사람의 제일 되는 존재 목적(1문) · 065
3. 믿음과 행함의 유일한 법칙(2-3문) · 079

2부　유일하신 하나님
4. 하나님은 영이시니(4문) · 095
5. 오직 한 분이신 하나님(5문) · 108
6. 성부 성자 성령이신 하나님(6문) · 119
7. 하나님의 작정과 섭리(7-12문) · 133

3부　인간의 타락과 그리스도
8. 한 사람 아담, 한 분 그리스도(13-16문) · 149
9. 타락한 인간의 본성과 비참함(17-19문) · 160
10. 은혜의 언약(20-22문) · 170

11. 그리스도의 직무와 선지자직(23-24문)·183

12. 그리스도의 제사장직(25문)·195

13. 그리스도의 왕직(26문)·208

14. 그리스도의 마음을 품자-비하와 승귀(27-28문)·218

4부   구원과 죽음 그리고 부활

15. 거룩하신 부르심-소명(29-32문)·231

16. 우리를 의롭다 하시는 하나님-칭의와 양자(33-34문)·245

17. 우리를 거룩하게 하시는 하나님-성화(35문)·262

18. 칭의 양자 성화 교리가 주는 유익(36문)·273

19. 신자의 죽음이 주는 유익(37문)·286

20. 신자의 부활이 주는 유익(38문)·296

5부   사람이 반드시 행해야 할 것

21. 하나님이 사람에게 요구하시는 의무(39-44문)·309

22. 제1계명-내 앞에 다른 신을 두지 말라(45-48문)·321

23. 제2계명-우상을 만들지 말라(49-52문)·333

24. 제3계명-하나님의 이름을 망령되게 부르지 말라(53-56문)·345

25. 제4계명-안식일을 기억하여 거룩히 지키라(57-62문)·356

26. 제5계명-네 부모를 공경하라(63-66문) · **369**

27. 제6계명-살인하지 말라(67-69문) · **381**

28. 제7계명-간음하지 말라(70-72문) · **392**

29. 제8계명-도둑질하지 말라(73-75문) · **403**

30. 제9계명-거짓 증거하지 말라(76-78문) · **413**

31. 제10계명-네 이웃의 집을 탐내지 말라(79-81문) · **423**

32. 율법의 의, 믿음의 의(82문) · **432**

33. 더 중한 죄와 심판(83-84문) · **442**

6부   은혜를 받으려면

34. 실족하지 않으려면-은혜의 방편들(85문) · **455**

35. 의인은 오직 믿음으로(86문) · **467**

36. 생명에 이르는 회개(87문) · **477**

37. 은혜의 방편-하나님의 말씀 선포(88-90문) · **488**

38. 은혜의 방편-성례(91-93문) · **501**

39. 은혜의 방편-세례(94-95문) · **512**

40. 은혜의 방편-성찬(96-97문) · **525**

41. 은혜의 방편-기도(98문) · **534**

7부　하늘에 닿는 기도

42. 주기도문-기도의 표준과 법칙(99문) · **547**

43. 서문-하늘에 계신 우리 아버지(100문) · **559**

44. 첫째 간구 – 이름이 거룩히 여김을 받으시오며(101문) · **569**

45. 둘째 간구 – 나라가 임하시오며(102문) · **578**

46. 셋째 간구 – 뜻이 이루어지이다(103문) · **590**

47. 넷째 간구 – 일용할 양식을 주시옵고(104문) · **604**

48. 다섯째 간구 – 우리 죄를 사하여 주시옵고(105문) · **616**

49. 여섯째 간구 – 다만 악에서 구하시옵소서(106문) · **627**

50. 결론 – 나라와 권세와 영광이 아버지께 영원히(107문) · **639**

웨스트민스터 소요리문답

The Westminster Shorter Catechism

* 이 책에 실린 웨스트민스터 소요리문답 본문은 저자가 직접 번역한 것이므로, 무단 전제와 무단 복제를 금합니다.

웨스트민스터 소요리문답

문 1. 사람의 제일 되는 목적은 무엇입니까?
　　답. 사람의 제일 되는 목적은 하나님께 영광을 돌리고,[1] 그를 영원토록 즐거워하는 것입니다.[2]

문 2. 하나님이 어떤 법칙을 주셔서 우리가 하나님께 영광을 돌리고 그를 즐거워하도록 지도하셨습니까?
　　답. 구약과 신약 성경에 기록된 하나님의 말씀만이[1] 우리가 하나님께 영광을 돌리고 하나님을 즐거워하도록 지도하시기 위해 주신 유일한 법칙입니다.[2]

문 3. 성경이 주요하게 가르치는 것은 무엇입니까?
　　답. 성경은 하나님에 관하여 믿어야 할 것이 무엇인지, 그리고 하나님이 사람에게 요구하시는 의무가 무엇인지를 주요하게 가르칩니다.[1]

---

[1] 1. 고전 10:31; 롬 11:36; 2. 시 73:25-28
[2] 1. 딤후 3:16; 엡 2:20; 2. 요일 1:3-4
[3] 1. 딤후 1:13; 3:16

문 4. 하나님은 누구십니까?

    답. 하나님은 영이시며,[1] 그 존재와[2] 지혜와[3] 권능과[4] 거룩하심과[5] 공의로우심과 선하심과 진실하심에 있어[6] 무한하시고[7] 영원하시며[8] 불변하시는[9] 분이십니다.

문 5. 하나 이상의 더 많은 신이 있습니까?

    답. 오직 살아 계시고 참되신 한 분 하나님만 계십니다.[1]

문 6. 하나님의 신격에는 몇 위가 계십니까?

    답. 하나님의 신격에는 삼위가 계십니다. 그 삼위는 곧 성부와 성자와 성령이십니다. 이 삼위는 한 하나님이시며, 본체가 같고 권세와 영광에 있어 동등하십니다.[1]

문 7. 하나님의 작정들은 무엇입니까?

    답. 하나님의 작정들은 자신의 영광을 위해 발생할 모든 일을 미리 정하신 그의 뜻의 경륜에 따른 하나님의 영원하신 목적입니다.[1]

문 8. 하나님은 그분의 작정들을 어떻게 시행하십니까?

    답. 하나님은 그분의 작정들을 창조와 섭리의 사역을 통해 시행하십니다.

---

[4] 1. 요 4:24; 2. 출 3:14; 3. 시 147:5; 4. 계 4:8; 5. 계 15:4; 6. 출 34:6-7; 7. 욥 11:7-9; 8. 시 90:2; 9. 약 1:17

[5] 1. 신 6:4; 렘 10:10

[6] 1. 요 5:7; 마 28:19

[7] 1. 엡 1:4, 11; 롬 9:22-23

문 9. 창조의 사역은 무엇입니까?

    답. 창조의 사역은 하나님이 그분의 권능의 말씀으로 엿새 동안 아무것도 없는 상태에서 모든 것을 만드신 것이며, 그 모든 것은 매우 좋았습니다.[1]

문 10. 하나님은 사람을 어떻게 창조하셨습니까?

    답. 하나님은 사람을 그분의 형상을 따라 지식과 의와 거룩을 지닌 남자와 여자로 창조하셨고 다른 피조물들을 다스리게 하셨습니다.[1]

문 11. 하나님의 섭리의 사역이란 무엇입니까?

    답. 하나님의 섭리의 사역이란 그분의 모든 피조물들과 그 피조물들의 모든 행위를 향한 지극히 거룩하시고[1] 지혜로우시며[2] 강력하신 하나님의 보존하심과[3] 통치하심입니다.[4]

문 12. 사람이 창조 받은 상태에 있을 때 하나님이 사람을 향해 행하신 섭리의 특별한 행위는 무엇입니까?

    답. 하나님이 사람을 창조하셨을 때, 선과 악을 알게 하는 나무의 열매를 먹는 일을 죽음이라는 형벌 하에 금하심으로 완전한 순종을 조건으로 그와 생명의 언약을 맺으셨습니다.[1]

문 13. 우리의 첫 부모는 그들이 창조 받은 상태 그대로 있었습니까?

    답. 우리의 첫 부모는 그들 자신의 의지의 자유를 통해 하나님을 대적하여 범죄함으로 그들이 지음 받은 상태로부터 타락했습니다.[1]

---

[9] 1. 창 1; 히 11:3
[10] 1. 창 1:26-28; 골 3:10; 엡 4:24
[11] 1. 시 145:7; 2. 시 104:24; 사 28:29; 3. 히 1:3; 4. 시 103:19; 마 10:29-31
[12] 1. 갈 3:12; 창 2:17
[13] 1. 창 3:6-8, 13; 전 7:29

문 14. 죄는 무엇입니까?

    답. 죄는 하나님의 계명에 관한 그 어떤 부족이나 그것을 어기는 것입니다.[1]

문 15. 우리의 첫 부모가 창조 받은 상태에서 타락하게 된 죄는 무엇입니까?

    답. 우리의 첫 부모가 창조 받은 상태에서 타락하게 된 죄는 하나님이 금하신 열매를 먹은 것입니다.[1]

문 16. 온 인류가 아담의 첫 범죄를 통해 타락했습니까?

    답. 아담과 맺은 언약은 다만 아담 자신만을 위한 것이 아니라 그의 후손과도 맺은 것입니다. 따라서 보통 출생법으로 아담에게서 출생한 모든 인류는 아담의 첫 범죄를 통해 아담 안에서 아담과 함께 죄를 짓고 타락했습니다.[1]

문 17. 이 타락은 인류에게 어떤 상태를 초래했습니까?

    답. 이 타락은 온 인류를 죄와 비참의 상태에 빠지게 했습니다.[1]

문 18. 사람이 타락한 상태에서의 죄성은 무엇으로 구성됩니까?

    답. 사람이 타락한 상태에서의 죄성은 보통 원죄라고 불리는 것으로서 아담의 첫 죄의 죄책과 원의의 결핍, 본성 전체의 부패로 구성됩니다. 그리고 이 죄와 함께 또 이 죄로부터 모든 실제적인 죄들이 흘러나옵니다.[1]

---

[14] 1. 요일 3:4
[15] 1. 창 3:6, 12
[16] 1. 창 2:16-17; 롬 5:12; 고전 15:21-22
[17] 1. 롬 5:12
[18] 1. 롬 5:12, 19; 5:10-20; 엡 2:1-3; 약 1:14-15; 마 15:19

문 19. 타락한 상태에서 사람의 비참은 무엇입니까?
답. 타락으로 말미암아 온 인류는 하나님과의 교제를 상실했고,[1] 그분의 진노와 저주 아래 처하게 되었으며,[2] 이 세상에서의 온갖 비참함에 놓이고 죽음에 이르며, 지옥에서의 영원한 고통을 받습니다.[3]

문 20. 하나님은 죄와 비참의 상태에서 멸망하도록 온 인류를 내버려 두셨습니까?
답. 그분의 순전하고 선하며 기뻐하심 가운데 영원 전에 어떤 사람들을 영생에 이르도록 선택하신 하나님은[1] 구속자를 통해 그들을 죄와 비참의 상태에서 건져 내어 구원의 상태로 이르게 하시려고 은혜 언약을 시작하셨습니다.[2]

문 21. 하나님의 택자들의 구속자는 누구십니까?
답. 하나님의 택자들의 유일한 구속자는 하나님의 영원한 아들이시요, 사람이 되셨으나[1] 한 분 안에서 구별되는 두 본성으로 영원토록 계속해서 하나님과 사람이 되시는[2] 주 예수 그리스도이십니다.[3]

문 22. 하나님의 아들이신 그리스도는 어떻게 사람이 되셨습니까?
답. 하나님의 아들이신 그리스도는 참된 몸과[1] 이성적인 영혼을 취하시고[2] 성령의 능력으로 동정녀 마리아의 몸에 잉태되어 그녀의 몸에서 나심으로[3] 사람이 되셨는데 죄는 없으십니다.[4]

---

[19] 1. 창 3 : 8, 10, 24; 2. 엡 2:2-3; 갈 3:10; 3. 애 3:39; 롬 6:23; 마 25:41, 46
[20] 1. 엡 1:4; 2. 롬 3:20-22; 갈 3:21-22
[21] 1. 요 1:14; 갈 4:4; 2. 롬 9:5; 눅 1:35; 골 2:9; 히 7:24-25; 3. 딤전 2:5-6
[22] 1. 히 2:14, 16; 10:5; 2. 마 26:38; 3. 눅 1:27, 31, 35, 42; 갈 4:4; 4. 히 4:15; 7:26

문 23. 그리스도가 우리의 구속자로서 행하시는 직분들은 무엇입니까?
답. 그리스도는 우리의 구속자로서 선지자와 제사장과 왕의 직분을 그의 낮아지시고 높아지신 두 상태 모두를 통해 수행하십니다.[1]

문 24. 그리스도는 어떻게 선지자의 직분을 행하십니까?
답. 그리스도는 우리의 구원을 위한 하나님의 뜻을 그분의 말씀과 성령으로 말미암아 우리에게 계시하심으로써 선지자의 직분을 수행하십니다.[1]

문 25. 그리스도는 어떻게 제사장의 직분을 행하십니까?
답. 그리스도는 자신을 단번에 드리신 제물을 통해 하나님의 공의를 만족시키시고,[1] 우리를 하나님과 화목시키시며,[2] 그리고 우리를 위해 끊임없이 간구하심으로써 제사장의 직분을 수행하십니다.[3]

문 26. 그리스도는 어떻게 왕의 직분을 행하십니까?
답. 그리스도는 우리를 그분께 복종하게 하시고[1] 우리를 통치하시고[2] 보호하시며[3] 그분과 우리의 모든 원수를 제어하고 정복하심으로써 왕의 직분을 수행하십니다.[4]

---

[23] 1. 행 3:21-22; 히 12:25; 고후 13:3; 히 5:5-7; 7:25; 시 2:6; 사 9:6-7; 마 21:5; 시 2:8-11
[24] 1. 요 1:18; 벧전 1:10-12; 2. 요 15:15; 요 20:31
[25] 1. 히 9:14, 28; 2. 히 2:17; 3. 히 7:24-25
[26] 1. 행 15:14-16; 2. 사 33:22; 3. 사 32:1-2; 4. 고전 15:25; 시 110

문 27. 그리스도의 낮아지심(비하)은 어떻게 구성됩니까?

　　답. 그리스도의 낮아지심(비하)은 그의 태어나심 그 자체, 비천한 형편에 처하신 것,[1] 율법 아래 나시고[2] 이 생애의 여러 비참들을 겪으신 것,[3] 하나님의 진노를 받으심,[4] 십자가에서의 저주 받은 죽으심의 상태와[5] 또한 장사되신 것,[6] 그리고 잠시 동안 죽음의 권세 아래 거하신 상태로 구성됩니다.[7]

문 28. 그리스도의 높아지심(승귀)은 어떻게 구성됩니까?

　　답. 그리스도의 높아지심(승귀)은 죽으신 지 사흘 되던 날에 죽음 가운데서 살아나신 그의 부활하심,[1] 하늘로 올라가심,[2] 하나님 아버지 우편에 앉으신 것,[3] 그리고 마지막 날에 세상을 심판하시기 위해 오시는 것으로 구성됩니다.[4]

문 29. 우리는 어떻게 그리스도가 값 주고 사신(취득하신) 구속의 참여자들이 됩니까?

　　답. 우리는 그것을 우리에게 효력 있게 적용하시는[1] 그의 성령으로 말미암아 그리스도가 값 주고 사신(취득하신) 구속의 참여자들이 됩니다.[2]

문 30. 성령님은 그리스도가 값 주고 사신(취득하신) 구속을 어떻게 우리에게 적용하십니까?

　　답. 성령님은 우리의 효과적인 부르심을 통해 우리 안에 역사하는 믿음을 주시고[1] 그로 인해 우리를 그리스도와 연합시키심으로 그리스도가 값 주고 사신(취득하신) 구속을 우리에게 적용하십니다.[2]

---

[27] 1. 눅 2:7; 2. 갈 4:4; 3. 히 12:2-3; 사 53:2-3; 4. 눅 22:44; 마 27:46; 5. 빌 2:8; 6. 고전 15:3-4; 7. 행 2:24-27, 31
[28] 1. 고전 15:4; 2. 막 16:19; 3. 엡 1:20; 4. 행 1:11; 17:31
[29] 1. 요 1:11-12; 2. 딛 3:5-6
[30] 1. 엡 1:13-14; 2. 요 6:37, 39; 엡 2:8; 엡 3:17; 고전 1:9

문 31. 효과적인 부르심이란 무엇입니까?

　　답. 효과적인 부르심이란 하나님의 영의 사역인데,[1] 성령님이 우리에게 죄와 비참을 각성시키시고,[2] 우리 마음에 그리스도를 아는 지식을 비추어주시고,[3] 우리 의지들을 새롭게 하심으로[4] 복음 안에서 값없이 제시된 그리스도를 영접할 수 있도록 설득하시고 또한 그렇게 할 수 있도록 해주시는 것입니다.[5]

문 32. 효과적으로 부르심을 받은 사람들은 이생에서 어떤 은덕들에 참여하게 됩니까?

　　답. 효과적으로 부르심을 받은 사람들은 이생에서 칭의와[1] 양자와[2] 성화와 이 세상에서 동반되거나 또는 그것들로부터 흘러나오는 여러 은덕들에 참여하게 됩니다.[3]

문 33. 칭의란 무엇입니까?

　　답. 칭의란 우리에게 전가되고 오직 믿음으로만 받게 되는[1] 그리스도의 의만을 인하여[2] 하나님이 그 안에서 우리의 모든 죄들을 용서하시고,[3] 그분이 보시기에 우리를 의로운 자로 받아주시는[4] 하나님의 무조건적인 은혜의 행위입니다.

문 34. 양자란 무엇입니까?

　　답. 양자는 우리가 하나님의 아들의 수효에 받아들여지고 모든 특권에 관한 권리를 소유하게 하시는[1] 하나님의 값없는 은혜의 행위입니다.[2]

---

[31] 1. 딤후 1:9; 살후 2:13-14; 2. 행 2:37; 3. 행 26:18; 4. 겔 36:26-27; 5. 요 6:44-45; 빌 2:13
[32] 1. 롬 8:30; 2. 엡 1:5; 3. 고전 1:26, 30
[33] 1. 갈 2:16; 빌 3:9; 2. 롬 5:17-19; 3. 롬 3:24-25; 4:6-8; 4. 고후 5:19, 21
[34] 1. 요 1:12; 롬 8:17; 2. 요일 3:1; 2

문 35. 성화란 무엇입니까?

답. 성화란 하나님의 값없는 은혜의 사역인데,¹ 이를 통해 우리의 전인이 하나님의 형상을 따라 새롭게 되고,² 죄에 대하여는 점점 더 죽게 되고, 의에 대하여는 살 수 있게 되는 것입니다.³

문 36. 이 세상의 삶에서 칭의, 양자, 성화와 함께 동반하거나 또는 그것들로부터 흘러나오는 은덕들은 무엇입니까?

답. 이 세상의 삶에서 칭의, 양자, 성화와 함께 동반하거나 또는 그것들로부터 흘러나오는 은덕들은 하나님의 사랑에 관한 확신, 양심의 평안,¹ 성령 안에서의 기쁨,² 은혜의 증진,³ 그리고 그 안에서 끝까지 견디는 것입니다.⁴

문 37. 신자들은 죽음에서 그리스도로부터 어떤 은덕들을 받습니까?

답. 신자들의 영혼들은 그들이 죽을 때 거룩함으로 완전하게 되고,¹ 즉시 영광 안으로 들어갑니다.² 그리고 그들의 육신들은 여전히 그리스도에 연합된 채로³ 부활의 때까지⁴ 그들의 무덤에서 쉽니다.⁵

문 38. 신자들은 부활의 때에 그리스도로부터 어떤 은덕들을 받습니까?

답. 부활의 때에, 신자들은 영광 중에 일으킴을 받아서,¹ 심판의 날에² 공개적으로 인정과 무죄 선언을 받게 될 것이며, 영원토록³ 하나님을 충만히 즐거워하는⁴ 완전한 복을 받게 될 것입니다.

---

[35] 1. 살후 2:13; 2. 엡 4:23-24; 3. 롬 6:4, 6; 8:1
[36] 1. 롬 5:12, 5; 2. 롬 14:17; 3. 잠 4:18; 4. 요일 5:13; 벧전 1:5
[37] 1. 히 12:23; 2. 고후 5:1, 6, 8; 빌 1:23; 눅 23:43; 3. 살전 4:14; 4. 욥 19:26-27; 5. 사 57:2; 5
[38] 1. 고전 15:43; 2. 마 25:23; 10:32; 3. 살전 4:17-18; 4. 요일 3:2; 고전 13:12

문 39. 하나님이 사람에게 요구하시는 의무는 무엇입니까?

답. 하나님이 사람에게 요구하시는 의무는 그분의 계시된 뜻에 대한 순종입니다.[1]

문 40. 하나님이 처음에 사람에게 그의 순종의 법칙으로 무엇을 계시하셨습니까?

답. 하나님이 처음에 사람에게 그의 순종을 위해 계시하신 법칙은 도덕법이었습니다.[1]

문 41. 도덕법은 어디에 요약적으로 포함되어 있습니까?

답. 도덕법은 십계명 안에 요약적으로 포함되어 있습니다.[1]

문 42. 십계명의 요점은 무엇입니까?

답. 십계명의 요점은 우리의 온 마음과 온 영혼과 온 힘과 온 뜻을 다해 우리 주 하나님을 사랑하고, 우리의 이웃을 우리 자신과 같이 사랑하는 것입니다.[1]

문 43. 십계명의 서문은 무엇입니까?

답. 십계명의 서문은 다음과 같은 말씀에 있습니다. "나는 너를 애굽 땅, 종 되었던 집에서 인도하여 낸 네 하나님 여호와니라."[1]

---

[39] 1. 미 6:8; 2. 삼상 15:22
[40] 1. 롬 1:14-15; 10:5
[41] 1. 신 10:4; 마 19:17
[42] 1. 마 22:37-40
[43] 1. 출 20:2

문 44. 십계명의 서문이 우리에게 무엇을 가르쳐 줍니까?
    답. 십계명의 서문은 우리에게 하나님이 주이시며, 우리 하나님이시며, 구속자이시기 때문에 우리가 하나님의 모든 계명들을 지켜야 한다는 것을 가르쳐 줍니다.[1]

문 45. 어떤 것이 첫째 계명입니까?
    답. 첫째 계명은 "너는 나 외에는 다른 신들을 네게 두지 말라"입니다.[1]

문 46. 첫째 계명에서는 무엇이 요구되어 있습니까?
    답. 첫째 계명은 하나님이 유일하신 참 하나님이신 것과 우리의 하나님이신 것을 알고 인정하는 것을 요구합니다.[1] 또한 그에 상응하게 하나님을 경배하고 영화롭게 하는 것을 요구합니다.[2]

문 47. 첫째 계명에서는 무엇이 금지되어 있습니까?
    답. 첫째 계명은 참되신 하나님을 하나님으로서[1] 그리고 우리의 하나님이신 것을[2] 부인하거나[3] 또는 그 하나님께 경배하고 영광 돌리지 않는 것을 금지합니다. 그리고 오직 하나님께만 돌려야 할 그 예배와 영광을 다른 어떤 것에 바치는 것을 금지합니다.[4]

---

[44] 1. 눅 1:74-75; 벧전 1:15-19
[45] 1. 출 20:3
[46] 1. 대상 28:9; 신 26:17; 2. 마 4:10; 시 29:2
[47] 1. 롬 1:21; 2. 시 81:10-11; 3. 시 14:1; 4. 롬 1:25-26

문 48. 첫째 계명에 있는 이 말씀. 즉 "나 외에는"이라는 말씀에서 우리는 특별히 무엇을 가르침 받습니까?

답. 첫째 계명에 있는 "나 외에는"이라는 이 말씀은 모든 것을 보시는 하나님이 다른 어떤 신을 두는 죄를 주목하여 보시고, 또한 그것을 매우 노여워하신다는 것을 우리에게 가르쳐 줍니다.[1]

문 49. 어떤 것이 둘째 계명입니까?

답. 둘째 계명은 "너를 위하여 새긴 우상을 만들지 말고 또 위로 하늘에 있는 것이나 아래로 땅에 있는 것이나 땅 아래 물 속에 있는 것의 어떤 형상도 만들지 말며 그것들에게 절하지 말며 그것들을 섬기지 말라 나 네 하나님 여호와는 질투하는 하나님인즉 나를 미워하는 자의 죄를 갚되 아버지로부터 아들에게로 삼사 대까지 이르게 하거니와 나를 사랑하고 내 계명을 지키는 자에게는 천 대까지 은혜를 베푸느니라"입니다.[1]

문 50. 둘째 계명에서는 무엇이 요구되어 있습니까?

답. 둘째 계명은 하나님이 그분의 말씀 안에서 지정하신 모든 종교적 예배와 규례들을 순수하고 온전한 상태로 받고 준수하고 지키는 것을 요구합니다.[1]

문 51. 둘째 계명에서는 무엇이 금지되어 있습니까?

답. 둘째 계명은 형상들로,[1] 하나님을 예배하거나, 하나님의 말씀에 지정되어 있지 않은 어떤 다른 방법으로 예배하는 것을 금합니다.[2]

---

[48] 1. 겔 8:5-6; 시 46:20-21
[49] 1. 출 20:4-6
[50] 1. 신 32:46; 마 28:20; 행 2:42
[51] 1. 신 4:15-19; 출 32:5, 8; 2. 신 12:31-32

문 52. 둘째 계명에 부가된 근거들은 무엇입니까?
　　답. 둘째 계명에 부가된 근거들은 우리에 대한 하나님의 주권과,[1] 우리 안에 있는 그분의 자격,[2] 그리고 그분 자신의 예배에 대한 열정입니다.[3]

문 53. 어떤 것이 셋째 계명입니까?
　　답. 셋째 계명은 "너는 네 하나님 여호와의 이름을 망령되게 부르지 말라 여호와는 그의 이름을 망령되게 부르는 자를 죄 없다 하지 아니하리라"입니다.[1]

문 54. 셋째 계명에서 요구되는 것은 무엇입니까?
　　답. 셋째 계명은 하나님의 이름들과,[1] 칭호들과,[2] 속성들과,[3] 규례들과,[4] 말씀과,[5] 사역들의 거룩하고 경외스러운 사용을 요구합니다.[6]

문 55. 셋째 계명에서는 무엇이 금지되어 있습니까?
　　답. 셋째 계명은 하나님이 자신을 알리시는 것은 그 어떤 것이라도 속되게 하거나 오용하는 일체를 금지합니다.[1]

문 56. 셋째 계명에 첨부된 근거는 무엇입니까?
　　답. 셋째 계명에 첨부된 근거는 비록 이 계명을 어기는 자들이 사람들로부터는 형벌을 모면할 수 있을지는 몰라도, 우리 주 하나님은 그들이 그의 의로운 심판을 모면하는 것을 결코 참지 않으신다는 것입니다.[1]

---

[52] 1. 시 95:2-3, 6; 2. 시 45:11; 3. 출 34:13-14
[53] 1. 출 20:7
[54] 1. 마 6:9; 신 28:58; 2. 시 68:4; 3. 계 15:3-4; 4. 말 1:11, 14; 5. 시 138:1-2; 6. 욥 36:24
[55] 1. 말 1:6-7, 12: 2:2; 3:14
[56] 1. 삼상 2:12, 17, 22, 29; 3:13; 신 28:58-59

문 57. 어떤 것이 넷째 계명입니까?

답. 넷째 계명은 "안식일을 기억하여 거룩하게 지키라 엿새 동안은 힘써 네 모든 일을 행할 것이나 일곱째 날은 네 하나님 여호와의 안식일인즉 너나 네 아들이나 네 딸이나 네 남종이나 네 여종이나 네 가축이나 네 문안에 머무는 객이라도 아무 일도 하지 말라 이는 엿새 동안에 나 여호와가 하늘과 땅과 바다와 그 가운데 모든 것을 만들고 일곱째 날에 쉬었음이라 그러므로 나 여호와가 안식일을 복되게 하여 그날을 거룩하게 하였느니라"입니다.[1]

문 58. 넷째 계명에서 요구되는 것은 무엇입니까?

답. 넷째 계명은 하나님이 그분의 말씀 안에서 지정하신 구별된 때들을 거룩하게 지키는 것을 요구합니다. 특히 7일 중에서 하루의 전체를 하나님께 거룩한 안식의 상태로 지키는 것을 요구합니다.[1]

문 59. 하나님은 7일 중 어떤 날을 한 주간의 안식일로 지정하셨습니까?

답. 하나님은 세상의 시작부터 그리스도의 부활까지는 한 주의 일곱째 되는 날을 한 주간의 안식일로 정하셨습니다. 그리고 이후부터는 한 주의 첫째 날을 한 주간의 안식일로 세상 끝까지 계속되게 하셨는데 이 날이 기독교의 안식일입니다.[1]

---

[57] 1. 출 20:8-11
[58] 1. 신 5:12-14
[59] 1. 창 2:2-3; 고전 16:1-2; 행 20:7

문 60. 안식일은 어떻게 거룩해져야 합니까?

답. 안식일은 다른 날들에는 합법적인 세속의 업무들과 오락들로부터[1] 그 날 하루를 온종일 거룩하게 쉬는 것과,[2] 필수적인 일들과 자비의 일들로 여겨질 수 있는 것 외에[3] 모든 시간을 하나님 예배의 공적이며 사적인 예식들에 사용하는 것으로[4] 거룩해져야 합니다.

문 61. 넷째 계명에서는 무엇이 금지되어 있습니까?

답. 넷째 계명은 요구되는 의무들에 대한 간과나 부주의한 이행과,[1] 그날에 자체로 죄악된 일을 하는 것과,[2] 게으름[3] 또는 우리의 세속적인 업무들이나 오락들에 관한 불필요한 생각들이나 말들이나 일들로 그날을 속되게 하는 것을 금지합니다.[4]

문 62. 넷째 계명에 첨부된 근거들은 무엇입니까?

답. 넷째 계명에 첨부된 근거들은 하나님이 우리 자신들의 업무들을 위해 일주일에 육일을 우리에게 허락해 주시는 것과,[1] 일곱째 날은 하나님의 특별한 정당성을 주장하시는 것과 스스로 모범을 보이시는 것과 안식일을 복되게 하시는 것입니다.[2]

문 63. 어떤 것이 다섯째 계명입니까?

답. 다섯째 계명은 "네 부모를 공경하라 그리하면 네 하나님 여호와가 네게 준 땅에서 네 생명이 길리라"입니다.[1]

---

[60] 1. 느 13:15-22; 2. 출 20:8, 10; 16:25-28; 3. 마 12:1-31; 4. 눅 4:16; 행 20:7; 시 92편 표제; 사 66:23
[61] 1. 계 22:26; 암 8:5; 말 1:13; 2. 겔 23:38; 3. 행 20:7, 9; 4. 렘 17:24-26; 사 58:13
[62] 1. 출 20:9; 2. 출 20:11
[63] 1. 출 20:12

문 64. 다섯째 계명에서는 무엇이 요구됩니까?

답. 다섯째 계명은 윗사람들이나,[1] 아랫사람들이나,[2] 혹은 동등한 사람들로서,[3] 그들의 여러 지위들과 관계들 안에서 모든 사람에게 속한 명예를 보존하고 의무들을 수행하는 것을 요구합니다.

문 65. 다섯째 계명에서는 무엇이 금지되어 있습니까?

답. 다섯째 계명은 모든 사람들의 여러 지위들과 관계들에서 그들에게 속한 명예와 의무를 소홀히 하거나 그것에 반하여 어떤 것을 행하는 것을 금지합니다.[1]

문 66. 다섯째 계명에 첨부된 근거는 무엇입니까?

답. 다섯째 계명에 첨부된 근거는 (이 약속이 하나님의 영광과 그들 자신들의 선에 제 역할을 하는 경우에만) 이 계명을 지키는 모든 이들을 대상으로 한 장수와 번영의 약속입니다.[1]

문 67. 어떤 것이 여섯째 계명입니까?

답. 여섯째 계명은 "살인하지 말라"입니다.[1]

문 68. 여섯째 계명에서는 무엇이 요구됩니까?

답. 여섯째 계명은 우리 자신의 생명과[1] 다른 이들의 생명을 보존하는 모든 합법적인 노력들을 요구합니다.[2]

---

[64] 1. 엡 5:21; 2. 벧전 2:17; 3. 롬 12:10
[65] 1. 마 15:4-6; 겔 34:2-4; 롬 13:8
[66] 1. 신 5:16; 엡 6:2-3
[67] 1. 출 20:13
[68] 1. 엡 5:28-29; 2. 왕상 18:4

문 69. 여섯째 계명에서는 무엇이 금지됩니까?

    답. 여섯째 계명은 우리 자신의 생명이나 이웃의 생명을 부당하게 제거하는 것뿐 아니라, 이와 같은 경향이 있는 것은 무엇이라도 금지합니다.[1]

문 70. 어떤 것이 일곱째 계명입니까?

    답. 일곱째 계명은 "간음하지 말라"입니다.[1]

문 71. 일곱째 계명에서는 무엇이 요구됩니까?

    답. 일곱째 계명은 성정과 말과 행동에서 우리 자신과 우리 이웃의 순결이 보존되는 것을 요구합니다.[1]

문 72. 일곱째 계명에서는 무엇이 금지됩니까?

    답. 일곱째 계명에서는 순결하지 않은 모든 생각들과 말들과 행위들을 금지합니다.[1]

문 73. 어떤 것이 여덟째 계명입니까?

    답. 여덟째 계명은 "도둑질하지 말라"입니다.

문 74. 여덟째 계명에서는 무엇이 요구됩니까?

    답. 여덟째 계명은 우리 자신들과 다른 사람들의 부와 재산을 합법적으로 얻고 늘리는 것을 요구합니다.[1]

---

[69] 1. 행 16:28; 창 9:6
[70] 1. 출 20:14
[71] 1. 고전 7:2-3, 5, 34, 36; 골 4:6; 벧전 3:2
[72] 1. 마 15:19; 5:28; 엡 5:3-4
[73] 1. 출 20:15
[74] 1. 창 30:30; 딤전 5:8; 레 25:35; 신 22:1-5; 출 23:4-5; 창 47:14, 20

문 75. 여덟째 계명에서는 무엇이 금지됩니까?

답. 여덟째 계명은 우리 자신이나 또는 우리 이웃의 부나 재산을 불공정하게 방해하거나 그럴 가능성이 있는 모든 것을 금지합니다.[1]

문 76. 어떤 것이 아홉째 계명입니까?

답. 아홉째 계명은 "네 이웃에 대하여 거짓 증거하지 말라"입니다.[1]

문 77. 아홉째 계명에서는 무엇이 요구됩니까?

답. 아홉째 계명은 사람과 사람 사이의 진리와[1] 우리 자신과 우리 이웃의 명성을[2] 유지하고 증진시킬 것을 요구하는데 특히 증언에서 그러합니다.[3]

문 78. 아홉째 계명에서는 무엇이 금지됩니까?

답. 아홉째 계명은 진리에 편견을 갖게 하는 것이나 우리 자신이나 또는 우리 이웃의 명성에 해를 끼치는 것은 무엇이라도 금지합니다.[1]

문 79. 어떤 것이 열째 계명입니까?

답. 열째 계명은 "네 이웃의 집을 탐내지 말라 네 이웃의 아내나 그의 남종이나 그의 여종이나 그의 소나 그의 나귀나 무릇 네 이웃의 소유를 탐내지 말라"입니다.[1]

---

[75] 1. 잠 21:17; 23:20-21; 28:19; 엡 4:28
[76] 1. 출 20:16
[77] 1. 슥 8:16; 2. 요삼 12; 3. 잠 14:5, 25
[78] 1. 삼상 17:28; 레 19:16; 시 15:3
[79] 1. 출 20:17

문 80. 열째 계명에서는 무엇이 요구됩니까?

    답. 열째 계명은 우리의 이웃과 그가 가진 모든 것에 대한[1] 올바르고 자비로운 영의 태도와 함께 우리 자신의 형편에 대한 온전한 만족을 요구합니다.[2]

문 81. 열째 계명에서는 무엇이 금지됩니까?

    답. 열째 계명은 우리 자신의 재산에 대한 모든 불만족과[1] 우리 이웃의 이익을 시기하거나 배 아파하는 것과[2] 그가 소유한 것에 대한 모든 과도한 활동들과 애착들을 금지합니다.[3]

문 82. 그 누구라도 하나님의 계명들을 완벽하게 지킬 수 있습니까?

    답. 단지 사람은 그 누구라도 타락 이후로부터 하나님의 계명들을 이생에서 완전하게 지킬 수 없고,[1] 오히려 생각과 말과 행동에서 그것들을 매일 어깁니다.[2]

문 83. 율법을 범하는 죄들은 모두 동등하게 가증스러운 것입니까?

    답. 어떤 죄들은 그 자체에 있어, 또한 여러 가지 악화 요인들에 의해 다른 죄들보다 하나님 보시기에 더욱 가증스럽습니다.[1]

---

[80] 1. 욥 31:29; 롬 12:15; 딤전 1:5; 고전 13:4-7 ; 2. 히 13:5; 딤전 6:6
[81] 1. 왕상 21:4; 에 5:13; 고전 10:10; 2. 갈 5:26; 약 3:14, 16; 3. 롬 7:7-8; 13:9; 신 5:21
[82] 1. 전 7:20; 요일 1:8, 10; 갈 5:17; 2. 창 6:5; 8:21; 롬 3:9-21; 약 3:2-13
[83] 1. 겔 8:6, 13, 15; 요일 5:16; 시 78:17, 32, 56

문 84. 모든 죄는 무엇을 마땅히 받을 만합니까?

    답 : 모든 죄는 이 세상과 오는 세상의 삶 모두에서 하나님의 진노와 저주를 받기에 마땅합니다.[1]

문 85. 우리의 죄 때문에 임한 하나님의 진노와 저주로부터 벗어나기 위해 하나님이 우리에게 요구하시는 것은 무엇입니까?

    답. 죄로 말미암아 우리에게 임한 하나님의 진노와 저주로부터 벗어나기 위해 하나님이 우리에게 요구하시는 것은 그리스도가 구속의 은덕들을 우리에게 전달하시기 위한 외적인 수단들을 부지런히 사용하는 것과 함께,[1] 예수 그리스도를 믿는 믿음과 생명을 향한 회개입니다.[2]

문 86. 예수 그리스도 안에 있는 믿음이란 무엇입니까?

    답. 예수 그리스도 안에 있는 믿음이란 구원적 은혜인데[1] 이를 통해 우리가 구원을 위해 복음 안에서 우리에게 제시된 대로 오직 그리스도만을 영접하고 그분만을 의지하는 것입니다.[2]

문 87. 생명에 이르는 회개란 무엇입니까?

    답. 생명에 이르는 회개란 구원적 은혜로서,[1] 이로 말미암아 죄인이 자신의 죄로 인한 참된 지각과,[2] 그리스도 안에 있는 하나님의 자비에 대한 인식으로,[3] 그의 죄를 슬퍼하고 미워하며, 새로운 순종에 대한 온전한 목적과 그것을 따르는 온전한 노력을 동반하여,[4] 죄에서 하나님께로 돌아서는 것입니다.[5]

---

[84] 1. 엡 5:6; 갈 3:6; 애 3:39; 마 25:4
[85] 1. 잠 2:1-5; 8:33-36; 사 55:3; 2. 행 20:21
[86] 1. 히 10:39; 2. 요 1:12; 사 26:3-4; 빌 3:9; 갈 2:16
[87] 1. 행 11:18; 2. 행 2:37-38; 3. 욜 2:12; 렘 3:22; 4. 고후 7:11; 사 1:16-17; 5. 렘 31:18-19; 겔 36:31

문 88. 그리스도가 구속의 은덕들을 우리에게 전달하시는 외적이며 통상적인 수단들은 무엇입니까?

답. 그리스도가 구속의 은덕들을 우리에게 전달하시는 외적이며 통상적인 수단들은 그의 규례들인데 특별히 하나님의 말씀과 성례들과 기도입니다. 이 모든 것들은 구원을 위해 택자들에게 효력 있게 됩니다.[1]

문 89. 하나님의 말씀은 구원에 있어 어떻게 효력 있게 됩니까?

답. 하나님의 성령님은 말씀을 읽는 것, 특별히 말씀을 설교하는 것을, 죄인들을 확신시키고 회심하게 하며, 거룩함과 위로 안에서 믿음을 통해 구원에 이르도록 그들을 세우는 효력 있는 수단이 되게 합니다.[1]

문 90. 하나님의 말씀은 구원에 효력 있게 되기 위해 어떻게 읽히고 들려야 합니까?

답. 하나님의 말씀이 구원에 효력 있게 되기 위해 우리는 반드시 부지런함과[1] 준비와[2] 기도에[3] 주의해야 합니다. 그것을 믿음과 사랑으로 받고[4] 우리의 마음에 간직하며[5] 우리 생활들을 통해 실천해야 합니다.[6]

문 91. 성례들은 어떻게 구원에 효력 있게 됩니까?

답. 성례들은 성례들 그 자체 안이나 또는 그것들을 시행하는 자 안에 있는 어떤 덕으로부터 효력 있게 되는 것이 아닙니다. 그것은 오직 그리스도의 축복하심과[1] 그것들을 믿음으로 받는 자들 안에 있는 그의 성령님의 역사하심에 의해 효력 있는 구원의 수단들이 됩니다.[2]

---

[88] 1. 마 28:19-20; 행 2:42, 46-47

[89] 1. 느 8:8; 고전 14:24-25; 행 26:18; 시 19:8; 행 20:32; 롬 15:4; 딤후 3:15-17; 롬 10:13-17; 1:16

[90] 1. 잠 8:34; 2. 벧전 2:1-2; 3. 시119:18; 4. 히 4:2; 살후 2:10; 5. 시 119:11; 6. 눅 8:15; 약 1:25

[91] 1. 벧전 3:21; 마 3:11; 고전 3:6-7; 2. 고전 12:13

문 92. 성례는 무엇입니까?

답. 성례는 그리스도에 의해 제정된 거룩한 규례입니다. 그 안에서 감각적인 표들에 의해 그리스도와 새 언약의 은덕들이 신자들에게 나타나고 인쳐지며 적용됩니다.[1]

문 93. 신약의 성례들은 어떤 것들입니까?

답. 신약의 성례들은 세례와[1] 주의 만찬입니다.[2]

문 94. 세례는 무엇입니까?

답. 세례는 아버지와 아들과 성령의 이름으로 물을 가지고 씻음으로,[1] 우리가 그리스도에게로 접붙여짐으로 은혜 언약의 유익들에 참여하는 것과 그로 인해 주님의 소유가 되겠다는 우리의 맹세를 표하고 인 치는 성례입니다.[2]

문 95. 세례는 누구에게 시행되어야 합니까?

답. 세례는 눈에 보이는 교회 밖에 있는 자에게는 그들이 그리스도를 믿는 믿음을 고백하고 그리스도를 향한 순종을 나타내기 전까지는 그 누구에게라도 시행되어서는 안 됩니다.[1] 그러나 눈에 보이는 교회의 회원들의 유아들에게는 세례를 베풀어야 합니다.[2]

---

[92] 1. 창 17:7, 10; 출 12; 고전 11:23, 26
[93] 1. 마 28:19; 2. 마 26:26-28
[94] 1. 마 28:19; 2. 롬 6:4; 갈 3:27
[95] 1. 행 8:36-37; 2:38; 2. 행 2:38-39; 창 17:10; 골 2:11-12; 고전 7:14

문 96. 성찬은 무엇입니까?
    답. 성찬은 그 안에서 그리스도의 제정하심에 따라 떡과 포도주를 주고받음으로써 그분의 죽음이 분명하게 드러나고, 그로 인해 가치 있게 받는 자들은 그분의 모든 은덕들을 가지고 영적인 양육과 은혜 안에 있는 성장에 이르도록 육체적이고 세속적인 방식을 따르지 않고 믿음으로 그분의 몸과 피의 참여자들이 되게 하는 성례입니다.[1]

문 97. 성찬을 가치 있게 받기 위해서는 무엇이 요구됩니까?
    답. 성찬에 가치 있게 참여하기 원하는 자들에게는 주님의 몸을 분별하는 지식에 대해,[1] 그분을 양식으로 삼는 믿음에 대해,[2] 그들의 회개와[3] 사랑과[4] 새로운 순종에 대해,[5] 그들이 스스로를 점검할 것이 요구됩니다. 이는 그들이 무가치하게 나와서 그들을 향한 심판을 먹고 마시지 않게 하기 위함입니다.[6]

문 98. 기도는 무엇입니까?
    답. 기도는 하나님의 뜻에 알맞은 것들을 따라,[1] 그리스도의 이름으로,[2] 우리 죄들의 고백과[3] 하나님의 자비에 대한 감사의 인정과 함께[4] 우리의 소원을 하나님께 올려드리는 것입니다.[5]

문 99. 하나님은 기도에 있어 우리를 위한 지침으로 어떤 법칙을 주셨습니까?
    답. 하나님의 말씀 전체가 기도에 있어 우리를 지도하기 유용합니다.[1] 그러나 지침의 특별한 법칙은 그리스도가 그분의 제자들에게 가르치신 바로 그 기도의 형식인데 그것은 일반적으로 주님의 기도라고 불립니다.[2]

---

[96] 1. 고전 11:23-26; 10:16
[97] 1. 고전 11:28-29; 2. 고후 13:5; 3. 고전 11:31; 4. 고전 10:16-17; 5. 고전 5:7-8; 6. 고전 11:28-29
[98] 1. 요일 5:14; 2. 요 16:23; 3. 시 32:5-6; 4. 빌 4:6; 5. 시 62:8

문 100. 주기도문의 서문은 우리에게 무엇을 가르칩니까?
    답. 주기도문의 서문, 즉 "하늘에 계신 우리 아버지여"는[1] 우리를 도울 수 있고 그럴 준비가 되어 있는 아버지에게[2] 자녀들이 하듯이 우리가 완벽히 거룩한 경외와 확신을 가지고 하나님께 다가가도록 가르쳐 줍니다. 그리고 우리가 다른 이들과 함께 그리고 그들을 위해 기도해야 한다는 것을 가르쳐 줍니다.[3]

문 101. 첫째 간구에서 우리는 무엇을 위해 기도합니까?
    답. 첫째 간구(즉, 이름이 거룩히 여김을 받으시오며[1])에서 우리는 하나님이 스스로 자신을 알리시는 모든 것 안에서 우리와 다른 이들이 하나님께 영광을 돌릴 수 있도록 해주실 것을 기도합니다.[2] 그리고 하나님이 자신의 영광을 위해 모든 것을 처리하시기를 기도합니다.[3]

문 102. 둘째 간구에서 우리는 무엇을 위해 기도합니까?
    답. 둘째 간구(즉, 나라가 임하시오며[1])에서 우리는 사탄의 나라가 파괴되기를 기도하며,[2] 은혜의 나라가 흥왕해지고,[3] 우리와 다른 이들이 그 안으로 들어가서 그 안에 머물게 되기를 기도하며,[4] 영광의 나라가 속히 임하기를 기도합니다.[5]

---

[100] 1. 마 6:9; 2. 롬 8:15; 눅 11:13; 3. 행 12:5; 딤전 2:1-2
[101] 1. 마 6:9; 2. 시 67:2-3; 3. 시 83
[102] 1. 마 6:10; 2. 시 68:1, 18; 3. 계 12:10-11; 4. 살후 3:1; 롬 10:1; 요 17:9, 20; 5. 계 22:20

문 103. 셋째 간구에서 우리는 무엇을 위해 기도합니까?

답. 셋째 간구(즉, 뜻이 하늘에서 이루어진 것같이 땅에서도 이루어지이다¹)에서 우리는 하늘에서 천사들이 그렇게 하듯이² 하나님이 그분의 은혜로 우리가 모든 것에서 하나님의 뜻을 알고, 순종하고, 복종할 수 있을 뿐 아니라,³ 기꺼이 그렇게 하게 해주실 것을 기도합니다.

문 104. 넷째 간구에서 우리는 무엇을 위해 기도합니까?

답. 넷째 간구(즉, 오늘 우리에게 일용할 양식을 주시옵고¹)에서 우리는 우리가 하나님의 값없는 선물에 속하는 이생에서의 좋은 것들에 대한 충분한 몫을 받고, 그것들을 가지고 하나님의 복을 즐거워하기를 기도합니다.²

문 105. 다섯째 간구에서 우리는 무엇을 위해 기도합니까?

답. 다섯째 간구(즉, 우리가 우리에게 죄 지은 자를 사하여 준 것같이 우리 죄를 사하여 주시옵고¹)에서 우리는 하나님이 그리스도에 의해서만 우리의 모든 죄들을 값없이 용서해 주시기를 기도합니다.² 그리고 하나님의 은혜로 우리가 진심으로 다른 사람들을 용서할 수 있기 때문에 우리가 그것을 간구하도록 어느 정도 용기를 얻게 됩니다.³

문 106. 여섯째 간구에서 우리는 무엇을 위해 기도합니까?

답. 여섯째 간구(즉, 우리를 시험에 들게 하지 마시옵고 다만 악에서 구하시옵소서¹)에서 우리는 하나님이 우리가 죄를 짓는 시험에 빠지는 것을 막아주시거나,² 혹은 우리가 시험에 빠졌을 때³ 우리를 지원해 주고 건져주시기를 기도합니다.

---

[103] 1. 마 6:10; 2. 시 103:20-21; 3. 시 67: 119:36; 마 26:39; 삼하 15:25; 욥 1:21
[104] 1. 마 6:11; 2. 잠 30:8-9; 창 28:20; 딤전 4:4-5
[105] 1. 마 6:12; 2. 잠 30:8-9; 창 28:20; 3. 딤전 4:4-5
[106] 1. 마 6:13; 2. 마 26:41; 3. 고전 12:7-8

문 107. 주기도문의 결론은 우리에게 무엇을 가르칩니까?

답. 주기도문의 결론(즉, 나라와 권세와 영광이 아버지께 영원히 있사옵나이다[1])은 우리에게 기도에 있어 오직 하나님께로부터 용기를 얻어서,[2] 나라와 권세와 영광을 그분께 돌리면서 우리의 기도들 안에서 그분을 찬양하도록 가르칩니다.[3] 그리고 우리의 소원과 그에 따른 확신에 대한 간증으로 우리는 아멘이라고 말합니다.[4]

---

[107] 1. 마 6:13; 2. 단 9:4, 7-9, 16-19; 3. 대상 29:10-13; 4. 고전 14:16; 계 22:20-21

1부

사람이 반드시 믿어야 할 것

The Westminster Shorter Catechism

1장
개혁주의 신앙과 교리

²²네가 보거니와 믿음이 그의 행함과 함께 일하고 행함으로 믿음이 온전하게 되었느니라 ²³이에 성경에 이른 바 아브라함이 하나님을 믿으니 이것을 의로 여기셨다는 말씀이 이루어졌고 그는 하나님의 벗이라 칭함을 받았나니 ²⁴이로 보건대 사람이 행함으로 의롭다 하심을 받고 믿음으로만은 아니니라 ²⁵또 이와 같이 기생 라합이 사자들을 접대하여 다른 길로 나가게 할 때에 행함으로 의롭다 하심을 받은 것이 아니냐 ²⁶영혼 없는 몸이 죽은 것같이 행함이 없는 믿음은 죽은 것이니라. 약 2:22-26

소요리문답 39번

문 39: 하나님이 사람에게 요구하시는 의무는 무엇입니까?

답: 하나님이 사람에게 요구하시는 의무는 그의 계시된 뜻에 대한 순종입니다

(미 6:8; 삼상 15:22).

야고보 사도는 "너희는 말씀을 행하는 자가 되고 듣기만 하여 자신을 속이는 자가 되지 말라"고 말합니다(22절). 여기서 '말씀'은 하나님의 계명의 말씀을 의미합니다. 즉, 하나님의 계명의 말씀을 듣기만 하고 행하지 않

는다면, 믿음이 있다고 하면서 행위로는 부인하는 사람과 같다는 것입니다. 신자는 누구보다도 말씀을 듣는 사람입니다. 야고보는 말씀을 듣기만 하는 사람과 말씀을 듣고 실천으로 옮기는 사람을 대조하고 있습니다. 바로 여기서 우리는 참된 신자와 그렇지 않은 신자를 구별할 수 있습니다. 참된 신자는 말씀을 듣기만 하지 않고 말씀을 행하는 자입니다. 말씀을 행하는 자는 말씀을 듣고 자신의 신앙을 성찰하며 끊임없이 고쳐나가는 사람입니다. 그런 의미로 야고보는 말씀을 듣고 잊어버리는 자가 아니라 행하는 자가 되라고 계속 권면합니다(24-25절). 결론적으로 야고보는 "행함이 없는 믿음은 죽은 것"이라고 단언합니다(약 2:26). 이 말씀을 통해 우리는 참된 개혁주의 신앙을 정의할 수 있습니다. 웨스트민스터 소요리문답 강해를 시작하기 전에, 먼저 참된 개혁주의 신앙은 무엇이며 신앙에 있어 교리는 어떤 역할을 하는지 살펴보겠습니다.

하나님의 말씀으로 자신을 개혁하는 신앙

첫째, 참된 개혁주의 신앙은 읽고 듣고 배운 하나님의 말씀을 통해 부지런히 자신을 개혁하는 신앙입니다. 22절 말씀을 보겠습니다. "네가 보거니와 믿음이 그의 행함과 함께 일하고 행함으로 믿음이 온전하게 되었느니라."

본래 개혁주의 신앙이란 16세기 종교개혁의 신학을 따르는 유파들의 신앙을 가리키는 말입니다. 개혁주의 신앙에는 독일의 루터파, 스위스의 츠빙글리와 불링거파 스위스와 프랑스의 칼뱅과 베자파, 스코틀랜드의 존 낙스파와 영국의 헨리 8세를 중심으로 하는 국교회 등이 속해 있습니다. 이런 유파들이 시간이 흐르면서 복음주의, 근본주의 그리고 개혁주의 신학으로 발전해 왔습니다. 여기에서는 그런 학문적인 개혁주의 신학이 아닌 '개혁주의 신앙'으로 한정하겠습니다. 개혁주의 신앙은 영어로 'Reformed Faith'입니다. 우리는 이것을 문자 그대로 '재구성된 신앙' 또는 '신앙을 다시 구성하는 것' 정도로 번역할 수 있습니다. 여기에는 하나의 전제가 있습니다. 개혁주의 신앙이 재구성된 신앙이라면, 또는 신앙을 다시 형성하는 것이라면, 기존의 신앙이 재구성될 정도로 문제가 있다는 것을 의미합니다. '개혁'이라는 단어가 이것을 시사하고 있습니다. 따라서 개혁주의 신앙이라고 하면, 신앙의 가르침과 삶에서 초래된 잘못이나 오류를 재구성하는 신앙으로 이해할 수 있습니다. 신앙을 재구성하려면 기존의 것을 일부분 수정하거나 제거해야 합니다.

왜 우리는 신앙을 자꾸 고쳐 나가야 할까요? 바울은 "의인은 없나니 하나도 없으며"라고 말합니다(롬 3:10). 또한 "그들의 목구멍은 열린 무덤이요"라고 말합니다(롬 3:13). 우리가 자신의 신앙을 끊임없이 고쳐 나가야 하는 이유는 우리가 죄인이라는 사실에 기인합니다. 이 세상에 완전한 신자는 없습니다. 우리는 매일, 매주, 매달, 매년 자신의 신앙을 고쳐 나가야 합니다. 이것을 싫어하면 개혁주의 신앙인이라 말할 수 없습니다. 참된 개혁주의 신앙은 타인을 향하지 않고 자신을 향하기 때문입니다.

오늘날 우리는 타인과 교회를 향해 지나치게 엄격한 잣대를 들이대며 비판하는 시대에 살고 있습니다. 과연 자신에게도 동일한 잣대를 들이대는지 살펴야 합니다. 어떤 사람이 개혁주의 신앙인이 아닙니까? 자기의 개혁은 외면하면서 교회를 향해서만 개혁의 칼을 휘두르려는 사람입니다. 하나님의 말씀으로 행하는 모든 지적과 책망과 비판이 늘 상대방을 향해 있고, 정작 자신과 자신의 신앙생활을 예외로 둔다면 참된 신앙인의 모습이 아닙니다. 교회의 직분자들을 비판하면서 정작 자신은 교회의 직분을 하찮게 여기지는 않습니까? 개혁주의 신앙은 듣고 잊어버리는 신앙이 아닙니다. 또한 개혁주의 신앙은 말씀을 듣고 먼저 자기를 향해 실천하는 사람입니다. 개혁주의라 말하면서 정작 말씀과 삶을 분리한다든가, 나와 타인을 분리하려는 잘못을 경계해야 합니다.

신앙에 있어 기존의 오류나 잘못을 제거하려면 표준이 있어야 합니다. 무엇이 진리이고 무엇이 비(非)진리인지를 판단할 수 있는 기준이 필요합니다. 그것이 바로 성경입니다. 종교개혁의 위대한 원리 중 하나는 '오직 성경'(Sola Scriptura)입니다. 종교개혁 시대에 무엇이 참되고 무엇이 잘못되었는지를 판별한 절대적이고 무오한 기준은 성경이었습니다. 개혁주의 신앙은 이 성경을 기준으로 잘못되었거나 오류가 있는 교회의 가르침과 신앙의 문제를 바로잡고 새롭게 하는 신앙으로 정의할 수 있습니다. 그러므로 "개혁된 교회는 항상 개혁되어야 한다"(Ecclesia reformata semper reformanda)는 종교개혁 시대의 구호는 오늘날 우리에게도 동일하게 적용됩니다. 이 구호는 지상 교회와 그 가르침 및 교훈, 그리고 그리스도인의 신앙생활이 완전하지 않음을 인정하는 것입니다. 개혁주의 신앙은 성경을 표준 삼아 끊임없이 개혁해 나가는 것입니다.

여기서 우리는 성경의 역할에 대해 생각해 보아야 합니다. 야고보 사도는 1장에서 이렇게 말합니다. "누구든지 말씀을 듣고 행하지 아니하면 그는 거울로 자기의 생긴 얼굴을 보는 사람과 같아서"(23절). 이 구절로 유추해 볼 때, 성경은 일종의 거울 역할을 합니다. 우리는 거울을 통해 얼굴이 깨끗한지, 머리는 단정한지, 옷은 제대로 입었는지를 확인하고 고칩니다. 신자는 거울로 자기 얼굴을 보는 사람과 같습니다(23절). 마찬가지로 신자는 거울인 성경을 통해 끊임없이 자신의 잘못된 것을 고쳐 나가는 사람입니다(25절). 성경 자체는 절대적이며 무오한 표준이지만, 성경에 대한 이해는 어느 한 시기에 완전하거나 완벽할 수 없기 때문입니다. 그렇다고 해서, 개혁신학의 신앙과 전통이 완전하지 않으니까 그것을 부정하자는 말이 아닙니다. 신앙과 전통 가운데서 혹시 발생할지 모르는 오류나 잘못을 끊임없이 개혁할 가능성을 열어 놓아야 한다는 것입니다.

우리의 신앙 유산과 전통을 덮어놓고 거부하거나 부정하고, 새로운 신앙 체계를 세우라는 것도 아닙니다. 그것은 개혁(reformation)이 아니라 혁명(revolution)입니다. 오히려 우리의 위대한 신학 전통과 신앙의 역사를 끊임없이 재확인하면서 거기에 존재할 수 있는 오류나 모자란 것들을 성경을 통해 보완하고 더 풍성하게 공급받자는 것입니다. 이런 의미에서 개혁주의 신학은 겸손한 신학이라 할 수 있습니다. 내 신앙이나 행실에 오류가 존재할 수 있음을 인정하기 때문에 겸손할 수밖에 없습니다. 그러므로 날마다 읽고 듣고 배운 하나님의 말씀을 통해 부지런히 자신을 개혁해 나갑시다.

개혁주의 신앙의 표준

둘째, 앞서 말했듯이, 개혁주의 신앙의 표준은 정확무오한 하나님의 말씀입니다. 1장 25절입니다. "자유롭게 하는 온전한 율법을 들여다보고 있는 자는 듣고 잊어버리는 자가 아니요 실천하는 자니 이 사람은 그 행하는 일에 복을 받으리라."

야고보는 말씀을 행하는 자가 되라고 권면하면서 그 말씀이 온전한 율법이라고 가르칩니다. 참된 개혁주의 신앙인은 온전한 율법인 성경 전체를 하나님의 말씀으로 받아들이며 믿고 읽으며 듣고 행하는 사람입니다. 소요리문답 39번도 "하나님이 사람에게 요구하시는 의무는 무엇입니까?"라고 묻고는 이렇게 답합니다. "하나님이 사람에게 요구하시는 의무는 그의 계시된 뜻에 대한 순종입니다." 참된 신자는 성경 전체를 하나님의 감동으로 된 권위 있는 말씀으로 받아들입니다. 바울은 디모데에게 편지하면서 "모든 성경은 하나님의 감동으로 된 것으로 교훈과 책망과 바르게 함과 의로 교육하기에 유익하니 이는 하나님의 사람으로 온전하게 하며 모든 선한 일을 행할 능력을 갖추게 하려 함이라"고 말합니다(딤후 3:16-17). 개혁주의 신앙인은 모든 성경을 하나님의 감동으로 된 하나님의 말씀으로 받아들이고 그 말씀을 토대로 선한 일을 행하는 사람입니다.

그렇다면 개혁주의 신앙은 다른 유파의 신앙과 어떻게 다릅니까? 앞서 말했듯이, 개혁주의 신앙은 성경을 기준으로 잘못되었거나 오류가 있는 교회의 가르침과 신앙의 문제들을 바로잡고 새롭게 합니다. 따라서 '오직 성경'의 원리가 중요하다고 주장합니다. 그런데 이 구호는 로마 가톨릭교회도 인정하지 않습니까? 물론 로마 가톨릭교회도 성경의 권위를 인정합니다. 그러나 가톨릭교회는 교회 전통을 성경과 동등한 것으로 여기고, 교회의 결정을 성경의 권위 위에 놓는 큰 오류를 범했습니다. 그래서 종교개혁이 일어난 것입니다.

16세기 종교개혁자 마르틴 루터는 어떻습니까? 루터는 야고보서를 정경으로 인정하지 않고 '지푸라기 서신'이라고 불렀습니다. 이신칭의를 지나치게 강조한 나머지, 성경 해석 가운데 특히 구원론을 균형 있게 다루지 못했습니다. 물론 구원과 관련하여 율법에 대한 루터의 초기 이해와 후기 이해는 매우 다릅니다. 루터는 제자 아그리콜라와 논쟁하면서 율법에 대한 이해가 한층 성숙해졌습니다. 그러나 구원이나 믿음과 관련하여 성경에 대한 루터의 초기 이해는 온전하지 못했습니다.

개혁주의에서 성경의 권위는 아주 특별합니다. 개혁주의 성경관은 '오직 성경'과 '전체 성경'(Tota Scriptura)에 있습니다. 장로교 개혁주의 신앙고백의 핵심이 되는 웨스트민스터 신앙고백서의 첫 장은 무엇으로 시작합니까? 하나님의 작정, 인간의 구원, 칭의와 성화 같은 주제를 다루기 전에 먼저 성경에 대한 고백으로 시작합니다. 벨직 신앙고백서도 우리가 믿는 하나님에 대해 먼저 다룬 후에, 하나님을 알 수 있는 자연의 책과 성경의 책에 대해 다룹니다.

개혁주의 신학 전통에서는 종교개혁의 다른 유파들 가운데 특히 루터파와 비교할 때 성경의 권위, 즉 모든 신학의 출발점으로서 전체 성경의 중요성을 가장 강조합니다. 모든 진리 판단의 표준이자 절대적이고 무오한 표준으로서 성경의 권위를 가장 높이 인정합니다. 그러므로 우리는 모든 교회 회의, 공회의 결정이나 선언, 옛 교부들의 견해가 무엇이든, 언제나 그것을 성경에 비추어 검증하고 시험해야 합니다(요일 4:1). 또한 우리는 그 일을 겸손함과 사랑의 마음으로 행해야 합니다. 오직 성경과 전체 성경의 원리를 마음에 새기고, 구원과 행위의 유일무이한 법칙으로서 하나님의 말씀인 성경을 인생의 표준으로 삼읍시다.

성경과 더불어 교회를 지켜 온 개혁주의 신앙

셋째, 개혁주의 신앙은 성경과 더불어 역사적 개혁파 신앙고백서들과 교리문답서들을 통해 교회를 지켜왔습니다. 교리란 성경적 원리 아래 성경의 가르침을 체계적으로 요약해 놓은 신앙 조항입니다. 알리스터 맥그래스는 "참된 기독교 복음은 교리적 믿음에 기초해 있으며, 이 교리는 복음에 적합한 응답의 방식을 결정한다"고 말합니다. 몸과 근육은 뼈 없이 서 있을 수 없습니다. 교리는 몸을 지탱해 주는 뼈와 같은 역할을 합니다. 교리가 없으면 신앙은 형태가 없고 약해서 무너지기 쉽습니다.

초대 교회와 사도 시대를 지탱해 준 교리는 사도신경이었습니다. 사도신경은 성부와 성자와 성령의 세 위격으로 존재하시는 성삼위일체 하나님의 내재적이며 경륜적인 특징을 가장 웅변적으로 선포하는 교리이자 고백입니다. 예배 시간에 사도신경을 고백하는 것은, 우리의 신앙이 다른 종교와 달리 성부와 성자와 성령의 삼위로 계시지만 일체이신 하나님을 예배하는 기독교의 고유한 특징입니다. 이 교리는 우리가 누구에게 속해 있으며 우리가 믿는 바가 무엇인지를 선언합니다.

하지만 오늘날 비신자는 말할 것도 없고, 일부 신자들마저 신조와 교리를 경시합니다. 한국 교회가 분열된 원인이 교리 때문이라고 생각하는 사람들도 많습니다. 이런 혼란이 발생한 원인은 무엇입니까? 21세기에 접어들어 신학적 엄밀성을 싫어하는 시대적이고 문화적인 풍조 탓도 있겠지만, 대개는 신조는 필요 없고 성경만 있으면 되고, 교리는 필요 없고 예수님만 있으면 된다는 식의 극단적인 사고방식 때문입니다. 성경만으로 충분하고, 신조나 교리는 인간이 만들어 성경에 덧붙인 인간적 산물이라고 생각하는 것입니다.

오늘날 많은 사람들이 교리 없는 기독교의 사상에 물들어 있습니다. 그러나 야고보는 이렇게 경고합니다. "네가 하나님은 한 분이신 줄을 믿느냐 잘하는도다 귀신들도 믿고 떠느니라"(약 2:19). 마귀도 하나님에 대한 지식과 믿음을 가지고 있습니다. 그러나 그 믿음이 마귀를 구원하지는 못합니다. 신자들도 매일같이 성경을 읽고 주일마다 말씀을 듣지만 그에 대한 응답이 진정한 것인지를 규명할 때는 교리가 절대적 비중을 차지합니다. 그러므로 교리 없는 기독교는 그럴듯하고 매력적일 수 있지만 그릇

되고 위험하기 짝이 없습니다.

교리와 신조를 홀대하고 무시한다면, 그 결과는 참혹할 것입니다. 많은 신자들이 자기가 세워 놓은 신관과 구원관과 교회관을 가지고 있습니다. 자신의 기존 생각과 다를 경우에는 어떤 교리라도 받아들이려 하지 않습니다. 그런 이들에게 신앙 개혁은 요원한 일이 됩니다. 교리 무용론을 주장한 결과에 대한 가장 비극적인 기록은 "사람이 각기 자기의 소견에 옳은 대로 행했던" 사사 시대일 것입니다(삿 21:25). 오늘날도 사사 시대와 별반 다르지 않아 보입니다. 오히려 역사적 개혁파 교리와 신조가 절실히 필요한 시기입니다.

역사적으로 교회는 성경이 가르치고 믿는 바를 신조로 요약했습니다. 장로교의 신앙 문서로는 웨스트민스터 표준문서(Westminster Standards), 즉 웨스트민스터 신앙고백서, 대요리문답, 소요리문답, 교회정치, 예배모범 등이 있습니다. 화란 개혁교회의 일치된 신앙고백 문서로는 하이델베르크 교리문답, 벨직 신앙고백서, 도르트 신경이 있습니다. 이것을 세 일치 신조(Three Forms of Unity)라고 부릅니다. 여기에 약 2만여 자로 구성된 개혁주의 신학을 포괄적으로 진술한 하인리히 불링거의 제2스위스 신앙고백서가 있습니다. 그리고 우리는 (교회정치와 예배모범을 뺀) 웨스트민스터 표준문서, 세 일치 신조, 그리고 제2스위스 신앙고백서 이렇게 일곱 가지 문서를 개혁주의 신앙고백의 7대 문서라고 부릅니다.

개혁주의 교회의 신조와 신앙고백은 성경의 중요한 교리를 요약하여 신자의 믿음을 증진시킬 뿐 아니라 오류를 바로잡고 이단의 공격에 맞서 진리를 수호하는 중대한 역할을 해왔습니다. 니케아 공의회(325년), 칼케돈 공의회(451년), 도르트 종교회의(1618년)가 대표적인 예입니다. 신조는 무엇보다 성경의 교훈을 요약하고, 성경을 올바로 이해하도록 도와주며,

거짓된 교훈과 생활을 막아주는 방패 역할을 합니다. 신조 없이는 신앙 생활의 순결을 지켜 나가기가 어렵습니다. 신앙고백과 신조와 교리는 신자와 교회의 영적 건강에 필수적인 영양소와 같습니다. 칼 트루먼은 이렇게 말합니다.

"어쩌면 신조와 신앙고백서만이 건강한 교회를 세우는 유일한 방법이 아닐 수도 있다. 그러나 그것들은 분명 사도 시대가 막을 내린 이후 오늘날에 이르기까지, 가장 많은 그리스도인들이 건강한 교회를 세우기 위해 선택한 규범이다. 신조를 부정하고 성경만을 유일한 신조로 내세우는 교회가 건강한 교회로 자랄 수 있다는 증거는 역사 속에서 거의 찾아볼 수 없다"[『교리와 신앙』(The Creedal Imperative), 지평서원, p.284].

역사적으로 기독교회는 여러 신조와 신앙고백을 통해 분열된 것이 아닙니다. 도리어 기독교 신앙의 정통성을 도전하고 허물려는 여러 이단적 사상으로부터 신조와 신앙고백을 통해 스스로를 수호하고 지켜왔습니다. 16세기에 종교개혁을 일으키며 교회를 지켜냈던 참된 교리는 오직 믿음(Sola Fide), 오직 은혜(Sola Gratia), 오직 그리스도(Solus Christus), 오직 성경(Sola Scriptura), 그리고 오직 하나님께 영광(Soli Deo Gloria)이었습니다. 기독교회는 역사적으로 신앙고백과 교리를 통해 순수성을 보전하고 적들의 공격을 효과적으로 막아냈으며, 하나님의 참된 교회의 모습을 지켜냈습니다. 오늘날에도 건전한 교리를 왜곡하는 거짓 가르침과 각종 이단들의 공격이 계속되고 있습니다. 따라서 우리는 참된 신앙고백서와 교리를 공부해야 합니다.

성경은 강력한 어조로 우리에게 설교를 명하며(딤후 4:2), 바른 교훈을 따르라고 명령합니다(딤후 4:3). 바른 교훈은 건전한 성경 교리를 말합니다. 초대 교회도 사도들이 그리스도께 받은 가르침, 즉 교리를 성실하게 배웠습니다(행 2:42). 그러므로 교리는 필요 없고 성경만으로 충분하다고 주장하며 신조와 교리 무용론에 동조하는 것은 현대 교회를 세속화와 타락 그리고 혼합주의로 몰고 가려는 사탄의 또 다른 전략에 동조하는 것이 됩니다. 또는 성경의 권위를 무시하고 자기 마음대로 판단하는 주관주의적 신앙에 함몰되는 것과 다름없습니다. 하나님의 말씀을 체계적으로 요약해 주는 교리 공부를 통해 진리의 말씀을 듣고 배우며 그 말씀대로 행하는 복된 성도가 됩시다. 여기 개혁주의 신학 유산의 가장 대중적인 열매 가운데 하나인 소요리문답 강해가 있습니다. 이어지는 이 교리 강해를 통해 하나님의 말씀인 성경이 가르치는 교훈의 핵심을 깊이 배우고 건강한 신앙생활을 영위하도록 합시다.

○ 칼뱅, 『기독교 강요』, 4.2.1.

그러나 신앙의 보루에 거짓된 것이 끼어들고, 필수적인 교리의 요강이 무너지고, 성례의 바른 시행이 파괴되면 곧바로 교회의 죽음으로 이어지는 법이다… 이러한 사실은 교회는 사도들과 선지자들의 가르침 위에 세워졌고, 그리스도 예수께서 친히 모퉁잇돌이 되신다는(엡 2:20) 바울의 말에서도 분명히 드러난다. 교회의 터가 바로 선지자들과 사도들의 가르침이며, 그 가르침이 신자들에게 그들의 구원을 오직 그리스도께만 두라고 명한다면, 과연 그 가르침이 사라질 때 교회가 어떻게 계속 서 있겠는가? 그러므로 교회를 유지시키는 유일한 것, 즉 신앙의 요강이 죽어버리면 교회는 무너질 수밖에 없다.

■ 나눔 질문

1. 개혁주의 신앙이란 무엇입니까?
2. 개혁주의 신앙의 가장 중요한 기준이자 표준은 무엇입니까? 그 이유는 무엇입니까?
3. 개혁주의 신앙이 성경과 더불어 중요하게 생각하는 것은 무엇입니까? 개혁주의에서 중요하게 여기는 신조(신앙고백서)와 요리문답은 무엇입니까?
4. 성경 외에 신조(신앙고백서)와 교리를 중요하게 여기는 이유는 무엇입니까?
5. 종교개혁을 통해 다시 새롭게 정립된 다섯 가지 교리는 무엇입니까?
6. 신조나 신앙고백의 긍정적인 역할 두 가지는 무엇인지 토론해 봅시다.
7. 개혁주의 신앙을 추구하는 자신에게 부족하거나 고쳐야 할 점이 무엇인지 생각해 봅시다.

2장
사람의 제일 되는 존재 목적

²¹아버지여, 아버지께서 내 안에, 내가 아버지 안에 있는 것같이 그들도 다 하나가 되어 우리 안에 있게 하사 세상으로 아버지께서 나를 보내신 것을 믿게 하옵소서 ²²내게 주신 영광을 내가 그들에게 주었사오니 이는 우리가 하나가 된 것같이 그들도 하나가 되게 하려 함이니이다 ²³곧 내가 그들 안에 있고 아버지께서 내 안에 계시어 그들로 온전함을 이루어 하나가 되게 하려 함은 아버지께서 나를 보내신 것과 또 나를 사랑하심 같이 그들도 사랑하신 것을 세상으로 알게 하려 함이로소이다 ²⁴아버지여 내게 주신 자도 나 있는 곳에 나와 함께 있어 아버지께서 창세 전부터 나를 사랑하시므로 내게 주신 나의 영광을 그들로 보게 하시기를 원하옵나이다 ²⁵의로우신 아버지여 세상이 아버지를 알지 못하여도 나는 아버지를 알았사옵고 그들도 아버지께서 나를 보내신 줄 알았사옵나이다 ²⁶내가 아버지의 이름을 그들에게 알게 하였고 또 알게 하리니 이는 나를 사랑하신 사랑이 그들 안에 있고 나도 그들 안에 있게 하려 함이니이다. 요 17:21-26

소요리문답 1번

문 1: 사람의 제일 되는 목적은 무엇입니까?

답: 사람의 제일 되는 목적은 하나님께 영광을 돌리고(고전 10:31; 롬 11:36) 그를 영원토록 즐거워하는 것입니다(시 73:25-28).

저는 가끔씩 이 세상의 수많은 사람들이 "과연 무슨 목적으로 살아갈까?"라는 생각을 합니다. 과연 그들은 자신이 어디서부터 와서 어디로 가고 있는지, 즉 인간의 기원과 존재 목적을 잘 알고 있을까요? 만일 사람이 스스로 존재하게 된 것이 아니라면(물론 스스로 존재한 사람은 아무도 없습니다), 분명히 사람은 누군가에 의해 지음을 받았고 그렇다면 지음 받은 특별한 이유 또는 목적이 있을 텐데 말입니다.

오늘날 주변을 돌아보면 사람들은 자신이 이 땅에 존재하게 된 기원과 목적을 인식하며 살아가는 것 같지 않습니다. 로이드 존스 박사는 인류에 대해 이렇게 지적한 바 있습니다. "오늘날 인류는 비정상적입니다. 현재 그들의 상태는 풍경화 안의 오점과 같습니다. 그들은 창조세계의 모순입니다. 그들은 잘못된 위치에 서 있습니다. 그들은 본래의 기능을 수행하고 있지 않은 것입니다." 태초에 하나님은 인류를 아름답고 영광스럽게 지으셨습니다. 오늘날의 인류를 보면 영광스럽기는커녕 오점 투성이입니다. 이렇게 된 것은 인류가 하나님이 정하신 영광스러운 목적에서 벗어나 범죄하고 타락했기 때문입니다. 인류는 하나님이 그들에게 주신 존재 목적과 그 영광을 상실했습니다. 인류가 이 목적을 다시금 되찾지 못한다면 영광이나 아름다움은 결코 회복하지 못할 것입니다.

오늘 우리가 읽은 성경 말씀에서 예수님은 우리에게 분명히 선언하고 계십니다. 사람들이 하나님 아버지께서 예수 그리스도에게 주신 영광을 보아야 한다는 것입니다. 이 영광을 보려면 사람들에게 믿음이 있어야 합니다. 우리 예수님의 한 가지 소원은, 하나님 아버지께서 예수님을 이 세상에 보내신 사실을 사람들이 믿는 것이었습니다. 어떻게 보면, 사람의 제일 되는 목적은 예수 그리스도를 믿는 것입니다. 예수 그리스도를 믿게 되면 하나님의 영광을 보게 되고, 하나님의 영광을 보게 되면 비로소 하나님께 영광을 돌릴 수 있게 되기 때문입니다. 그렇다면 사람의 제일 되는 목적은 무엇입니까?

인간의 존재 목적 - 행복의 진정한 원리

첫째, 하나님을 영화롭게 하는 것만이 사람의 제일 되는 목적이며 그것만이 사람이 세상의 온갖 불행으로부터 구원받아 가장 행복해지는 원리입니다. 21절 말씀을 보겠습니다. "아버지여, 아버지께서 내 안에, 내가 아버지 안에 있는 것같이 그들도 다 하나가 되어 우리 안에 있게 하사 세상으로 아버지께서 나를 보내신 것을 믿게 하옵소서."

이 말씀에 따르면 인간이 존재하는 이유가 있습니다. 그것은 바로 예수님이 하나님의 아들이심을 믿는 것입니다. 하나님 아버지께서 예수님을 이 세상에 보내신 것을 믿는 것입니다. 소요리문답의 표현대로 하자면, 하나님께 영광을 돌리는 것입니다. 즉 예수님이 하나님의 아들이시며, 하나님이 예수님을 세상의 구주로 보내셨음을 믿는 것이야말로 하나님께 영광을 돌리는 길입니다. 그리고 바로 그렇게 될 때 사람은 이 세상에서 가장 행복해질 수 있습니다.

왜 그럴까요? 22절을 읽어 보겠습니다. 예수님은 하나님께 기도하시면서 "내게 주신 영광을 내가 그들에게 주었"다고 말씀하십니다. 이 얼마나 놀라운 진술입니까? 본래 영광은 오직 하나님께만 배타적으로(exclusively) 전용되는 용어입니다. 예를 들어 "glorious, gorgeous, splendid, fantastic, tremendous" 등은 모두 전능하시고 영광스러운 하나님께 어울리는 단어입니다. 그런데 예수님은 제자들에게 이 영광을 주었다고 말씀하십니다. 말하자면 사람들이 영광스러운 존재라는 뜻입니다. 한번 여러분도 저를 따라해 보실까요? "나는 영광스러운 사람입니다!" 이게 어떻게 가능할까요? 우리가 하나님의 형상대로 지음 받았기 때문입니다. 본래 인간은 하나님의 형상과 모양으로 지음 받은 영광스러운 존재였습니다. 그런데 스스로 높아지고자 하는 교만의 범죄로 말미암아 타락하고 영광을 상실했습니다. 사람의 지성과 정서와 의지와 인격이 부패하고 오염되었습니다. 이때부터 사람은 무엇을 해도 만족할 수 없게 되었습니다. 죄로 타락하기 이전에 사람의 진정한 기쁨과 즐거움은 전능하신 하나님을 예배하며 섬기는 것이었습니다. 그것이 인간의 기쁨이었습니다. 그런데 죄가 모든 것을 엉망진창으로 망가뜨렸습니다. 죄가 들어오면서 죽음이 들어왔고, 살인과 시기와 질투와 거짓이 만연해졌습니다. 하나님을 위해 창조된 사람이 철저하게 자기를 위하는 사람이 되고 말았습니다.

하나님이 예수 그리스도를 이 세상에 보내신 이유는 바로 이 죄와 타락과 부패를 해결하시기 위함이었습니다. 그리고 그 방법은 성육신하신 구주 예수 그리스도가 친히 모든 죄를 짊어지시고 십자가에서 대신 죽으시는 것이었습니다. 예수 그리스도가 오신 이유는 하나님과 우리 사이에 죄로 막힌 담을 허무시고 하나로 연합하시기 위해서이십니다. 우리는 그리스도와 연합함으로 죄를 용서받고 그리스도의 의를 선물로 받아 구원을 얻습니다. 우리가 오늘 함께 예배드리며 하나님의 말씀을 청종할 수 있는 것 역시 우리가 그리스도와 하나가 되었기 때문입니다. 예수님은 "아버지께서 내 안에, 내가 아버지 안에 있는 것같이 그들도 다 하나가 되어 우리 안에 있게" 하여 주시기를 하나님 아버지께 기도하십니다.

예수님이 이렇게 성부와 성자 하나님의 연합, 예수 그리스도와 신자의 연합, 그리고 예수님을 믿는 신자와 신자의 연합을 말씀하시는 이유는 그 연합을 통해 하나님 아버지께서 예수 그리스도를 보내신 것을 믿게 하시려는 것이었습니다(21절). 또한 하나님 아버지께서 예수 그리스도를 사랑하심과 같이 우리도 사랑하심을 알게 하시기 위함이었습니다. 즉 예수 그리스도와의 연합이야말로 하나님이 나를 사랑하심을 알게 하는 가장 강력한 원인입니다. 다시 말하자면 예수 그리스도를 믿으면 그리스도와 연합하게 되고, 예수님과 연합한 자는 하나님이 나를 사랑하심을 확신하게 된다는 것입니다. 그렇게 연합된 자는 영광 중에 계신 하나님을 즐거워하게 됩니다. 바로 이런 사람이 정말 행복한 사람입니다. 이런 사람만이 자신 안에 있는 하나님의 영광을 볼 수 있습니다. 예수님이 24절에서 "내게 주신 나의 영광을 그들로 보게 하시기를 원하옵나이다"라고 말씀하신 이유이기도 합니다. 뿐만 아니라 22절에 보면 "내게 주신 영광을 내가 그들에게 주었사오니"라고 되어 있습니다. 말하자면 예수님을 믿고 그분과 연합함으로 신자는 하나님의 영광, 그리스도의 영광을 체험합니다. 요한복음 1장 14절에서 사도 요한은 이렇게 말합니다. "말씀이 육신이 되어 우리 가운데 거하시매 우리가 그의 영광을 보니 아버지의 독생자의 영광이요 은혜와 진리가 충만하더라." 그렇다면 이 땅에 존재하는 인간의 최고의 기쁨은 하나님의 영광을 목도하는 것입니다.

다시 소요리문답으로 돌아와서, 1번은 "사람의 제일 되는 목적은 무엇입니까?"라고 질문하는데 여기서 말하는 '목적'이란 "어떤 것이 존재하는 용도"를 뜻합니다. 인간이 존재하는 용도가 무엇이냐는 질문입니다. 더 직설적으로 말하면 사람이 무엇 때문에 사느냐는 것입니다. 사실 이것은 태초 이래 모든 사람이 던져야 하는 질문이기도 합니다.

어떤 이들은 사람은 "행복해지기 위해" 산다고 말합니다. 그래서 일을 하고 공부를 하고 돈을 벌고 좋은 직장을 다니고 결혼을 하고 자녀를 낳고 명예를 쌓고 권력을 얻으려고 분투합니다. 그러나 제가 단언하지만 이렇게 해서 행복해진 사람은 아무도 없습니다. 사람은 돈을 더 많이 버는 것으로는 절대로 만족하거나 행복해지지 않습니다. 사람은 그렇게 지음 받지 않았기 때문입니다. 그것은 사람의 용도, 즉 사람이 존재하는 진정한 목적이 아니기 때문입니다. 이런 삶의 방식은 성경의 가르침과는 정반대입니다. 성경은 만물이 존재하는 목적이 사람의 행복이라고 말한 적이 단 한 번도 없습니다. 이 문제를 놓고 많은 지면을 할애할 필요는 없을 것 같습니다. 구약과 신약의 대표적인 본문을 인용해 보겠습니다. 우선 시편 19편 1절입니다. "하늘이 하나님의 영광을 선포하고 궁창이 그의 손으로 하신 일을 나타내는도다." 다음은 신약성경 로마서 11장 36절입니다. "이는 만물이 주에게서 나오고 주로 말미암고 주에게로 돌아감이라 그에게 영광이 세세에 있을지어다 아멘."

말하자면 인간을 포함하여 만물이 존재하는 용도는 인간의 행복이 아니라 하나님의 영광에 있습니다. 창세기 3장이 기록하는 인간의 범죄와 타락은 바로 이것으로부터의 이탈이었습니다. 아담과 하와는 자신들의 행복을 추구하기 위해 하나님을 반역하고 하나님의 계명을 어기고 범죄했습니다. 하나님을 떠나서는 참된 행복이 없는데 하나님을 떠나는 것으로 행복을 추구하고자 했습니다.

인간의 존재 목적이 행복 그 자체라는 주장이 잘못된 또 하나의 이유는 그것이 인간을 지으신 하나님이 아니라 철저히 인간편에서 비롯된 생각이기 때문입니다. 사실 사람의 제일 되는 목적이 무엇이냐는 질문은 인간에 대한 질문이지만 그 결국은 하나님에 대한 질문으로 끝납니다. 인간의 제일 되는 목적은 하나님을 영화롭게 하고 그분을 영원토록 즐거워하는 것입니다. 즉 하나님을 제외하고서는 인간이라는 존재를 생각할 수 없다는 말입니다. 무엇보다도 인간의 존재 목적이 행복을 추구하기 위함이라는 이 명제가 잘못인 결정적인 증거는 인간에게는 스스로 행복해질 수 있는 능력이 전혀 없다는 사실에 있습니다.

소위 우리가 인본주의라 부르는, 인간을 만물의 척도로 삼고 세상을 살아가겠다는 사상은 실패로 돌아갔습니다. 이미 20세기에 벌어진 두 차례의 세계대전과 독일 나치의 잔학한 학살이 그것을 반증합니다. 가깝게는 1945년 8월 15일 광복 이전의 일본제국주의의 만행, 북한의 남침으로 벌어진 한국전쟁, 끊임없이 계속되는 정치 폭력, 세계 곳곳에서 벌어지고 있는 테러 등이 그 증거입니다. 최근에는 러시아가 우크라이나를 침공해 지금까지 계속 전쟁이 이어지고 많은 사람들이 목숨을 잃고 있습니다. 인간은 그야말로 문제의 주역이 아닐 수 없습니다. 다른 사람을 행복하게 하기 위해 살아가는 사람도 간혹 있지만, 그런 노력과는 상관없이 오로지 자신이 행복해지기 위해 다른 사람의 행복을 짓밟는 존재가 바로 타락한 인간이 아닙니까?

그렇기 때문에 우리는 "사람의 제일 되는 목적은 무엇입니까?"라는 질문으로 다시 되돌아와야 합니다. 소요리문답은 이 질문의 대답으로서 "하나님께 영광을 돌리고 그를 영원토록 즐거워하는 것"이라고 정의합니다. 이것이 인간의 제일 되는 참된 목적입니다. 하나님이 보내신 예수 그리스도를 믿음으로 하나님의 영광을 보지 않고서는 결코 인간은 행복해질 수 없습니다. 그래야만 세상에도 평화가 깃들 것입니다.

우리의 구주이신 주 예수 그리스도를 통해 우리 속에 있는 참된 하나님의 영광을 발견하고 진정으로 행복한 성도가 되시기를 바랍니다.

하나님께 돌려야 할 영광의 원리

둘째, 우리는 오직 하나님이 주신 영광을 통해 하나님이 지시하신 방법으로만 하나님을 영화롭게 할 수 있습니다. 24절 말씀을 읽겠습니다. "아버지여 내게 주신 자도 나 있는 곳에 나와 함께 있어 아버지께서 창세 전부터 나를 사랑하시므로 내게 주신 나의 영광을 그들로 보게 하시기를 원하옵나이다."

참된 그리스도인은 언제든지 하나님을 영화롭게 하는 일을 최우선으로 강조해야 합니다. 하나님의 영광을 먼저 생각하지 않고 자신의 행복을 추구하는 자는 결코 행복해질 수 없기 때문입니다. 이것이 성경의 정신이요 하나님의 법칙입니다. 먼저 행복을 추구할 것이 아니라 하나님의 영광을 추구하면 행복은 자연스럽게 따라옵니다. 이런 이유 때문에 웨스트민스터 신학자들은 하나님을 영화롭게 하는 일을 하나님을 즐거워하는 일보다 더 앞에 놓았던 것입니다.

하나님은 무엇보다 먼저 영광을 받으셔야 할 분이지 즐거워할 분이 아닙니다. 인간은 하나님을 영화롭게 하지 않고도 얼마든지 그릇되게 즐거워할 수 있습니다. 때로는 신비적이며 감성에 치우친 신앙 양태가 이런 왜곡된 모습을 낳습니다. 사실 하나님을 즐거워하는 것은 하나님을 영화롭게 하는 일에 종속되어 있습니다. 하나님을 마땅히 영화롭게 하면 즐거움은 따라옵니다. 참된 행복이란 우리의 주가 되시는 하나님이 우리를 지으신 목적대로 사는 것이기 때문입니다. 따라서 참된 신자는 하나님이 나를 위해 존재하는 것이 아니라 내가 하나님을 위해 존재하는 것이라고 생각해야 합니다.

이것은 소요리문답 1번의 원문 문법에서도 잘 드러납니다. 원문은 독립된 두 개의 to부정사를 독립적으로 배열하지 않았습니다. 만일 그랬다면, 앞에 and 다음에 오는 to는 생략되는 것이 원칙입니다. 즉 하나님을 영화롭게 하는 것 하나, 그리고 하나님을 즐거워하는 것 또 하나 이렇게 따로 따로 말하고자 했다면 "to glorify and enjoy"라고 썼을 것입니다. 하지만 원문은 "to glorify, and to enjoy"라고 했습니다. 하나님을 영화롭게 하는 삶 자체가 바로 인간의 가장 즐거운 삶이라는 말입니다. 다시 말해 사람의 즐거움은 하나님을 영화롭게 하는 것에 종속된다는 말입니다. 아우구스티누스는 이것을 고백록에서 다음과 같이 잘 정의해 놓았습니다. "하나님 당신께서는 당신을 위하여 우리를 지으셨습니다. 그러므로 우리 영혼은 당신 안에서 참되게 안식하기 전까지는 진정으로 안식할 수 없습니다."

여기서 한 가지 주의해야 할 필요가 있습니다. 우리가 하나님을 영화롭게 한다는 말은 하나님을 영광스럽게 만든다는 말이 절대 아닙니다. 우리는 절대로 하나님을 영광스럽게 만들 수 없습니다. 하나님은 이미 영화로우신 분이십니다. 하나님은 이미 영원 전부터 영원까지 영광스러우신 분이십니다. 우리가 백 년을 살고 천 년을 더 산다고 해도 하나님을 영광스럽게 만들 수는 없습니다. 우리가 엄청난 업적을 이루고 큰 일을 감당한다고 해도 하나님을 영광스럽게 만들 수는 없습니다. 바울은 사도행전 17장 25절에서 하나님에 관하여 이렇게 말합니다. "또 무엇이 부족한 것처럼 사람의 손으로 섬김을 받으시는 것이 아니니 이는 만민에게 생명과 호흡과 만물을 친히 주시는 이심이라." 그 누구도 그 무엇도 하나님을 영광스럽게 만들 수는 없습니다.

그러면 소요리문답이 말하는 바, 하나님께 영광을 돌린다는 것은 무엇을 의미합니까? 그것은 우선 마치 하나님이 창조하신 세상 만물이 하나님의 영광을 선포하듯, 우리가 거울처럼 하나님의 영광을 반사하는 것을 뜻합니다(시 19:1-2). 우리의 생각과 정서와 의지와 인격을 통해 하나님의 영광이 '나'라는 거울을 통해 반영되는 것입니다. 이 일을 위해서는 두 가지가 필요합니다. 첫째는 인간의 제일 되는 목적의 지성적 인식이요. 둘째는 실천적 행동입니다.

첫째로, 지성적 인식입니다. 예수님께서는 우리가 하나님의 영광을 보기를 원하셨습니다. 그러므로 우선 우리는 내가 나 자신이나 다른 사람을 위해 존재하는 것이 아니라 오직 하나님만 위해서만 존재하며, 그 하나님께 영광 돌려야 할 존재임을 인식해야 합니다. 그러기 위해서는 우리 안에 있는 하나님의 영광을 알아야 합니다. 우리가 하나님의 형상대로 지음을 받았고 그분을 위해 존재한다는 사실을 경험해야 합니다. 그리고 이 원대한 목적에, 존재하는 다른 모든 것들이 종속됨을 인정해야 합니다. 만물이 주에게서 나오고 주로 말미암고 주에게로 돌아가므로 영광이 그분에게만 세세토록 있어야 한다는 인식 말입니다. 바울은 고린도전서 6장 19-20절에서 이렇게 말합니다. "너희 몸은 너희가 하나님께로부터 받은 바 너희 가운데 계신 성령의 전인 줄을 알지 못하느냐 너희는 너희의 것이 아니라 값으로 산 것이 되었으니 그런즉 너희 몸으로 하나님께 영광을 돌리라."

둘째는 실천적 행동입니다. 실천적 행동은 지성적 인식, 즉 앎에 머물지 않고 더 나아가 하나님이 우리를 지으신 목적대로 살아드리려는 의지적이며 구체적인 행동을 뜻합니다. 바울은 고린도전서 10장 31절에서 "먹든지 마시든지 무엇을 하든지 다 하나님의 영광을 위하여 하라"고 명령합니다. 하나님을 영화롭게 하는 것은 실천적 명령입니다. 이것은 선택사항이 아니라 인간으로 태어난 모든 존재에게 필연적 과제입니다. 후순위가 아니라 선순위입니다. 아니 최우선순위입니다. 그러므로 생각만 해서는 되는 일이 아무것도 없습니다. 생각했다면, 알았다면, 깨달았다면, 경험했다면, 실천해야 합니다. 피조세계는 그 자체로 하나님의 영광을 반사하지만, 인간의 경우는 하나님께 영광 돌리는 일을 자원해서 수행하도록 초청을 받고 있습니다. 예수님이 하나님을 영화롭게 하신 것처럼 우리 인간도 하나님을 영화롭게 해야 합니다(요 17:4).

바울은 골로새 교인들을 위해 골로새서 1장 10절에서 이렇게 말합니다. "주께 합당하게 행하여 범사에 기쁘시게 하고 모든 선한 일에 열매를 맺게 하시며 하나님을 아는 것에 자라게 하시고." 계속해서 바울은 에베소 교인들에게도 에베소서 5장 8-10절에서 이렇게 권면합니다. "너희가 전에는 어둠이더니 이제는 주 안에서 빛이라 빛의 자녀들처럼 행하라 빛의 열매는 모든 착함과 의로움과 진실함에 있느니라 주를 기쁘시게 할 것이 무엇인가 시험하여 보라." 결정적으로 바울은 로마 교인들에게 편지하면서 로마서 12장 1-2절에서 이렇게 말합니다. "그러므로 형제들아 내가 하나님의 모든 자비하심으로 너희를 권하노니 너희 몸을 하나님이 기뻐하시는 거룩한 산 제물로 드리라 이는 너희가 드릴 영적 예배니라 너희는 이 세대를 본받지 말고 오직 마음을 새롭게 함으로 변화를 받아 하나님의 선하시고 기뻐하시고 온전하신 뜻이 무엇인지 분별하도록 하라."

하나님을 기쁘시게 할 것이 무엇인지 생각했다면, 그대로 실천에 옮겨야 합니다. 지금 나의 생각, 지금 나의 행동, 앞으로의 나의 계획을 하나님이 기뻐하실지 성경적으로 조금이라도 생각해 보면 대답은 의외로 간단해집니다. 바로 그것대로 행동하는 것이 하나님을 영화롭게 하는 일입니다. 그런 생각과 정반대로 행동하는 것이 바로 하나님을 모독하는 일입니다. 여기서 또다시 지적하고 넘어가야만 하는 것은, 하나님을 실천적 행동으로 영화롭게 한다는 말은 하나님을 영광스럽게 만든다는 것을 의미하지 않는다는 것입니다. 하나님은 우리의 노력과 실천으로 영광스럽게 되시지 않습니다. 그분은 영원부터 영원까지 이미 영광스러우신 분이십니다. 하나님께 영광을 돌리라는 말은 그 영원하신 하나님의 영광, 그 독생자의 영광, 그 은혜와 진리가 충만한 영광을 더 깊이 인식하고 더 깊이 깨달아 우리의 생각과 마음과 양심과 말과 행동을 통해 거울처럼 반사하라는 뜻입니다.

우리가 더욱 이렇게 살아야 하는 이유는 하나님이 보내신 우리 구주 예수 그리스도도 친히 아버지 하나님께 영광 돌리는 삶을 사셨기 때문입니다. 우리가 살펴보는 본문이자 예수님의 대제사장적 기도가 기록된 요한복음 17장 4-5절에서 주님은 이렇게 말씀하셨습니다. "아버지께서 내게 하라고 주신 일을 내가 이루어 아버지를 이 세상에서 영화롭게 하였사오니 아버지여 창세 전에 내가 아버지와 함께 가졌던 영화로써 지금도 아버지와 함께 나를 영화롭게 하옵소서." 예수님께서는 하나님이 행하기를 원하시는 것을 자원하여 이루셨습니다.

우리 구주 예수 그리스도가 그렇게 하신 것처럼 우리 안에 있는 하나님의 영광을 깨달아 알고 하나님 아버지께서 하라고 하신 일을 이루어 하나님께 마땅한 영광을 돌리는 성도가 되시기를 바랍니다.

소요리문답 1번은 사람의 제일 되는 목적을 말하고 있습니다. 사람의 최고의 목적, 근본적이고도 주요한 존재의 이유에 대해 말합니다. 그것은 우리 삶의 모든 국면에서 제일 되는 목적을 구현하는 것입니다. 우리는 종교적인 일을 할 때만, 예를 들면 주일 예배를 드릴 때만 하나님을 영화롭게 한다고 생각하기 쉽습니다. 그것은 소요리문답이 의미하는 바가 결코 아닙니다. 하나님을 영화롭게 하는 삶은 우리의 종교적 활동에서만이 아니라 우리 삶의 모든 활동에서 구현되어야 할 최고의 목적입니다. 우리가 하는 모든 일에서 하나님께 영광이 되어야 합니다. 그러므로 우리가 무슨 일을 하든지 그 일에서 하나님이 존귀히 되고 하나님의 영광이 드러나고 하나님이 기뻐하시는 일이 되도록 해야 합니다. 말하자면 우리의 삶 전체를 의식적으로 하나님의 영광을 위한 것으로 사용해야 한다는 의미입니다. 제일되는 목적은 그 가치에 있어서도 제일이지만, 그 시간과 공간에 있어서도 제일, 즉 전부가 되는 목적입니다.

한 가지 구체적인 예를 들자면, 성령의 열매를 맺는 것입니다. 갈라디아서 5장 22-23절입니다. "오직 성령의 열매는 사랑과 희락과 화평과 오래 참음과 자비와 양선과 충성과 온유와 절제니 이 같은 것을 금지할 법이 없느니라." 이런 열매를 맺으려면 우리는 반드시 거듭나야 합니다. 죄를 회개하고 예수 그리스도를 구주로 영접해야 합니다. 반드시 믿음이 있어야 합니다. 하나님의 특별한 은혜가 있어야 합니다. 그럴 때에야 우리는 비로소 하나님을 영화롭게 할 수 있습니다. 그러므로 그리스도인이 되지 않고서는 결코 이 영광을 알 수 없고 하나님을 영화롭게 할 수 없으며, 하나님을 영원토록 즐거워할 수도 없습니다. 성도 여러분! 우리는 이 영광을 알고 있습니까? 우리 삶에서 제일 되는 목적이 하나님께 영광을 돌리는 것입니까? 그것만이 우리가 추구하는 최상의 기쁨이요 최고의 즐거움입니까?

하나님이 우리를 지으신 목적을 분명히 깨달아 알아 하나님을 영화롭게 하고 그분을 영원토록 즐거워함으로 진정 행복한 성도가 되시기를 바랍니다.

○ 칼뱅, 『기독교 강요』, 3.10.6.

자기의 소명을 이루는 일을 삶의 목표로 두는 사람만이 적절히 틀이 잡힌 삶을 살아간다. 자기에게 지정된 한계를 넘어서는 일이 온당치 못하다는 것을 잘 알므로, 경솔하게 충동적으로 움직이지도 않고, 자기의 소명에 합당한 정도 이상을 시도하지 않을 것이기 때문이다. 아무리 미천한 처지에 있다 할지라도 자기의 의무를 저버리고 사사로운 생활을 추구하지 않는다. 그렇게 하면 하나님이 자기에게 지정해 주신 일과 사명을 저버리는 것이 되기 때문이다. 곧 여러분에게 주어진 소명을 따라 나아가면, 아무리 천하고 추한 일을 한다 할지라도 그 일이야말로 하나님 보시기에는 찬란하고 고귀하다는 것을 깨닫게 될 것이다.

■ 나눔 질문

1. 오늘날의 인류가 영광스럽기보다 오점 투성이인 이유는 무엇입니까?
2. 타락하기 이전에 인간의 가장 큰 즐거움은 무엇이었습니까?
3. 저자는 사람이 행복해지는 최고의 비결을 무엇이라 말하며, 그 이유는 무엇입니까?
4. 인간을 포함하여 만물이 존재하는 목적 또는 용도는 무엇입니까?
5. 웨스트민스터 신학자들이 하나님께 영광 돌리는 것을 하나님을 즐거워하는 것보다 먼저 위치시킨 이유는 무엇입니까?
6. 하나님께 영광을 돌린다는 것의 잘못된 이해와 올바른 이해는 무엇입니까?
7. 하나님께 영광을 돌리기 위해 필요한 두 가지 요소가 무엇입니까?
8. 최근에 하나님께 영광을 돌리고 하나님을 즐거워한 경험이 있다면 함께 나누어 봅시다.

3장
믿음과 행함의 유일한 법칙

³⁰예수께서 제자들 앞에서 이 책에 기록되지 아니한 다른 표적도 많이 행하셨으나 ³¹오직 이것을 기록함은 너희로 예수께서 하나님의 아들 그리스도이심을 믿게 하려 함이요 또 너희로 믿고 그 이름을 힘입어 생명을 얻게 하려 함이니라. 요 20:30-31

소요리문답 2, 3번

문 2: 하나님이 어떤 법칙을 주셔서 우리가 하나님께 영광을 돌리고 그를 즐거워하도록 지도하셨습니까?

답: 구약과 신약 성경에 기록된 하나님의 말씀만이(딤후 3:16; 엡 2:20) 우리가 하나님께 영광을 돌리고 하나님을 즐거워하도록 지도하시기 위해 주신 유일한 법칙입니다(요일 1:3-4).

문 3: 성경이 주요하게 가르치는 것은 무엇입니까?

답: 성경은 하나님에 관하여 믿어야 할 것이 무엇인지, 그리고 하나님이 사람에게 요구하시는 의무가 무엇인지를 주요하게 가르칩니다(딤후 1:13; 3:16).

우리는 사람의 제일 되는 목적이 하나님을 영화롭게 하는 것이며, 그분을 영원토록 즐거워하는 것이라고 배웠습니다. 사람의 진정한 행복은 행복 자체를 추구함에 있지 않고, 하나님께 영광을 돌릴 때 얻어집니다. 하나님을 영화롭게 하는 것이 사람의 존재 목적이며 그것이 그의 기쁨입니다. 또한 하나님을 영화롭게 할 때만 사람은 진정으로 즐거워할 수 있습니다.

그럼에도 우리는 하나님을 영화롭게 만들 수 없다는 점을 분명히 했습니다. 하나님은 영원부터 영원까지 이미 온전히 영광스러우신 분이기 때문입니다. 하나님께 영광을 돌린다는 말은 이미 영광스러우신 하나님을 우리의 인격을 통해, 우리의 삶을 통해 드러내고 반영하는 것을 의미합니다. 이런 의미에서 하나님께 영광을 돌린다는 것은 수동적이며 동시에 능동적입니다. 하나님이 그리스도 예수를 통해 우리에게 주신 영광을 드러낼 뿐 아니라, 더 나아가 적극적으로 그 영광이 무엇을 의미하는지를 찾아 하나님께 영광을 돌려야 합니다.

그렇다면 우리는 '어떻게' 수동적으로 그리고 능동적으로 하나님을 영화롭게 할 수 있을까요? 그것이 하나님께 영광이 된다는 것을 어떻게 알 수 있을까요? 오늘 우리가 다루려고 하는 내용이 바로 이것입니다. 하나님은 우리가 하나님을 영화롭게 할 수 있도록 우리에게 당신의 말씀 즉 성경을 주셨습니다. 그 성경에서 가르치는 바가 우리가 살펴볼 소요리문답 2번의 내용입니다. 오늘 우리가 다루려고 하는 내용에 대해 성경이 주요하게 가르치는 것은 크게 두 가지, 즉 하나님을 믿는 것과 그 하나님께 마땅히 행해야 할 것입니다. 그것이 또 우리가 살펴볼 소요리문답 3번의 내용입니다. 지금부터 구체적으로 살펴보도록 하겠습니다.

하나님께 영광을 돌리기 위한 법칙

첫째, 성경은 우리가 하나님을 어떻게 영화롭게 하고 즐거워할 수 있는지 알려주는 법칙입니다. 요한복음 20장 30-31절 말씀을 읽겠습니다. "예수께서 제자들 앞에서 이 책에 기록되지 아니한 다른 표적도 많이 행하셨으나 오직 이것을 기록함은 너희로 예수께서 하나님의 아들 그리스도이심을 믿게 하려 함이요 또 너희로 믿고 그 이름을 힘입어 생명을 얻게 하려 함이니라."

요한은 예수님이 행하신 많은 표적들이 있지만 그것이 다 기록되지는 않았다고 말합니다. 여기서 주목할 부분은 "이 책에 기록되었다"는 표현입니다. 하나님의 아들께서 오셔서 행하신 말씀과 행적은 사도들을 통해 글로 기록되었습니다. 하나님은 그것을 성경이라는 매체에 담기도록 하셨습니다. 그 이유가 무엇입니까? 하나님의 아들 예수 그리스도를 통해 하나님의 뜻을 드러내시고 그것을 우리에게 알게 하기 위해서입니다. 성경은 구약시대의 대표적 언어인 히브리어, 그리고 신약시대에는, 물론 아람 방언도 있었지만, 대표적 언어인 그리스어로 기록되었습니다. 이후에는 대표적 언어인 영어로도 번역되었습니다. 그리고 또다시 모든 나라의 언어로 번역되었고 우리나라의 말로도 번역되었습니다. 이 모든 일들이 우리로 하여금 하나님의 뜻을 알게 하기 위한 목적에 따른 것입니다. 우리 그리스도인들이 무엇인가를 알 수 있다면, 아니 세상 사람들이 무엇인가를 알 수 있다면 그것은 하나님이 우리에게 그것을 알려주셨기 때문입니다. 오직 하나님만이 사람에게 지식을 주실 수 있습니다. 이것이 기독교의 인식론입니다. 인식론이란 사람이 무엇인가를 안다는 게 어떤 것인지, 그것을 어떻게 알 수 있는지 등을 탐구합니다. 기독교의 인식론은 그것을 가능하게 해주는 것을 바로 계시라고 하며, 하나님이 선지자와 사도들을 통해 기록하게 하신 성경이 그 계시를 담고 있다고 말합니다. 우리가 무엇인가를 단 하나라도 안다면, 그것은 하나님이 계시를 통해 자신의 뜻을 우리에게 알려주셨기 때문입니다.

다시 말하지만, 하나님은 우리에게 자신의 뜻을 이해시키기 위해 성경을 글로 기록하게 하셨습니다. "믿음이 좋은 사람은 누구인가?"라고 묻는다면, 그는 하나님의 계시의 말씀인 성경을 부지런히 읽고 이해하고 그 뜻대로 살려는 사람이라 말할 수 있습니다. 하나님이 오늘 우리에게도 변함없이 성경을 허락하신 이유도 마찬가지입니다. 우리로 하여금 하나님의 뜻을 깨닫고 그 뜻대로 살게 하기 위함입니다. 죄와 악으로 타락한 인간은 자기 마음대로 하나님을 재단하고, 자기 멋대로 하나님을 섬기려 합니다. 그렇기에 우리는 성경을 통해 하나님의 뜻을 바로 알고 마음속에 있는 우상을 제거하고 하나님을 바르게 섬길 수 있습니다. 우리는 이것을 소요리문답 2번에서 발견합니다. 소요리문답 2번은 이렇게 묻습니다. "하나님이 어떤 법칙을 주셔서 우리가 하나님께 영광을 돌리고 그를 즐거워하도록 지도하셨습니까?" 그리고 이렇게 답합니다. "구약과 신약 성경에 기록된 하나님의 말씀만이 우리가 하나님께 영광을 돌리고 하나님을 즐거워하도록 지도하시기 위해 주신 유일한 법칙입니다."

여기서 우리는 두 가지를 확인할 수 있습니다. 첫째, 하나님의 말씀은 신구약 성경에 포함되어 있다는 것입니다. 즉 신구약 성경 전체가 하나님에게서 온 그분의 말씀이라는 뜻입니다. 성경에서 어떤 부분은 하나님의 말씀이고 다른 부분은 하나님의 말씀이 아닐 수 없습니다. 또한 우리가 읽을 때 은혜가 되면 하나님의 말씀이고 그렇지 않으면 하나님의 말씀이 아닐 수도 없습니다. 성경의 어느 부분이든지 하나님의 성령으로 감동된 하나님의 말씀입니다.

둘째, 성경은 우리가 우리 방식대로 하나님을 영화롭게 해서는 안 되며, 오직 하나님의 말씀의 법칙을 따라 영화롭게 하고 즐거워해야 합니다. 하나님은 사람에게 하나님을 영화롭게 해야 할 목적을 주시고는 그 방법은 우리가 마음대로 정하도록 내버려두지 않으셨습니다. 하나님은 우리에게 법칙을 주셨습니다. 그것도 유일한 법칙을 주셨습니다. 그렇다면 그리스도인은 사람의 제일 되는 목적을 오직 성경에서만 찾아야 합니다. 오직 성경, 전체 성경만이 그리스도인의 유일한 표준이어야 합니다.

셋째, 신구약 성경이 우리가 하나님을 영화롭게 하고 즐거워하게 하는 유일한 법칙이라면, 성경은 우리가 믿고 따를 만큼 오류가 없으며, 충분하며, 누구라도 읽고 이해할 수 있을 만큼 명료하다는 것을 가르쳐 줍니다. 성경은 하나님의 말씀이기에 진실이며 오류가 없습니다. 또한 성경은 하나님의 말씀이기에 우리를 구원하기에 충분합니다. 성경은 어린 아이라도 읽고 이해할 수 있도록 분명하고 단순하게 기록되었습니다. 웨스트민스터 신앙고백서 제1장 성경 제7항은 이렇게 말합니다. "구원을 받기 위해 반드시 알고 믿고 따라야 할 내용은 성경 여러 곳에서 매우 뚜렷하게 보여주고 밝히 드러내 주고 있다. 그래서 학식이 있는 사람이나 학식이 없는 사람이나 모두 다 보통의 방법을 알맞게 사용하면 구원을 받기 위해 반드시 알고 믿고 따라야 할 내용을 충분히 이해할 수 있다." 이 고백은 보통의 사람들이 보통의 방법으로 성경을 읽으면 이해가 가능하다는 말입니다. 즉 하나님을 어떻게 믿어야 하고 그 하나님을 영화롭게 하기 위해 어떻게 행해야 하는지를 잘 알 수 있다는 뜻입니다. /성경을 모르면 하나님을 영화롭게 할 수 없고 그분을 즐거워할 수도 없습니다. 그러므로 하나님을 마땅히 영화롭게 하고 그분을 영원토록 즐거워하기 위해 그 법칙으로 주신 성경을 부지런히 읽고 배우고 묵상하고 순종하는 성경의 사람들이 됩시다.

성경, 믿음의 책

둘째, 성경은 사람이 하나님에 대하여 무엇을 믿어야 할지를 가르쳐 주는 믿음의 책입니다. 31절 말씀을 읽겠습니다. "오직 이것을 기록함은 너희로 예수께서 하나님의 아들 그리스도이심을 믿게 하려 함이요 또 너희로 믿고 그 이름을 힘입어 생명을 얻게 하려 함이니라."

사도 요한은 성경을 기록한 목적을 "예수께서 하나님의 아들 그리스도이심을 믿게 하려 함"이라고 말합니다. 즉, 성경은 믿음의 책입니다. 소요리문답 3번이 우리에게 말하려는 바이기도 합니다. 소요리문답 3번은 성경이 중요하게 가르치는 것이 크게 두 가지라고 진술합니다. 3번은 다음과 같이 묻습니다. "성경이 주요하게 가르치는 것은 무엇입니까?" 그리고 이렇게 답합니다. "성경은 하나님에 관하여 믿어야 할 것이 무엇인지, 그리고 하나님이 사람에게 요구하시는 의무가 무엇인지를 주요하게 가르칩니다."

그러고 나서 소요리문답은 4번부터 38번까지 사람이 하나님에 대하여 무엇을 믿어야 할지를 가르칩니다. 39번부터 마지막 107번까지는 하나님이 사람에게 요구하시는 의무가 무엇인지에 대하여 가르칩니다. 그러니까 우리는 소요리문답을 크게 두 부분으로 나눌 수 있습니다. 하나는 믿음에 관한 것이고 다른 하나는 의무에 관한 것입니다. 소요리문답은 1번 하나님의 영광으로 시작해서 107번 하나님의 영광으로 끝나는데, 하나님께 영광 돌리는 방법이 바로 하나님을 올바로 믿고 그 하나님에 대한 의무를 다하는 것임을 가르칩니다. 믿음에 관해서는 하나님, 작정, 창조, 섭리, 인간의 타락, 구속자 그리스도, 그리스도의 사역, 구속, 구원의 서정, 신자의 죽음 그리고 부활 같은 기독교의 근본 교리들을 가르칩니다. 의무에 관해서는 십계명과 하나님의 말씀 들음, 회개와 세례와 성찬, 기도, 주기도문을 다룹니다.

그런데 소요리문답이 믿음을 먼저 강조하고 앞에 배치한 것은 중대한 의미가 있습니다. 사람이 바른 믿음을 가지고 있어야 그로부터 바른 행실이 나올 수 있기 때문입니다. 좋은 나무가 좋은 열매를 맺기 마련입니다. 사람이 잘못된 믿음을 가지고 있으면서도 올바른 인생을 살아갈 수 있다고 생각하는 것만큼 비참한 일도 없습니다. 따라서 성경은 무엇보다도 믿음의 책이라 말할 수 있습니다. 그것이 의미하는 바를 부정적인 의미에서 그리고 긍정적인 의미에서 두 가지로 살펴볼 수 있습니다.

먼저 부정적인 의미에서 성경은 학문서적이 아닙니다. 말하자면, 성경은 역사책이 아닙니다. 과학 서적이 아닙니다. 경제 서적은 더더욱 아닙니다. 심지어 신학 서적도 아닙니다. 물론 성경에는 역사도 있고 과학도 있고 경제도 있습니다. 오늘 본문 말씀의 표현대로 하자면, "이 책에 기록되지 않은 표적"도 많이 있습니다. 그러나 성경이 기록된 데는 정치 경제 사회 문화 과학 역사가 아닌 다른 특별한 목적이 있다는 말입니다.

또한 성경은 백과사전이 아닙니다. 성경은 우리가 궁금해 하는 모든 궁금증의 해답을 제시하지 않습니다. 물론 성경에는 해와 달과 별에 대한 이야기도 있고 천사와 타락한 천사 이야기도 있습니다. 성경은 우주와 역사와 인간 개인의 삶의 모든 것에 대해 말합니다. 하지만 그것이 본래 목적은 아닙니다. 성경에는 진짜 목적이 따로 있습니다. 그것이 바로 요한이 31절에서 말한 "오직 이것을 기록함은"의 의미입니다. 그렇다면 오직 이것을 기록한 목적은 무엇입니까?

긍정적인 의미에서 첫째로, 성경은 예수 그리스도와 그분을 통한 구원과 생명에 관한 책입니다. 성경은 무엇보다도 하나님이 누구신지를 알려줍니다. 성경의 제일 첫 권 첫 장 첫 절인 창세기 1장 1절은 사실이며 그것을 믿어야 할 것으로 교훈합니다. 그것이 무엇입니까? "태초에 하나님이 천지를 창조하시니라"입니다. 또한 성경은 예수 그리스도의 성육신을 가르칩니다. 예수 그리스도가 기름부음 받은 메시아이심을 교훈합니다. 이 하나님의 아들, 이 세상을 통치하시는 진정한 왕이신 그리스도를 믿어야 죄를 용서받고 하나님 앞에서 의롭다 함을 얻을 수 있음을 교훈합니다.

둘째로, 성경은 이것을 믿고 힘입어 생명을 얻게 하려는 책입니다. 믿음은 힘을 얻게 합니다. 참된 믿음은 생명을 낳습니다. 믿음은 역사합니다. 하나님을 올바로 믿으면 그는 살아납니다. 삶에 대해 새로운 눈을 뜨게 됩니다. 사도 요한은 요한복음 3장 16절에서 이렇게 말합니다. "하나님이 세상을 이처럼 사랑하사 독생자를 주셨으니 이는 그를 믿는 자마다 멸망치 않고 영생을 얻게 하려 하심이라." 사도 바울은 로마서 10장 10-11절에서 이렇게 선포합니다. "사람이 마음으로 믿어 의에 이르고 입으로 시인하여 구원에 이르느니라 성경에 이르되 누구든지 그를 믿는 자는 부끄러움을 당하지 아니하리라 하니." 계속해서 로마서 10장 17절에서 이렇게 말합니다. "그러므로 믿음은 들음에서 나며 들음은 그리스도의 말씀으로 말미암았느니라."

여기서 한 가지 지적하고 넘어가야 할 것이 있습니다. 믿음을 이야기할 때, 그것을 성경에 기록된 말씀에 대한 지식적 동의에 국한한다면 엄밀한 의미에서 믿음이 아니라는 것입니다. 그것은 전혀 믿음이 아닙니다.

그렇기에 어떤 사람들은 진실로 믿지 않으면서 믿는다 말할 수 있습니다. 무슨 말입니까? 성경이 하나님의 말씀이라는 사실을 지식적으로는 인정하는데 거기에서 그치고 맙니다. 그것은 그저 학습일 뿐 믿음과는 다릅니다. 이해하는 것은 믿음과 다릅니다. 믿음이 그저 이해하는 것이었다면 성경은 우리에게 보다 쉬운 표현으로 이해하라고 말했을 것입니다. 하지만 성경이 말하는 믿음은 그렇지 않습니다. 믿음은 확신의 근거가 나에게 있지 않습니다. 믿음은 말씀에 대한 전적 의지입니다. 믿음은 또한 받아들이는 것입니다. 그것이 우리를 구원합니다. 진정으로 믿음을 갖게 되면 우리는 구원을 얻고 새로운 차원을 경험하게 될 것입니다. 그러고 나면 비로소 이해의 문도 열릴 것입니다. 성경은 먼저 믿으라고 했지 이해하라고 말하지 않습니다. 기독교 신앙은 믿음이 먼저이지 이해가 먼저가 아닙니다. 우리가 진정으로 구원하는 믿음을 경험하면 우리는 이해하게 됩니다.

또 하나 지적해야 할 것이 있습니다. 우리가 지금 말하는 믿음은 구원하는 믿음, 영생을 얻게 하는 믿음입니다. 믿음은 그래서 항상 살아 있습니다. 역동적입니다. 죽은 것이 아닙니다. 믿음은 지식적 차원의 이해를 넘어, 그것을 받아들이고 환영합니다. 믿음이 있을 때, 비로소 하나님을 받아들이고 예수님을 영접하며 구주로 기꺼이 인정합니다. 바로 이것을 위해 하나님이 우리에게 성경을 주셨습니다. 그래서 성경을 믿음의 책이라고 부릅니다. 그런 이유로 전통적으로 신학자들은 믿음을 세 가지 용어, 즉 지식(notitia), 동의(assensus), 신뢰(fiducia)로 설명해 왔습니다.

그러므로 하나님의 말씀인 성경을 통해 예수님을 알 뿐 아니라 그분이 하나님의 아들 그리스도이심을 믿고 그 이름을 힘입어 하나님이 주시는 구원을 얻어 영원한 생명의 능력을 경험하는 성도들이 됩시다.

성경, 행함의 책

셋째, 성경은 하나님이 사람에게 어떠한 의무를 요구하시는지를 가르쳐 주는 행함의 책입니다. 31절 말씀을 한 번 더 읽겠습니다. "오직 이것을 기록함은 너희로 예수께서 하나님의 아들 그리스도이심을 믿게 하려 함이요 또 너희로 믿고 그 이름을 힘입어 생명을 얻게 하려 함이니라."

하나님을 올바로 믿는 신자는 생명을 얻습니다. 마치 죽은 사람이 다시 살아나는 것과 같습니다. 그의 지성과 정서와 의지가 살아납니다. 그의 전 인격이 살아납니다. 예수님을 믿기 전에는 죄를 위해 살고 자신을 위해 살았지만, 예수님을 믿은 후에는 의를 위해 살고 하나님을 위해 삽니다. 우리는 이것을 미가서 6장 8절을 통해 설명할 수 있습니다. 미가 선지자는 이렇게 말합니다. "사람아 주께서 선한 것이 무엇임을 네게 보이셨나니 여호와께서 네게 구하시는 것이 오직 정의를 행하며 인자를 사랑하며 겸손하게 네 하나님과 함께 행하는 것이 아니냐." 미가 선지자는 하나님과 함께 행하는 것에 대해 말합니다. 하나님은 우리가 그분과 동행하기를 원하십니다. 동행이란 무엇입니까? 믿고 따르는 것입니다. 하나님이 먼저 선한 것을 우리에게 보여주시고 우리에게 요구하십니다. 그것은 공의를 행하고 인자를 사랑하는 것입니다. 거짓말하지 않고 진실하게 살며, 바르고 공정하게 말하고 행동하는 삶이 여기에 해당합니다. 하나님을 믿는다면, 우리 삶에서 그 믿음대로 행동하라는 것입니다.

하나님과 동행했던 구약의 인물들 가운데 에녹과 노아가 있습니다. 창세기 5장 24절은 에녹에 대해 이렇게 묘사합니다. "에녹이 하나님과 동행하더니 하나님이 그를 데려가시므로 세상에 있지 아니하였더라." 창세기 6장 9절은 노아에 대해 이렇게 말합니다. "이것이 노아의 족보니라 노아는 의인이요 당대에 완전한 자라 그는 하나님과 동행하였으며." 창세기 7장 5절도 이렇게 말합니다. "노아가 여호와께서 자기에게 명하신 대로 다 준행하였더라." 이런 말씀들은 우리에게 어떤 결론을 제시합니까? 하나님과 동행하는 자는 또한 의롭고 완전한 자라는 것입니다. 다시 말하면, 옳고 진실한 행함이라는 결과를 맺지 못하는 참된 믿음이란 없다는 뜻입니다. 믿음이 참되다면, 다소 시간이 걸리더라도 반드시 열매를 맺게 되어 있습니다. 믿음의 특징은 지식, 감정, 의지가 발동되는 것이기 때문입니다. 그렇기에 사도 야고보는 야고보서 2장 17절에서 "이와 같이 행함이 없는 믿음은 그 자체가 죽은 것이라"고 했고 마지막 26절에서는 "영혼 없는 몸이 죽은 것같이 행함이 없는 믿음은 죽은 것이니라"고 결론을 내립니다.

이런 의미에서 우리의 믿음과 신앙이 정통이라면 그것은 살아 역사하는 믿음입니다. 그런데 죽은 정통(dead Orthodoxy)이라는 것이 있습니다. 죽은 정통이란 사람들이 성경에 대해 고백하고 성경을 논하고 하나님을 논하지만 도무지 하나님이 우리에게 요구하시는 대로 살지 않는 사람들이 가진 교리입니다. 즉 교리는 정통이요 믿음에 관한 지식도 정통인데 도무지 그 삶에서 겸손히 하나님과 동행하며 인자와 공의를 행하는 모습과 능력이 나타나지 않는다는 것입니다. 머리로는 살지만, 몸으로는 살지 않습니다. 경건에 대해 알지만 경건한 삶을 전혀 실천하지 않습니다. 무엇이 경건한 신자의 삶입니까? 야고보 선생은 야고보서 1장 26-27절에서 이렇게 말합니다. "누구든지 스스로 경건하다 생각하며 자기 혀를 재갈 물리지 아니하고 자기 마음을 속이면 이 사람의 경건은 헛것이라 하나님 아버지 앞에서 정결하고 더러움이 없는 경건은 곧 고아와 과부를 그 환난 중에 돌보고 또 자기를 지켜 세속에 물들지 아니하는 그것이니라."

즉 하나님의 말씀으로 자신의 생각과 말과 행동을 개혁하는 한편, 고아와 과부 같은 약자들을 돌보는 구체적인 행위가 병행되어야 합니다. 머리는 개혁주의인데 도무지 하나님의 나라와 교회를 위해 수고하거나 헌신하지 않는다면, 성도를 섬기지 않는다면, 그것을 어떻게 개혁주의 신앙이라 말할 수 있겠습니까? 성경을 하나님의 말씀이라고 믿으며, 하나님에 대하여 무엇을 믿을 것과 그 하나님에 대하여 어떻게 행할 의무를 알려주는 법칙이라고 믿는다면, 응당 그는 성경대로 살아갈 것입니다. 그는 교회를 사랑할 것입니다. 그는 성도들을 사랑할 것입니다. 그는 예배할 것입니다. 그는 기도할 것입니다. 그는 봉사하고 섬길 것입니다. 그는 십계명의 말씀을 지킬 것입니다. 그는 예수님의 산상수훈대로 살 것입니다. 그는 겸손히 성령의 열매를 맺기 위해 더욱 성령님의 역사하심에 순종할 것입니다. 성령님의 감동하심으로 기록된 성경이 그것을 명령하고 있기 때문입니다. 성령님께서 그의 마음을 거듭나게 하셔서 하나님의 말씀을 받아들여 믿게 되었다면, 그는 성경대로 살아갈 것입니다.

우리는 신행일치라는 단어를 잘 압니다. 신행일치야말로 한국 기독교회가 다시 회복해야 할 금과옥조입니다. 그것은 소요리문답 3번에 잘 나와 있습니다. 헛되고 헛된 세상을 추구하며 욕망이 이끄는 대로 살았던 전도서 기자는 인생의 황혼기를 맞아 전도서 마지막 부분인 12장 13-14절에서 이렇게 교훈합니다. "일의 결국을 다 들었으니 하나님을 경외하고 그의 명령들을 지킬지어다 이것이 모든 사람의 본분이니라 하나님은 모든 행위와 모든 은밀한 일을 선악 간에 심판하시리라." 인간의 본분, 즉 인간이 수행해야 할 가장 총체적인 의무는 바로 하나님을 경외하는 것과 그 하나님의 명령을 지키는 것입니다. 이 두 가지는 언제나 함께 갑니다. 하나님은 경외하는데 말씀의 실천이 없거나, 말씀의 실천은 있는데 하나님을 경외하지 않는 것은 있을 수 없습니다.

소요리문답 강해의 대가인 윌리엄슨 박사는 소요리문답 강해 3번에서 이렇게 결론 내립니다.

> 소요리문답은 교리로서의 기독교와 삶으로서의 기독교 사이에서 선택할 것을 거부한다. 참된 기독교는 절대로 하나를 제외한 다른 하나일 수 없다. 그것은 항상 함께 간다. 좋은 나무가 좋은 열매를 맺듯이 말이다.

이것은 정통 기독교가 끊임없이 강조해 온 교리입니다. 문제는 하나님의 말씀이나 교리의 실패가 아니라 그것을 믿고 살아내야 하는 사람들의 실패입니다. 우리는 사람의 실패를 마치 교리와 신학의 실패로 여겨 목욕물이 더럽다고 갓난아기까지 버리는 과오를 범해서는 안 됩니다. 동시에 끊임없이 말씀과 교리의 법칙으로 자신의 삶을 점검하고 개혁해야 합니다.

하나님을 경외한다면, 그는 하나님의 말씀을 반드시 지킬 것입니다. 그 마음이 변화를 받아 회심하고 성경을 하나님의 가르침으로 신뢰한다면, 그는 그 말씀을 반드시 순종할 것입니다. 그것이 사람의 마땅한 본분이요 의무이기 때문입니다.

○ **칼뱅,『기독교 강요』, 3.2.12.**
그리스도는 이미 자기의 가르침을 받아들인 자들에게 말씀하시면서, 게으름으로 인하여 이미 받은 진리의 빛을 꺼뜨리는 일이 없도록 계속 믿음 안에서 전진하고 그들을 격려하시는 것이다. 그러므로 바울은 믿음을 오직 택함 받은 자들에게만 있는 것으로 말씀하시면서(딛 1:1), 수많은 사람들이 사라지는 것은 그들이 살아 있는 뿌리를 내리지 못했기 때문이라는 것을 암시해 준다. 그리스도도 마태복음에서 동일한 말씀을 하신다. "심은 것마다 내 하늘 아버지께서 심으시지 않은 것은 뽑힐 것이니"(마 15:13).

■ 나눔 질문

1. 하나님이 성경을 글로 기록하여 책으로 남겨주신 이유는 무엇입니까?
2. 저자에 따르면 믿음이 좋은 신자는 어떤 사람입니까?
3. 소요리문답을 크게 두 가지로 나눈다면 무엇이며, 이 순서는 왜 중요합니까?
4. 성경은 부정적인 의미에서 어떤 책이 아니며, 긍정적인 의미에서는 어떤 책입니까?
5. 저자는 죽은 정통(dead Orthodoxy)을 무엇이라 정의합니까?
6. 교리로서의 기독교와 삶으로서의 기독교는 무엇이며, 그것은 왜 분리되어서는 안 되고 항상 같이 가야 합니까?

2부

유일하신 하나님

The Westminster Shorter Catechism

4장
하나님은 영이시니

하나님은 영이시니 예배하는 자가 영과 진리로 예배할지니라. 요 4:24

> **소요리문답 4번**
>
> 문 4: 하나님은 누구십니까?
>
> 답 : 하나님은 영이시며(요 4:24), 그 존재와(욥 11:7-9) 지혜와(시 90:2) 권능과(약 1:17; 5) 거룩하심과(출 3:14) 공의로우심과 선하심과 진실하심에 있어(시 147:5) 무한하시고(계 4:8) 영원하시며(계 15:4) 불변하시는(출 34:6-7) 분이십니다.

지금까지 우리는 소요리문답의 대주제인 1번부터 3번까지를 살펴보았습니다. 인간의 제일 되는 목적은 하나님께 영광을 돌리는 것이며, 하나님은 성경이라는 법칙을 주셔서 우리가 어떻게 하나님을 영화롭게 하고 즐거워해야 할지에 대해 가르쳐 주셨습니다.

이제 우리가 살펴볼 소요리문답은 4번입니다. 4번은 하나님이 누구신지에 관해 묻습니다. 본격적으로 하나님에 관한 교리, 즉 신론이 시작되는 부분입니다. 4-6번은 하나님의 존재와 속성에 대해, 7번부터 12번까지는 하나님의 작정과 창조와 섭리 같은 하나님의 사역에 관해 논합니다. 따라서 하나님이 누구시며 어떤 분이신지, 무엇을 하는 분이신지 알지 못한다면, 하나님을 마땅히 영화롭게 하지도 못할 것입니다. 하나님을 올바로 아는 것은 치명적으로 중요한 일입니다.

소요리문답 4번은 다음과 같습니다.

문 4: "하나님은 누구십니까?"

답: "하나님은 영이시며, 그 존재와 지혜와 권능과 거룩하심과 공의로우심과 선하심과 진실하심에 있어 무한하시고 영원하시며 불변하시는 분이십니다."

우리가 읽은 본문 말씀도 "하나님은 영이시니 예배하는 자가 신령과 진정으로 예배할지니라"고 기록하고 있습니다. 하나님이 영이시라는 말은 일단 물질이 아니시라는 뜻입니다. 즉 하나님은 본래 가시적인 존재가 아니심을 뜻합니다. 하나님은 우리처럼 물리적인 몸을 가지고 계시지 않습니다. 하나님은 존재하시나 우리 눈에 보이지 않으십니다. 이는 하나님께 영광을 돌리는 우리의 예배에 치명적으로 중요한 내용입니다. 보이지 아니하시는 하나님을 보이는 종류의 그림이나 형상으로 만들어 경배해서는 안 되는 이유가 바로 여기 있기 때문입니다. 이렇게 예배하는 것은 하나님을 모독하는 죄가 됩니다. 바울은 로마서 1장 23절에서 죄인들이 "썩어지지 아니하는 하나님의 영광을 썩어질 사람과 새와 짐승과 기어다니는 동물 모양의 우상으로 바꾸었느니라"고 고발합니다. 그렇다면 "하나님은 영이시니"라는 예수님의 이 말씀이 의미하는 바를 구체적으로 살펴보겠습니다.

무한하신 하나님

첫째, "하나님은 영이시니"라는 말씀은 우리가 믿고 경배하는 하나님이 무한하신 분임을 의미합니다. 24절 말씀을 읽겠습니다. "하나님은 영이시니 예배하는 자가 영과 진리로 예배할지니라."

여기 "하나님은 영이시니"라는 표현을 영어 흠정역 성경은 "God is a spirit"으로 번역했습니다. 소요리문답도 "하나님은 영이시니"라고 답하는데, 영문으로는 동일하게 "God is a spirit"으로 표현됩니다. 이 말은 하나님이 그저 어떤 정신이나 하나의 영혼이나 우주의 기운을 의미하지 않고 인격자로서의 '영'을 의미합니다. 또한 하나님은 영이시라고 할 때, 그분은 다른 존재들과 철저히 구별되는 유일한 존재로서의 영이심을 명심할 필요가 있습니다. 왜냐하면 천사도 영적 존재이고, 인간도 영을 소유했기 때문입니다. 하나님은 영이시지만, 모든 존재를 창조하신 절대자로서의 유일한 영이십니다. 또한 앞서 언급했듯이 하나님이 영이시라는 말씀은 그분이 인간의 눈에 보이는 물리적 존재가 아니시라는 의미입니다. 우리처럼 몸을 갖고 계시지 않습니다. 그러므로 이 말씀은 왜 우리가 하나님을 눈에 보이는 그림이나 형상으로 표현하고 경배해서는 안 되는지의 이유가 됩니다.

또한 소요리문답이 묻는 "하나님은 누구십니까?"라는 질문은 엄밀히 말하면 "하나님은 어떤 분이십니까?"라는 질문입니다. 이는 하나님의 존재와 속성, 즉 하나님의 인격적인 특징이 무엇인지를 묻는 질문입니다. 하나님의 존재하심의 방식이 영적이며, 그 속성도 영적이라는 말입니다. 그리고 나서 소요리문답은 '영'이라는 인격을 가지신 하나님이 존재하시고 지혜로우시고 능력이 있으시며 거룩하시고 의로우시고 선하시며 진실하시다고 추가적으로 설명합니다. 더욱 놀라운 것은 이런 하나님의 존재, 지혜, 능력, 거룩, 의로움, 선함, 그리고 진실하심이 무한하시다고 말합니다. 그러므로 우리는 무엇보다도 영으로 존재하시는 하나님이 무한하신 분이심을 깨달아야만 합니다. 무한이라는 단어 'infinite'는 한계나 제한이 없음을 뜻합니다. 이것은 근대의 철학자들이 이해하듯이 단순히 "끝이 없이 계속됨"을 의미하지 않습니다. 도리어 이 말은 하나님은 그분이 만드신 만물에 제한을 받지 않으신다는 사실을 나타냅니다. 즉 하나님은 시간이나 장소에 얽매이지 않으십니다. 하나님은 시간과 공간에 제한된 존재가 아니시라는 말로도 표현할 수 있습니다. 바울은 디모데전서 6장 16절에서 이렇게 선언합니다. "오직 그에게만 죽지 아니함이 있고 가까이 가지 못할 빛에 거하시고 아무 사람도 보지 못하였고 또 볼 수 없는 이시니 그에게 존귀와 영원한 권능을 돌릴지어다 아멘." 사람 가운데 죽지 않는 사람은 아무도 없습니다. 이는 사람이 유한하다는 증거입니다. 그러나 하나님은 죽지 아니하십니다.

우리는 또한 하나님이 무한하시다는 것을 하나님의 존재 방식을 통해 알 수 있습니다. 그 유명한 출애굽기 3장 14절에서 하나님은 불타는 가시떨기 나무 앞에 선 모세에게 이렇게 말씀하십니다. "하나님이 모세에게 이르시되 나는 스스로 있는 자이니라 또 이르시되 너는 이스라엘 자손에게 이같이 이르기를 스스로 있는 자가 나를 너희에게 보내셨다 하라." 원문을 직역하면, "나는 곧 나다. 나는 나로 존재한다"는 의미입니다. 말하자면 하나님은 스스로 존재하시는 존재 그 자체이시며, 존재하는 모든 만물의 창조주이십니다.

그런데 더욱 놀라운 사실은 하나님의 무한하심이 그 존재와 지혜와 권능과 거룩하심과 의로우심과 선하심과 인자하심과 진실하심에 맞닿아 있다는 말입니다. 즉 하나님의 존재, 하나님의 지혜, 하나님의 권능, 하나님의 거룩, 하나님의 공의, 하나님의 선하심, 하나님의 진실하심에 한계가 없다는 말입니다. 우리는 이와 같은 존재가 아닙니다. 지혜로부터 진실에 이르기까지 인격과 속성에서 무한하거나 완전한 사람은 없습니다. 우리는 다 유한합니다. 그러나 하나님은 무한히 지혜로우시며 동시에 거룩하시고 동시에 의로우시며 동시에 선하십니다. 그래서 십자가는 하나님의 능력이요 하나님의 지혜가 되는 것입니다. 바울은 고린도 교회에 편지하면서 고린도전서 1장 18절에서 "십자가의 도가 멸망하는 자들에게는 미련한 것이요 구원을 받는 우리에게는 하나님의 능력이라"고 말합니다. 계속해서 고린도전서 1장 24절에서도 "오직 부르심을 받은 자들에게는 유대인이나 헬라인이나 그리스도는 하나님의 능력이요 하나님의 지혜니라"고 말합니다. 하나님은 지혜에 있어서나 능력에 있어서 동시에 무한하시기 때문입니다. 욥기 11장 6-9절은 하나님에 대해 다음과 같이 증언합니다. "지혜의 오묘함으로 네게 보이시기를 원하노니 이는 그의 지식이 광대하심이라 하나님이 너로 하여금 너의 죄를 잊게 하여 주셨음을 알라 네가 하나님의 오묘함을 어찌 능히 측량하며 전능자를 어찌 능히 완전히 알겠느냐 하늘보다 높으시니 네가 무엇을 하겠으며 스올보다 깊으시니 네가 어찌 알겠느냐 그의 크심은 땅보다 길고 바다보다 넓으니라."

네덜란드 개혁신학자 헤르만 바빙크는 "유한자는 무한자를 품을 수 없다"(finitum non capax infiniti)고 말했습니다. 이는 올바른 지적입니다. 그러므로 이러한 하나님을 마주할 때 우리의 자세는 언제든지 겸손이어야 합니다. 우리는 욥처럼 "스스로 거두어들이고 티끌과 재 가운데에서 회개"해야 합니다(욥 42:6).

따라서 우리가 하나님 앞에 나아갈 때, 특별히 하나님을 예배하고 말씀을 들을 때는 무한하신 존재 앞에 나아와 있음을 잊지 말고 항상 겸손한 성도가 되어야 합니다.

영원하신 하나님

둘째, "하나님은 영이시니"라는 말씀은 하나님이 영원하신 분이심을 의미합니다. 24절을 한 번 더 읽겠습니다. "하나님은 영이시니 예배하는 자가 영과 진리로 예배할지니라."

하나님이 영이시라고 할 때 이 말은 앞서 언급한 것처럼 하나님이 시공간의 제한을 받지 않으신다는 것을 의미합니다. 즉 공간을 초월하시고 시간을 초월하시는 분이십니다. 초월이란 그 어떤 법칙에도 제한을 받지 않음을 의미합니다. 그것을 가리켜 우리는 영원이라 말합니다. 영원이란 무엇입니까? 제한이 없는 시간을 뜻합니다. 일단 시간은 시간인데 이것이 하나님의 존재에 적용될 때는 시작도 마침도 없는 시간입니다.

이런 의미에서 우리는 하나님의 시간과 인간의 시간을 구분할 필요가 있습니다. 하나님은 영원의 시간에 사십니다. 그러나 사람은 역사의 시간에 살아갑니다. 하나님은 영원 전부터 영원까지 영원하신 분이시지만, 사람은 태어나고 살다가 죽습니다. 사람은 영원 전부터 스스로 존재한 적이 없습니다. 사람은 하나님이 창조하신 피조물입니다.

우리는 이것을 시간 역사와 영원의 역사로 구분할 수 있습니다. 또는 실선과 점선의 역사로 설명할 수 있을 것입니다. 우리는 지금 어떤 시간을 통과하고 있습니까? 2023년을 지나 2024년을 살고 있습니다. 이것이 사람의 시간입니다. 누구는 10년을 살았고 20년을 살았습니다. 또 누구는 50년을 살았고 60년을 살았습니다. 그것이 사람의 역사입니다. 창세기 1장 1절에 하나님이 천지를 창조하시던 태초의 시간부터 요한계시록 22장에 예언된 우리 주님이 다시 재림하시는 시간까지의 전 역사는 실선의 역사입니다. 창조, 타락, 심판, 예수 그리스도의 성육신, 십자가, 구원, 교회, 재창조의 일들이 실선의 역사에 속합니다.

그렇다면 창세기 1장 1절 이전의 역사는 무엇입니까? 요한계시록 22장 21절 마라나타 이후의 역사는 무엇입니까? 즉 창세 이전, 종말 이후의 역사 말입니다. 이것은 하나님이 보시는 영원의 역사 또는 점선의 역사라 할 수 있습니다. 점으로 이루어진 선은 끝이 없는 영원함을 상징합니다. 하늘과 땅이 생기기 전인 창세 이전의 역사, 새 하늘과 새 땅이 도래할 종말과 심판 이후의 역사 말입니다. 아브라함과 이삭과 야곱의 하나님이 주도하시는 역사입니다. 사람은 유한해서 단지 평면만 봅니다. 보이는 것만 봅니다. 하나님은 영원하십니다. 그리고 성경말씀을 통하여, 예수 그리스도를 통하여 그 영원하신 하나님을 우리가 보고 깨닫기를 원하십니다. 베드로 사도는 베드로후서 3장 7-9절에서 이렇게 말합니다. "이제 하늘과 땅은 그 동일한 말씀으로 불사르기 위하여 보호하신 바 되어 경건하지 아니한 사람들의 심판과 멸망의 날까지 보존하여 두신 것이니라 사랑하는 자들아 주께는 하루가 천 년 같고 천 년이 하루 같다는 이 한 가지를 잊지 말라 주의 약속은 어떤 이들이 더디다고 생각하는 것 같이 더딘 것이 아니라 오직 주께서는 너희를 대하여 오래 참으사 아무도 멸망하지 아니하고 다 회개하기에 이르기를 원하시느니라."

그렇다면 우리는 하나님의 시각에서 역사와 구원을 보아야 합니다. 베드로는 계속해서 베드로후서 3장 11-13절에서 다음과 같이 권면합니다. "이 모든 것이 이렇게 풀어지리니 너희가 어떠한 사람이 되어야 마땅

하나 거룩한 행실과 경건함으로 하나님의 날이 임하기를 바라보고 간절히 사모하라 그 날에 하늘이 불에 타서 풀어지고 물질이 뜨거운 불에 녹아지려니와 우리는 그의 약속대로 의가 있는 곳인 새 하늘과 새 땅을 바라보도다."

하나님이 영원하시다는 것은 우리로 하여금 영원을 바라보게 만듭니다. 신자는 언제나 눈을 열어 영원 가운데 거하시는 영원하신 하나님을 볼 수 있어야 합니다. 그래야 눈에 보이는 대로만 움직이는 어리석은 결정을 내리지 않고 영원하신 하나님을 바라보며 믿음의 결정을 내릴 수 있게 됩니다. 시인은 시편 90편 2절에서 이렇게 노래합니다. "산이 생기기 전, 땅과 세계도 주께서 조성하시기 전 곧 영원부터 영원까지 주는 하나님이시니이다."

우리가 섬기고 경배하는 하나님이 시간을 초월하여 존재하시는 영원하신 분이심을 깨닫고 영원한 하나님의 나라를 바라보고 사모하는 성도들이 되시기 바랍니다.

변치 아니하시는 하나님

셋째, "하나님은 영이시니"라는 말씀은 하나님이 불변하시는 분이심을 의미합니다. 24절 말씀을 한 번 더 읽겠습니다. "하나님은 영이시니 예배하는 자가 영과 진리로 예배할지니라." 하나님이 불변하시다는 것은 하나님의 목적과 하나님의 목적 실행에 변함이 없다는 것을 뜻합니다. 불변성은 여호와 하나님의 고유한 인격적인 속성 가운데 하나입니다. 이것은 '영'이신 하나님의 특징이기도 합니다. 성부 하나님, 성자 예수 그리스도, 성령 하나님은 변하지 않으시는 삼위일체 하나님이십니다. 히브리서

13장 8절에서 히브리서 설교자는 예수 그리스도의 영원성을 이렇게 말합니다. "예수 그리스도는 어제나 오늘이나 영원토록 동일하시니라." 말라기 선지자도 하나님의 불변성을 말라기 3장 6절에서 이렇게 선포합니다. "나 여호와는 변하지 아니하나니 그러므로 야곱의 자손들아 너희가 소멸되지 아니하느니라."

그런데 성경에 보면 하나님이 후회하신다는 표현이 종종 있지 않습니까? 대표적인 말씀이 창세기 6장 6절입니다. "땅 위에 사람 지으셨음을 한탄하사 마음에 근심하시고." 그런데 동시에 히브리서 13장 8절은 "예수 그리스도는 어제나 오늘이나 영원토록 동일하시니라"고 했습니다. 우리는 이 말씀을 하나님의 계획의 변동으로 이해해서는 안 됩니다. 사람이 후회할 때는 마음이 변하는 것을 뜻합니다. 이것이 하나님께 적용될 때는 하나님이 아니라 언제든지 사람이 변하는 것임을 깨달아야 합니다. 인간이 하나님과의 관계와 태도를 변경시킵니다. 그 결과, 즉 그러한 변경의 결과로 하나님이 인간을 다루시는 섭리의 방식이 변화하는 것입니다. 그렇기에 변경은 하나님께 있지 않고 사람에게 있습니다. 다시 말하면, 죄인을 구원하시고자 하는 하나님의 목적과 계획은 변한 적이 없습니다. 하나님은 언제나 존재와 지혜와 권능과 거룩하심과 의로우심과 선하심과 인자하심과 진실하심이 무한하시고 영원하시며 불변하십니다. 결국 사람이 어떻게 행한다 해도 하나님은 그 본래의 계획대로 그것을 선하게 역사하시고 섭리하십니다.

선지자 요나 이야기가 결정적입니다. 하나님은 요나에게 니느웨를 대면하여 회개를 촉구하라고 요나를 보내셨는데 그 회개 촉구에 니느웨 사람들이 진심으로 회개하자 오히려 선지자는 불같이 화를 내고 하나님은 그들에게 내리려던 재앙을 거두십니다. 이것이 "하나님은 영이십다"라는 진술에 담겨 있는 영적인 의미입니다. 하나님은 사람처럼 변덕스러운 존재가 아니십니다. 처음 계획을 바꾸시는 분이 아니십니다. 어제는 좋았다가 오늘은 싫어하는 분이 아니십니다. 하나님은 한번 사랑하시면 끝까지 사랑하시고 영원히 사랑하십니다. 우리 주님은 아버지께로 돌아가실 때가 이른 줄 아시고 세상에 있는 자기 사람들을 사랑하시되 끝까지 사랑하셨습니다(요 13:1). 물론 택한 백성들이 타락하고 범죄할 때 그 죄를 향한 하나님의 거룩하신 분노가 유발되는 것은 당연합니다. 그렇다고 해서 우리 주님은 제자들을 버리지 않으십니다. 그럴 때 성도는 거룩한 부성적 징계(fatherly discipline)를 당합니다. 하나님의 구원에는 변함이 없기 때문입니다. 그렇기에 우리 주님은 배신하시는 법이 없습니다. 배신은 사람이 하는 짓입니다. 가룟 유다 같은 사람들 말입니다.

이런 하나님의 불변성은 우리가 받은 구원의 영원한 확실성을 보증합니다. 하나님이 변하지 않으시기에 우리를 구원하신 놀라운 은혜도 확실하고 안전합니다. 하나님이 사람처럼 아침저녁으로 변하시는 분이라면 과연 누가 그 하나님의 비위를 맞추고 공의를 충족시켜서 죄와 심판과 지옥으로부터 구원을 받을 수 있겠습니까? 그러므로 하나님의 불변하심에 대한 우리의 유일한 반응은 감사와 찬양이어야 합니다.

하나님이 변하지 않으시는 분이심을 깨달을 뿐 아니라 우리를 선택하시고 구원하시고 은혜를 베푸신 하나님께 항상 감사합시다.

하나님에 대한 바른 이해와 인식은 바른 태도와 관계를 낳습니다. 하나님은 영이시기에 우리는 마땅히 하나님을 예배해야 합니다. 하나님은 무한하시고 영원하시고 불변하시기에 마땅히 하나님을 예배해야 합니다. 그렇다면 우리는 눈에 보이지 않는 하나님을 어떻게 보고 알고 예배할 수 있습니까? 놀랍게도 성경에는 하나님이 당신 자신을 우리에게 보여주시는 많은 말씀들, 그리고 우리가 알 수 있도록 묘사된 많은 말씀들이 있습니다.

이사야 59장 1절은 이렇게 기록합니다. "여호와의 손이 짧아 구원하지 못하심도 아니요 귀가 둔하여 듣지 못하심도 아니라." 영이신 하나님이 마치 손과 귀가 있는 분처럼 묘사합니다. 시편 8편 3절은 이렇게 노래합니다. "주의 손가락으로 만드신 주의 하늘과 주께서 베풀어 두신 달과 별들을 내가 보오니." 하나님이 손가락으로 달과 별들을 만드시는 분이라고 묘사합니다. 그밖에 여호수아 4장 24절에 "주의 손"이, 열왕기상 15장 5절에도 "주의 눈"이란 표현이 있습니다. 히브리서 1장 1절에 따르면 하나님은 구약시대에 선지자들을 통해 여러 부분과 여러 모양으로 우리 조상들에게 말씀하셨습니다. 그리고 이 모든 날 마지막에는 아들이신 주 예수 그리스도를 통해 우리에게 말씀하셨습니다. 사람이 되어 이 세상에 오신 예수 그리스도는 바로 하나님을 우리에게 보여주신 분이십니다. 요한복음 1장 18절에는 "본래 하나님을 본 사람이 없으되 아버지 품 속에 있는 독생하신 하나님이 나타내셨느니라"라고 기록되어 있으며, 우리 주님도 요한복음 14장 9절에서 "나를 본 자는 아버지를 보았거늘 어찌하여 아버지를 보이라 하느냐"라고 말씀하십니다.

바울은 골로새서 1장 15절에서 "그는 보이지 아니하는 하나님의 형상이시요 모든 피조물보다 먼저 나신 이시니"라고 했습니다. 즉 우리는 무한하시고 영원하시며 불변하시는 하나님을 구주 예수 그리스도를 통해 올바로 알 수 있으며 그리스도께 경배함으로 참으로 하나님께 영과 진리로 예배드릴 수 있습니다. 결론적으로 우리 주님은 요한복음 14장 6절에서 이렇게 말씀하십니다. "예수께서 이르시되 내가 곧 길이요 진리요 생명이니 나로 말미암지 않고는 아버지께로 올 자가 없느니라." 주 예수 그리스도가 아니고서는 우리 인간에게 구원을 얻을 만한 다른 이름은 없으며, 하나님을 참되게 알 다른 방법도 없습니다.

하나님은 무한하시지만 우리 인간은 유한합니다. 하나님은 영원하시지만 우리 인간은 그렇지 않습니다. 하나님은 불변하시지만 인간은 수시로 변합니다. 그러므로 우리는 언제든지 무한하시고 영원하시며 불변하시는 하나님을 의지하며 그 하나님께 소망을 두고 살아가는 성도들이 되어야 할 것입니다.

우리가 믿고 경배하는 하나님이 어떤 분이신지를 소요리문답을 통해 잘 깨닫고 영과 진리로 하나님께 합당한 예배를 드리시는 성도들이 되시기를 소망합니다.

헤르만 바빙크, 『**개혁파교의학**』, 338.

하나님의 불변성이 시간에 적용될 때 영원성이라 불리고 공간에 적용될 때 편재성이라 불린다. 때때로 영원성과 편재성은 "하나님의 무한성"이라는 말 아래 묶였다. 그러나 "무한성"은 불분명한 용어인데, 특히나 철학자들은 무한성을 "끝없음"이라는 의미로 부정적으로 생각했다. 신플라톤주의, 카발라, 스피노자, 그리고 헤겔이 다들 비슷하게 이해했다. 그러나 하나님의 무한성은 유한한 존재로부터 추상에 의해 부정적으로 획득된 철학적 개념이 아니다. 하나님은 자신의 본질에 있어 긍정적으로 무한하시고, 절대적으로 완전하시고, 깊이와 질적인 의미에서 무한하시다. 하나님의 무한성은, 부정적으로는 하나님에게는 피조물과 달리 어떤 제한도 존재하지 않음을 의미하고, 또 긍정적으로는 하나님의 덕은 무한하며 하나님 안에 각종 미덕이 절대적 수준으로 존재함을 의미한다. 다시 말해, 하나님의 무한성은 완전성과 동일하다.

■ 나눔 질문

1. 하나님은 영이시다는 진술의 의미는 무엇이며 이것을 올바로 이해하는 것은 왜 중요합니까?
2. 하나님이 무한하시다는 뜻이 무엇입니까?
3. 저자는 하나님의 시간과 인간의 시간을 어떻게 구분하고 있습니까?
4. 하나님이 불변하시다는 진술의 뜻이 무엇입니까?
5. 하나님의 무한성과 영원성과 불변성이 신자에게 어떤 유익을 줍니까?
6. 영이신 하나님의 무한성과 영원성과 불변성을 경험한 적이 있다면 함께 나누어봅시다.

5장
오직 한 분이신 하나님

¹우상의 제물에 대하여는 우리가 다 지식이 있는 줄을 아나 지식은 교만하게 하며 사랑은 덕을 세우나니 ²만일 누구든지 무엇을 아는 줄로 생각하면 아직도 마땅히 알 것을 알지 못하는 것이요 ³또 누구든지 하나님을 사랑하면 그 사람은 하나님도 알아 주시느니라 ⁴그러므로 우상의 제물을 먹는 일에 대하여는 우리가 우상은 세상에 아무것도 아니며 또한 하나님은 한 분밖에 없는 줄 아노라 ⁵비록 하늘에나 땅에나 신이라 불리는 자가 있어 많은 신과 많은 주가 있으나 ⁶그러나 우리에게는 한 하나님 곧 아버지가 계시니 만물이 그에게서 났고 우리도 그를 위하여 있고 또한 한 주 예수 그리스도께서 계시니 만물이 그로 말미암고 우리도 그로 말미암아 있느니라. 고전 8:1-6

소요리문답 5번

문 5: 하나 이상의 더 많은 신이 있습니까?

답: 오직 살아 계시고 참되신 한 분 하나님만 계십니다(신 6:4; 렘 10:10).

오늘 사도 바울은 고린도전서 8장 4절과 6절에서 우상에게 바쳐진 제물을 먹는 일에 대해 교훈하고 있습니다. 그러면서 우상의 제물을 먹는 것

은 사실은 아무것도 아니라고 말합니다. 바울은 그 이유에 대해 우상이 아무것도 아니기 때문이라고 밝힙니다. 그리고 또 다른 하나는 하나님이 한 분밖에 없으시기 때문이라고 말합니다. 그렇기 때문에 우상에게 바쳐진 제물은 사실은 아무런 효력도 발휘하지 못합니다. 아무것도 아니기 때문입니다. 즉 하나님은 한 분이시며, 우상들은 아무것도 아니기 때문에 사실상 우상에게 바쳐진 제물을 먹는 것 역시 아무런 문제가 되지 않는다고 말합니다.

그럼에도 우리는 믿음이 연약한 사람들, 아직 깊이 있는 신앙의 수준에 도달하지 못한 신자들을 앞에서 덕을 세우기 위해 조심해야 합니다. 본문 말씀도 혹시 그것을 보고 은혜가 안 되는 사람들을 위해 지식이 있는 사람들은 우상에게 바쳐진 제물을 먹지 않아야 한다고 말하고 있습니다. 그런데 오늘 우리는 본문 말씀과 소요리문답을 통해 오직 한 분이신 그 하나님에 대해 묵상하려 합니다.

소요리문답 5번도 "하나 이상의 더 많은 신이 있습니까?"라는 질문에 "오직 살아계시고 참되신 한 분 하나님만 계십니다"라고 대답하고 있습니다. 이번 장에서는 오직 한 분이신 하나님이라는 제목으로 두 가지를 묵상하고자 합니다.

오직 한 분이신 하나님과 우상

첫째, 하나님이 오직 단 한 분뿐이시라면 우상들을 섬기고 그것에 경배하는 일은 어리석은 일이며 하나님의 진노를 초래하는 신성모독적인 일입니다. 4절 말씀을 읽겠습니다. "그러므로 우상의 제물을 먹는 일에 대하여는 우리가 우상은 세상에 아무것도 아니며 또한 하나님은 한 분밖에 없는 줄 아노라."

바울은 본문에서 우상의 제물을 먹는 일에 대해 교훈하면서 하나님은 오직 한 분뿐이시라고 선포합니다. 당시 헬라인들은 많은 우상을 섬겼습니다. 전능하신 한 분 하나님이 아니라 여러 신들을 섬겼습니다. 예를 들면, 신들의 신인 제우스, 제우스의 아들인 강력한 힘의 헤라클레스, 문명의 여신 아테나, 바다의 신 포세이돈 등을 섬겼지만 이들은 모두 참 신이 아닙니다. 그 외에도 사람들은 많은 신들을 섬겼습니다. 그런데 사람들이 이 많은 우상을 섬기면서 한 행동이 무엇이었습니까? 그것들을 형상화했다는 것입니다. 조각하고 형상을 빚는 등 눈에 보이는 형태로 만들어놓기만 한 것이 아니라 그 앞에 무릎 꿇고 절하고 기도하면서 그 신들이 사람들에게 초월적인 능력을 제공해 줄 걸로 믿었습니다.

너무나 많은 사람들이 여러 가지 다양한 신들을 섬겼지만 이 신들은 모두 참 신이 아닙니다. 하지만 당시 교회는 이런 우상에게 바쳐진 제물을 먹는 습관에 미혹되어 있었습니다. 우상에게 바쳐진 제물을 아무렇지 않게 먹었습니다. 사람들은 하나님을 섬긴다 하면서도 여전히 우상을 섬기는 경우가 있었습니다. 하나님을 섬기면서 동시에 우상을 섬기는 것이 가능하다는 듯이 말입니다. 예수님께서는 마태복음 6장 24절에서 이렇게 말씀십니다. "한 사람이 두 주인을 섬기지 못할 것이니 혹 이를 미워하고 저를 사랑하거나 혹 이를 중히 여기고 저를 경히 여김이라 너희가 하나님과 재물을 겸하여 섬기지 못하느니라." 예수님이 말씀하신 하나님과 우상을 겸하여 섬기는 것이 바로 그들의 모습입니다. 마태가 왜 예수님의 이 말씀을 기록했습니까? 신자라고 하면서 여전히 하나님과 우상을 겸하여 섬길 가능성이 있기 때문입니다.

사실상 우상의 종류에는 두 가지가 있습니다. 하나는 본문 4절 말씀처럼 눈에 보이는 우상이 있습니다. 눈에 보이는 신상을 만들고 신들을 모시는 산당을 만들고 그 앞에 음식을 차려 제사를 드리는 것입니다. 고린도 교회는 하늘과 땅에 있는 많은 우상 신들의 형상을 만들어 그것들에 절하고 섬겼습니다. 우상에게 제물을 바치고 그 제물을 거리낌 없이 먹었습니다. 혹시라도 그렇게 하면 우상 신들이 자신들을 축복하지 않을까 하는 바람이 있었던 것입니다. 이런 고린도 교회의 모습을 보고 바울이 어떻게 반응합니까? "하나님은 오직 한 분밖에 없다"고 선언합니다.

둘째로 눈에 보이지 않는 우상이 있습니다. 전자에 말씀드린 우상은 우리 눈에 잘 보입니다. 눈에 보이지 않는 우상의 대표적인 것이 바로 돈, 즉 맘몬이라는 우상입니다. 맘몬은 신과 같은 파괴력으로 우리를 유혹합니다. 우리가 돈을 벌기 위해 열심히 일하는 것은 하등의 문제가 되지 않습니다. 하지만 그것을 우상으로 섬기면 그 파괴력은 대단합니다. 생각해 보십시오. 재물로 안 되는 게 없습니다. 그래서 사람들은 열심히 돈을 모으고 부귀영화를 추구합니다. 하지만 만족을 얻지 못합니다. 사람들은 더 많은 돈을 가지려 하지만 그것이 평안을 주지 못합니다. 오히려 그것을 지키느라 고통을 겪습니다. 그런데도 사람들은 돈과 재물에 탐닉하느라 전 인격이 사로잡혀버립니다. 성경은 정확히 그것을 우상숭배라고 말합니다. 골로새서 3장 5절에 보면 바울이 하늘에 있는 것을 사모하라고 말하면서 "땅에 있는 지체를 죽이라 곧 음란과 부정과 사욕과 악한 정욕과 탐심이니 탐심은 우상숭배니라"고 했습니다. 신자라고 해도 이런 우상숭배에 빠질 수 있습니다. 욕심이 욕심을 낳고 그 욕심을 채우기 위해 질주하고 온통 그것에 몰입되어 있으면 한 분이신 하나님께 온전히 집중하지 못하고 섬기기가 힘들어집니다. 우리의 지성, 감정, 의지, 또는 전 인격을 하나님이 아닌 다른 무언가에 사로잡힐 때 바로 그것이 우상이 되기가 쉽습니다.

성공에 대해서도 생각해 보십시오. 흔히 말하는 성공이 복음적이지 않은 이유는 그것이 자기 자신에 대한 자랑이 되기 때문입니다. 우리가 진정으로 자랑할 것은 복음이어야 합니다. 힘들게 성공을 얻었다 해도 그 모든 삶을 통해 복음, 예수님, 십자가, 그리고 하나님을 자랑하는 것이 우리의 모습이어야 합니다. 하지만 성공에 취하여 하나님을 자랑하지 못하고 나 자신을 자랑하게 된다면 그것이 우상숭배가 됩니다. 하나님의 영광을 위해 하나님이 이끄시는 성공이 아니라면 그것 역시 우상숭배가 됩니다.

17세기 의사이자 유명한 저술가인 아버지 밑에서 부와 성공을 맛보고 그 풍요로움을 누리면서 자란 윌리엄 베이츠는 『유혹인가 축복인가』라는 책에서 부와 성공이 우상이 될 수 있는 네 가지 경로를 말합니다. 첫째, 부와 성공이 인간의 욕망을 자극하는 경우입니다. 둘째, 인간의 분노를 자극하는 경우입니다. 셋째, 잘못된 부와 성공이 하나님을 무시하는 태도를 부추기는 경우입니다. 마지막으로 사탄의 유혹에 쉽게 이끌리는 경우입니다. 이처럼 눈에 보이는 것뿐 아니라 눈에 보이지 않는 것도 하나님 중심이 되지 않으면, 우상으로 변질됩니다. 사람은 우상이 아닌 하나님을 숭배하기 위해 지음받았습니다. 그러니 우상을 섬기는 것만큼 부끄러운 일도 없습니다. 하나님께 몰입하고 그리스도께 집중하고 십자가 복음과 하나님 나라에 몰두해야 하는데 그렇게 하지 않으면 우리는 다른 것에 몰입하기가 쉽습니다. 하나님 아닌 우상 숭배가 부끄러운 것은 그것이 아무것도 아니기 때문입니다. 이는 오는 본문 4절 확인하는 바입니다. "우상은 세상에 아무것도 아니며." 아무것도 아니라는 헬라어 원어는 '속이 텅 비었다'는 뜻입니다. 그 안에 아무것도 없다는 뜻입니다. 그렇기에 전혀 가치가 없다는 말입니다.

돌이나 나무로 새겨 만든 우상을 'idol', 즉 형상이라고 합니다. 하나님이 아닌 다른 것에 마음을 빼앗겨 그것을 형상화할 뿐 아니라 그걸 추종하고 예배의 대상으로 삼아버립니다. 아이돌! 나의 아이돌! 나의 우상! 온갖 열정과 에너지를 그 우상에 바치지만 결국은 사람이 만들어낸 형상일 뿐입니다. 거기엔 생명이 없습니다. 하나님의 영이 계시지 않습니다. 우리 인간이 마땅히 인간보다 높고 귀하신 창조주 하나님을 섬겨야 할 텐데 하나님이 아니라 인간만도 못한 나무나 돌의 형상을 섬긴다는 것 자체가 부끄러운 일입니다. 눈에 보이지 않는 우상을 섬기는 것 역시 마찬가지로 부끄러운 일입니다.

눈에 보이든지 보이지 않든지 우리의 모든 삶에서 우상을 제거하고 오직 유일하신 하나님만을 섬기는 성도들이 됩시다.

경배하고 섬겨야 할 오직 한 분이신 하나님

둘째, 오직 우리 아버지가 되시는 한 분 살아계시고 진실하신 하나님만 섬기고 경배하라는 말입니다. 5-6절을 보겠습니다. "비록 하늘에나 땅에나 신이라 불리는 자가 있어 많은 신과 많은 주가 있으나 그러나 우리에게는 한 하나님 곧 아버지가 계시니 만물이 그에게서 났고 우리도 그를 위하여 있고 또한 한 주 예수 그리스도께서 계시니 만물이 그로 말미암고 우리도 그로 말미암아 있느니라." 우리가 왜 한 분 하나님만 섬기고 경배해야 합니까? 근본적으로는 하나님은 오직 한 분만 계시기 때문입니다. 그러나 그밖에 많은 이유가 있습니다. 6절에 따르면 하나님은 만물의 창조주이시며 또한 우리의 창조주이시기 때문입니다. 우리의 영혼과 육체를 지으신 분이십니다. 그렇기에 하나님은 우리의 아버지가 되십니다. 자녀가 아버지를 섬기는 것은 당연하고 자연스러운 일이듯, 우리의 영혼과 육체 모두를 지으신 하나님 아버지를 섬기고 경배하는 것은 너무나도 당연한 일입니다.

우리는 걱정과 근심과 시험과 환란과 풍파 가운데 있을 때 예배당에 오면 마음의 무릎을 꿇고 기도합니다. 기도할 때 누구를 부릅니까? 하나님 아버지입니다. 우리의 모든 어려움을 다 알고 계시고 필요한 모든 것을 공급해 주시는 하나님을 아버지로 모시고 있기 때문입니다.

또한 하나님은 우리가 존재하고 살아가는 목적이 되셔야 하는 분이십니다. 6절을 다시 보겠습니다. "그러나 우리에게는 한 하나님 곧 아버지가 계시니 만물이 그에게서 났고 우리도 그를 위하여 있고…" 우리가 존재하는 이유는 나를 위해서가 아니라 하나님을 위해서라고 말합니다. 그것이 소요리문답 1번입니다. 이것이 인간의 존재 목적입니다. 말하고 생각하고 행동할 때 언제든지 하나님 중심으로 살아야 합니다. 그렇게 살 때 인간은 비로소 진정으로 존재의 의미를 실현할 수 있습니다. 이것이 진정한 행복에 이르는 길이며 시편 1편의 의인이 선언한 행복입니다.

하나님이 오직 한 분뿐이라는 것은 하나님이 우리의 사랑을 완전히 독차지하신다는 뜻입니다. 하나님이 한 분뿐이라는 것은 하나님이 받으실 영광을 다른 우상들과 나누지 않으신다는 뜻입니다. 하나님은 알라딘의 마술램프가 아닙니다. 우리의 소원을 들어주기 위해 만들어진 우상 신이 아닙니다. 도리어 우리가 하나님을 위해 존재합니다. 우리가 그로 말미암아 났기 때문입니다. 그 말은 오직 하나님이 홀로 우리의 사랑을 독차지할 자격이 있으시다는 의미입니다. 또한 우리에게는, 보이거나 보이지 않는 온갖 우상을 하나님과 겸하여 섬기지 말고 오직 하나님 아버지만 섬기라는 명령입니다.

한 분이신 하나님을 떠나면 사람은 우상을 섬기게 되어 있습니다. 우상을 섬기기 시작하면 결코 하나의 우상에 만족하지 못하고 할 수 있는 한 많은 우상을 동시에 섬기게 됩니다. 로마서 1장 20-23절은 이렇게 기록합니다. "창세로부터 그의 보이지 아니하는 것들 곧 그의 영원하신 능력과 신성이 그가 만드신 만물에 분명히 보여 알려졌나니 그러므로 그들이 핑계하지 못할지니라 하나님을 알되 하나님을 영화롭게도 아니하며 감사하지도 아니하고 오히려 그 생각이 허망하여지며 미련한 마음이 어두워졌나니 스스로 지혜 있다 하나 어리석게 되어 썩어지지 아니하는 하나님의 영광을 썩어질 사람과 새와 짐승과 기어다니는 동물 모양의 우상으로 바꾸었느니라." 바울은 사람들이 어리석게 된 결과 하나님 대신 온갖 우상을 만들어 자신들의 욕심을 위해 섬긴다고 지적합니다.

본래 전적으로 하나님을 의지하며 살도록 지음 받은 사람이 하나님을 의지하지 않으면 다른 것을 의지하게 되어 있습니다. 그러므로 신자는 더욱 더 하나님을 믿고 의지해야 합니다. 우리가 왜 주일에 예배 한 번만 드려도 되는데 오후 예배도 드립니까? 왜 저녁 예배도 드립니까? 수요예배는 왜 드립니까? 하나님을 더 잘 믿고 의지하고 섬기기 위해서입니다. 하나님을 올바로 알아야 하나님을 올바로 섬길 수 있기 때문입니다.

그러면 우리가 어떻게 한 분 하나님께만 존귀와 영광을 돌릴 수 있겠습니까? 로마서 10장 31절에 따르면 "먹든지 마시든지 무엇을 하든지 다 하나님의 영광을 위하여" 하는 것입니다. 일정 부분은 날 위해 일정 부분은 하나님을 위해 하는 것이 아닙니다. 우리 삶의 모든 영역이 하나님의 것이 되어야 합니다. 사나 죽으나 우리가 주님의 것이기 때문입니다 로마서 14장 8절도 이렇게 말합니다. "우리가 살아도 주를 위하여 살고 죽어도 주를 위하여 죽나니 그러므로 사나 죽으나 우리가 주의 것이로다." 우리가 주님의 것이므로 무슨 일을 하든지 무슨 말을 하든지 우리의 중심은 늘 하나님이어야 한다는 것입니다. 매사에 하나님을 의식하며, 순간순간마다 하나님을 기쁘시게 할 일을 찾아 행하는 것입니다. 이렇게 매순간 내가 주님의 것임을 의식하며 살아가는 길에서 벗어나는 것이 우상숭배의 전형입니다. 오직 유일신 신앙만이 바른 믿음과 바른 행실을 낳습니다. 많은 신이 있다고 하는 다신교나 여러 우상을 섬기는 사람들은 건전한 신앙생활을 할 수 없습니다. 그들에게는 창조주 의식이든 심판주 의식이 없기 때문입니다. 그들에게는 나를 심판할 신이 없고 도와줄 우상들만 있기 때문에 바른 신앙의 삶을 살아가기가 어렵습니다.

우리를 구원하시고 복 주실 뿐 아니라 우리 죄를 심판하시고 죄를 대속하시고 용서하실 수 있는 분은 오직 한 분 하나님밖에 없음을 굳게 믿는 신자들이 됩시다.

성경은 철저하게 참되고 살아계시는 오직 한 분 하나님이 계신다고 가르치고 있습니다. 열왕기상 8장 60-61절은 이렇게 말합니다. "이에 세상 만민에게 여호와께서만 하나님이시고 그 외에는 없는 줄을 알게 하시기를 원하노라 그런즉 너희의 마음을 우리 하나님 여호와께 온전히 바쳐 완전하게 하여 오늘과 같이 그의 법도를 행하며 그의 계명을 지킬지어다." 이사야 선지자 역시 44장 6절에서 이렇게 말합니다. "이스라엘의 왕인 여호와, 이스라엘의 구원자인 만군의 여호와가 이같이 말하노라 나는 처음이요 나는 마지막이라 나 외에 다른 신이 없느니라." 바울은 고린도전서 10장 14절에서 결론적으로 이렇게 말합니다. "그런즉 내 사랑하는 자들아 우상 숭배하는 일을 피하라."

저와 여러분의 삶에 혹시 눈에 보이는 우상들이 있습니까? 눈에 보이지 않는 우상 신들이 마음에 자리하고 있습니까? 치우십시오. 제거하십시오. 부숴버리십시오. 그 우상 신들이 우리의 영혼을 망치고 부숴버릴 것이기 때문입니다. 그러기 전에 먼저 우상을 깨뜨려 버리십시오.

하나님 한 분 이외에 모든 우상들을 다 깨뜨려버리고 오직 유일하신 한 분 하나님, 살아계시고 진실하신 하나님만을 섬기며 경배하는 성도들이 되시기를 소망합니다.

○ 칼뱅, 『기독교 강요』, 1.12.3

종교가 사람을 섬기게 될 때, 그것은 예배와 결합되는 순간 하나님의 영예에 대한 모독을 즉시 수반한다. 우리는 동일한 사실을 고넬료에게서 볼 수 있다(행 10:25). 그는 경건에 있어 최고의 예배를 한 분 하나님 이외의 다른 것에 돌릴 정도로 악하지 않았다. 그러므로 그가 베드로의 발 앞에 엎드려 절한 것은 하나님 대신에 베드로를 숭배하고자 하는 마음이 있어서가 아니었음은 말할 나위가 없다. 그러나 베드로는 고넬료가 그렇게 하는 것을 엄하게 말렸다. 왜 그랬는가? 이는 하나님에 대한 예배와 피조물에 대한 예배를 또렷하게 분별함이 없는 사람들이 하나님께 속한 것을 피조물에게 옮기는 혼잡스러운 일을 행하는 것을 막고자 함이 아니겠는가? 이러므로 우리가 한 분 하나님을 모시기를 원한다면, 그의 영광의 한 터럭조차도 뽑아내려고 해서는 안 되며, 나아가 그 자신에게 고유한 것을 우리 속에 간직해야 한다는 사실을 기억해야 한다. 이런 취지에서 스가랴는 교회의 회복을 선포하면서, 여호와는 "홀로 한 분"이실 뿐 아니라 "그의 이름이 홀로 하나"(슥 14:9)라는 사실을 명료하게 표명함으로써, 하나님은 우상들과 공유하시는 것이 아무것도 없음을 뚜렷이 부각시킨다.

■ 나눔 질문

1. 눈에 보이는 우상과 보이지 않는 우상들에는 무엇이 있습니까?
2. 우상이 인간에게 아무런 유익도 끼치지 못하는 이유는 무엇입니까?
3. 우리가 오직 하나님만 섬기고 예배해야 할 이유는 무엇입니까?
4. 오직 한 분이신 하나님을 올바로 섬기며 영광 돌리는 방법은 무엇입니까?
5. 다신교나 여러 우상들을 믿는 사람들은 건전한 신앙생활을 할 수 없는데 저자는 그 이유를 무엇이라고 설명합니까?
6. 하나님 한 분 외에 우상을 섬긴 경험이 있다면 나누고 어떤 것들이 우상이 될 수 있는지 토의해 봅시다.

6장
성부 성자 성령이신 하나님

주 예수 그리스도의 은혜와 하나님의 사랑과 성령의 교통하심이 너희 무리와 함께 있을지어다. 고후 13:13

> **소요리문답 6번**
> 문 6: 하나님의 신격에는 몇 위가 계십니까?
> 답: 하나님의 신격에는 삼위가 계십니다. 그 삼위는 곧 성부와 성자와 성령이십니다. 이 삼위는 한 하나님이시며, 본체가 같고 권세와 영광에 있어 동등하십니다(요 5:7; 마 28:19).

오늘날 우리 시대에 가장 회복되어야 할 교리가 있다면 단연 신론, 즉 하나님에 관한 교리라고 생각합니다. 하나님을 믿는 신자가 하나님을 어떻게 생각하느냐에 따라 그의 모든 것이 결정되기 때문입니다. 신론이 잘못되어 있으면, 신앙 전체가 잘못될 가능성이 매우 큽니다. 오늘날 하나님에 관한 교리는 피상적이고 가볍기 짝이 없습니다. 하나님을 가볍게 생각하고 홀대하는 순간부터 우리의 신앙생활은 활력을 잃고 메말라버릴 것입니다.

오늘 읽은 본문 말씀과 소요리문답 6번을 통해 우리가 믿는 하나님, 특별히 성부와 성자와 성령으로 계시며, 일체로 계신 한 분 하나님에 관해 배우기 원합니다. 바울은 고린도 교회에 보내는 편지를 마감하면서 삼위일체 하나님의 축복에 대해 언급하고 있습니다. 이를 삼위일체적 축복기도라고 부르는데, 하나님이 삼위로 계시며 동시에 일체이시라는 교리를 밝히는 웅변적인 선포입니다. 삼위일체 교리는 신자라면 외면할 수 없는 성경의 진리입니다. 오늘날 오고 오는 모든 교회와 신자에게 가장 중요한 교리 하나를 꼽으라면 바로 삼위일체 교리일 것입니다. 삼위일체 교리의 위대성과 중요성을 온전히 받아들이지 않는다면, 우리를 위한 삼위일체 하나님의 구속의 경륜과 그 하나님의 역사 속에서의 일하심을 올바로 파악할 수 없습니다. 그러므로 삼위일체 교리를 인정하고 믿지 않는다면 그리스도인이 될 수 없다고 확언할 수 있습니다.

그럼에도 불구하고 삼위일체 교리는 인간이 완전히 이해할 수 없는 신비임을 인정해야 합니다. 세 위격이 한 분이시며, 한 분인 동시에 구별되는 세 위격으로 계시다는 사실을 우리는 논리적으로나 합리적으로나 과학적으로나 수학적으로 이해하지 못합니다. 우리는 다만 성경이 안내하는 바에 따라 겸손히 이 교리를 추적하고 파악할 뿐입니다. 따라서 신자는 삼위일체 교리의 신비를 인정하며, 믿음으로 이 교리를 이해하고 인식해야 합니다. 이번 장에서는 성부와 성자와 성령이신 하나님이라는 제목으로 삼위일체 하나님에 관해 배우고자 합니다.

삼위일체, 전 성경의 웅변적 선포

첫째, 성부와 성자와 성령이신 하나님이 한 분으로 존재하신다는 교리는 모든 성경의 웅변적인 선언입니다. 13절 말씀을 읽겠습니다. "주 예수 그리스도의 은혜와 하나님의 사랑과 성령의 교통하심이 너희 무리와 함께 있을지어다."

본문 말씀은 삼위일체를 증거하는 대표적인 구절 가운데 하나입니다. 이 밖에도 구약과 신약의 대표적인 두 구절을 보겠습니다. 우선 창세기 1장 26-27절입니다. "하나님이 이르시되 우리의 형상을 따라 우리의 모양대로 우리가 사람을 만들고 그들로 바다의 물고기와 하늘의 새와 가축과 온 땅과 땅에 기는 모든 것을 다스리게 하자 하시고 하나님이 자기 형상 곧 하나님의 형상대로 사람을 창조하시되 남자와 여자를 창조하시고." 다음은 신약 마태복음 28장 19-20절입니다. "그러므로 너희는 가서 모든 민족을 제자로 삼아 아버지와 아들과 성령의 이름으로 세례를 베풀고 내가 너희에게 분부한 모든 것을 가르쳐 지키게 하라 볼지어다 내가 세상 끝날까지 너희와 항상 함께 있으리라 하시니라."

이들 세 성경 본문에는 하나님의 단일성과 복수성이 묘사되어 있습니다. 하나님은 한 분이면서 또한 여럿인 것처럼 선언되어 있습니다. 소요리문답 6번은 이렇게 말합니다.

문 : "하나님의 신격에는 몇 위가 계십니까?"

답 : "하나님의 신격에는 삼위가 계십니다. 그 삼위는 곧 성부와 성자와 성령이십니다. 이 삼위는 한 하나님이시며, 본체가 같고 권세와 영광에 있어 동등하십니다."

지난 장에서 우리는 참되고 사시는 하나님은 오직 한 분밖에 없다는 것을 배웠습니다. 성경과 교리문답은 삼위일체 하나님에 대해 무엇이라고 말합니까? 성경과 교리문답은 크게 두 가지를 선언하고 고백합니다. 첫째 하나님은 한 분이시라는 것과, 둘째 성부도 하나님, 성자도 하나님, 성령도 하나님이시라는 것을 선언합니다. 말하자면 한 분 하나님 안에 세 위(位)로서의 신격이 존재하신다는 것입니다. 그리고 결론적으로 이 세 위격은 서로 구별되면서 한 하나님이시라는 말입니다.

우선 첫째로 성경은 유일신 하나님, 한 분이신 하나님을 선포한다는 사실을 기억해야 합니다. 열왕기상 8장 60절은 이렇게 말합니다. "이에 세상 만민에게 여호와께서만 하나님이시고 그 외에는 없는 줄을 알게 하시기를 원하노라." 고린도전서 8장 5-6절입니다. "비록 하늘에나 땅에나 신이라 불리는 자가 있어 많은 신과 많은 주가 있으나 그러나 우리에게는 한 하나님 곧 아버지가 계시니 만물이 그에게서 났고 우리도 그를 위하여 있고 또한 한 주 예수 그리스도께서 계시니 만물이 그로 말미암고 우리도 그로 말미암아 있느니라." 이사야 44장 6절입니다. "이스라엘의 왕인 여호와, 이스라엘의 구원자인 만군의 여호와가 이같이 말하노라 나는 처음이요 나는 마지막이라 나 외에 다른 신이 없느니라."

이 말씀들은 오직 하나님이 한 분만 계시며 다른 신이 없음을 선포하는 구약성경의 증언입니다. 그렇다면 삼위로 계시는 하나님과 달리 왜 구약성경은 한 분 하나님을 유독 강조하고 있을까요? 이유는 당시 하나님이 택하신 제사장 나라 이스라엘의 주변 모든 민족들이 다신교를 숭배하고 있었기 때문입니다. 이스라엘이 섬기는 여호와 하나님은 다신교 우상들과는 완전히 구별되는 오직 단 한 분이신 하나님이십니다. 물론 구약은 유일신 하나님을 강조하고, 신약은 이위일신론, 즉 성부와 성자 하나님을 강조하며, 역사를 거치면서 삼위일체 교리가 학문적으로 연구와 발전을 거듭한 것은 사실이지만, 그것은 모든 성경이 삼위일체의 하나님을 증거하고 있기 때문입니다. 우리가 삼위일체 교리를 믿어야 하는 이유는 하나님의 말씀인 모든 성경이 삼위요 일체로 계시는 한 분 하나님을 선포하기 때문입니다. 성경이 그렇게 선포한다면 우리도 거두절미하고 그렇게 믿어야 합니다.

그런데 성경 여러 곳에서 우리는 한 분 하나님이 마치 세 분이신 것처럼 묘사되어 있는 말씀을 찾을 수 있습니다. 그래서 우리는 둘째로 성경은 한 분 하나님 안에 삼위로 계시며 일체이신 하나님을 선포한다는 사실을 기억해야 합니다. 성경은 하나님 아버지만 하나님이 아니시며, 예수 그리스도도 역시 하나님이시며, 하나님의 영, 또는 그리스도의 영이라 불리는 성령님도 역시 하나님이시라고 선언합니다. 예수 그리스도의 경우를 살펴보겠습니다. 요한복음 1장 18절입니다. "본래 하나님을 본 사람이 없으되 아버지 품 속에 있는 독생하신 하나님이 나타내셨느니라." 유명한 메시아 본문인 이사야 9장 6절입니다. "이는 한 아기가 우리에게 났고 한 아들을 우리에게 주신 바 되었는데 그의 어깨에는 정사를 메었고 그의 이름은 기묘자라, 모사라, 전능하신 하나님이라, 영존하시는 아버지라, 평강의 왕이라 할 것임이라." 다음은 의심 많은 도마의 고백이 담긴 요한복음 20장 28절입니다. "도마가 대답하여 이르되 나의 주님이시요 나의 하나님이시니이다." 예수님은 요한복음 5장 19절에서 아버지가 하시는 일을 나도 한다고 말씀하시며, 결정적으로 예수님은 요한복음 10장 30절에서 "나와 아버지는 하나이니라"라고 말씀하십니다.

또한 성경은 성령님도 우리의 경배를 받으셔야 할 하나님이심을 선언합니다. 사도행전 5장 3-4절입니다. "베드로가 이르되 아나니아야 어찌하여 사탄이 네 마음에 가득하여 네가 성령을 속이고 땅 값 얼마를 감추었느냐 땅이 그대로 있을 때에는 네 땅이 아니며 판 후에도 네 마음대로 할 수가 없더냐 어찌하여 이 일을 네 마음에 두었느냐 사람에게 거짓말 한 것이 아니요 하나님께로다." 마태복음 12장 31절에서도 "사람에 대한 모든 죄와 모독은 사하심을 얻되 성령을 모독하는 것은 사하심을 얻지 못[한다]"고 말하며 성령님의 신적이며 인격적인 속성을 언급하고 있습니다. 누가 누구를 속인다면 그건 사람을 속이는 일입니다. 인격체를 속이는 것입니다. 우리는 나무를 속인다거나 컵을 속인다고 말하지 않습니다. 우리는 사람을 속인다고 말합니다. 즉 사람에게 거짓말한 것이 아니라 하나님께 했다는 말은 성령 하나님이 인격자이심을 뜻하는 말씀입니다. 성령님은 그저 비인격적인 힘이 아니십니다. 우리에게 약간의 도움을 주는 정신도 아니십니다. 성령님은 인격적인 하나님이십니다.

결론적으로 우리는 성경이 한 분 하나님을 선포하면서 동시에 한 분 하나님이 성부와 성자와 성령 하나님으로 존재하신다는 결론을 내려야만 합니다. 그래서 아까 언급한 소요리문답 6번은 "하나님의 신격에는 세 위격이 있는데 곧 아버지와 아들과 성령으로, 이 세 위격은 한 하나님이시며, 본질에서 동일하시고 능력과 영광에서 동등하십니다"라고 선언하는 것입니다. 우리는 이런 삼위일체 교리를 내재적 삼위일체라 부릅니다. 성부도 하나님이시며, 성자도 하나님이시며, 성령도 하나님이십니다. 그러나 성부는 성자가 아니시고 성자는 성령이 아니십니다. 그럼에도 성부는 성자를 사랑하시고 성자도 성부를 사랑하시며, 성령도 성부와 성자를 위하십니다. 성부와 성자와 성령 하나님은 일체로 계시며 완벽하게 교제하시고 사랑을 나누십니다. 성부와 성자와 성령 하나님은 창세 전에도 함께 계셨고 천지창조 시에도 함께 하셨으며, 항상 함께 존재하십니다. 이것이 바로 성경이 선언하는 신비입니다. 이는 하나님의 말씀인 성경이 선포하고 있기에 그렇게 믿고 인식해야 할 진리입니다. 삼위일체 교리는 우리 머리에 합리적이기 때문에 믿는 것이 아니라 하나님의 말씀인 성경이 선언하기 때문에 믿는 것입니다.

성경이 계시하시는 성부와 성자와 성령으로 계시며 오직 유일하신 한 분 하나님만을 참되게 예배하고 섬기시는 성도들이 되시기 바랍니다.

삼위일체에 관한 오류들

둘째, 성경은 삼위일체에 대한 잘못된 개념들을 배격합니다. 13절 말씀을 한 번 더 읽겠습니다. "주 예수 그리스도의 은혜와 하나님의 사랑과 성령의 교통하심이 너희 무리와 함께 있을지어다."

이 본문의 말씀과 소요리문답은 성부와 성자와 성령 하나님이 세 위격으로 계시고 한 하나님이시며 본질에서 동일하시고 능력과 영광에서 동등하시다고 말합니다. 그런데 역사 속에는 이런 삼위일체 교리를 오해한 사람들이 많았고, 그들이 만들어낸 이단적 사상이 존재해 왔습니다. 그 가운데 크게 세 가지를 살펴보겠습니다.

첫째, 성자 종속설입니다. 이것은 예수님이 하나님 아버지의 권위에 종속되어 있고, 권능과 영광이 동등하지 않다는 주장입니다. 주후 3-4세기경 아리우스라는 사람은 성자 예수님은 한 번도 하나님이신 적이 없다고 주장했습니다. 이런 사상에 기초해서 하나님 아버지가 더 크시고 예수님이 그 다음이고 성령님이 그 다음으로 능력 있는 분이라고 생각하는 사람들이 늘어났습니다. 예를 들면 영국국교회의 유명한 설교자였던 존 스토트 박사가 아주 오래 전 한국에 방문해서 대학생들에게 삼위일체를 장군 장교 사병으로 설명했다가 곤욕을 치른 적이 있습니다.

또한 19-20세기에 유행했던 유니테리언주의, 즉 일신론자 또는 단일 신론자들은 오직 아버지만 하나님이시며, 예수님은 피조된 자이고 성령님은 하나님의 다른 명칭이며 따라서 오직 아버지 하나님 한 분만 가장 세다고 생각했습니다. 이것이 그럴듯하게 들리는 이유는 예수님이 하나님의 아들로 오셨고 특별히 성육신하여 오셨기 때문이며 예수님이 하신 여러 말씀들 때문입니다. 예를 들면 요한복음 14장 28절은 이렇게 말합니다. "내가 갔다가 너희에게로 온다 하는 말을 너희가 들었나니 나를 사랑하였더면 나의 아버지께로 감을 기뻐하였으리라 아버지는 나보다 크심이라." 그러나 이것은 우리가 이어서 살펴보겠지만, 정확히 죄인을 구속하시기 위해 이 세상에 사람의 몸을 입고 오신 구속이라는 목적을 염두에 두고 이해해야 할 말씀입니다.

둘째, 양태론입니다. 양태론이란 한 분이 시기마다 달리 나타나 세 직분을 감당한다는 개념입니다. 마치 모노드라마에서 배우 한 사람이 옷을 바꿔 입고 서너 명의 다른 역할을 수행한다고 보는 것입니다. 예를 들어, 내가 교회에서는 목사의 역할을 하며, 신학교에서는 교수의 역할을 하며, 가정에서는 아버지의 역할을 한다는 것입니다. 우리는 이런 주장을 배격합니다. 왜냐하면, 만일 양태론이 옳다면 수행하는 직분만 각기 다를 뿐 그 일을 수행하는 사람은 단 한 사람, 한 인격체일 뿐이기 때문입니다. 그렇게 되면 하나님이 아버지 역할을 하실 때 성자나 성령은 존재할 수 없습니다. 또한 성자께서 십자가 구속사역을 이루실 때 성부나 성령 역시 존재할 수 없습니다. 왜 그렇습니까? 한 사람이 동시에 동일한 장소에서 동일한 순간에 여러 역할을 할 수는 없기 때문입니다. 그러나 성경은 성부와 성자와 성령이 정확히 동일한 시간에 동일한 장소에서 동일하게 역사하셨음을 선포합니다. 대표적으로 마태복음 3장 16-17절입니다. "예수께서 세례를 받으시고 곧 물에서 올라오실새 하늘이 열리고 하나님의 성령이 비둘기 같이 내려 자기 위에 임하심을 보시더니 하늘로부터 소리가 있어 말씀하시되 이는 내 사랑하는 아들이요 내 기뻐하는 자라 하시니라." 또한 창세기 1장 1-2절입니다. "태초에 하나님이 천지를 창조하시니라 땅이 혼돈하고 공허하며 흑암이 깊음 위에 있고 하나님의 영은 수면에 운행하시니라." 요한복음 1장 1절 "태초에 말씀이 계시니라 이 말씀이 하나님과 함께 계셨으니 이 말씀은 곧 하나님이시니라."

셋째, 삼신론입니다. 무한하고 불변하고 영원하신 하나님이 세 분이 있다는 개념입니다. 그러니까 세 분이 각각 구별되고 분리되어 독립적으로 존재하시되, 그 활동의 목적과 내용에서만 일치한다는 주장입니다. 그러나 이런 주장은 성경적이지 않습니다. 하나님은 오직 한 분 하나님이시라는 성경의 선포를 해결하지 못하기 때문입니다.

우리는 지금까지 삼위일체에 대한 오해와 잘못된 주장을 살펴보았습니다. 주요한 이단적 사상을 3가지 정도로 정리했으나, 이 밖에도 삼위일체에 대한 잘못된 주장들은 그리 어렵지 않게 주변에서 들을 수 있습니다. 이는 성경적 진리를 제대로 알고 배우고 받아들이지 않는다면 쉽게 휩쓸릴 수 있는 주장입니다. 따라서 이제 우리는 결론적으로 다음과 같이 말해야 합니다. 첫째로 무한하시고 불변하시고 영원하신 하나님은 한 분밖에 없으며, 동시에 한 분 하나님은 성부 성자 성령이라는 세 위격으로 계시고 세 위격은 모두 전능하신 하나님이시며 동일한 본질이시며, 그 권능과 영광이 동등하신 분이시라고 말입니다.

성부와 성자와 성령 하나님에 관한 올바른 이해를 통해 성부 하나님뿐 아니라 아버지 하나님과 아들 하나님과 성령 하나님 모두에게 합당한 찬양과 영광을 돌려야 할 줄 믿습니다.

경륜적 삼위일체

셋째, 삼위일체 교리는 저와 여러분 같은 죄인을 구원하기 위한 교리입니다. 13절 말씀을 한 번 더 읽겠습니다. "주 예수 그리스도의 은혜와 하나님의 사랑과 성령의 교통하심이 너희 무리와 함께 있을지어다."

이것은 예배의 마지막 절정을 장식하는 축복기도 또는 강복선언의 말씀입니다. 우리는 주일 예배 시에 종종 민수기 6장 24-27절 말씀을 축도로 사용합니다. "여호와는 네게 복을 주시고 너를 지키시기를 원하며 여호와는 그의 얼굴을 네게 비추사 은혜 베푸시기를 원하며 여호와는 그 얼굴을 네게로 향하여 드사 평강 주시기를 원하노라 할지니라 하라 그들은 이같이 내 이름으로 이스라엘 자손에게 축복할지니 내가 그들에게 복을 주리라." 이 말씀은 대제사장적 축복기도로서 사도 바울이 사도적 축복기도를 드릴 때에도 인용한 구약의 모범입니다. 이 말씀은 사실 기도가 아니라 삼위일체 하나님의 복의 선언입니다.

그렇다면 왜 한 분 하나님 안에 세 위격이 존재하실까요? 결론부터 말하자면, 그것은 철저히 죄인된 우리를 구원하시기 위해서입니다. 죄인된 우리에게 복을 주시기 위해서입니다. 왜 아버지와 아들과 성령이 존재하시는 것입니까? 왜 예수님은 하나님의 독생자라 불리시는 것입니까? 왜 성령님은 아버지와 아들에게서 나오셔서 하나님의 영, 예수 그리스도의 영이라고 불리는 것입니까? 요한복음 1장 18절은 이렇게 말합니다. "본래 하나님을 본 사람이 없으되 아버지 품 속에 있는 독생하신 하나님이 나타내셨느니라."

말하자면, 창세 전부터 하나님은 아버지이셨고 그리스도는 하나님의 아들이셨고 성령님은 아버지와 아들의 영으로 존재하셨던 것입니다. 여기서 예수님을 가리켜 독생하신 하나님이라 말합니다. 독생한다는 말은 출생하다, 나타나다. 초래하다는 뜻입니다. 그러나 이 말은 예수님이 어느 순간에 존재하지 않다가 태어나셨고 그 순간부터 존재하게 되었다는 뜻이 전혀 아닙니다. 그렇다면, 예수님은 피조물이 되시는 것이지요. 여기서 말하는 "독생하다"라는 표현은 역사의 시간 속 개념이 아닌 영원적 개념입니다. 역사의 시간을 초월하여 아버지가 낳으신 아들이라는 말입니다. 성자 그리스도는 성육신할 때 존재하지 않다가 출생하신 것이 아니라는 말입니다. 그렇기에 독생하신 아들은 한 분밖에 없는 유일한 아들, 유일한 구세주를 뜻합니다. 마찬가지로 성령님 역시 오순절 성령강림 때 출생하신 것이 아닙니다(요 15:26; 갈 4:6). 성부와 성자와 성령은 영원 전부터 영원까지 아예 삼위로 계시고 아버지와 아들과 거룩한 영으로 존재하신다는 말입니다.

그럼에도 불구하고 성경은 하나님이 아버지이시며 예수 그리스도가 아들이심을 말합니다. 왜 그리스도는 아들이 되셔서 복종하셨습니까? 그 확실한 이유가 빌립보서 2장 5-8절에 드러나 있습니다. "너희 안에 이 마음을 품으라 곧 그리스도 예수의 마음이니 그는 근본 하나님의 본체시나 하나님과 동등됨을 취할 것으로 여기지 아니하시고 오히려 자기를 비워 종의 형체를 가지사 사람들과 같이 되셨고 사람의 모양으로 나타나사 자기를 낮추시고 죽기까지 복종하셨으니 곧 십자가에 죽으심이라." 이것을 우리는 경륜적 또는 구속적 삼위일체라 부릅니다. 성령님은 성부와 성자 하나님께 자신을 복종시키셨습니다. 이것은 구원사역을 성취하기 위한 자원적 복종입니다. 결론적으로 우리는 성부께서 구원을 계획하시고 성자께서 구원을 완성하시고 성령님이 그 구원을 우리에게 적용시키신다고 말할 수 있습니다.

그런데 이 위대한 경륜적 구속의 역사를 수행하시는데 삼위 하나님이 분리되어 일하지 않으신다는 것입니다. 성자와 성령님이 신약시대에만 사역하신 것이 아니라 구약시대에도 동일하게 사역하셨습니다. 마찬가지로 성부께서는 구약에만 존재하시고 신약에는 안 계신다는 어리석은 생각을 하지 않아야 합니다. 따라서 우리는 구약 백성의 구원이 신약 백성의 구원과 동일하며 그 구원의 방법에 있어서도 차이가 없음을 깨닫게 되는 것입니다.

삼위일체 교리는 성경의 선포이며, 구속의 이해에 있어 중요한 교리입니다. 그럼에도 불구하고 우리가 이 교리를 다룰 때는 이것이 신비의 영역에 속하는 것임을 인정해야만 합니다. 한 분이신 하나님이 어떻게 독립된 인격을 지니고 사역을 감당하시는 삼위로 존재하시며, 동시에 그 세 위격이 한 분 안에서 완벽히 연합되어 있는지를 우리의 지성으로는 감당하기 어렵습니다.

우리가 삼위일체 교리를 공부하는 이유는 무엇입니까? 첫째, 성경이 선포하는 하나님을 정확하고도 올바로 알기 위해서입니다. 둘째, 삼위일체 하나님의 구속의 경륜을 올바로 파악하기 위해서입니다. 셋째, 각각의 삼위 하나님께 마땅한 영광을 돌리기 위해서입니다. 그리고 마지막으로 삼위 하나님이 우리에게 베푸시는 은혜를 늘 묵상하기 위해서입니다. 하나님 아버지가 오늘 나를 사랑하시고, 독생자 예수 그리스도가 사람이 되어 오셔서 나를 위해 피 흘리셨으며, 성령님은 내 안에서 아버지의 사랑과 그리스도의 보혈의 공로를 살아 있는 구원으로 역사하십니다. 그리스도인은 바로 이 교리를 믿는 사람입니다. 성경이 선포하는 성부 성자 성령 하나님의 경륜적 삼위일체 교리는 나의 구원을 목적으로 삼고 있습니다. 이 얼마나 영광스럽고 은혜로운 교리입니까?

그렇다면 이 교리에 대한 우리의 태도는 두 가지여야 합니다. 첫째는 이 위대한 신비 앞에 겸손히 무릎을 꿇는 것입니다. 로마서 11장 33-35절을 읽겠습니다. "깊도다 하나님의 지혜와 지식의 풍성함이여, 그의 판단은 헤아리지 못할 것이며 그의 길은 찾지 못할 것이로다 누가 주의 마음을 알았느냐 누가 그의 모사가 되었느냐 누가 주께 먼저 드려서 갚으심을 받겠느냐." 둘째는 이 위대하신 삼위일체 하나님 앞에 모든 영광과 존귀를 돌리는 것입니다. 로마서 11장 36절을 함께 고백하겠습니다. "이는 만물이 주에게서 나오고 주로 말미암고 주에게로 돌아감이라 그에게 영광이 세세에 있을지어다 아멘."

○ 칼뱅, 『기독교 강요』, 1.13.16.

실로 믿음이란 여기저기를 기웃거리거나 다양한 일들에 매여 우왕좌왕하거나 하지 않고, 한 분 하나님을 바라보고, 그에게 자기를 맡기고, 그에게 밀착하는 것이다. 이로부터 만약 믿음의 종류가 다양하다면, 하나님도 다수가 되어야 한다는 결론이 쉽게 도출된다. 이러한 점에서, 세례는 믿음의 성례이기 때문에 그것이 하나라는 사실로부터 하나님이 한 분이심이 확정된다. 여기에서 또한 다음과 같은 사실이 추론되는 바, 우리는 우리가 세례를 받는 이름인 하나님에 대한 믿음을 받아들이기 때문에 한 분 하나님 안에서가 아니면, 세례를 받을 수 없다. 그렇다면 그리스도가 아버지와 아들과 성령의 이름으로 세례가 베풀어져야 한다고 명령하셨을 때, 우리가 한 믿음을 가지고 아버지와 아들과 성령을 믿어야 한다는 사실을 뜻하는 것이 아니고 무엇이겠는가? 아버지와 아들과 성령이 한 분 하나님이심을 이보다 더 분명히 증거하는 것이 어디 있겠는가? 그리하여 하나님이 여럿이 아니라 한 분이시라는 확고한 원리로 간주되기 때문에, 우리는 말씀과 성령이 다름 아닌 하나님의 본질 자체시라는 결론에 이른다.

■ 나눔 질문

1. 우리가 삼위일체 교리를 믿어야 할 가장 중요한 이유는 무엇입니까?
2. 삼위일체의 뜻은 무엇입니까?
3. 삼위일체 교리에 대한 잘못된 생각들에는 어떤 것들이 있습니까?
4. 내재적 삼위일체와 경륜적 삼위일체는 무엇입니까?
5. 우리가 삼위일체 교리를 올바로 배워야 할 세 가지 이유는 무엇입니까?
6. 삼위일체 교리에 대한 신자의 두 가지 반응은 무엇이어야 합니까?
7. 삼위일체 하나님에 대해 잘못된 생각을 가졌었거나 새롭게 배우게 된 경험이 있다면 나누어 봅시다.

7장
하나님의 작정과 섭리

¹¹모든 일을 그의 뜻의 결정대로 일하시는 이의 계획을 따라 우리가 예정을 입어 그 안에서 기업이 되었으니 ¹²이는 우리가 그리스도 안에서 전부터 바라던 그의 영광의 찬송이 되게 하려 하심이라 ¹³그 안에서 너희도 진리의 말씀 곧 너희의 구원의 복음을 듣고 그 안에서 또한 믿어 약속의 성령으로 인치심을 받았으니 ¹⁴이는 우리 기업의 보증이 되사 그 얻으신 것을 속량하시고 그의 영광을 찬송하게 하려 하심이라.
엡 1:11-14

소요리문답 7, 8, 9, 10, 11, 12번

문 7: 하나님의 작정들은 무엇입니까?

답: 하나님의 작정들은 자신의 영광을 위해 발생할 모든 일을 미리 정하신 그의 뜻의 경륜에 따른 하나님의 영원하신 목적입니다(엡 1:4, 11; 롬 9:22-23).

문 8: 하나님은 그의 작정들을 어떻게 시행하십니까?

답: 하나님은 그의 작정들을 창조와 섭리의 사역을 통해 시행하십니다.

문 9: 창조의 사역은 무엇입니까?

답: 창조의 사역은 하나님이 그의 권능의 말씀으로 육일 동안 아무것도 없는 상태에서 모든 것을 만드신 것이며, 그 모든 것은 매우 좋았습니다(창 1; 히 11:3).

문 10 : 하나님은 사람을 어떻게 창조하셨습니까?

답 : 하나님은 사람을 그의 형상을 따라 지식과 의와 거룩을 지닌 남자와 여자로 창조하셨고 다른 피조물들을 다스리게 하셨습니다(창 1:26-28; 골 3:10; 엡 4:24).

문 11 : 하나님의 섭리의 사역이란 무엇입니까?

답 : 하나님의 섭리의 사역이란 그분의 모든 피조물들과 그 피조물들의 모든 행위를 향한 지극히 거룩하시고 지혜로우시며 강력하신 하나님의 보존하심과 통치하심입니다(시 145:7; 2. 시 104:24; 사 28:29; 3. 히 1:3; 4. 시 103:19; 마 10:29-31).

문 12 : 사람이 창조 받은 상태에 있을 때 하나님이 사람을 향해 행하신 섭리의 특별한 행위는 무엇입니까?

답 : 하나님이 사람을 창조하셨을 때, 선과 악을 알게 하는 나무의 열매를 먹는 일을 죽음이라는 형벌 하에 금하심으로 완전한 순종을 조건으로 그와 생명의 언약을 맺으셨습니다(갈 3:12; 창 2:17).

성경적으로 말하자면, 이 세상에서 발생하는 일들 가운데 우연한 것은 하나도 없습니다. 사건들은 이유 없이, 의미 없이 일어나지 않습니다. 모든 일에는 이유가 있는데 하나님이 그것을 작정하시기 때문입니다.

우리는 지난 장에 이어 또다시 어려운 주제인 하나님의 영원하신 작정과 섭리에 대해 주어진 본문을 통해 살펴보기를 원합니다. 그리고 우리는 또다시 겸손과 경외의 자세로 이 교리를 살펴보아야 할 것입니다. 결론적으로 말씀드리면, 우리는 이러한 주제를 온전히 다 이해하지 못합니다. 그것은 하나님의 일하시는 방식이 불합리해서가 아니라 우리의 이해 자체에 한계가 있기 때문입니다. 그럼에도 우리는 이런 주제와 교리를 공부해야만 합니다. 하나님의 말씀인 성경이 우리에게 그것을 가르치기 때문입니다.

오늘 본문의 앞부분인 에베소서 1장 4절을 보십시오. "곧 창세 전에 그리스도 안에서 우리를 택하사 우리로 사랑 안에서 그 앞에 거룩하고 흠이 없게 하시려고." 우리를 선택하신 것이 창세 전, 즉 이 세상이 존재하기 전에 이루어진 일임을 선언합니다. 이것을 우리의 작은 머리로 어찌 다 이해할 수 있겠습니까? 우리의 구원은 "창세 전에" 이미 작정된 일입니다. 그 일이 어떻게 내게 현실이 되었습니까? 갈라디아서 4장 4-5절입니다. "때가 차매 하나님이 그 아들을 보내사 여자에게서 나게 하시고 율법 아래에 나게 하신 것은 율법 아래에 있는 자들을 속량하시고 우리로 아들의 명분을 얻게 하려 하심이라."

하나님은 "창세 전에" 작정된 일을 "때가 차매" 시공간의 역사 현장 속에서 성취하셨습니다. 이것이 하나님의 작정의 위대한 국면입니다. 이에 대해 자세히 살펴보겠습니다.

하나님의 영원하신 계획

첫째, 하나님은 그 마음의 뜻대로 모든 일을 계획하시는 분이십니다. 11절을 읽겠습니다. "모든 일을 그의 뜻의 결정대로 일하시는 이의 계획을 따라 우리가 예정을 입어 그 안에서 기업이 되었으니."

작정을 올바로 정확히 표현하는 다른 단어를 찾기가 힘들지만 그 요소 가운데 하나가 바로 계획입니다. 작정이란 다른 말로 계획 또는 설계라고 할 수 있습니다. 성경은 하나님이 모든 일을 그가 뜻하시고 세우신 계획대로 역사하신다고 말합니다. 우리는 하나님의 작정을 집을 짓는 것으로 비유할 수 있습니다. 우리가 집을 지으려면 가장 먼저 해야 할 일은 설계입니다. 그리고 어떤 건축물이든 설계도에 따라 지어야만 합니다. 설계도에는 우리가 소망하는 집을 세우기 위해 필요한 모든 내용들이 상세히 기록되어 있습니다.

하나님의 영원하신 작정이란 하나님이 영원 전부터 이러한 계획을 가지고 계셨다는 것을 뜻합니다. 세계와 우주와 역사를 향한 설계도 말입니다. 그리고 이 하나님의 계획은 완전하십니다. 여기 하나님의 작정이 영원하다는 것은 그 하나님의 설계와 계획이 중간에 바뀌거나 변경되거나 또는 나아가 취소될 수 없는 것이라는 말입니다.

우리의 계획은 때때로 헝클어지고 비뚤어지고 미궁에 빠지고 목적을 성취하지 못하지만 하나님의 계획은 효력 있는 완전한 결과물을 낳습니다. 우리의 계획은 수많은 수정이 필요하고 때로는 플랜 A뿐 아니라 플랜 B와 C까지도 필요하지만 하나님의 계획은 변치 않는 완전한 작품입니다. 인간이 하는 설계도 계속해서 수정합니다. 또한 설계자와 시공자가 마음이 맞지 않아 설계도와는 전혀 다른 결과가 나올 수도 있습니다. 그러나 하나님의 설계는 그렇지 않습니다. 하나님은 당신의 뜻과 목적 그대로 완벽하게 모든 것을 다스리시고 역사하십니다. 놀라운 사실은 여호와 하나님이 온갖 것을 그 쓰임에 적당하게 지으실 뿐 아니라 심지어 악인도 악한 날에 사용하시기 위해 작정하신다는 것입니다(잠 16:4).

하나님의 작정은 완전해서 작정하시지 않은 것이 발생하는 법이 없고 작정하신 일이 발생하지 않는 법도 없습니다. 이런 의미에서 하나님의 작정에는 우연이 자리할 수 없습니다. 우연히 보이는 것들이 있을지 몰라도 우연은 없습니다. 솔로몬 왕은 사람이 제비를 뽑아도 일을 작정하시는 분은 여호와 하나님이시라고 말합니다(잠 16:33). 요셉이 형들에 의해

시위대장 보디발의 집으로 팔려간 것이 우연이 아니며, 많은 감옥이 있었음에도 왕의 감옥에 갇힌 것이 우연이 아닙니다. 모압에서 유다 땅으로 돌아온 여인 룻이 많고 많은 밭 중에서도 보아스의 밭으로 간 것 역시 우연이 아닙니다. 우리에게는 우연처럼 보이나 필연인, 우연적 필연이라 부를 수 있을 것입니다. 그러므로 우리의 삶에는 우연이 하나도 존재하지 않습니다. 모든 일이 하나님의 작정 안에 있습니다. 하나님은 왜 이렇게 역사하십니까? 소요리문답은 하나님이 자신의 영광을 위해 일어날 일들을 그렇게 작정하신다고 진술합니다.

그러므로 우리의 만사가 모두 하나님의 작정 안에 있음을 믿고 우리 삶에 어떤 일이 벌어진다 할지라도 전능하신 하나님의 손 안에서 벌어지는 것임을 깨달아 하나님께 영광을 돌려야 할 것입니다.

하나님의 사역의 실행, 창조와 섭리

둘째, 하나님은 그의 뜻대로 계획하신 것을 완전하게 실행하시는 분이십니다. 11절을 한 번 더 읽겠습니다. "모든 일을 그의 뜻의 결정대로 일하시는 이의 계획을 따라 우리가 예정을 입어 그 안에서 기업이 되었으니."

여기서 보면 하나님도 일을 하시는데 그 일의 범위가 모든 일입니다. 그리고 그 방식은 그의 뜻의 결정대로, 즉 하나님이 원하시는 목적에 맞게 일하십니다. 하나님의 역사, 일하심, 즉 하나님의 작정에는 크게 창조와 섭리 두 가지가 있습니다. 소요리문답 8번과 9번을 보겠습니다.

문 8: "하나님은 그의 작정들을 어떻게 시행하십니까?"

답: "하나님은 그의 작정들을 창조와 섭리의 사역을 통해 시행하십니다."

문 9: "창조의 사역은 무엇입니까?"

답: "창조의 사역은 하나님이 그의 권능의 말씀으로 육일 동안 아무 것도 없는 상태에서 모든 것을 만드신 것이며, 그 모든 것은 매우 좋았습니다."

창조: 창조는 문자 그대로 없는 것에서 있는 것을 만들어내는 것입니다. 하나님은 자연을 만드실 것을 계획하셨고 그 계획을 말씀으로 역사하셨고 그 결과는 좋았습니다. 하나님이 사람을 자기 형상을 따라 남자와 여자로 지으시기로 계획하셨고 그 계획을 실천에 옮기셨고 그 결과물은 하나님 보시기에 좋았습니다. 존재하는 모든 것들이 전능하신 하나님에게서 나옵니다. 하나님의 작정의 첫 번째 방식이 바로 창조입니다. 하나님의 창조는 잘 아시는 바와 같이 무에서 유로의 창조입니다. 사람은 결코 아무것도 없는 것에서 무엇인가를 만들어내지 못합니다. 사람이 만들어내는 모든 것은 이미 존재하는 물질과 재료를 사용하여 생산해내는 것입니다. 그러나 하나님은 아무것도 없는 상태에서 모든 것을 만들어내시는 능력의 소유자이십니다.

섭리: 섭리는 지으신 모든 우주만물을 포함해서 역사와 시간과 인간을 완전히 통치하시는 하나님의 방식을 뜻합니다. 예를 들면, 역사 속에서 강대국으로 이름을 드높였던 나라들도 모두 하나님의 전능하신 뜻과 일하심 아래 있습니다. 선지자 다니엘은 이것을 잘 파악했습니다. 다니엘 2장 37-38절을 보면 당시 최강대국 바벨론과 그 왕의 통치에 대한 다니엘의 해석이 기록되어 있습니다. "왕이여 왕은 여러 왕들 중의 왕이시라 하늘의 하나님이 나라와 권세와 능력과 영광을 왕에게 주셨고 사람들과 들짐승과 공중의 새들, 어느 곳에 있는 것을 막론하고 그것들을 왕의 손에 넘기사 다 다스리게 하셨으니 왕은 곧 그 금 머리니이다." 다니엘

은 이어서 바벨론 왕 느부갓네살보다 못한 나라가 일어나는데 그 나라가 세상을 통치할 것이라고 예언합니다. 무슨 말입니까? 나라를 세우시고 통치하시고 다스리시는 자가 마치 당대의 최강대국을 통치하는 인간 왕 같아 보이지만 실상 전능하신 하나님이시라는 것입니다. 예레미야 45장 4절에서 선지자는 유다 왕에게 이렇게 선언합니다. "너는 그에게 이르라 여호와께서 이와 같이 말씀하시기를 보라 나는 내가 세운 것을 헐기도 하며 내가 심은 것을 뽑기도 하나니 온 땅에 그리하겠거늘."

이것이 바로 하나님의 작정입니다. 소요리문답 11번을 보겠습니다.

문 11: "하나님의 섭리의 사역이란 무엇입니까?"

답: "하나님의 섭리의 사역이란 그의 모든 피조물들과 그 피조물들의 모든 행위를 향한 지극히 거룩하시고 지혜로우시며 강력하신 하나님의 보존하심과 통치하심입니다."

소요리문답은 하나님의 작정의 섭리에 인간의 자유로운 행위들까지 포함합니다. 참새 한 마리가 우연히 떨어지는 법이 없습니다(마 10:29). 제비는 사람이 뽑으나 모든 일의 작정은 여호와께 있다고 했습니다(잠 16:33). 사람이 마음으로 자기 길을 작정하지만 정작 그 걸음을 인도하시는 분은 여호와 하나님이십니다(잠 16:19). 하나님은 우리 안에서 소원을 두고 행하시는 분이십니다(빌 2:13).

심지어 성경은 악인들의 행동까지도 하나님의 영원하신 작정 아래 있다고 묘사합니다. 요셉을 팔아버린 형제들에 대한 요셉의 고백을 보십시오. 창세기 45장 8절입니다. "그런즉 나를 이리로 보낸 이는 당신들이 아니요 하나님이시라 하나님이 나를 바로에게 아버지로 삼으시고 그 온 집의 주로 삼으시며 애굽 온 땅의 통치자로 삼으셨나이다." 여기서 우리가 한 가지 명심해야 할 것은 하나님이 죄를 작정하시지는 않는다는 것입니다. 죄는 인간의 행위이지만 하나님이 그것을 허용하십니다. 그것을 승인하시는 것이 아니라 허용하십니다. 하나님은 죄를 강요하시거나 조성하시는 분이 아니십니다. 하나님은 죄인들을 그 상실한 마음대로 내버려두십니다(롬 1:28). 그러나 동시에 하나님의 영광을 위하여 그것을 완벽하게 통제하십니다. 그렇기에 하나님께서는 모든 것이 합력하여 선을 이루게 되는 것입니다(롬 8:28). 잠언 16장 4절에 기록된 솔로몬의 표현대로 하자면 다음과 같습니다. "여호와께서 온갖 것을 그 쓰임에 적당하게 지으셨나니 악인도 악한 날에 적당하게 하셨느니라."

하나님은 이런 방식으로 만물과 만인을 보존하시고 통치하십니다. 우리는 사무엘의 어머니 한나의 탄식어린 기도 속에서 하나님의 보존하심과 통치하심으로 나타나는 섭리에 관한 가장 훌륭한 정의를 보게 됩니다. 사무엘상 2장 7-8절입니다. "여호와는 가난하게도 하시고 부하게도 하시며 낮추기도 하시고 높이기도 하시는도다 가난한 자를 진토에서 일으키시며 빈궁한 자를 거름더미에서 올리사 귀족들과 함께 앉게 하시며 영광의 자리를 차지하게 하시는도다 땅의 기둥들은 여호와의 것이라 여호와께서 세계를 그것들 위에 세우셨도다." 세상은 힘 있는 자들이 움직이거나, 또는 우연히 존재하고 흘러가는 것이 아니라 하나님의 보존하심과 통치하심으로 움직이는 것입니다.

그러므로 하나님이 창조하신 모든 것을 보존하시고 통치하심을 굳게 믿고 그분께 우리의 만사를 맡기는 성도들이 되어야 합니다.

하나님의 작정과 섭리의 목적

셋째, 하나님의 작정은 언제나 하나님의 영광을 목적으로 합니다. 12절 말씀을 읽겠습니다. "이는 우리가 그리스도 안에서 전부터 바라던 그의 영광의 찬송이 되게 하려 하심이라."

하나님의 작정은 인간들의 행위에 따라 좌우되지 않습니다. 하나님께는 불굴의 작정이 있습니다. 하나님의 작정은 이런 의미에서 주권적이며 절대적입니다. 이 주권적이며 절대적인 하나님의 작정의 목적이 무엇입니까? 그것은 바로 본문 말씀처럼 "이는 우리가 그리스도 안에서 전부터 바라던 그의 영광의 찬송이 되게 하려 하심"입니다.

이 목적 때문에 하나님이 우리를 예정하시고 창조하셨을 뿐 아니라 때가 차매 우리가 진리의 말씀과 구원의 복음을 듣고 그 복음에 반응하여 믿었으며 성령의 인치심을 받은 것입니다(13절). 14절에서는 더욱 노골적으로 "그의 영광을 찬송하게 하려 하심이라"고 증언합니다. 우리가 하나님의 영광의 찬송이 되게 하시고 그의 영광을 찬송하기 위해서는 무엇보다 우리가 죄로부터 구원을 받아야 하는데 바로 하나님이 그 구원을 영원 전에 작정하셨다는 것입니다. 말하자면 우리의 구원은 하나님의 작정이라는 뜻입니다.

그러나 하나님은 우리를 의지의 자유가 없는 기계나 목석으로 만드시지 않았습니다. 하나님은 우리에게 자유의지를 주셨을 뿐 아니라 우리를 인격적으로 대하시고 우리에게 순종을 조건으로 계명을 실천할 명령을 주셨습니다. 소요리문답 12번입니다.

문 12: "사람이 창조 받은 상태에 있을 때 하나님이 사람을 향해 행하신 섭리의 특별한 행위는 무엇입니까?"

답: "하나님이 사람을 창조하셨을 때, 선과 악을 알게 하는 나무의 열매를 먹는 일을 죽음이라는 형벌 하에 금하심으로 완전한 순종을 조건으로 그와 생명의 언약을 맺으셨습니다."

하나님은 아담과 하와와 더불어 순종을 조건으로 생명의 언약, 즉 행위의 언약을 맺으셨습니다. 그런데 우리는 이 언약에 대해, 아담의 특정한 행위를 조건으로 하나님이 어떤 보상을 제공하시는 것이라 생각해선 안 됩니다. 하나님은 아담이 하나님이 주신 생명의 언약의 복락을 누리기 위한 조건으로 완전한 순종을 요구하신 것입니다. 토마스 보스톤의 표현대로 하자면, 아담에게는 의지의 자유가 있었고 죄를 짓지 않을 가능성(posse non peccare)이 있었습니다. 그러나 아담은 불순종했고 하나님의 계명을 어겼습니다. 하나님이 창조하신 모든 것이 다 선하고 좋았으며, 동산의 각종 나무의 실과를 마음대로 먹으라고 풍성히 주셨기에 아담은 불순종할 그 어떤 다른 이유나 핑계도 없었습니다. 그렇기에 아담의 범죄와 타락이 더욱 악한 것입니다. 그럼에도 불구하고 하나님은 자비로우셔서 아담에게 생명을 약속하셨고 그 생명도 하나님이 친히 주실 것입니다.

그렇기에 사도행전 13장 48절에 "영생을 주시기로 작정된 자는 다 믿더라"고 기록된 것입니다. 영생, 즉 구원을 주시기로 작정된 사람들이 있으며 하나님이 그것을 작정하셨다는 말입니다. 요한복음 6장 37절에서 예수님은 말씀하십니다. "아버지께서 내게 주시는 자는 다 내게로 올 것이요." 44절에서는 "나를 보내신 아버지께서 이끌지 아니하시면 아무도 내게 올 수 없[다]"고 말씀하십니다. 결정적으로 에베소서 1장 11절을 보십시오. "모든 일을 그의 뜻의 결정대로 일하시는 이의 계획을 따라 우리가 예정을 입어 그 안에서 기업이 되었으니"라고 말합니다. 하나님은 우리를 그리스도 안에서 예정하셨습니다.

하나님이 역사의 수레바퀴를 돌리시는 이유가 무엇입니까? 비록 우리가 아담 안에서 함께 타락했지만, 하나님의 은혜로 베풀어진 우리를 향한 예정하심이 역사의 시간 안에서 때가 차매 구원으로 경험되었고, 우리 눈을 열어 하나님의 영광을 찬미하게 하신 것입니다. 오늘 우리가 하나님의 자녀가 되어 예배의 자리에 앉은 것은 하나님이 그렇게 결정하셨기 때문입니다. 이 결정은 안전하고 확고합니다. 전능하신 하나님이 우리를 하나님의 자녀요 하나님의 소유로 삼았다는 증거로 성령의 인치심을 통해 확증하셨기 때문입니다.

하나님이 모든 것을 계획하시고 모든 것을 그 계획대로 역사하신다면 우리 마음에 떠오르는 많은 의문들을 어떻게 해야 할까요? '왜 에서는 미워하고 야곱은 사랑하셨지?' '왜 요셉의 형제들은 요셉을 미디안 상인들에게 팔아넘겼지?' '왜 실로암 망대가 무너져 많은 사람이 죽었지?' '세계 곳곳에서 벌어진 끔찍한 테러는 왜 일어났지?' '왜 하나님은 신실한 사람들이 죽는 것을 막지 않으시지?' 이런 질문들을 충분히 할 수 있습니다. 그러나 이것들이 하나님의 작정과 섭리를 의심하는 방향으로 던져진다면 그것은 결코 유익하지 않습니다. 우리는 하나님의 뜻과 계획을 다 알 수 없습니다. 때로 우리는 하나님이 왜 당장 하늘에서 불을 내려 악인들을 심판하지 않으시고 놔두시는지 다 알 수 없습니다. 이런 고민들은 비단 우리만 하는 것은 아닙니다. 사도 바울이 사역하던 당시 유대인들 역시 똑같은 생각을 했습니다. 이에 대해 바울의 대답은 다음과 같습니다. "이 사람아 네가 누구이기에 감히 하나님께 반문하느냐 지음을 받은 물건이 지은 자에게 어찌 나를 이같이 만들었느냐 말하겠느냐 토기장이가 진흙 한 덩이로 하나는 귀히 쓸 그릇을, 하나는 천히 쓸 그릇을 만들 권한이 없느냐 만일 하나님이 그의 진노를 보이시고 그의 능력을 알게 하고자 하사 멸하기로 준비된 진노의 그릇을 오래 참으심으로 관용하시고 또한 영광 받기로 예비하신 바 긍휼의 그릇에 대하여 그 영광의 풍성함을 알게 하고자 하셨을지라도 무슨 말을 하리요"(롬 9:20-23).

우리는 기억해야 합니다. 우리는 그릇입니다. 하나님은 창조주이십니다. 우리가 긍휼의 그릇이 되어 그 영광의 부요함을 조금이라도 깨달았다면, 그저 하나님 앞에 감사와 찬미와 영광을 돌려야 할 뿐입니다. 이런 것들은 하나님의 절대적인 주권과 뜻에 달려 있습니다. 이런 것들은 우리의 이해를 초월합니다. 그러므로 우리는 다시 앞으로 돌아가 겸손과 경외함의 태도로 이런 성경적 주제들을 다뤄야 합니다. 그리고 다만 우리를 구원하신 하나님의 영원하신 작정의 목적이 하나님의 영광을 찬미하는 것뿐이라고 고백해야 할 것입니다.

하나님은 나를 창세전에 미리 아시고 예정하시고 그리스도 안에서 택하셨습니다. 하나님이 날 위하여 그 뜻의 결정대로 역사하신 이 작정은 틀림없고 안전한 작정입니다. 하나님이 나를 위하시면 그 누구도 나를 대적할 자가 없습니다. 로마서 8장 31절에서 바울이 선포합니다. "그런즉 이 일에 대하여 우리가 무슨 말 하리요 만일 하나님이 우리를 위하시면 누가 우리를 대적하리요." 그리고 38-39절에서 다음과 같이 확신 넘치게 선언합니다. "내가 확신하노니 사망이나 생명이나 천사들이나 권세자들이나 현재 일이나 장래 일이나 능력이나 높음이나 깊음이나 다른 어떤 피조물이라도 우리를 우리 주 그리스도 예수 안에 있는 하나님의 사랑에서 끊을 수 없으리라."

이런 사랑을 베푸신 하나님이 우리에게 요구하시는 것은 단 하나입니다. 우리가 하나님의 영광의 찬송이 되는 것입니다. 하나님이 우리를 보실 때 우리 존재가 하나님의 영광이 되기를 원하신다는 말입니다. 우리를 그토록 사랑스럽고 존귀하게 여기신다는 말입니다.

때때로 우리는 이렇게 말합니다. "하나님이 다 계획하시고 결정하셨으니 내가 애쓴다 해도 안 될 일은 안 되고, 또 아무 노력을 기울이지 않아도 하나님이 계획하셨으니 될 일은 될거야." 그러나 이런 운명론은 하나님의 작정에 대한 오해입니다. 우리를 향한 하나님의 작정하심에는 우리의 존재, 인격, 생각, 말, 행동까지 다 포함되어 있습니다. 뿐만 아니라 우리가 어떻게 살아야 할지를 성경을 통해 다 알려주셨습니다. 그러므로 우리는 하나님의 작정과 주권을 믿고 핑계할 수 없습니다. 하나님의 작정과 섭리는 우리의 불신앙과 게으름을 위한 방패막이가 아니라 우리가 더욱 하나님께 가까이 가게 만드는 경건의 수단이 되는 교리입니다.

하나님의 나라와 그의 의와 이 땅의 교회를 향하신 하나님의 작정과 섭리를 더욱 깊이 깨달아 하나님의 영광의 찬송이 되시기를 바랍니다.

○ 칼뱅, 『기독교 강요』, 1.5.1.

당신이 어디로 눈을 돌리든지 세상의 모든 미세한 부분에 적어도 하나님의 어떤 영광을 드러내는 섬광들이 빛나고 있다는 사실을 인식하게 될 것이다. 이 가장 넓고 가장 아름다운 조화가 실로 아주 넓게 펼쳐져서 한 번만 둘러보아도 그 광채의 무한한 능력에 당신 전부가 완전히 압도될 수밖에 없을 것이다. 히브리서 저자가 모든 세계를 가리켜 보이지 않는 것이 나타난 것이라고(히 11:3) 격조 높게 선포한 이유는 아주 정연하게 배치된 세상 자리가 마치 거울과 같이 우리에게 놓여서, 그것이 없다면 볼 수 없을 하나님 그것을 통해 자세히 볼 수 있기 때문이다. 선지자가 하늘의 피조물들을 모든 나라에 통하는 언어라고 한 이유는(시 19:1-4), 그것들 가운데는 신성에 관한 증언이 매우 명백하게 존재하므로 어떤 무딘 민족도 그것을 보지 않을 수 없기 때문이다.

○ 칼뱅, 『기독교 강요』, 1.16.2.

여호수아의 기도로 태양이 이틀 동안 한 지점에 머물렀고(수 10:13), 그 그림자가 히스기야 왕을 위하여 십도 뒤로 물러갔다(왕하 20:11; 사 38:8). 이 몇몇 기적들을 통하여 하나님은 태양이 날마다 뜨고 지는 것은 자연의 맹목적인 본능이 아니라 그 길을 자기가 직접 다스리시기 때문이라는 사실을 적시함으로써 우리로 하여금 우리를 향한 그의 부성적 호의에 대한 기억을 새롭게 되살리도록 하신다. 봄이 겨울을 따르고, 여름은 봄을, 그리고 가을은 여름을 차례로 따르는 것보다 더 자연스러운 것은 어디에도 없으나, 이 계절의 연속 가운데서 서로 동일하지 않은 다양성이 우리에게 보이게 됨으로써 매년, 매월, 매일이 새롭고 특별한 하나님의 섭리에 의해 조정된다는 사실이 쉽게 드러난다.

■ 나눔 질문

1. 하나님의 작정을 좀 더 쉬운 말로 어떻게 표현할 수 있겠습니까?
2. 하나님이 자신의 작정을 실행에 옮기시는 두 가지 방식은 무엇입니까?
3. 하나님의 섭리는 인간의 죄와 악을 어떻게 설명하고 있습니까?
4. 하나님의 섭리에 대해 우리의 태도는 어떠해야 하는지 생각해 봅시다.
5. 운명론과 하나님의 섭리는 어떻게 다른지 설명해 봅시다.
6. 삶 속에서 하나님의 섭리를 경험한 적이 있는지 서로 나누어 봅시다.

3부

인간의 타락과 그리스도

The Westminster Shorter Catechism

8장
한 사람 아담, 한 분 그리스도

¹²그러므로 한 사람으로 말미암아 죄가 세상에 들어오고 죄로 말미암아 사망이 들어왔나니 이와 같이 모든 사람이 죄를 지었으므로 사망이 모든 사람에게 이르렀느니라 ¹³죄가 율법 있기 전에도 세상에 있었으나 율법이 없었을 때에는 죄를 죄로 여기지 아니하였느니라 ¹⁴그러나 아담으로부터 모세까지 아담의 범죄와 같은 죄를 짓지 아니한 자들까지도 사망이 왕 노릇 하였나니 아담은 오실 자의 모형이라 ¹⁵그러나 이 은사는 그 범죄와 같지 아니하니 곧 한 사람의 범죄를 인하여 많은 사람이 죽었은즉 더욱 하나님의 은혜와 또한 한 사람 예수 그리스도의 은혜로 말미암은 선물은 많은 사람에게 넘쳤느니라 ¹⁶또 이 선물은 범죄한 한 사람으로 말미암은 것과 같지 아니하니 심판은 한 사람으로 말미암아 정죄에 이르렀으나 은사는 많은 범죄로 말미암아 의롭다 하심에 이름이니라 ¹⁷한 사람의 범죄로 말미암아 사망이 그 한 사람을 통하여 왕 노릇 하였은즉 더욱 은혜와 의의 선물을 넘치게 받는 자들은 한 분 예수 그리스도를 통하여 생명 안에서 왕 노릇 하리로다 ¹⁸그런즉 한 범죄로 많은 사람이 정죄에 이른 것같이 한 의로운 행위로 말미암아 많은 사람이 의롭다 하심을 받아 생명에 이르렀느니라 ¹⁹한 사람이 순종하지 아니함으로 많은 사람이 죄인 된 것같이 한 사람이 순종하심으로 많은 사람이 의인이 되리라 ²⁰율법이 들어온 것은 범죄를 더하게 하려 함이라 그러나 죄가 더한 곳에 은혜가 더욱 넘쳤나니 ²¹이는 죄가 사망 안에서 왕 노릇 한 것같이 은혜도 또한 의로 말미암아 왕 노릇 하여 우리 주 예수 그리스도로 말미암아 영생에 이르게 하려 함이라. 롬 5:12-21

> **소요리문답 13, 14, 15, 16번**
>
> 문 13: 우리의 첫 부모는 그들이 창조 받은 상태 그대로 있었습니까?
>
> 답: 우리의 첫 부모는 그들 자신의 의지의 자유를 통해 하나님을 대적하여 범죄함으로 그들이 지음 받은 상태로부터 타락했습니다(창 3:6-8, 13; 전 7:29).
>
> 문 14: 죄는 무엇입니까?
>
> 답: 죄는 하나님의 계명에 관한 그 어떤 부족이나 그것을 어기는 것입니다(요일 3:4).
>
> 문 15: 우리의 첫 부모가 창조 받은 상태에서 타락하게 된 죄는 무엇입니까?
>
> 답: 우리의 첫 부모가 창조 받은 상태에서 타락하게 된 죄는 하나님이 금하신 열매를 먹은 것입니다(창 3:6, 12).
>
> 문 16: 온 인류가 아담의 첫 번째 범죄를 통해 타락했습니까?
>
> 답: 아담과 맺은 언약은 다만 아담 자신만을 위한 것이 아니라 그의 후손과도 맺은 것입니다. 따라서 보통 출생법으로 아담에게서 출생한 모든 인류는 아담의 첫 죄를 통해 아담 안에서 아담과 함께 죄를 짓고 타락했습니다(창 2:16-17; 롬 5:12; 고전 15:21-22).

지난 장에서 우리는 하나님의 작정과 섭리에 대해 살펴보았습니다. 하나님의 작정하심은 창조와 섭리 사역을 통해 이루어집니다. 그 하나님의 작정하심의 첫 사역이 창조인데 그 창조의 가장 큰 사역이 다름 아닌 사람의 창조였습니다. 하나님은 사람을 남자와 여자로 창조하셨고 사람들은 지혜와 의와 거룩함에 있어 하나님의 형상, 즉 하나님의 인격을 따라 지음 받았습니다.

이렇게 하나님의 형상을 따라 지음 받은 사람은 계속적인 순종을 통해 하나님께 영광을 돌려야 했습니다. 하나님은 무엇보다 사람을 인격적인 존재로 지으셨습니다. 하나님은 사람을 기계나 컴퓨터나 로봇으로 만들지 않으셨습니다. 그러므로 사람은 자신의 의지의 자유로 하나님을 경외하고 섬겨야 했습니다. 그렇다면 우리의 첫 부모인 아담은 그들이 창조 받은 상태 그대로 있었을까요? 소요리문답 13번은 이렇게 답합니다. "우리의 첫 부모는 그들 자신의 의지의 자유에 놓여 있었음에도 불구하고 하나님을 대적하여 범죄함으로 그들이 지음 받은 상태로부터 타락했습니다."

이 타락의 결과로 죄가 세상에 들어오고 죄로 말미암아 죽음이 세상에 들어왔습니다. 이것 때문에 세상이 흔들리고 우리가 흔들리게 되었습니다. 바로 죄입니다. 이런 이유로 부모가 죄를 짓고, 부모에게서 자녀가 죄인의 상태로 태어납니다. 이런 의미에서 부모와 자녀는 긴밀하게 연결되어 있습니다. 아들은 신기하게도 아버지를 닮습니다. 딸은 신기하게도 엄마를 닮습니다. 신기하게도 말투나 생각하는 거나 행동하는 것이 일정 부분 비슷합니다. 특히 성격은 거의 흡사합니다. 그래서 우리는 종종 저 아이는 누굴 닮아서 저 모양이야 하지만 사실 그는 죄인인 여러분을 닮은 것입니다. 우리는 우리 부모에게서 짐승으로 태어나지 않고 사람으로 태어납니다. 우리 부모도 사람이고 우리 할아버지, 할머니도 사람이고 아담과 하와도 사람이었습니다. 사람에게서 사람이 태어납니다. 그것은 사람이 사람의 후손이기 때문입니다. 그리고 그 사람은 모두 죄인으로 태어난다는 것이 성경의 선언입니다. 이것이 아담과 그의 후손들에게 발생한 일입니다. 이것이 지금 우리가 읽은 로마서 5장의 대주제입니다.

이번 장에서는 한 사람 아담, 한 분 그리스도라는 주제로 하나님께 불순종한 아담의 타락이 어떻게 전 인류에게 영향을 미치게 되었는지 그리고 어떻게 그 타락으로부터 구원을 얻을 수 있는지를 살펴보겠습니다.

한 혈통으로 연합되어 있는 인류

첫째, 온 인류는 아담이라는 인간의 대표자 안에 한 혈통으로 연합되어 있습니다. 12절 말씀을 읽겠습니다. "그러므로 한 사람으로 말미암아 죄가 세상에 들어오고 죄로 말미암아 사망이 들어왔나니 이와 같이 모든 사람이 죄를 지었으므로 사망이 모든 사람에게 이르렀느니라." 17절 말씀도 보겠습니다. "한 사람의 범죄로 말미암아 사망이 그 한 사람을 통하여 왕 노릇 하였은즉 더욱 은혜와 의의 선물을 넘치게 받는 자들은 한 분 예수 그리스도를 통하여 생명 안에서 왕 노릇 하리로다."

이것은 아담과 그의 후손 사이에 일종의 통일성이 있음을 시사하는 말입니다. 최초의 인간 아담과 아담의 후손으로 태어난 모든 인류는 사실상 하나입니다. 우리는 이것을 땅에 뿌려진 나무의 씨앗으로 비유할 수 있습니다. 땅에 뿌려진 씨앗은 아직 뿌리를 내리거나 줄기가 솟거나 가지를 뻗지도 않았습니다. 그러나 모든 것은 다 그 안에 있습니다. 열매를 맺거나 꽃을 피우지 않았지만 모든 것이 그 안에 있습니다. 이런 의미에서 모든 인류는 한 혈통입니다. 사도행전 17장 26절에 보면 "인류의 모든 족속을 한 혈통으로 만드사 온 땅에 살게 하시고 그들의 연대를 정하시며 거주의 경계를 한정하셨으니"라고 했습니다. 그런데 그 한 혈통이 죄를 지었다고 했습니다. 그래서 그 혈통으로 난 모든 사람들이 죄를 지은 채로 출생하고 계속 죄를 짓는 것입니다.

성경에 보면 좋은 나무와 나쁜 나무 비유가 나옵니다. "못된 열매 맺는 좋은 나무가 없고 또 좋은 열매 맺는 못된 나무가 없느니라"(눅 6:43). 다른 말로 하면, 좋은 나무는 나쁜 열매를 맺을 수 없고 나쁜 나무는 좋은 열매를 맺을 수 없다는 말입니다. 말하자면, 열매의 문제가 아니라 나무의 문제입니다. 예를 들어 사과나 배라는 열매가 썩은 맛이 날 만큼 형편없다고 해보십시오. 열매가 왜 그렇습니까? 열매는 나무에게서 모든 것을 받았기 때문입니다. 썩은 나무에서는 썩은 열매가 나올 뿐입니다. 뿌리부터 줄기 가지 잎사귀 열매까지 전 실존이 썩었기 때문입니다. 욥기 14장 4절에서 욥이 고백합니다. "누가 깨끗한 것을 더러운 것 가운데에서 낼 수 있으리이까 하나도 없나이다." 이것이 로마서 5장 12절의 의미입니다.

아담은 존재하는 전 인류의 대표

둘째, 최초의 인간 아담은 존재하는 전 인류의 대표라는 사실을 알려줍니다. 14절 말씀을 보겠습니다. "그러나 아담으로부터 모세까지 아담의 범죄와 같은 죄를 짓지 아니한 자들까지도 사망이 왕 노릇 하였나니 아담은 오실 자의 모형이라."

대표의 원리는 인간 삶의 전 영역에 나타나 있습니다. 특히 신자의 신앙생활에 잘 드러나 있습니다. 제가 어렸을 때, 친한 친구 집에 놀러간 적이 있습니다. 그런데 그 집의 부모님이 저를 보시더니 "조 여사의 아들이 아니냐?"고 물으신 적이 있습니다. 분명 저는 제 이름이 있는데 그 부모님은 저를 제 어머니의 아들로 부른 것입니다. 당시 저의 어머님이 지역에 꽤 알려지고 영향력 있는 유지이셨던 걸로 기억합니다. 이처럼 가정에서 우리의 부모님은 우리를 대표합니다. 회사에서 대표이사는 그 회사를 대표합니다. 교회에서 목사와 장로는 그 교회를 대표합니다. 노회와 총회에서 총대원들은 그 조직을 대표합니다. 대통령이나 국회는 국민을 대표합니다. 그들이 권한을 위임받아 어떤 결정을 했다고 하면 모든 시민이 동의한 게 아니라 하더라도 그 결정은 국가의 결정이 됩니다. 이것이 하나님이 아담과 맺은 생명 언약이라 불리는 행위 언약의 특성입니다. 아담이 온 인류의 대표였기에 그가 행하는 일의 결과와 영향이 그의 후손에게 미치게 된 것입니다.

소요리문답 12번을 다시 한 번 보겠습니다.

문 12: "사람이 창조 받은 상태에 있을 때 하나님이 사람을 향해 행하신 섭리의 특별한 행위는 무엇입니까?"

답: "하나님이 사람을 창조하셨을 때, 선과 악을 알게 하는 나무의 열매를 먹는 일을 죽음이라는 형벌 하에 금하심으로 완전한 순종을 조건으로 그와 생명의 언약을 맺으셨습니다."

그리고 아담은 그런 하나님의 섭리를 어기고 불순종하여 범죄했습니다. 그러므로 아담은 그저 개인이 아니라 대표입니다. 전 인류라고 하는 한 혈통의 대표입니다. 그는 혈통적으로 대표일 뿐 아니라 언약적으로도 대표입니다. 그가 하는 일은 곧 그의 후손이 하는 일이 되는 것입니다. 그러나 더 나아가 그가 했던 일은 실제적으로도 그의 후손인 모든 인류의 일이 되고 말았습니다. 실제 에덴동산에 우리가 존재하지 않았고, 아담이 저지른 그 범죄를 내가 실제로 하지 않았음에도 나는 그 범죄를 태어나자마자 수행하게 됩니다. 12절은 "모든 사람이 죄를 지었[다]"라고 말하는데 그 결과, 즉 죄의 결과 "사망이 모든 사람"에게 이르렀다고 선언합니다.

그렇기에 소요리문답 16번은 이렇게 질문하고 답합니다.

문 16: "온 인류가 아담의 첫 범죄를 통해 타락했습니까?"

답: "아담과 맺은 언약은 다만 아담 자신만을 위한 것이 아니라 그의 후손과도 맺은 것입니다. 따라서 보통 출생법으로 아담에게서 출생한 모

든 인류는 아담의 첫 죄를 통해 아담 안에서 아담과 함께 죄를 짓고 타락했습니다."

아담의 첫 범죄로 말미암아 오고 오는 모든 인류가 범죄한 가운데 출생합니다. 그들은 죄를 짓기 때문에 죄인이 아니라 죄인이기에 죄를 짓는 것입니다. 그들의 행위가 죄악적이어서 죄인이 아니라 그들의 존재가 죄인이어서 죄악이라는 행위를 낳는 것입니다. 이것이 아담 안에 있는 모든 인류가 받은 저주요 비참인 것입니다.

그리스도는 우리를 대표하시는 구세주

셋째, 한 분 예수 그리스도는 우리를 대표하시는 구세주가 되십니다. 15절 말씀을 읽겠습니다. "그러나 이 은사는 그 범죄와 같지 아니하니 곧 한 사람의 범죄를 인하여 많은 사람이 죽었은즉 더욱 하나님의 은혜와 또한 한 사람 예수 그리스도의 은혜로 말미암은 선물은 많은 사람에게 넘쳤느니라."

17절에도 "한 분 예수 그리스도를 통하여"라고 말하고 18절도 "한 의로운 행위로 말미암아 많은 사람이 의롭다 하심을 받아"라고 기록하며, 19절에서도 "한 사람이 순종하심으로 많은 사람이 의인이 되리라"고 진술합니다. 21절은 결론적으로 이렇게 선포합니다. "이는 죄가 사망 안에서 왕 노릇 한 것 같이 은혜도 또한 의로 말미암아 왕 노릇 하여 우리 주 예수 그리스도로 말미암아 영생에 이르게 하려 함이라."

아담과 그의 후손들이 결부된 행위 언약에서 아담의 대표성 원리가 신자에게 어떤 중대한 의미가 있을까요? 21절이 그 중대성을 잘 시사해 주는 말씀인데 이는 아담이 온 인류의 대표였듯이 둘째 아담으로 오신 그리스도 예수께서 우리의 구원하실 하나님의 백성의 대표가 되신다는 것을 알려줍니다. 아담 안에서 우리가 하나님의 정죄를 당했고 그리스도 안에서 우리가 의롭다 하심을 받았습니다. 모든 사람을 죄와 죽음으로 몰고 갔던 이 대표성의 원리가 이제 구원과 영생의 수단으로 작동하는 것입니다.

이렇듯 하나님은 자기 백성의 죄를 속하시고 구원하시는 분이십니다. 모세는 신명기 34장 43절에서 이렇게 말합니다. "너희 열방은 주의 백성과 즐거워하라 주께서 그 종들의 피를 갚으사 그 대적에게 보수하시고 자기 땅과 백성을 위하여 속죄하시리로다." 하나님이 자기 백성의 죄를 어떻게 속죄하십니까? 바로 대표성의 원리에 의해 그렇게 하십니다. 고린도전서 15장 47-49절에서 바울이 이렇게 말합니다. "첫 사람은 땅에서 났으니 흙에 속한 자이거니와 둘째 사람은 하늘에서 나셨느니라 무릇 흙에 속한 자들은 저 흙에 속한 자와 같고 무릇 하늘에 속한 자들은 저 하늘에 속한 이와 같으니 우리가 흙에 속한 자의 형상을 입은 것 같이 또한 하늘에 속한 이의 형상을 입으리라." 우리는 비록 죄의 본성이 남아있는 연약한 육신의 몸을 입고 있지만, 하나님이 우리에게 하늘에 속한 자의 형상을 입혀주십니다. 그러므로 우리는 우리의 대표자 되시는 예수 그리스도로 말미암아 구원받은 자로서 점점 더 그의 거룩한 본성을 따라 하나님의 자녀답게 살아갈 수 있게 되는 것입니다.

성경의 사건이나 내러티브를 해석할 때, 그것의 실제 역사성을 부인하는 사람들이 많습니다. 심지어 하나님과 예수 그리스도의 신성이나 초월성을 부인한 채로 사건의 의미를 유추하거나 실존적 의미에서 바라봐야 한다는 주장이 다시 유행하고 있습니다. 예를 들면, 예수 그리스도가 하나님의 독생자로 실제로 십자가에 달려 죽으셨다는 사실이 중요한 것이 아니라, 실존적인 측면에서 그 희생의 의미를 유추하는 것이 더 중요하다는 것입니다. 그러나 어떤 경우에도 아담의 존재의 역사성을 부인하거나 아담이 인류의 대표가 된다는 사실을 부인하는 것, 또는 예수 그리스도가 하나님의 아들이시며 동시에 사람이시라는 신인 교리를 부정하는 것은 결코 바람직하지 않습니다. 왜냐하면 성경은 우리의 대표가 되시는 그리스도의 속죄사역을 강조하기 위해 한 사람 아담의 불순종과 한 사람 예수 그리스도의 순종을 역사적 사건으로 비교하고 대조하고 있기 때문입니다. 우리가 아담 안에서 범죄하여 저주와 심판을 받고 죄와 허물 가운데 죽었던 비참한 존재였지만 이제는 한 사람 그리스도 안에서 은혜와 의의 선물을 넘치게 받아 생명을 얻고 다시 살았습니다. 우리는 아담의 후손이었지만 이제는 믿음으로 말미암아 성령의 역사하심을 통해 하나님의 자녀가 되었습니다.

바울은 로마서 6장 17-18절에서 이 사실을 다음과 같이 선언합니다. "하나님께 감사하리로다 너희가 본래 죄의 종이더니 너희에게 전하여 준 바 교훈의 본을 마음으로 순종하여 죄로부터 해방되어 의에게 종이 되었느니라." 계속해서 바울은 19절에서 이렇게 권면합니다. "너희 육신이 연약하므로 내가 사람의 예대로 말하노니 전에 너희가 너희 지체를 부정과 불법에 내주어 불법에 이른 것 같이 이제는 너희 지체를 의에게 종으로 내주어 거룩함에 이르라" 또한 에베소 교회 성도들에게도 이렇게 말합니다. "너희가 전에는 어둠이더니 이제는 주 안에서 빛이라 빛의 자녀들처럼 행하라 빛의 열매는 모든 착함과 의로움과 진실함에 있느니라"(엡 5:8-9).

예수 그리스도는 한때 아담의 후손으로서 범죄한 죄인으로 태어나

육신의 정욕대로 살았던 우리를 구원해 주신 하나님이십니다. 예수 그리스도는 자기 백성을 대표하시는 새로운 아담이십니다. 그러므로 이 둘째 아담의 구속사역이 아니고서는 죄인들이 구원의 은혜를 받을 다른 길은 없다는 사실을 분명히 깨달아야 합니다.

이제 우리는 더 이상 첫 번째 아담의 후손이 아닌 우리의 대표자이자 두 번째 아담이신 그리스도 예수 안에서 믿음으로 하나님의 자녀가 되었습니다. 하나님의 자녀로 불리는 우리이기에 마땅히 하나님의 자녀로서 합당한 삶을 살아야 할 줄로 믿습니다.

헤르만 바빙크, 『개혁파 교의학』, 572
아담의 온전한 상태는 잠정적이고 일시적이었다. 순종에 매여 있는 아담의 조건적 상황은 그리스도/아담의 병행과 함께 신학자들이 온전한 원상태를 언약, 곧 행위 언약의 관점에서 생각하도록 자극했다. 그런 언약을 명시적으로 언급하는 것으로 볼 수 있는 유일한 성경구절은 호세아 6:7인데, 이 구절은 이스라엘과 유다가 "아담처럼" 언약을 어겼다고 말한다. "사람처럼"이나 "아담에서"라는 번역도 불가능하지는 않지만, 그 개연성은 높지 않다. 바울이 로마서 5:12-21에서 아담과 그리스도를 병치시킨 것은 여기서 결정적이다. 우리와 아담의 관계는 우리와 그리스도의 관계와 같다. 아담의 범죄로 인해 죄책과 죽음이 우리에게 쌓이고, 그리스도의 의로 말미암아 우리는 의롭다함을 얻게 되었다. 이와 같이 아담은 그리스도의 모형이고, 우리의 대표, 즉 언약적 머리가 되신다.

■ 나눔 질문

1. 첫 사람 아담과 온 인류는 어떤 방식으로 연합되어 있습니까?

2. 첫 사람 아담이 어떻게 온 인류의 대표가 되며, 그 결과 인류에게 벌어진 일은 무엇입니까?

3. 첫 사람 아담이 인류의 언약적 머리라고 할 때 그것이 의미하는 바는 무엇입니까?

4. 첫 사람 아담이 우리의 대표가 된다는 원리가 예수 그리스도에게 적용될 때 어떤 결과를 낳습니까?

5. 우리의 삶에도 이런 대표성의 원리가 작동하고 있다면 어떤 것들이 있는지 생각해 봅시다.

6. 아담과 그리스도와의 관계를 행위 언약과 은혜 언약으로 설명해 봅시다.

7. 한 사람 그리스도로 말미암아 우리가 누리게 되는 은덕과 유익은 무엇이 있습니까?

9장
타락한 인간의 본성과 비참함

⁵여호와께서 사람의 죄악이 세상에 가득함과 그의 마음으로 생각하는 모든 계획이 항상 악할 뿐임을 보시고 ⁶땅 위에 사람 지으셨음을 한탄하사 마음에 근심하시고 ⁷이르시되 내가 창조한 사람을 내가 지면에서 쓸어버리되 사람으로부터 가축과 기는 것과 공중의 새까지 그리하리니 이는 내가 그것들을 지었음을 한탄함이니라 하시니라 ⁸그러나 노아는 여호와께 은혜를 입었더라. 창 6:5-8

소요리문답 17, 18, 19번

문 17: 이 타락은 인류에게 어떤 상태를 초래했습니까?

답: 이 타락은 온 인류를 죄와 비참의 상태에 빠지게 했습니다(롬 5:12).

문 18: 사람이 타락한 상태에서의 죄성은 무엇으로 구성됩니까?

답: 사람이 타락한 상태에서의 죄성은 보통 원죄라고 불리는 것으로서 아담의 첫 죄의 죄책과 원의의 결핍, 본성 전체의 부패로 구성됩니다. 그리고 이 죄와 함께 또 이 죄로부터 모든 실제적인 죄들이 흘러나옵니다(롬 5:12, 19; 5:10-20; 엡 2:1-3; 약 1:14-15; 마 15:19).

> 문 19: 타락한 상태에서 사람의 비참은 무엇입니까?
>
> 답: 타락으로 말미암아 온 인류는 하나님과의 교제를 상실했고(창 3: 8, 10, 24), 그분의 진노와 저주 아래 처하게 되었으며(엡 2:2-3; 갈 3:10), 이 세상에서의 온갖 비참함에 놓이고 죽음에 이르며, 지옥에서의 영원한 고통을 받습니다(애 3:39; 롬 6:23; 마 25:41, 46).

인간의 본성에 관한 대표적인 두 견해가 있습니다. 하나는 성선설(性善說)입니다. 성선설은 주전 4세기경 맹자의 대표적인 견해입니다. 사람의 성품은 본래 선한 것으로 하늘에서 부여받았다는 것을 뜻합니다. 반면에 또 다른 견해는 성악설(性惡說)입니다. 이는 주전 3세기경 순자의 대표적인 견해입니다. 순자는 맹자와 달리 사람이 본래 악하게 태어나는데 후에 교육과 교정을 통해 교화될 수 있다고 보았습니다.

어느 일타강사가 한 유튜브 프로그램에 나와 순자의 성악설을 이렇게 설명한 적이 있습니다. "인간의 본성을 알아보려면 다 큰 어른을 봐야 할까요? 갓난아기를 봐야 할까요? 누가 본성대로 살고 있을까요? 어린 아이는 본성 그대로 태어나서 살고 있잖아요. 근데 어린 아이가 배고프면 '아버지 먼저 드시지요' 하고 이렇게 드리나요? 아니면 자기 입에 먼저 들어가나요? 사람들은 어릴 때 배고프면 자기 먼저 먹으려 하고 추우면 자기 먼저 따뜻하려 그리고 피곤하면 자기 먼저 누우려고 하는데 그런 이기적인 본성이 태어날 때부터 어린아이에게 나타난다는 건 악하다는 증거라고 봐야죠. 그러니 인간은 본래부터 악하다는 게 맞습니다." 그런데 갓난아기들만 본성에 따라 살아갈까요? 성인들도 이기적이지 않습니까? 본능적으로 울고 웃는 갓난아기들보다 더 교묘하고 악랄하게 자신의 욕심을 추구하려 하지 않습니까? 이런 의미에서 인간이 악하다는 것은 갓난아기들뿐 아니라 모든 인류에게 나타나는 보편적인 현상입니다.

성경은 인간의 본성을 절대적 성악설 또는 비관적 성악설에 가까운 것으로 선언합니다. 하나님은 사람을 선하게 지으셨으나 사람이 많은 꾀를 내어 범죄하고 타락함으로 모든 인류가 악한 본성을 지닌 상태로 출생하게 되었습니다(전 7:29). 모든 사람이 죄를 지었으므로 사망이 모든 사람에게 이르른 것입니다(롬 5:12-14). 지난 장에서 우리는 아담과 그의 후손이란 주제로 아담의 원죄에 대해 그리고 그 원죄가 아담의 후손인 전 인류에게 어떻게 옮겨왔는지에 대해 살펴보았습니다. 오늘은 그 결과가 무엇인지에 대해 말씀을 통해 상고하고자 합니다.

죄의 오염과 죄책 그리고 형벌

5절 말씀을 보겠습니다. "여호와께서 사람의 죄악이 세상에 가득함과 그의 마음으로 생각하는 모든 계획이 항상 악할 뿐임을 보시고."

창세기 6장 5절 말씀은 타락한 인간의 본성에 따른 죄악이 점차 확산하고 가득해짐을 알려줍니다. 하나님의 모양과 형상대로, 즉 선함과 의와 거룩함으로 지음을 받은 사람의 본성이 더욱 오염되어 이제는 죄를 일삼고 악을 사모하는 지경까지 전락했음을 의미합니다. 소요리문답 18번을 보겠습니다.

문 18: "사람이 타락한 상태에서의 죄성은 무엇으로 구성됩니까?"

답. "사람이 타락한 상태에서의 죄성은 보통 원죄라고 불리는 것으로서 아담의 첫 죄의 죄책과 원의의 결핍, 본성 전체의 부패로 구성됩니다. 그리고 이 죄와 함께 또 이 죄로부터 모든 실제적인 죄들이 흘러나옵니다." 즉 원죄와 원죄로부터 흘러나오는 실제적인 죄들은 인간의 본성이 실제적으로 오염되었고 더러워졌음을 증거해 줍니다.

첫 인류는 죄를 지을 가능성과 죄를 짓지 않을 가능성이 있었다면 타락 후의 인류는 죄를 안 짓는 것이 완전히 불가능한 상태가 되었습니다. 이것이 "사람의 죄악이 세상에 가득[하다]"거나 "마음으로 생각하는 모든 계획이 항상 악[하다]"는 5절의 표현이 의미하는 내용입니다. 바울은 이것을 신약성경 로마서 3장 10-18절에서 이렇게 해설합니다. "기록된 바 의인은 없나니 하나도 없으며 깨닫는 자도 없고 하나님을 찾는 자도 없고 다 치우쳐 함께 무익하게 되고 선을 행하는 자는 없나니 하나도 없도다 그들의 목구멍은 열린 무덤이요 그 혀로는 속임을 일삼으며 그 입술로는 독사의 독이 있고 그 입에는 저주와 악독이 가득하고 그 발은 피 흘리는 데 빠른지라 파멸과 고생이 그 길에 있어 평강의 길을 알지 못하였고 그들의 눈 앞에 하나님을 두려워함이 없느니라 함과 같으니라."

에덴동산에서 범죄하기 이전 최초의 인류 아담에게는 어느 정도의 의가 있었습니다. 그러나 범죄한 이후 아담의 타락한 본성에는 아무런 의도 남아 있지 않게 되었습니다. 아담 이후의 모든 인류 역시 마찬가지입니다. 타락한 인류의 본성은 그들의 전 인격에 부패와 오염을 일으켰습니다. 이것을 우리는 신학적인 용어로 인간의 전적 타락 또는 전적 무능력이라고 부릅니다. 그러나 인간이 죄로 말미암아 전적으로 무능력해졌다는 말은 일반적 의미에서 선을 전혀 행할 수 없음을 의미하지 않습니다. 사람은 하나님의 일반은총 아래에서 어느 정도 선한 일을 수행할 수 있습니다. 우리 가정과 사회와 국가가 질서 있게 유지되는 것은 인간이 질서를 지키며 일정 부분 자선과 나눔이라는 선을 행하기 때문입니다. 그러나 그 모든 선행에도 불구하고 그리고 심지어 최고의 거룩한 행위에도 불구하고 그들의 행위는 죄로 오염되어 있습니다. 선한 행위에 불순물이 섞여 있는 것입니다. 그렇기에 그들은 절대적 의미에서 순수하게 선을 행하지 못합니다. 인간의 모든 선행에는 약간의 이기적인 욕심이나 교만이나 자기 의가 자리하고 있습니다. 그렇기에 그런 선행은 하나님 앞에서 완전하지 않습니다. 결국 이런 선행은 구원에 이르는 공로가 되지 못합니다. 성경적 의미에서 그는 구원에 이르는 선을 전혀 행할 수 없습니다. 그것이 바로 인간의 전적 무능력의 정의입니다. 그렇다면 그 결과는 무엇입니까? 바로 죄책과 형벌입니다. 인간의 타락한 본성의 결과 하나님은 인류에게 죄의 값을 물으십니다. 그 죄의 값은 무엇입니까? 바로 사망, 즉 죽음입니다. 바울은 로마서 6장 23절에서 이렇게 말합니다. "죄의 삯은 사망이요 하나님의 은사는 그리스도 예수 우리 주 안에 있는 영생이니라." 이것이 바로 흉악한 원죄가 우리 영혼에 선포하는 일입니다.

소요리문답 19번은 이런 타락한 상태에 처한 사람의 비참함을 더욱 구체적으로 진술하고 있습니다.

문 19: "타락한 상태에서 사람의 비참은 무엇입니까?"

답: "타락으로 말미암아 온 인류는 하나님과의 교제를 상실했고, 그분의 진노와 저주 아래 처하게 되었으며, 이 세상에서의 온갖 비참함에 놓이고 죽음에 이르며, 지옥에서의 영원한 고통을 받습니다."

투명한 유리컵에 깨끗한 물 한잔이 있다고 생각해 보십시오. 그 컵 안에 잉크 한 방울을 떨어뜨립니다. 그 물이 어떻게 되겠습니까? 그 한 방울의 잉크로 인해 물 전체가 오염되고 더러워져 마실 수 없게 됩니다. 인간의 타락과 부패와 오염이 인간의 전 존재에서 발견된다는 말입니다. 어느 한 부분은 오염되고 다른 부분은 깨끗한 게 아닙니다.

이렇게 부패하고 오염된 죄인은 하나님과의 교제를 상실하고 나아가 하나님의 진노와 저주를 받게 됩니다. 모든 인류가 하나님과의 충만한 교제를 상실하고 내버려진 신세가 되었습니다. 이 세상의 불신자들은 이 사실을 인정하거나 믿으려 하지 않습니다. 이 세상이 이렇게 된 것은 그저 인간이 조금 실수하고 실패했기 때문이라 치부합니다. 인간이 조금만 더 노력을 기울이고 개선하면 이 세상에 유토피아를 건설할 수 있다고 믿습니다. 그러나 이 세상에 전쟁은 끊이지 않고 매일 살인과 강도의 소식이 들려옵니다. 세상 사람들은 더욱 악해져서 다른 사람들을 속이며, 스스로 속임을 당합니다(딤후 3:13). 온 세상의 부를 다 소유하고 온 세상의 인기를 다 누리는 사람들조차 스스로 생을 마감하고 비참한 최후를 맞이합니다. 외면적으로 보이는 것은 화려한데, 내면적으로는 비참하기 짝이 없습니다. 왜 그렇습니까? 그들 안에 어찌지 못하는 죄로 인해 그들의 전 존재가 부패하고 망가졌기 때문입니다. 그들은 결국 죽음을 맞이하며 더 나아가 지옥에서 영원한 고통을 당하게 될 것입니다. 이것이 죄로 인해 그들이 마주할 비참한 형벌입니다. 욥의 친구 엘리바스의 고백대로 "사람은 고생을 위하여 났으니 불꽃이 위로 날아가는 것"같습니다(욥 5:7). 나아가 히브리서 설교자의 선언처럼 "한번 죽는 것은 사람에게 정해진 것이요 그 후에는 심판이" 있습니다(히 9:27). 우리 앞서 죽어 무덤에 누운 모든 인간의 묘비명이 이것을 웅변적으로 증거합니다. 이것이 하나님과의 교제를 상실한 온 인류의 외면하고 싶은 비참한 현실입니다.

그러므로 우리가 받은 은혜의 가치를 깊이 인식하려면, 우리가 처한 비참한 현실을 직시해야 합니다. 우리가 마주한 하나님의 진노와 저주에서 구원받을 다른 길이 없음을 깨닫고 하나님께 기도하시는 성도들이 되시기 바랍니다.

인간의 비참 가운데 빛나는 하나님의 은혜

둘째, 인간의 온갖 비참함 가운데 그들을 구원하시는 빛나는 하나님의 은혜가 있습니다. 8절 말씀을 보겠습니다. "그러나 노아는 여호와께 은혜를 입었더라."

사람의 죄악이 세상에 차고 넘쳐 하나님이 인류를 쓸어버리시는 심판을 감행하실 정도인데, 성경은 "그러나 노아는"이라고 기록합니다. 죄악이 가득한 중에 "그러나 노아는 은혜를 입었"습니다. 이 얼마나 놀랍습니까? 은혜란 타락한 인류에게 하나님이 베푸시는 기회입니다. 하나님은 최초의 인류 아담과 하와에게 최상의 기회를 제공하십니다. 타락한 아담과 하와를 먼저 찾아오시고 말을 걸어주시고 두렵고 부끄러워 숨어 있는 그들에게 가죽 옷을 입혀주시고 또 기회를 주십니다(창 3:9, 21). 이것이 은혜입니다. 그럼에도 불구하고 최초의 인류 아담과 하와의 죄와 비참은 아담과 하와의 후손에게 전가되었습니다. 심지어 아담의 아들 가인은 동생 아벨을 죽임으로 하나님이 주신 은혜를 저버렸습니다. 그 죄의 영향력과 권세의 참혹함을 단적으로 보여주는 증거입니다.

하나님은 아벨 대신 셋을 주셨고 셋이 에노스를 낳으면서 그제서야 비로소 사람들이 하나님을 여호와로 부르는 은혜의 시간을 보냈습니다(4:25-26절). 그러나 시간이 흐르자 죄악된 본성은 여지없이 드러났습니다. 그들 역시 가인의 후손 못지않은 죄를 지으며 살았습니다. 결국 하나님은 홍수 심판이라는 극약 처방을 내리셔야 했습니다. 바로 그때 노아가 하나님의 은혜를 입게 되었습니다. 하나님의 은혜를 입은 노아는 심판에서 구원하심을 받았습니다. 그렇기에 은혜는 기회입니다. 우리는 하나님이 베푸시는 은혜의 기회를 저버려서는 안 됩니다.

그러나 홍수 심판 이후에 노아 역시 포도주에 취해 수치스러운 모습을 보였고 그의 아들 함이 아버지를 수치스럽게 여겼습니다. 노아의 아들들과 그 자손들 역시 시간이 지나 하나가 되어 바벨탑을 쌓음으로 하나님 앞에 범죄했습니다. 하나님은 그들을 온 지면에 흩어버리셨습니다. 그럼에도 여전히 세상은 죄악으로 가득차서 하나님은 또 한번 선택을 내리셔야 했습니다. 이전 노아 언약으로 인해 세상을 다시 멸절시키는 대신, 아브라함을 부르셔서 기회를 허락하십니다. 이것이 하나님의 은혜의 역사입니다. 하나님의 은혜 덕분에 인류는 보존되고 역사는 계속 이어지는 것입니다. 그렇지 않았다면, 타락한 본성과 그 비참으로 말미암아 인류는 서로 속이고 죽이면서 세상을 아비규환으로 만들었을 것입니다.

우리가 타락한 인간의 본성과 비참을 묵상하는 목적은 무엇일까요? 우리 마음의 생각과 모든 계획이 악하지는 않은지 점검하기 위해서입니다. 우리는 나 자신에 대해 낙관적이어서는 안 됩니다. 바울은 골로새서에서 이렇게 명령합니다. "그러므로 땅에 있는 지체를 죽이라 곧 음란과 부정과 사욕과 악한 정욕과 탐심이니 탐심은 우상 숭배니라 이것들로 말미암아 하나님의 진노가 임하느니라 너희도 전에 그 가운데 살 때에는 그 가운데서 행하였으나 이제는 너희가 이 모든 것을 벗어 버리라 곧 분함과 노여움과 악의와 비방과 너희 입의 부끄러운 말이라 너희가 서로 거짓말을 하지 말라 옛 사람과 그 행위를 벗어 버리고"(골 3:5-9).

바울이 "땅에 있는 지체"라 부르는, 우리 본성에 남아 있는 욕구 자체를 부인할 수는 없습니다. 그러나 그것을 계속 키워서는 안 됩니다. 우리 본성은 반드시 말씀의 통제를 받아야 합니다. 나 자신이 여전히 죄인의 부패한 속성을 가진 줄 알고 겸손하게 자기를 돌아볼 줄 알아야 합니다. 이는 타인의 죄와 부패를 발견했을 때 지나치게 분노하거나 비판하지 않기 위함이기도 합니다. 타인이 하나님께 범죄할 때 우리는 연약한 그의 본성을 불쌍히 여기고 사랑하는 마음으로 지켜봐주어야 합니다. 그리고 그가 회개하고 돌아올 수 있도록 적절히 권면하고 기도해야 합니다.

이것이 바로 진노 중에라도 긍휼을 잊지 않으시는 하나님의 은혜를 받은 자가 취해야 할 자세입니다.

○ 칼뱅, 『기독교 강요』, 1.15.8.

아담은 자기가 원하면 얼마든지 설 수 있었는데, 전적으로 자신의 의지로 타락한 것이다. 그가 그렇게 쉽게 타락한 것은 그의 의지가 이쪽저쪽으로 기울어지는 성향이 있었고 또한 끝까지 변치 않고 인내하는 능력이 부여되지 않았기 때문이다. 그러나 그럼에도 불구하고 선과 악을 선택하는 일은 전적으로 그의 자유였다. 그리고 그뿐 아니라 그의 정신과 의지가 최고의 상태를 유지하고 있었고, 또한 모든 기관들이 복종할 수 있도록 올바로 정비되어 있었다. 그런데 그가 스스로 자기 자신을 파괴시키고 자신의 이러한 축복들을 부패시켜 버린 것이다. 하나님이 얼마든지 사람에게 인내를 주셔서 본래의 상태대로 유지되게 하실 수 있었는데도 왜 그렇게 하지 않으셨는가 하는 것은 하나님의 계획 속에 감추어져 있다. 우리로서는 이 문제에 대해 탐구하기를 절제하는 것이 지혜로운 처사일 것이다.

■ 나눔 질문

1. 성선설과 성악설의 정의는 무엇입니까?
2. 처음의 창조된 인류는 어떤 상태에 있었습니까?

3. 인간의 범죄와 타락의 원인은 무엇입니까? 이에 대해 하나님께 책임을 물을 수 없는 이유는 무엇입니까?

4. 인간의 전적 타락 또는 인간의 전적 무능력의 뜻은 무엇입니까?

5. 우리가 범죄하는 타인을 발견할 때 우리는 어떤 태도로 그를 바라보아야 합니까?

6. 우리가 타락한 인간의 본성과 부패를 공부하고 묵상해야만 하는 이유는 무엇입니까?

10장
은혜의 언약

³¹여호와의 말씀이니라 보라 날이 이르리니 내가 이스라엘 집과 유다 집에 새 언약을 맺으리라 ³²이 언약은 내가 그들의 조상들의 손을 잡고 애굽 땅에서 인도하여 내던 날에 맺은 것과 같지 아니할 것은 내가 그들의 남편이 되었어도 그들이 내 언약을 깨뜨렸음이라 여호와의 말씀이니라 ³³그러나 그 날 후에 내가 이스라엘 집과 맺을 언약은 이러하니 곧 내가 나의 법을 그들의 속에 두며 그들의 마음에 기록하여 나는 그들의 하나님이 되고 그들은 내 백성이 될 것이라 여호와의 말씀이니라 ³⁴그들이 다시는 각기 이웃과 형제를 가리켜 이르기를 너는 여호와를 알라 하지 아니하리니 이는 작은 자로부터 큰 자까지 다 나를 알기 때문이라 내가 그들의 악행을 사하고 다시는 그 죄를 기억하지 아니하리라 여호와의 말씀이니라. 렘 31:31-34

소요리문답 20, 21, 22번

문 20: 하나님은 죄와 비참의 상태에서 멸망하도록 온 인류를 내버려두셨습니까?

답: 그분의 순전하고 선하시며 기뻐하심 가운데 영원 전에 어떤 사람들을 영생에 이르도록 선택하신 하나님은(엡 1:4) 구속자를 통해 그들을 죄와 비참의 상태에서 건져 내어 구원의 상태로 이르게 하시려고 은혜 언약을 시작하셨습니다(롬 3:20-22; 갈 3:21-22).

> 문 21: 하나님의 택자들의 구속자는 누구십니까?
>
> 답: 하나님의 택자들의 유일한 구속자는 하나님의 영원한 아들이시요, 사람이 되셨으나(딤전 2:5-6) 한 분 안에서 구별되는 두 본성으로 영원토록 계속해서 하나님과 사람이 되시는(요 1:14; 갈 4:4) 주 예수 그리스도이십니다(롬 9:5; 눅 1:35; 골 2:9; 히 7:24-25).
>
> 문 22: 하나님의 아들이신 그리스도는 어떻게 사람이 되셨습니까?
>
> 답: 하나님의 아들이신 그리스도는 참된 몸과(히 2:14, 16; 10:5) 이성적인 영혼을 취하시고(마 26:38) 성령의 능력으로 동정녀 마리아의 몸에 잉태되어 그녀의 몸에서 나심으로(눅 1:27, 31, 35, 42; 갈 4:4) 사람이 되셨는데 죄는 없으십니다(히 4:15; 7:26).

우리가 언약을 소중히 여기고 중요하게 생각해야 할 이유는 그것이 전 성경을 관통하는 하나의 대주제이기 때문입니다. 뿐만 아니라 하나님의 구원이라는 위대한 자기 계획을 계시하시기 위해 선택하신 구원의 방법이기 때문입니다. 그리고 신자는 이 언약이라는 성경의 구원 방법에 호소하여 하나님을 신뢰하고 의지하고 기도할 수 있기 때문입니다. 우리는 7장에서 하나님이 아담과 맺은 행위 언약에 대해 살펴보았습니다. 이 언약의 최대 쟁점은 순종이었습니다. 그러나 아담은 불순종했고 그 결과 온 인류의 대표로서 아담의 범죄는 그의 후손인 전 인류에게 전가되었고, 그 결과 인간은 죄의 심판과 죽음이라는 저주를 받고 비참한 상태에 빠지게 되었다고 말씀드린 바 있습니다.

하나님은 인간을 그런 상태로 버려두지 않으시고 새로운 언약을 맺으십니다. 바로 이것이 우리가 방금 읽은 본문 31절에 나오는 새 언약입니다. 아담이 저지른 불순종의 죄로 인해 깨어진 약속을 하나님이 다시 맺으신다는 것입니다. 새 언약을 맺으시는 방법으로 하나님이 택하신 백성들을 구원하겠다 다짐하십니다. 아담 안에서 모든 인류가 범죄했고 타락했으며, 영적으로 하나님과 분리되어 죽었고, 그 결과 우리의 육체 역시 죽어가고 있습니다. 바울은 로마서 6장 23절에서 이를 가리켜 죄의 삯은 사망이라고 했고, 히브리서 9장 27절은 한 번 죽는 것이 사람에게 정하신 일이라고 했습니다.

이런 타락한 사람에게 소망이 있는 것은 바로 하나님이 새롭게 맺으시는 은혜의 언약 때문입니다. 그렇기에 이 언약을 은혜 언약이라 부르는 것은 매우 합당한 일입니다. 허물과 죄로 죽었던 우리를 그리스도 안에서 다시 살려주신 것 자체가 은혜이기 때문입니다.

하나님의 은혜로우신 약속

첫째, 은혜의 언약은 하나님이 반드시 구원하시겠다는 은혜로우신 약속입니다. 31-32절 말씀을 읽겠습니다. "여호와의 말씀이니라 보라 날이 이르리니 내가 이스라엘 집과 유다 집에 새 언약을 맺으리라 이 언약은 내가 그들의 조상들의 손을 잡고 애굽 땅에서 인도하여 내던 날에 맺은 것과 같지 아니할 것은 내가 그들의 남편이 되었어도 그들이 내 언약을 깨뜨렸음이라 여호와의 말씀이니라."

소요리문답 20번은 이렇게 질문하고 답합니다.

문 20: "하나님은 죄와 비참의 상태에서 멸망하도록 온 인류를 내버려두셨습니까?"

답: "그분의 순전하고 선하시며 기뻐하심 가운데 영원 전에 어떤 사람들을 영생에 이르도록 선택하신 하나님은 구속자를 통해 그들을 죄

와 비참의 상태에서 건져내어 구원의 상태로 이르게 하시려고 은혜 언약을 시작하셨습니다."

　언약이란 일종의 협정 또는 계약을 뜻합니다. 특정한 조건을 기반으로 특정한 약속을 지키는 의무가 지워진 약속과 같습니다. 행위 언약의 경우 특정한 조건은 바로 아담의 계속적인 순종이었습니다. 그러나 아담은 모든 것이 풍족한 상태에서 하나님의 말씀에 불순종하여 타락했고 그 결과 죄와 비참함과 죽음이 세상에 들어왔습니다. 그렇기에 하나님은 타락한 죄인들에게 또 다른 행위 언약을 맺으실 수 없으셨습니다. 하나님이 맺으신 언약은 은혜 언약입니다. 이 언약이 은혜 언약이라 불리는 이유는 동등한 두 사람의 약속이 아니라 하나님 편에서 주권적으로 베푸신 약속이기 때문입니다. 본문 말씀에 두 번씩이나 "나 여호와가 말하노라"가 반복되어 있습니다. 하나님은 "내가" 이스라엘 집과 유다 집에 새 언약을 맺으리라고 말씀하심으로 언약을 맺으시는 분이 바로 전능하신 주권자 여호와 하나님 자신이심을 강조하십니다.

　이 언약은 인간의 행위나 공로에 좌우되는 약속이 아닙니다. 하나님의 일방적인 약속입니다. 왜냐하면 타락한 인간은 죄와 허물로 죽었기 때문입니다. 구원에 공헌할 만한 그 어떤 행위도 할 수 없을 상태로 영적으로 죽어버렸습니다. 하나님이 특별한 은혜를 베풀어주시지 않는 한 맺을 수 없는 약속입니다. 그리고 하나님이 약속하시면 하나님이 지키십니다. 사람의 행동이나 믿음은 때때로 자신을 배반합니다. 가장 믿지 못할 자가 바로 자기 자신입니다. 우리는 우리가 꽤 괜찮은 존재라고 생각하지만 그런 생각 자체가 바로 우리가 타락한 죄인이며, 교만한 존재임을 드러냅니다. 우리는 신실하지 못하고 우리 자신을 구원하는 일에 매일 실패합니다.

그러나 하나님의 은혜의 언약이 우리에게 은혜가 되는 것은 하나님의 신실하심에는 결코 실패하는 법이 없기 때문입니다. 하나님의 언약은 우리의 행위와 율법 준수의 수준에 의해 성취되는 게 아닙니다. 우리의 신실함이 우리를 구원하지 않습니다. 하나님의 언약은 전적으로 그의 신실하심에 매여 있으며, 그렇기에 하나님은 자신의 신실하심을 따라 언약을 성취하시며 우리를 구원하시기 위해 성자 예수 그리스도의 십자가 대속의 방법을 마련하셨습니다.

이런 의미에서 예수 그리스도가 하나님의 택한 백성들의 구속자가 되십니다. 소요리문답 21번입니다.

문 21: "하나님의 택자들의 구속자는 누구십니까?"

답: "하나님의 택자들의 유일한 구속자는 하나님의 영원한 아들이시요, 사람이 되셨으나 한 분 안에서 구별되는 두 본성으로 영원토록 계속해서 하나님과 사람이 되시는 주 예수 그리스도이십니다."

영원하신 하나님의 아들 예수 그리스도는 우리의 구원을 위해 은혜 언약을 따라 사람이 되셔서 신성과 인성을 지니셨습니다. 영원하신 하나님이 유한한 인간의 역사 속으로 들어오셨습니다. 이것이 스스로의 능력으로는 구원을 이룰 수 없는 죄인들을 위해 하나님이 나타내신 의입니다(롬 3:21). 우리는 하나님이 준비하신 예수 그리스도의 의로 말미암아 그 안에서 하나님의 의가 되었습니다(고후 5:21).

얼마나 큰 은혜입니까? 우리가 죄를 용서받기 위해, 나아가 구원을 받고 영생을 얻기 위해 거룩하시고 공의로우신 하나님의 기준을 만족시켜야 한다면 구원받을 사람이 누구이겠습니까? 생각하고 계획하고 행동하는 것이 항상 악할 뿐인 죄인이 도대체 무슨 방법으로 용서받을 수 있겠습니까? 심지어 우리가 내세울 만한 선행조차 그 속에 불순물과 찌꺼기가 섞여 있어 하나님의 진노를 사기에 충분한데 어떻게 하나님의 구원을 기대할 수 있겠습니까? 그러므로 하나님의 주권적인 은혜의 언약에 감사하십시오. 이 언약을 우리가 아니라 하나님이 주권적으로 맺어주신 것에 감사하십시오. 구원의 조건을 우리 자신의 신실함이 아니라 하나님 자신의 신실하심에 두셔서 우리를 구원하신 하나님께 감사하십시오. 받을 자격이 없는 죄인들에게 베푸신 은총과 호의로서의 은혜의 언약에 우리는 항상 감사하며 살아가야 할 것입니다.

마음속에 하나님의 법을 새겨 넣으심

둘째, 은혜의 언약은 하나님이 하나님의 법을 돌판이 아니라 마음에 새겨 넣으시는 언약입니다. 33절 말씀을 읽겠습니다. "그러나 그 날 후에 내가 이스라엘 집과 맺을 언약은 이러하니 곧 내가 나의 법을 그들의 속에 두며 그들의 마음에 기록하여 나는 그들의 하나님이 되고 그들은 내 백성이 될 것이라 여호와의 말씀이니라."

여기 언약의 조건이 잘 묘사되어 있습니다. 그것은 바로 하나님이 이스라엘 백성들의 마음에 하나님의 법을 기록하시겠다는 것입니다. 히브리서 설교자는 예레미야의 이 말씀을 히브리서 8장 10절에서 정확히 다음과 같이 인용합니다. "또 주께서 이르시되 그 날 후에 내가 이스라엘 집과 맺을 언약은 이것이니 내 법을 그들의 생각에 두고 그들의 마음에 이것을 기록하리라 나는 그들에게 하나님이 되고 그들은 내게 백성이 되리라." 이것은 아담과 맺은 행위 언약과 다르고, 모세와 맺은 언약과도 다릅니다. 하나님은 출애굽한 이스라엘 백성에게 모세를 통해 십계명을 주셨습니다. 하나님은 친히 당신의 손으로 두 돌판에 당신의 법을 기록하셨고 그것을 모세를 통해 광야에 머물던 이스라엘 백성들에게 주셨습니다. 그러나 이스라엘 백성들은 하나님과 맺은 언약을 깨뜨렸습니다.

그렇기에 은혜의 언약은 이제 돌판이 아니라 하나님이 택하신 사람의 생각과 마음에 새겨 넣으시는 언약입니다. 사람의 생각과 마음에 새겨진 하나님의 법은 사람을 인격적으로 변화시키는 능력이 있습니다. 그렇다면 하나님은 어떻게 당신의 법을 사람의 마음과 생각에 기록하십니까? 바로 이 일을 위해 예수 그리스도가 사람의 몸을 입고 이 세상에 오셨습니다. 요한복음 1장 14절이 증언하듯, 말씀이 육신이 되어 우리 가운데 거하신 것입니다. 아버지 하나님과 아들 하나님은 서로 은혜의 언약 가운데 택한 백성들을 구원하시기로 작정하셨고, 아들 하나님은 하늘의 영광을 버리고 사람의 몸을 입고 이 세상에 수치스럽게 낮아지시기로 약속하셨습니다. 이 세상에 오신 그리스도는 모든 계명의 말씀을 다 지키시고, 죄를 범하지 않으시고 십자가에서 우리를 대신하여 돌아가심으로 우리를 위한 속죄사역을 성취하셨습니다.

성부와 성자의 영이신 성령님은 바로 이런 성부 하나님의 구원의 계획과 성자 예수 그리스도의 구속의 성취에 관한 말씀 증거를 통해 하나님의 택한 백성들을 회개케 하시고 중생케 하셔서 구원을 적용하시기 위해 오순절에 강림하셨습니다. 이것을 가리켜 삼위일체 하나님의 '구속의 협약'이라 부릅니다. 즉 하나님이 이스라엘과 유다와 맺으신 은혜 언약에는 삼위일체 하나님이 서로에게 맺으신 약속이 있는 것입니다.

성령님이 중생케 하시는 그리스도인들은 이제 하나님의 말씀의 법을 생각과 마음으로 받아들이고 믿게 됩니다. 양자의 영을 받아 하나님을 아바 아버지로 부르게 됩니다. 예수 그리스도를 그들의 구주로 믿고 고백하게 됩니다. 그러므로 은혜의 언약은 우리의 생각과 마음을 변화시켜 주시는 구원의 은총입니다.

　사도 바울은 이것을 에베소서에서 아름답게 표현했습니다. "곧 창세 전에 그리스도 안에서 우리를 택하사 우리로 사랑 안에서 그 앞에 거룩하고 흠이 없게 하시려고 그 기쁘신 뜻대로 우리를 예정하사 예수 그리스도로 말미암아 자기의 아들들이 되게 하셨으니"(엡 1:4-5).

　소요리문답 20번의 답에서도 "하나님은 자기의 참으로 선하신 기쁨을 따라 영원 전에 어떤 이들을 영속적인 생명으로 선택하신 후에"라고 했습니다. 하나님은 자기의 선하신 기쁨을 따라, 그 기쁘신 뜻대로 우리를 선택하시고 죄와 허물로 죽었던 우리를 살려서 우리 생각과 마음에 당신의 말씀의 법을 기록해 주셨습니다. 우리를 선택하시고 다시 살려주시고 구원하여 주시고 하나님 말씀의 법을 우리 마음에 새겨넣어주신 일을 하나님은 기뻐하십니다. 즉 구원받은 우리는 하나님의 기쁨입니다.

　그러므로 은혜의 언약을 통해 우리를 구원하시는 하나님의 기뻐하신 뜻 안에서 구원받은 우리 역시 기뻐하고 기뻐하는 성도들이 되어야 할 것입니다.

죄의 용서와 하나님의 백성 되게 하심

셋째, 은혜 언약의 결과는 언약의 당사자인 우리의 죄를 용서하시고 하나님의 백성으로 삼아 주시는 것입니다. 34절을 읽겠습니다. "그들이 다시는 각기 이웃과 형제를 가리켜 이르기를 너는 여호와를 알라 하지 아니하리니 이는 작은 자로부터 큰 자까지 다 나를 알기 때문이라 내가 그들의 악행을 사하고 다시는 그 죄를 기억하지 아니하리라 여호와의 말씀이니라."

본문 34절에 따르면, 하나님이 그들의 악행을 사하시겠다고 하십니다. 그들은 누구일까요? 하나님은 범죄한 모든 인류의 죄를 사해 주시지 않습니다. 하나님은 당신의 주권적 선택에 따라 인류 가운데 얼마를 구원하시기로 작정하셨습니다. 방금 전에 읽은 에베소서 1장 4절은 "곧 창세 전에 그리스도 안에서 우리를 택하사… 그리스도로 말미암아 자기의 아들들이 되게 하셨다"고 했습니다. 말하자면 하나님은 바울이 편지를 보낸 에베소 지역의 모든 사람을 택하신 게 아닙니다.

소요리문답 20번의 답을 다시 한 번 보겠습니다. "그의 순전하고 선하시며 기뻐하심 가운데 영원 전에 어떤 사람들을 영생에 이르도록 선택하신 하나님은 구속자를 통해 그들을 죄와 비참의 상태에서 건져내어 구원의 상태로 이르게 하시려고 은혜 언약을 시작하셨습니다." 이 말을 뒤집으면, 인류 가운데 하나님의 선택을 받지 않은 자들도 있다는 것입니다. 그 선택받지 않은 자들은 유기되어 구원에서 배제되었다는 것을 뜻합니다. 그와 달리 하나님이 그의 순전하고 선하시고 기뻐하심 가운데 영원 전에 선택하신 자는 반드시 은혜 언약 안에서 죄를 회개하고 그리스도께 나아와 신앙과 믿음으로 구원받기를 열망하게 됩니다.

하나님의 이러한 선택에 따른 우리의 반응은 무엇이어야 합니까? 그것은 바로 감사와 기쁨입니다. 하나님의 은혜로 구원받은 신자들은 그 은혜에 감사하고 즐거워합니다. 반면에 어떤 이들은 이렇게 말할 것입니다. "만일 하나님이 나를 선택하지 않으셨다면 그래서 유기되었다면 내가 아무리 구원받기를 간절히 원한다 할지라도 그것에 대해 내가 할 수 있는 일이라고는 전혀 없는 것이 아닙니까?" 지식과 정서와 의지가 죄로 오염되고 부패한 죄인들에게 이런 말은 매우 설득력 있고 논리적입니다. 그러나 사실은 그렇지 않습니다.

본문 말씀처럼, 하나님이 새 언약을 주권적으로 세우시고 하나님의 법을 우리 속에 두고 우리 마음에 기록하시지 않는다면 누구라도 하나님이 요구하시는 구원에 이를 수 없습니다. 그러므로 우리가 하나님 앞에 나왔다면 그것은 하나님이 새 언약을 따라 우리 마음과 우리 속에 하나님의 법을 새기시고 마음의 변화를 일으키셨기 때문입니다. 따라서 구원받은 신자는 그 선택의 결과에 감사하고 또 감사할 뿐입니다. 동시에 성경은 유기된 자에 대해 무엇이라고 말합니까?

하나님의 말씀인 성경은 일부 사람들이 하나님께 나아오지 않고 회개하지 않으며 그리스도를 구주로 영접하지 않는 이유를 그들의 죄와 불신앙으로 돌립니다. 그러므로 그들은 구원에 대해 자랑할 근거도 없고 버려진 상태에 대해 불평할 이유도 없는 것입니다.

우리 주님께서 마태복음 23장 37-38절에서 이렇게 말씀하셨습니다. "예루살렘아 예루살렘아 선지자들을 죽이고 네게 파송된 자들을 돌로 치는 자여 암탉이 그 새끼를 날개 아래에 모음 같이 내가 네 자녀를 모으려 한 일이 몇 번이더냐 그러나 너희가 원하지 아니하였도다 보라 너희 집이 황폐하여 버려진 바 되리라." 그러므로 유기의 결과는 인간 자신의 불신앙과 불순종에 기인합니다. 이것은 우리가 완벽히 이해할 수 없을 만큼 신비로운 진리입니다. 하지만 기억할 것은 성경이 이 두 가지 진리를 명백히 가르치고 선포하고 있다는 점입니다. 따라서 진실한 목사요 정확한 설교자라면 이 두 가지 진리가 역설적이고 서로 조화되지 않더라도 반드시 가르쳐야만 합니다. 왜냐하면 성경이 그것을 가르치고 있기 때문입니다. 성경은 이 두 가지 진리를 명백히 선포할 뿐이지 조화를 이루도록 하지는 않습니다. 따라서 신실한 설교자 역시 성경이 선포하는 것만 가르치고 성경이 하지 않는 일을 해서는 안 될 것입니다.

유명한 17세기 청교도 목사 로버트 레이턴은 베드로전서 주석에서 하나님의 선택과 유기에 대해 이렇게 말했습니다. "예지(Foreknowledge)는 하나님의 영원하시고 변치 않으시는 사랑이다. 따라서 하나님이 어떤 이들은 선택하시고 다른 이들은 거절하신다는 것은 바로 그러한 거대한 목적을 위해 하나님의 자비와 공의를 나타내고 확장하는 것이다. 그런데 왜 하나님은 이 사람은 이런 목적으로 또 저 사람은 저런 목적으로 삼으시는 것인가? 왜 베드로는 긍휼의 그릇으로, 유다는 진노의 그릇으로 삼으셨는가? 이는 심지어 그것이 하나님께 좋게 보였기 때문이다. 이는 우리에게 가혹해 보이지만 사도적 교리이다. 사도 바울은 이렇게 말한다. '토기장이가 진흙 한 덩이로 하나는 귀히 쓸 그릇을, 하나는 천히 쓸 그릇을 만들 권한이 없느냐'(롬 9:21)."

그러므로 우리가 던질 질문은 "하나님, 왜 나는 선택하여 구원하시고 저 사람은 왜 선택하지 않으셔서 심판을 받게 하십니까?"여서는 안 됩니다. 도리어 "하나님 왜 나 같은 죄인을 선택하여 구원해 주셨습니까?"이어야 합니다. 우리를 택하사 우리 죄를 용서하시고 우리를 자녀 삼아주신 하나님의 은혜의 언약에 항상 감사하며, 하나님의 백성답게 살아가는 성도가 되시기를 바랍니다.

하나님이 우리를 위해 성자 예수 그리스도와 맺은 언약은 은혜로운 언약입니다. 이 언약이 없었다면 우리는 여전히 첫 사람 아담의 죄와 비참에 빠져 소망 없는 육체의 삶을 살았을 것입니다. 언약은 행위 언약(창 1:1-3:14)과 은혜 언약(창 3:15-계시록)으로 나뉩니다. 창세기 3장 15절부터 시작된 언약은 복음과 은혜의 언약입니다. 마지막 때에, 구원받은 그리스도인은 "나는 이런 은혜를 받을 자격이 없으니 모든 것이 하나님 은혜"라고 고백할 뿐입니다. 반면에 버려진 자들은 아담 안에서 범죄하였고 영적으로 죽었으며, 결코 회개하지 않고 그리스도의 복음의 초청으로 나아가지 않았기에 이 모든 심판이 마땅한 것임을 알고 탄식하게 될 것입니다.

그러므로 하나님의 은혜의 언약에 따라 구원받은 우리 그리스도인들은 사도 바울의 권면대로 다음과 같이 행해야 합니다. "그러므로 나의 사랑하는 자들아 너희가 나 있을 때뿐 아니라 더욱 지금 나 없을 때에도 항상 복종하여 두렵고 떨림으로 너희 구원을 이루라"(빌 2:20).

하나님의 은혜의 언약으로 말미암아 구원 받은 성도들은 더욱 그의 말씀에 복종하여 두렵고 떨림으로 이미 받은 구원을 더욱 확신하며 그 구원을 믿음으로 이루어가야 합니다.

○ 칼뱅, 『기독교 강요』, 2.8.21.

하나님이 긍휼을 천대까지 베푸시겠다는 약속도 주신다. 이러한 약속은 성경에 자주 나타나며(신 5:10; 렘 32:18), "내가 너와 네 후손의 하나님이 되리라"(창 17:7)고 하신 교회에게 주신 엄숙한 언약 속에도 포함되었다. 이에 대해 솔로몬은 "온전하게 행하는 자가 의인이라 그의 후손에게 복이 있느니라"(잠 20:7)고 말씀하고 있다. 이것은 그들이 거룩하게 양육받았기 때문이기도 하지만, 하나님의 은혜가 경건한 자들의 가문에 영원토록 거하리라는 언약에 약속된 축복 때문인 것이다. 이것이 신자들에게는 특별한 위로요, 악한 자들에게는 크나큰 두려움이 되는 것이다. 의인과 악인이 죽은 후에도 그 후손들에게 복과 저주가 계속 미칠 만큼 그들에 대한 기억이 하나님 보시기에 값어치가 있는 것이라면, 그 의인과 악인 당사자들에게는 얼마나 더하겠는가?

■ 나눔 질문

1. 언약의 뜻은 무엇입니까?
2. 은혜 언약이 행위 언약과 다른 점은 무엇입니까?
3. 은혜 언약의 당사자는 누구입니까?
4. 은혜 언약이 낳는 두 가지 결과는 무엇입니까?
5. 성경 전체를 두 가지 언약으로 어떻게 구분할 수 있겠습니까?
6. 은혜의 언약을 받아 구원을 얻은 자들이 나타내야 할 마땅한 반응과 던질 질문은 무엇입니까?
7. 삶 속에서 하나님의 은혜로우신 언약을 누린 경험이 있다면 나누어 봅시다.

11장
그리스도의 직무와 선지자직

¹⁸내가 그들의 형제 중에서 너와 같은 선지자 하나를 그들을 위하여 일으키고 내 말을 그 입에 두리니 내가 그에게 명령하는 것을 그가 무리에게 다 말하리라 ¹⁹누구든지 내 이름으로 전하는 내 말을 듣지 아니하는 자는 내게 벌을 받을 것이요 ²⁰만일 어떤 선지자가 내가 전하라고 명령하지 아니한 말을 제 마음대로 내 이름으로 전하든지 다른 신들의 이름으로 말하면 그 선지자는 죽임을 당하리라 하셨느니라. 신 18:18-20

소요리문답 23, 24번

문 23: 그리스도가 우리의 구속자로서 행하시는 직분들은 무엇입니까?

답: 그리스도는 우리의 구속자로서 선지자와 제사장과 왕의 직분을 그의 낮아지시고 높아지신 두 상태 모두를 통해 수행하십니다(행 3:21-22; 히 12:25; 고후 13:3; 히 5:5-7; 7:25; 시 2:6; 사 9:6-7; 마 21:5; 시 2:8-11).

문 24: 그리스도는 어떻게 선지자의 직분을 행하십니까?

답: 그리스도는 우리의 구원을 위한 하나님의 뜻을 그의 말씀과 성령으로 말미암아 우리에게 계시하심으로써 선지자의 직분을 수행하십니다(요 1:18; 벧전 1:10-12; 2. 요 15:15; 요 20:31).

우리는 지난 장에서 온 인류의 대표로서의 아담의 범죄로 말미암아 모든 인류가 질병과 죽음이라는 죄의 심판과 저주를 받고 비참한 상태에 빠졌다는 것을 배웠습니다. 그들 스스로는 이 질병과 죽음의 난제를 해결할 수 없다고 했습니다. 그럼에도 죄와 비참에 빠진 인간을 그런 상태로 버려두지 않으시고 새로운 언약을 맺으신 하나님의 구속 언약에 대한 말씀을 배웠습니다.

그 구속 언약 또는 은혜 언약의 당사자들이신 성부와 성자와 성령 하나님 가운데 한 분이신 예수 그리스도가 은혜 언약에 따라 감당하시는 직무에 대해 살펴보려 합니다. 우리가 지금까지 살펴본 소요리문답 23번부터 28번이 바로 그리스도가 은혜 언약에 따라 수행하시는 직무와 그에 따른 상태에 대한 말씀입니다.

우선 그리스도가 수행하시는 직무는 선지자와 제사장과 왕의 직무입니다. 구약시대에 하나님은 왕을 통해 이스라엘 민족을 통치하셨고, 선지자들을 통해 말씀을 가르치셨고, 제사장들을 통해 죄사함의 은총을 베푸셨습니다. 무엇보다 이 직무들이 예표하는 바는 우리의 구주로 오신 예수 그리스도를 통해 성취되었습니다. 우리는 이것을 가리켜 그리스도의 삼중직이라 부릅니다. 그리고 이는 죄인의 구원을 위해 치명적으로 중요한 직분입니다.

그리스도는 예수님이 수행하시는 직분 또는 직무

첫째, 그리스도의 삼중직은 예수 그리스도가 구원자로 수행하시는 직분입니다. 18절 말씀을 읽겠습니다. "내가 그들의 형제 중에 너와 같은 선지자 하나를 그들을 위하여 일으키고 내 말을 그 입에 두리니 내가 그에게 명령하는 것을 그가 무리에게 다 말하리라."

하나님은 선지자 모세에게 후일 너와 같은 선지자 하나를 세우겠다고 예언하십니다. 그것이 하나님의 뜻이라는 말입니다. 선지자 모세의 일이 무엇입니까? 하나님이 하신 말씀을 대신 전하는 것입니다. 그렇다면 하나님의 말씀을 대언하는 것이 모세의 직무입니다. 실제로 하나님이 모세에게 말씀하시면 모세는 그 말씀을 이스라엘 백성들에게 대신 전했습니다. 예를 들면, 신명기 6장 4-5절입니다. "이스라엘아 들으라 우리 하나님 여호와는 오직 유일한 여호와이시니 너는 마음을 다하고 뜻을 다하고 힘을 다하여 네 하나님 여호와를 사랑하라."

이런 의미에서 직무란 어떤 특수한 일을 수행하기 위해 맡은 역할을 가리키는 명칭입니다. 그렇다면 그리스도가 "직무를 맡으셨다" 또는 "직분을 받으셨다"라는 말은 그리스도가 어떤 목적을 위해 특수한 일을 수행하는 분으로 임명되셨다는 것을 뜻합니다. 이것을 우리는 지난 시간에 성부와 성자와 성령 하나님 사이에서 맺은 구속 협약 또는 구속 언약이라 말씀드린 바 있습니다.

그렇다면 예수님이 받으신 직무는 무엇입니까? 일단 그 이름을 차례대로 하나씩 살펴보겠습니다. 우선 예수라는 이름이 있습니다. 마태는 마태복음 1장 21절에서 이렇게 말합니다. "아들을 낳으리니 이름을 예수라 하라 이는 그가 자기 백성을 그들의 죄에서 구원할 자이심이라 하니라." 예수라는 이름의 뜻은 구원자입니다. 자기 백성을 그들의 죄에서 구원하는 역할을 맡은 자입니다.

둘째는 그리스도라는 직분입니다. 그리스도 또는 헬라어로 "크리스토스 마쉬아흐"는 히브리어로 메시아이며 기름부음을 받은 자를 뜻합니다. 구약시대에는 왕과 선지자와 제사장처럼 특정한 사람들에게 기름을 부어서 그들이 맡은 직분을 공식적으로 추인했습니다. 그렇다면 "예수 그리스도"라는 명칭은 예수님이 자기 백성을 구원하실 왕, 선지자, 제사장으로서의 직분을 맡은 자로 공식 추인되었다는 의미를 담고 있습니다. 하나님이 택하신 자들을 위한 구속자로서 예수 그리스도가 수행하셔야 할 3대 직무가 무엇인지도 보여줍니다. 그렇다면 실제로 왕과 선지자와 제사장의 역사를 담고 있는 구약성경은, 하나님이 자기 백성을 구원하시기 위해 보내시는 진정한 왕이요 선지자이며 제사장이신 예수 그리스도의 오심에 관한 중대한 예언을 담고 있다고 보아야 합니다. 창세기부터 말라기까지 구약성경의 모든 역사는 왕과 선지자와 제사장의 역사입니다. 그러나 이스라엘을 통치하고 이스라엘을 말씀으로 가르치며 이스라엘의 죄를 속해야 했던 이스라엘의 왕들과 선지자들과 제사장들은 모두 완전하지 못한 자들이었습니다. 그들이 맡은 직분을 완전하게 수행할 수 없었습니다.

소요리문답 23번은 그러므로 그리스도가 우리의 구속자로서 이러한 직무를 수행하신다고 설명합니다.

문 23: 그리스도가 우리의 구속자로서 행하시는 직분들은 무엇입니까?

답: 그리스도는 우리의 구속자로서 선지자와 제사장과 왕의 직분을 그의 낮아지시고 높아지신 두 상태 모두를 통해 수행하십니다.

마태복음 16장 16절에 보면 사도들의 신앙고백의 토대가 된 베드로의 전무후무한 고백이 기록되어 있습니다. "주는 그리스도시요 살아계신 하나님의 아들이시니이다." 이 말은 예수님이 살아계신 하나님의 아들로서 자기 백성을 구원하시는 직분을 맡으신 분이라는 고백입니다.

사도 요한은 누구든지 예수님이 그리스도이심을 부인하는 자, 즉 예수님이 자기 백성을 구원하실 직분을 맡으셨음을 부인하는 자는 거짓말하는 자일 뿐 아니라 심지어 적그리스도라고 말합니다(요일 2:22). 그리스도는 그저 역사 속의 위대한 철학자나 현인이 아니십니다. 예수 그리스도는 세상 죄를 지고 가는 하나님의 어린양이십니다. 예수님은 택한 백성들을 그들의 죄에서 구원하실 직분을 받아 그 직무를 수행하러 오신 메시아이십니다. 예수님은 우리를 죄에서 구원하시기 위해 낮아지셨고 우리를 의롭다하시기 위해 높아지셨으며 이 두 상태를 통해 왕과 선지자와 제사장의 직무를 수행하셨습니다.

예수 그리스도가 여러분의 구원을 위해 기름부음을 받고 이 세상에 오신 하나님의 아들이심을 믿으실 뿐 아니라 여러분을 위해 구원의 직분을 완전하게 수행하신 하나님께 감사와 찬양을 드리는 성도들이 되십시오.

그리스도가 수행하시는 선지자 직분

둘째, 그리스도는 하나님의 말씀을 선포하는 선지자 직분을 수행하십니다. 18-19절 말씀을 읽겠습니다. "내 말을 그 입에 두리니 내가 그에게 명령하는 것을 그가 무리에게 다 말하리라 누구든지 내 이름으로 전하는 내 말을 듣지 아니하는 자는 내게 벌을 받을 것이요."

소요리문답 제24번도 보겠습니다.

문 24: "그리스도는 어떻게 선지자의 직분을 행하십니까?"

답: "그리스도는 우리의 구원을 위한 하나님의 뜻을 그의 말씀과 성령으로 말미암아 우리에게 계시하심으로써 선지자의 직분을 수행하십니다."

구약시대의 선지자들은 하나님의 말씀을 받아 전달하는 자들이었습니다. 선지자라는 뜻의 원어 "프로페테스"는 안에서 밖으로 전달하는 전달자를 가리킵니다. 하나님이 선지자의 입에 주신 말씀을 밖으로 선포하는 직분입니다. 18절에서 하나님이 "내가 그에게 명령하는 것을 그가 무리에게 다 말하리라"라고 하신 의미입니다. 이것을 예언이라 부르기도 합니다. 성경에서 보통 예언이라고 하면 부정적인 측면에서 단순히 미래에 벌어질 일을 말하는 것이 아닙니다. 예언자 또는 선지자의 역할은 긍정적인 측면에서 우주와 역사와 구원에 대한 하나님의 뜻을 있는 그대로 전하는 자를 가리킵니다.

본문 19절에 "누구든지 내 이름으로 전하는 내 말"이라고 했듯, 선지자는 자기 말이 아닌 하나님이 하신 말씀을 대신 전하는 자입니다. 반면에 20절에 따르면, "어떤 선지자가 내가 전하라고 명령하지 아니한 말을" 전한다면 그는 거짓 선지자로 불릴 것입니다. 참 선지자는 하나님이 하신 말씀만을 전하지만, 거짓 선지자는 하나님이 하신 말씀이 아닌 자기 생각, 자기 의견, 자기 욕심, 자기 상상을 말합니다. 참 선지자는 하나님의 말씀이 가는 곳까지 가고 하나님의 말씀이 서라 하면 멈춥니다. 거짓 선지자의 표준은 하나님의 말씀이 아니라 자신들의 욕망입니다.

하나님은 예레미야 5장 30-31절에서 거짓 선지자들의 행태를 이렇게 책망하십니다. "이 땅에 무섭고 놀라운 일이 있도다 선지자들은 거짓을 예언하며 제사장들은 자기 권력으로 다스리며 내 백성은 그것을 좋게 여기니 마지막에는 너희가 어찌하려느냐." 예레미야 14장 14절에서도 이렇게 말씀하십니다. "여호와께서 내게 이르시되 선지자들이 내 이름으로 거짓 예언을 하도다 나는 그들을 보내지 아니하였고 그들에게 명령하거나 이르지 아니하였거늘 그들이 거짓 계시와 점술과 헛된 것과 자기 마음의 거짓으로 너희에게 예언하는도다."

참 선지자는 자신의 사사로운 뜻을 구하거나 전하는 자가 아니라 오직 하나님의 뜻만을 전하는 자입니다. 이런 의미에서 예수 그리스도는 참되신 하나님의 선지자이십니다. 요한복음 6장 38절에서 주님은 이렇게 말씀하십니다. "내가 하늘에서 내려온 것은 내 뜻을 행하려 함이 아니요 나를 보내신 이의 뜻을 행하려 함이니라." 예수님은 철저하게 하나님 아버지의 뜻을 따라 행하셨습니다. 죽음의 순간에도 아버지의 뜻이 구현되기를 원하셨습니다. 사도 요한은 이런 예수 그리스도를 가리켜 로고스, 즉 말씀이라 증언합니다. 요한복음 1장 14절에서 말씀이 육신이 되어 우리 가운데 거하셨다고 선포하고, 자신이 알고 있는 예수 그리스도에 대해 요한일서 1장 1-2절에서 이렇게 기록합니다. "태초부터 있는 생명의 말씀에 관하여는 우리가 들은 바요 눈으로 본 바요 자세히 보고 우리의 손으로 만진 바라 이 생명이 나타내신 바 된지라 이 영원한 생명을 우리가 보았고 증언하여 너희에게 전하노니 이는 아버지와 함께 계시다가 우리에게 나타내신 바 된 이시니라." 우리는 예수 그리스도야말로 가장 위대한 선지자라 고백할 수 있습니다.

태초에 계신 말씀이시며 우리에게로 오신 예수 그리스도를 구주로 믿고 고백함으로 하나님이 그리스도를 통해 전하시는 복음의 말씀대로 살아갑시다.

그리스도, 구원을 위한 직분

셋째, 그리스도는 오직 죄인들의 구원을 위한 직분입니다. 19-20절을 읽겠습니다. "누구든지 내 이름으로 전하는 내 말을 듣지 아니하는 자는 내게 벌을 받을 것이요 만일 어떤 선지자가 내가 전하라고 명령하지 아니한 말을 제 마음대로 내 이름으로 전하든지 다른 신들의 이름으로 말하면 그 선지자는 죽임을 당하리라 하셨느니라."

여기서 우리는 하나님의 뜻을 알 수 있습니다. 하나님의 뜻이란 하나님이 고하라고 명하신 것입니다. 그것은 신구약 성경 전체로 볼 때 예수 그리스도를 통한 구원인 것은 두말할 필요가 없습니다. 예수님은 이것을 분명히 하셨습니다. 요한복음 6장 38-39절에서 예수님은 이렇게 말씀하십니다. "내가 하늘에서 내려온 것은 내 뜻을 행하려 함이 아니요 나를 보내신 이의 뜻을 행하려 함이니라 나를 보내신 이의 뜻은 내게 주신 자 중에 내가 하나도 잃어버리지 아니하고 마지막 날에 다시 살리는 이것이니라."

예수님이 수행하신 세 가지 직무의 방향이 어디를 향하고 있습니까? 왕과 선지자와 제사장 직분은 전적으로 하나님 백성을 하나도 잃어버리지 않고 마지막 날에 다시 살리는 것에 향하고 있습니다. 우리는 평소에 하나님의 뜻을 궁금해 합니다. 대학은 어디를 갈까? 어떤 직장에 가는 것이 하나님의 뜻일까? 나를 위한 배우자는 누구일까? 나를 향한 하나님의 뜻은 무엇일까? 연약한 우리는 눈앞에 닥친 현실 문제에 집중할 수밖에 없습니다. 그러나 하나님이 성경을 통해 알리고자 하시는 뜻은 무엇입니까? 하나님이 선지자들을 통해 우리에게 가르치시려는 것이 무엇입니까? 바로 죄를 회개하고 하나님께로 돌아오라는 것이며, 예수 그리스도를 믿고 하나님의 말씀에 순종하여 하나님 나라를 위해 살아가라는 것입니다. 우리의 모든 일상의 문제는 바로 이 큰 하나님의 뜻에 기초해야 합니다. 궁극적인 문제가 해결되면 일상의 문제는 실제로 문제가 되지 않습니다. 우리가 무엇을 하든 전부 하나님의 영광을 위한 일이 되기 때문입니다.

그리스도는 우리의 구원을 위한 참 선지자가 되십니다. 그리스도는 지상 생애를 통해 끊임없이 하나님의 뜻을 전해 주셨습니다. 주님은 구약시대의 선지자들을 통해서도 말씀하셨습니다. 그리고 신약시대에 사도들을 통해서도 말씀하셨습니다. 베드로 사도는 이렇게 말합니다. "이 구원에 대하여는 너희에게 임할 은혜를 예언하던 선지자들이 연구하고 부지런히 살펴서 자기 속에 계신 그리스도의 영이 그 받으실 고난과 후에 받으실 영광을 미리 증언하여 누구를 또는 어떠한 때를 지시하시는지 상고하니라"(벧전 1:10-11).

뿐만 아니라 신약시대 오순절에 오신 성령님도 역시 주님이 가르치신 말씀을 생각나게 하셨습니다. "보혜사 곧 아버지께서 내 이름으로 보내실 성령 그가 너희에게 모든 것을 가르치고 내가 너희에게 말한 모든 것을 생각나게 하리라"(요 14:26). 바울은 고린도 교회를 향해 이렇게 말합니다. "너희는 너희가 하나님의 성전인 것과 하나님의 성령이 너희 안에 계시는 것을 알지 못하느냐"(고전 3:16). 이 말씀은 신약시대에 탄생한 교회의 예배와 삶에 있어 매우 중요합니다. 성령님은 신약시대 교회에게 모든 것을 가르칠 뿐 아니라 주님이 하신 모든 말씀을 생각나게 하신다고 선언하기 때문입니다. 또한 그리스도는 하나님의 말씀인 성경을 통해 교회에게 말씀하십니다. 특별히 바울은 하나님이 교회에 목사와 교사를 주셨다고 말합니다(엡 4:11). 목사와 교사는 하나님이 교회에 주신 영구적인 직분입니다. 이들은 진리의 말씀을 옳게 분별하고 하나님의 말씀을 가감없이 전하는 자들이며, 항상 말씀을 선포할 자들입니다(신 4:2; 딤후 2:15; 4:1-2). 종교개혁의 신학에 기초한 개혁 교회들이 교회에 있어 하나님의 말씀의 중요성을 그토록 강조한 이유가 여기 있습니다.

그러므로 우리는 우리 안에 계신 성령님의 가르침을 통해 예수님이 가르치신 객관적인 말씀을 배울 줄 알아야 합니다. 그 말씀의 방향이 구원을 향해 있음을 깨닫고 그 은혜에 감사해야 합니다.

하나님은 우리를 위해 자기 아들 예수 그리스도와 은혜로운 언약을 맺으셨습니다. 그리고 예수님은 그 언약에 따른 의무를 수행하시기 위해 왕과 선지자와 제사장의 직분을 맡으셨습니다. 그것은 모두 우리를 죄와 사망의 비참에서 구원하시기 위한 직무입니다. 예수 그리스도는 우리의 구원을 위해 선지자로서 복음의 말씀을 선포하셨습니다. 예수 그리스도는 제사장으로서 십자가에서 죽으심으로 죄인의 구속을 완성하셨습니다. 그리고 예수 그리스도는 우리의 왕으로서 우리를 하나님의 나라인 천국에 들이시기까지 왕으로 통치하십니다. 그러므로 누구든지 예수 그리스도로 말미암지 않고는 아버지께로 갈 자가 없습니다. 요한복음 14장 6절에서 예수님은 "내가 곧 길이요 진리요 생명이니 나로 말미암지 않고는 아버지께로 올 자가 없느니라"고 하셨습니다. 그렇다면 이제 예수님을 만나 구원을 받은 신자들 역시 마찬가지의 직무를 수행해야 합니다. 바로 왕과 선지자와 제사장의 직분을 감당해야 한다는 말입니다.

베드로전서 2장 9절은 그리스도인이 어떤 사람들인지 잘 가르쳐 줍니다. "그러나 너희는 택하신 족속이요 왕 같은 제사장들이요 거룩한 나라요 그의 소유가 된 백성이니 이는 너희를 어두운 데서 불러 내어 그의 기이한 빛에 들어가게 하신 이의 아름다운 덕을 선포하게 하려 하심이라." 첫 사람 아담 역시 온 세상을 통치하는 왕이었고 하나님의 뜻을 전하는 선지자였으며 자녀들을 위해 제사를 드리는 제사장이었습니다. 그렇다면 그리스도를 닮아 그리스도인으로서 직무를 감당해야 하는 우리 역시 교회와 가정과 사회에서 이 직분의 중요성을 깨달아야 합니다. 이 세 가지 직분을 바르게 실천하는 하나님의 친 백성이 되어야 합니다.

특히 직분자들은 이 삼중직을 수행하는 중요한 자라는 사실을 명심해야 합니다. 네덜란드 개혁교회의 견지에 따르면, 목사는 하나님의 말씀을 공적으로 선포하고 가르치는 선지자의 직무를, 장로는 하나님의 백성들을 공적으로 다스리는 왕의 직무를, 집사는 백성들을 공적으로 구제하고 사랑으로 섬기는 제사장의 직무를 감당하는 자들입니다. 뿐만 아니라 모든 그리스도인들은 개인적으로 가정에서 사회에서 그리고 삶의 모든 국면에서 이 그리스도의 삼중직을 믿음으로 수행해야 합니다. 믿음 안에서 왕으로 다스리고 구원의 복음이라는 하나님 말씀을 전하는 선지자로, 사랑의 구제를 통해 긍휼과 자비를 시행하는 제사장으로 살아가야 합니다.

지금까지 그리스도가 우리의 구원을 위해 수행하신 세 가지 직무에 대해 배웠습니다. 우리 역시 세상 속에서 그리스도가 우리를 위해 수행하신 삼중직을 이어 받아 잘 감당하는 그리스도인이 됩시다.

○ 칼뱅, 『기독교 강요』, 2.15.2.

"그리스도"라는 칭호가 이 세 가지 직분에 관계된다는 사실에 주목해야 한다. 율법 아래에서 제사장들과 왕들은 물론 선지자들도 거룩한 기름으로 부음을 받았다는 것을 우리가 알고 있기 때문이다. 그리하여 약속하신 중보자께도 "메시아"라는 존귀한 이름이 주어진 것이다. 다른 곳에서 제시한 바와 같이 나는 그리스도가 특히 왕직과 관련하여 그가 수행한 직무 때문에 메시아라 불리셨다고 본다. 그러나 그가 선지자 및 제사장으로서 기름 부음을 받았다는 것도 분명한 사실이고, 따라서 이를 무시해서는 안

된다. 이사야는 그리스도의 선지자직에 대하여 다음과 같이 명확하게 언급하고 있다. "주 여호와의 영이 내게 내리셨으니 이는 여호와께서 내게 기름을 부으사 가난한 자에게 아름다운 소식을 전하게 하심이라 나를 보내사 마음이 상한 자를 고치며 포로된 자에게 자유를 … 선포하며 여호와의 은혜의 해와 우리 하나님의 보복의 날을 선포하여"(사 62:1-2; 참조, 눅 4:18). 이처럼 그가 성령으로 말미암아 기름 부음을 받아 아버지의 은혜를 선포하는 전령과 증인이 되시는 것을 보게 된다. 그리고 그것은 일상적인 방식으로 된 것이 아니었다. 그는 그처럼 비슷한 직분을 지닌 다른 교사들과는 완전히 구별되는 분이시기 때문이다.

■ 나눔 질문

1. 예수와 그리스도라는 이름은 각각 어떤 뜻을 지니고 있습니까?
2. 그리스도가 취하신 세 가지 직분은 무엇입니까?
3. 그리스도는 어떤 목적으로 삼중직을 수행하십니까?
4. 선지자의 뜻은 무엇이며, 그리스도는 어떻게 선지자 직무를 수행하십니까?
5. 선지자 직무를 수행하시는 그리스도를 잘 따르는 방법은 무엇이 있을지 생각해 봅시다.

12장
그리스도의 제사장직

¹대제사장마다 사람 가운데서 택한 자이므로 하나님께 속한 일에 사람을 위하여 예물과 속죄하는 제사를 드리게 하나니 ²그가 무식하고 미혹된 자를 능히 용납할 수 있는 것은 자기도 연약에 휩싸여 있음이라 ³그러므로 백성을 위하여 속죄제를 드림과 같이 또한 자신을 위하여도 드리는 것이 마땅하니라 ⁴이 존귀는 아무도 스스로 취하지 못하고 오직 아론과 같이 하나님의 부르심을 받은 자라야 할 것이니라 ⁵또한 이와 같이 그리스도께서 대제사장 되심도 스스로 영광을 취하심이 아니요 오직 말씀하신 이가 그에게 이르시되 너는 내 아들이니 내가 오늘 너를 낳았다 하셨고 ⁶또한 이와 같이 다른 데서 말씀하시되 네가 영원히 멜기세덱의 반차를 따르는 제사장이라 하셨으니 ⁷그는 육체에 계실 때에 자기를 죽음에서 능히 구원하실 이에게 심한 통곡과 눈물로 간구와 소원을 올렸고 그의 경건하심으로 말미암아 들으심을 얻었느니라 ⁸그가 아들이시면서도 받으신 고난으로 순종함을 배워서 ⁹온전하게 되셨은즉 자기에게 순종하는 모든 자에게 영원한 구원의 근원이 되시고 ¹⁰하나님께 멜기세덱의 반차를 따른 대제사장이라 칭하심을 받으셨느니라 ¹¹멜기세덱에 관하여는 우리가 할 말이 많으나 너희가 듣는 것이 둔하므로 설명하기 어려우니라 ¹²때가 오래 되었으므로 너희가 마땅히 선생이 되었을 터인데 너희가 다시 하나님의 말씀의 초보에 대하여 누구에게서 가르침을 받아야 할 처지이니 단단한 음식은 못 먹고 젖이나 먹어야 할 자가 되었도다. 히 5:1-12

소요리문답 25번

문 25: 그리스도는 어떻게 제사장의 직분을 행하십니까?

답: 그리스도는 자신을 단번에 드리신 제물을 통해 하나님의 공의를 만족시키시고(히 9:14, 28), 우리를 하나님과 화목시키시며(히 2:17), 그리고 우리를 위해 끊임없이 간구하심으로 제사장의 직분을 수행하십니다(히 7:24-25).

우리는 계속해서 그리스도가 수행하신 세 가지 직무에 대해 살펴보고 있습니다. 이것을 그리스도의 삼중직이라 합니다. 하나님의 말씀인 성경의 대주제는 예수 그리스도이십니다. 하나님의 아들 예수 그리스도는 우리의 구원을 위해 구약에 예표되었던 세 가지 직분을 수행하십니다. 우리가 구속받은 하나님의 자녀가 되기 위해서는 우리를 위해 이 세 가지 일을 행하시는 주님이 필요합니다. 타락한 인간의 죄용서와 구원을 위해 그리스도가 수행하시는 직무만큼이나 중요한 것이 없습니다. 따라서 이것을 잘 아는 것만큼 신자들에게 중요한 일도 없습니다.

죄로 말미암아 우리는 무지했고 어두움에 속한 자들이었습니다. 듣기는 들어도 깨닫지 못하고 보기는 보아도 알지 못하는 자들로 살았습니다. 에디오피아 내시에게 성경 말씀을 풀어 주었던 빌립처럼, 누군가 우리를 가르쳐 주어야 합니다. 그것이 앞에서 살펴본 그리스도의 선지자 직무입니다. 또한 범죄한 죄인이 스스로는 그 죄책과 비참한 상태로부터 헤어날 수 없기 때문에 누군가 대신 구원해 주어야 합니다. 그것이 오늘 우리가 살펴볼 그리스도의 제사장 직무입니다.

마지막으로 그리스도가 나와 교회의 왕이 되어 말씀과 성령으로 다스리시지 않는다면, 사람이 왕이 되어 자기 자신을 다스리게 될 것입니다. 그렇기에 다음 주에 살펴볼 온 세상의 왕이신 그리스도는 특별히 신자들의 왕이 되셔서 신자들을 말씀으로 다스리시는 왕직을 수행하십니다. 그리스도의 삼중직은 분리되거나 명확히 구분되지 않고 오히려 긴밀히 연결되어 있습니다. 왕이자 선지자이며 제사장의 직무는 그리스도가 한 중보자로서 수행하시는 사역입니다. 그러나 우리가 이것을 따로 구분하여 살펴보려는 것은 그분이 하신 일을 좀 더 명확하게 깨달아 마땅히 많은 사람들을 옳은 대로 돌아오게 하는 선생이 되기 위함입니다(12절).

사람 가운데 선택되어 사람을 대표하는 구속자

첫째, 그리스도의 제사장 직무는 사람 가운데 선택되어 사람을 대표하는 구속사역을 수행하는 직무입니다. 1-2절 말씀을 읽겠습니다. "대제사장마다 사람 가운데서 택한 자이므로 하나님께 속한 일에 사람을 위하여 예물과 속죄하는 제사를 드리게 하나니 그가 무식하고 미혹된 자를 능히 용납할 수 있는 것은 자기도 연약에 휩싸여 있음이라."

그리스도의 제사장 직무를 올바로 이해하기 위해서는 구약의 제사장 직분을 살펴보아야 합니다. 그리스도의 제사장 직분을 설명하는 가장 탁월한 해설서는 구약의 레위기와 신약의 히브리서입니다. 우선 히브리서 5장 1절에 따르면 구약의 제사장은 사람 가운데 선택됩니다(1절). 2-3절을 보면 그 선택받은 제사장이 속죄하는 제사를 집례합니다(2-3절). 타인의 죄뿐 아니라 자기의 죄를 위해서도 속죄제를 드려야 합니다(3절). 구약의 제사장 역시 연약함에 휩싸여 있는 죄인이기 때문입니다. 죄인은 끊임없이 죄를 범하므로 끊임없이 죄용서가 필요합니다. 특별히 원죄에 따른 죄책, 즉 죄의 선고와 그 결과로서의 육체적 죽음과 영적 죽음이라는 비참한 상태로부터 해방되어야 합니다. 이 일은 제사장만이 할 수 있습니다. 오직 하나님이 부르신 자만이 이런 특별한 일을 감당하도록 정하셨기 때문입니다(4절). 그렇기에 제사장은 구별된 사람이어야 했습니다. 그리스도의 성육신은 실제로 제사장 직분을 수행케 하기 위한 하나님의 구별된 구원 방법입니다(5절).

우리는 여기서 그리스도의 선지자 직분과 제사장 직분의 차이를 발견합니다. 선지자가 하나님으로부터 말씀을 받아 사람에게 전달하는 직분이라면, 제사장 직무는 사람으로부터 나와 사람을 대표하여 하나님께 나아가는 직분입니다. 하나님께 사람들의 사정을 아뢰고 은혜와 자비를 구하는 직분입니다. 말하자면 그리스도의 제사장 직무는 범죄한 죄인이 하나님께 나아갈 수 있는 유일한 통로를 마련합니다.

히브리서 7장 25절은 우리의 대제사장이신 그리스도의 제사장 직무를 이렇게 요약합니다. "그러므로 자기를 힘입어 하나님께 나아가는 자들을 온전히 구원하실 수 있으니 이는 그가 항상 살아 계셔서 그들을 위하여 간구하심이라"(히 7:25). 우리는 이런 분을 가리켜 중보자라고 부릅니다. 하나님과 사람 사이에 중보자는 오직 한 분 예수 그리스도뿐이십니다. 디모데전서 2장 5절에서 바울은 이렇게 말합니다. "하나님은 한 분이시요 또 하나님과 사람 사이에 중보자도 한 분이시니 곧 사람이신 그리스도 예수라." 이것을 소요리문답 25번은 이렇게 요약합니다.

문 25: "그리스도는 어떻게 제사장의 직분을 행하십니까?"

답: "그리스도는 자신을 단번에 드리신 제물을 통해 하나님의 공의를 만족시키시고, 우리를 하나님과 화목시키시며, 그리고 우리를 위해 끊임없이 간구하심으로 제사장의 직분을 수행하십니다."

그리스도의 제사장 직무가 없었다면, 허물과 죄로 죽었던 우리가, 그래서 하나님의 생명에서 끊어져 있던 우리가 다시 살아나는 일은 없었을 것입니다. 우리는 하나님의 명령과 말씀을 어겼고, 죄를 지었으며, 자격을 잃어버렸고 그렇기에 스스로는 하나님의 은총을 다시 받을 능력이 없었습니다. 아니, 죄에 빠진 인간은 하나님께 돌아가고 싶어 하지도 않습니다. 돌아가고 싶어도 그럴 능력이 없습니다. 허물과 죄로 죽을 뻔했던 것이 아니라 이미 죽었기 때문입니다. 나아가 우리는 하나님의 공의로 우선 심판과 무시무시한 진노의 대상이 되었습니다. 그런데 그리스도가 사람의 몸을 입으시고 우리 같은 죄인들에게 찾아오셨습니다. 죄인들을 위해 고난당하시고 십자가에서 피를 흘려 주셨습니다. 친히 우리의 중보자와 구속자가 되셨습니다. 이것이 하나님의 은혜입니다. 전혀 그렇게 하실 필요가 없으셨음에도, 예수님은, 2절 말씀에 따르면, 스스로 연약에 휩싸이셨습니다. 무식하고 죄에 미혹된 우리를 친히 구원하시기 위함이었습니다. 이 얼마나 놀라운 은혜입니까? 그러므로 하나님이 그리스도를 통해 우리를 찾아오지 않으셨다면, 우리는 살아 있어도 죽은 것입니다. 숨을 쉬고 있어도 이미 영적으로 죽었고 죽어가고 있으며 죽을 것입니다. 더 나아가 심판을 받고 하나님의 진노를 받아 형벌 가운데 영원히 고통당했을 것입니다. 그런데 그리스도가 그 형벌과 고통을 대신 받으시고 우리를 살리셨습니다. 놀라우신 하나님의 은혜입니다.

예수 그리스도가 우리의 구속자요 중보자가 되심을 굳게 믿으시고 주님께서 베푸시는 구원의 은혜에 항상 감사합시다.

만족과 화목의 직무

둘째, 그리스도의 제사장 직무는 하나님의 공의를 만족시키며 하나님과 죄인을 화목시키는 사역을 수행합니다. 7절 말씀을 읽겠습니다. "그는 육체에 계실 때에 자기를 죽음에서 능히 구원하실 이에게 심한 통곡과 눈물로 간구와 소원을 올렸고 그의 경건하심으로 말미암아 들으심을 얻었느니라."

그렇다면 그리스도 예수께서는 어떻게 우리의 중보자가 되셨습니까? 구약의 제사장은 예물과 속죄하는 제사를 드리는 사역을 한다고 했습니다. 레위기에 보면 사람의 죄를 속하기 위해 흠 없는 희생제물을 취하여 그 머리에 안수하고 속죄제사를 드렸습니다(레 1:1-4). 때로 속죄제사는 이스라엘 민족 전체를 위해 드려지기도 했습니다. 모세의 형이자 대제사장이었던 아론은 이스라엘 민족의 범죄로 인해 살아 있는 염소에 안수하고 그 염소를 광야로 보내는 제사 의식을 수행했습니다. 레위기 16장은 이것을 상세하게 보여줍니다.

하나님은 왜 이러한 속죄제사 의식을 제정하신 걸까요? 그렇지 않으면 죄인을 향한 하나님의 공의가 죄인에게 임하여 그가 죽을 것이 너무나 확실하기 때문입니다. 누군가가 죄인을 대신해 피를 흘려주지 않으면 하나님이 그 피를 찾으실 것이기 때문입니다. 이것이 죄를 향한 하나님의 공의요 심판입니다. 생명이 피에 있기 때문에 오직 피를 흘려야 죄를 속할 수 있습니다. 레위기 17장 11절은 이렇게 기록합니다. "육체의 생명은 피에 있음이라 내가 이 피를 너희에게 주어 제단에 뿌려 너희의 생명을 위하여 속죄하게 하였나니 생명이 피에 있으므로 피가 죄를 속하느니라." 피 흘림이 없으면 죄사함은 없습니다. 히브리서 9장 22절도 이렇게 기록합니다. "율법을 따라 거의 모든 물건이 피로써 정결하게 되나니 피흘림이 없은즉 사함이 없느니라." 죄의 삯은 사망이라고 한 이유가 여기 있습니다. 사망으로부터 구원받는 것이 하나님의 은혜라고 한 이유도 마찬가지입니다. 바울은 로마서에서 이렇게 말합니다. "죄의 삯은 사망이요 하나님의 은사는 그리스도 예수 우리 주 안에 있는 영생이니라"(롬 6:23).

문제는 이런 구약의 희생 제사가 해마다 반복되고 끊임없이 계속되어야만 했다는 것입니다. 이는 구약의 희생제사가 완전한 체계가 아니라는 의미이며 따라서 구약의 희생제사가 다른 완전한 희생제사를 예표하고 있음을 의미합니다. 사실상 구약의 선지자와 제사장과 왕은 모두 다 그리스도 예수께서 감당하실 직무를 예표합니다. 결국 구약의 속죄제사는 마지막 날 멜기세덱의 반차를 좇는 대제사장으로 오신 예수 그리스도에 의해 단번에 완성되었습니다. 이를 소요리문답 25번은 교리적으로 매우 잘 설명하고 있습니다. 함께 문답해 보겠습니다.

25문: "그리스도는 어떻게 제사장의 직무를 수행하시나요?"

답: "그리스도는 신적 공의를 만족시키시고 그로 인해 우리를 화해시키기 위해 그가 자신을 단번에 희생제물로 드린 경우와 우리를 위해 계속해서 중보기도를 하시는 경우에 있어 제사장의 직무를 수행하십니다."

예수 그리스도가 제사장으로서 지상에 계실 때 하신 일은 크게 두 가지입니다. 하나는 자신을 십자가에서 단번에 희생제물로 드리심으로 죄인을 향한 하나님의 진노와 공의를 만족시키고 가라앉히신 것입니다. 히브리서 9장 25-28절을 읽어보겠습니다. "대제사장이 해마다 다른 것의 피로써 성소에 들어가는 것같이 자주 자기를 드리려고 아니하실지니 그리하면 그가 세상을 창조한 때부터 자주 고난을 받았어야 할 것으로 되 이제 자기를 단번에 제물로 드려 죄를 없이 하시려고 세상 끝에 나타나셨느니라 한번 죽는 것은 사람에게 정해진 것이요 그 후에는 심판이 있으리니 이와 같이 그리스도도 많은 사람의 죄를 담당하시려고 단번에 드리신 바 되셨고 구원에 이르게 하기 위하여 죄와 상관 없이 자기를 바라는 자들에게 두 번째 나타나시리라."

예수님이 단번에 흘리신 피는 단번에 하나님의 공의를 만족시키는 강력한 보혈이었습니다. 히브리서 9장 12절 "염소와 송아지의 피로 하지 아니하고 오직 자기의 피로 영원한 속죄를 이루사 단번에 성소에 들어가셨느니라." 예수님은 단번에 속죄를 이루셨고 온 세상의 죄와 그것을 향한 하나님의 심판을 자신이 직접 담당하셨습니다. 그럴 수 있었던 것은 그분이 제사장이자 친히 흠 없고 점 없는 제물이셨기 때문입니다. 베드로전서 1장 18-19절에서 베드로는 이렇게 말합니다. "너희가 알거니와 너희 조상이 물려 준 헛된 행실에서 대속함을 받은 것은 은이나 금같이 없어질 것으로 된 것이 아니요 오직 흠 없고 점 없는 어린 양 같은 그리스도의 보배로운 피로 된 것이니라." 아담 안에서 범죄한 자에게 찾으시는 하나님의 공의를 둘째 아담이신 그리스도 예수께서 보배로운 피를 흘리심으로 친히 담당하셨습니다. 따라서 그리스도의 속죄사역은 또다시 구약시대처럼 반복될 필요가 없습니다. 그분의 보혈은 완전합니다.

예수 그리스도가 제사장으로서 지상에 계실 때 하신 두 번째 일은 첫 번째 사역의 결과입니다. 그것은 하나님과 죄인을 화목시키셨다는 것입니다. 에베소서 2장 13-16절 "이제는 전에 멀리 있던 너희가 그리스도 예수 안에서 그리스도의 피로 가까워졌느니라 그는 우리의 화평이신지라 둘로 하나를 만드사 원수 된 것 곧 중간에 막힌 담을 자기 육체로 허시고 법조문으로 된 계명의 율법을 폐하셨으니 이는 이 둘로 자기 안에서 한 새 사람을 지어 화평하게 하시고 또 십자가로 이 둘을 한 몸으로 하나님과 화목하게 하려 하심이라." 신약시대와 오늘날 우리가 하나님 보좌 앞에 담대히 나아가 예배드릴 수 있는 이유는 그리스도가 진노하시는 하나님과 범죄한 죄인을 화목시켜 주셨기 때문입니다. 로마서 5장 10-11절은 이렇게 말합니다. "곧 우리가 원수 되었을 때에 그의 아들의 죽으심으로 말미암아 하나님과 화목하게 되었은즉 화목하게 된 자로서는 더욱 그의 살아나심으로 말미암아 구원을 받을 것이니라 그뿐 아니라 이제 우리로 화목하게 하신 우리 주 예수 그리스도로 말미암아 하나님 안에서 또한 즐거워하느니라."

하나님과 화목된 자로서 우리는 계속 화목된 신앙의 삶을 살아내야 합니다. 하나님과 화목된 자가 하나님과 불화하거나 하나님의 법을 떠나 사는 것은 하나님의 공의와 심판을 자초하는 일입니다. 또한 우리는 화목된 하나님의 백성들과 함께 화목하며 살아야 합니다. 우리를 하나님과 화목시켜 주신 은혜가 삶 가운데 충만하기를 소원합니다.

하나님 보좌 우편에서 성도를 위하여 기도하시는 직무

셋째, 그리스도의 제사장 직무는 승천하신 후에 하나님 보좌 우편에서 성도와 교회를 위하여 기도하시는 사역을 수행합니다. 히브리서 7장 25절을 보겠습니다. "그러므로 자기를 힘입어 하나님께 나아가는 자들을 온전히 구원하실 수 있으니 이는 그가 항상 살아 계셔서 그들을 위하여 간구하심이라."

그리스도의 제사장 직무는 십자가에서 끝나지 않습니다. 그리스도는 십자가 죽음 이후 사흘 만에 부활하시고 승천하셔서 하나님 보좌 우편에 앉아계십니다. 그리스도는 지상에 계실 때 우리와 같은 성정을 가진 사람으로서 시험과 고난을 받으셨기에 우리의 형편과 사정을 누구보다 잘 아십니다. 히브리서 4장 15절에 따르면, 예수님은 우리의 연약을 익히 경험하시고 아시기에 우리 연약을 동정하신다고 했습니다. 그렇기에 하나님 아버지 앞에서 우리를 대신하여 기도하는 중보자가 되시기에도 합당하십니다. 지금도 그리스도 예수께서는 하나님 보좌 우편에서 우리를 위해 기도하십니다. 우리를 위해 또 다른 보혜사이신 성령님을 우리에게 보내주시기를 간청하는 기도를 올리신 분도 예수님이십니다. 요한일서 2장 1절에 사도 요한은 이렇게 기록합니다. "나의 자녀들아 내가 이것을 너희에게 씀은 너희로 죄를 범하지 않게 하려 함이라 만일 누가 죄를 범하여도 아버지 앞에서 우리에게 대언자가 있으니 곧 의로우신 예수 그리스도시라." 예수 그리스도는 우리의 대언자이십니다.

예수 그리스도가 우리의 대언자가 되실 수 있는 근거는 그분의 완벽한 대제사장적 사역 때문입니다. 주님은 지상에서의 속죄사역에 근거해 하나님 아버지 앞에서 우리를 대변하시고 도우십니다. 지상에서 그리스도가 당하신 고난과 십자가 죽음이 대속사역이라면, 천상에서 그리스도가 성도들을 위해 행하시는 기도는 바로 그 지상에서의 대속사역에 근거한 중보사역입니다. 소요리문답 25번도 그리스도가 우리를 위해 계속해서 중보기도를 하시는 경우에 있어 제사장의 직무를 수행하신다고 쓰고 있습니다. 바로 이런 이유 때문에 사도 바울은 그 누구도 구원받은 하나님의 자녀를 정죄할 수 없다고 선포합니다. "누가 정죄하리요 죽으실 뿐 아니라 다시 살아나신 이는 그리스도 예수시니 그는 하나님 우편에 계신 자요 우리를 위하여 간구하시는 자시니라"(롬 8:34). 사탄과 악인들은 할 수만 있으면 믿는 신자를 참소하고 고발합니다. 그럴 때마다 그리스도 예수께서 자기 보혈의 피로써 하나님의 자녀들을 변호하십니다. 욥이 그 대표적인 인물입니다(욥 1-2장). 스가랴 3장의 대제사장 여호수아도 마찬가지입니다(슥 3장).

우리가 하나님 앞에 나아가 예배를 드리며 기도하는 것조차 그리스도가 중보하시는 은혜 덕분입니다. 우리의 예배는 완전하지 않고 우리의 기도 역시 그렇습니다. 때때로 우리가 드리는 예배와 기도조차 이기적일 때도 있습니다. 그리스도는 그런 우리를 위하여 지금도 기도하십니다. 그리고 이제 12절에 따르면 우리가 마땅히 선생이 되기를 원하십니다. 우리의 삶과 예배와 기도가 더 거룩하고 높은 경지에 오르기를 원하십니다. 왜냐하면 하나님은 우리가 거룩한 제사장이 되기를 원하시기 때문입니다. 베드로 사도는 베드로전서 2장 5절에서 그리스도인이 어떤 사람인지 다음과 같이 밝힙니다. "너희도 산 돌같이 신령한 집으로 세워지고 예수 그리스도로 말미암아 하나님이 기쁘게 받으실 신령한 제사를 드릴 거룩한 제사장이 될지니라." 그렇기에 우리는 육신의 정욕, 안목의 정욕, 이생의 자랑 따위를 예배해서는 안 되며 오직 참되고 사시는 한 분 하나님만 경배하며 그리스도가 하나님 보좌 우편에서 수행하시는 기도를 본받아 기도해야 합니다. 우리 주님은 요한복음 17장 15-17절에서 이렇게 기도하셨습니다. "내가 비옵는 것은 그들을 세상에서 데려가시기를 위함이 아니요 다만 악에 빠지지 않게 보전하시기를 위함이니이다 내가 세상에 속하지 아니함 같이 그들도 세상에 속하지 아니하였사옵나이다 그들을 진리로 거룩하게 하옵소서 아버지의 말씀은 진리니이다." 그러므로 예수 그리스도의 중보기도의 효력으로 우리의 예배와 기도와 삶이 진실로 거룩해지는 은혜가 있기를 소원합니다.

영리한 죄인은 구원을 위해 내가 무언가를 해야 한다고 생각합니다. 그러나 실상 그 전에 우리의 구원을 위해 하나님이 다 하셨습니다. 내가 하나님을 찾기 전에 먼저 하나님이 나를 찾으셨습니다. 내가 하나님을 믿기 전에 창세전에 그리스도 예수 안에서 하나님이 나를 택하셨습니다. 내가 기도하기 전에 예수 그리스도가 먼저 기도하십니다. 심지어 무엇을 기도할지 모를 때조차 성령님이 말할 수 없는 탄식 가운데 나를 위하여 기도하십니다. 우리가 일하기 전에 주님이 먼저 일하십니다. 그러므로 그리스도인들은 항상 기도가 먼저여야 하고, 주님보다 앞서지 않아야 합니다. 우리가 할 일은 하나님의 구속의 은혜에 감격하고 감사하는 생활뿐입니다.

예수 그리스도는 우리 성도들의 지극히 크신 제사장이십니다. 하나님의 공의를 만족시키시는 거룩하신 분이시며, 우리를 하나님께 화목시키시기 위해 자신을 단번에 희생 제물로 드리셨습니다. 또한 하나님 우편에서 우리를 위해 중보기도 하시며 제사장의 직무를 수행하십니다. 이런 그리스도 안에 있으면 우리는 안전합니다. 자기 자신을 완전한 희생제물로 단번에 드리심으로 우리의 모든 죄를 사하시고 하나님의 공의를 만족시키시고 우리를 위해 기도하시는 예수 그리스도의 제사장 직무에 감사를 드릴 뿐 아니라 오직 예수 그리스도를 믿는 믿음 안에서 살아가도록 합시다.

○ **칼뱅, 『기독교 강요』, 2.15.6**
율법 아래에서는 하나님이 짐승을 제물로 드릴 것을 명령하셨으나, 그리스도 안에서는 새로운 질서가 제시되었으니, 곧 동일한 한 분이 제사장도 되시고 또한 동시에 제물도 되신 것이다. 이는 우리의 죄에 대해서는 다른 것으로는 결코 보상할 것이 없었고, 또한 독생자를 하나님께 드리기에 합당한 사람이 달리 있을 수 없었기 때문이다. 그리하여 그리스도는 제사장의 임무를 행하시는데, 이는 영원한 화목의 법을 통해 아버지를 우리에게 자비와 긍휼을 베푸시도록 만들기 위함이었으며 동시에 우리를 이 위대한 직분에 함께 동참하는 자로 받아들이시기 위함인 것이다(계 1:6). 우리 자신은 더러우나 그리스도 안에서 우리는 제사장들이다. 그리하여 우리는 우리 자신과 우리의 모든 것을 하나님께 드리며, 또한 값없이 하늘의 성소에 들어가서 기도와 찬미의 제사를 드릴 때에 그것이 하나님 앞에서 받으실 만한 향기로운 제물이 되는 것이다.

■ 나눔 질문

1. 그리스도는 제사장 직분을 어떤 상태에서 수행하셨습니까?
2. 제사장 직분이 선지자 직분과 다른 점은 무엇입니까?
3. 그리스도가 수행하신 제사장 직무의 목적은 무엇이었습니까?
4. 그리스도의 제사장 직무는 십자가에서 희생 제사를 드리심으로 끝났습니까?
5. 우리의 예배와 우리의 기도조차 모두 다 그리스도의 제사장적 직무의 은혜인데 그 이유는 무엇입니까?
6. 그리스도의 제사장적 직무를 본받는 성도의 삶은 어떤 것이 되어야 할지 나누어 봅시다.

13장
그리스도의 왕직

²⁴그 후에는 마지막이니 그가 모든 통치와 모든 권세와 능력을 멸하시고 나라를 아버지 하나님께 바칠 때라 ²⁵그가 모든 원수를 그 발 아래에 둘 때까지 반드시 왕 노릇 하시리니 ²⁶맨 나중에 멸망 받을 원수는 사망이니라. 고전 15:24-26

> **소요리문답 26번**
>
> 문 26: 그리스도는 어떻게 왕의 직분을 행하십니까?
>
> 답: 그리스도는 우리를 그분께 복종하게 하시고(행 15:14-16) 우리를 통치하시고(사 33:22) 보호하시며(사 32:1-2) 그분과 우리의 모든 원수를 제어하고 정복하심으로써 왕의 직분을 수행하십니다(고전 15:25; 시 110).

성경은 그리스도를 여러 가지 호칭으로 묘사합니다. 하나님의 독생자, 하나님의 어린양, 하나님과 사람 사이의 중보자, 메시아, 구세주, 포도나무, 하늘에서 내려온 생명의 떡, 그리고 길이요 진리요 생명 등이 대표적입니다. 그 가운데 하나가 선지자, 제사장, 그리고 왕이라는 직함입니다. 예수 그리스도는 실로 왕이십니다. 왕이란 한 나라를 다스리는 머리입니다. 한 나라 최고의 권위자입니다.

성경은 여러 곳에서 그리스도를 가리켜 왕이라 지칭합니다. 대표적으로 마태는 다음과 같이 기록하고 있습니다. "그들이 예수를 십자가에 못 박은 후에 그 옷을 제비 뽑아 나누고 거기 앉아 지키더라 그 머리 위에 이는 유대인의 왕 예수라 쓴 죄패를 붙였더라"(마 27:35-37). 죄패에 적힌 "유대인의 왕"은 예수님에게 적용된 죄목입니다. 피조물이자 죄인된 사람들이 창조주이신 영광의 왕을 죽이면서 조롱하기 위해 쓴 내용입니다. 그러나 이 죄패는 역설적으로 하나님의 구속의 목적과 진리의 말씀 증거를 위해 쓰였다는 점에서, 하나님의 섭리에 따른 것이기도 했습니다. 예수 그리스도는 실로 유대인의 왕이요 만왕이 왕이시기 때문입니다.

성경의 마지막 책인 요한계시록은 이것을 잘 보여주고 있습니다. "그들이 어린 양과 더불어 싸우려니와 어린 양은 만주의 주시요 만왕의 왕이시므로 그들을 이기실 터이요 또 그와 함께 있는 자들 곧 부르심을 받고 택하심을 받은 진실한 자들도 이기리로다"(계 17:14).

그렇다면 예수 그리스도가 만왕의 왕이시라는 말씀의 의미는 무엇입니까?

현재적이며 영적인 예수 그리스도의 왕권

첫째, 예수 그리스도는 지금도 영적으로 우리를 다스리시며 왕권을 행사하십니다. 25절 말씀을 읽겠습니다. "그가 모든 원수를 그 발 아래에 둘 때 까지 반드시 왕 노릇 하시리니."

부활하신 그리스도가 왕 노릇 하신다고 기록하고 있습니다. 왕 노릇이란 실제 왕이 되셔서 왕의 직무를 수행하신다는 말입니다. 만일 그리스도가 왕이시라면, 그리고 그리스도가 왕 노릇 하신다면, 그것은 그리스도를 왕으로 모신 나라가 있다는 뜻입니다. 그리스도의 왕직은 그리스도의 나라의 실재를 증거합니다. 나라를 구성하는 3요소는 영토, 국민 그리고 주권입니다. 다스릴 땅이 있어야 하고 다스릴 국민이 있어야 하며 다스리는 주권자가 있어야 합니다. 그렇기에 나라는 일종의 통치권 개념입니다. 우리가 대한민국이라는 나라에 살지만, 영적으로 예수 그리스도가 통치하시는 또 다른 나라가 지금 존재한다는 것입니다.

그렇다면 이런 영적인 하나님의 나라가 어떻게 임합니까? 하나님의 나라가 있다는 증거가 무엇입니까? 우선 하나님의 나라가 영적인 방식으로 임하는 것을 알아야 합니다. 누가복음 17장 20-21절에서 예수님이 이렇게 말씀하십니다. "바리새인들이 하나님의 나라가 어느 때에 임하나이까 묻거늘 예수께서 대답하여 이르시되 하나님의 나라는 볼 수 있게 임하는 것이 아니요 또 여기 있다 저기 있다고도 못하리니 하나님의 나라는 너희 안에 있느니라." 이 나라는 상당히 영적인 속성을 가지고 있다는 것입니다. 복음서에 보면, 예수 그리스도를 통해 하나님의 나라가 임하는 방식이 묘사되어 있는데 그것은 귀신이 떠나가고, 병을 고침 받고, 죽은 자가 살아나고, 죄가 용서되는 것입니다. 하나님의 나라가 임했음을 보여주는 복음서의 증거입니다.

둘째로 예수 그리스도를 믿는 성도 자체가 하나님 나라의 현존을 입증합니다. 바울은 골로새서 1장 12-13절에서 이렇게 말합니다. "우리로 하여금 빛 가운데서 성도의 기업의 부분을 얻기에 합당하게 하신 아버지께 감사하게 하시기를 원하노라 그가 우리를 흑암의 권세에서 건져내사 그의 사랑의 아들의 나라로 옮기셨으니." 그래서 성도의 시민권은 이 세상에 있지 않고 오는 세상에 있습니다. 빌립보서 3장 20절입니다. "그러나 우리의 시민권은 하늘에 있는지라 거기로부터 구원하는 자 곧 주 예수 그리스도를 기다리노니." 하나님이 그리스도 예수 안에서 성도를 부르실 때, 그리스도는 왕의 직무를 수행하고 계십니다. 소요리문답 26번은 이렇게 말합니다.

문 26: "그리스도는 어떻게 왕의 직분을 행하십니까?"

답: "그리스도는 우리를 그분께 복종하게 하시고 우리를 통치하시고 보호하시며 그분과 우리의 모든 원수를 제어하고 정복하심으로써 왕의 직분을 수행하십니다."

그리스도는 우리를 그분께 복종하게 하시는 것으로 왕의 직무를 수행하고 계십니다. 우리 주님께서 이 세상에 오셔서 처음으로 하신 설교가 회개하라는 것이었습니다. 마태복음 4장 17절에서 주님은 "회개하라 천국이 가까이 왔느니라"고 하셨습니다. 하나님의 나라는 회개라는 방식을 통해 임하는 천국이요, 따라서 주님의 나라는 세상에 속하지 않습니다. 우리는 회개하고 복음을 믿으라는 주님의 말씀에 복종함으로 그리스도이신 왕의 통치를 받습니다. 이 나라는 믿음으로 가는 나라요, 눈에 보이는 세상 나라가 아닙니다. 요한복음 18장 36절에서 예수님이 말씀하셨습니다. "예수께서 대답하시되 내 나라는 이 세상에 속한 것이 아니니라 만일 내 나라가 이 세상에 속한 것이었더라면 내 종들이 싸워 나로 유대인들에게 넘겨지지 않게 하였으리라 이제 내 나라는 여기에 속한 것이 아니니라."

그러므로 하나님의 나라가 영적이요 현재 이 세상에 임했다는 사실을 깨닫고 그 나라를 위해 살아가는 성도들이 되어야 합니다.

교회에서 선포되는 하나님 말씀을 통해 행사하시는 왕권

둘째, 예수 그리스도는 특별히 교회에서 선포되는 하나님의 말씀을 통해 왕권을 행사하십니다. 24절 말씀을 읽겠습니다. "그가 모든 통치와 모든 권세와 능력을 멸하시고 나라를 아버지 하나님께 바칠 때라."

주님이 모든 권세와 능력을 멸하신다고 합니다. 복종케 하신다는 것입니다. 어떻게 복종케 하십니까? 하나님은 교회를 통해 그 일을 하십니다. 그런데 우리는 교회와 하나님 나라를 오해해서는 안 됩니다. 우선 교회는 하나님 나라가 아닙니다. 이것이 정확히 중세 로마 가톨릭교회가 저질렀던 오류입니다. 중세 로마교회는 교회 자체가 이 세상의 왕국이라는 개념을 가졌습니다. 교회가 국가를 다스렸습니다. 그러나 국가 위에 있는 교회는 그릇된 개념입니다. 즉 교회를 하나님 나라와 동일시하는 오류입니다. 모든 하나님 나라의 구성원이 교회이기는 하지만 모든 지상 교회의 구성원이 다 하나님 나라는 아닙니다. 왜냐하면 하나님 나라에는 모든 참 신자만 존재하지만 지상 교회 안에는 거짓 신자도 포함되어 있기 때문입니다. 이것을 우리는 전투하는 교회, 지상교회, 불완전한 교회라고 부릅니다. 참된 신자만이 교회와 하나님 나라에 동시에 속할 수 있습니다. 참된 신자는 교회의 일원이면서 하나님 나라의 일원이 아닐 수 없습니다.

또한 그리스도가 삶의 모든 국면을 다스리지만 교회라는 기관이 다른 모든 기관을 통치해서는 안 됩니다. 교회가 그리스도의 왕직을 수행하는 두 가지 큰 방편이 있는데 그것이 바로 하나님의 말씀 선포와 도덕적 권징의 수행을 통해서입니다. 교회는 하나님 말씀을 선포하고 가르침으로 교인들을 하나님 나라로 인도합니다. 교회는 권징을 수행함으로 하나님 나라 백성의 자격을 받은 자를 훈련시킵니다. 그러므로 교회는 끊임없이 하나님의 말씀으로 하나님 백성에게 말씀의 모든 원리를 가르쳐야 합니다. 신자는 성령의 역사하심을 통한 그리스도의 통치권에 순종함으로 그 원리를 수행해 나가야 합니다.

소요리문답 26번에 따르면 "그리스도는 우리를 그분께 복종하게 하시고 우리를 통치하시고 보호하시며 그분과 우리의 모든 원수를 제어하고 정복하심으로써 왕의 직분을 수행"하신다고 합니다. 사람이 사람의 마음을 바꾸는 것은 참으로 어려운 일입니다. 그러나 그리스도는 돌같이 딱딱하게 굳어버린 사람의 마음, 완전히 메말라 버려서 조금의 촉촉함도 없는 사람의 마음을 부드럽게 하십니다. 이것이 그리스도의 왕권의 능력입니다. 에스겔 11장 19-20절은 이렇게 선포합니다. "내가 그들에게 한 마음을 주고 그 속에 새 영을 주며 그 몸에서 돌 같은 마음을 제거하고 살처럼 부드러운 마음을 주어 내 율례를 따르며 내 규례를 지켜 행하게 하리니 그들은 내 백성이 되고 나는 그들의 하나님이 되리라." 그러므로 이런 참된 신자들만 있는 교회는 그들이 어디를 가든지 주님 주신 부드러운 마음으로 그리스도의 뜻을 따라 생각하고 말하고 행하려 할 것입니다.

무엇이 교회를 위한 일이며 무엇이 하나님 나라를 확장하는 일인지, 그리고 무엇이 하나님께 영광을 돌리는 일인지를 생각하는 것입니다. 이런 방식으로 그리스도는 성도의 심령 안에서 자신의 왕적인 통치를 행사하십니다. 이 일을 위해 성도를 모든 대적에게서 지키시고 모든 대적을 제어하고 정복하십니다.

그리스도는 이 일을 언제까지 수행하십니까? 25절 말씀에 따르면, 모든 원수를 멸하실 때까지입니다. 죄와 사망을 완전히 죽이고 원수를 철저히 멸하셔서 영원한 생명의 누림이 우리의 현실이 될 때까지 이 일을 하실 것입니다. 그리스도는 우리를 다스리시고 지키심으로써 이 일을 하실 것입니다. 그분은 우리를 대적하는 모든 원수를 이기심으로 그렇게 하실 것입니다. 다윗은 시편 3편 1절에서 이렇게 한탄했습니다. "여호와여 나의 대적이 어찌 그리 많은지요 일어나 나를 치는 자가 많으니이다." 예수님을 믿으면 우리를 대적하는 자들이 싸그리 다 없어지지 않습니다. 오히려 더 많아지고 더 강력해집니다. 바울이 이미 디모데후서 3장 12절에서, 그리스도 예수 안에서 경건하게 살려는 자는 박해를 받을 것이라고 경고한 바 있습니다. 놀라운 사실은 주님이 그 모든 원수를 멸하신다는 것입니다. 더욱이 26절에 따르면, 맨 나중에 멸망할 원수는 사망입니다(26절). 사망은 죄의 결과입니다. 그런데 사망을 멸하신다는 것은 죄인 된 인간들을 구원하시고 죽지 않게 하신다는 말입니다.

그렇기에 그리스도는 마침내 사망을 정복하시고 완성된 하나님 나라를 아버지께 바칠 때까지 왕으로 통치하실 것입니다. 그리스도는 부활하심을 통해 성도에게 영생의 소망을 주셨습니다. 더 이상 사망이 우리 안에서 왕 노릇 하지 못할 것입니다. 오늘 우리가 살펴본 것처럼, 우리 힘이 되신 여호와 하나님이 우리의 영원한 왕이 되십니다. 그렇기에 성전에 올라가던 시인은 시편 121편에서 자기 백성을 돌보시고 보호하시는 하나님을 이렇게 노래했습니다.

"내가 산을 향하여 눈을 들리라 나의 도움이 어디서 올까 나의 도움은 천지를 지으신 여호와에게서로다 여호와께서 너를 실족하지 아니하게 하시며 너를 지키시는 이가 졸지 아니하시리로다 이스라엘을 지키시는 이는 졸지도 아니하시고 주무시지도 아니하시리로다 여호와는 너를 지키시는 이시라 여호와께서 네 오른쪽에서 네 그늘이 되시나니 낮의 해가 너를 상하게 하지 아니하며 밤의 달도 너를 해치지 아니하리로다"(시 121:1-6).

그리스도가 나의 인생의 왕이 되지 않으신다면 우리만큼 비참한 사람도 없습니다. 그리스도를 왕으로 모시지 않으면 죄인들은 필연적으로 자기 자신을 왕으로 숭배하며 살 것이기 때문입니다. 왕이 없던 사사의 시대가 정확히 그러했습니다. "그때에는 이스라엘에 왕이 없었으므로 사람마다 자기 소견에 옳은 대로 행하였더라"(삿 17:6). 그 결과는 산마다 신당을 세우고 에봇과 드라빔이라는 우상을 만들어 우상을 숭배하는 것이었습니다. 듣지 못하고 말 못하는 온갖 우상에게 돈과 시간을 갖다 바칩니다. 그러나 그 결국은 사망입니다. 솔로몬 왕은 잠언에서 이렇게 말했습니다. "어떤 길은 사람의 보기에 바르나 필경은 사망의 길이니라"(잠 16:25).

죄인이 진정으로 사는 길은 자기 생명의 주인이 자기가 아님을 깨닫고 매사에 오직 그리스도 예수를 왕으로 모시고 하나님의 뜻대로만 살아가는 것입니다. 그리스도 예수께서는 나의 왕이 되셔서 사망을 정복하시고 원수를 무찌르시고 영생을 주시며 승리를 보장해 주시는 분이시기 때문입니다. 분명 사망이 죽음이 종말을 고할 때가 옵니다. 우리가 읽은 본문 고린도전서 15장 마지막 부분인 55-57절 말씀을 읽겠습니다. "사망아 너의 승리가 어디 있느냐 사망아 네가 쏘는 것이 어디 있느냐 사망이 쏘는 것은 죄요 죄의 권능은 율법이라 우리 주 예수 그리스도로 말미암아 우리에게 승리를 주시는 하나님께 감사하노니." 아담 안에서는 죄와 죽음이 우리 가운데 왕 노릇 했지만, 둘째 아담으로 오신 예수 그리스도 안에서는 의와 생명이 우리 가운데서 왕 노릇 할 것입니다.

우리는 어떻게 살아야 마땅합니까? 부활장을 마감하면서 사도 바울은 마지막에 우리에게 이렇게 권면합니다. "그러므로 내 사랑하는 형제들아 견실하며 흔들리지 말고 항상 주의 일에 더욱 힘쓰는 자들이 되라 이는 너희 수고가 주 안에서 헛되지 않은 줄 앎이라"(고전 15:58). 우리는 우리 왕 되신 그리스도와 함께 이 세상에서 복음의 말씀으로 왕 노릇 하고 있습니다. 그러므로 믿음 안에 견고히 서서 항상 주의 일에 힘쓰는 자가 되어야겠습니다.

지금까지 항상 그래왔듯이 우리의 왕이 되시는 그리스도 예수를 굳게 믿고 의지하여 복음의 말씀, 구원의 말씀을 전하며 복음전도의 말과 생활로 주님이 오실 때까지 교회를 통해 왕 노릇 하는 성도들이 됩시다.

○ 칼뱅, 『기독교 강요』, 2.15.4.

그러므로 우리가 온갖 비참함과 굶주림, 냉대와 멸시, 질책 등 괴로움을 다 이기며 이 땅의 인생을 살아간다 할지라도, 우리의 싸움이 끝나 우리가 승리로 개선할 그때까지 우리의 왕께서는 결코 우리를 핍절한 상태로 내버려두지 않으시고 우리의 필요를 채우실 것이다. 그의 통치의 본질이 그렇기 때문에 그는 그가 아버지께로부터 받으신 모든 것을 우리와 함께 나누시는 것이다. 그의 권능으로 우리를 무장시키시며, 그의 아름다움과 웅대함으로 우리를 꾸미시며, 그의 부귀로 우리를 부요하게 하시는 것이다. 그러므로 이러한 은혜들은 우리에게 자랑할 지극히 풍부한 기회를 주며, 또한 마귀와 죄와 사망을 대적하여 두려움 없이 싸우도록 우리에게 확신을 가져다주는 것이다.

■ 나눔 질문

1. 그리스도의 왕직은 그리스도가 왕으로 통치하시는 무엇이 있다는 말입니까?
2. 그리스도가 왕으로 다스리시는 나라의 특징은 무엇이며, 그 나라가 임하는 방식은 무엇입니까?
3. 교회에서 수행되는 그리스도의 왕권의 두 가지 방편은 무엇입니까?
4. 그리스도의 왕권 통치를 받는 신자는 어떤 태도를 견지해야 합니까?
5. 그리스도는 언제까지 이 왕권을 수행하십니까?
6. 사람이 그리스도를 왕으로 모시지 않는다면, 그는 필연적으로 누구를 왕으로 모시며 살아갈까요?
7. 삶 속에서 그리스도를 왕으로 모시며 살아간 구체적 사건이나 경험이 있다면 나누어 봅시다.

14장
그리스도의 마음을 품자 - 비하와 승귀

⁵너희 안에 이 마음을 품으라 곧 그리스도 예수의 마음이니 ⁶그는 근본 하나님의 본체시나 하나님과 동등됨을 취할 것으로 여기지 아니하시고 ⁷오히려 자기를 비워 종의 형체를 가지사 사람들과 같이 되셨고 ⁸사람의 모양으로 나타나사 자기를 낮추시고 죽기까지 복종하셨으니 곧 십자가에 죽으심이라 ⁹이러므로 하나님이 그를 지극히 높여 모든 이름 위에 뛰어난 이름을 주사 ¹⁰하늘에 있는 자들과 땅에 있는 자들과 땅 아래에 있는 자들로 모든 무릎을 예수의 이름에 꿇게 하시고 ¹¹모든 입으로 예수 그리스도를 주라 시인하여 하나님 아버지께 영광을 돌리게 하셨느니라. 빌 2:5-11

소요리문답 27, 28번

문 27: 그리스도의 낮아지심(비하)은 어떻게 구성됩니까?

답: 그리스도의 낮아지심(비하)은 그분의 태어나심 그 자체, 비천한 형편에 처하신 것(눅 2:7), 율법 아래 나시고(갈 4:4) 이 생애의 여러 비참들을 겪으신 것(히 12:2-3; 사 53:2-3), 하나님의 진노를 받으심(눅 22:44; 마 27:46), 십자가에서의 저주 받은 죽으심의 상태와(빌 2:8) 또한 장사되신 것(고전 15:3-4), 그리고 잠시 동안 죽음의 권세 아래 거하신 상태로 구성됩니다(행 2:24-27, 31).

> 문 28: 그리스도의 높아지심(승귀)은 어떻게 구성됩니까?
> 답: 그리스도의 높아지심(승귀)은 죽으신지 사흘 되던 날에 죽음 가운데서 살아나신 그의 부활하심(고전 15:4), 하늘로 올라가심(막 16:19), 하나님 아버지 우편에 앉으신 것(엡 1:20), 그리고 마지막 날에 세상을 심판하시기 위해 오시는 것으로 구성됩니다(행 1:11; 17:31).

이번 장은 소요리문답에서 차지하는 기독론의 마지막 부분을 다루게 됩니다. 즉 인간이 타락한 즉시 그리스도가 처하시기로 작정된 두 가지 상태에 관한 것입니다. 이와 관련해 특별히 신약의 사복음서에서 잘 설명하고 있지만, 마찬가지로 빌립보서 2장의 말씀도 이에 대해 자세히 설명하고 있습니다. 바울은 본문에서 예수님이 우리를 위하여 처하셔야만 했던 두 가지 상태를 설명합니다. 그러면서 우리에게 그리스도 예수의 마음을 품으라고 명령합니다. "너희 안에 이 마음을 품으라 곧 그리스도 예수의 마음이니"(5절).

우리가 품어야 할 그리스도 예수의 마음은 무엇입니까? 바로 그리스께서 자신을 낮추신 것이었습니다. 바울은 이것을 6-8절에서 설명합니다. 그러나 바울은 거기서 멈추지 않고 우리가 품어야 할 그 마음의 결과를 이어지는 9-11절에서 설명합니다. 그것은 바로 스스로 자신을 낮추신 그리스도 예수를 하나님 아버지께서 지극히 높이셨다는 것입니다.

참된 신자가 이 말씀을 묵상해야 할 이유는, 예수님이 자신을 철저히 낮추신 이유가 바로 우리를 구원하시기 위함이었기 때문입니다. 또한 우리 역시 마찬가지의 낮은 자리에서 주님을 섬길 것을 초청하고 있기 때문입니다.

자신을 낮추신 그리스도의 마음

첫째, 예수 그리스도는 죄인들을 위하여 자신을 지극히 낮추어 종의 형체로 오셨습니다. 6-8절 말씀을 읽겠습니다. "그는 근본 하나님의 본체시나 하나님과 동등됨을 취할 것으로 여기지 아니하시고 오히려 자기를 비워 종의 형체를 가지사 사람들과 같이 되셨고 사람의 모양으로 나타나사 자기를 낮추시고 죽기까지 복종하셨으니 곧 십자가에 죽으심이라."

소요리문답 27번도 보겠습니다.

문 27: "그리스도의 낮아지심(비하)은 어떻게 구성됩니까?"

답: "그리스도의 낮아지심(비하)은 그의 태어나심 그 자체, 비천한 형편에 처하신 것, 율법 아래 나시고 이 생애의 여러 비참들을 겪으신 것, 하나님의 진노를 받으심, 십자가에서의 저주 받은 죽으심의 상태와 또한 장사되신 것, 그리고 잠시 동안 죽음의 권세 아래 거하신 상태로 구성됩니다."

소요리문답은 예수 그리스도의 낮아지심을 비천한 처지에서의 출생, 율법 아래 놓이심, 고난당하시고 십자가 저주의 죽음을 당하심, 그리고 장사 지낸 바 되셔서 잠시 동안 죽음의 권세 아래 머물러 계심이라고 답합니다.

우선 그리스도의 낮아지심은 창조주가 피조물의 자리에 오신 것을 뜻합니다. 영원 전부터 영원까지 하나님이신 주님께서 인간의 유한한 시간과 공간이라는 세계에 오신 것입니다. 그는 유대인의 왕으로 오셨지만 폭정을 휘두르는 왕이 아니라 마굿간에서 나심으로 비천한 처지에 있는 우리를 이해하셨습니다(눅 2:7). 뿐만 아니라 나귀를 타시는 겸손한 왕으로 오셨습니다(요 12:14-15). 그는 모든 것을 지으신 분이시지만 부유하지 않으셨고 평범한 육신의 아버지와 어머니와 형제들을 두셨습니다(마 13:55). 그는 사회적 명예와 명성과는 거리가 멀었습니다. 그러므로 그분이 동정하고 연민하지 못할 사람은 전혀 없었던 것입니다. 뿐만 아니라 주님께서는 율법의 제공자이심에도 불구하고 율법에 순종해야만 하는 종으로 오셨습니다. 율법을 지키는 것이 모든 인간에게 부과된 마땅한 법이었기에 그가 사람이 되신 한 그 역시 모든 율법을 지키셔야만 했습니다. 율법의 주인이신 분이 율법에 순종하는 형국이 된 것이니 얼마나 낮아지신 것입니까? 하나님의 아들이신 그리스도가 사람의 아들로 오신 성육신이야말로 그리스도 예수의 낮아지심 가운데 낮아지심입니다.

낮아지심의 두 번째 상태는 고난을 받으시는 것이었습니다. 아담과 하와는 자기 죄 때문에 고난을 당했지만 그리스도 예수는 자기 죄가 아니라 바로 아담과 하와의 죄를 인한 고난을 받으셨습니다. 죄의 결과는 수고와 노동과 슬픔이었습니다. 창조주이신 주님께서 죄의 후손으로 살아가는 비참과 고통을 맛보신 것입니다. 그는 굶주리셨고 목마르셨으며 행로에 자주 피곤하셨습니다(요 4:6-7). 우리가 느끼고 경험하는 인생의 고난을 친히 겪으셨습니다. 우리가 경험한 그 어떤 감당 못할 고통보다 더 큰 고통을 겪으셨습니다. 어떤 이들은 예수님을 선생으로 따랐지만 많은 이들이 그를 조롱하고 핍박했습니다(눅 23:11). 사람들은 예수님을 메시아로 받아들이지 않았습니다. 유대 백성도 주님을 그리스도로 인정하지 않았습니다. 무엇보다도 그는 사랑하는 제자에게 배신과 배반을 당했습니다(눅 6:16). 베드로는 주님을 부인했고 유다는 주님을 팔아넘겼습니다(막 14:71-72). 죄인들이야 이런 배신을 당해도 할 말이 없지만 아무 흠이나 죄도 없으신 분이 이런 대접을 받을 수는 없습니다. 이런 낮아지심이 어디 있겠습니까?

낮아지심의 세 번째 상태는 그리스도 예수께서 하나님의 진노를 받으시고 죽음을 당하신 것입니다. 주님은 십자가에서 고난의 죽으심을 경험하심으로 하나님의 진노를 한 몸에 받으시고 죄의 결과를 다 겪으셨습니다. 주님은 십자가상에서 "나의 하나님 나의 하나님, 어찌하여 나를 버리셨나이까"라고 외치셔야 했습니다(마 27:46). 사도 바울의 갈라디아서 3장 13절에 따르면, 나무에 달린 자마다 저주를 받은 자인데 주님은 우리 죄인들을 위하여 하나님의 진노와 저주를 몸소 받으신 것입니다. 하나님이 이렇게 하신 일에 대해 바울은 고린도후서 5장 21절에서 이렇게 말합니다. "하나님이 죄를 알지도 못하신 이를 우리를 대신하여 죄로 삼으신 것은 우리로 하여금 그 안에서 하나님의 의가 되게 하려 하심이라." 이사야 선지자는 53장 5-6절에서 "그가 찔림은 우리의 허물 때문이요 그가 상함은 우리의 죄악 때문이라 그가 징계를 받으므로 우리는 평화를 누리고 그가 채찍에 맞으므로 우리는 나음을 받았도다 우리는 다 양 같아서 그릇 행하여 각기 제 길로 갔거늘 여호와께서는 우리 모두의 죄악을 그에게 담당시키셨도다" 하며 주님의 구속을 노래합니다.

낮아지심의 네 번째 상태는 무덤에 장사된 바 되신 것입니다. 무덤에 장사되었다는 것은 예수님의 죽으심이 사실이며 확실하다는 말입니다. 하이델베르크 요리문답 41번이 진술하는 바와 같이 이는 그리스도가 정말로 죽으신 것을 확증하기 위해서였습니다. 주님은 사흘 동안 무덤 속에 갇히셨습니다. 무덤이란 죽은 자의 시신이 머무는 곳입니다. 죽음과 절망이 지배하는 어두움의 장소입니다. 무덤은 죄의 결과이며 죄가 불러오는 형벌의 한 부분입니다. 메시아 시편인 22편에서 다윗은 "주께서 또 나를 죽음의 진토 속에 두셨나이다"(시 22:15)라고 고백하고 있습니다. 주님은 거기 무덤에 누운 바 되셨습니다. 마치 어두운 물고기 뱃속에 밤낮 사흘을 있었던 요나와 같이 주님께서 어두운 땅 속에 밤낮 사흘을 계셨습니다(마 12:39-40). 죽음을 경험하실 필요가 없으신 전능하신 하나님, 어둠이 전혀 없으신 주님께서 죽으시고 어두움에 머무셨습니다. 우리가 묻혀야 할 그 무덤에 주님이 친히 먼저 누우신 것입니다. 이를 통해 주님은 우리에게 생명과 썩지 아니할 것을 드러내려 하신 것입니다(요 12:24; 딤후 1:10).

이처럼 낮아지신 그리스도 예수의 마음이 위대한 이유는 그분의 낮아지심이 높으신 전능자의 본성의 상태를 그대로 유지하신 채 겸손히 자신을 비우셨기 때문입니다. 예수님의 이런 자기 비하는 자원한 것이었습니다. 영원 전부터 하나님 아버지와 맺으신 구속의 언약을 따라 하나님의 아들이신 예수님 자신께서 기쁘게 이 일을 감당하신 것입니다.

우리는 이 사실을 그저 그러려니 하고 대수롭지 않게 생각해서는 안 됩니다. 우리는 할 수만 있으면 최선을 다하여 자기를 비우고 종 된 삶을 살며 자기를 낮추는 겸손의 신자가 되어야 합니다. 우리가 단 한순간이라도 교만할 수 없는 이유는 바로 만왕의 왕이시요 만주의 주이신 예수 그리스도가 우리를 위하여 자기를 낮추시고 죽기까지 복종하셨기 때문입니다. 그러므로 우리는 겸손히 자기를 낮추고 종 된 삶을 실천함으로 우리 주 되신 예수 그리스도를 닮아가야 할 것입니다.

하나님이 높여주신 그리스도의 마음

둘째, 하나님은 스스로 겸손히 낮아지신 그리스도를 지극히 높여 주셨습니다. 9-11절 말씀을 읽겠습니다. "이러므로 하나님이 그를 지극히 높여 모든 이름 위에 뛰어난 이름을 주사 하늘에 있는 자들과 땅에 있는 자들과 땅 아래에 있는 자들로 모든 무릎을 예수의 이름에 꿇게 하시고 모든 입으로 예수 그리스도를 주라 시인하여 하나님 아버지께 영광을 돌리게 하셨느니라."

아울러 소요리문답 28번도 보겠습니다.

문 28: "그리스도의 높아지심(승귀)은 어떻게 구성됩니까?"

답: "그리스도의 높아지심(승귀)은 죽으신 지 사흘 되던 날에 죽음 가운데서 살아나신 그의 부활하심, 하늘로 올라가심, 하나님 아버지 우편에 앉으신 것, 그리고 마지막 날에 세상을 심판하시기 위해 오시는 것으로 구성됩니다."

이어서 바울은 이렇게 죽기까지 복종하심으로 자기 자신을 낮추신 그리스도 예수를 하나님이 지극히 높이셨다고 말합니다. 6-8절이 우리가 본받아야 할 마음이라면 9-11절은 우리가 바라보고 소망을 품어야 할 마음입니다. 하나님은 그리스도를 어떻게 지극히 높이셨습니까? 하나님이 높이신 그리스도의 상태는 무엇입니까?

하나님이 높이신 그리스도의 첫 번째 상태는 죽은 자 가운데서 사흘만에 부활하신 것입니다. 고린도전서 15장 4절에 따르면 그리스도가 부활하신 것은 성경대로 된 일입니다. 선지자들이 예언하고 그 예언대로 성취되었습니다. 우리에게 부활이란 다시 살아나는 것이며 영원한 생명이 주어진다는 의미입니다. 사도 요한은 이렇게 말합니다. "모든 눈물을 그 눈에서 닦아 주시니 다시는 사망이 없고 애통하는 것이나 곡하는 것이나 아픈 것이 다시 있지 아니하리니 처음 것들이 다 지나갔음이러라"(계 21:4). 부활이 없다면 사람의 삶이 짐승의 삶과 다를 바가 무엇입니까? 성도는 부활로 인해 소망을 가집니다. 이 부활은 강한 능력의 증거이며 영원의 이정표입니다. 주님의 부활은 하나님이 그리스도를 높이신 일의 위대한 서막입니다. 주님의 부활은 사망이 패배하고 정복당했다는 승전 나팔 소리입니다. 주님의 부활이 있기에 주님을 믿는 우리도 마침내 부활할 것입니다. 주님은 우리 부활의 첫 열매이십니다(고전 15:19-20, 23).

하나님이 높이신 그리스도의 두 번째 상태는 하늘로 승천하신 것입니다. 누가는 사도행전 1장 9절에서 이렇게 말합니다. "이 말씀을 마치시고 그들이 보는데 올려져 가시니 구름이 그를 가리어 보이지 않게 하더라." 바울은 에베소서 4장 8-10절에서 이렇게 묘사합니다. "그러므로 이르기를 그가 위로 올라가실 때에 사로잡혔던 자들을 사로잡으시고 사람들에게 선물을 주셨다 하였도다 올라가셨다 하였은즉 땅 아래 낮은 곳으로 내리셨던 것이 아니면 무엇이냐 내리셨던 그가 곧 모든 하늘 위에 오르신 자니 이는 만물을 충만하게 하려 하심이라." 하늘은 하나님의 나라입니다. 그가 낮아지시기 전에 본래 계시던 곳입니다. 주님은 본래 계시던 곳으로 가신 것입니다. 이는 우리 역시 주님의 부활을 본받아 부활하여 주님이 계신 곳으로 갈 것임을 의미합니다. 주님의 승천은 주님의 부활의 특수성과 확실성을 보여줍니다. 믿지 않는 사람들은 예수님의 승천은 과학적으로 볼 때 믿을 수 없는 신화에 불과할 뿐이라고 주장합니다. 실로 그렇습니다. 어떤 몸이, 어떤 사람이 하늘로 올라갈 수 있겠습니까? 하나님이 다시 살리신 사람의 부활의 몸이 아니고서는 가능하지 않습니다. 하나님이 무에서 유를 창조하시고 천지만물을 창조하셨다면, 아무런 장치 없이 하늘로 올라가는 일이 뭐가 그리 어렵겠습니까? 또한 주를 믿는 우리 성도 역시 주의 재림의 날에 부활하여 하늘로 올라가는 일이 뭐가 어렵겠습니까? 하나님이 하나님이 창조하신 과학에 제한을 받으시겠습니까? 천지 만물을 창조하신 하나님께는 능치 못하실 일이 없으십니다.

하나님이 높이신 그리스도의 세 번째 상태는 하나님 보좌 우편에 좌정하심입니다. 하나님 보좌 우편은 권능의 자리이며 영광의 자리입니다. 또한 하나님 보좌 우편은 심판자의 자리입니다. 이는 본래 그리스도 예수의 것이며 하나님은 그분에게 모든 이름 위에 뛰어난 이름을 주겠다고 하십니다. 구속의 직무를 완성하신 그리스도가 이미 갖고 계셨던 영광과 권세를 하나님이 다시 수여하심으로 그리스도가 역사의 주인이자 우주의 심판자임을 확증하시는 것입니다. 주님은 하늘의 하나님 보좌 우편에 좌정하셔서 지상에 계실 때 수행하셨던 선지자와 제사장과 왕의 직무를 계속 수행하십니다. 주님은 이 일을 주의 영을 통해 수행하십니다. 요한복음 14장 26절은 이렇게 말합니다. "보혜사 곧 아버지께서 내 이름으로 보내실 성령 그가 너희에게 모든 것을 가르치고 내가 너희에게 말한 모든 것을 생각나게 하리라."

하나님이 높이신 그리스도의 네 번째 상태는 심판을 위한 재림입니다. 부활하여 승천하신 그리스도는 하늘에 언제까지나 머물러 계시지 않으십니다. 그분은 다시 오실 것입니다. 요한복음 14장 1-4절에서 예수님이 말씀하십니다. "너희는 마음에 근심하지 말라 하나님을 믿으니 또 나를 믿으라 내 아버지 집에 거할 곳이 많도다 그렇지 않으면 너희에게 일렀으리라 내가 너희를 위하여 거처를 예비하러 가노니 가서 너희를 위하여 거처를 예비하면 내가 다시 와서 너희를 내게로 영접하여 나 있는 곳에 너희도 있게 하리라 내가 어디로 가는지 그 길을 너희가 아느니라." 누가도 이렇게 증언합니다. "올라가실 때에 제자들이 자세히 하늘을 쳐다보고 있는데 흰 옷 입은 두 사람이 그들 곁에 서서 이르되 갈릴리 사람들아 어찌하여 서서 하늘을 쳐다보느냐 너희 가운데서 하늘로 올려지신 이 예수는 하늘로 가심을 본 그대로 오시리라 하였느니라"(행 1:10-11).

주님이 재림하시는 목적은 오직 한 가지, 최종 심판입니다. 복음을 거절하고 예수 믿기를 부인하며 자기 배를 위하여 살고 악을 행하며 살아간 자들에게는 영벌의 심판을 선고하시고, 하나님의 나라와 복음을 위해 헌신하며 살아간 하나님의 백성들에게는 영생의 복을 선언하시기 위해서입니다(벧전 4:17). 그러므로 주님이 높아지신 상태는 우리가 바라보아야 할 주님의 마음입니다.

주님은 우리를 위하여 낮아지셨고 우리를 위하여 높아지셨습니다. 이 모든 일은 우리의 구원을 위한 것입니다. 그렇다면 주님의 낮아지신 상태를 본받아 우리도 겸손히 낮아지고, 주님의 높아지신 상태를 바라보며 우리도 높아질 것을 영광 가운데 소망해야 합니다. 바울은 서로 마음을 같이하며 높은 데 마음을 두지 말고 낮은 데 처하라고 권면했습니다(롬 12:16). 성경은 무엇보다도 교만을 정죄합니다. 교만이란 스스로 왕이 되려는 마음이므로 하나님이 가장 미워하시는 죄이기도 합니다. 사도 베드로와 야고보가 우리에게 낮은 데 처하기를 권하는 이유 역시 때가 되면 하나님이 겸손한 자들을 높여주실 것이기 때문입니다(약 4:10; 벧전 5:6). 우리를 위하여 처하신 주님의 두 가지 상태, 즉 주님의 낮아지심과 높아지심이라는 은혜의 교리를 깊이 깨달음으로써 우리의 태도는 더욱 겸손해지고 우리의 신앙과 소망은 더욱 견고해지는 놀라운 경험을 고백하는 성도 되시기를 기원합니다.

○ 칼뱅, 『기독교 강요』, 2.13.2.

잠시 신적인 영광이 비치지 않고 오로지 낮고 천한 상태에 있는 인간의 모습만 드러났다는 뜻이 아니라면, "사람의 모양으로 나타나셨다"(빌 2:8)는 말씀은 대체 무슨 뜻이란 말인가? 그리스도가 … 육체로는 죽임을 당하시고 영으로는 살리심을 받으셨으니"(벧전 3:18)라는 베드로의 증언도 인성을 지니신 하나님의 아들께서 연약한 상태에서 계시지 않으셨다면 성립이 되지 않는다. 바울은 "그리스도께서 약하심으로 십자가에 못 박히셨음"을 선언하여, 이 점을 더욱 분명하게 설명해 주고 있다(고후 13:4). 그리스도가 자신을 낮추신 이후에 다시 새로운 영광을 얻으셨음을, 분명히 말하고 있는 것이다. 여기에 그의 승귀(exaltation, 높아지심)가 있다. 그가 인간의 육체와 영혼을 부여받은 일이 없었다면, 높아지심도 있을 수가 없었을 것이다.

■ 나눔 질문

1. 죄인들을 구원하시기 위해 수행하시는 삼중직을 그리스도는 어떤 두 가지의 상태에서 수행하셨습니까?
2. 그리스도의 낮아지신(비하) 상태의 네 가지 단계는 무엇입니까?
3. 그리스도의 높아지신(승귀) 상태의 네 가지 단계는 무엇입니까?
4. 그리스도의 비하의 상태에 대해 우리는 어떤 교훈을 얻을 수 있습니까?
5. 그리스도의 승귀의 상태는 우리에게 어떤 소망을 제공합니까?
6. 우리의 신앙의 삶 속에서 그리스도의 비하와 승귀의 상태를 경험한 적이 있는지 나누어 봅시다.

4부

구원과 죽음 그리고 부활

The Westminster Shorter Catechism

15장
거룩하신 부르심 - 소명

하나님이 우리를 구원하사 거룩하신 소명으로 부르심은 우리의 행위대로 하심이 아니요 오직 자기의 뜻과 영원 전부터 그리스도 예수 안에서 우리에게 주신 은혜대로 하심이라. 딤후 1:9

소요리문답 29, 30, 31, 32번

문 29: 우리는 어떻게 그리스도가 값 주고 사신(취득하신) 구속의 참여자들이 됩니까?

답: 우리는 그것을 우리에게 효력 있게 적용하시는(요 1:11-12) 그의 성령으로 말미암아 그리스도가 값 주고 사신(취득하신) 구속의 참여자들이 됩니다(딛 3:5-6).

문 30: 성령님은 그리스도가 값 주고 사신(취득하신) 구속을 어떻게 우리에게 적용하십니까?

> 답: 성령님은 우리의 효과적인 부르심을 통해 우리 안에 역사하는 믿음을 주시고(엡 1:13-14; 요 6:37, 39) 그로 인해 우리를 그리스도와 연합시키심으로 그리스도가 값 주고 사신(취득하신) 구속을 우리에게 적용하십니다(엡 2:8; 엡 3:17; 고전 1:9).
>
> 문 31: 효과적인 부르심이란 무엇입니까?
>
> 답: 효과적인 부르심이란 하나님의 영의 사역인데(딤후 1:9; 살후 2:13-14), 성령님이 우리에게 죄와 비참을 각성시키시고(행 2:37), 우리 마음에 그리스도를 아는 지식을 비추어 주시고(행 26:18), 우리 의지들을 새롭게 하심으로(겔 36:26-27) 복음 안에서 값없이 제시된 그리스도를 영접할 수 있도록 설득하시고 또한 그렇게 할 수 있도록 해 주시는 것입니다(요 6:44-45; 빌 2:13).
>
> 문 32: 효과적으로 부르심을 받은 사람들은 이생에서 어떤 은덕들에 참여하게 됩니까?
>
> 답: 효과적으로 부르심을 받은 사람들은 이생에서 칭의와(롬 8:30) 양자와(엡 1:5) 성화와 이 세상에서 동반되거나 또는 그것들로부터 흘러나오는 여러 은덕들에 참여하게 됩니다(고전 1:26, 30).

지난 장에서 우리는 우리 구원을 위한 예수 그리스도의 두 가지 상태, 즉 비하와 승귀의 상태를 살펴봄으로 소요리문답의 기독론을 마쳤습니다. 이제 구원론에 해당하는 부분을 살펴보겠습니다.

구원론이란 이제까지 살펴본 그리스도의 인격과 사역의 결과가 죄인인 우리에게 어떻게 적용되는가를 살피는 것입니다. 예수 그리스도가 누구이시며, 또한 우리를 위해 어떤 일을 하셨는지를 아는 것만큼 중요한 일은 무엇입니까? 그리스도가 하신 일을 우리에게 적용하시는 성령님의 구원사역이 바로 그것입니다. 그리고 그 첫 번째를 하나님의 부르심으로 시작합니다. 소요리문답 30번은 이렇게 말합니다. "성령님은 우리의 효과적인 부르심을 통해 우리 안에 역사하는 믿음을 주시고 그로 인해 우리를 그리스도와 연합시키심으로 그리스도가 값 주고 사신(취득하신) 구속을 우리에게 적용하십니다." 여기서 우리를 효력 있게 부르신다는 것은 우리를 소명(calling) 하신다는 의미입니다. 소명이란 무엇인가를 또는 누군가를 부르는 것입니다. 그리고 그 소명은 반드시 어떤 결과를 가져오게 합니다. 그렇다면 하나님의 부르심이란 반드시 어떤 결과를 가져오게 하기 위해 누군가를 부르시는 명령입니다.

부르심은 방법적 측면과 목적적 측면으로 구분해 살펴볼 수 있습니다. 먼저 방법적 측면을 살펴보면, 신학자들은 부르심을 주로 일반적 부르심과 효과적 부르심으로 나눕니다. 일반적 부르심은 전도자들이 전하는 복음 메시지를 듣지만 그저 물리적으로 듣는 것으로 끝나는 부르심을 가리킵니다. 이에 비해 효과적 부르심은 전도자들이 복음 메시지를 전할 때 하나님의 성령님이 그 메시지를 효과적으로 듣게 하셔서 죄인으로 하여금 죄를 깨닫게 하고 자신의 비참한 상태를 보고 회개하며 영적으로 다시 태어남을 체험하고 예수님을 구세주로 영접하게 하는 부르심을 가리킵니다. 예를 들면, 사도행전 16장 14절에서 빌립보 성에 들어간 바울이 말씀을 전합니다. 그때 한 여자가 바울이 전한 말씀을 듣게 되었는데 그녀가 그 유명한 루디아입니다. "두아디라 시에 있는 자색 옷감 장사로서 하나님을 섬기는 루디아라 하는 한 여자가 말을 듣고 있을 때 주께서 그 마음을 열어 바울의 말을 따르게 하신지라." 쉽게 말하면 일반적 부르심은 말씀의 씨앗이 뿌려졌지만 열매가 맺히지 못하는 부르심이고, 효과적 부르심은 회개와 중생과 믿음으로 나아가게 하는 열매를 맺는 부르심입,니다. 이번 장에서는 거룩한 부르심에서 보다 본질적인 목적적 측면에 대해 살펴보고자 합니다.

택하신 백성을 향한 부르심

첫째, 하나님은 창세 전에 그리스도 예수 안에서 택하신 자들을 부르십니다. 9절 말씀을 읽겠습니다. "하나님이 우리를 구원하사 거룩하신 소명으로 부르심은 우리의 행위대로 하심이 아니요 오직 자기의 뜻과 영원 전부터 그리스도 예수 안에서 우리에게 주신 은혜대로 하심이라."

본문 말씀은 하나님의 부르심이 그리스도 예수 안에서 우리에게 주신 은혜대로 하신 부르심이라 말합니다. 이를 가리켜 우리는 효과적 부르심 또는 유효적 부르심이라고도 말합니다. 하나님이 영원 전부터 그리스도 예수 안에서 우리에게 주신 은혜를 역사 속에서 시행하시기 위해 부르시는 부르심 말입니다. 소요리문답 31번을 보겠습니다.

문 : "효과적인 부르심이란 무엇입니까?"

답 : "효과적인 부르심이란 하나님의 영의 사역인데, 성령님이 우리에게 죄와 비참을 각성시키시고, 우리 마음에 그리스도를 아는 지식을 비추어주시고, 우리 의지들을 새롭게 하심으로 복음 안에서 값없이 제시된 그리스도를 영접할 수 있도록 설득하시고 또한 그렇게 할 수 있도록 해 주시는 것입니다."

하나님의 부르심은 대상이 있습니다. 그 대상은 바로 바울과 디모데입니다. 하나님은 바울도 부르셨고 디모데도 부르셨습니다. 바울은 설교자요 복음 전도자이기 이전에 훼방자요 핍박자이자 폭행자였습니다. 디모데는 교사이기 이전에 유약하고 소심한 사람이었습니다. 바울과 디모데는 복음을 전하는 사도와 교사로 세우심을 받기에는 약점과 문제점이 너무나 많은 존재들이었습니다. 그런 자들을 하나님이 부르셔서 완전히 바꾸십니다.

사람은 똑같은 바울입니다. 똑같은 디모데입니다. 그러나 효과적 부르심을 받은 바울은 완전히 다른 바울입니다. 효과적인 부르심을 받은 디모데 역시 완전히 다른 디모데입니다. 이제는 복음 전도자요 사도와 교사가 되었습니다. 이제는 유약함 대신 능력있는 마음, 소심함 대신 용기있는 마음의 소유자가 되었습니다. 전적으로 하나님의 은혜에 따른 선택의 결과입니다. 그들에게 무슨 선한 것이 있어서가 아니고, 그들이 무슨 공로와 업적을 세워서가 아닙니다. 그들은 부르심을 받을 만한 어떤 자격을 갖추고 있지 않았습니다. 오직 죄와 허물로 모두 죽어버린 인류 가운데 얼마를 하나님이 그 은혜로 선택하시고 부르신 결과입니다. 성령님이 그들에게 죄와 비참을 각성시키시고, 그리스도를 아는 지식을 비추어 주시고, 의지들을 새롭게 하심으로 복음 안에서 값없이 제시된 그리스도를 영접할 수 있도록 설득해 주셨기 때문입니다.

이런 하나님의 부르심은 창세 전에 이루어진 일입니다. 따라서 하나님의 부르심은 영원 전 하나님이 계획하신 작정에 따른 일입니다. 하나님은 미리 작정하신 사람들을 부르십니다. 바울은 하나님이 미리 정하신 자들을 부르시고 부르신 자들을 의롭다 하시고 의롭다 하신 자들을 영화롭게 하신다고 말합니다(롬 8:30). 하나님의 부르심은 영원 전의 예정과 선택에 기초합니다.

흔히 사람은 잘 바뀌지 않는다고 말합니다. 제가 아는 어떤 분은 자주 이런 말을 하곤 했습니다. "목사님, 사람이 설교만으로는 잘 변하지 않습니다." 그러나 이런 말처럼 신성모독적인 말도 없습니다. 물론 사람은 잘 바뀌지 않습니다. 그러나 하나님이 선택하시면 바뀝니다. 하나님이 부르셔서 은혜를 베푸시면 바뀝니다. 하나님이 말씀하시면 바뀝니다. 우리는 이것을 효과적인 부르심이라 말합니다. 만일 바뀌지 않았다면, 진정으로 하나님의 부르심을 받은 것이 아닐지도 모릅니다. 하나님의 부르심을 받았다면 그는 효과적으로 바뀌어야 합니다. 아니 바뀔 수밖에 없습니다. 그의 창조주, 그의 구원자, 그의 심판자가 부르셨는데 바뀌지 않을 사람이 누구이겠습니까?

하나님이 최초로 부르신 사람이 누구일까요? 네, 아담입니다. 창세기 1-2장에서 아담과 하나님은 최상의 교제와 나눔을 함께 했습니다. 그런데 3장에서 죄가 들어왔습니다. 아담과 하와가 미혹되었습니다. 하나님의 말씀보다 거짓의 아비인 마귀의 말을 더 믿었습니다. 그 결과 범죄했습니다. 타락했습니다. 숨었습니다. 하나님을 두려워하고 미워하기 시작했습니다. 하나님이 본래 만드신 아름답고 선하고 거룩하고 경건한 사람이 완전히 바뀌었습니다. 이것이 죄와 탐욕이 인간을 망친 결과입니다. 그때 하나님이 부르십니다. 창세기 3장 9-10절은 이렇게 기록하고 있습니다. "여호와 하나님이 아담을 부르시며 그에게 이르시되 네가 어디 있느냐 이르되 내가 동산에서 하나님의 소리를 듣고 내가 벗었으므로 두려워하여 숨었나이다." 하나님이 이렇게 말씀하시는 것입니다. "내가 알던 아담은 어디 있느냐?" "본래적 아담은 어디 있느냐?" 참으로 슬픈 부르심이 아닐 수 없습니다. 너의 지금 모습은 본래 그 모습이 아니라는 말입니다.

예수님을 믿으면 바뀌어야 합니다. 교회를 다니면 변해야 합니다. 하나님을 만나서 교제하면 그분 앞에 두려움 없이 기쁨과 즐거움과 담대함으로 나가야 합니다. 하나님의 뜻대로 부르심을 받고 구원받은 사람이 되어야 합니다. 우리는 하나님이 본래 지으신 선하고 아름다운 사람이 되어야 합니다. 그런데 이 일은 내 자력으로 되는 일이 아니라 하나님이 불러주셔야 가능합니다. 그런데 놀랍게도 하나님이 나를 불러주셨습니다. 말씀으로 불러주셨습니다. 회개하라고 불러주셨습니다. 주 예수님을 믿으라고 불러주셨습니다. 이것이 은혜입니다. 부르심이 은혜가 아니고 무엇입니까?

　세례 요한의 첫 설교 주제가 무엇이었습니까? "회개하라 천국이 가까이 왔느니라"였습니다. 예수 그리스도의 첫 설교의 주제도 마찬가지였습니다(마 3:2; 4:17). 하나님은 우리를 말씀으로 회개로 구원으로 불러주셨습니다. 하나님의 부르심을 입었으면, 하나님이 본래 창조하신 사람다운 사람이 되어야 합니다. 인격자가 되어야 합니다. 우리의 직분을 말하기 전에, 신앙의 경력을 말하기 전에 하나님이 본래 창조하신 선하고 아름다운 사람들이 되어야 합니다.

성도로의 부르심

둘째, 하나님의 부르심은 택하신 백성을 성도로 부르시는 거룩한 부르심입니다. 9절 말씀을 한 번 더 읽겠습니다. "하나님이 우리를 구원하사 거룩하신 소명으로 부르심은 우리의 행위대로 하심이 아니요 오직 자기의 뜻과 영원 전부터 그리스도 예수 안에서 우리에게 주신 은혜대로 하심이라."

　어떤 이들은 한번 구원은 영원한 구원이라고 말합니다. 이 말은 하나님이 행하신 그 영원한 구원을 두려움과 떨림으로 계속 이루어 나가는 성도의 성화적 전투가 나타날 때 진리가 되는 말입니다. 로마서 10장

9-10은 이렇게 기록합니다. "네가 만일 네 입으로 예수를 주로 시인하며 또 하나님께서 그를 죽은 자 가운데서 살리신 것을 네 마음에 믿으면 구원을 받으리라 사람이 마음으로 믿어 의에 이르고 입으로 시인하여 구원에 이르느니라." 이 말씀은 진리입니다. 그러나 성경은 이 말씀에서 멈추지 않습니다. 그저 "예수님은 주님이십니다"라고 믿고 말했다고 해서 구원이 자동적으로 주어지는 것이 아니라는 말입니다. 하나님의 부르심이 진정한 부르심이 되려면 믿는 자는 성도가 되어야 합니다. 믿는 자는 자신 안에 있는 믿음이 과연 자신을 성도로 이끌고 가는지를 잘 살펴야 합니다.

본문을 보십시오. "거룩하신 소명(부르심)으로 부르심은"이라고 했습니다. 하나님의 부르심 자체가 거룩한 소명이요, 거룩을 향한 부르심입니다. 바울은 고린도 교인들을 성도라 부르심을 받은 자들이라고 불렀습니다. 고린도전서 1장 1-2절을 보십시오. "하나님의 뜻을 따라 그리스도 예수의 사도로 부르심을 받은 바울과 형제 소스데네는 고린도에 있는 하나님의 교회 곧 그리스도 예수 안에서 거룩하여지고 성도라 부르심을 받은 자들과 또 각처에서 우리의 주 곧 그들과 우리의 주 되신 예수 그리스도의 이름을 부르는 모든 자들에게…"라고 했습니다. 바울은 로마 교회 교인들에게도 동일하게 말하고 있습니다. "너희도 그들 중에서 예수 그리스도의 것으로 부르심을 받은 자니라 로마에서 하나님의 사랑하심을 받고 성도로 부르심을 받은 모든 자에게 하나님 우리 아버지와 주 예수 그리스도로부터 은혜와 평강이 있기를 원하노라"(롬 1:6-7).

이렇게 성도로 효과적인 부르심을 받은 사람들은 하나님이 준비해 주신 구원의 은덕에 참여하게 됩니다. 소요리문답 32번이 그것을 잘 보여줍니다.

31문 : "효과적으로 부르심을 받은 사람들은 이생에서 어떤 은덕들에 참여하게 됩니까?"

답 : "효과적으로 부르심을 받은 사람들은 이생에서 칭의와 양자와 성화와 이 세상에서 동반되거나 또는 그것들로부터 흘러나오는 여러 은덕들에 참여하게 됩니다."

참된 부르심을 받은 성도는 의롭다 하심을 받고 하나님의 자녀가 되고 거룩한 성화의 길을 걸어가는 유익을 얻게 됩니다. 그 마음이 변하여 자신의 구원을 확신하고 하나님을 아버지라고 부르게 되며, 죄를 미워하고 거룩과 경건을 추구하게 됩니다.

이것은 마음이 혁명적으로 변화되어야 가능한 일입니다. 그러므로 성도로의 부르심은 그저 외면적인 행동만 바뀌는 것을 뜻하지 않습니다. 죄인은 마음이 변하지 않았으면서도 얼마든지 나타나는 행동을 성도처럼 가장할 수 있습니다. 이것을 입증하기 위해 굳이 많은 성경본문을 인용할 필요는 없습니다. 그저 두 구절만으로 충분합니다. 마태복음 7장 21-23절입니다. "나더러 주여 주여 하는 자마다 다 천국에 들어갈 것이 아니요 다만 하늘에 계신 내 아버지의 뜻대로 행하는 자라야 들어가리라 그 날에 많은 사람이 나더러 이르되 주여 주여 우리가 주의 이름으로 선지자 노릇 하며 주의 이름으로 귀신을 쫓아 내며 주의 이름으로 많은 권능을 행하지 아니하였나이까 하리니 그 때에 내가 그들에게 밝히 말하되 내가 너희를 도무지 알지 못하니 불법을 행하는 자들아 내게서 떠나가라 하리라."

마태복음 23장 25-27절입니다. "화 있을진저 외식하는 서기관들과 바리새인들이여 잔과 대접의 겉은 깨끗이 하되 그 안에는 탐욕과 방탕으로 가득하게 하는도다 눈 먼 바리새인이여 너는 먼저 안을 깨끗이 하라 그리하면 겉도 깨끗하리라 화 있을진저 외식하는 서기관들과 바리새 인들이여 회칠한 무덤 같으니 겉으로는 아름답게 보이나 그 안에는 죽은 사람의 뼈와 모든 더러운 것이 가득하도다."

참된 성도란 어떤 사람입니까? 마음과 태도가 모두 바뀐 자입니다. 성경에 따르면, 나는 죽고 예수가 사는 사람입니다. 갈라디아서 2장 20절이 그것을 정확히 표현하고 있습니다. "내가 그리스도와 함께 십자가에 못 박혔나니 그런즉 이제는 내가 사는 것이 아니요 오직 내 안에 그리스도께서 사시는 것이라 이제 내가 육체 가운데 사는 것은 나를 사랑하사 나를 위하여 자기 자신을 버리신 하나님의 아들을 믿는 믿음 안에서 사는 것이라."

그러면 나의 실제 삶과 남들에게 보여지는 삶이 같아지는 것입니다. 이것이 성도의 삶이어야 합니다. 이것이 "크리스티아노스," 즉 그리스도에게 소속된 자의 모습입니다. 예수 그리스도를 내 것으로 만드는 것이 아니라 내가 예수 그리스도의 것이 되는 것입니다. 우리를 부르신 하나님의 부르심은 내가 죽고 그리스도 예수가 살게 되는 부르심입니다. 하나님이 저와 여러분을 부르셨다면 이 일을 끝까지 행하실 것입니다. 하나님은 마침내 우리를 하나님의 성품을 닮은 거룩한 자로 변화시키실 것입니다. 그렇기에 베드로 사도는 다음과 같이 권면합니다. "오직 너희를 부르신 거룩한 이처럼 너희도 모든 행실에 거룩한 자가 되라. 기록되었으되 내가 거룩하니 너희도 거룩할지어다 하셨느니라"(벧전 1:15-16).

하나님의 은혜로 부르심을 입은 자답게 모든 일에서 나는 죽고 예수 그리스도가 살아가야 할 것입니다.

사명자로서의 부르심

셋째, 하나님은 우리를 구원으로 부르시고 끝내시는 것이 아니라 부르신 자들에게 거룩한 사명을 맡기십니다. 9절 말씀을 마지막으로 읽겠습니다. "하나님이 우리를 구원하사 거룩하신 소명으로 부르심은 우리의 행위대로 하심이 아니요 오직 자기의 뜻과 영원 전부터 그리스도 예수 안에서 우리에게 주신 은혜대로 하심이라."

하나님이 우리를 부르심은 우리의 결정이나 결단이나 계획에 따른 것이 아닙니다. 이것은 전적으로 하나님의 계획이요 하나님의 뜻입니다. 하나님이 부르시면 우리는 응답할 수밖에 없습니다. 하나님이 우리를 부르신 것도 은혜요, 그리스도 예수 안에서 성도로 부르신 것도 은혜입니다. 이 부르심을 거절할 수가 없습니다. 부모로서 우리가 자녀들을 부르면 자녀들은 대답할 수밖에 없습니다. 우리 자녀들이 조금 커가면서 대들기도 하고 때로는 말대꾸도 하지만 하나님의 부르심에는 그럴 계재가 없습니다. 왜냐하면 이것은 하나님이 자기 뜻에 따라 영원 전에 그리스도 예수 안에서 우리에게 은혜로 주신 것이기 때문입니다.

여기서 중요한 것은 하나님은 우리를 부르시고 나머지는 우리에게 맡기신 게 아니라는 사실입니다. 하나님은 우리를 택하시고 우리를 부르시고 우리를 의롭다 하시고 우리를 마침내 영화롭게 하실 것입니다. 로마서 8장 29-30절에서 바울은 하나님의 이 구원의 위대함을 다음과 같이 묘사합니다. "하나님이 미리 아신 자들을 또한 그 아들의 형상을 본받게 하기 위하여 미리 정하셨으니 이는 그로 많은 형제 중에서 맏아들이 되게 하려 하심이니라 또 미리 정하신 그들을 또한 부르시고 부르신 그들을 또한 의롭다 하시고 의롭다 하신 그들을 또한 영화롭게 하셨느니라."

하나님은 이 일을 다른 사람이 아닌 나를 통해 하실 것입니다. 내가 선택을 받았고 내가 역사 속에서 부르심을 받았고 내가 경험적으로 의롭다 하심을 받았고 내가 마침내 영광스럽게 변화될 것이며 완성될 것입니다. 하나님의 부르심은 미완성으로 끝나지 않습니다. 말도 많고 탈도 많은 나를 부르시고 고치시고 변화시키시고 징계하시고 책망하시고 용기 주시고 일으켜 세워주시고 마침내 영광스러운 하나님의 자녀로 세우실 것입니다. 그렇다면 하나님은 왜 그렇게 하십니까? 이 부르심은 무엇을 위한 부르심입니까? 사명을 위한 부르심입니다. 전도와 선교 사역입니다. 목회 사역입니다. 교회 사역입니다. 제자를 키우는 사역입니다. 다른 사람을 나보다 더 나은 그리스도의 제자가 되게 하는 것이 참된 부르심을 받은 자들의 사명입니다.

바울은 하나님이 자신을 복음 전도자와 사도와 교사로 세우셨다고 말합니다(11절). 과거 복음을 거부하던 삶에서 복음을 증거하는 삶으로의 변화입니다. 그리스도 예수를 핍박하던 삶에서 그리스도 예수를 죽기까지 따르는 삶으로의 변화입니다. 이 일로 말미암아 자신이 고난을 받되 부끄러워하지 않는다고 했습니다(12절). 고난을 받더라도 하나님이 능히 지켜주실 것이라 확신합니다. 그러므로 바울이 할 일은 바른 말, 즉 하나님의 말씀을 지키는 것입니다(13절). 이것은 주님께서 바울과 디모데에게 맡겨주신 사명이기도 합니다.

그러나 이 일은 바울이나 디모데만 감당하는 일이 아닙니다. 소명을 받은 모든 그리스도인은 사명자입니다. 우리가 다 외모가 다르고 불러주신 직업이 다르고 부르심을 받은 시간과 장소가 다르고 하는 일이 다르지만 궁극적으로 우리가 하는 일은 사명을 감당하는 것입니다. 이런 의미에서 모든 그리스도인은 사명자입니다. 이 일에 왜 하나님의 불가항력적인 부르심이 필요합니까? 내 힘, 내 의지, 내 경험, 내 노하우, 내 비법, 내 견해로는 안 되는 일이기 때문입니다. 하나님이 하실 수 있습니다. 하나님이 약한 나를 부르셔서 강하게 하십니다.

그렇다면 우리를 불러주신 하나님의 부르심을 헛되이 해서는 안 됩니다. 하나님이 나를 불러주시고 마침내 영화롭게 하실 때까지 맡기신 제자도의 사명을 충실히 감당해야 할 것입니다.

교회란 무엇입니까? 에클레시아! 그것은 바로 밖으로 부르심을 받은 공동체를 뜻합니다. 따라서 참된 성도는 참된 교회입니다. 하나님은 나를 교회로 부르셨습니다. 하나님이 나를 부르신 이유는 그 부르신 목적을 온 천하에 알리시기 위합니다. 베드로는 다음과 같이 말합니다. "그러나 너희는 택하신 족속이요 왕 같은 제사장들이요 거룩한 나라요 그의 소유가 된 백성이니 이는 너희를 어두운 데서 불러 내어 그의 기이한 빛에 들어가게 하신 이의 아름다운 덕을 선포하게 하려 하심이라"(벧전 2:9-10).

그렇다면 성도는 무엇보다도 진실한 사람이 되어야 합니다. 예수 그리스도에게 소유권을 넘긴 참된 성도가 되어야 합니다. 자기 마음 가는 대로 살지 않고 우리를 모든 죄에서 구원하시고 영원한 생명을 주신 주님을 위해 살아가는 성도가 되어야 합니다. 뿐만 아니라 우리에게 주신 은혜에 잠겨 사명을 감당하는 사명자들이 되어야 합니다. 우리를 사명으로 부르신 부르심에 대해 바울은 이렇게 말합니다. "그 안에서 너희도 진리의 말씀 곧 너희의 구원의 복음을 듣고 그 안에서 또한 믿어 약속의 성령으로 인치심을 받았으니 이는 우리 기업의 보증이 되사 그 얻으신 것을 속량하시고 그의 영광을 찬송하게 하려 하심이라"(엡 1:13-14). "주께서 사랑하시는 형제들아 우리가 항상 너희에 관하여 마땅히 하나님께 감사할 것은 하나님이 처음부터 너희를 택하사 성령의 거룩하게 하심과 1)진리를 믿음으로 구원을 받게 하심이니 이를 위하여 우리의 복음으로 너희를 부르사 우리 주 예수 그리스도의 영광을 얻게 하려 하심이니라"(살후 2:13-14).

○ 칼뱅, 『기독교 강요』, 3.10.6.
하나님의 소명에 따라 행하지 않는 사람은 정도를 따라 하나님 앞에 의무를 다한다 할 수가 없을 것이다. 그런 사람도 때로는 무언가 칭찬받을 만하게 보이는 일을 할 수 있을 것이다. 그러나 사람이 보기에 어떻든지 간에 그런 사람이 행하는 일은 하나님의 보좌 앞에서는 도무지 인정을 받지 못한다. 뿐만 아니라 그 사람의 인생의 각 부분 부분이 서로 조화를 이루지 못하고 말 것이다. 자기의 소명을 이루는 일을 삶의 목표로 두는 사람만이 적절히 틀이 잡힌 삶을 살아간다 하겠다.

■ 나눔 질문
1. 하나님이 우리를 부르시는 부르심은 무엇에 근거하고 있습니까?
2. 하나님의 부르심은 성도로의 부르심인데 우리가 성도로 부르심을 받았다는 것은 거룩과 관련하여 어떤 의미가 있습니까?
3. 하나님은 성도로 부르신 자들에게 무엇을 맡기십니까?
4. 하나님은 바울과 디모데에게 특별히 어떤 사명을 주셨습니까?
5. 그렇다면 부르심 받은 모든 그리스도인은 어떤 사명을 감당해야 합니까?
6. 하나님의 부르심에 순종한 경험이 있다면 나누어 봅시다.

16장
우리를 의롭다 하시는 하나님 - 칭의와 양자

[16]사람이 의롭게 되는 것은 율법의 행위로 말미암음이 아니요 오직 예수 그리스도를 믿음으로 말미암는 줄 알므로 우리도 그리스도 예수를 믿나니 이는 우리가 율법의 행위로써가 아니고 그리스도를 믿음으로써 의롭다 함을 얻으려 함이라 율법의 행위로써는 의롭다 함을 얻을 육체가 없느니라 [17]만일 우리가 그리스도 안에서 의롭게 되려 하다가 죄인으로 드러나면 그리스도께서 죄를 짓게 하는 자냐 결코 그럴 수 없느니라 [18]만일 내가 헐었던 것을 다시 세우면 내가 나를 범법한 자로 만드는 것이라 [19]내가 율법으로 말미암아 율법에 대하여 죽었나니 이는 하나님에 대하여 살려 함이라 [20]내가 그리스도와 함께 십자가에 못 박혔나니 그런즉 이제는 내가 사는 것이 아니요 오직 내 안에 그리스도께서 사시는 것이라 이제 내가 육체 가운데 사는 것은 나를 사랑하사 나를 위하여 자기 자신을 버리신 하나님의 아들을 믿는 믿음 안에서 사는 것이라 [21]내가 하나님의 은혜를 폐하지 아니하노니 만일 의롭게 되는 것이 율법으로 말미암으면 그리스도께서 헛되이 죽으셨느니라. 갈 2:16-21

소요리문답 33, 34번

문 33: 칭의란 무엇입니까?

답: 칭의란 우리에게 전가되고 오직 믿음으로만 받게 되는(갈 2:16; 빌 3:9) 그리스도의 의만을 인하여(롬 5:17-19) 하나님이 그 안에서 우리의 모든 죄들을

> 용서하시는(고후 5:19, 21) 하나님의 무조건적인 은혜의 행위입니다.
>
> 문 34: 양자란 무엇입니까?
>
> 답: 양자는 우리가 하나님의 아들의 수효에 받아들여지고 모든 특권에 관한 권리를 소유하게 하시는(요 1:12; 롬 8:17) 하나님의 값없는 은혜의 행위입니다(요일 3:1).

인생을 살다 보면 우리 능력으로 막을 수 없는 것들이 있는데 그 중 하나가 천재지변입니다. 우리나라는 여름이 되면 태풍으로 인해 많은 피해가 발생합니다. 태풍을 막을 수 있다면 가장 좋겠지만, 온갖 노력에 불구하고 인간은 태풍의 진로조차 바꿀 수 없습니다. 자연의 위력 앞에 속수무책인 인간의 처지를 보여줍니다.

그런데 영적으로 인간은 이와 똑같은 상황에 처해 있습니다. 바로 인간이 죄인이라는 사실입니다. 이것은 인간이 안고 있는 가장 큰 난제이며 스스로의 힘으로는 해결할 수 없다는 점에서 절망적입니다. 인간이 이 죄 문제를 해결할 능력이 있었다면, 이미 이 세상은 죄악이 더 이상 횡행하지 않는 낙원이 되었을 것입니다. 당연히 도둑질이나 사기나 살인이나 강도 사건도 없을 것이며 전쟁도 발발하지 않을 것입니다. 그러나 자고 일어나면 도처에 죄가 늘고 악이 더해져 있습니다. 이 사실로도 보건대 인간은 결코 의롭거나 거룩하지 않습니다. 이런 인간에게 유일한 소망이 있다면 바로 예수 그리스도의 복음입니다. 그것은 우리에게 의롭다 함을 얻게 하는 능력을 제공하기 때문입니다.

바울은 로마 교회에 복음을 전하면서 이렇게 선언합니다. "내가 복음을 부끄러워하지 아니하노니 이 복음은 모든 믿는 자에게 구원을 주시는 하나님의 능력이 됨이라 먼저는 유대인에게요 그리고 헬라인에게로다 복음에는 하나님의 의가 나타나서 믿음으로 믿음에 이르게 하나니 기록된 바 오직 의인은 믿음으로 말미암아 살리라 함과 같으니라"(롬 1:16-17). 의인은 믿음으로 살아야 하는데 왜냐하면 복음에는 우리를 의롭다 하시는 하나님의 의가 제공되기 때문입니다. 이것을 가리켜 이신칭의의 교리, "오직 믿음으로 말미암는 칭의 교리"라 부릅니다. 지난 장에서 하나님의 부르심, 즉 소명 교리를 살펴보았는데 이번 장에서는 칭의 교리에 대해 살펴보겠습니다.

율법의 행위나 선한 행위로는 불가능한 칭의

첫째, 하나님 앞에 의롭게 되는 것은 율법의 행위로나 선한 행위로는 전적으로 불가능합니다. 16절 말씀을 읽겠습니다. "사람이 의롭게 되는 것은 율법의 행위로 말미암음이 아니요 오직 예수 그리스도를 믿음으로 말미암는 줄 알므로 우리도 그리스도 예수를 믿나니 이는 우리가 율법의 행위로써가 아니고 그리스도를 믿음으로써 의롭다 함을 얻으려 함이라 율법의 행위로써는 의롭다 함을 얻을 육체가 없느니라."

성경은 왜 율법을 지킴으로 의롭다 함을 얻을 수 없다고 말합니까? 여기에는 몇 가지 이유가 있습니다. 우선 율법을 완전히 지킬 수 있는 사람은 단 한 명도 존재하지 않기 때문입니다. 즉 사람은 하나님의 거룩하신 율법을 지킬 능력이 없습니다. 이 세상에 법이 왜 존재하게 되었습니까? 인간 스스로 법 없이도 살 수 있는 존재가 되지 못하기 때문입니다. 이 세상에 규칙을 완전히 지키는 사람이 있습니까? 우리가 새해를 맞으면서 세운 여러 가지 계획을 완전하게 지키셨습니까? 예를 들어, 매일 성경을 읽겠다고 다짐했다면 그 계획을 빠짐없이 실천했습니까? 마땅히 행할 선행은 하지 않고 마땅히 하지 않아야 할 악은 저지르는 우리가 아닙니까? 그래서 바울은 의인은 없나니 하나도 없다고 한 것입니다(롬 3:10).

또한 우리의 율법 준수 행위는 어떤 경우에 전적으로 순수하지 못하기 때문입니다. 하나님은 우리에게 순도 100퍼센트인 완전한 의와 거룩을 요구하십니다. 하나님이 거룩하시기에 우리도 거룩해야만 합니다. 하지만 우리의 선행은 우리를 거룩하게 하지 못합니다. 왜냐하면 우리가 율법을 지키고 선을 행한다 할지라도 그 안에는 인간의 교만, 공로, 허영심, 질투가 자리하기 때문입니다. 교만한 바리새인이 그 대표적인 예입니다. 따라서 아무리 최고의 선한 행위라도 그 안에는 인간을 자랑하는 이기주의적 선이 자리하고 있습니다. 그러므로 하나님 앞에서 완벽하게 선한 인간의 행위는 존재하지 않습니다. 죄인은 존재론적으로 불의한 자며, 행위론적으로도 불의한 자입니다. 우리의 행위와 우리의 존재 자체가 불의하고 불경한데 스스로의 힘이나 노력으로 어찌 의롭다 함에 이를 수 있겠습니까?

그러므로 우리에게 필요한 것이 바로 의롭다 하시는 하나님의 칭의의 선언입니다. 16세기 중세 로마 가톨릭교회가 실수를 저지른 지점이 정확히 이 지점입니다. 로마 가톨릭교회의 칭의 교리는 하나님이 우리를 의롭다 하실 때 죄를 제거하고 은혜를 주입해 주시는데 그 은혜가 우리를 계속 의롭게 만들어간다고 주장합니다. 소위 점진적 칭의 교리입니다. 심지어 그렇게 은혜 생활을 하다가 "대죄," 즉 엄청나게 큰 죄를 지으면 그 칭의의 은혜를 상실할 수도 있다고 가르칩니다. 이 칭의를 다시 회복하려면 오직, 고해성사나 면죄부나 성지 순례라는 고행을 행해야 한다고 주장합니다. 이것이 전형적인 가톨릭교회의 교리입니다. 그래서 종교 개혁자 루터가 이신칭의의 교리를 깨닫기 전에 이런 방식으로 하나님 앞에서 의롭다 함을 받으려 한 것입니다. 로마에 가면 '산타 클라라'라고 불리는 빌라도의 계단이 있습니다. 예수님이 고난당하실 때 걸어가셨던 계단으로 추정되는데 원래 예루살렘에 있던 것을 로마로 옮겨왔습니다. 이 계단을 무릎으로 기어 올라가면 그것이 공로가 되어 칭의의 은혜가 회복되고 심지어 연옥에 있는 영혼이 천국으로 옮겨갈 수 있다고 가르쳤습니다. 루터가 로마를 방문해서 이 계단을 무릎으로 기어 올라갔습니다. 수많은 사람들이 이미 이 계단을 오르고 있었습니다. 그렇게 무릎으로 기어 올라가던 루터가 갑자기 벌떡 일어나서 만일 이것이 사실이 아니라면 자신의 영혼은 어떻게 될지 두려워 벌벌 떨었습니다. 이것이 루터의 영혼에서 시작된 종교개혁의 출발점이었습니다.

　우리의 예배, 기도, 고행, 고난, 헌신, 봉사, 섬김, 헌금과 같은 모든 행위들은 죄로 인해 정죄당한 우리를 단 한순간도 의롭다 하지 못합니다. 우리가 얼마나 예배하고, 얼마나 많은 돈을 드려야 하나님 앞에 의로워졌다는 마음이 들까요? 죄라는 것은 행위의 문제이기 이전에 영의 문제이며 존재의 문제, 그리고 신분의 문제입니다. 1세기 유대인이 오해한 것이 바로 이것입니다. 그들은 선택받은 민족, 제사, 율법, 할례 기타 등등을 자랑했고 그것을 이방인과 비교했습니다(2:17-18). 로마서 1장 29-31절에서 바울은 21가지의 이방인의 죄를 지적했습니다. 그러나 2장 1절에서 그것을 비난하는 유대인들을 향한 바울의 선포가 무엇이었습니까? "그러므로 남을 판단하는 사람아, 누구를 막론하고 네가 핑계하지 못할 것은 남을 판단하는 것으로 네가 너를 정죄함이니 판단하는 네가 같은 일을 행함이니라." 그러고 나서 그 유명한 3장 9-10절의 결론을 내립니다. "그러면 어떠하냐 우리는 나으냐 결코 아니라 유대인이나 헬라인이나 다

죄 아래에 있다고 우리가 이미 선언하였느니라 기록된 바 의인은 없나니 하나도 없으며."

　죄인이라는 존재 자체, 죄악으로 가득 찬 영혼을 가진 존재, 그 신분이 바뀌기 전에는 그 어떤 행위로도 의로워지지 않습니다. 그러므로 우리가 자력으로 의로워질 가능성은 전혀 없습니다. 죄인이 되는 것은 우리의 행위였지만 의인이 되는 것은 우리의 행위로는 불가능한 일입니다. 바로 이 때문에 우리는 더욱 더 기뻐하고 즐거워해야 합니다. 우리가 연약하여 할 수 없는 그 일을 하나님이 친히 하셨기 때문입니다.

오직 그리스도를 믿는 믿음으로만 의롭게 됨

　둘째, 죄인은 오직 예수 그리스도를 믿는 믿음으로만 하나님 앞에서 의롭다 함을 받을 수 있습니다. 16절을 한 번 더 읽겠습니다. "사람이 의롭게 되는 것은 율법의 행위로 말미암음이 아니요 오직 예수 그리스도를 믿음으로 말미암는 줄 알므로 우리도 그리스도 예수를 믿나니 이는 우리가 율법의 행위로써가 아니고 그리스도를 믿음으로써 의롭다 함을 얻으려 함이라 율법의 행위로써는 의롭다 함을 얻을 육체가 없느니라."

　여기서 우리는 세 가지를 강조해야 합니다. 첫째, 우리의 의의 근거는 오직 예수 그리스도의 인격과 사역뿐이이며, 둘째, 우리의 믿음은 예수 그리스도를 받아들이는 수단이며 마지막 셋째는 우리가 그리스도 예수를 영접할 때 하나님이 우리를 법적으로 의롭다고 선언하신다는 것입니다. 이것이 칭의이며 이것을 가장 잘 설명해 주는 것이 소요리문답 33번입니다.

　문 33: "칭의란 무엇입니까?"

답: "칭의란 우리에게 전가되고 오직 믿음으로만 받게 되는 그리스도의 의만을 인하여 하나님이 그 안에서 우리의 모든 죄들을 용서하시고, 그분이 보시기에 우리를 의로운 자로 받아주시는 하나님의 무조건적인 은혜의 행위입니다."

이를 보다 자세히 풀어보겠습니다. 첫째, 오직 그리스도의 인격과 그의 행위만이 우리 의의 근거가 됩니다. 예수 그리스도만이 신자의 유일한 의의 기초입니다. 이 의를 가리켜 하나님의 의라고 부릅니다. 로마서 3장 20-22절은 다음과 같이 선언합니다. "그러므로 율법의 행위로 그의 앞에 의롭다 하심을 얻을 육체가 없나니 율법으로는 죄를 깨달음이니라 이제는 율법 외에 하나님의 한 의가 나타났으니 율법과 선지자들에게 증거를 받은 것이라 곧 예수 그리스도를 믿음으로 말미암아 모든 믿는 자에게 미치는 하나님의 의니 차별이 없느니라." 의로워지기 위해 우리가 한 일은 아무것도 없습니다. 그것은 전적으로 값없이 주시는 하나님의 은혜로우신 행위입니다. 소요리문답 33번에서 칭의를 가리켜 "하나님의 무조건적인 은혜의 행위"라고 진술하는 이유입니다.

그리스도는 무죄한 자로서 사람의 몸을 입고 이 세상에 오셔서 율법에 순종하셨습니다. 모든 율법을 다 지키셨습니다. 그리고 십자가에서 구속을 완성하셨습니다. 결국 그리스도는 모든 믿는 자에게 의를 이루기 위해 율법의 마침이 되셨습니다(롬 10:4). 그분의 십자가는 우리의 죄를 용서하시고 율법에 대한 그분의 순종은 우리의 의를 확보하셨습니다. 우리가 할 일은 그저 그 사실을 믿는 것입니다. 받아들이는 것입니다.

그래서 둘째로 신자는 오직 믿음으로만 그분의 의를 수여받습니다. 본문 말씀에 "그리스도 예수를 믿음으로 말미암아"라든가 "그리스도를 믿음으로써"라는 표현이 있습니다. 어떤 사람은 이 표현을 근거로 우리가 믿었기 '때문에' 의인이 된 것이 아니냐고 주장하지만 성경은 '우리가 믿은 행위' 때문이 아니라 '예수 그리스도와 그분의 행위' 때문에 구원을 얻고 의인이 되었다고 말합니다. 성경이 "믿음으로 말미암아" 의롭다 함을 받는다고 말하는 것은 그저 나의 믿음이 도구로 사용되었음을 강조하는 표현입니다. 다시 말하면 믿음이 우리의 칭의의 근거가 아니라는 말입니다. 우리의 칭의는 우리가 믿을 때 우리에게 전가되어 우리의 것이 되는 예수 그리스도의 순종의 의입니다. 이것은 칭의를 받을 때의 구원적 믿음에 대한 것입니다. 바울은 로마서 8장에서 이렇게 말합니다. "또 미리 정하신 그들을 또한 부르시고 부르신 그들을 또한 의롭다 하시고 의롭다 하신 그들을 또한 영화롭게 하셨느니라"(롬 8:30).

하나님이 택하시고 부르시고 의롭다 하신 자는 반드시 영화롭게 된다는 말입니다. 하나님이 소명하시고 칭의하신 자는 하나님이 영화롭게 하신다는 것입니다. 로마서 8장의 구원의 주체가 사람입니까? 하나님이십니다. 하나님이 하십니다. 그 일을 어떻게 하십니까? 그리스도를 믿는 믿음을 수단으로 사용하십니다. 여기서 믿음은 하나님의 의가 우리의 것이 되게 하는 도구요 통로입니다. 바울이 에베소 교회에 전한 말씀을 기억하십니까? "너희는 그 은혜에 의하여 믿음으로 말미암아 구원을 받았으니 이것은 너희에게서 난 것이 아니요 하나님의 선물이라 행위에서 난 것이 아니니 이는 누구든지 자랑하지 못하게 함이라"(엡 2:8-9). 구원은 은혜요, 심지어 믿음조차 우리의 행위에서 난 것이 아닌 하나님의 선물입니다.

어떤 이는 이렇게 말할지 모르겠습니다. "바울은 믿음으로 의롭게 된다고 했지만 야고보는 행위로 의롭다 함을 받는다고 하지 않았습니까?" 맞습니다. 누가 틀립니까? 바울입니까? 야고보입니까? 둘 다 맞습니다.

바울과 야고보가 상대하는 대상이 달랐을 뿐입니다. 바울이 왜 그렇게 믿음을 강조합니까? 바울은 율법주의자들과 싸우고 있었기 때문입니다. 야고보는 왜 그렇게 행함을 강조합니까? 율법폐기론주의자들과 싸우고 있었기 때문입니다. 이 두 무리는 하나님의 칭의를 왜곡하고 남용한 자들입니다.

그런데 우리는 하나님의 칭의가 법정적 선언임을 강조할 필요가 있습니다. 솔로몬 왕은 "악인을 의롭다 하고 의인을 악하다 하는 이 두 사람은 다 여호와께 미움을 받느니라"고 말합니다(잠 17:15). 악인을 의롭다고 하는 것은 여호와께서 증오하시는 일입니다. 그런데도 하나님은 그리스도를 믿는 자들을 의롭다 하십니다. 칭의를 베푸십니다. 칭의는 주권자이신 하나님의 은혜의 행위이며 법정적 선언입니다. 실제로 악인이 의로운 자로 도덕적 변화를 일으키는 것이 아닙니다. 칭의는 사람의 인격이 의롭게 변화한다는 의미가 아닙니다. 여전히 악한 자의 모습으로 있는 자에게 의롭다고 선언하시는 하나님의 은혜의 행위입니다. 그에게 그리스도 예수를 믿는 믿음이 있기 때문입니다. 그리고 그 믿음 역시 하나님이 베푸시는 선물입니다.

결론적으로 하나님은 우리에게 선물로 주신 믿음을 통해 우리가 그리스도 예수를 믿을 때 그분의 인격과 그분의 완전한 순종에서 나온 공로를 우리의 것으로 간주하셔서 우리를 의인으로 선언해 주십니다. 이 일을 위해 하나님은 예수 그리스도에게 우리의 모든 죄값을 물으셨습니다. 바울은 이렇게 말합니다. "하나님이 죄를 알지도 못하신 이를 우리를 대신하여 죄로 삼으신 것은 우리로 하여금 그 안에서 하나님의 의가 되게 하려 하심이라"(고후 5:21). 우리가 하나님의 은혜로 그리스도 예수를 믿을 때, 우리의 모든 죄는 그리스도께로 옮겨지고, 그리스도의 의가 우리에게 옮겨옴으로 하나님이 우리를 의롭다고 여겨주시는 것입니다. 이것을 가리켜 루터는 '위대한 교환'이라고 했습니다. 이 위대한 교환으로 인해 우리에게는 더 이상 정죄함이 없으며, 우리의 연약함에도 불구하고 우리의 구원이 우리의 의가 되시는 그리스도 안에서 완전히 성취되었음을 확신할 수 있습니다.

허물과 죄로 죽었던 우리를 다시 살리시고 의롭다 하신 하나님께 늘 감사하시기 바랍니다.

믿음 안에서 살아내야 할 칭의

20절 말씀을 읽겠습니다. "내가 그리스도와 함께 십자가에 못 박혔나니 그런즉 이제는 내가 사는 것이 아니요 오직 내 안에 그리스도께서 사시는 것이라 이제 내가 육체 가운데 사는 것은 나를 사랑하사 나를 위하여 자기 자신을 버리신 하나님의 아들을 믿는 믿음 안에서 사는 것이라."

첫째로 이 말씀은 신자가 인간적인 의로 살지 말라는 의미입니다. 바울은 17절에서 "그리스도 안에서 의롭게 되려 하다가"라고 말했는데 이는 하나님의 칭의를 받았음에도 불구하고 더욱 의롭게 되려는 율법주의적이고 공로주의적 삶을 사는 자들을 향한 경고의 말씀입니다. 우리의 율법주의와 공로주의는 십자가에 못박혔습니다. 율법주의와 공로주의에 빠져서 사람의 능력이나 노력을 과대평가하지 말라는 말입니다. 우리는 물론 경건하고 거룩하도록 노력해야 합니다. 우리는 끊임없이 죄와 싸우고 죄를 죽이기 위해 애써야 합니다. 우리는 정의와 공의가 마르지 않는 강같이 흐르게 하는 일에 누구보다 앞장서는 자들이어야 합니다. 그러나 그 정의와 공의가 우리의 공로가 되면 심각한 문제를 낳습니다. 그런 자세와 태도는 율법주의와 공로주의를 낳고 교만하게 만들며 다른 사람을 쉽게 정죄하게 됩니다. 그러므로 예수 안에 사는 신자는 바울이 경고한 대로 항상 넘어질까 삼가야 합니다. 우리의 선행과 거룩한 행위라도 하나님 앞에서는 넝마 조가리에 불과하다는 사실을 기억해야 합니다.

둘째로, 이 말씀은 그리스도 안에 있어도 나는 여전히 도덕적으로 연약한 죄인임을 깨닫고 더욱 그리스도를 의지하라는 의미입니다. "죄인으로 나타나면 그리스도께서 죄를 짓게 하는 자냐 결코 그럴 수 없느니라"(17절). 우리가 그리스도 안에 있어 의인이 된 것은 법적으로든 신분적으로든 완전한 의인이 된 것입니다. 이것은 변하지 않습니다. 그러나 인격적으로나 도덕적으로나 우리는 여전히 완전하지 않고 연약합니다. 우리의 신분은 회복되었지만 우리의 습관은 여전히 죄에 물들어 있습니다. 그로 인해 끊임없이 계속되는 싸움이 다음 장에서 살펴볼 성화의 내용입니다. 우리는 법적으로 의인이 되었지만 우리의 오염된 지정의가 온전하게 회복되지 않았습니다. 그렇기 때문에 종종 연약함으로 인한 죄에 빠집니다. 사탄과 악한 영들이 끊임없이 그런 우리를 참소합니다. "네가 그런 죄를 짓고도 하나님의 자녀냐? 넌 유기된 자야"라고 낙심시킵니다. 바로 그런 때 성령이 일하셔서 우리가 그리스도를 더욱 의지하게 하십니다. 신약성경이 그토록 "예수 그리스도 안에서"를 강조하는 이유가 여기에 있습니다. 예수 그리스도 안에서 우리가 의롭다 하심을 받았습니다. 우리를 구원하는 것은 우리의 행위가 아니라 그리스도의 공로입니다. 그러므로 그리스도 밖에 있는 사람은 소망이 없는 자입니다. 그리스도 안에 있는 자들은 안전합니다.

셋째로 이 말씀은 오직 그리스도만으로 만족하며 살라는 말입니다. 20절에 묘사된 진정한 신자의 삶은 나를 위하여 자기 자신을 버리신 하나님의 아들을 믿는 믿음 안에서 사는 삶입니다. 그 믿음 하나만으로도 기뻐하며 감사를 잃지 않는 삶입니다. 내가 욥처럼 고난을 받고 바울처럼 죽을 고비를 맞으며 복음을 위하여 생계와 신분의 위협을 당하는 고난이 닥친다 할지라도, 복음이 전파하는 그리스도를 믿는 믿음으로 넉넉히 살아가는 삶입니다. 히브리서 설교자는 이렇게 살아가는 사람을 가리켜 세상이 감당치 못하는 사람, 즉 세상에 속하지 않은 사람이라고 말합니다(히 11:38). 우리가 믿음으로 의롭다 함을 받을 때 그 믿음은 분명 도구와 수단으로서의 믿음이지만 또한 사랑으로써 역사하는 믿음이 됩니다. 바울은 바른 복음의 교리를 갈라디아 교인들에게 가르치면서 이렇게 말합니다. "그리스도 예수 안에서는 할례나 무할례가 효력이 없으되 사랑으로써 역사하는 믿음뿐이니라"(갈 5:6). 즉 그의 믿음이 참되고 진실하다면 그의 삶 역시 참되고 진실할 것이며, 사랑으로 여러 선한 일들을 실천하는 믿음으로 입증될 것이란 의미입니다.

바로 이것이 하나님의 자녀가 된 자들이 보여주는 삶입니다. 우리는 이것을 양자 또는 입양(adoption)의 교리라 부릅니다. 소요리문답 34번을 보겠습니다.

문 34: "양자란 무엇입니까?"

답: "양자는 우리가 하나님의 아들의 수효에 받아들여지고 모든 특권에 관한 권리를 소유하게 하시는 하나님의 값없는 은혜의 행위입니다."

양자는 칭의 다음에 옵니다. 일반적으로 양자는 칭의 교리의 가장 큰 열매요 결과로 알려져 있지만 죄인이 회개하고 예수 그리스도를 믿으면 그는 곧바로 의롭게 되고 동시에 하나님의 아들이 됩니다.

우선 모든 인류는 하나님의 아들들이라 할 수 있습니다. 이유는 하나님이 인간을 창조하셨기 때문입니다(행 17:26). 우리는 이것을 보편적 형제애라 부릅니다. 동시에 이런 의미에서 하나님은 보편적 부성애를 지니신 하나님 아버지이십니다. 그러나 인류가 아담 안에서 범죄하여 타락한 이후에는 하나님의 자녀가 아니라 마귀의 자녀가 되었습니다. 그들은 빛의 자녀가 아니라 어두움의 자녀가 되었습니다(엡 5:8). 그러므로 더 이상 보편적 부성애나 형제애는 존재하지 않습니다. 모든 인류가 허물과 죄로 죽었습니다. 양자 교리는 허물과 죄로 죽은 자들 가운데 하나님이 일부를 그리스도 예수 안에서 택하사 은혜를 베푸신 자들에게 임하는 축복을 가리킵니다. 칼뱅은 하나님의 아들이신 예수 그리스도가 사람의 아들이 되신 것은 그 일을 통해 우리를 하나님의 아들 삼으시기 위함이라 말한 바 있습니다. 이것이 바울이 갈라디아서에서 말하는 핵심입니다. "때가 차매 하나님이 그 아들을 보내사 여자에게서 나게 하시고 율법 아래에 나게 하신 것은 율법 아래에 있는 자들을 속량하시고 우리로 아들의 명분을 얻게 하려 하심이라 너희가 아들이므로 하나님이 그 아들의 영을 우리 마음 가운데 보내사 아빠 아버지라 부르게 하셨느니라 그러므로 네가 이 후로는 종이 아니요 아들이니 아들이면 하나님으로 말미암아 유업을 받을 자니라"(갈 4:4-7).

하나님의 아들이 된 자들은 성령의 역사하심을 통해 하나님을 아바 아버지라 부르게 됩니다. 바울은 이것을 양자의 영이라 부릅니다(롬 8:15). 신자와 불신자의 가장 큰 차이점은 신자는 하나님을 두려움 없이 아버지라 부르는 반면, 불신자들은 결코 하나님을 아버지라 부르지 못한다는 것입니다. 의롭게 된 성도가 하나님의 자녀의 수효에 들어갔기에 그는 하나님 아버지의 유산을 상속받게 됩니다(갈 4:17). 우리가 하나님의 자녀이기에 은혜의 보좌 앞에 담대히 나아가고, 도움이 필요할 때 언제든지 하나님의 이름을 부르며 도움을 요청할 수 있으며, 하나님의 특별한 돌보심을 받게 됩니다(히 4:16; 시 103:13). 우리가 연약하여 유혹에 빠지거나 심지어 범죄한다 할지라도 하나님은 우리를 형벌하지 않으시고 징계하십니다. 하나님은 악인들의 범죄를 형벌하시고 심판하시지만, 의인들의 범죄는 징계하시고 책망하십니다. 전자를 형벌적 진노와 심판이라 부른다면, 후자는 부성적 징계라 부를 수 있을 것입니다.

그러므로 우리는 의롭다 함을 받고 하나님의 자녀가 되었으므로 더욱 하나님의 은혜로 인해 하나님의 자녀다운 삶을 나타내야 합니다.

이런 의미에서 우리를 의롭다 칭하시는 칭의 교리는 그저 딱딱하고 메마른 교리가 아닙니다. 그것은 우리 심장을 뛰게 만들며 우리를 감격하게 만들고 우리 심장을 주님께 바치게 만드는 위대한 교리입니다. 우리와 같은 죄인을 의인이라 칭해 주시다니 얼마나 놀라운 일입니까? 우리는 오직 주 예수 그리스도의 의의 흰옷에 감사하고 기뻐하는 진정한 칭의자가 되어야 할 것입니다. 뿐만 아니라 하나님을 배반하고 허물과 죄로 죽었던 우리를 독생자 예수 그리스도 안에서 입양하시고 하나님의 자녀가 되는 특권을 주셨으니 더욱 감사와 찬양과 경배를 올려야 할 것입니다.

우리는 인간을 바라보는 이 세상의 양극단의 견해를 모두 배격합니다. 하나는 인간을 지나치게 격하시키며 다른 하나는 지나치게 높입니다. 오늘날 어떤 이들은 사람이 단지 동물이거나 동물보다 조금 더 진화한 존재라고 여깁니다. 그러나 사람에 대한 이런 주장은 지극히 부족한 설명입니다. 사람은 단순 동물과 같은 존재가 아닙니다. 반면에 또 다른 이들은 스스로를 지극히 높이 평가합니다. 그들은 교육과 정치를 통해 이 세상을 교정하여 이상적인 사회로 만들 수 있다고 자부합니다. 사람이 죄를 짓고 잘못을 저지르는 것은 교육을 제대로 받지 못했기 때문이며 따라서 조금만 교육하고 교정하면 유토피아를 만들 수 있다고 주장합니다. 그러나 이런 주장은 사람의 타락한 본성을 간과한 매우 부족한 설명입니다.

저는 하나님의 말씀인 성경의 관점으로 이 두 가지 모두를 배격합니다. 사람에 대한 올바른 관점은 하나님의 말씀인 성경이 가르치고 있으며, 우선 인간은 하나님의 형상으로 지음받은 피조물이라는 사실입니다. 그러므로 사람은 동물과는 확연히 다르고 온 피조세계를 다스리는 주인입니다. 사람이 그렇게 할 수 있는 것은 사람 안에 하나님의 형상, 즉 의와 지식과 거룩과 같은 성품이 있기 때문입니다. 동물에게는 그런 것들이 없습니다. 그런데 그러한 사람이 어떻게 범죄하고 타락했습니까? 그것은 사람이 하나님을 반역하고 스스로를 하나님으로 여겼기 때문입니다. 그 결과 죄가 세상에 들어왔고 모든 것이 무질서해졌으며, 부패와 오염이 가득해지고, 인류는 혼돈에 빠졌습니다. 사람은 스스로 이 죄라는 문제를 해결할 능력이 없습니다. 이 문제를 해결하지 않고서는 우리 사회의 모든 문제가 해결될 다른 방법은 없습니다.

그런데 하나님이 예수 그리스도 안에서 우리의 죄를 용서하시고 우리를 의롭다 하시며, 다시 하나님의 형상을 회복하여 하나님의 뜻대로 세상을 다스릴 수 있게 은혜를 베풀어 주셨습니다. 바울은 이런 인간의 타락한 상태와 은혜의 상태를 가리켜 "너희가 전에는 어둠이더니 이제는 주 안에서 빛이라 빛의 자녀들처럼 행하라"고 말한 바 있습니다(엡 5:8).

그리스도 예수 안에 있는 구속으로 말미암아 하나님의 은혜로 값없이 의롭다 하심을 받고 하나님의 자녀가 되었으니 이제는 의롭다 함을 받은 자답게 믿음으로 그 자녀된 의로움을 나타내며 살아가기를 소망합니다.

○ 칼뱅, 『기독교 강요』, 3.13.3

어떻게 하면 양심이 하나님 앞에서 고요한 평안을 누릴수 있을까 하는 문제로 돌아가면, 그 유일한 길은 바로 하나님이 공로가 없는 우리를 향하여 의를 값없이 선물로 베풀어주신 사실을 깨닫는 데 있다는 것을 알게 된다. 우리는 언제나 다음과 같은 솔로몬의 질문을 염두에 두도록 하자. "내가 내 마음을 정하게 하였다 내 죄를 깨끗하게 하였다 할 자가 누구냐?"(잠 20:9) 무한정한 더러움 속에 빠져 있지 않은 사람은 하나도 없다. 지극히 완전한 사람을 자기 양심 속으로 들어가게 하여 자기의 행위들을 살피게 하면, 과연 어떤 결과가 나오겠는가? 자기와 하나님 사이에 모든 일들이 잘 정돈되어 있는 것처럼 과연 그렇게 편안히 쉬겠는가? 아니면, 처절한 고통으로 괴로워하게 되겠는가? 행위로 판단하게 되면, 그는 정죄받아 마땅한 근거가 자기에게 가득하다는 것을 느끼게 될 것이다. 하나님을 바라보면 양심이 하나님의 심판 앞에서 확실히 평안을 누리든지, 아니면 지옥의 공포에 완전히 사로잡히든지 둘 중의 한 가지 결과가 생길 수밖에 없다.

■ 나눔 질문

1. 사람이 율법의 행위로 의로워지지 못하는 이유는 무엇일까요?
2. 죄인이 하나님 앞에서 완전한 의인이 될 수 있는 근거와 내용은 무엇입니까?
3. 오직 믿음으로 말미암아 의롭게 된다고 할 때, 믿음의 기능은 무엇입니까?

4. 칭의에 있어 바울과 야고보의 차이점은 무엇일까요?

5. 루터가 말했던 위대한 교환(The Great Exchange)은 무슨 뜻입니까?

6. 저자가 말하는 칭의를 믿음으로 살아내는 세 가지 방법은 무엇입니까?

7. 저자는 칭의 교리가 우리 심장을 뛰게 하고 감격하게 만들며 우리 심장을 주님께 바치게 만드는 위대한 교리라고 고백합니다. 칭의 교리가 여러분에게 주는 감격이 무엇인지 나누어 봅시다.

8. 자신이 하나님의 자녀가 된 자라는 사실을 언제 누리게 되는지 그런 경험이 있다면 나누어 봅시다.

17장
우리를 거룩하게 하시는 하나님 - 성화

²²너희는 유혹의 욕심을 따라 썩어져 가는 구습을 따르는 옛 사람을 벗어 버리고 ²³오직 너희의 심령이 새롭게 되어 ²⁴하나님을 따라 의와 진리의 거룩함으로 지으심을 받은 새 사람을 입으라 ²⁵그런즉 거짓을 버리고 각각 그 이웃과 더불어 참된 것을 말하라 이는 우리가 서로 지체가 됨이라 ²⁶분을 내어도 죄를 짓지 말며 해가 지도록 분을 품지 말고 ²⁷마귀에게 틈을 주지 말라 ²⁸도둑질하는 자는 다시 도둑질하지 말고 돌이켜 가난한 자에게 구제할 수 있도록 자기 손으로 수고하여 선한 일을 하라 ²⁹무릇 더러운 말은 너희 입 밖에도 내지 말고 오직 덕을 세우는 데 소용되는 대로 선한 말을 하여 듣는 자들에게 은혜를 끼치게 하라 ³⁰하나님의 성령을 근심하게 하지 말라 그 안에서 너희가 구원의 날까지 인치심을 받았느니라 ³¹너희는 모든 악독과 노함과 분냄과 떠드는 것과 비방하는 것을 모든 악의와 함께 버리고 ³²서로 친절하게 하며 불쌍히 여기며 서로 용서하기를 하나님이 그리스도 안에서 너희를 용서하심과 같이 하라. 엡 4:22-31

> **소요리문답 35번**
>
> 문 35: 성화란 무엇입니까?
>
> 답: 성화란 하나님의 값없는 은혜의 사역인데(살후 2:13), 이를 통해 우리의 전인이 하나님의 형상을 따라 새롭게 되고(엡 4:23-24), 죄에 대하여는 점점 더 죽게 되고, 의에 대해서는 살 수 있게 되는 것입니다(롬 6:4, 6; 8:1).

지난 장에서 우리를 의롭다 하시는 하나님, 즉 오직 믿음으로 말미암는 칭의 교리에 대해 살펴보았습니다. 사람이 율법의 행위나 거룩한 공로로 의롭다 함을 받은 것이 아님을 분명히 했습니다. 사람이 의롭게 되는 것은 오직 그리스도와 그분이 우리를 위해 행하신 구속을 믿음으로만 가능하다는 것을 확인했습니다.

이번 장에서는 거룩의 교리를 살펴보려 합니다. 사실 거룩이라는 말은 우리를 불편하게 만듭니다. 우리는 본성적으로 거룩하지 않고 죄와 허물로 죽었던 자들이기 때문입니다. 그래서 히브리서 12장 14절의 "모든 사람과 더불어 화평함과 거룩함을 따르라 이것이 없이는 아무도 주를 보지 못하리라" 같은 말씀은 우리를 불편하게 만듭니다. 그렇다고 우리의 구원이 우리의 거룩의 정도에 달린 것은 아닙니다. 하나님의 거룩과 공의를 만족시킬 만한 거룩한 자는 이 세상에 아무도 없습니다. 그렇기에 우리는 거룩 또는 성화의 교리를 로마서 8장 30절 같은 말씀의 빛 아래서 이해해야 합니다. 로마서 8장 30절은 하나님의 선택과 예정에 따른 우리 구원의 확실성을 선포합니다. 하나님이 정하시고 부르시고 의롭다 하셨기에 반드시 영화롭게 하신다는 말입니다.

그럼에도 소명, 중생, 칭의, 양자, 이후에 신자가 갑자기 완전해지는 것은 아닙니다. 신자의 삶에는 여전히 죄의 문제가 남아 있습니다. 구약과 신약에서 성화는 두 가지 의미가 있는데 하나는 빛이요 다른 하나는 분리입니다. 바울은 에베소 교회에 이렇게 말합니다. "너희가 전에는 어둠이더니 이제는 주 안에서 빛이라 빛의 자녀들처럼 행하라 빛의 열매는 모든 착함과 의로움과 진실함에 있느니라"(엡 5:8-9). 여호와 하나님은 이스라엘 백성들에게 다음과 같이 말씀하십니다. "여호와께서 모세에게 말씀하여 이르시되 너는 이스라엘 자손의 온 회중에게 말하여 이르라 너희는 거룩하라 이는 나 여호와 너희 하나님이 거룩함이니라"(레 19:1-2). 따라서 성화는 하나님이 신자를 신분적으로 성도로 구별하셨을 뿐만 아니라 실제로 거룩하게 만들어 가시는 과정입니다. 바울이 고린도 교회에 보낸 말씀 한 구절을 더 보겠습니다. "우리가 다 수건을 벗은 얼굴로 거울을 보는 것 같이 주의 영광을 보매 그와 같은 형상으로 변화하여 영광에서 영광에 이르니 곧 주의 영으로 말미암음이니라"(고후 3:18). 성화란 점점 그리스도 예수를 닮아가는 것입니다. 그것은 하나님의 은혜로운 사역으로 하나님의 형상을 따라 전 인격에 걸쳐 새롭게 되고 죄에 있어서는 점점 더 죽게 되고 의에 대해서는 점점 더 살게 되는 것을 뜻합니다.

의롭다 함을 받은 신자를 향하신 하나님의 명령

첫째, 성화는 하나님의 부르심을 받아 의롭다 함을 받은 신자를 향하신 하나님의 명령입니다. 22-24절 말씀을 읽겠습니다. "너희는 유혹의 욕심을 따라 썩어져 가는 구습을 따르는 옛 사람을 벗어 버리고 오직 너희의 심령이 새롭게 되어 하나님을 따라 의와 진리의 거룩함으로 지으심을 받은 새 사람을 입으라."

소요리문답 35번도 보겠습니다.

문 35: "성화란 무엇입니까?"

답: "성화란 하나님의 값없는 은혜의 사역인데, 이를 통해 우리의 전인이 하나님의 형상을 따라 새롭게 되고, 죄에 대하여는 점점 더 죽게 되고, 의에 대해서는 살 수 있게 되는 것입니다."

여기서 중요한 사실은 우리의 전인이 하나님의 형상을 따라 새롭게 된다는 것입니다. 여기서 "우리"는 하나님의 은혜로 죄를 회개하고 예수님을 믿음으로 영접한 그리스도인을 가리킵니다. 성화란 그리스도를 믿는 신자를 향하신 하나님의 은혜의 사역입니다. 그 은혜의 사역은 우리로 하여금 죄에 대해서는 죽고 의에 대해서는 살게 하는 사역입니다. 이것은 전 구원 서정의 목적이기도 합니다. 사도 베드로는 이렇게 말합니다. "너희가 순종하는 자식처럼 전에 알지 못할 때에 따르던 너희 사욕을 본받지 말고 오직 너희를 부르신 거룩한 이처럼 너희도 모든 행실에 거룩한 자가 되라 기록되었으되 내가 거룩하니 너희도 거룩할지어다 하셨느니라"(벧전 1:14-16).

오늘 본문에서 바울도 두 가지를 강조합니다. 첫째는 "벗어 버리고"라는 표현입니다(22절). 성화라는 것은 예수님을 믿었으니까 그것으로 끝나는 게 아닙니다. 한번 믿음을 고백했다는 이유로 영원한 거룩이 자동적으로 보증되지는 않습니다. 성화를 강조하지 않는 칭의는 진정한 칭의가 아닙니다. 거룩을 강조하지 않는 교회는 참된 교회가 아닙니다. 거룩과 경건을 훈련하지 않는 교리는 진정한 교리가 아닙니다. 벗었으면 벗었을 뿐입니다. 입지 않으면 여전히 벗은 것입니다. 벗었다는 것은 입어야 한다는 것을 뜻합니다. "죄를 벗었다. 구습을 벗었다. 옛 사람을 벗었다. 새롭게 되었다"(23절). 그렇다면 그 다음에는 입어야 합니다.

그래서 둘째는 "입으라"(24절)는 명령입니다. 사도 바울은 로마 교회에 보낸 편지에서 이렇게 명령합니다. "밤이 깊고 낮이 가까웠으니 그러므로 우리가 어둠의 일을 벗고 빛의 갑옷을 입자 낮에와 같이 단정히 행하고 방탕하거나 술 취하지 말며 음란하거나 호색하지 말며 다투거나 시기하지 말고 오직 주 예수 그리스도로 옷 입고 정욕을 위하여 육신의 일을 도모하지 말라"(롬 13:12-14). 이것은 다시 돌아갈 수 없는 확실한 방향의 전환을 가리킵니다. 성화는 구원받은 신자를 향한 하나님의 지엄하신 명령이요 구원에 있어 필수불가결한 요소입니다.

그러나 우리는 성화나 거룩이 결코 구원의 근거는 아님을 분명히 해야 합니다. 지난 장에서 살펴본 것처럼 사람이 의롭게 되고 구원을 얻는 것은 율법의 행위로 말미암지 않기 때문입니다. 그 어떤 칭송받을 만한 거룩한 선행으로도 불가능하기 때문입니다. 그럼에도 거룩한 과정으로서의 성화는 구원의 증거이며 실체입니다. 왜냐하면 아무도 거룩함이 없이는 주를 보지 못하기 때문입니다. "모든 사람과 더불어 화평함과 거룩함을 따르라 이것이 없이는 아무도 주를 보지 못하리라"(히 12:14).

거룩을 추구하라는 것이 칭의를 받은 신자를 향한 하나님의 명령임을 깨닫고 더욱 거룩과 경건을 열망하고 추구하기를 소망합니다.

영화를 목적하는 하나님의 주권적 사역

둘째, 성화는 영화를 목적하시는 하나님의 주권적인 사역입니다. 본문 앞에 있는 18절 말씀을 함께 보겠습니다. "그들의 총명이 어두워지고 그들 가운데 있는 무지함과 그들의 마음이 굳어짐으로 말미암아 하나님의 생명에서 떠나 있도다."

한때 우리 모두는 "하나님의 생명에서 떠나" 있었습니다. 20절은 우리로 하여금 그리스도를 더욱 배워야 할 것을 권면합니다. 21절은 우리가 예수 안에서 배우고 있다는 것을 강조합니다. 소요리문답의 표현, 즉 "점점 더 죄에 대해서는 죽고 의에 대해서는 살 수 있게 된다"는 것이 바로 이런 의미입니다.

성화는 거듭남 이후 하나님이 우리를 내버려두시는 분이 아니심을 알려줍니다. 하나님은 우리를 의롭다 선포하시고, 이제 성화는 우리에게 맡겨놓으신 것이 아닙니다. 성화란 우리 안에 소원을 두고 행하시는 하나님의 능력입니다. 하나님은 우리를 의롭다고 여겨주실 뿐 아니라 의롭다 함을 받은 우리가 의로운 자로서 거룩하게 될 열망도 주십니다. 바울은 이렇게 말합니다. "그러므로 나의 사랑하는 자들아 너희가 나 있을 때뿐 아니라 더욱 지금 나 없을 때에도 항상 복종하여 두렵고 떨림으로 너희 구원을 이루라 너희 안에서 행하시는 이는 하나님이시니 자기의 기쁘신 뜻을 위하여 너희에게 소원을 두고 행하게 하시나니"(빌 2:12-13).

마지막에 살펴보겠지만, 성화에는 우리의 참여가 있습니다. 중생, 칭의, 양자에는 우리의 참여가 없습니다. 우리는 철저하게 수동적입니다. 그러나 성화에는 우리가 복종하고 두려워하고 떨며 구원을 이루어가야 하는 능동적 요소가 있습니다. 그럼에도 처음부터 끝까지 주도적으로 역사하시는 분은 하나님이십니다. 바울은 이렇게 말합니다. "또 미리 정하신 그들을 또한 부르시고 부르신 그들을 또한 의롭다 하시고 의롭다 하신 그들을 또한 영화롭게 하셨느니라"(롬 8:30). 이 말씀이 의미하는 바는 무엇입니까? 구원이란 처음부터 끝까지 전적으로 하나님의 주권적인 사역이라는 말입니다. 하나님의 구원 사역에는 휴게소가 없습니다. 피곤해서 운전자를 교체하는 일이 없습니다. 하나님의 단독적이며 주권적인 사역입니다. 하나님이 시작하시고 진행하시고 마치실 일입니다. 그렇기에 소요리문답도 성화를 "하나님의 은혜의 행위"라고 부르는 것입니다.

바울의 종말론이라 불리는 데살로니가전서 5장 23-24절은 이렇게 교훈합니다. "평강의 하나님이 친히 너희를 온전히 거룩하게 하시고 또 너희의 온 영과 혼과 몸이 우리 주 예수 그리스도께서 강림하실 때에 흠 없게 보전되기를 원하노라 너희를 부르시는 이는 미쁘시니 그가 또한 이루시리라." 그런데 그 전에 무슨 말씀이 있습니까? 그리스도 예수 안에서 우리를 향하신 하나님의 뜻이 나오는데, 그것은 우리가 항상 기뻐하는 것, 쉬지 말고 기도하는 것, 범사에 감사하는 것입니다. 우리에게 무언가를 하라고 명하시지만, 그런데도 이 모든 일을 하나님이 이루신다고 말합니다. 평강의 하나님이 우리를 온전히 거룩하게 하신다고 선언합니다. 우리의 온 영과 혼과 몸이 우리 주 예수 그리스도께서 강림하실 때에 흠 없게 보전되게 하신다고 강조합니다.

우리가 천 년을 살고 만 년을 산다고 해도 우리의 노력으로는 결코 하나님의 위대하신 거룩에 도달할 수 없습니다. 그러나 하나님이 그렇게 하십니다. 우리 안에 그런 마음을 주시고 또한 그렇게 되게 하십니다. 바울은 데살로니가 교회를 향해 또 이렇게 말합니다. "주께서 사랑하시는 형제들아 우리가 항상 너희에 관하여 마땅히 하나님께 감사할 것은 하나님이 처음부터 너희를 택하사 성령의 거룩하게 하심과 진리를 믿음으로 구원을 받게 하심이니"(살후 2:13). 하나님이 그리스도 안에서 우리를 의롭다고 선포하시고 성령 안에서 거룩하게 하십니다.

성화는 우리를 부르신 하나님의 뜻이며 하나님의 목적입니다. 우리의 무능력에 좌절하기보다 하나님의 위대하신 능력에 소망을 두고 마침내 우리를 거룩하게 하실 하나님께 모든 영광을 돌리기를 소원합니다.

우리가 이루어가야 할 신자의 행위

셋째, 성화는 하나님의 주권적 사역이지만, 동시에 신자가 이루어가야 할 신자의 행위입니다. 25-27절 말씀을 읽겠습니다. "그런즉 거짓을 버리고 각각 그 이웃과 더불어 참된 것을 말하라 이는 우리가 서로 지체가 됨이라. 분을 내어도 죄를 짓지 말며 해가 지도록 분을 품지 말고 마귀에게 틈을 주지 말라."

만일 성화가 전적으로 하나님의 사역이라면 우리는 그저 가만히 있어도 되지 않겠습니까? 결코 그렇지 않습니다. 빌립보서 2장 12절을 다시 보십시오. "그러므로 나의 사랑하는 자들아 너희가 나 있을 때뿐 아니라 더욱 지금 나 없을 때에도 항상 복종하여 두렵고 떨림으로 너희 구원을 이루라." 바울은 우리에게 구원을 이루라고 명령합니다. 마치 우리가 열심히 거룩을 추구하지 않으면 구원을 놓쳐버릴 수도 있다는 듯 경각심을 가지고 항상 복종하고 두렵고 떨림으로 말씀을 지키라는 말씀입니다.

이와 같이 성화에는 우리가 해야 할 일이 있습니다. 성화란 두렵고 떨림으로 복종해야 하는 일입니다. 칭의는 하나님의 선언적 행위이고 성화는 신자를 향한 하나님의 내적 변화의 사역입니다. 그럼에도 이 성화에는 신자가 집중하고 몰두해야 할 오직 자신만의 일이 있다는 것입니다. 나의 경건과 거룩의 추구를 누가 대신 해줄 수 없습니다. 여기에는 죄를 죽이는 영적 싸움이 전제됩니다. 내가 싸워야 합니다. 성령의 소욕과 육체의 소욕이 싸우는 것입니다. 싸움의 주체는 다름 아닌 나 자신입니다.

바울은 갈라디아 교회에게 편지하면서 이렇게 말합니다. "내가 이르노니 너희는 성령을 따라 행하라 그리하면 육체의 욕심을 이루지 아니하리라"(갈 5:16). 성령을 좇아가는 것, 죄에서 떠나는 것은 언제나 내가 할 일입니다. 그러면 구체적으로 이것을 어떻게 살아내야 합니까? 바울은 로마서에서 또 이렇게 말합니다. "그러므로 형제들아 우리가 빚진 자로되 육신에게 져서 육신대로 살 것이 아니니라 너희가 육신대로 살면 반드시 죽을 것이로되 영으로써 몸의 행실을 죽이면 살리니"(롬 8:12-13). 여기서 몸의 행실을 죽이라는 말은 죄를 죽이라는 말입니다. 죽이는 일이 얼마나 힘든 일입니까? 신약성경 전체를 보십시오. 우리에게 "싸우라, 죽이라, 깨어라, 근신하라, 정신을 차리라"고 계속 명령합니다. 오늘 읽은 에베소서 4장 본문도 마찬가지입니다. "벗어버리라, 입으라"고 명령합니다.

바울이 디모데에게 준 명령도 똑같습니다. "오직 너 하나님의 사람아 이것들을 피하고 의와 경건과 믿음과 사랑과 인내와 온유를 따르며 믿음의 선한 싸움을 싸우라 영생을 취하라 이를 위하여 네가 부르심을 받았고 많은 증인 앞에서 선한 증언을 하였도다"(딤전 6:11-12). 하나님이 절대 주권자시라고 해서 우리가 해야 할 일을 하나님께 미루어서는 안 됩니다. 우리가 반드시 싸워야 할 일을 하나님이 대신 하시도록 방기해서도 안 됩니다. 우리가 할 일은 하나님이 의롭다 하신 것을 지켜나가는 것입니다. 하나님이 불러주신 소명을 완성하는 것입니다. 하나님이 거룩하게 하신 것을 깨끗하게 지켜나가는 것입니다.

바울은 에베소 교회에 편지하면서 오늘 본문에 우리가 지켜나가야 할 성화의 사역이 무엇이라고 말합니까? 25-31절은 우리에게 다음과 같은 열두 가지를 말하고 있습니다. 1) 거짓을 버리라, 2) 이웃에게 참된 것을 말하라, 3) 분노가 일어도 죄는 짓지 말고 해가 질 때까지 분노의 감정으로 잠들지 말라, 4) 도적질하지 말라, 5) 수고하여 선한 일을 하라, 6) 더러운 말을 하지 말라, 7) 덕을 세우는 선한 말을 하라, 8) 하나님의 성령을 근심하게 하지 말라, 9) 악독, 노함, 분냄, 떠듬, 훼방을 악의와 함께 버리라, 10) 인자하게 하라, 11) 불쌍히 여기라, 12) 용서하라.

이것이 바로 에베소서가 말하는 "하나님을 본받는 자"의 삶입니다(엡 5:1). 그리스도인의 삶을 쉽게 생각하지 마십시오. 이것은 뼈를 깎는 노력과 훈련을 통해 이루어가야 할 하나님의 성품입니다. 이런 방식으로 우리의 전인이 하나님의 형상을 따라 새롭게 되고, 점점 더 죄에 대해서는 죽고, 의에 대해서는 살 수 있게 되는 것입니다.

　하나님이 역사하시는 성화 교리 안에는, 우리의 죄를 죽이고 의에 대해서는 더욱 활발하게 살아나는 우리의 영적 싸움이 있음을 깨닫고 부지런히 믿음의 선한 싸움을 싸워 거룩을 추구하는 성도들이 되어야 합니다.

성화의 목적은 우리가 잘 먹고 잘살기 위한 번영의 수단이 아닙니다. 성화는 하나님의 명령입니다. 성화는 하나님의 사역이자 동시에 신자의 사역입니다. 성화는 단번에 완성되지 않고 점진적으로 이루어집니다. 성화는 지상에서 완성되지 않습니다. 성화는 영화에 이를 때까지 계속됩니다. 그러므로 신자는 지상 생애에서 우리를 거룩하게 하시는 하나님의 은혜와 도우심이 필요합니다.

　하나님은 신자에게 거룩을 추구할 수 있도록 도움의 방편들을 주셨습니다. 그것을 우리는 은혜의 방편이라 부릅니다. 그것은 바로 하나님의 말씀과 성례와 기도입니다. 성례는 세례와 성찬으로 구성됩니다. 말씀과 성례와 기도는 신자의 영적 생명을 유지시키는 첩경입니다. 그리고 하나님은 교회에 목사와 장로 같은 직분자들을 세워 성도로 하여금 이 말씀과 성례와 기도를 잘 사용하는지 감독하게 하심으로 신자의 신앙 성숙을 돕게 하셨습니다. 그러므로 교회를 중심하고 직분자들의 지도에 따라 은혜의 방편을 잘 사용하여 하나님의 자녀로 성숙해 가는 일에 더욱 열심을 냅시다.

○ 칼뱅, 『기독교 강요』, 3.13.3

우리의 머리 되신 그리스도가 하늘로 올리우셨으니, 이 땅의 것들에 대한 사랑을 뒤로 제쳐두고 전심으로 하늘을 사모하는 것이 합당하다(골 3:1). 성령님이 우리를 하나님의 성전으로 드리셨으니 하나님의 영광을 밝히 드러내도록 최선을 다해야 하며, 죄의 더러움에 물들지 않도록 경계해야 마땅하다(고전 3:16; 6:19; 고후 6:16). 우리의 영혼과 육체가 장차 하늘에 속한 썩지 않는 영광에 들어가 쇠하여지지 않는 빛난 면류관을 쓰게 될 것이므로(벧전 5:4), 주의 날까지 우리의 영혼과 육체를 순결하고도 부패하지 않은 상태로 유지하도록 힘써 노력해야 할 것이다(살전 5:23). 이것이야말로 올바른 삶을 세우는 가장 확실한 토대가 되는 것이다.

■ 나눔 질문

1. 성화의 정의는 무엇입니까?
2. 소요리문답은 성화를 왜 "하나님의 값없는 은혜의 행위"라고 부릅니까?
3. 신자의 성화는 구원의 원인입니까 아니면 구원의 열매입니까?
4. 성화는 언제까지 계속되어야 하며 그 이유는 무엇입니까?
5. 성화를 잘 이루어 갈 수 있는 방편들에는 어떤 것들이 있습니까?
6. 자신이 성화되어 가고 있다는 것을 느낀 적은 언제인지 말해 보고 점점 더 거룩해져가는 경험에 대해 나누어 봅시다.

18장
칭의 양자 성화 교리가 주는 유익

¹그러므로 우리가 믿음으로 의롭다 하심을 받았으니 우리 주 예수 그리스도로 말미암아 하나님과 화평을 누리자 ²또한 그로 말미암아 우리가 믿음으로 서 있는 이 은혜에 들어감을 얻었으며 하나님의 영광을 바라고 즐거워하느니라 ³다만 이뿐 아니라 우리가 환난 중에도 즐거워하나니 ⁴이는 환난은 인내를, 인내는 연단을, 연단은 소망을 이루는 줄 앎이로다. 롬 5:1-4

소요리문답 36번

문 36: 이 세상의 삶에서 칭의, 양자, 성화와 함께 동반하거나 또는 그것들로부터 흘러나오는 은덕들은 무엇입니까?

답: 이 세상의 삶에서 칭의, 양자, 성화와 함께 동반하거나 또는 그것들로부터 흘러나오는 은덕들은 하나님의 사랑에 관한 확신, 양심의 평안(롬 5:12, 5), 성령 안에서의 기쁨(롬 14:17), 은혜의 증진(잠 4:18), 그리고 그 안에서 끝까지 견디는 것입니다(요일 5:13; 벧전 1:5).

칭의는 우리를 의인이라고 칭해 주시는 하나님의 법정적 선포입니다. 양자는 칭의의 열매로서 죄인이 죄인의 신분에서 하나님의 자녀로 입양되

어 하나님의 가족의 일원이 되는 것을 뜻합니다. 하나님의 성령은 우리 안에 내주하시면서 우리가 예수 그리스도의 십자가 공로를 힘입어 하나님의 자녀가 되었음을 증거하십니다. 성화란 점점 그리스도 예수를 닮아가는 것입니다. 그것은 하나님의 은혜로운 사역으로 하나님의 형상을 따라 전 인격에 걸쳐 새롭게 되고 죄에 있어서는 점점 더 죽게 되고 의에 있어서는 점점 더 살게 되는 것입니다. 이 모든 구원의 은혜는 오직 그리스도와 연합되어 있을 때 우리의 것이 되는데, 이 은혜는 그래서 오직 믿음을 통해서만 우리의 것이 됩니다.

이렇게 칭의와 양자 및 성화는 믿음을 통해 동시에 발생합니다. 우리는 오직 믿음으로 의롭다 함을 얻고, 믿음으로만 하나님의 자녀가 되며, 오직 믿음으로만 거룩하게 됩니다. 이것은 확정된 사실이며, 이 사실은 우리에게 여러 유익을 제공합니다. 소요리문답 36번은 이 교리들이 주는 유익을 다룹니다. 소요리문답 36번을 보겠습니다.

문: "이 세상의 삶에서 칭의, 양자, 성화와 함께 동반하거나 그것들로부터 흘러나오는 은덕들은 무엇입니까?"

답: "이 세상의 삶에서 칭의, 양자, 성화와 함께 동반하거나 또는 그것들로부터 흘러나오는 은덕들은 하나님의 사랑에 관한 확신, 양심의 평안(롬 5:12, 5), 성령 안에서의 기쁨(롬 14:17), 은혜의 증진(잠 4:18), 그리고 그 안에서 끝까지 견디는 것입니다(요일 5:13; 벧전 1:5)."

이번 장에서는 하나님의 말씀과 교리를 통해 칭의, 양자, 그리고 성화가 주는 유익을 세 가지로 살펴보겠습니다.

하나님의 사랑을 확신함

첫째, 칭의 양자 성화 교리가 주는 유익은 신자로 하여금 하나님의 사랑을 확신하게 해줍니다. 로마서 5장 1절을 읽겠습니다. "그러므로 우리가 믿음으로 의롭다 하심을 받았으니 우리 주 예수 그리스도로 말미암아 하나님과 화평을 누리자."

바울은 로마의 성도들에게 "하나님과 화평을 누리자"라고 선언합니다. 신자는 어떻게 하나님과 화평을 누리게 됩니까? 내가 죄인이었는데 그리스도를 믿음으로 의롭다 하심을 받았다는 확신이 생기면 자신이 더 이상 하나님의 진노와 멸망의 대상이 아니라는 확신도 얻게 됩니다. 그 결과 하나님과의 평강을 누리게 됩니다.

화평을 누리자는 말은 이전에 어떤 문제로 불화했다는 뜻이 아닙니까? 우리가 누군가와 말다툼을 벌였을 때 얼마나 마음이 불편하고 감정이 상합니까? 상대와 마주보기도 민망하고 함께 있으면 부자연스럽고 여러모로 불편합니다. 그래서 할 수만 있으면 싸우지 말아야 합니다. 바울은 성도들에게 할 수 있거든 모든 사람과 더불어 화목하라고 권면한 것도 그 때문입니다(롬 12:18). 그런데 하나님과 우리의 싸움은 일방적입니다. 우리가 하나님을 반역했습니다. 우리가 하나님께 죄를 저질렀고 죄인이 되었습니다. 우리가 하나님을 떠났습니다. 우리가 우리 마음대로 살았습니다. 그 결과는 수고와 슬픔뿐이요 신속한 죽음이며 그 후에는 심판이 있고 하나님의 저주와 진노가 기다릴 뿐이었습니다. 그 결과 우리 인간의 삶은 완전한 혼돈 그 자체가 되었습니다. 이는 전적으로 우리 잘못입니다. 이 싸움에서 우리가 잘한 것은 하나도 없습니다. 우리가 하나님과 싸운다면 그것은 우리 스스로는 돌아올 수 없는 강을 건넌 것과 다름없습니다.

그런데 하나님은 우리를 일방적으로 사랑하셨습니다. 일방적으로 찾아와 부르셨습니다. 독생자를 보내셨습니다. 의롭다고 칭해 주셨습니다. 어두움의 자녀에서 빛의 자녀로 불러주셨습니다. 마귀의 자식에서 하나님의 자녀가 되었습니다. 뿐만 아니라 거룩하게 하십니다. 돌아올 수 없는 강을 건넌 우리를 돌아오게 하시고 당신의 가족으로 받아주셨습니다. 그러니 화평을 누리라는 말입니다. 그래서 소요리문답 36번도 칭의, 양자 및 성화가 주는 유익 가운데 가장 먼저 하나님의 사랑에 관한 확신을 말하는 것입니다. "이 세상의 삶에서 칭의, 양자, 성화와 함께 동반하거나 또는 그것들로부터 흘러나오는 은덕들은 하나님의 사랑에 관한 확신, 양심의 평안, 성령 안에서의 기쁨, 은혜의 증진, 그리고 그 안에서 끝까지 견디는 것입니다."

죄인이 하나님을 믿기만 하면 가장 먼저 오는 것이 영혼의 구원, 양심의 화평입니다. 이것은 하나님의 사랑을 믿고 확신하는 데서 오는 결과입니다. 확신이란 무엇인가를 굳게 믿고 붙잡는 것입니다. 내 것으로 완전히 받아들이고 주관적으로 경험하는 것입니다. 믿지도 않는데 확신할 수 없습니다. 그래서 믿음에는 확신의 요소가 들어가 있습니다.

그렇다면 우리의 확신의 근거는 무엇입니까? 하나님의 말씀입니다. 성경이 확신을 증거하고 있는데 그 증거의 내용이 무엇입니까?

"그러므로 우리가 믿음으로 의롭다 하심을 받았으니"(1절)입니다. 구원의 서정, 즉 우리의 구원을 순서대로 말하자면, 하나님이 나를 부르셨고 회개시키시고 중생시키셔서 의롭게 하셨다는 말입니다. 구원의 전통적인 순서, 즉 구원의 서정(order salutis)은 부르심, 중생, 회개, 믿음, 칭의, 양자, 성화, 견인, 영화입니다. 이 모든 것을 성경이 선포하는데 특별히 본문은 우리가 하나님과 화평을 누리는 근원을 우리가 의롭다 하심을 받았기 때문이라고 밝힙니다. 하나님이 택하신 자들을 역사 속에서 부르시고 중생시키고 회개케 하시고 믿게 하시며 의인이라 불러주시고 그 결과 하나님의 자녀가 되었습니다. 이것을 성경이 증거하고 성령님이 증언하십니다(엡 1:4; 롬 8:15). 신자는 중생을 통해 거룩한 성도가 되어가며 끝까지 인내하게 되고 마침내 영화롭게 될 것입니다. 중생을 얻은 신자의 양심과 경험이 이를 증거합니다. 신자는 이 객관적 진리들을 사실로 믿는 사람입니다. 그리고 그 객관적 진리를 주관적으로 경험합니다. 즉 오직 믿음만이 확신을 제공합니다. 예수님을 믿으면 예수님의 생명이 우리에게 이식되어 우리가 살게 됩니다.

결론적으로 말하자면, 그리스도의 생명이 우리 안에 있기 때문에 이 모든 것을 경험하게 됩니다. 사도 요한은 이에 대해 다음과 같이 말합니다. "하나님의 아들을 믿는 자는 자기 안에 증거가 있고 하나님을 믿지 아니하는 자는 하나님을 거짓말하는 자로 만드나니 이는 하나님께서 그 아들에 대하여 증언하신 증거를 믿지 아니하였음이라 또 증거는 이것이니 하나님이 우리에게 영생을 주신 것과 이 생명이 그의 아들 안에 있는 그것이니라"(요일 5:10-11). 또한 우리 주님도 이렇게 말씀하십니다. "진실로 진실로 너희에게 이르노니 믿는 자는 영생을 가졌나니 내가 곧 생명의 떡이니라"(요 6:47-48). 믿는 자는 영생을 가졌습니다. 이 생명, 이 영생이 나로 하여금 확신하게 합니다.

본문 2절에서도 "그로 말미암아 우리가 믿음으로 서 있는 이 은혜에 들어감을 얻었으며"라고 말합니다. 과연 여러분은 이 믿음을 소유하고 있습니까? 여러분 자신이 예수님 외에는 소망이 없는 절망스러운 죄인임을 스스로 인정하십니까? 그저 지식적으로만이 아니라 경험적으로 자신이 죄와 악을 행하는 존재임을 고백합니까? 그리고 예수 그리스도를 구주로 인정하는 길 외에 구원을 얻을 다른 길이 없음을 믿고 받아들입니까? 예수 그리스도가 위하여 죽으신 동료 형제 그리스도인을 사랑합니까? 세상의 친구와 쾌락보다 하나님의 백성과 함께하는 교제의 모임을 더 좋아합니까? 하나님이 주의를 기울여 지키라고 주신 하나님의 계명을 지키기 위해 노력합니까? 이런 확신들이 참된 그리스도인의 표지들일 것입니다. 하나님의 사랑은 우리에게 이런 확신이라는 유익을 제공합니다. 바울은 이렇게 확신 넘치는 선언을 합니다. "내가 확신하노니 사망이나 생명이나 천사들이나 권세자들이나 현재 일이나 장래 일이나 능력이나 높음이나 깊음이나 다른 어떤 피조물이라도 우리를 우리 주 그리스도 예수 안에 있는 하나님의 사랑에서 끊을 수 없으리라"(롬 8:38-39).

그러므로 우리가 의롭다 함을 받고 하나님의 자녀가 되었으며 이제는 주님이 다시 오시는 날까지 점이나 흠도 없이 거룩하게 지으심을 받아가는 존재임을 깨닫고 더욱 넘치는 확신 가운데 생활하는 성도들이 되기를 소망합니다.

하나님 사랑 안에서 기뻐함

둘째, 칭의 양자 성화 교리가 주는 유익은 신자로 하여금 하나님의 사랑 안에서 깊이 즐거워하고 기뻐하게 만들어 줍니다. 2-3절 말씀을 보겠습니다. "또한 그로 말미암아 우리가 믿음으로 서 있는 이 은혜에 들어감을 얻었으며 하나님의 영광을 바라고 즐거워하느니라 다만 이뿐 아니라 우리가 환난 중에도 즐거워하나니 이는 환난은 인내를…"

하나님 나라의 특징 가운데 하나는 기쁨입니다. 하나님의 나라는 "먹

는 것과 마시는 것이 아니요 오직 성령 안에서 의와 평강과 희락"입니다
(롬 14:17). 사도 바울은 빌립보 교회에도 편지하면서 "주 안에서 기뻐하라
내가 다시 말하노니 기뻐하라"고 권면합니다(빌 4:4). 성령의 열매 가운데
하나가 바로 희락, 즉 기쁨입니다. 참된 기독교는 과도한 경건주의와 분리
주의, 또한 고행주의를 배격합니다. 어떤 사람은 그리스도인은 항상 엄숙
하고 진지하고 고독해야 하며, 더 나아가 슬퍼하고 애통해야 한다고 말
합니다. 일정 부분 진리입니다만, 그보다 먼저 그리스도인은 믿음 안에서
기뻐하고 진리 안에서 성도와 함께 교제해야 합니다. 신구약 성경이 성도
를 향해 기뻐하라고 얼마나 자주 명령하는지를 찾아보면 깜짝 놀랄 것
입니다. 기독교의 믿음은 어떤 의미에서 찬송가 85장과 같습니다.

"구주를 생각만 해도 내 맘이 좋거든 주 얼굴 뵈올 때에야 얼마나 좋
으랴…" 구주를 믿는데 하나도 기쁘지 않다면 그것은 성경이 말하는 참
된 믿음이 아닐 것입니다. 성경의 믿음은 즐거움이 가득한 믿음입니다.
그것은 고난 가운데도 기쁨을 생각해서 참아내는 믿음이 아니라 기쁘
고 즐겁기 때문에 기꺼이 고난을 참아내는 기쁨입니다. 그리스도인은 세
상이 줄 수 없는 주님의 평안을 소유한 자들이기 때문입니다. 그렇기에
그들은 근심하거나 두려워하지 않을 수 있는 것입니다(요 14:27).

이런 의미에서 기쁨은 적극적입니다. 소극적이지 않고 능동적입니다.
시편 32편 8절, "내가 네 갈 길을 가르쳐 보이고 너를 주목하여 훈계하리
로다"는 말씀을 기초로 지은 찬송가 313장의 가사 일부는 다음과 같습
니다. "갈 길을 밝히 보이시니 주 앞에 빨리 나갑시다. 우리를 찾는 구주
예수 곧 오라 하시네. 죄악 벗은 우리 영혼은 기뻐 뛰며 주를 보겠네. 하
늘에 계신 주 예수를 영원히 섬기리."

예수님을 만나면, 이 세상이 전부가 아니요 하나님의 나라가 있음을

보게 됩니다. 그는 즉시 하나님의 영광의 광채를 체험하고 그것을 즐거워합니다. 예수 그리스도를 영접하는 자 곧 그 아들을 믿는 자에게는 하나님의 자녀가 되는 권세(요 1:14)를 주시는데 그런 권세를 받은 하나님의 자녀는 또 어떤 특권을 누리는 자입니까? 독생자의 영광을 보는 자입니다. "말씀이 육신이 되어 우리 가운데 거하시매 우리가 그의 영광을 보니 아버지의 독생자의 영광이요 은혜와 진리가 충만하더라"(요 1:14). 히브리서 설교자는 이렇게 말합니다. "오직 우리가 천사들보다 잠시 동안 못하게 하심을 입은 자 곧 죽음의 고난 받으심으로 말미암아 영광과 존귀로 관을 쓰신 예수를 보니 이를 행하심은 하나님의 은혜로 말미암아 모든 사람을 위하여 죽음을 맛보려 하심이라 그러므로 만물이 그를 위하고 또한 그로 말미암은 이가 많은 아들들을 이끌어 영광에 들어가게 하시는 일에 그들의 구원의 창시자를 고난을 통하여 온전하게 하심이 합당하도다"(히 2:9-10). 베드로도 이렇게 말합니다. "모든 은혜의 하나님 곧 그리스도 안에서 너희를 부르사 자기의 영원한 영광에 들어가게 하신 이가 잠깐 고난을 당한 너희를 친히 온전하게 하시며 굳건하게 하시며 강하게 하시며 터를 견고하게 하시리라"(벧전 5:10). 우리는 주가 재림하시는 마지막 날에 영광스럽게 되어 영광 중에 영광에 들어갈 자들입니다. 예수 그리스도 안에서 그 영광을 체험하고 즐거워하는 기쁨을 누리게 됩니다. 그래서 바울은 "또 미리 정하신 그들을 또한 부르시고 부르신 그들을 또한 의롭다 하시고 의롭다 하신 그들을 또한 영화롭게 하셨느니라"고 말한 것입니다(롬 8:30).

또한 소극적 기쁨도 있습니다. 소극적 기쁨이란 고난 가운데서의 기쁨을 의미합니다. 바울은 본문 3절에서 "우리가 환난 중에도 즐거워하나니"라고 했습니다. 산상수훈에서도 예수님은 이렇게 말씀하십니다. "나로 말미암아 너희를 욕하고 박해하고 거짓으로 너희를 거슬러 모든 악한 말을 할 때에는 너희에게 복이 있나니 기뻐하고 즐거워하라 하늘에서 너희의 상이 큼이라 너희 전에 있던 선지자들도 이같이 박해하였느니라"(마 5:11-12). 이런 기쁨을 추구하고 유지하기란 매우 어려운 일입니다. 그러나 우리의 기쁨이 그리스도의 영광과 하나님의 영광에 기초해 있다면 그로 인해 넉넉히 이기게 됩니다. 우리를 사랑하시는 하나님이 우리를 넉넉히 이기게 하실 것입니다. 그렇기 때문에 현재의 고난은 장차 나타날 영광과 족히 비교할 수 없습니다. "자녀이면 또한 상속자 곧 하나님의 상속자요 그리스도와 함께 한 상속자니 우리가 그와 함께 영광을 받기 위하여 고난도 함께 받아야 할 것이니라 생각하건대 현재의 고난은 장차 우리에게 나타날 영광과 비교할 수 없도다"(롬 8:17-18).

그러므로 하나님의 사랑 안에서 항상 기뻐하고 깊이 즐거워하는 성도들이 되기를 바랍니다.

하나님 사랑 안에서 끝까지 인내함

셋째, 칭의 양자 성화 교리가 주는 유익은 예수 그리스도 안에 있는 하나님의 사랑으로 끝까지 인내하게 된다는 것입니다. 로마서 5장 3-4절을 읽겠습니다. "다만 이뿐 아니라 우리가 환난 중에도 즐거워하나니 이는 환난은 인내를, 인내는 연단을, 연단은 소망을 이루는 줄 앎이로다."

종말이 가까울수록 두드러지게 나타나는 특징이 무엇입니까? 거짓 선지자가 출현하고 하나님의 말씀을 싫어하는 불법이 성행하며 마지막으로 사람들 간에 사랑이 식어지는 것입니다. 예수님은 종말의 특징을 이렇게 묘사하십니다. "그 때에 많은 사람이 실족하게 되어 서로 잡아 주고 서로 미워하겠으며 거짓 선지자가 많이 일어나 많은 사람을 미혹하겠으며 불법이 성하므로 많은 사람의 사랑이 식어지리라"(마 24:10-12). 사도 바울도 이렇게 말합니다. "사람들이 자기를 사랑하며 돈을 사랑하며 자랑하며 교만하며 비방하며 부모를 거역하며 감사하지 아니하며 거룩하지 아니하며 무정하며 원통함을 풀지 아니하며 모함하며 절제하지 못하며 사나우며 선한 것을 좋아하지 아니하며 배신하며 조급하며 자만하며 쾌락을 사랑하기를 하나님 사랑하는 것보다 더하며"(딤후 3:2-4). 사랑이 식어지면 인내하지 못하게 됩니다. 그렇기에 예수님은 마태복음 24장 13절에서 "그러나 끝까지 견디는 자는 구원을 얻으리라"고 말씀하신 것입니다. 신자는 끝까지 견디는 자입니다. 끝까지 인내하는 자입니다.

　우리 중에는 누구보다 바르게 신앙인으로 살면서 교회에 열심을 내다가 믿음을 저버리고 세상으로 가는 사람들이 있습니다. 성경은 이미 이런 사람들에 대해 언급하고 있습니다. 대표적으로, 양심을 버리고 믿음도 파선한 후메내오와 알렉산더가 있고 이 세상을 사랑하여 바울을 버리고 떠난 데마도 있습니다(딤전 1:19-20; 딤후 4:10). 그러나 이런 사람들은 단 한 번도 참되고 진실한 믿음, 즉 칭의와 양자와 성화가 주는 유익을 받는 참된 믿음을 소유하지 않은 자들이라 할 수 있을 것입니다.

　참된 믿음을 소유한 사람은 환란이나 박해를 당하고 유혹이나 시험이 있어도 끝까지 인내하고 견디는 자입니다. 다른 사람들은 다 포기하고 주저앉아도 나만큼은 나를 구원하신 하나님의 뜨거운 사랑으로 끝까지 견디며 식지 않는 심장을 뛰게 하는 자입니다. 우리가 이렇게 인내하는 이유는 무엇입니까? 바로 하나님의 사랑이 우리에게 주는 적극적이고도 소극적인 기쁨을 누리기 때문입니다. 하나님의 영광을 바라고 즐거워하기 때문입니다. 이것은 궁극적 인내, 즉 끝까지 견디는 인내입니다. 하나님은 한 번 사랑하시면 결코 우리를 버리지 않으십니다. 예수님도 우리를 사랑하시되 끝까지 사랑하십니다. 성령님도 우리가 기도할 수 없을 때조차 우리를 위하여 탄식으로 기도하십니다. 이렇듯 하나님의 끝없고 변함없는 사랑을 알고 경험하는 우리는 얼마나 인내하며 하나님 사랑을 나타내야 하겠습니까?

로마제국의 서슬 퍼런 핍박과 고난의 시대를 살아갔던 야고보 사도가 우리에게 주는 권면을 기억합시다. "인내를 온전히 이루라 이는 너희로 온전하고 구비하여 조금도 부족함이 없게 하려 함이라"(약 1:4). 인내하지 않으면 온전하게 되지 못합니다. 계속해서 야고보는 이렇게 말합니다. "형제들아 주의 이름으로 말한 선지자들을 고난과 오래 참음의 본으로 삼으라 보라 인내하는 자를 우리가 복되다 하나니 너희가 욥의 인내를 들었고 주께서 주신 결말을 보았거니와 주는 가장 자비하시고 긍휼히 여기시는 이시니라"(약 5:10-11). 성경이 칭찬하며 우리에게 본받을 것을 명령하는 모든 신앙의 복된 인물들은 끝까지 견디는 자들이었습니다. 아브라함과 이삭과 야곱이 그랬고 선지자들이 그랬고 욥이 그랬고 한나가 그랬습니다.

성경의 역사 속에 기록된 신앙의 위대한 선배들의 인내를 배우고 그들의 믿음과 삶을 우리의 본으로 삼아 하나님의 사랑 안에서 끝까지 견디는 성도들이 됩시다.

우리가 배우는 교리는 탁상공론이어서는 안 됩니다. 우리가 날마다 묵상하는 성경, 우리가 읽는 신학서적은 우리에게 객관적 확신뿐 아니라 주관적 확신까지도 주어야 합니다. 사실을 믿는 것과 그 사실이 오늘 내게 힘과 능력이 되는 것은 다른 문제입니다. 사람이 객관적으로 믿고 인정하기는 하는데 그것을 내 것으로 체험하고 살아내지 않으면 내게 상관 없는 교리가 됩니다. 그것은 죽은 교리요 능력 없는 정통입니다. 경건의 모양은 있으나 그 능력은 부인하는 것입니다. 즉 그 능력을 경험해 보지 못한 것입니다. 우리에게 부은 바 된 하나님의 사랑이 우리에게 오늘을 견디게 하는 기쁨이 되고 내일을 소망하게 만드는 원동력이 되어야 합니다. 하나님의 칭의와 양자와 성화가 주는 유익을 마음에 새기고 주님의 나라가 온전히 임할 때까지 인내하며 맡은 바 사명을 잘 감당하기를 소망합니다.

○ 칼뱅, 『기독교 강요』, 3.2.42

어디에 있든 이 믿음은 반드시 영원한 구원에 대한 소망을 절대로 떨어지지 않는 반려자(companion)로서 곁에 함께 두고 있는 법이다. 아니 차라리 믿음이 그 자체에서 소망을 낳고 소망을 드러낸다고 하는 것이 낫겠다. 이 소망이 없다면, 아무리 세련되고 유려하게 믿음을 논한다 할지라도 우리에게 믿음이 없다는 것이 확실한 것이다. 앞에서 말한 대로 만일 믿음이 하나님의 진리를 확고히 믿는 것(a pure persuasion)이라면 — 그 진리가 우리에게 거짓말을 할 수도, 우리를 속일 수도, 헛될 수도 없다는 것을 믿는 것이라면 — 이런 확신을 얻은 사람은 동시에 하나님이 그의 약속들을 이행하실 것을 반드시 기대하게 될 것이다. 그 약속들이 절대로 참되다는 것을 확고히 믿기 때문이다.

■ 나눔 질문

1. 하나님의 사랑을 확신하는 데서 오는 두 가지 결과는 무엇입니까?
2. 확신의 근거는 무엇입니까?
3. 저자가 말하는 하나님 사랑 안에서의 두 가지 기쁨은 무엇입니까?
4. 의롭다 함을 받고 하나님의 자녀가 되어 거룩을 추구하는 참된 신자는 고난을 당할 때 어떤 자세를 취하게 됩니까?
5. 참된 신자가 고난 중에도 인내하게 되는 원동력은 무엇입니까?
6. 고난 가운데 인내했던 경험들이 있다면 나누어 봅시다.

19장
신자의 죽음이 주는 유익

¹만일 땅에 있는 우리의 장막 집이 무너지면 하나님이 지으신 집 곧 손으로 지은 것이 아니요 하늘에 있는 영원한 집이 우리에게 있는 줄 아느니라 ²참으로 우리가 여기 있어 탄식하며 하늘로부터 오는 우리 처소로 덧입기를 간절히 사모하노라 ³이렇게 입음은 우리가 벗은 자들로 발견되지 않으려 함이라 ⁴참으로 이 장막에 있는 우리가 짐진 것같이 탄식하는 것은 벗고자 함이 아니요 오히려 덧입고자 함이니 죽을 것이 생명에 삼킨 바 되게 하려 함이라 ⁵곧 이것을 우리에게 이루게 하시고 보증으로 성령을 우리에게 주신 이는 하나님이시니라 ⁶그러므로 우리가 항상 담대하여 몸으로 있을 때에는 주와 따로 있는 줄을 아노니 ⁷이는 우리가 믿음으로 행하고 보는 것으로 행하지 아니함이로라 ⁸우리가 담대하여 원하는 바는 차라리 몸을 떠나 주와 함께 있는 그것이라 ⁹그런즉 우리는 몸으로 있든지 떠나든지 주를 기쁘시게 하는 자가 되기를 힘쓰노라 ¹⁰이는 우리가 다 반드시 그리스도의 심판대 앞에 나타나게 되어 각각 선악간에 그 몸으로 행한 것을 따라 받으려 함이라. 고후 5:1-10

소요리문답 37번

문 37: 신자들은 죽음에서 그리스도로부터 어떤 은덕들을 받습니까?

답: 신자들의 영혼들은 그들이 죽을 때 거룩함으로 완전하게 되고(히 12:23), 즉시 영광 안으로 들어갑니다(고후 5:1, 6, 8; 빌 1:23; 눅 23:43). 그리고 그들

> 의 육신들은 여전히 그리스도에 연합된 채로(살전 4:14) 부활의 때까지(욥 19:26-27) 그들의 무덤에서 쉽니다(사 57:2).

죽음에 대해 생각해 본 적이 있습니까? 우리는 얼마나 자주 누군가 죽는 것을 봅니까? 목회자들은 사역의 특성상 종종 죽은 사람의 시신을 보게 됩니다. 장례식장에서 누군가의 죽음을 슬퍼하는 살아 있는 사람들을 보게 됩니다. 그런데 그 슬퍼하는 사람들도 어찌 보면 죽음을 앞두고 있으며 죽어가고 있으며 언젠가 죽음을 맞이합니다. 이 세상에서 죽지 않는 사람은 아무도 없습니다. 그렇기에 인간은 수시로 죽음을 생각해야 합니다.

어떤 의미에서 죽음이란 시시각각 다가오는 야수와 같습니다. 그것은 소리 없는 공포입니다. 죽음은 외면한다고 피할 수 있는 것이 아닙니다. 죽음은 어김없이 만인에게 공평하게 찾아옵니다. 이 세상에서 어떤 삶을 살았든지 죽음이 비껴가는 법은 없습니다. 간신도 충신도, 노인도 아이도, 남자도 여자도, 많이 배운 자도 어리석은 자도, 부자도 가난한 자도, 심지어 사람도 짐승도 모두 죽습니다. 호흡이 있는 모든 존재는 결국 죽습니다.

그런데 중요한 것은 죽음으로 우리 인생이 끝나지 않는다는 것입니다. 만일 사람이 죽음을 맞이하고 모든 것이 끝난다면 오히려 속 편할 것입니다. 그러나 하나님의 말씀은 죽음이란 인류가 하나님을 반역하고 대적한 죄의 결과이며, 죽음 후에는 심판이 있다고 선언합니다. 바울은 죄의 삯은 사망이라고 했습니다(롬 6:23). 히브리서 설교자는 사람이 죽는 것에 대해 이렇게 평가하고 있습니다. "한번 죽는 것은 사람에게 정해진 것이요 그 후에는 심판이 있으리니"(히 9:27). 죽음 이후에 심판은 누구에게나 예외 없이 찾아올 것입니다.

죽음의 실재와 유익

고린도후서 5장 1-10절 말씀에 따르면 첫째, 죽음은 실재하는 현실이며, 그럼에도 불구하고 신자의 죽음은 그에게 유익하다는 사실을 교훈해 줍니다. 1-4절 말씀을 읽겠습니다. "만일 땅에 있는 우리의 장막 집이 무너지면 하나님께서 지으신 집 곧 손으로 지은 것이 아니요 하늘에 있는 영원한 집이 우리에게 있는 줄 아느니라 참으로 우리가 여기 있어 탄식하며 하늘로부터 오는 우리 처소로 덧입기를 간절히 사모하노라 이렇게 입음은 우리가 벗은 자들로 발견되지 않으려 함이라 참으로 이 장막에 있는 우리가 짐진 것 같이 탄식하는 것은 벗고자 함이 아니요 오히려 덧입고자 함이니 죽을 것이 생명에 삼킨 바 되게 하려 함이라."

세상은 죽음을 생명이 끊어지는 것 또는 생물의 생명이 없어지는 현상이라고 정의합니다. 이런 의미에서 죽음은 심장이 멈추거나 육체의 호흡이 멈추는 것이라 할 수 있습니다. 하지만 성경은 죽음을 그렇게 단순하게 정의하지 않습니다. 죽음이란 인간이 하나님의 말씀을 믿지 않고 불순종하여 범죄하고 타락했을 때로부터 시작된 것입니다. 그 결과 인간은 하나님으로부터 분리되었고 하나님의 생명에서 떠난 자가 되었습니다. 뿐만 아니라 인간은 심판을 받아 그 육신이 죽음을 경험하게 되었습니다. 전자가 영적 죽음이며 후자는 육적 죽음을 의미합니다.

성경이 선언하는 바, 모든 인간이 죽는다는 것은 결국 모든 인간이 범죄하여 하나님과의 교제가 단절되었고 하나님의 생명에서 떠나 있다는 증거입니다. 죽음은 우리 인간의 삶에서 실재합니다. 그런데 그 죽음이 신자에게 오히려 유익하다고 말할 수 있을까요? 어떻게 신자의 죽음이 유익하다는 말입니까? 죽음은 죄의 삯이 아닙니까? 죽음은 하나님의 심판의 결과가 아닙니까? 에덴동산에서 하나님은 이렇게 말씀하셨습니다. "선악을 알게 하는 나무의 열매는 먹지 말라 네가 먹는 날에는 반드시 죽으리라 하시니라"(창 2:17). 그러나 인류는 하나님의 말씀보다 마귀의 말을 더 신뢰했고 그 결과 죽음이라는 심판을 당했습니다. 그렇다면 죽음은 죄에 대한 하나님의 형벌이 아닙니까? 죽음이 이처럼 범죄한 결과로 발생한 것인데 무슨 유익이란 말입니까?

그 이유는 바로 그 죄의 삯으로서의 죽음이 멸망할 것이기 때문입니다. 1절에서 "우리의 장막 집이 무너지면 하늘에 있는 영원한 집이 우리에게 있다"고 했습니다. 4절에서도 "덧입고자 함이니 죽을 것이 생명에 삼킨 바 되게 하려 함이라"고 했습니다. 이 말은 우리의 죽을 이 육체가 죽지 않을 영원한 생명을 입은 부활체로 변화할 것을 뜻합니다. 말하자면 죄의 삯인 죽음이 도리어 신자를 향한 능력을 상실하게 될 것이라는 말입니다. 왜냐하면 그리스도 예수께서 친히 우리를 위해 죽음에 삼킨 바 되셔서 죽음을 멸하시고 또 죽기를 무서워하므로 한평생 매여 종 노릇 하는 모든 자들을 구원하셨기 때문입니다(히 2:14-15). 바울은 "사망이 한 사람으로 말미암았으니 죽은 자의 부활도 한 사람으로 말미암는도다 아담 안에서 모든 사람이 죽은 것같이 그리스도 안에서 모든 사람이 삶을 얻으리라"(고전 15:21-22)고 말한 뒤에 "맨 나중에 멸망 받을 원수는 사망이니라"고 결론 내렸습니다(고전 15:26).

예수 그리스도를 믿음으로 그리스도 안에서 죽는 신자는 영원히 죽음을 맛보지 않을 것입니다. 계속해서 바울은 고린도 교인들에게 사망을 정복하는 부활에 대해 이렇게 말합니다. "이 썩을 것이 썩지 아니함을 입고 이 죽을 것이 죽지 아니함을 입을 때에는 사망을 삼키고 이기리라고 기록된 말씀이 이루어지리라 사망아 너의 승리가 어디 있느냐 사망아 네가 쏘는 것이 어디 있느냐"(고전 15:54-55). 시인은 "주께서 내 영혼을 사망에서, 내 눈을 눈물에서, 내 발을 넘어짐에서 건지셨나이다"라고 노래했습니다(시 116:8). 이런 의미에서 하나님은 신자의 죽음을 귀히 보십니다. "그의 경건한 자들의 죽음은 여호와께서 보시기에 귀중한 것이로다"(시 116:15). 왜냐하면 하나님은 중생을 통해 신자를 죽음에서 이끌어 내시기 때문입니다. 하나님을 대적한 죄와 허물로 모두 다 죽었는데 그 가운데 일부를 하나님의 은총으로 살리시는 것입니다.

그러므로 생명의 주님이신 그리스도 예수를 믿음으로 죽음을 통해 영원한 생명을 얻게 된다는 사실을 굳게 믿고, 죽음을 두려워하기보다 영원한 생명을 사모해야 할 것입니다.

즉시 거룩하게 되어 영광에 진입함

둘째, 참된 신자는 죽음과 동시에 즉시 거룩하게 되어 영광 안으로 들어가게 됩니다. 4-5절 말씀을 읽겠습니다. "참으로 이 장막에 있는 우리가 짐진 것 같이 탄식하는 것은 벗고자 함이 아니요 오히려 덧입고자 함이니 죽을 것이 생명에 삼킨 바 되게 하려 함이라 곧 이것을 우리에게 이루게 하시고 보증으로 성령을 우리에게 주신 이는 하나님이시니라."

소요리문답 37번도 보겠습니다.

문 37: "신자들은 죽음에서 그리스도로부터 어떤 은덕들을 받습니까?"

답: "신자들의 영혼들은 그들이 죽을 때 거룩함으로 완전하게 되고, 즉시 영광 안으로 들어갑니다. 그리고 그들의 육신들은 여전히 그리스도에 연합된 채로 부활의 때까지 그들의 무덤에서 쉽니다."

신자의 죽음이 유익한 첫 번째 이유는 신자가 죽음을 통해 온전히 거룩하게 되어 즉시 영광에 진입하기 때문입니다. 인간의 영혼은 불멸합니다. 죽음은 그야말로 생명의 종착지가 아닙니다. 왜냐하면 하나님이 사람을 영생하는 존재로 지으셨기 때문입니다. 예수님은 "몸은 죽여도 영혼은 능히 죽이지 못하는 자들을 두려워하지 말고 오직 몸과 영혼을 능히 지옥에 멸하실 수 있는 이를 두려워하라"(마 10:28)고 말씀하신 바 있습니다. 우리 예수님은 십자가에 못박혀 돌아가실 때 함께 못박혔던 한편 강도에게 "오늘 네가 나와 함께 낙원에 있으리라"고 말씀하셨습니다(눅 23:43). 인간의 영혼은 불멸합니다. 그러나 어떤 상태로 불멸하는가가 더 중요합니다.

하나님의 말씀인 성경은 하나님이 복 받을 영혼과 저주 받을 영혼을 분리하신다고 말씀합니다. "인자가 자기 영광으로 모든 천사와 함께 올 때에 자기 영광의 보좌에 앉으리니 모든 민족을 그 앞에 모으고 각각 구분하기를 목자가 양과 염소를 구분하는 것 같이 하여 양은 그 오른편에 염소는 왼편에 두리라"(마 25:31-33). 그리고 양은 영생의 부활로 염소는 영벌의 부활로 나오게 될 것입니다. 마태복음 25장의 마지막 46절은 이렇게 끝납니다. "그들은 영벌에, 의인들은 영생에 들어가리라 하시니라."

사도 바울이 "몸을 떠나 주와 함께 있"(고후 5:8)기를 원한다고 한 것도 같은 맥락입니다. 빌립보 교회에 편지하면서도 이렇게 말했습니다. "내가 그 둘 사이에 끼었으니 차라리 세상을 떠나서 그리스도와 함께 있는 것이 훨씬 더 좋은 일이라 그렇게 하고 싶으나"(빌 1:23). 왜냐하면 신자는 죽음을 통해 영광스러운 몸으로 변화하기 때문입니다. 바울은 계속해서 이렇게 말합니다. "그러나 우리의 시민권은 하늘에 있는지라 거기로부터 구원하는 자 곧 주 예수 그리스도를 기다리노니 그는 만물을 자기에게 복종하게 하실 수 있는 자의 역사로 우리의 낮은 몸을 자기 영광의 몸의 형체와 같이 변하게 하시리라"(빌 3:20-21).

신자는 죽음을 통해 완전히 거룩하고 영화롭게 되며 영광에 도달합니다. 이것이 바울이 로마서 8장 30절에서 말하는 구원의 서정의 종착지입니다. "또 미리 정하신 그들을 또한 부르시고 부르신 그들을 또한 의롭다 하시고 의롭다 하신 그들을 또한 영화롭게 하셨느니라"(롬 8:30). 그렇기에 참된 그리스도인은 죽음을 두려워하지 않습니다. 최선을 다하여 신자의 삶을 살아가지만 궁극적으로 지상에서의 생명이 다할 때 미련 없이 이 땅에서의 시민권을 버리고 하늘의 시민권을 붙잡게 됩니다.

신자의 죽음이 유익한 둘째 이유는 신자의 몸이 그리스도와 연합하여 부활 때까지 무덤에서 안식하기 때문입니다. 인생이란 지침과 나이듦과 질병과 고난의 삶입니다. 모세는 인생의 연수가 칠십이요 강건하면 팔십이라도 그 연수의 자랑은 수고와 슬픔뿐이라고 했습니다(시 90:10). 죽음이란 그런 고통으로부터의 해방입니다. 여기에 죽음의 역설이 있습니다. 죽음은 죄의 삯이면서 동시에 죄로부터의 해방입니다. 특별히 신자의 죽음은 더욱 그러합니다. 왜냐하면 신자의 몸은 믿음으로 그리스도와 연합되어 있기 때문입니다. 신자의 몸은 그리스도와 연합하여 그리스도처럼 부활할 것을 기대하고 있습니다. 바울은 예수 안에서 자는 자들이 부활할 것을 말합니다. "우리가 예수께서 죽으셨다가 다시 살아나심을 믿을진대 이와 같이 예수 안에서 자는 자들도 하나님이 그와 함께 데리고 오시리라"(살전 4:14). 부활 때에 신자는 그리스도를 완전히 알게 될 것입니다. 지금 거울로 보는 것처럼 희미하게 보지 않습니다. 그리스도와 온전한 교제가 이루어집니다. 바울은 고린도전서 13장 12절에서 이렇게 말합니다. "우리가 지금은 거울로 보는 것 같이 희미하나 그 때에는 얼굴과 얼굴을 대하여 볼 것이요 지금은 내가 부분적으로 아나 그 때에는 주께서 나를 아신 것 같이 내가 온전히 알리라." 그때까지 신자의 육신은 휴식을 취합니다. 죽음은 이 땅의 고난과 무능력으로부터 신자를 구원하여 그리스도와 함께 영원한 교제를 가능하게 만드는 통로입니다. 그래서 바울은 몸을 떠나 그리스도와 함께 하는 것을 더 좋아한 것입니다.

우리가 죽음을 통해 즉시 거룩하게 되어 하나님의 영광의 나라에 진입하게 될 것을 굳게 믿으시고 사는 날 동안 부활을 소망하며 하나님의 나라와 그의 뜻을 위해 살아가는 성도들이 되어야 할 것입니다.

죽음은 신자로 하여금 육체로 있는 동안의 삶을 더욱 귀중하게 살게 하는 원동력이 됩니다. 하나님은 우리 영혼뿐 아니라 육체도 귀히 여기십니다. 부활 때에는 영혼만이 아니라 우리 육체도 부활하여 주와 함께 거할 것입니다. 바울은 본문 8-9절에서 이렇게 말합니다. "우리가 담대하여 원하는 바는 차라리 몸을 떠나 주와 함께 있는 그것이라 그런즉 우리는 몸으로 있든지 떠나든지 주를 기쁘시게 하는 자가 되기를 힘쓰노라." 그리스도인으로서 우리는 몸을 떠나 주님과 함께 영원히 거하는 것을 더 나은 것으로 여깁니다. 그렇다고 해서 우리가 스스로 몸을 상하게 하거나 목숨을 함부로 내버리는 것은 자신의 몸을 죽이는 살인입니다. 우리는 주님과 함께 거하기를 원하지만, 우리 스스로 목숨을 끊을 권한이 없습니다. 그것은 마귀가 주는 악한 생각입니다. 오히려 신자들은 9절 말씀처럼 몸으로 있든지 몸을 떠나든지 주를 기쁘시게 하는 자가 되기를 힘써야 할 것입니다.

그러나 확실한 사실은 죽음 이후에 신자는 우리의 생명 되신 주 예수님을 만나게 될 것입니다. 욥은 이렇게 고백했습니다. "내가 알기에는 나의 대속자가 살아 계시니 마침내 그가 땅 위에 서실 것이라 내 가죽이 벗김을 당한 뒤에도 내가 육체 밖에서 하나님을 보리라 내가 그를 보리니 내 눈으로 그를 보기를 낯선 사람처럼 하지 않을 것이라 내 마음이 초조하구나"(욥 19:25-27). 예수님도 죽음 이후의 부활을 이렇게 확증하셨습니다. "이를 놀랍게 여기지 말라 무덤 속에 있는 자가 다 그의 음성을 들을 때가 오나니 선한 일을 행한 자는 생명의 부활로, 악한 일을 행한 자는 심판의 부활로 나오리라"(요 5:28-29).

그리스도의 부활을 따라 우리도 부활할 것을 믿고, 사는 날 동안 주님을 위해 선한 일을 행하며 살아간다면, 하나님이 우리에게 상급을 주시고 하나님의 나라에서 평안히 쉬게 하실 것입니다. 이사야 선지자는 의인의 죽음이 맞이할 복락에 대해 이렇게 말합니다. "의인이 죽을지라도 마음에 두는 자가 없고 진실한 이들이 거두어 감을 당할지라도 깨닫는 자가 없도다 의인들은 악한 자들 앞에서 불리어가도다 그들은 평안에 들어갔나니 바른 길로 가는 자들은 그들의 침상에서 편히 쉬리라"(사 57:1-2). 악인들은 의인이 어디로 가는지 마음에 두지도 않고 알지도 못합니다. 그러나 하나님은 이땅에서 평생 하나님의 나라와 그의 의를 구한 의인을 평안에 들어가게 하시고 각자 자기들의 침상에서 편히 쉬게 하실 것입니다.

○ 칼뱅, 『기독교 강요』, 2.16.7.

그가 친히 죽으심으로 우리가 죽지 않을 것을 보장하셨고 혹은 그 자신의 죽으심을 통하여 우리를 생명에로 구속하신 것이다. 그러나 그는 다음과 같은 점에서 우리와는 다르셨다. 그는 말하자면 스스로 죽음에 삼킨 바 되도록 자신을 내어주신 것이지, 어쩔 수 없어서 그 죽음의 깊은 바다에 삼켜지신 것이 아니셨다. 오히려 그는 우리를 곧 삼키게 될 그 죽음을 친히 삼켜버리신 것이다(벧전 3:22). 그는 친히 죽음에 굴복하셨으나, 그것은 그 권세에 압도당하기 위함이 아니라, 우리를 위협하고 우리의 무너진 상태를 기뻐하며 날뛰는 그 죽음의 권세를 친히 굴복시키기 위함이었던 것이다. 마지막으로 그의 목적은 "죽음을 통하여 죽음의 세력을 잡은 자 곧 마귀를 멸하시며 또 죽기를 무서워하므로 한평생 매여 종노릇 하는 모든 자들을 놓아주려 하심"(히 2:14-15)이었다. 이것이 그의 죽으심이 우리에게 가져다준 첫 열매인 것이다.

■ 나눔 질문

1. 세상이 정의하는 죽음과 성경이 정의하는 죽음을 설명해 보세요.
2. 성도의 죽음은 어떤 면에서 유익합니까?
3. 참된 신자는 죽음과 동시에 어디로 진입하게 됩니까?
4. 신자가 죽음을 경험하되 영원히 죽지 않는 이유는 무엇입니까?
5. 부활 때에 영혼만 아니라 무엇도 부활합니까?
6. 바울이 몸을 떠나 그리스도와 함께 거하기를 원했던 이유는 무엇입니까?

20장
신자의 부활이 주는 유익

²⁴내가 진실로 진실로 너희에게 이르노니 내 말을 듣고 또 나 보내신 이를 믿는 자는 영생을 얻었고 심판에 이르지 아니하나니 사망에서 생명으로 옮겼느니라 ²⁵진실로 진실로 너희에게 이르노니 죽은 자들이 하나님의 아들의 음성을 들을 때가 오나니 곧 이때라 듣는 자는 살아나리라 ²⁶아버지께서 자기 속에 생명이 있음 같이 아들에게도 생명을 주어 그 속에 있게 하셨고 ²⁷또 인자됨으로 말미암아 심판하는 권한을 주셨느니라 ²⁸이를 놀랍게 여기지 말라 무덤 속에 있는 자가 다 그의 음성을 들을 때가 오나니 ²⁹선한 일을 행한 자는 생명의 부활로, 악한 일을 행한 자는 심판의 부활로 나오리라. 요 5:24-29

소요리문답 38번

문 38: 신자들은 부활의 때에 그리스도로부터 어떤 은덕들을 받습니까?

답: 부활의 때에, 신자들은 영광 중에 일으킴을 받아서(고전 15:43), 심판의 날에(마 25:23; 10:32) 공개적으로 인정과 무죄 선언을 받게 될 것이며, 영원토록(살전 4:17-18) 하나님을 충만히 즐거워하는(요일 3:2; 고전 13:12) 완전한 복을 받게 될 것입니다.

지난 장에서 우리는 죽음에 대해 살펴보았습니다. 죽음이란 시시각각 다가오는 야수와 같습니다. 그것은 소리 없는 공포입니다. 죽음은 만인에게 어김없이 공평하게 찾아옵니다. 그가 어떤 삶을 살았든지 죽음이 비껴가는 법은 없습니다. 그런데 신자에겐 죽음이 오히려 유익하다고 했습니다. 첫째는 죄의 삯인 죽음이 멸망하기에 유익하다고 했습니다. 즉 죽음은 신자를 향한 영향력을 상실할 것입니다. 둘째로, 신자는 영원히 죽음을 맛보지 않을 것이기 때문에 유익하다고 했습니다. 셋째로, 하나님이 신자의 죽음을 선하게 사용하시기 때문에 유익하다고 했습니다. 왜냐하면 하나님은 중생을 통해 신자를 죽음에서 이끌어 내시기 때문입니다. 모두 다 죽었는데 그 가운데 택하신 일부를 하나님이 은총으로 살리시는 것입니다.

그 구체적인 유익 두 가지가 있다고 했습니다. 첫째는 신자의 영혼이 온전하고 거룩하게 되어 즉시 영광에 진입한다는 것입니다. 죽음은 그야말로 생명의 종착지가 아닙니다. 성경은 복 받을 영혼과 저주 받을 영혼을 분리하신다고 분명하게 말합니다(마 25:31-41).

둘째로 신자의 몸은 그리스도와 연합하여 부활할 때까지 무덤에서 안식한다고 했습니다. 인생이란 지침과 나이듦과 질병과 고난의 연속입니다. 죽음이란 그런 고통으로부터의 해방입니다. 여기에 죽음의 역설이 있습니다. 죽음은 죄의 삯이면서 동시에 해방입니다. 그런데 신자의 죽음이 더욱 유익한 것은 신자의 몸이 죽은 자들 가운데서 부활할 것이기 때문입니다.

영광 중에 다시 살아남

첫째, 신자는 죽음을 통과하여 영광 중에 다시 살아납니다. 요한복음 5장 24-25절 말씀을 읽겠습니다. "내가 진실로 진실로 너희에게 이르노니 내 말을 듣고 또 나 보내신 이를 믿는 자는 영생을 얻었고 심판에 이르지 아니하나니 사망에서 생명으로 옮겼느니라 진실로 진실로 너희에게 이르노니 죽은 자들이 하나님의 아들의 음성을 들을 때가 오나니 곧 이 때라 듣는 자는 살아나리라."

소요리문답 38번도 보겠습니다.

문 38: "신자들은 부활의 때에 그리스도로부터 어떤 은덕들을 받습니까?"

답: "부활의 때에, 신자들은 영광 중에 일으킴을 받아서, 심판의 날에 공개적으로 인정과 무죄 선언을 받게 될 것이며, 영원토록 하나님을 충만히 즐거워하는 완전한 복을 받게 될 것입니다."

우선 부활의 때에 신자들은 영광 중에 일으킴을 받는다고 했습니다. 이는 신자가 죽음 가운데서 다시 살아날 것을 가르쳐 주는 말씀입니다. 신자에게 죽음은 끝이 아니고 시작입니다. 이로 볼 때, 신자의 부활은 확정적입니다. 또한 신자의 부활은 그리스도가 확실히 증언하시는 사실입니다. 그리스도는 신자를 죽음 가운데서 영광스럽게 다시 살리실 것입니다. 그것이 바로 본문 말씀이 우리에게 주는 교훈입니다. 사실 이 말씀은 요한복음 5장 1-18절에 기록된 사건 다음에 나오는 예수님의 가르침입니다.

예수님은 안식일 날 38년 된 병자를 고치심으로 한 바탕 소동을 일으키셨습니다. 이 사건은 유대인들을 발칵 뒤집어 놓았고 급기야 예수님에 대한 극렬한 반감을 불러일으켰습니다. 유대 당국자들이 예수님을 증오하고 죽이고자 한 것은 예수님이 스스로를 하나님 아버지와 동일시하셨기 때문입니다. 19절에서 예수님은, 아버지께서 행하시는 그것을 아들도 그와 같이 행한다 하셨고, 21절에선 아버지께서 죽은 자들을 일으켜 살리심같이 아들도 자기의 원하는 자들을 살린다고 하셨습니다. 26절에서도 아버지께서 자기 속에 생명이 있음 같이 아들에게도 생명을 주셨다고 하셨습니다. 결론적으로 아버지와 아들은 하나이며, 아버지와 아들이 동일하게 살리는 사역을 하신다는 것입니다.

그것이 바로 죽은 자를 일으켜 살리시는 부활 사역이며 그 대표적인 사례가 바로 38년 된 병자를 일으키신 일입니다. 38년 된 중병이 치유되는 사건은 전능하신 하나님 아버지와 하나님의 아들이신 예수 그리스도의 사역입니다. 그러니까 생명의 부활과 심판의 부활은 성부와 성자 하나님의 사역입니다. 아들로서 예수님의 권위는 그가 행하시는 일로 나타납니다. 즉 아버지에게 위임받은 생명을 수여하고 심판을 실행하시는 사역입니다. 이렇게 성부 하나님은 성자 예수님을 통해 생명과 심판의 사역을 행하십니다. 하나님은 살리기도 하시고 죽이기도 하시는 분이십니다. 누구든지 하나님의 말씀을 듣는 자는 살아나겠지만 그분의 말씀을 듣고도 불순종하면 영벌에 빠지고 심판을 받게 될 것입니다. 25절 말씀대로 "진실로 진실로 너희에게 이르노니 죽은 자들이 하나님의 아들의 음성을 들을 때가 오나니 곧 이 때라 듣는 자는 살아나"게 될 것입니다.

태초에 말씀으로 천지를 창조하신 하나님은 구약에서 선지자들을 통해 끊임없이 말씀하셨습니다. 그리고 이 모든 날 마지막에 아들을 통하여 우리에게 말씀하셨습니다(히 1:1). 그렇기 때문에 예수 그리스도는 하나님의 자기 계시의 최절정입니다. 예수 그리스도의 성육신, 즉 사람의 몸을 입고 이 땅에 오신 것은 하나님의 자기 현현이요 말씀의 화육입니다. 그리고 그 예수 그리스도의 말씀의 계시는 오늘날 구약과 신약 성경을 통해 완성되었습니다. 그렇다면 오늘날 성부와 성자 하나님은 성경 말씀을 통해 생명과 심판의 부활 사역을 계속 행하시는 것입니다. 28-29절 말씀도 보겠습니다. "이를 놀랍게 여기지 말라 무덤 속에 있는 자가 다 그의 음성을 들을 때가 오나니 선한 일을 행한 자는 생명의 부활로, 악한 일을 행한 자는 심판의 부활로 나오리라." 여기 선한 일은 하나님이 보내신 독생자 그리스도를 믿는 일입니다. 악한 일이란 불신앙의 일입니다. 하나님의 독생자를 믿고 죽어 무덤 속에 있는 자들은 영광 가운데 생명의 부활로 다시 살아나게 될 것입니다.

신자에게 죽음은 끝이 아니며 죽음에서 영광 중에 다시 일어날 부활이 있음을 굳게 믿고 기다리시는 성도들이 되어야 할 것입니다.

심판의 날에 받게 될 하나님의 인정

둘째, 참된 신자는 부활의 날에 영광 중에 일으킴을 받고 공개적으로 하나님의 인정을 받게 될 것입니다. 24절 말씀을 한 번 더 읽겠습니다. "내가 진실로 진실로 너희에게 이르노니 내 말을 듣고 또 나 보내신 이를 믿는 자는 영생을 얻었고 심판에 이르지 아니하나니 사망에서 생명으로 옮겼느니라."

소요리문답 38번을 한 번 더 보겠습니다.

문 38: "신자들은 부활의 때에 그리스도로부터 어떤 은덕들을 받습니까?"

답: "부활의 때에, 신자들은 영광 중에 일으킴을 받아서, 심판의 날에

공개적으로 인정과 무죄 선언을 받게 될 것이며, 영원토록 하나님을 충만히 즐거워하는 완전한 복을 받게 될 것입니다."

신자의 부활은 심판을 전제합니다. 종말론에 있어 우리가 흔히 오해하는 것 가운데 하나가 불신자는 모두 하나님의 심판을 받는데 신자는 심판을 당하지 않는다는 생각입니다. 결코 그렇지 않습니다. 불신자나 신자나 모두 다 하나님의 심판대 앞에 서게 됩니다. 사도 요한은 이 사실을 분명히 밝힙니다. "또 내가 보니 죽은 자들이 큰 자나 작은 자나 그 보좌 앞에 서 있는데 책들이 펴 있고 또 다른 책이 펴졌으니 곧 생명책이라 죽은 자들이 자기 행위를 따라 책들에 기록된 대로 심판을 받으니"(계 20:12).

이미 예수님은 "죽은 자들이 하나님의 아들의 음성을 들을 때가 오나니 곧 이때라 듣는 자는 살아나리라"고 하셨습니다(요 5:25). 이 말씀은 예수님의 지상 생애 사역 동안 성취되었습니다. 죽은 지 나흘이나 지난 나사로가 주의 음성을 듣고 살아났습니다(요 11:43-44). 나인 성 과부의 아들이 죽었다가 주의 음성을 듣고 생명을 얻어 살아났습니다(눅 7:11-16). 죽어가던 수많은 죄인들이 예수님의 말씀으로 고침을 받았습니다. 죽어버린 영혼들도 마찬가지입니다. 예수님이 말씀하시면 죽은 자가 살아납니다. 사망에서 생명으로 옮겨집니다. 예수님은 생명의 근원이시기 때문입니다. 예수님이 명령하시면 생명은 살아날 수밖에 없습니다.

이제 우리에게 마지막 시간이 남아 있습니다. 무덤 속에 있는 자가 다 예수 그리스도의 음성을 들을 때 말입니다. 사람들은 그저 살다가 죽으면 끝이라고 생각하지만 결코 그렇지 않습니다. 히브리서 설교자는 사람에게 한번 죽는 것은 정하신 일이요 그 후에는 심판이 있을 것이라고 선언한 바 있습니다(히 9:27). 믿든 믿지 않든 좋아하든 싫어하든, 무덤에 있는 모든 사람들이 예수 그리스도의 음성을 들을 때가 올 것입니다. 그 누구도 이 예수님의 호출을 거부할 수 없습니다. 신자든 불신자든 모두가 다 주님의 출두명령을 받게 될 것입니다. 이 하나님의 심판의 보좌 앞에 펼쳐진 책의 기록에 따라 신자와 불신자 모두가 심판, 즉 판단을 받습니다. 그들 중에 일부는 생명의 부활로 나머지는 심판의 부활로 나오게 될 것입니다. 생명의 부활로 나오는 자는 선한 일을 행한 자들이며, 심판의 부활로 나와 영벌을 받게 될 자들은 악한 일을 행한 자들입니다. 선한 일이란 그리스도의 음성을 듣고 그분을 영접하고 그분을 기꺼이 환영하고 그분의 나라와 그분의 영광을 위해 사는 것을 뜻합니다. 악한 일이란 정확히 그 반대입니다. 벨직신앙고백서 제37항 마지막 심판의 한 부분은 이렇게 말합니다. "그때 택함받은 자들의 완전한 구속이 완성되고 그들의 수고와 그들이 견디어 낸 고난이 열매를 맺게 될 것입니다. 그들의 무죄가 모든 사람에게 알려지겠고 이 세상에서 그들을 잔인하게 핍박하고 억압하며 고통스럽게 했던 악인들에게 보응하시는 무시무시한 하나님의 복수를 보게 될 것입니다."

우리는 38년 된 병자를 호출하여 그를 고쳐주시는 예수님의 사역을 보면서 장차 올 마지막 날의 호출과 심판을 생각해야만 합니다. 오늘 강단에서 선포되는 그리스도의 말씀을 들으면서, 마지막 날 하나님의 보좌에서 선포되는 그리스도의 마지막 호출 명령을 들을 수 있어야 합니다. 이 심판의 날이 신자에게 유익한 이유는 신자는 무죄선고를 받기 위해 부활하기 때문입니다. 이 신자의 부활은 그가 받은 의롭다 함이 효력 있음을 증거해 주며 참되다는 것을 확증해 줍니다. 신자는 칭의 시에 받은 무죄 및 의롭다 함을 그리스도의 재림과 심판 때에 확증 받게 됩니다.

심판 날에 우리가 지상에서 믿음으로 실천했던 삶을 우리 주님께서 인정해 주실 것을 굳게 믿고 오늘도 신실하게 주님을 위해 선을 행하며 살아가는 성도들이 되어야 할 것입니다.

부활 때에 영원토록 하나님을 즐거워함

셋째, 참된 신자는 부활을 통해 영원토록 하나님을 즐거워하는 교제를 누리게 됩니다. 요한복음 5장 26-27절 말씀을 읽겠습니다. "아버지께서 자기 속에 생명이 있음 같이 아들에게도 생명을 주어 그 속에 있게 하셨고 또 인자됨으로 말미암아 심판하는 권한을 주셨느니라."

소요리문답 38번을 한 번 더 보겠습니다.

문 38: "신자들은 부활의 때에 그리스도로부터 어떤 은덕들을 받습니까?"

답: "부활의 때에, 신자들은 영광 중에 일으킴을 받아서, 심판의 날에 공개적으로 인정과 무죄 선언을 받게 될 것이며, 영원토록 하나님을 충만히 즐거워하는 완전한 복을 받게 될 것입니다."

하나님의 아들이신 예수 그리스도를 믿는 자들에게는 영생이 선물로 주어집니다. 이 영생의 능력은 신자의 부활의 몸을 썩지 않을 것으로 순식간에 변화시켜 줄 것입니다. 또한 신자의 부활의 몸은 그리스도가 부활하신 몸을 본받아 그의 몸과 같이 될 것입니다. 더 나아가 신자는 사랑하는 주님을 얼굴과 얼굴을 대하듯 만나게 될 것이고 그리스도를 아는 지식은 더욱 깊어질 것입니다. 바울은 이렇게 말합니다. "우리가 지금은 거울로 보는 것 같이 희미하나 그 때에는 얼굴과 얼굴을 대하여 볼 것이요 지금은 내가 부분적으로 아나 그 때에는 주께서 나를 아신 것 같이 내가 온전히 알리라"(고전 13:12).

웨스트민스터 신앙고백서 제33장 최후의 심판 제3항은 이렇게 선언합니다. "그때 의인들은 영원한 생명으로 들어가서 주님의 임재에서 비롯되는 충만한 기쁨과 즐거움을 누리게 될 것입니다. 반대로 하나님을 모르고 예수 그리스도의 복음에 순종하지 않은 악인들은 영원한 고통 속으로 던져져서 주님의 임재와 그분의 영광스러운 권능에서 비롯되는 영원한 파멸에 처하게 될 것입니다." 벨직 신앙고백서 역시 제37항 "마지막 심판"에서 이렇게 고백합니다. "주님은 사람이 마음에 품어 본 적이 없는 영광을 그들에게 은혜로운 상급으로 주실 것입니다. 그러므로 우리는 우리 주 예수 그리스도 안에서 하나님의 약속을 충만히 누릴 수 있도록 저 위대한 날을 열렬히 소망하며 고대합니다. 아멘, 주 예수여 오시옵소서."

결국 이런 방식으로 신자는 부활을 통해 사람의 제일 되는 목적인 하나님을 영화롭게 하고 그 하나님을 영원토록 온전히 즐거워할 수 있게 됩니다. 이렇게 신자는 인생의 제일 되는 목적을 성취합니다. 비록 지금은 신자의 연약함과 남아 있는 죄 때문에 하나님을 영화롭게 하고 온전히 즐거워하는 일에 있어 많은 방해와 어려움이 있지만, 부활은 그 모든 방해와 어려움이 제거되고 신자는 주님과 함께 영원토록 거하며 완전하고 충만한 즐거움을 누리게 될 것입니다.

부활로 말미암아 완전한 복을 누리며 영원토록 하나님을 즐거워하게 될 것을 기대하고 주 예수 그리스도의 재림을 소망하고 기다리는 복된 성도들이 되시기 바랍니다.

부활은 신자에게 엄청난 위로를 주는 하나님의 말씀의 교훈입니다. 바울의 종말론이라 불리는 데살로니가전서 4장 16-18절에서 바울은 이렇게 말합니다. "주께서 호령과 천사장의 소리와 하나님의 나팔 소리로 친히 하늘로부터 강림하시리니 그리스도 안에서 죽은 자들이 먼저 일어나고 그 후에 우리 살아 남은 자들도 그들과 함께 구름 속으로 끌어 올려 공중에서 주를 영접하게 하시리니 그리하여 우리가 항상 주와 함께 있으리라 그러므로 이러한 말로 서로 위로하라."

우리는 마지막 날에 하나님의 나라에서 우리의 구주이신 예수님과 항상 함께 있을 것입니다. 그러므로 그리스도의 재림과 신자의 부활은 우리에게 엄청난 위로를 주는 말씀입니다. 바울이 "그러므로 이러한 말로 서로 위로하라"(살전 4:18)고 말한 것도 바로 이 때문입니다. 우리 주님이 다시 오시면, 영원한 하나님의 나라에서 우리와 영원토록 함께 교제하게 될 것을 굳게 믿고 이러한 말로 서로 위로하는 성도들이 됩시다.

○ 칼뱅, 『기독교 강요』, 3.25.1.
주변에 온갖 비참한 현실들이 우리를 압도할 뿐 아니라 게다가 불경한 자들의 조롱까지 우리를 공격한다. 이 세상의 유익한 것들을 덧없는 그림자처럼 여겨 기꺼이 물리치고 감추어져 있는 복을 향하여 달려나갈 때에 그들의 조롱이 우리를 괴롭히는 것이다. 우리의 상하 전후 좌우에서 격렬한 유혹들이 우리에게 밀려들기 때문에, 우리의 마음이 세상의 것들에서 자유하며 멀리 보이는 하늘의 생명에 붙잡혀 있지 않으면 도저히 이겨나갈 수가 없는 것이다. 그러므로 그 복스러운 부활을 계속해서 묵상하는 일이 습관으로 갖추어져 있는 사람만이 복음 안에서 충실히 유익을 얻었다 할 것이다.

■ 나눔 질문

1. 신자의 부활은 어떤 상태로의 부활입니까?
2. 선한 일을 행한 자는 영생의 부활로 나온다고 했는데 여기서 선한 일이란 무엇입니까?
3. 부활의 날에 신자는 하나님 앞에서 어떤 심판(판단)을 받게 됩니까?
4. 신자가 칭의 시에 받은 무죄 및 의롭다 함의 선고를 언제 궁극적으로 확증받습니까?
5. 하나님과의 교제에 있어 부활이 주는 유익은 무엇입니까?
6. 칼뱅에 따르면 우리가 하늘의 생명에 붙잡혀서 부활을 묵상해야 할 이유가 무엇입니까?
7. 나는 날마다 마지막 날의 영광스러운 부활을 고대하고 있는지 나누어 봅시다.

5부

사람이 반드시 행해야 할 것

The Westminster Shorter Catechism

21장
하나님이 사람에게 요구하시는 의무

사람아 주께서 선한 것이 무엇임을 네게 보이셨나니 여호와께서 네게 구하시는 것은 오직 정의를 행하며 인자를 사랑하며 겸손하게 네 하나님과 함께 행하는 것이 아니냐. 미 6:8

소요리문답 39, 40, 41, 42, 43, 44번

문 39 : 하나님이 사람에게 요구하시는 의무는 무엇입니까?

답 : 하나님이 사람에게 요구하시는 의무는 그분의 계시된 뜻에 대한 순종입니다(미 6:8; 삼상 15:22).

문 40 : 하나님이 처음에 사람에게 그의 순종의 법칙으로 무엇을 계시하셨습니까?

답 : 하나님이 처음에 사람에게 그의 순종을 위해 계시하신 법칙은 도덕법이었습니다(롬 1:14-15; 10:5).

문 41 : 도덕법은 어디에 요약적으로 포함되어 있습니까?

답 : 도덕법은 십계명 안에 요약적으로 포함되어 있습니다(신 10:4; 마 19:17).

문 42 : 십계명의 요점은 무엇입니까?

답 : 십계명의 요점은 우리의 온 마음과 온 영혼과 온 힘과 온 뜻을 다해 우리 주 하나님을 사랑하고, 우리의 이웃을 우리 자신과 같이 사랑하는 것입니다 (마 22:37-40).

문 43 : 십계명의 서문은 무엇입니까?

답 : 십계명의 서문은 다음과 같은 말씀에 있습니다. "나는 너를 애굽 땅, 종 되었던 집에서 인도하여 낸 네 하나님 여호와니라"(출 20:2).

문 44 : 십계명의 서문이 우리에게 무엇을 가르쳐 줍니까?

답 : 십계명의 서문은 우리에게 하나님이 주이시며, 우리 하나님이시며, 구속자 이시기 때문에 우리가 하나님의 모든 계명들을 지켜야 한다는 것을 가르쳐 줍니다(눅 1:74-75; 벧전 1:15-19).

우리는 신앙생활을 하면서 예배를 드리고 기도를 합니다. 그러면서 하나님께 무엇인가를 요구하고 기대합니다. 그런데 우리가 하나님에게 원하는 것이 있는 것만큼 하나님도 우리에게 기대하시는 것과 나아가 요구하시는 것이 있습니다. 실상 우리는 하나님께 무엇을 기대할 만한 자격이나 요구할 만한 공로가 있는 자들은 전혀 아닙니다. 하나님은 창조주이시고 우리는 피조물이기 때문입니다. 더욱이 우리는 죄와 허물로 죽은 자들입니다. 타락한 우리의 신분이나 지위나 상태나 죄악된 행동으로 인해 우리의 요구가 하나님 앞에서 정당화되지 못합니다. 그러나 하나님은 얼마든지 우리에게 기대하시고 요구하실 수 있는 분이십니다. 하나님이 요구하시는 것은 바로 순종입니다. 창조주 되신 하나님께 순종하는 것은 인간 본연의 의무입니다. 인간이 내세울 만한 유일한 권리는 오직 순종뿐입니다. 하나님은 우리에게 빚지신 분이 아니십니다. 우리가 빚진 자들입니다.

우리는 이제 소요리문답의 둘째 부분으로 이동합니다. 첫 부분은 "하나님에 대하여 무엇을 믿을 것인가?"였고 두 번째는 "그 하나님에 대하여 어떻게 행할 것인가?"입니다. 이 둘은 불가분의 관계에 있습니다. 믿음 없이 순종 없고, 동시에 순종 없는 믿음 역시 존재하지 않습니다. 참된 믿음이 없이는 참된 순종이 없고, 참된 순종이 없이는 내 믿음이 참된 것인지를 증명할 수 없습니다. 성경은 이 두 가지 명제가 참임을 함께 선언하고 있습니다. 히브리서 설교자는 믿음이 없이는 하나님을 기쁘시게 할 수 없다고 했고 야고보 사도는 행함, 즉 순종이 없는 믿음은 죽은 것이라고 했습니다(히 11:6; 약 2:22). 우리의 믿음이 참되다는 사실을 확인할 수 있는 증거로서, 선지자 미가는 본문 말씀을 통해 예배하는 신자들을 향한 하나님의 진정한 요구가 무엇인지를 선포합니다.

공의를 행하는 것

첫째, 하나님은 우리가 모든 일에 공의를 행할 것을 요구하십니다. 8절 말씀을 읽겠습니다. "사람아 주께서 선한 것이 무엇임을 네게 보이셨나니 여호와께서 네게 구하시는 것은 오직 정의를 행하며 인자를 사랑하며 겸손하게 네 하나님과 함께 행하는 것이 아니냐."

소요리문답 39번도 보겠습니다.

문 39: "하나님이 사람에게 요구하시는 의무는 무엇입니까?"

답: "하나님이 사람에게 요구하시는 의무는 그의 계시된 뜻에 대한

순종입니다."

　하나님의 뜻에 순종하는 것이 그분이 우리에게 요구하시는 의무라고 할 때, 본문 말씀에 따르면, 그것은 바로 공의를 행하는 것입니다. 여기서 "공의"로 번역된 히브리어 "미쉬파트"는 하나님의 인격적 속성 가운데 하나이기도 합니다. 하나님의 인격이 공의라는 말입니다. 뿐만 아니라 하나님은 이 속성을 당신을 예배하는 백성들에게도 요구하십니다. 그렇다면 공의란 하나님과 하나님의 백성의 인격적 속성이라 할 수 있습니다.

　선지자 미가가 활동하던 시대는 오늘날에 못지 않은 부정부패가 만연했습니다. 사회적 약자들이 압제를 당하고, 가진 자는 더 가지고 가난한 자는 더 가난해지는 악한 구조가 공고화 되어 있었습니다. 거짓말이 미덕이 되었고 속임수가 만연했습니다. 정치인들은 권력을 남용하고 재판관들은 뇌물을 받고 판결을 굽게 했습니다. 이런 사회에서 정의 구현은 한마디로 요원한 일이었습니다. 미가서 3장 1-3절을 보겠습니다. "내가 또 이르노니 야곱의 우두머리들과 이스라엘 족속의 통치자들아 들으라 정의를 아는 것이 너희의 본분이 아니냐 너희가 선을 미워하고 악을 기뻐하여 내 백성의 가죽을 벗기고 그 뼈에서 살을 뜯어 그들의 살을 먹으며 그 가죽을 벗기며 그 뼈를 꺾어 다지기를 냄비와 솥 가운데에 담을 고기처럼 하는도다." 공의를 행해야 하는 지도자들이 도리어 선을 미워하고 악을 기뻐했습니다. 가뜩이나 어려운 백성들을 착취하고 권력 유지를 위해 이방 나라에 조공을 바치면서 여호와 하나님을 등졌습니다. 이런 상황에서도 여전히 하나님 앞에 나와 거짓 예배를 드리는 그들을 향해, 미가는 통렬한 고발과 함께 그들의 예배를 비난하고 있습니다.

　미가서 6장 6-7절을 읽겠습니다. "내가 무엇을 가지고 여호와 앞에 나아가며 높으신 하나님께 경배할까 내가 번제물로 일 년 된 송아지를 가지고 그 앞에 나아갈까 여호와께서 천천의 숫양이나 만만의 강물 같은 기름을 기뻐하실까 내 허물을 위하여 내 맏아들을, 내 영혼의 죄로 말미암아 내 몸의 열매를 드릴까." 하나님은 위선자들의 예배를 원치 않으십니다. 하나님은 백성들에게 공의를 행하라고 명하십니다. 하지만 위선자들은 그저 종교적 행위를 통해 하나님의 심판에서 제외될 방법만 찾고 있습니다. 진실한 마음을 드리기는커녕 하나님이 흡족해 하실 것이라 생각되면 맏아들이라도 희생시킬 착각에 사로잡혀 있습니다.

위선자들의 예배는 번제물 1년된 송아지, 천천(알르페)의 숫양, 만만(레바바)의 강물 같은 기름, 맏아들, 내 몸의 열매 같은 온갖 외적인 의식과 예물로 가득 차 있습니다. 천천의 숫양, 만만의 강물은 엄청나게 많은 제물을 강조하는 표현입니다. 그러나 진정한 예배에 반드시 필요한 것은 공의를 행하는 것입니다. 여호와께서 그것을 선하게 보실 뿐 아니라 우리에게 요구하고 계십니다. 공의를 행하라는 말은 단순히 정의감을 발휘하는 것이 아닙니다. 매사에 공평무사하게 행동하는 것입니다. 올바르고도 공명정대하게 행동하는 것입니다. 나와 나 자신, 나와 가족과의 관계, 나와 다른 사람, 즉 타인과의 관계, 나와 하나님과의 관계에서 올곧은 태도와 행위로 일관되게 사는 것입니다. 강자든 약자든 상관없이 모든 사람을 불편부당함 없이 공정하게 대하는 삶입니다.

이것은 위선자들의 형식적인 예배와는 판이하게 다른 방식입니다. 선지자는 사람의 마음의 동기까지 살피고 있습니다. 더불어 살아가는 사람들을 정직하고 친절하고 공평한 태도로 대하고 있는지 묻고 있는 것입니다. 하나님이 사람에게 요구하시는 신앙은 천천의 숫양, 만만의 강물 같은 기름이 아닌 정직히 행동하고 모든 사람을 공평하게 대하는 것입니다. 하나님의 율법에 대한 순종이 이렇게 나타나야만 합니다. 그리스도인들이 그저 예배당 안에서 외형적인 모습에 만족하면서 삶에서는 공의를 행하는 일에 무관심하다면 그것은 하나님의 요구를 저버리는 것과 같습니다.

제5계명부터 10계명에 이르기까지 하나님이 요구하시는 명령들은 하나님을 예배하는 것과 결코 분리되지 않습니다. 부모를 공경하라, 살인하지 말라, 간음하지 말라, 도적질하지 말라, 네 이웃에 대해 거짓 증거하지 말라, 네 이웃의 집을 탐내지 말라는 계명의 실천은 곧 하나님을 예배하는 것과 다르지 않습니다. 우리가 그렇게 십계명의 명령들을 지키며 공의를 행해야 하는 근본적인 이유는 하나님이 우리를 종 되었던 애굽 땅에서 불러내어 구원하신 주요 구속자이시기 때문입니다(출 20:2). 십계명의 서문은 이 사실을 잘 보여줍니다. 소요리문답 43번을 보겠습니다.

문 43: "십계명의 서문은 무엇입니까?"

답: "십계명의 서문은 다음과 같은 말씀에 있습니다. '나는 너를 애굽 땅, 종 되었던 집에서 인도하여 낸 네 하나님 여호와니라.'"

계속해서 44번도 보겠습니다.

문 44: "십계명의 서문이 우리에게 무엇을 가르쳐 줍니까?"

답: "십계명의 서문은 우리에게 하나님이 주이시며, 우리 하나님이시며, 구속자이시기 때문에 우리가 하나님의 모든 계명들을 지켜야 한다는 것을 가르쳐 줍니다."

무엇이 공의를 행하는 것입니까? 말과 혀로만이 아니라 행함과 진실함으로 하나님의 계명을 삶의 현장에서 실천하는 것입니다. 우리를 지으신 이도, 우리를 구원하신 이도, 우리 생명의 주인도 하나님이시기에 우리는 그분의 피조물이자 구원받은 자이자 생명을 빚진 자로서 마땅히 하나님의 도덕법칙으로서의 계명을 지켜야 합니다.

참으로 1-4계명을 지킴으로 하나님을 예배하는 자는 또한 5-10계명을 지켜냄으로 이 사회가 좀 더 공의로워질 수 있도록 노력해야 합니다.

인자를 사랑함

둘째, 하나님이 우리에게 요구하시는 것은 자비함으로 친절을 베풀며 사랑을 실천하는 것입니다. 8절 말씀을 한 번 더 읽겠습니다. "사람아 주께서 선한 것이 무엇임을 네게 보이셨나니 여호와께서 네게 구하시는 것은 오직 정의를 행하며 인자를 사랑하며 겸손하게 네 하나님과 함께 행하는 것이 아니냐."

선지자는 둘째로 사랑을 강조합니다. 8절의 "인자"는 사랑 또는 친절 또는 자비함 정도로 번역됩니다. 룻기에서 볼 수 있듯이 이 단어는 하나님의 인애와 자비를 상징하는 헤세드입니다. 말하자면 인애와 자비를 사랑하라는 말입니다. 이 말은 상대방에게 늘 사랑이나 친절을 베풀라는 것입니다. 하나님을 사랑하는 일보다 먼저 자비나 사랑을 베풀라는 것은 일견 모순되어 보입니다. 그러나 전혀 그렇지 않습니다. 인애를 사랑하고 인자를 행하는 것이야말로 진정으로 하나님을 사랑하는 표현이기 때문입니다.

칼뱅은 본문을 주석하면서 선지자는 "증거나 효과를 통하여 참된 종교가 무엇인지를 제시하는 것"이라고 말합니다. 하나님을 향한 예배는 사람을 향한 사랑의 실천과 분리되어 있지 않다는 뜻입니다. 내가 하나님을 사랑한다면 그 증거나 효과를 통해 하나님 사랑을 입증해야 하는데 그것이 바로 사람을 향한 친절과 자비를 베푸는 일입니다.

사도 요한은 이것을 다음과 같은 말씀으로 설명합니다. "누구든지 하나님을 사랑하노라 하고 그 형제를 미워하면 이는 거짓말하는 자니 보는 바 그 형제를 사랑하지 아니하는 자는 보지 못하는 바 하나님을 사랑할 수 없느니라 우리가 이 계명을 주께 받았나니 하나님을 사랑하는 자는 또한 그 형제를 사랑할지니라"(요일 4:20-21).

그러므로 신앙은 언제나 개인적이며 또한 공동체적이어야 합니다. 개인이 신앙이 좋으면 그 공동체도 더불어 잘 되어야 합니다. 개인의 뛰어난 믿음은 그 공동체에도 유익이 되어야 합니다. 성도는 다른 성도와 이웃을 향해 온갖 사랑의 의무를 수행해야 합니다. 성도는 항상 다른 성도의 입장에 설 줄 알아야 합니다. 내게 도움을 요청하는 이웃의 입장에서 그들에게 무엇이 필요한지 생각할 줄 알아야 합니다. 영어에 "Put yourself in someone's shoes"라는 말이 있습니다. 다른 사람의 신발을 신고 그 사람의 삶을 살아보고 그의 시간과 공간에서 그를 이해해 보라는 말입니다. 그럴 때 비로소 우리는 하나님의 사랑을 온전히 실천할 수 있습니다. 바울은 "아무 일에든지 다툼이나 허영으로 하지 말고 오직 겸손한 마음으로 각각 자기보다 남을 낫게 여기[라]"(빌 2:3)고 권면했습니다. 이것이 율법이요 선지자의 대강령입니다. 마태복음 22장 37-40절에서 주님은 이렇게 말씀하십니다. "예수께서 이르시되 네 마음을 다하고 목숨을 다하고 뜻을 다하여 주 너의 하나님을 사랑하라 하셨으니 이것이 크고 첫째 되는 계명이요 둘째도 그와 같으니 네 이웃을 네 자신 같이 사랑하라 하셨으니 이 두 계명이 온 율법과 선지자의 강령이니라." 이것이 소요리문답 42번이 말하는 십계명의 요점입니다.

하나님의 헤세드를 사랑하여 다른 성도와 이웃에게 사랑과 자비를 실천하는 성도들이 되시길 기도합니다.

겸손히 하나님과 동행함

셋째, 하나님이 사람에게 요구하시는 것은 항상 겸손한 마음으로 하나님과 신실하게 동행하는 것입니다. 8절 말씀을 한 번 더 읽겠습니다. "사람아 주께서 선한 것이 무엇임을 네게 보이셨나니 여호와께서 네게 구하시는 것은 오직 정의를 행하며 인자를 사랑하며 겸손하게 네 하나님과 함께 행하는 것이 아니냐."

여기서 "겸손하게"로 번역된 원어 "하츠네아으"는 자신을 낮추고 엎드려 절하는 행위를 뜻합니다. 우리는 매사에 겸손해야 하지만 하나님 앞에서는 특별히 더 겸손해야 합니다. 비록 아주 작은 것이라도 우리가 하나님 앞에서 자랑하게 된다면 그것은 하나님을 우리의 적으로 돌리는 것이 됩니다. 우리는 하나님 앞에서 자랑할 것이 단 하나도 없는 존재들입니다. 우리는 하나님 앞에서 희생하고 포기한 것이 아무것도 없는 사람들입니다. 예전에는 아주 늦은 나이에 신학교에 입학한 사람들이 종종 있었습니다. 그들 가운데 어떤 이들은 사업에 성공하고 꽤나 높은 사회적 위치에 있었습니다. 그들은 종종 자신들이 그 모든 것을 희생하고 목사가 되기 위해 신학교에 왔다며 간증 아닌 간증을 하곤 했습니다. 그러나 죄와 죽음과 지옥에서 우리를 구원하신 하나님을 진실되게 믿는 사람이라면 하나님을 위해 희생한 것은 하나도 없습니다. 하나님이 뭐가 부족해서 우리의 희생과 포기를 요구하시겠습니까? 도리어 우리는 그리스도 예수 안에서 모든 것을 얻었습니다. 우리가 잃은 것은 없습니다. 그분이 모든 것을 주셨습니다. 그러니 어찌 하나님 앞에서 무언가를 내세우며 교만할 수 있겠습니다. 그렇기에 우리는 그분 앞에서 무릎을 꿇고 복종할 수 있을 뿐입니다. 누가복음 17장 10절에서 우리 주님은 참된 종의 자세에 대해 이렇게 말씀하셨습니다. "이와 같이 너희도 명령 받은 것을 다 행한 후에 이르기를 우리는 무익한 종이라 우리가 하여야 할 일을 한 것뿐이라 할지니라."

달리 말하면 우리는 하나님과 동행하기 위해 그리고 하나님이 맡기신 일을 감당하기 위해 겸손해져야 합니다. 이것은 피조물이자 죄인인 우리가 하나님 앞에서 마땅히 가져야 하는 자기 인식입니다. 자기 자신을 아무것도 아닌 자로 인식하는 자에게 하나님과 동행할 자격이 주어집니다. 인간인 우리가 자신에 대해 정확히 인식하지 못하면 하나님과 동행하기는커녕 하나님을 온전히 알 수조차 없습니다. 하나님을 온전히 알고 섬기려면 자신을 잘 알아야 합니다. 자기 자신뿐 아니라 우리가 마땅히 경배해야 할 하나님을 알려 하지도 않는 것이 교만 그 자체입니다. 교만은 하나님이 가장 미워하시는 것 가운데 하나이며, 교만을 버리지 않는다면 반드시 패망에 이를 것입니다.

솔로몬 왕은 이렇게 말합니다. "교만은 패망의 선봉이요 거만한 마음은 넘어짐의 앞잡이니라 겸손한 자와 함께 하여 마음을 낮추는 것이 교만한 자와 함께 하여 탈취물을 나누는 것보다 나으니라 삼가 말씀에 주의하는 자는 좋은 것을 얻나니 여호와를 의지하는 자는 복이 있느니라"(잠 16:18-20). 우리가 하나님을 참되게 예배해야 하기 위해 드려야 할 제물이 있다면 그것이 바로 겸손입니다. 겸손은 천천의 숫양과 만만의 강물 같은 기름으로도 도무지 하나님을 기쁘시게 할 수 없음을 잘 아는 마음의 상태입니다. 뿐만 아니라 비록 화려하지 않더라도 소중한 것을 드릴 때 하나님을 기뻐하신다는 믿음입니다. 겸손이 없다면 천천의 숫양과 만만의 강물 같은 기름이라도 헛된 제물에 지나지 않을 뿐입니다.

그러므로 우리는 할 수만 있으면 겸손의 제물로 예배할 줄 알아야 합니다. 사도 바울은 로마서 12장 1절에서 참된 예배에 대해 이렇게 교훈합니다. "그러므로 형제들아 내가 하나님의 모든 자비하심으로 너희를 권하노니 너희 몸을 하나님이 기뻐하시는 거룩한 산 제물로 드리라 이는 너희가 드릴 영적 예배니라." 우리의 몸을 산 제물로 드리는 것이야말로 하나님이 기뻐하시는 최고의 예배입니다.

하나님이 사람에게 요구하시는 것은 비단 수직적인 관계만은 아닙니다. 하나님은 종종 수평적인 관계를 통해 수직적인 관계를 평가하십니다. 나의 삶에서 과연 나는 공의를 행하고 있습니까? 하나님의 계명을 제대로 수행하고 있습니까? 공평하게 사람을 대하고 있습니까? 폭언과 폭력과 폭압을 행사하지는 않습니까? 자신에게는 매우 느슨하게 모든 것을 용납하면서 다른 사람에게는 지나치게 엄격하고 까다롭지는 않습니까? 그 누구보다도 나 자신에게 계명의 말씀을 엄격하게 적용하고 있습니까? 그 무엇보다도 사랑을 실천하고 있습니까? 여호와 하나님을 사랑하십니까? 이웃을 사랑하고 가족처럼 돌아보는 태도를 잃지 않고 있습니까? 그러면서도 여전히 겸손하게 하나님과 동행하고 있습니까?

이런 질문들은 하나님을 향한 그리스도인의 순종을 가늠해볼 수 있는 중대한 시금석입니다. 사무엘상 15장 22절에서 선지자 사무엘은 이렇게 말합니다. "사무엘이 이르되 여호와께서 번제와 다른 제사를 그의 목소리를 청종하는 것을 좋아하심 같이 좋아하시겠나이까 순종이 제사보다 낫고 듣는 것이 숫양의 기름보다 나으니."

공의를 행하고 인자를 사랑함으로 드리는 우리의 순종의 제사를 원하시는 여호와 하나님과 항상 겸손히 동행하시기를 소망합니다.

○ 칼뱅, 『기독교 강요』, 3.7.7.

우선, 그리스도인은 자기에게 도움을 요청하는 바로 그 사람의 입장에 자기를 가져다 놓고서, 그 사람의 불행을 마치 자기가 당하는 것처럼 그렇게 안타깝게 여겨야 한다. 그렇게 해야만 비로소 동정심과 인간다운 감정이 일어나서 마치 자기에게 하듯 그렇게 그 사람을 도울 수 있다. 이런 자세를 가진 사람은 형제를 도울 때에 오만과 멸시를 드러냄으로 도움의 행위를 망쳐버리지도 않을 뿐 아니라, 그 사람이 자기의 도움을 받는다고 해서 깔보거나 그 사람을 자기 수하에 두려고 함부로 대하지도 않을 것이다.

■ 나눔 질문

1. 공의를 뜻하는 히브리어 '미쉬파트'의 뜻은 무엇입니까?
2. 선지자 미가가 활동하던 당시의 사회적 상황은 어떠했습니까?
3. 하나님을 향한 예배는 사람을 향한 무엇과 분리되어 있지 않습니까?
4. "겸손하게"로 번역된 히브리어 "하츠네아으"의 뜻은 무엇입니까?
5. 우리가 하나님을 향해 마땅히 순종하고 있는지를 가늠할 수 있는 시금석에는 어떤 것이 있습니까?
6. 우리가 신자의 도덕법인 십계명을 실천해야 할 이유는 무엇입니까? 십계명의 서문을 통해 설명해 봅시다.

22장
제1계명 - 내 앞에 다른 신을 두지 말라

⁸이제 너희는 온 이스라엘 곧 여호와의 회중이 보는 데에서와 우리 하나님이 들으시는 데에서 너희 하나님 여호와의 모든 계명을 구하여 지키기로 하라 그리하면 너희가 이 아름다운 땅을 누리고 너희 후손에게 끼쳐 영원한 기업이 되게 하리라 ⁹내 아들 솔로몬아 너는 네 아버지의 하나님을 알고 온전한 마음과 기쁜 뜻으로 섬길지어다 여호와께서는 모든 마음을 감찰하사 모든 의도를 아시나니 네가 만일 그를 찾으면 만날 것이요 만일 네가 그를 버리면 그가 너를 영원히 버리시리라. 대상 28:8-9

소요리문답 45, 46, 47, 48번

문 45: 어떤 것이 첫 번째 계명입니까?

답: 첫 번째 계명은 "너는 나 외에는 다른 신들을 네게 두지 말라"입니다(출 20:3).

문 46: 첫 번째 계명에서는 무엇이 요구되어 있습니까?

답: 첫 번째 계명은 하나님이 유일하신 참 하나님이신 것과 우리의 하나님이신 것을 알고 인정할 것을 요구합니다(대상 28:9; 신 26:17). 또한 그에 상응하게 하나님을 경배하고 영화롭게 할 것을 요구합니다(마 4:10; 시 29:2).

문 47: 첫 번째 계명에서는 무엇이 금지되어 있습니까?

답: 첫 번째 계명은 참되신 하나님을 하나님으로서(롬 1:21) 그리고 우리의 하나님이신 것을(시 81:10-11) 부인하거나(시 14:1) 또는 그 하나님께 경배하고 영광 돌리지 않는 것을 금지합니다. 그리고 오직 하나님께만 돌려야 할 그 예배와 영광을 다른 어떤 것에 바치는 것을 금지합니다(롬 1:25-26).

문 48: 첫 번째 계명에 있는 이 말씀, 즉 "나 외에는"이라는 말씀에서 우리는 특별히 무엇을 가르침 받습니까?

답: 첫 번째 계명에 있는 "나 외에는"이라는 말씀은 모든 것을 보시는 하나님이 다른 어떤 신을 두는 죄를 주목하여 보시고, 또한 그것을 매우 노여워하신다는 것을 우리에게 가르쳐 줍니다(겔 8:5-6; 시 46:20-21).

지난 장에서 우리는 소요리문답 39번을 통해 하나님이 사람에게 요구하시는 의무는 계시된 그분의 뜻에 순종하는 것이라고 배웠습니다. 이제 우리는 하나님의 계시된 뜻의 요약인 십계명 말씀을 본격적으로 살피려고 합니다.

   십계명을 배우기 전에 먼저 하나님의 율법 또는 계명에 대해 생각해 볼 필요가 있습니다. 구약시대에 하나님은 이스라엘에게 세 종류의 법을 주셨습니다. 의식법과 시민법 그리고 도덕법입니다. 의식법은 앞으로 오실 그리스도와 그분이 베푸실 은혜와 고난과 은택들을 예표하는 제사와 예배에 관한 각종 규례와 법입니다. 이 의식법은 신약시대의 제사장이자 제물로 오신 그리스도로 인해 성취되었고 지금은 폐지되었습니다. 시민법은 사법적 율법으로서 정치적 공동체인 이스라엘이라는 국가의 통치를 위해 주어졌습니다. 이 또한 이스라엘이라는 구약시대 신정국가의 소멸로 인해 폐지되었습니다. 반면 십계명으로 대표되는 도덕법은 의롭다 함을 받은 이들뿐 아니라 모든 사람에게 순종할 것을 요구하시는 하나님이 계시하신 명령입니다. 그 첫째로 우리는 제1계명을 다루게 됩니다.

제1계명은 예배의 대상에 대한 말씀입니다. 누구를 예배하느냐에 관한 내용입니다. 그 다음 2계명부터 4계명은 각각 예배의 방식, 예배의 태도, 그리고 예배의 시간을 다룹니다. 그러나 2-4계명을 잘 준행한다 하더라도 제1계명의 이해가 바르지 않으면 모든 것이 잘못됩니다. 따라서 제1계명을 잘 이해하는 것만큼 중요한 것도 없습니다.

역대상 28장에서 하나님은 솔로몬의 왕위가 그가 전심을 다하여 하나님 여호와의 모든 계명에 순종하는지 여부에 좌우될 것이라고 다윗을 통해 말씀하십니다. 그렇기에 다윗 왕은 그의 아들 솔로몬에게 왕국을 영원히 견고케 하려면 여호와의 명령과 규례를 지키고 아비 다윗의 하나님을 순전한 마음과 기쁜 뜻으로 섬기라고 명령합니다.

사시고 참되신 하나님을 알고 섬기는 일

첫째, 제1계명은 살아계시고 참되신 하나님을 바로 알고 섬길 것을 명령합니다. 9절 말씀을 읽겠습니다. "내 아들 솔로몬아 너는 네 아버지의 하나님을 알고 온전한 마음과 기쁜 뜻으로 섬길지어다 여호와께서는 모든 마음을 감찰하사 모든 의도를 아시나니 네가 만일 그를 찾으면 만날 것이요 만일 네가 그를 버리면 그가 너를 영원히 버리시리라."

다윗은 아들 솔로몬에게 "너는 네 아버지의 하나님을 알고 기쁜 듯으로 섬길지어다"라고 명령합니다. 솔로몬의 아버지의 하나님은 누구십니까? 그분은 바로 다윗이 평생 섬겼던 하나님, 다윗의 조상들이 평생 경배했던 하나님이십니다. 십계명의 제1계명을 읽겠습니다. 출애굽기 20장 3-6절입니다. "너는 나 외에는 다른 신들을 네게 두지 말라 너를 위하여 새긴 우상을 만들지 말고 또 위로 하늘에 있는 것이나 아래로 땅에 있는 것이나 땅 아래 물 속에 있는 것의 어떤 형상도 만들지 말며 그것들에게 절하지 말며 그것들을 섬기지 말라 나 네 하나님 여호와는 질투하는 하나님인즉 나를 미워하는 자의 죄를 갚되 아버지로부터 아들에게로 삼사 대까지 이르게 하거니와 나를 사랑하고 내 계명을 지키는 자에게는 천 대까지 은혜를 베푸느니라."

그렇다면 우리는 왜 오직 하나님만 섬겨야 할까요? 소요리문답 45번을 보겠습니다.

45문 : "어떤 것이 첫 번째 계명인가요?"

답 : "첫 번째 계명은 '너는 나 외에는 다른 신들을 네게 두지 말라'입니다."

바울은 고린도 교회에게 편지하면서 이렇게 말합니다. "비록 하늘에나 땅에나 신이라 불리는 자가 있어 많은 신과 많은 주가 있으나 그러나 우리에게는 한 하나님 곧 아버지가 계시니 만물이 그에게서 났고 우리도 그를 위하여 있고 또한 한 주 예수 그리스도께서 계시니 만물이 그로 말미암고 우리도 그로 말미암아 있느니라"(고전 8:5-6).

금지하는 명령으로서, 우리는 다른 신들을 두어서는 안 된다. 다른 신들이란 인간이 만들어낸 신들을 뜻합니다. "다른 신"들은 하나님이 아닙니다. 종교심의 발로에서 만들어 낸 자연신들일 뿐입니다. 그것들은 하늘이나 땅에서 신이라 불리지만 정작 호흡이 없는 죽은 신들이요 우상들입니다. 그들을 섬겨서는 안 되는 이유입니다. 인간을 수종 들고 인간을 도와 주는, 인간의 상상력으로 만들어 낸 신은 하나님이 아닙니다. 인간에게 노하지 않고 오직 복만 빌어 주는 신은 우상일 뿐입니다. 그뿐 아니라 제1계명은 무신론이라는 우상도 제거할 것을 요구합니다. 무신론은 하나님 없는 사상으로 그 자체로 불신앙입니다. 하나님 없는 종교입니다. 하나님의 자녀들은 이론적 무신론뿐 아니라 실천적 무신론을 배격해야 합니다. 이론적 무신론은 인간의 마음에 존재하는 신은 인정하나 성경이 말씀하는 신은 부정하는 관념입니다. 이런 신은 절대적이지 않으며 성경이 말씀하는 하나님이 아닙니다. 또한 신자들은 실천적 무신론을 배격해야 합니다. 실천적 무신론은 하나님의 존재는 믿지만 하나님이 없는 것처럼 살아가는 사람을 가리킵니다. 참되게 믿는다면 참되게 살아가게 될 것입니다. 그러므로 중생을 받은 신자라면 두 가지 무신론 모두 다 배격해야 합니다. 이 모든 것이 우상이며 우리가 버려야 할 "다른 신들"입니다.

적극적인 명령으로서, 우리는 성경이 말씀하는 참되신 하나님을 섬겨야 합니다. 본문 9절은 "네 아버지의 하나님"을 알라고 말씀합니다. 솔로몬에게 그의 아버지 다윗 왕의 하나님을 알고 섬기라는 명령입니다. 이 명령은 우리가 믿고 섬겨야 할 하나님이 역사적인 하나님이라는 뜻입니다. 기독교의 믿음은 어느 날 갑자기 하늘에서 뚝 떨어진 것이 아닙니다. 어느 개인이 주관적으로 상상하거나 발명해 낸 것도 아닙니다. 짧게는 2천 년에서 길게는 6천 년 넘는 오랜 시간 동안 하나님이 당신의 백성들에게 계시하시고 알려주신 믿음입니다. 그리고 그 뜻이 모두 다 하나님의 말씀인 성경에 기록되었고 완성되었습니다.

우리가 알고 섬겨야 하는 참되신 하나님은, 인간의 상상력이 만들어 낸 우상 하나님이 아니라 성경이 말하는 대로의 하나님이어야 합니다. 우리가 믿는 하나님은 엄밀히 말하면 우리의 지식이나 감정이나 경험에서 비롯된 분이 아닙니다. 우리의 하나님은 계시된 하나님이십니다. 우리 밖에서 다가오시는 하나님이십니다. 그 계시된 하나님은 구약과 신약의 역사를 통해 우리에게 나타나셨습니다. 그리고 이 모든 날 마지막에 그 아들로 사람의 몸을 입고 나타나셨습니다 (요 1:14; 히 1:1-2).

참되신 하나님은 구원의 하나님이십니다. 창조주이자 통치자이시며, 심판주이십니다. 하나님은 역사와 우주와 만물의 창조주이실 뿐 아니라 새 하늘과 새 땅의 창조주이시기도 합니다. 무엇보다도 참되신 하나님은 그 새 하늘과 새 땅의 백성으로 삼으시려고 우리를 구원하신 구원의 하나님이십니다. 하나님은 이 목적을 위해 독생자 예수 그리스도를 이 세상에 보내셨습니다. 구약성경이 이것에 대해 예언했고, 신약성경이 그 예언의 성취와 의미를 기록했습니다.

참되신 하나님은 삼위일체 하나님이십니다. 한 신성 안에 세 신격이 존재하십니다. 아버지, 아들, 성령이 계십니다. 이 세 신격이 본질에 있어 동일하고 능력과 영광에 있어 동등하십니다. 그러면서 이 세 신격이 한 분 안에 완전히 연합되어 있으십니다. 이 삼위일체 하나님이 창세기 1장 1절의 말씀을 발하셨고 이 삼위일체 하나님이 우리의 구원을 협의하시고 실행하셨고 지금 우리가 아바 아버지라고 부르는 하나님이십니다.

그러므로 신자는 참되신 하나님을 배워야 합니다. 막연한 하나님이 아닌 성경이 가르치는 하나님을 바르게 배워야 합니다. 하나님의 말씀인 성경이 증거하는 하나님을 유일하신 하나님으로 받아들이지 않을 때 우리는 그분에게 합당한 경배와 영광을 돌리는 것이 아닙니다. 만일 참되고 살아계시는 하나님이 아닌 인간의 종교심이 만들어낸 하나님, 상상으로 빚어 낸 하나님을 따르라는 거짓에 귀를 기울이고 있다면 그는 당장 그 자리를 벗어나 참되신 하나님께로 돌아가야 합니다.

이제까지 생명 없는 우상을 하나님으로 섬겼다면 당장 회개하고 그 우상을 모조리 버릴 뿐 아니라 살아계시고 참되신 하나님께 돌아와 오직 그분만을 섬기기를 소망합니다.

하나님을 적극적으로 섬김

둘째, 제1계명은 하나님을 온전한 마음과 기쁜 뜻으로 섬겨야 할 것을 명령합니다. 8-9절 말씀을 읽겠습니다. "이제 너희는 온 이스라엘 곧 여호와의 회중이 보는 데에서와 우리 하나님이 들으시는 데에서 너희 하나님 여호와의 모든 계명을 구하여 지키기로 하라 그리하면 너희가 이 아름다운 땅을 누리고 너희 후손에게 끼쳐 영원한 기업이 되게 하리라 내 아들 솔로몬아 너는 네 아버지의 하나님을 알고 온전한 마음과 기쁜 뜻으로 섬길지어다 여호와께서는 모든 마음을 감찰하사 모든 의도를 아시나니 네가 만일 그를 찾으면 만날 것이요 만일 네가 그를 버리면 그가 너를 영원히 버리시리라."

8절에서는 "너희 하나님 여호와의 모든 계명을 구하여 지키기로 하라"고 명령하고 9절에서는 "온전한 마음과 기쁜 뜻으로 섬길지어다"라고 명령합니다. 이어서 소요리문답 46번을 보겠습니다.

문 46: "첫 번째 계명에서는 무엇이 요구되어 있습니까?"

답: "첫 번째 계명은 하나님이 유일하신 참 하나님이신 것과 우리의 하나님이신 것을 알고 인정할 것을 요구합니다. 또한 그에 상응하게 하나님을 경배하고 영화롭게 할 것을 요구합니다."

지금 우리가 살피는 제1계명은 단지 교회 안에서의 예배에 국한되지 않습니다. 1계명은 우리가 교회의 회원이 되면 자동적으로 실천하게 되는 명령이 아닙니다. 오히려 1계명은 우리 삶의 모든 영역에서 실천되어야 할 명령입니다. 우리의 종교와 가정과 직업과 사업과 대인관계 등 다양한 국면과 전인격을 아우르는 삶의 모든 순간마다 하나님을 영화롭게 하고 그분을 즐거워하는 삶을 실천해 내야 합니다.

그러기 위해 우리는 첫째로 하나님을 더 깊이 알아야만 합니다. 이는 적극적인 명령입니다. 하나님은 우리에게 "너는 나 외에는 다른 신들을 네게 두지 말라"(출 20:3)고 명하셨습니다. 이는 오직 하나님께만 집중하고 그분만을 섬기라는 말씀입니다. 하나님이 우리의 최우선 순위가 되어야 한다는 말입니다. 마태복음 6장 33절에서 주님이 말씀하십니다. "그런즉 너희는 먼저 그의 나라와 그의 의를 구하라 그리하면 이 모든 것을 너희에게 더하시리라." 제1계명은 소요리문답 1번의 실천과도 같습니다. 하나님을 영화롭게 하고 그분을 영원토록 즐거워하는 것이 인간의 제일 되는 목적입니다. 그렇다면 1계명 외에 이것을 더 잘 수행할 방법이 또 어디 있겠습니까?

둘째로 소극적으로는 다른 신들을 내게 두지 말아야 합니다. 우리 곁에 다른 신들이 있다면 당장 제거해야 합니다. 솔로몬은 온전한 마음으로 하나님을 믿고 섬기라는 명령을 받았습니다. 온전한 마음이란 나뉘어지지 않는 마음입니다. 하나님 외에 다른 것에 시선을 빼앗기지 않는 마음입니다. 하나님 외에 다른 것에 의지하거나 무언가 신뢰하는 여지를 두는 것은 하나님을 모욕하는 행위입니다. 하나님은 최고의 선이십니다. 최고의 선이 이미 계시는데 다른 선을 찾는 것은 하나님을 불신하는 행위입니다. 하나님께만 집중하고 다른 신을 멀리하는 삶을 영위할 때에만 우리는 비로소 2, 3, 4계명도 지켜낼 수 있습니다. 뿐만 아니라 그 다음 10계명까지도 제1계명을 구체적으로 실천해 내는 계명들이라 할 수 있습니다. 제1계명은 원리이자 기초이며 표준입니다. 제1계명에서 말씀하는 하나님을 향한 우리의 의무는 다른 모든 의무에 선행하는 원천이요 출발점입니다.

셋째로는 하나님을 섬길 때 온전한 마음과 기쁜 뜻으로 섬겨야 합니다. 9절을 다시 한 번 보십시오. "온전한 마음과 기쁜 뜻으로 섬길지어다." 온전한 마음은 섞임이 없고 집중하는 마음입니다. 기쁜 뜻은 의무감이나 다른 악한 동기가 없이 자원하는 마음으로 섬기는 태도입니다. 하나님은 결코 만홀히 여김을 받을 분이 아니시기 때문입니다. 솔로몬 왕은 잠언 21장 2절에서 이렇게 쓰고 있습니다. "사람의 행위가 자기 보기에는 모두 정직하여도 여호와는 마음을 감찰하시느니라." 마태복음 22장 37-38절에서 예수님도 이렇게 말씀하십니다. "예수께서 이르시되 네 마음을 다하고 목숨을 다하고 뜻을 다하여 주 너의 하나님을 사랑하라 하셨으니 이것이 크고 첫째 되는 계명이요." 대요리문답 제104문은 이렇게 묻습니다. "제1계명이 요구하는 의무는 무엇입니까?" 그리고 그 대답을 다음과 같이 진술합니다. "제1계명에 요구된 의무는 하나님이 홀로 참되신 하나님이시며 우리의 하나님이심을 알고 인정하며, 따라서 그만을 생각하고 명상하고 기억하고 높이고 공경하고 경배하고 좋아하고 사랑하고 사모하고 경외함으로 그에게만 예배하고 영화롭게 하는 것이다. 또 그를 믿고 의지하고 바라고 기뻐하고 즐거워하고 그에 대한 열심을 가지고 그를 불러 모든 찬송과 감사를 드리고 전인격적으로 그에게 모두 순종하고 복종하며 그를 기쁘시게 하기 위하여 범사에 조심하고 만일 모든 일에든지 그를 노엽게 하면 슬퍼하며 그와 겸손히 동행하는 것이다." 대요리문답은 그 자체로 다른 설명이나 주석이 필요없이 소요리문답을 더욱 상세하게 설명해 주는 해설서와 같습니다. 우리가 이렇게 하나님을 섬길

수 있다면 얼마나 즐거운 일이겠습니까?

모든 일에서 하나님을 섬길 때, 특별히 예배의 시간에 온 마음을 기울여 순전하고 기쁜 마음으로 최선을 다해 예배하는 성도들이 되기를 바랍니다.

오늘날 유행병처럼 번지는 현상 가운데 하나는, 성경이 명하는 대로 바르게 하나님을 섬기지 않으면서 사회와 이웃을 위해 힘쓰고자 애쓰는 것입니다. "네 마음을 다하고 목숨을 다하고 뜻을 다하고 힘을 다하여 주 너의 하나님을 사랑하라"(막 12:30)는 모든 계명 중에 첫째 되는 계명은 등한시하고 "네 이웃을 네 자신과 같이 사랑하라"(막 12:31)는 둘째 계명에만 신경씁니다. 마틴 로이드 존스 박사는 오늘날 사람들이 두 번째부터 시작하지만 정작 첫 번째는 잊어버리고 있다고 비판한 바 있습니다. 우리가 이웃을 사랑하고 사회 정의를 구현하려는 것은 먼저 하나님이 사랑과 긍휼을 베푸시고 공의로운 분이시기 때문입니다. 그렇기에 우리의 윤리와 도덕이 먼저 하나님을 향한 예배에 기초해 있지 않으면 그저 넝마조각이요 더러운 의가 될 뿐입니다. 제1계명 없이 제5계명은 성취될 수 없습니다. 그것은 전혀 성경적이지 않고 옳지도 않습니다.

소요리문답 해설의 거장 윌리엄슨 박사는 이렇게 말합니다. "교회의 예배에 참석하지 않거나 하나님께 예배드리지 않는 사람들이 때때로 이웃과 연관된 제5-10계명을 지키려고 노력한다는 사실을 자랑한다. 그러나 하나님의 관점에서는 먼저 하나님의 주권을 인식하고 그 후에 우리가 하나님을 기쁘시게 하기 위해 이러한 계명들을 순종하려고 할 때까지는 우리가 그분의 계명들 중 어떤 것도 바르게 지킬 수 없다."

제1계명이 요구하는 것은 두 가지입니다. 오직 성경이 말씀하는 살아

계시고 참되신 하나님만을 섬기는 것입니다. 그리고 그 하나님을 온전한 마음과 기쁜 뜻으로 적극적으로 섬기는 것입니다. 모세는 하나의 위대한 설교문인 신명기에서 이렇게 명령합니다. "네가 오늘 여호와를 네 하나님으로 인정하고 또 그 도를 행하고 그의 규례와 명령과 법도를 지키며 그의 소리를 들으라"(신 26:17).

오늘도 내일도 모레도 언제나 살아계신 단 한 분이신 전능하신 하나님만을 섬기고 경배하는 성도들이 되길 기도합니다.

○ 칼뱅, 『기독교 강요』, 2.8.16.

다른 신을 섬기지 않는 것만으로는 안 된다. 신앙 자체를 경멸하며 조롱하는 특정한 악인들이 일상적으로 행하는 일들을 행하지 말아야 한다. 참된 신앙을 최고로 놓고, 우리의 정신을 살아계신 하나님께로 향하게 해야 한다. 그리하여 하나님을 아는 일에 깊이 젖어서, 그의 위엄을 생각하고, 두려워하고, 경배하고, 그의 축복에 참여하고, 어느 때에나 그의 도우심을 구하며, 그의 역사하심의 위대함을 인정하고 찬양으로 높이 기리기를 사모하며, 그것을 이 세상의 삶의 모든 활동들의 유일한 목표로 삼는 것이다. 그리고 그 다음으로는 사악한 미신을 경계하여 우리의 생각이 참되신 하나님께로부터 돌아서서 온갖 잡신들을 좇아 이리저리 방황하는 일이 없도록 해야 한다.

■ 나눔 질문

1. 저자는 다른 신들, 즉 우상신들을 몇 종류로 구분하고 있습니까?

2. 우리가 섬겨야 할 참되신 하나님은 어떤 하나님이십니까?

3. 하나님을 바르게 예배하고 섬기기 위해서는 어떤 마음으로 섬겨야 합니까?

4. 대요리문답 104번은 하나님을 어떻게 섬기라고 교훈하고 있습니까?

5. 십계명 가운데 1-4계명은 지키지 않으면서 5-10계명 지키는 것을 자랑하는 것이 왜 잘못인지 생각해 봅시다.

6. 하나님 외에 다른 우상 신들을 곁에 둔 경험이 있다면 생각해 봅시다.

23장
제2계명 - 우상을 만들지 말라

내가 너희에게 명령하는 이 모든 말을 너희는 지켜 행하고 그것에 가감하지 말지니라. 신 12:32

소요리문답 49, 50, 51, 52번

문 49: 어떤 것이 두 번째 계명입니까?

답: 두 번째 계명은 "너를 위하여 새긴 우상을 만들지 말고 또 위로 하늘에 있는 것이나 아래로 땅에 있는 것이나 땅 아래 물 속에 있는 것의 어떤 형상도 만들지 말며 그것들에게 절하지 말며 그것들을 섬기지 말라 나 네 하나님 여호와는 질투하는 하나님인즉 나를 미워하는 자의 죄를 갚되 아버지로부터 아들에게로 삼사 대까지 이르게 하거니와 나를 사랑하고 내 계명을 지키는 자에게는 천 대까지 은혜를 베푸느니라"입니다(출 20:4-6).

문 50: 두 번째 계명에서는 무엇이 요구되어 있습니까?

답: 두 번째 계명은 하나님이 그의 말씀 안에서 지정하신 모든 종교적 예배와 규례들을 순수하고 온전한 상태로 받고 준수하고 지킬 것을 요구합니다(신 32:46; 마 28:20; 행 2;42).

문 51: 두 번째 계명에서는 무엇이 금지되어 있습니까?

답: 두 번째 계명은 형상들로(신 4:15-19; 출 32:5, 8) 하나님을 예배하거나, 하나님의 말씀에 지정되어 있지 않은 어떤 다른 방법으로 예배하는 것을 금합니다(신 12:31-32).

문 52: 두 번째 계명에 부가된 근거들은 무엇입니까?

답: 두 번째 계명에 부가된 근거들은 우리에 대한 하나님의 주권과(시 95:2-3, 6), 우리 안에 있는 그의 자격(시 45:11), 그리고 그 자신의 예배에 대한 열정입니다(출 34:13-14).

신자에게 있어 최고의 존재 목적은 하나님을 예배하는 것입니다. 예배에 실패하면 다른 것에 모두 실패하는 것입니다. 예배는 신자 개인뿐 아니라 교회 공동체의 영적 건강에 치명적으로 중요합니다. 따라서 예배 그 자체는 물론이고 어떻게 예배하느냐는 문제도 매우 중요합니다. 성경에 따르면 모든 예배가 다 참 예배일 수 없습니다. 그러므로 참 예배를 어떻게 드려야 하는지를 아는 것은 중요합니다. 지난 장에서 우리가 배운 제1계명은 예배의 대상, 즉 누구를 예배하느냐에 관한 말씀이었습니다. 이제부터 몇 장에 걸쳐 살펴볼 제2, 제3, 제4계명은 각각 예배의 방식, 예배의 태도, 그리고 예배의 시간에 대해 이야기합니다.

참된 예배의 방식은 하나님이 성경 중에서도 특별히 십계명에 규정해 놓으셨습니다. 제2계명에서는 하나님이 규정하신 성경적 예배 방식 외에 무엇을 더하거나 빼는 것을 엄격히 금합니다. 그것은 우상 숭배가 되기 때문입니다. 하나님은 그렇게 잘못된 방식으로 예배드리는 자들의 죄를 심판하실 것입니다. 이에 대해 출애굽기 20장 4-6절을 인용한 소요리문답 49번은 이렇게 질문하고 답합니다.

문 49: "어떤 것이 둘째 계명입니까?"

답: "둘째 계명은 '너를 위하여 새긴 우상을 만들지 말고 또 위로 하늘에 있는 것이나 아래로 땅에 있는 것이나 땅 아래 물 속에 있는 것의 어떤 형상도 만들지 말며 그것들에게 절하지 말며 그것들을 섬기지 말라 나 네 하나님 여호와는 질투하는 하나님인즉 나를 미워하는 자의 죄를 갚되 아버지로부터 아들에게로 삼사 대까지 이르게 하거니와 나를 사랑하고 내 계명을 지키는 자에게는 천 대까지 은혜를 베푸느니라'입니다."

신령과 진정의 예배

첫째, 제2계명은 우리에게 하나님을 영과 진리로 예배하고 섬길 것을 교훈하고 있습니다. 본문 32절을 보겠습니다. "내가 너희에게 명령하는 이 모든 말을 너희는 지켜 행하고 그것에 가감하지 말지니라."

이에 상응하는 신약의 구절도 하나 보겠습니다. 요한복음 4장 23-24절입니다. "아버지께 참되게 예배하는 자들은 영과 진리로 예배할 때가 오나니 곧 이 때라 아버지께서는 자기에게 이렇게 예배하는 자들을 찾으시느니라 하나님은 영이시니 예배하는 자가 영과 진리로 예배할지니라." 이제 소요리문답 50번도 보겠습니다.

문 50: "둘째 계명에서는 무엇이 요구되어 있습니까?"

답: "둘째 계명은 하나님이 그의 말씀 안에서 지정하신 모든 종교적 예배와 규례들을 순수하고 온전한 상태로 받고 준수하고 지킬 것을 요구합니다."

위의 두 구절의 말씀과 소요리문답을 통해 우리는 참 예배와 거짓 예배를 구분할 필요가 있습니다. 참 예배는 우선 하나님이 명령하신 계명의 말씀대로 행하며 예배하는 것입니다. 거짓 예배는 반대로 하나님이 명백히 금지하신 것을 행하는 예배입니다. 따라서 참 예배는 계명에 없는 것을 금하고 오직 계명에 있는 것만 예배합니다. 그러나 거짓 예배는 계명에 없는 것을 만들어 내어 예배합니다.

참 예배의 가장 큰 기준은 요한복음 4장 24절의 영과 진리라는 단어에 있습니다. 헬라어로 영과 진리는 "프뉴마 알레테이아"로서 성령 하나님의 교통하심과 진리, 즉 하나님의 말씀입니다. 따라서 진정한 예배의 핵심은 형식과 의식보다는 성령님의 생명력과 하나님의 진리의 말씀이 동반되어야 합니다. 참 예배는 형식을 무시하지 않지만 성령과 말씀이 없는 형식보다는 형식 없는 성령과 말씀을 더 중요하게 생각합니다. 이 말은 참된 예배가 어떤 은사주의자들이나 신사도주의자들, 즉 지금도 하나님의 계시를 직접 받는다는 사람들의 주장처럼 예배의 질서와 예전을 무시하고 형식을 배제하는 것이 결코 아닙니다. 또한 참된 예배는 영과 진리를 오독하여 인간이 정성스럽게 드리는 예배를 의미하는 것도 아닙니다. 모든 예배를 정성스럽게 드리는 것이 마땅하지만 영과 진리는 '정성스럽게'를 뜻하지 않습니다.

영과 진리라는 예배의 특징에는 구약과 신약의 예배적 요소들이 포함됩니다. 즉 하나님이 우리를 예배로 초청하시면, 우리는 성경을 읽고 설교하고 구약적으로 시편을 찬송하고 세례와 성찬을 거행하며 기도하고 축복기도, 즉 강복선언으로 마치는 것입니다. 그리고 그 모든 일들을 수행할 때 성령님의 역사하심을 통해 최선을 다해 영적으로 산 제사를 올려드립니다. 오늘날 우리가 드리는 주일 예배의 형식은 개혁교회가 오랜 역사와 전통 가운데 제정해 놓은 규례입니다. 이것을 예전(liturgy)이라 부릅니다. 개혁교회의 예전에서 가장 중요한 부분은 하나님의 말씀 낭독과 설교입니다. 따라서 예배드릴 때 하나님의 말씀 낭독과 설교처럼 치명적으로 중대한 요소들을 제외하거나 무엇인가 다른 요소들을 첨가한다면 그것은 그릇된 예배입니다. 또한 참된 예배는 성령 하나님의 교통하심을 통해 살아난 성도가 그 영으로 정성을 다하여 진심으로 예배드리는 것을 의미합니다. 그러므로 합법적인 예배의 예전만 있어서도 안 되고 그 반대로 정성을 다한 진심만 있어서도 안 됩니다. 하나님을 참되게 예배하는 일에는 이 두 가지 요소가 항상 함께 있어야 합니다.

4백여 년 전인 17세기 스코틀랜드의 개혁주의 장로교 목사 사무엘 러더포드는 자신이 만든 교리문답 468번에서 "제2계명에서 금지된 특별한 악덕은 무엇입니까?"라고 묻고는 이렇게 답합니다. "모든 사람은 어떻게든 예배하려고 합니다. 그러나 이에 대한 대답으로 하나님을 예배하는 올바른 방식에서 우리는 우리 자신의 고안품을 거부해야 하며, 하나님의 말씀으로 말씀하시는 '하나님의 영'의 인도함을 받는 일에 몰두해야 합니다. 그렇지 않으면 악덕입니다." 그렇다면 하나님의 영의 인도함을 받지 않는 악덕들은 무엇일까요?

예를 들면 로마 가톨릭교회는 성모마리아 상, 강단의 십자가 장식, 촛불 점화, 각종 성인들의 형상에 특별한 의미와 능력을 부여합니다. 그러나 개혁 교회는 성경이 명하는 가장 단순한 원리를 따라 예배해야 합니다. 왜냐하면 우리는 자신이 본질상 죄인임을 잘 알고 있기 때문입니다. 또한 성경이 예배의 요소로 명하지 않은 각종 가시적이며 의식적인 요소들을 오남용하고 우상화할 가능성이 많기 때문입니다. 웅장한 예배당, 아름다운 스테인드 글라스, 거대한 파이프 오르간의 힘찬 연주 소리는 인간의 감정을 움직여 압도당하게 만듭니다. 성령의 중생함을 받지 못한 비신자들도 그런 감동을 받습니다. 하지만 이런 가시적 요소 가운데 그 어떤 것도 하나님의 구속의 진리를 죄인에게 전달하지 못합니다. 우리는 여러 가지 인간적인 요소들을 가감하여 인위적으로 감정을 조작해서는 안 됩니다. 이런 의미에서 어떤 예배는 전혀 예배가 아닙니다.

파이프 오르간, 성가복을 입은 성가대, 십자가를 맨 성직자들의 입장, 강단 중앙의 조명으로 환하게 밝힌 십자가와 장식들, 시간마다 다양한 색으로 바뀌는 스테인드 글라스, 예배 시작을 알리는 촛불 점화 같은 시각적이고 감각적인 요소들은 풍부하되, 하나님의 말씀인 성경 낭독도 없으며 하나님의 말씀 선포인 설교는 거의 존재하지 않는 예배는 참된 예배일 수 없습니다. 신자들이 예배당에 들어와 마치 한편의 콘서트를 보는 관객처럼 있다가 들어오던 대로 퇴장한다면 그것은 성경적 예배가 아닙니다.

하나님이 우리에게 전해 주신 은혜의 방편은 세 가지입니다. 하나님의 말씀, 성례, 즉 세례와 성찬, 그리고 기도입니다. 이것을 생명력 있게 전달해 주시는 분이 성령님이십니다. 따라서 성령의 교통하심과 진리인 말씀은 가장 성경적이며 개혁적인 예배의 큰 두 요소입니다. 신자는 자신의 지식과 감정과 정서와 의지가 늘 하나님의 말씀에 민감하며 성령의 역사하심을 통해 지도를 받고 있는지 확인해야 합니다. 어떤 의미에서 다소 극단적이지만 "그리스도인의 몸의 기관은 오직 귀뿐이라"는 루터의 말은 맞습니다. 우리는 귀로 하나님의 말씀을 듣습니다. 이것은 시각적 미사로부터 청각적 예배로의 전환을 강조합니다. 하나님 말씀이 없는 화려한 예식보다는 화려한 예식이 없는 순수한 하나님 말씀 중심의 예배가 더욱 성경적입니다.

우리 교회 성도들이 참여하는 예배가 하나님의 성령의 역사하심과 하나님의 말씀인 진리와 함께 드려지는 예배가 되기를 소원합니다.

하나님을 형상화하여 예배하는 것을 금함

둘째, 제2계명은 하나님을 그 어떤 것으로도 형상화하여 예배하는 것을 절대 금하고 있습니다. 32절 말씀을 한 번 더 보겠습니다. "내가 너희에게 명령하는 이 모든 말을 너희는 지켜 행하고 그것에 가감하지 말지니라."

출애굽기 20장 4절은 "너를 위하여 새긴 우상을 만들지 말고"라고 시작합니다. 이에 대해 소요리문답 51번을 보겠습니다.

51문: "두 번째 계명에서는 무엇이 금지되어 있습니까?"

답: "두 번째 계명은 형상들로 하나님을 예배하거나, 하나님의 말씀에 지정되어 있지 않은 어떤 다른 방법으로 예배하는 것을 금합니다."

이제는 두 번째 계명의 부정적인 국면을 살펴보겠습니다. 우리는 너무나 쉽게 2계명을 범할 위험에 처해 있습니다. 그것은 3계명을 범하게 되는 것만큼이나 빈번하게 발생합니다. 가령 우리가 흔히 영화에서 듣게 되는 '오 마이 갓' 같은 표현은 절대 사용해서는 안 될 말입니다. 또한 2계명은 인간이 하나님을 어떤 방식으로든지 형상화할 때 어기게 되어 있습니다. 그것이 동상이든지 그림이든지 관계없습니다. 영이신 하나님의 존재를 형상화하는 그 어떤 시도도 우상숭배의 길로 떨어집니다.

하나님이 누구십니까? 하나님을 어떻게 예배하라고 했습니까? 영과 진리입니다. 하나님이 영이시라는 말은 물질이 아니시므로 눈에 보이지 않는 존재시라는 말이기도 합니다. 따라서 하나님을 형상화해선 안 됩니다. 모세는 신명기 4장 15-19절에서 이렇게 설교합니다. "여호와께서 호렙 산 불길 중에서 너희에게 말씀하시던 날에 너희가 어떤 형상도 보지 못하였은즉 너희는 깊이 삼가라 그리하여 스스로 부패하여 자기를 위해 어떤 형상대로든지 우상을 새겨 만들지 말라 남자의 형상이든지, 여자의 형상이든지, 땅 위에 있는 어떤 짐승의 형상이든지, 하늘을 나는 날개 가진 어떤 새의 형상이든지, 땅 위에 기는 어떤 곤충의 형상이든지, 땅 아래 물 속에 있는 어떤 어족의 형상이든지 만들지 말라 또 그리하여 네가 하늘을 향하여 눈을 들어 해와 달과 별들, 하늘 위의 모든 천체 곧 너희의 하나님 여호와께서 천하 만민을 위하여 배정하신 것을 보고 미혹하여 그것에 경배하며 섬기지 말라."

하나님은 자연의 일부도 아니십니다. 그러므로 자연신론자들은 우상을 숭배하는 자들입니다. 신약에서 바울은 예배에 대해 무엇이라 말하고 있습니까? 사도행전 17장 29절입니다. "이와 같이 하나님의 소생이 되었은즉 하나님을 금이나 은이나 돌에다 사람의 기술과 고안으로 새긴 것들과 같이 여길 것이 아니니라." 예레미야 51장 17절도 이렇게 말합니다. "사람마다 어리석고 무식하도다 금장색마다 자기가 만든 신상으로 말미암아 수치를 당하나니 이는 그 부어 만든 우상은 거짓이요 그 속에 생기가 없음이라." 하나님을 형상화하는 것이 그 자체로 문제인 것은 하나님의 높으신 위엄은 사람이 손으로 만든 그 어떤 것에도 전혀 어울리지 않기 때문이며 사람의 능력으로 설명하거나 나타낼 수도 없기 때문입니다.

사람들은 그들이 나무나 돌을 깎고 동상으로 세운 형상 앞에 절할 때 마음으로는 하나님을 섬기는 것이지 우상을 예배하는 것은 아니라고 말합니다. 그러나 세상 모든 미신과 우상 숭배는 그들이 섬기는 형상물에 신성한 본질이 담겨 있다고 생각합니다. 그것이 우상입니다. 그런 우상에게 절하는 것이 우상 숭배입니다. 실제로는 말하지 못하고 생명이 없는 것들입니다. 하나님을 그와 같은 방식으로 형상화하거나 그림으로 표현하는 것은 그 자체로 그릇된 행위입니다. 뿐만 아니라 우리 가운데 예수님을 실제로 본 자가 없습니다. 누군가 그린 초상화를 예수님이라고 말하는 것은 거짓에 불과합니다. 그런 형상이나 그림이 우리에게 구원을 주지 못합니다. 바울에 따르면 오직 하나님의 복음의 말씀만이 우리를 구원에 이르게 합니다.

로마서 1장 16-17절은 이렇게 선포합니다. "내가 복음을 부끄러워하지 아니하노니 이 복음은 모든 믿는 자에게 구원을 주시는 하나님의 능력이 됨이라 먼저는 유대인에게요 그리고 헬라인에게로다 복음에는 하나님의 의가 나타나서 믿음으로 믿음에 이르게 하나니 기록된 바 오직 의인은 믿음으로 말미암아 살리라 함과 같으니라." 디모데후서 3장 15절은 이렇게 교훈합니다. "또 어려서부터 성경을 알았나니 성경은 능히 너로 하여금 그리스도 예수 안에 있는 믿음으로 말미암아 구원에 이르는 지혜가 있게 하느니라." 어떤 형태로든 예수님을 대신하는 형상과 그림을 만들어 그 앞에서 기도하는 것은 미련한 행위입니다. 그런 형상과 그림을 마치 부적처럼 여겨서도 안 됩니다. 우리에겐 하나님의 복음의 말씀이 담긴 성경으로 충분합니다. 성경을 읽고 연구하고 묵상함으로 그 안에서 구원에 이르게 하는 지혜를 발견해 가야 합니다.

칼뱅의 다음과 같은 말은 전적으로 옳습니다. "하나님이 자신의 말씀 속에서 거룩하게 구별하신 것, 즉 세례와 주님의 만찬 이외의 다른 어떤 형상을 받아들이는 것이 나에겐 아주 보잘것없는 것처럼 보인다." 하나님을 우리가 부르면 언제든지 나와서 소원을 들어 주는 요술램프의 요정 정도로 여겨서는 안 됩니다. 우리는 참되고 살아계신 하나님을 온 마음과 뜻을 다해 예배하고 섬겨야 합니다. 예배 가운데 우리는 순종하는 자세로 하나님의 말씀을 경청해야 합니다. 믿음으로 성례를 받아야 합니다. 천사나 성인이나 죽은 자들에게가 아니라 오직 살아계신 하나님께 기도해야 합니다. 예배는 환호하고 열광하는 콘서트가 아닙니다. 예배는 편한 자세로 콜라와 팝콘을 먹으며 즐기는 영화 관람이 아닙니다. 예배는 유명 강사의 화려한 입담에 환호하고 박수치는 시간이 아닙니다. 예배는 인간을 창조하시고 구속하신 전능하신 하나님을 온 마음과 뜻과 목숨을 다하여 섬기고 경배하는 피조물의 마땅한 의무입니다.

우리를 흥분시키고 기분 좋게 하는 예배가 아니라 오직 하나님께만 영광을 돌리는 영과 진리의 예배를 드려야 합니다.

오늘날의 사람들은 가시적인 것을 좋아하고 육감적인 것을 선호합니다. 무엇인가 신비스러운 것을 추구합니다. 그런 사람들은 진리와 지식을 거추장스럽고 고리타분한 것으로 생각합니다. 그러나 구원은 진리의 말씀으로부터 옵니다. 또한 진리의 말씀은 우리를 하나님께로 인도합니다. 우리는 예배에서 하나님을 보아야 합니다. 우리는 왜 이런 예배를 드려야 합니까? 우리는 왜 예배에서 인간이나 인간적인 요소를 강조하지 않고 오직 하나님과 하나님의 진리의 말씀만을 강조하는 것입니까? 그것은 바로 참 예배를 드렸을 때에 우리와 우리 자손에게 미칠 영향 때문입니다. 제2계명의 마지막 부분인 출애굽기 6절은 "나를 사랑하고 내 계명을 지키는 자에게는 천대까지 은혜를 베푸느니라"라고 기록하고 있습니다. 우리가 잘못된 예배를 드리면 고스란히 우리 자녀가 영향을 받습니다. 반면 우리가 참된 예배를 드리면 하나님이 우리 자녀들에게 풍성한 영적 축복을 내려 주실 것입니다. 그러므로 참된 예배만이 가장 훌륭한 영적 전투의 전술 전략입니다.

우리가 하나님의 성령의 생명력과 진리의 말씀으로 참되고 마땅한 예배를 드림으로 하나님이 천대까지 베푸시는 은혜를 충만히 누리게 되기를 소망합니다.

○ 칼뱅, 『기독교 강요』, 2.8.17.

이 계명은 두 부분으로 이루어져 있다. 그 첫째 부분은, 사람이 파악할 수조차 없으신 하나님을 감히 우리의 지각에 속하는 것으로 만들거나, 혹은 그를 어떠한 형상으로 묘사하는 무엄한 짓을 제재하는 것이다. 그리고 둘째 부분은 어떠한 형상들이든 간에 신앙이라는 이름으로 그것들을 예배하는 행위를 금지하는 것이다. 하나님은 여기서 불경스럽고 미신적인 사람들이 습관적으로 그를 묘사하는 데 쓰는 형상들을 모두 간략하게 열거하고 있다. 하늘에 있는 것들이란 곧 해와 달과 별 등의 광명체들과 새들을 가리킨다. 사람이 꾸며내는 하나님에 대한 눈에 보이는 형상들은 모두가 하나님의 본성과 정반대되는 것이다. 그러므로 우상이 나타나는 순간, 참된 신앙은 부패하여 타락하고 마는 것이다.

■ 나눔 질문

1. 제1계명은 하나님을 예배하는 것과 관계가 있습니다. 계명과 관련하여 하나님을 참되게 예배하는 방법은 무엇입니까?

2. 하나님을 영과 진리로 예배한다는 의미가 무엇입니까?

3. 러더포드는 '하나님의 영의 인도하심'을 받는 일이 중요하다고 말합니다. 하나님

의 영의 인도하심은 무엇이며, 하나님의 영의 인도를 받지 않는 예배는 어떤 것이 있습니까?

4. 마르틴 루터가 "그리스도의 몸의 기관은 오직 귀뿐이다"라고 말한 이유는 무엇입니까?

5. 하나님을 형상화하거나 초상화하는 것은 왜 그릇된 것입니까?

24장
제3계명 - 하나님의 이름을 망령되게 부르지 말라

¹너희 권능 있는 자들아 영광과 능력을 여호와께 돌리고 돌릴지어다 ²여호와께 그의 이름에 합당한 영광을 돌리며 거룩한 옷을 입고 여호와께 예배할지어다. 시 29:1-2

소요리문답 53, 54, 55, 56번

문 53: 어떤 것이 세 번째 계명입니까?

답: 세 번째 계명은 "너는 네 하나님 여호와의 이름을 망령되게 부르지 말라 여호와는 그의 이름을 망령되게 부르는 자를 죄 없다 하지 아니하리라"입니다(출 20:7).

문 54: 세 번째 계명에서 요구되는 것은 무엇입니까?

답: 세 번째 계명은 하나님의 이름들과(마 6:9; 신 28:58), 칭호들과(시 68:4), 속성들과(계 15:3-4), 규례들과(말 1:11, 14), 말씀과(시 138:1-2), 사역들의 거룩하고 경외스러운 사용을 요구합니다(욥 36:24).

문 55: 세 번째 계명에서는 무엇이 금지되어 있습니까?

답: 세 번째 계명은 하나님이 자신을 알리시는 것은 그 어떤 것이라도 속되게 하거나 오용하는 일체를 금지합니다(말 1:6-7, 12: 2:2; 3:14).

문 56: 세 번째 계명에 첨부된 근거는 무엇입니까?

답: 세 번째 계명에 첨부된 근거는 비록 이 계명을 어기는 자들이 사람들로부터는 형벌을 모면할 수 있을지는 몰라도, 우리 주 하나님은 그들이 그의 의로운 심판을 모면하는 것을 결코 참지 않으신다는 것입니다(삼상 2:12, 17, 22, 29; 3:13; 신 28:58-59).

제1계명은 예배의 대상에 대한 말씀입니다. 누구를 예배하느냐에 관한 것입니다. 이스라엘 백성들은 사사시대에 하나님이 아니라 다른 이방 신들을 섬기는 유혹을 받았을 것입니다. 하나님 이외에 다른 신을 두는 우상숭배는 죄라고 했습니다. 제2계명은 예배의 방식, 즉 사람의 손으로 만든 형상 앞에 절하고 예배하는 것 역시 죄라고 했습니다. 이스라엘 백성들은 출애굽 직후는 물론이고 이어진 왕정시대에도 금송아지를 만들어 여호와로 섬겼을 뿐 아니라 이방 민족의 여러 우상들의 신상까지 만들어 섬기며 2계명을 어겼습니다.

하나님께 등을 돌린 결과로 이스라엘 백성들은 바벨론에게 패망하고 포로로 끌려가 이방 민족들 사이로 흩어졌습니다. 그곳에서 직접적으로 이방신을 섬기거나 금송아지를 만들어 경배하지는 않았더라도 분명 다른 신들의 이름을 부르는 유혹을 받았을 것입니다. 이것은 제3계명을 어기는 행위입니다. 제3계명은 예배의 올바른 태도에 대해 말합니다. 즉 여호와의 이름에 합당한 영광을 돌리면서 하나님의 이름을 부르라는 것입니다. 제3계명은 예배의 대상과 방식, 즉 1-2계명을 잘 지킨다고 해도 진실하게 경배하는 마음 없이 하나님을 예배하는 것이 매우 위험한 일이라고 경고합니다.

사도 바울은 이스라엘 백성들이 하나님의 이름을 소홀히 취급하고 가볍게 여겼기 때문에 여호와의 이름이 이방인 중에서 모독을 받았다고 말합니다. 로마서 2장 23-24절입니다. "율법을 자랑하는 네가 율법을 범함으로 하나님을 욕되게 하느냐 기록된 바와 같이 하나님의 이름이 너희 때문에 이방인 중에서 모독을 받는도다." 그들이 하나님의 이름을 부르나 도리어 그렇게 부르는 이름 때문에 하나님의 이름이 모독을 당하고 있었다니 얼마나 놀라운 일입니까? 오늘 우리는 하나님의 이름을 망령되게 부르지 말라는 제3계명의 말씀을 배우기 원합니다. 왜 하나님의 이름을 망령되게 부르지 말아야 합니까?

하나님의 인격과 사역을 상징

첫째, 하나님의 거룩하신 이름은 하나님의 인격과 하나님이 하시는 거룩한 역사를 상징하기 때문입니다. 2절 말씀 읽겠습니다. "너희 권능 있는 자들아 영광과 능력을 여호와께 돌리고 돌릴지어다."

시편 54편 6절에서 시인은 이렇게 말합니다. "내가 낙헌제로 주께 제사하리이다 여호와여 주의 이름에 감사하오리니 주의 이름이 선하심이니이다." 시편 8편 1절에서도 "주의 이름이 온 땅에 어찌 그리 아름다운지요"라고 찬양합니다. 시편 기자는 주의 이름에 감사하며 주의 이름이 너무 아름답다고 말합니다. 왜 그렇습니까? 일반적으로 이름은 인격과 사역을 상징하기 때문입니다. 십계명은 하나님이 스스로 자신의 이름을 밝히시는 것으로 시작합니다. "나는 너를 애굽 땅, 종 되었던 집에서 인도하여 낸 네 하나님 여호와니라"(출 20:2). 십계명을 주신 분의 이름이 여호와 하나님이십니다. 소요리문답 53번과 54번도 보겠습니다.

문 53: "어떤 것이 셋째 계명입니까?"

답: "셋째 계명은 '너는 네 하나님 여호와의 이름을 망령되게 부르지 말라 여호와는 그의 이름을 망령되게 부르는 자를 죄 없다 하지 아니하리라'입니다."

문 54: "셋째 계명에서 요구되는 것은 무엇입니까?"

답: "셋째 계명은 하나님의 이름들과, 칭호들과, 속성들과, 규례들과, 말씀, 사역들의 거룩하고 경외스러운 사용을 요구합니다."

우리는 지금 여호와 하나님의 거룩하신 이름을 상대하고 있습니다. 하나님의 이름은 그분의 성품을 드러내며 그분이 하시는 일을 나타냅니다. 초대 교부 오리게네스도 이와 같이 말했습니다. "하나님의 이름은 하나님의 인격적 성품을 나타낸다." 그러므로 우리는 성경에서 하나님의 인격과 그가 하신 일을 하나님의 이름을 통해서도 배우게 됩니다. 성경이 주요하게 가르치는 내용이 무엇입니까? 바로 하나님과 그분이 행하신 일입니다. 소요리문답이 전체가 가르치는 내용이 무엇이라고 했습니까? 하나님에 대하여 무엇을 믿을 것과 그 하나님에 대해 어떻게 행할 것인가 하는 것입니다(2, 3문). 성경은 온통 하나님에 관한 책이라고 해도 과언이 아닙니다.

창세기 1장에서 우리는 창조주 하나님을 배웁니다. 창세기 12장에서 우리는 언약의 하나님을 배웁니다. 창세기 45장에서 우리는 요셉의 삶의 배후에서 역사하시는 섭리의 하나님을 배웁니다. 출애굽기에서 우리는 구원의 하나님을 배웁니다. 구약과 신약의 예언서를 통해 우리는 심판의 하나님을 배웁니다. 이 외에도 우리는 공의의 하나님, 사랑의 하나님, 긍휼의 하나님, 지혜의 하나님, 거룩의 하나님을 배웁니다. 하나님에 대한 성경의 모든 계시는, 우리가 하나님의 이름을 부를 때, 우리가 주 예수 그리스도의 이름을 부를 때, 그리고 우리가 성령님의 이름을 부를 때, 그것이 무엇을 의미하는지를 종합적으로 가르쳐 줍니다. 하나님의 이름은 하나님의 인격이며 그가 온 세상을 향해 실행하시는 사역을 드러냅니다. 그렇기에 시편 기자는 8편 1절에서 "여호와 우리 주여 주의 이름이 온 땅에 어찌 그리 아름다운지요"라고 노래한 것입니다.

바로 이런 이유 때문에 신자는 하나님의 이름을 망령되게 일컬어서는 안 됩니다. 바로 이런 이유 때문에 인간은 하나님의 이름을 부를 때 하나님이 행하신 위대한 일을 송축하고 찬미해야 하는 것입니다. 욥기 36장 24-26절에서 죄가 없다고 항변하는 욥을 향해 엘리후가 외칩니다. "그대는 하나님께서 하신 일을 기억하고 높이라 잊지 말지니라 인생이 그의 일을 찬송하였느니라 그의 일을 모든 사람이 우러러보나니 먼 데서도 보느니라 하나님은 높으시니 우리가 그를 알 수 없고 그의 햇수를 헤아릴 수 없느니라."

하나님의 이름을 부를 때, 성경을 통해 부지런히 배운 그분의 인격과 행하신 일을 생각하며 하나님을 찬미합시다.

합당한 영광을 받으셔야 할 이름

둘째, 우리가 하나님의 이름을 망령되게 부르지 않아야 할 이유는 하나님의 거룩하신 이름은 그에 합당한 영광을 받으셔야 할 이름이기 때문입니다. 2절 말씀을 한 번 더 읽겠습니다. "합당한 영광을 돌리며 거룩한 옷을 입고 여호와께 경배할지어다."

소요리문답 55번과 56번도 보겠습니다.

문 55: "셋째 계명에서는 무엇이 금지되어 있습니까?"

답: 셋째 계명은 하나님이 자신을 알리시는 것은 그 어떤 것이라도 속되게 하거나 오용하는 일체를 금지합니다."

문 56: "셋째 계명에 첨부된 근거는 무엇입니까?"

답: "셋째 계명에 첨부된 근거는 비록 이 계명을 어기는 자들이 사람들로부터는 형벌을 모면할 수 있을지는 몰라도, 우리 주 하나님은 그들이 그의 의로운 심판을 모면하는 것을 결코 참지 않으신다는 것입니다."

1. 긍정적으로 적극적으로

우리는 하나님의 이름에 합당한 영광을 돌려야 합니다. 요즘처럼 사람들의 이름이 하찮게 취급당하는 때도 없습니다. 정치, 경제, 사회 및 종교계의 많은 이름들이 난도질을 당하고 있습니다. 일정 부분 그것은 사람들의 죄와 잘못 탓이기도 합니다. 그러나 하나님의 이름을 대할 때는 결코 그래서는 안 됩니다. 창조자, 통치자, 구원자, 심판자이신 하나님을 대할 때 우리의 태도는 달라야 합니다. 하나님의 이름에 모든 존귀와 영광을 돌려 드려야 합니다. 사도 바울은 고린도 교인들에게 "그런즉 너희가 먹든지 마시든지 무엇을 하든지 다 하나님의 영광을 위하여 하라"고 했습니다(고전 10:31). 또한 로마 교회에게도 "이는 만물이 주에게서 나오고 주로 말미암고 주에게로 돌아감이라 그에게 영광이 세세에 있을지어다 아멘"이라고 노래했습니다(롬 11:36).

긍정적으로 그리고 적극적으로 하나님의 이름에 영광을 돌리는 방법은 바로 여호와 하나님을 경배하는 것입니다. 이 말은 하나님의 이름이 영광을 돌리고 경배할 때만 전용되어야 할 이름임을 나타냅니다. 다시 말하면 거룩하고 경건하게 사용해야 할 이름이라는 말입니다. 시편 기자는 "거룩한 옷을 입고" 여호와께 경배하라고 했는데, 이를 원문대로 직역하면 거룩한 하나님의 존전에서 또는 거룩하신 하나님의 성소에서 하나님을 경배하라는 뜻입니다. 우리가 서 있는 곳이 바로 거룩하신 하나님의 존전이라면 하나님 앞에 나아갈 때 몸과 마음을 단정히 갖추어 합당한 예의를 표하는 것은 당연합니다. 그것은 예배하고 경배하기 위해 필요한 일입니다. 출애굽기 20장 7절은 여호와의 이름을 망령되게 부르지 말라고 명령합니다. 여호와의 이름을 부른다 말은 "높이고 기리고 섬긴다"는 말입니다. 그런 하나님을 망령되게 높이고 망령되게 기리고 망령되게 섬긴다는 것은 결코 있어서는 안 될 일입니다.

2. 부정적으로 소극적으로

우리는 하나님의 이름을 망령되게 부르는 일을 하지 말아야 합니다. 그것은 하나님의 이름을 부주의하고 경솔하게 대하는 것입니다. 아무 생각 없이 남발하는 것입니다. 형식주의나 과도한 의식주의가 여기에 해당합니다. 소요리문답 55번은 망령되게 부르는 방법을 오용과 남용, 이렇게 두 가지로 구분합니다.

오용: 오용이란 잘못 사용하는 것입니다. 부주의하게 본래 뜻과 목적에 맞추지 않고 실책과 실수를 동반하여 사용하는 것입니다. 주기도문이나 사도신경을 "주문처럼 외우는 것"이나 또는 지키지도 못할 약속을 "헛되게 맹세하고 서약하는 것" 등입니다.

남용: 남용이란 과도하게 사용하는 것입니다. 많이 사용하는 것입니다. 종교적으로 과다 복용하는 것입니다. 그렇다면 남용에도 오용의 요소가 있음은 두말할 필요가 없습니다.

예수님은 "나더러 주여 주여 하는 자마다 다 천국에 들어갈 것이 아니요 다만 하늘에 계신 내 아버지의 뜻대로 행하는 자라야 들어가리라"

고 하셨습니다(마 7:21). 외관상으로는 그럴듯해 보이고, 진짜 같아 보이고 종교적으로 세련되어 보이고 믿음이 좋은 것처럼 보이는데 과연 참된 경건의 능력을 소유하고 있는지는 외식이 아니라 아버지의 뜻대로 행하느냐에 달려 있는 것입니다.

하나님의 이름을 오용하고 남용함으로 망령되게 부르는 것은, 이사야의 표현대로 하면, 이 백성이 입으로는 나를 가까이 하며 입술로는 나를 공경하나 그들의 마음은 내게서 멀리 떠나 있는 것입니다(사 29:13). 말로만 공경할 뿐이지 진심은 아닌 것입니다. 이런 자들을 가리켜 경건의 모양은 있지만 경건의 능력은 부인하는 자들이라 말할 수 있습니다(딤후 3:5). 겉으로는 경건한 듯 보이는 모습과 행태가 있지만, 경건의 능력은 드러나지 않고 실제로 경험해 본 적도 없다는 말입니다.

그렇다면 우리는 과연 하나님의 이름을 망령되게 부르고 있지 않은지를 어떻게 알 수 있습니까? 하나님의 이름을 망령되게 부르는 자는 도무지 하나님에 대하여 알려 하지 않습니다. 하나님의 이름을 부르기는 하지만 지속적으로 성경을 연구함으로 하나님의 이름에 담긴 속성과 하나님이 하신 큰일에 관심을 두지 않습니다. 그러나 신실한 신자는 모든 주의를 기울여 하나님의 말씀을 읽고, 모든 주의를 기울여 하나님의 이름을 신중히 부르며, 모든 주의를 기울여 자신의 삶에서 하나님의 이름을 더럽히는 망령된 행실이나 언사가 없는지 성경을 통해 비추어 봅니다. 사도 야고보는 이것을 가리켜 "너희는 말씀을 행하는 자가 되고 듣기만 하여 자신을 속이는 자가 되지 말라 누구든지 말씀을 듣고 행하지 아니하면 그는 거울로 자기의 생긴 얼굴을 보는 사람과 같아서 제 자신을 보고 가서 그 모습이 어떠했는지를 곧 잊어버리거니와 자유롭게 하는 온전한 율법을 들여다보고 있는 자는 듣고 잊어버리는 자가 아니요 실천하는 자니 이 사람은 그 행하는 일에 복을 받으리라"(약 1:22-25)고 했습니다.

그렇다면 하나님의 이름을 망령되게 부르지 말라는 말씀은 그저 단순히 헛된 맹세를 할 때 하나님의 이름 함부로 사용하는 것을 금하는 것으로만 한정해서는 안 됩니다. 말로 하든 그렇지 않든, 능동적이든 수동적이든 우리가 하는 모든 일들이 곧 항상 하나님의 이름을 우리 어깨에 짊어지고 하는 것입니다. 우리가 죄를 범할 때 우리는 주님의 거룩하신 이름을 범하는 것이 됩니다. 실제로 하나님의 이름을 "부른다"는 표현의 원어적 의미는 "지닌다, 나른다"입니다. 즉 우리가 하나님의 이름을 부를 때 그것은 하나님의 이름을 우리 어깨에 짊어지고 나른다는 의미입니다. 즉 우리가 하는 모든 일들을 통해 여호와 하나님의 이름을 짊어지고 나르는 것입니다.

하나님은 성령님을 우리에게 보내시고 내주하게 하심으로 하나님의 이름의 인격과 명예를 우리와 한데 묶어 놓으셨습니다. 하나님의 이름이 영광을 받으실지 모욕을 당하실지는 우리가 하나님의 이름을 걸맞게 지니고 다니는지의 여부에 좌우될 것입니다. 반면 우리가 하나님의 이름에 합당한 영광을 돌리지 않고 하나님을 경외하지 않으면 하나님의 심판을 면치 못할 것입니다. 신명기 28장 58-59절에서 하나님은 이렇게 경고하십니다. "네가 만일 이 책에 기록한 이 율법의 모든 말씀을 지켜 행하지 아니하고 네 하나님 여호와라 하는 영화롭고 두려운 이름을 경외하지 아니하면 여호와께서 네 재앙과 네 자손의 재앙을 극렬하게 하시리니 그 재앙이 크고 오래고 그 질병이 중하고 오랠 것이라."

그러므로 먹든지 마시든지 무엇을 하든지 다 하나님의 영광을 위하여 함으로 하나님의 이름에 합당한 영광을 돌립시다.

우리는 사람들의 이름을 함부로 부르거나 놀리지 않습니다. 이유는 그들을 존중하기 때문입니다. 존중한다면 우리가 그들의 이름을 부를 때 응당 존칭을 사용하게 될 것입니다. 누군가 우리의 이름을 가볍게 다루고 함부로 언급한다면, 또는 더 나아가 망령된 일에 사용한다면 우리는 가만 있지 않을 것입니다. 모든 수단을 동원해 그런 사람과 맞서고 자신의 잃어버린 이름의 명예를 회복하려 할 것입니다.

하물며 하나님의 거룩하신 이름은 어떻겠습니까? 죄인에 불과한 우리 인간의 이름도 그렇게 소중한데 하나님의 이름은 얼마나 더 귀하게 여겨야 하겠습니까? 우리가 이 제3계명을 어기면 하나님의 공의로운 심판을 피할 수 없을 것입니다. 예배당이든지 삶의 현장이든지, 우리는 어디에서든 하나님의 이름을 부르는 일에 신중해야 합니다. 사람들과 이야기할 때도 마찬가지입니다. 어떤 식으로든 하나님의 이름을 가볍게 취급하거나 농담의 소재로 삼지 않도록 주의해야 합니다. 말이나 행실 그리고 우리 삶의 모든 영역에서 하나님과 그분의 이름에 합당한 영광을 돌리는 그리스도인들이 되기를 바랍니다.

○ **칼뱅**, 『기독교 강요』, 2.8.22.

우리는 다음 세 가지를 부지런히 지켜야 한다고 본다. 첫째로, 우리의 마음으로 하나님에 대해 무엇을 생각하든, 우리의 입으로 무엇을 말하든, 하나님의 위대하심을 나타내야 하고, 그의 거룩하신 이름의 높으심에 걸맞아야 하고, 그의 위대하심을 영화롭게 해야 한다. 둘째로, 하나님의 거룩한 말씀과 존귀한 신비들을 우리 자신의 야망이나 탐욕, 혹은 오락을 위하여 경솔하게 혹은 악의로 남용해서는 안 되며, 그것들에 하나님의 위엄의 이름이 새겨져 있는 만큼, 그것들을 존귀하게 여기고 높이 기려야 한다. 마지막으로, 패역한 자들이 하나님을 대적하여 소리를 지르기를 잘 하나, 우리는 하나님의 역사를 훼방하거나 폄하해서는 안 되며, 무슨 일이든 하나님이 행하시는 것으로 인정되는 것에 대해서는 그의 지혜와 의와 선하심을 찬양하는 말을 해야 한다. 하나님의 이름을 거룩히 여긴다는 것은 바로 이런 것을 뜻하는 것이다.

■ 나눔 질문

1. 하나님의 이름은 하나님의 어떤 속성을 나타냅니까?
2. 우리가 하나님의 이름을 부를 때 그것은 어떤 의미를 담고 있습니까?
3. 하나님의 이름을 오용하는 것은 무엇이며, 남용하는 것은 무엇입니까?
4. 우리가 사람들의 이름을 함부로 부르지 않는 이유는 무엇이며, 이는 하나님의 이름에 대한 우리의 태도에 어떤 태도를 견지하게 해줍니까?
5. 하나님의 이름을 헛된 맹세에 사용해서는 안 되는 이유가 무엇입니까?
6. 우리의 삶에서 하나님의 이름을 헛되게 부르는 경우가 있다면 어떤 것들인지 나누어 봅시다.

25장
제4계명 – 안식일을 기억하여 거룩히 지키라

¹²네 하나님 여호와가 네게 명령한 대로 안식일을 지켜 거룩하게 하라 ¹³엿새 동안은 힘써 네 모든 일을 행할 것이나 ¹⁴일곱째 날은 네 하나님 여호와의 안식일인즉 너나 네 아들이나 네 딸이나 네 남종이나 네 여종이나 네 소나 네 나귀나 네 모든 가축이나 네 문 안에 유하는 객이라도 아무 일도 하지 못하게 하고 네 남종이나 네 여종에게 너 같이 안식하게 할지니라 ¹⁵너는 기억하라 네가 애굽 땅에서 종이 되었더니 네 하나님 여호와가 강한 손과 편 팔로 거기서 너를 인도하여 내었나니 그러므로 네 하나님 여호와가 네게 명령하여 안식일을 지키라 하느니라. 신 5:12-15

소요리문답 57, 58, 59, 60, 61, 62번

문 57: 어떤 것이 네 번째 계명입니까?

답 : 네 번째 계명은 "안식일을 기억하여 거룩하게 지키라 엿새 동안은 힘써 네 모든 일을 행할 것이나 일곱째 날은 네 하나님 여호와의 안식일인즉 너나 네 아들이나 네 딸이나 네 남종이나 네 여종이나 네 가축이나 네 문안에 머무는 객이라도 아무 일도 하지 말라 이는 엿새 동안에 나 여호와가 하늘과 땅과 바다와 그 가운데 모든 것을 만들고 일곱째 날에 쉬었음이라 그러므로 나 여호와가 안식일을 복되게 하여 그날을 거룩하게 하였느니라"입니다(출 20:8-11).

문 58: 네 번째 계명에서 요구되는 것은 무엇입니까?

답: 네 번째 계명은 하나님이 그분의 말씀 안에서 지정하신 구별된 때들을 거룩하게 지키는 것을 요구합니다. 특히 7일 중에서 하루의 전체를 하나님께 거룩한 안식의 상태로 지키는 것을 요구합니다(신 5:12-14).

문 59: 하나님은 7일 중 어떤 날을 한 주간의 안식일로 지정하셨습니까?

답: 하나님은 세상의 시작부터 그리스도의 부활까지는 한 주의 일곱째 되는 날을 한주간의 안식일로 정하셨습니다. 그리고 이후부터는 한 주의 첫째 날을 한주간의 안식일로 세상 끝까지 계속되게 하셨는데 이 날이 기독교의 안식일입니다(창 2:2-3; 고전 16:1-2; 행 20:7).

문 60: 안식일은 어떻게 거룩해져야 합니까?

답: 안식일은 다른 날들에는 합법적인 세속의 업무들과 오락들로부터(느 13:15-22) 그날 하루를 온종일 거룩하게 쉬는 것과(출 20:8, 10; 16:25-28), 필수적인 일들과 자비의 일들로 여겨질 수 있는 것 외에(마 12:1-31) 모든 시간을 하나님 예배의 공적이며 사적인 예식들에 사용하는 것으로(눅 4:16; 행 20:7; 시 92편 표제; 사 66:23) 거룩해져야 합니다.

문 61: 네 번째 계명에서는 무엇이 금지되어 있습니까?

답: 네 번째 계명은 요구되는 의무들에 대한 간과나 부주의한 이행과(계 22:26; 암 8:5; 말 1:13), 그날에 자체로 죄악된 일을 하는 것과(겔 23:3), 게으름(행 20:7, 9) 또는 우리의 세속적인 업무들이나 오락들에 관한 불필요한 생각들이나 말들이나 일들로 그날을 속되게 하는 것을 금지합니다(렘 17:24-26; 사 58:13).

문 62: 네 번째 계명에 첨부된 근거들은 무엇입니까?

답: 네 번째 계명에 첨부된 근거들은 하나님이 우리 자신들의 업무들을 위해 일주일에 6일을 우리에게 허락해 주시는 것과(출 20:9), 일곱째 날은 하나님의 특별한 정당성을 주장하시는 것과 스스로 모범을 보이시는 것과 안식일을 복되게 하시는 것입니다(출 20:11).

우리는 이제 예배의 시간에 대해 살펴보고자 합니다. 그것은 바로 여호와 하나님이 친히 제정하신 안식일을 기억하여 거룩히 지키는 것입니다. 이것은 십계명의 제4계명이며, 소요리문답 57번에 잘 나와 있습니다.

문 57: "어떤 것이 넷째 계명입니까?"

답: "넷째 계명은 '안식일을 기억하여 거룩하게 지키라 엿새 동안은 힘써 네 모든 일을 행할 것이나 일곱째 날은 네 하나님 여호와의 안식일인즉 너나 네 아들이나 네 딸이나 네 남종이나 네 여종이나 네 가축이나 네 문안에 머무는 객이라도 아무 일도 하지 말라 이는 엿새 동안에 나 여호와가 하늘과 땅과 바다와 그 가운데 모든 것을 만들고 일곱째 날에 쉬었음이라 그러므로 나 여호와가 안식일을 복되게 하여 그 날을 거룩하게 하였느니라'입니다."

하이델베르크 교리문답 103번은 "하나님이 4계명에서 무엇을 요구하십니까?"라고 묻습니다. 그러고는 두 가지로 답합니다. "첫째, 복음사역과 이를 위한 교육이 유지되고 특히 안식의 날인 주일에 내가 부지런히 교회에 나아가 하나님 말씀을 듣고 성례에 참여하고 주님께 공적으로 기도하는 그리스도인으로 가난한 사람에게 자선을 베푸는 것입니다. 둘째 내 일생 동안 악한 일을 멈추고 주님께서 주님의 성령으로 말미암아 내 안에서 일하시게 함으로써 이 세상에서 영원한 안식을 시작하는 것입니다."

즉 안식일은 교회에서 하나님을 예배하며 하나님 말씀을 듣고 기도하고 내 삶에서 악을 멈추고 선을 시작함으로 안식을 얻는 날이라 할 수 있습니다. 이번 장에서는 안식일이 무엇이며, 어떻게 거룩히 지켜야 하는지에 대해 살펴보고자 합니다.

하나님이 제정하신 명령

첫째, 안식일을 기억하여 거룩히 지키라는 것은 하나님이 친히 제정하신 명령입니다. 12절 말씀을 읽겠습니다. "네 하나님 여호와가 네게 명령한 대로 안식일을 지켜 거룩하게 하라."

소요리문답 58번도 보겠습니다.

문 58: "넷째 계명에서 요구되는 것은 무엇입니까?"

답: "넷째 계명은 하나님이 그분의 말씀 안에서 지정하신 구별된 때들을 거룩하게 지키는 것을 요구합니다. 특히 7일 중에서 하루의 전체를 하나님께 거룩한 안식의 상태로 지키는 것을 요구합니다."

안식일은 인간이 만든 제도가 아닙니다. 안식일은 하나님이 그분의 말씀 안에서 지정하신 날입니다. 안식일 준수는 하나님이 이스라엘 백성, 즉 하나님의 뜻대로 살게 하기 위해 구원하신 자녀들에게 주신 명령입니다. 그러므로 안식일 준수는 지켜도 되고 상황에 따라 안 지켜도 되는 그런 계명이 아닙니다.

안식일 계명은 무엇보다도 이것이 창조의 법칙임을 알려줍니다. 하나님은 엿새 동안 세상을 창조하시고 7일째 되는 날 안식하셨습니다(창 2:2-3). 하나님은 이 날을 거룩하게 하시고 복 주셨습니다. 안식일 준수는 사람의 명령이 아닙니다. 사람이 만든 법도 아닙니다. 안식일 준수는 하늘과 땅과 그 가운데 만물과 사람을 만드신 창조주 하나님의 명령입니다. 어떤 법보다도 강력한 효력을 가진 법입니다. 그러므로 소요리문답은 "특히 7일 중에서 하루의 전체를 하나님께 거룩한 안식의 상태로 지키는 것을 요구"한다고 쓰고 있는 것입니다.

또한 안식일은 도덕법입니다. 안식일 준수는 명령일 뿐 아니라 도덕법칙입니다. 본문 신명기 5장과 출애굽기 20장은 하나님이 이스라엘 백성을 애굽에서 구원해 내신 후의 상황을 배경으로 합니다. 하나님이 두 돌판에 계명을 새겨 주셨는데 우리는 이것을 십계명이라 부르고 하나님 백성이 마땅히 준수해야 할 도덕법으로 받아들입니다. 말하자면 안식일 준수는 구원받은 하나님의 백성이 준수해야 할 의무라는 것입니다. 이런 의미에서 안식일 준수는 신약에 와서도 여전히 유효합니다. 왜냐하면 예수님도 "내가 율법이나 선지자를 폐하러 온 줄로 생각하지 말라 폐하러 온 것이 아니요 완전하게 하려 함이라"고 말씀하셨기 때문입니다(마 5:17). 하나님은 그리스도의 십자가 대속과 부활을 기점으로 삼아, 안식일을 부활 후 첫날, 즉 주님이 부활하신 날로 대체하셨습니다. 구약의 안식일이 예수 그리스도로 말미암은 더 큰 안식일로 대체된 것입니다.

구약의 안식일은 신약에 와서 주님의 부활의 날로 완성되었습니다. 구약에서 예언된 안식이 신약에서 성취되었습니다. 그리고 이제 우리에게는 마지막 더 큰 안식이 기다리고 있습니다. 히브리서 4장 9-10절은 이렇게 말합니다. "그런즉 안식할 때가 하나님의 백성에게 남아 있도다 이미 그의 안식에 들어간 자는 하나님이 자기의 일을 쉬심과 같이 그도 자기의 일을 쉬느니라." 주일마다 하나님을 경배하고 찬양하면서 영육의 안식을 누리는 것을 통해 우리는 하나님 나라에서의 영원한 안식을 고대하고 있습니다. 우리가 안식일을 기억하고 지킬 때마다 그것은 영원한 천국에서의 안식을 소망하는 것입니다.

바울은 "그런즉 우리가 믿음으로 말미암아 율법을 파기하느냐 그럴 수 없느니라 도리어 율법을 굳게 세우느니라"고 했습니다(롬 3:31). 안식일이 구약의 율법적 산물이라며 안식일 준수를 폐지하자는 사람들이 있습니다. 그들은 계시의 점진적 발전이나 구속사적 관점에 대해 무지한 자들입니다. 신약의 주일을 지키는 신자들은 구약의 안식일을 더 완벽하게 지키는 것입니다. 왜냐하면 우리의 믿음이 율법 준수, 즉 하나님의 명령인 안식일 준수를 폐하지 않기 때문입니다.

그러므로 모든 교회는 예수 그리스도의 부활의 날을 기념하고 안식하며 거룩히 지켜야만 합니다. 어떤 일이 있어도 지켜내야만 합니다. 천지를 창조하시고 저와 여러분을 지으신 분이 명령하셨기 때문입니다. 더 나아가 저와 여러분을 구원하시기 위해 십자가에 못박혀 죽으시고 다시 살아나신 예수 그리스도의 날이요 주님의 날이기 때문입니다.

안식일이 하나님의 명령이며 구원받은 신자의 마땅한 의무임을 깨닫고 안식일인 하루의 전체를 하나님께 거룩하게 드리는 성도들이 됩시다.

기억해야 할 안식일

둘째, 신자는 안식일을 기억하고 지켜야 합니다. 본문 12절 말씀을 보겠습니다. "네 하나님 여호와가 네게 명령한 대로 안식일을 지켜 거룩하게 하라."

"안식일을 지켜…"라고 했습니다. "지킨다"는 의미의 "observe"는 법률이나 풍습 따위를 "지키다, 준수하다"는 뜻입니다. 이외에도 "잘 보다, 주의하여 보다, 지켜보다"라는 뜻도 있습니다. 4계명이 기록된 출애굽기 20장 8절에서는 "안식일을 기억하여…"라고 했습니다. 신명기 5장 15절에서도 "너는 기억하라…"고 했습니다.

"기억하라"는 의미의 히브리어 '자코르'는 명령어로서 "생각하라, 회상하라"의 뜻입니다. 안식일을 기억하라고 명령법으로 되어 있으니 안식일을 반드시 생각해 내고 기억해 내고 마음에 잘 유념하라는 것입니다. 안식일을 이렇게 지키는 것은 천지를 만드신 창조주 하나님의 명령에 대한 마땅한 반응입니다. 모든 날이 하나님의 날이며, 모든 시간이 하나님께 영광을 돌려야 하는 때임에도 불구하고 하나님이 특별히 일곱째 날에 안식하셨으므로 우리도 그 안식을 잊지 말아야 합니다.

더 나아가 우리는 하나님의 위대하신 구원을 반드시 기억해 내고 감사하며 하나님께 영광의 예배를 드리는 날로 이 안식일을 전용해야 합니다. 15절에도 우리가 여호와 하나님의 명령으로서 안식일을 지켜야 하는 이유가 나와 있습니다. 바로 출애굽을 통한 구원입니다. 안식일은 애굽에서 종 되었던 우리의 옛 상태를 기억하는 날입니다. 그러나 신자는 거기서 머무르지 않습니다. 크신 팔로 애굽에서 종 되었던 우리를 이끌어 홍해 바다를 건너게 하심으로 중생의 세례와 함께 구원을 베푸신 여호와 하나님의 인도하심을 기억하는 것입니다. 신약의 표현대로 말하자면 허물과 죄로 죽었다가 다시 살아나게 하신 하나님의 은혜와 구원의 자비를 찬미하는 것입니다(엡 2:1-8).

그러므로 안식일로서의 주일은 그저 아무것도 하지 않으면서 쉬는 날이 아닙니다. 안식일은 활동을 하지 않는 날이 아닙니다. 일주일 동안 열심히 일하느라 모자란 잠을 보충하는 날도 아닙니다. 안식일로서의 주일은 기억하는 날입니다. 완전한 창조사역을 마치고 쉬신 하나님을 기억하고, 나의 나 된 것이 모두 하나님의 구원의 은혜로 인한 것임을 기억하는 날입니다.

우리는 얼마나 잘 잊고 사는 존재입니까? 망각하는 것이 하나님의 은혜라고들 말하지만 잊어야 할 것을 잊어야 합니다. 잊지 말아야 할 것, 반드시 기억해야 할 것을 잊어버리면 그것이야말로 난감한 일이 아닐 수 없습니다. 하나님이 베푸신 수많은 은혜와 은총에도 불구하고 이스라엘 백성들은 얼마나 자주 그 은혜를 망각하고 망령된 행동을 했습니까? 우리도 똑같은 실수를 범하면 안 됩니다. 안식일을 기억하며 살아갈 때 우리는 하나님의 자녀로서 신실한 삶을 영위할 수 있습니다. 종교개혁자 칼뱅은 안식일에 관련한 창세기 본문 설교에서 이렇게 말합니다.

"우리가 매우 약하고 부서지기 쉽고 변덕스럽기 때문에 하나님은 우리에게 특별한 하루를 주셔서 나머지 엿새 동안 살아갈 힘을 얻게 하셨습니다. 하루 동안 모든 직업 활동과 세상의 관심사들을 내려놓고 거룩한 묵상에 마음을 쏟음으로써 우리는 살아갑니다. 일주일 중 하루를 온전히 하나님의 말씀을 듣고 기도하고 그분의 작품들을 묵상하며 보냄으로써 하나님 안에서 즐거워해야 한다는 사실은 여전히 남아 있습니다."

하나님이 창조하신 놀라운 피조세계를 보면서 하나님의 전능하심과 아름다우심을 기억하고 우리를 구원하시고 돌보시는 하나님의 은혜에 감사하는 시간으로 채우는 것이야말로 안식일을 기억하는 방법입니다.

우리를 향한 하나님의 위대한 구원의 은혜를 반드시 기억하고 매 주일마다 하나님께 영광의 예배를 드립시다.

거룩히 지켜야 할 안식일

셋째, 신자는 안식일을 거룩하게 지켜 내야 합니다. 12절을 읽겠습니다. "네 하나님 여호와가 네게 명령한 대로 안식일을 지켜 거룩하게 하라." 15절 말씀도 보겠습니다. "너는 기억하라 네가 애굽 땅에서 종이 되었더니 네 하나님 여호와가 강한 손과 편 팔로 거기서 너를 인도하여 내었나니 그러므로 네 하나님 여호와가 네게 명령하여 안식일을 지키라 하느니라."

본문에는 안식일을 주의하여 보고 기억하여 거룩히 지키라고 했습니다. 문자적으로 안식일이란 쉬는 날입니다. 여기에 오해가 있습니다. 어떤 이들은 안식일이 쉬는 날이니까 무조건 쉬어야 하는데 왜 교회 나가서 예배라는 일을 해야 하느냐고 불평하기도 합니다. 안식일을 게으름과 나태의 시간으로 합리화합니다.

안식일은 평소에 의무로 하던 일을 무조건 쉬는 날이 아닙니다. 안식일은 하나님과 하나님의 위대한 일을 기억하기 위해 거룩하게 구별한 날입니다. 이날은 평소에 하던 우리의 일을 멈추는 대신 하나님을 섬기는 날입니다. 예를 들면, 주일에 목사가 감당하는 설교사역을 생각해 보십시오. 이 사역은 목사에게 고된 노동이지만 안식일 준수와 배치되지 않습니다. 찬양대가 아침부터 일찍 와서 찬양 연습을 합니다. 교사들이 학생들을 위해 교재 공부를 합니다. 여전도회에서 주방봉사를 합니다. 이런 일들은 결코 안식일에 쉬어야 하는 일이 아닙니다.

그러면 어떻게 하나님을 섬기는 것이 안식일을 기억하여 거룩히 지키는 것입니까? 소요리문답 60번과 61번은 이것을 긍정적이고 부정적인 두 가지 측면에서 요약합니다.

1. 긍정적으로 적극적으로

소요리문답 60번을 보겠습니다.

문 60: "안식일은 어떻게 거룩해져야 합니까?"

답: "안식일은 다른 날들에는 합법적인 세속의 업무들과 오락들로부터 그날 하루를 온종일 거룩하게 쉬는 것과, 필수적인 일들과 자비의 일들로 여겨질 수 있는 것 외에 모든 시간을 하나님 예배의 공적이며 사적인 예식들에 사용하는 것으로 거룩해져야 합니다."

소요리문답 60번의 초점은 우리의 시간을 예배하는 일에 사용하는 것입니다. 하나님을 예배하기 위해 생계 유지를 위한 엿새 동안의 일상적인 일까지도 쉬는 것입니다. 피치 못해 부득이하게 허용되는 일상적인 일이 있습니다. 예를 들면 안식일에 예수님의 제자들이 밀 이삭을 잘라먹은 일이 있었습니다. 그 모습을 본 유대인들이 비난하자 예수님은 다윗이 자기와 함께한 자들이 시장할 때 성전에 들어가 제사장 외에는 먹어서는 안 되는 진설병을 먹었다는 일화를 언급하심으로 그들에게 대응하셨습니다(마 12:1-6). 또한 양이 구덩이에 빠지면 안식일이라도 끌어내어야 한다고 말씀하셨습니다(마 12:11). 생명을 구하는 일이 안식일을 지키는 것보다 더 귀하다고 하셨습니다.

더 나아가 소요리문답 60번은 "모든 시간을 하나님 예배의 공적이며 사적인 예식들에 사용하는 것으로 거룩해져야 합니다"라고 말합니다. 이것은 윌리엄슨 박사가 지적하듯이 대단히 높은 표준이 아닐 수 없습니다. 공적으로든지 사적으로든지 하나님을 예배하는 일에 모든 시간을 사용하라는 것은 도무지 불가능한 목표처럼 보입니다. 우리는 한없이 부족한 죄인이기 때문입니다. 그렇다고 그런 목표와 표준을 반대해서는 안 됩니다. 우리는 그런 모습으로 안식일을 지키기 위해 최선의 노력을 기울여야 합니다. 그러는 중에 우리는 우리의 부족함을 실감하고 다시 한 번 우리를 구원하신 주 예수 그리스도의 완전한 순종에 감사할 수 있게 되는 것입니다. 안식일 준수는 구원을 얻기 위한 수단이 아니라 구원 얻은 하나님의 자녀들이 누리는 즐거운 축복입니다.

2. 부정적으로 소극적으로

소요리문답 61번을 보겠습니다.

문 61: "넷째 계명에서는 무엇이 금지되어 있습니까?"

답: "넷째 계명은 요구되는 의무들에 대한 간과나 부주의한 이행과, 그날에 자체로 죄악된 일을 하는 것과, 게으름 또는 우리의 세속적인 업무들이나 오락들에 관한 불필요한 생각들이나 말들이나 일들로 그날을 속되게 하는 것을 금지합니다."

소극적인 측면의 내용을 언급하는 61번은 긍정적인 측면의 내용을 다루는 60번과 정확히 대조를 이룹니다. 엿새 동안의 일을 일곱째 날에는 하지 않는 것에 대해 가르치고 있습니다. 이것은 분명히 계명입니다. 엿새 동안은 힘써 우리에게 주어진 일을 하되 일곱째 날까지 그 일을 하지 말라는 것입니다. 주일은 엿새 동안 이어지는 평일과 다름없는 날이 되어서는 안 됩니다. 어떤 의미에서 엿새 동안의 평일과 안식일은 확연히 구분되어야 합니다.

그러면 월요일부터 토요일까지의 엿새는 악한 날입니까? 그렇지 않습니다. 엿새 동안의 삶은 안식일을 위해 있으며 동시에 안식일도 엿새 동안의 삶을 위해 있습니다. 우리에게 안식일이 있다는 것은 두 가지를 명령하는 것과 같습니다.

첫째는 안식일 하루를 온전히 기억하고 거룩하게 만들어 주님께 드려야 하며, 둘째는 엿새 동안 하나님의 백성으로서 열심히 일해야 한다는 것입니다. 우리는 엿새 동안 쉬고 일곱째 날도 안식해서는 안 됩니다. 반대로 엿새 동안 일하고 일곱째 날도 일해서는 안 됩니다. 이 말은 신자는 엿새 동안 직장이든 학교이든 어디에서든 일곱째 날을 위해 가장 부지런한 자가 되어야 한다는 말입니다. 하나님이 일주일에 이틀이나 사흘을 기억하여 거룩히 지키라고 명하지 않으셨음을 기억하십시오. 엿새 동안은 힘써 우리에게 주어진 일을 하고 나머지 하루를 온전히 지키라고 하셨다면 그 하루를 어찌 아까워할 수 있다는 말입니까?

우리가 안식일을 기억하고 거룩히 지키는 이유가 무엇입니까? 우리가 안식 후 첫날 부활하신 주님을 기념하며 함께 모여 예배하는 이유가 무엇입니까? 하나님이 그리스도 예수 안에서 우리를 위해 행하신 위대하신 구원의 은혜를 송축하기 위함입니다. 모세는 신명기 5장 15절에서 단 하나의 목적을 말합니다. 종 되었던 애굽 땅에서 구원하고 인도하여 내신 하나님을 기억하는 것입니다. 안식일은 기억하는 날입니다. 우리 주님이 부활하신 주일은 하나님의 사랑과 은혜를 기억하는 날입니다. 그리고 마침내 다가올 영원한 안식을 미리 경험하는 날입니다.

출애굽기 31장 16-17절은 안식일을 가리켜 언약의 표징이라고 말합니다. "이같이 이스라엘 자손이 안식일을 지켜서 그것으로 대대로 영원한 언약을 삼을 것이니 이는 나와 이스라엘 자손 사이에 영원한 표징이며 나 여호와가 엿새 동안에 천지를 창조하고 일곱째 날에 일을 마치고 쉬었음이니라 하라."

다가올 영원한 안식의 표징으로서의 안식일을 잘 기억하고 기쁘게 지키는 성도들이 되기를 소망합니다.

○ 칼뱅, 『기독교 강요』, 2.8.29.

안식일은 하나님이 이스라엘을 거룩하게 하시는 분이심을 이스라엘이 인식하도록 하기 위해 주신 하나의 표징이다(겔 20:12). 우리를 거룩하게 하는 것이 우리 자신의 의지를 죽이는 데에 있다면, 겉으로 드러나는 표징과 속에 감추어져 있는 실체가 서로 매우 일치한다는 것이 드러난다. 우리가 전적으로 안식 가운데 있어 하나님이 우리 속에서 일하시도록 해야 한다. 우리의 의지를 전적으로 하나님께 드려야 하고, 우리의 마음을 다스려야 하고, 우리의 육신적인 정욕들을 모두 포기해야 하는 것이다. 요컨대, 사도께서 가르치듯이, 우리가 마음에서 생각해 내는 온갖 활동들을 다 쉬고, 그리하여 하나님이 우리 속에서 일하시도록 함으로써 하나님 안에서 안식을 누리게 되어야 한다는 것이다(히 4:9; 13:21).

■ 나눔 질문

1. 안식일이 하나님의 명령이라는 것은 어떤 의미를 담고 있습니까?
2. 하나님을 예배하고 섬기기 위해 왜 한 날을 구별하여 거룩히 지켜야 합니까?
3. 안식일을 기억하여 지키라 했는데 우리가 기억해야 할 것은 무엇입니까?
4. 안식일을 거룩히 지키는 방법은 무엇입니까?
5. 우리는 안식일에 우리의 시간을 어떻게 사용해야 합니까?
6. 나의 삶에서 안식일을 기억하여 거룩히 지키기 위해 실천하거나 개선해야 할 일들은 무엇인지 생각해 봅시다.

26장
제5계명 - 네 부모를 공경하라

너는 네 하나님 여호와께서 명령한 대로 네 부모를 공경하라 그리하면 네 하나님 여호와가 네게 준 땅에서 네 생명이 길고 복을 누리리라. 신 5:16

소요리문답 63, 64, 65, 66번

문 63: 어떤 것이 다섯째 계명입니까?

답: 다섯째 계명은 "네 부모를 공경하라 그리하면 네 하나님 여호와가 네게 준 땅에서 네 생명이 길리라"입니다(출 20:12).

문 64: 다섯째 계명에서는 무엇이 요구됩니까?

답: 다섯째 계명은 윗사람들이나(엡 5:21), 아랫사람들이나(벧전 2:17), 혹은 동등한 사람들로서(롬 12:10), 그들의 여러 지위들과 관계들 안에서 모든 사람에게 속한 명예를 보존하고 의무들을 수행하는 것을 요구합니다.

문 65: 다섯째 계명에서는 무엇이 금지되어 있습니까?

답: 다섯째 계명은 모든 사람들의 여러 지위들과 관계들에서 그들에게 속한 명예와 의무를 소홀히 하거나 그것에 반하여 어떤 것을 행하는 것을 금지합니다(마 15:4-6; 겔 34:2-4; 롬 13:8).

> 문 66: 다섯째 계명에 첨부된 근거는 무엇입니까?
> 답: 다섯째 계명에 첨부된 근거는 (이 약속이 하나님의 영광과 그들 자신들의 선에 제 역할을 하는 경우에만) 이 계명을 지키는 모든 이들을 대상으로 한 장수와 번영의 약속입니다(신 5:16; 엡 6:2-3).

이제까지 십계명의 제1-4계명을 살펴보았습니다. 우리는 십계명의 이 앞부분을 하나님을 향한 계명으로 구분합니다. 제1계명은 예배의 대상. 제2계명은 예배의 방식, 제3계명은 예배의 태도, 그리고 제4계명은 예배의 시간 또는 날에 대한 계명입니다. 이것이 십계명의 첫 번째 돌판의 내용이기도 합니다. 우리 삶에서뿐 아니라 모든 일에서 언제든지 하나님이 먼저입니다. 부패한 인간은 언제나 사람을 앞세우지만 성경은 하나님을 최우선 순위로 둡니다. 사람이 하나님의 영광을 위하여 있는 것이지 하나님이 우리의 영광을 위하여 계시는 것이 아닙니다. 그러므로 우리의 마음과 생각과 뜻과 말과 행실은 하나님 중심이어야 합니다.

이제 십계명의 두 번째 돌판이자 하나님을 향한 계명과 구분되는 사람을 향한 계명에 대해 살펴보려 합니다. 그 첫째가 네 부모를 공경하라는 명령입니다. 우리는 두 번째 돌판의 첫 계명과 첫 번째 돌 판의 첫 계명 사이에서 일련의 관계성을 봅니다. 1계명은 "나 외에는 다른 신을 네게 두지 말지니라"입니다. 5계명은 "네 부모를 공경하라"입니다. 적극적인 의미에서 부모를 공경하는 것은 하나님을 공경하는 것과 관련이 있습니다. 부모를 공경하는 것은 단순히 육신의 부모에게 향하는 공경 그 이상의 의미가 담겨 있기 때문입니다. 우리는 부모 공경을 통해 하나님 공경을 배워야 합니다. 이것이 일종의 신앙의 유비(analogy) 또는 비유입니다.

온 우주를 창조하신 여호와 하나님의 명령

첫째, 부모를 향한 공경은 천지만물을 창조하신 하나님의 준엄한 명령입니다. 16절 말씀을 읽겠습니다. "너는 네 하나님 여호와께서 명령한 대로 네 부모를 공경하라 그리하면 네 하나님 여호와가 네게 준 땅에서 네 생명이 길고 복을 누리리라."

본문 말씀은 "네 하나님 여호와께서 명령한 대로"라고 했습니다. 부모를 공경하는 일은 선택사항이 아니라 하나님의 명령입니다. 소요리문답 63번을 보겠습니다.

문 63: "어떤 것이 다섯째 계명입니까?"

답: "다섯째 계명은 '네 부모를 공경하라 그리하면 네 하나님 여호와가 네게 준 땅에서 네 생명이 길리라'입니다."

소요리문답은 "네 부모를 좀 공경해 줄래?"라는 부탁이 아니라 "공경하라"는 명령으로 진술되어 있습니다.

그렇다면 왜 부모를 공경해야 합니까? 부모에게는 하나님이 부여하신 권세가 있기 때문입니다. 반드시 따라야 할 합법적인 권세이므로 이에 복종하는 것은 당연합니다. 바울도 에베소 교회에 편지하면서 정확하게 5계명을 언급합니다. "자녀들아 주 안에서 너희 부모에게 순종하라 이것이 옳으니라 네 아버지와 어머니를 공경하라 이것은 약속이 있는 첫 계명이니"(엡 6:1-2). 이것이 약속이 있는 첫 계명이라 했습니다. 그러므로 부모 공경은 마땅히 지켜야 할 하나님의 명령입니다.

부모를 공경하는 명령에 순종하는 것은 결국 하나님의 뜻을 따르는 것이기에 하나님을 경외하는 표식이 됩니다. 더 나아가 어떤 사람의 신앙의 수준을 판가름할 수 있는 시금석 가운데 하나입니다.

1세기 유대인들과 바리새인들이 이 명령을 피해 가기 위한 합리화의 근거로 내세운 것이 바로 고르반(corban)입니다. 고르반이란 하나님께 드리는 제물이나 헌물을 뜻합니다. 가령 자식에게 재물이 있고 이를 부모를 봉양하는 데 써야 함에도 불구하고 하나님께 드렸다면 그것으로 면제가 가능하다는 개념입니다. 그러나 이것은 하나님의 계명이 아니라 장로들의 유전입니다. 마가복음 7장 6-13절에도 예수님이 바리새인과 서기관들의 잘못된 이 고르반 관행에 대해 지적하시는 내용이 나옵니다. "이르시되 이사야가 너희 외식하는 자에 대하여 잘 예언하였도다 기록하였으되 이 백성이 입술로는 나를 공경하되 마음은 내게서 멀도다 사람의 계명으로 교훈을 삼아 가르치니 나를 헛되이 경배하는도다 하였느니라 너희가 하나님의 계명은 버리고 사람의 전통을 지키느니라 또 이르시되 너희가 너희 전통을 지키려고 하나님의 계명을 잘 저버리는도다 모세는 네 부모를 공경하라 하고 또 아버지나 어머니를 모욕하는 자는 죽임을 당하리라 하였거늘 너희는 이르되 사람이 아버지에게나 어머니에게나 말하기를 내가 드려 유익하게 할 것이 고르반 곧 하나님께 드림이 되었다고 하기만 하면 그만이라 하고 자기 아버지나 어머니에게 다시 아무 것도 하여 드리기를 허락하지 아니하여 너희가 전한 전통으로 하나님의 말씀을 폐하며 또 이같은 일을 많이 행하느니라 하시고."

이런 잘못된 관습은 오늘날에도 사라지지 않았습니다. 이것을 우리는 이원론적 헌신이라 부를 수 있습니다. 눈에 보이지 않는 하나님을 섬긴다는 이유로 눈에 보이는 부모님은 못 본 체하는 행태는 결코 하나님을 섬기는 것이 아닙니다. 우리는 하나님도 경외해야 하고 부모님도 찾아 뵈어야 합니다. 하나님께 기도도 올려드리고 부모님과도 대화할 시간을 내어드려야 합니다. 하나님께 봉헌하듯 부모님께도 물질로 섬겨야 합니다. 그러므로 하나님께 드림이 되었다고만 하는 '고르반'은 하나님의 명령을 수행하는 것이 아니라 도리어 하나님의 거룩하신 계명을 폐하는 꼴이 되는 것입니다.

부모 공경이 여호와 하나님의 명령임을 깨닫고, 모든 일에 부모를 존경하며 섬기며 공경하려 노력하는 성도들이 되십시오.

하나님이 제정하신 제도에 대한 순종의 표현

둘째, 부모를 향한 공경은 하나님이 제정하신 제도에 대한 순종의 행위입니다. 16절 말씀을 한 번 더 읽겠습니다. "너는 네 하나님 여호와께서 명령한 대로 네 부모를 공경하라 그리하면 네 하나님 여호와가 네게 준 땅에서 네 생명이 길고 복을 누리리라."

가정은 아담과 하와가 타락하기 이전에 하나님이 만드신 유일한 제도입니다. 가정이라는 제도 내에서 아내는 남편에게 복종하고 자녀는 부모에게 순종하는 것이 하나님의 뜻입니다. 인간의 타락 이후로 구약과 신약의 역사가 설명하고 있듯이 두 가지 제도가 더 생깁니다. 바로 교회와 국가입니다. 그러므로 타락 이후부터 이 땅에는 가정과 교회와 국가, 이렇게 세 기관이 작동합니다. 물론 엄밀히 말하면 교회는 영원 전부터 하나님의 마음에 있었던 것은 분명합니다(엡 1:3-4). 그러나 역사 속에 태동된 것은 타락 이후입니다.

가정 안에서 부모는 자녀를 양육하고 자녀는 부모의 권세에 복종합니다. 교회는 복음을 가르치고 그리스도를 구주로 고백하는 신앙공동체에 대한 영적 지배권을 행사합니다. 국가는 그러한 교회를 보호하고 사회적인 불의와 악을 제어하는 권세를 소유합니다. 이러한 원리를 따라 정리하자면 가정의 부모와 마찬가지로 교회의 지도자와 국가의 통치자에게는 각각 하나님이 부여하신 권세가 공식적으로 부여됩니다. 바울은 로마 제국의 통치 아래 있던 로마 교회에 편지하면서 이렇게 말합니다. "각 사람은 위에 있는 권세들에게 복종하라 권세는 하나님으로부터 나지 않음이 없나니 모든 권세는 다 하나님께서 정하신 바라"(롬 13:1). 예수님도 가이사의 것은 가이사에게 하나님의 것은 하나님께 바치라고 하셨습니다(마 22:21).

사도 바울은 밀레도에서 에베소 교회 장로들을 모두 불러다가 고별 설교를 전하면서 이렇게 당부했습니다. "여러분은 자기를 위하여 또는 온 양 떼를 위하여 삼가라 성령이 그들 가운데 여러분을 감독자로 삼고 하나님이 자기 피로 사신 교회를 보살피게 하셨느니라"(행 20:28). 히브리서 설교자도 이렇게 말합니다. "너희를 인도하는 자들에게 순종하고 복종하라 그들은 너희 영혼을 위하여 경성하기를 자신들이 청산할 자인 것 같이 하느니라 그들로 하여금 즐거움으로 이것을 하게 하고 근심으로 하게 하지 말라 그렇지 않으면 너희에게 유익이 없느니라"(히 13:17). 이는 교회에서 목사와 장로에게 부여된 권위가 어떠하며, 성도들은 그들을 어떻게 바라보아야 하는지에 관한 가르침입니다. 하나님이 세우신 목사와 장로는 양떼들의 감독자로 존재합니다. 성도들은 그들을 하나님이 교회에 주신 귀한 선물로서 인정하고 복종해야 합니다. 목사가 신실하게 하나님의 말씀을 전하고 있다면 그런 목사를 험담하며 불화를 일삼는 교인은 결코 영적 유익을 얻지 못할 것이라는 말입니다.

그렇기 때문에 모든 공경에는 관계의 원리가 작동합니다. 제자가 스승을 존경하는 것, 시민이 국가지도자를 존중하는 것, 교인이 목사를 존경하는 것, 마찬가지로 자녀가 부모를 공경하는 것 말입니다. 이것은 하나님이 위임하신 권세이기 때문입니다. 그러나 더 나아가서 부모 공경의 원리는 놀랍게도 거기에 머무르지 않고 다른 모든 관계로까지 확장됩니다. 소요리문답 64번을 보겠습니다.

문 64: "다섯째 계명에서는 무엇이 요구됩니까?"

답: "다섯째 계명은 윗사람들이나, 아랫사람들이나, 혹은 동등한 사람들로서, 그들의 여러 지위들과 관계들 안에서 모든 사람에게 속한 명예를 보존하고 의무들을 수행하는 것을 요구합니다."

소요리문답은 부모 공경의 원리를 여러 지위들과 관계들에도 확대 적용합니다.

바울은 에베소 교회에 편지하면서 이렇게 말합니다. "상전들아 너희도 그들에게 이와 같이 하고 위협을 그치라 이는 그들과 너희의 상전이 하늘에 계시고 그에게는 사람을 외모로 취하는 일이 없는 줄 너희가 앎이라"(엡 6:9). 종들이 그 주인을 공경해야 하듯 상전들에게도 그에 상응하는 의무가 주어집니다. 종들은 상전들이 눈앞에 있든 없든 신실하게 일해야 하며, 그들의 상전을 높이 평가해야 합니다. 마찬가지로 상전들은 종들을 아끼고 귀히 여겨야 하며 그 삯을 미루지 않아야 합니다. 결론적으로 우리는 "형제를 사랑하여 서로 우애하고 존경하기를 서로 먼저"해야 하는 것입니다(롬 12:10).

그렇다면 부모 공경은 구체적으로 어떤 것입니까? 그것은 자녀로서 부모의 명예를 지키고 부모에게 마땅한 의무를 행하며 부모를 사랑으로 섬기는 세 가지로 이루어집니다. 그렇다면 마찬가지 원리로, 우리는 모든 관계에서 상대방의 명예가 지켜지도록 최선의 노력을 기울여야 합니다. 이는 자녀로서, 교인으로서, 시민으로서 마땅한 의무를 감당해야 한다는 말이기도 합니다. 더 나아가 부모로서, 지도자로서 바르게 처신할 줄도 알아야 합니다. 무엇보다, 지도자의 권력은 남용되어서는 안 되기 때문입니다. 소요리문답 65번은 이것을 잘 보여주고 있습니다.

문 65: "다섯째 계명에서는 무엇이 금지되어 있습니까?"

답: "다섯째 계명은 모든 사람들의 여러 지위들과 관계들에서 그들에게 속한 명예와 의무를 소홀히 하거나 그것에 반하여 어떤 것을 행하는 것을 금지합니다."

우리 사회는 다양한 관계 속에서 자신의 지위를 남용하고 함부로 행사하는 일들이 비일비재합니다. 부모가 자녀를 학대하고 자녀가 부모에게 패악을 행하는 소식이 자주 들립니다. 이는 하나님의 계명을 거스르는 악독한 행위입니다. 칼뱅의 말처럼 부모의 권위에 반항하고 불순종하는 자들은 사람이 아니라 괴물입니다. 어떤 경우에도 부모가 자녀에게 거짓을 강요해서는 안 됩니다. 사업주가 직원들에게 거짓과 사기를 명령하는 일, 높은 사람이 또는 국가권력이 위증을 강요하는 일 등은 하나님이 미워하시는 일입니다. 교회와 국가의 지도자들이 하나님의 말씀을 따르지 않고 자기에게 주어진 권한을 남용하고 폭압을 행사한다면 그들에 대해서는 마땅한 저항이 뒤따를 것입니다.

이 모든 일에 기초가 되는 원리는, 우리는 사람보다 하나님을 순종하는 것이 마땅하다는 것입니다. 우리는 부모나 위에 있는 권세들을 향해 그저 맹목적인 순종을 할 것이 아니라 주 안에서 순종해야 합니다(엡 6:1). 그리고 이 모든 권세는 위에 계신 하나님을 향한 순종이어야 합니다. 부모와 교회와 국가의 지도자들이 하나님의 뜻을 받들어 하나님의 명예를 드높이고 맡겨진 의무를 수행한다면, 하나님이 그들에게 부여하신 권세를 인정하고 그들의 수고와 노력을 치하하고 그들에게 순종하는 것은 우리의 마땅한 의무입니다.

하나님이 제정하신 제도에 순종함으로 하나님을 경외하는 성도들이 되십시오.

하나님의 복을 받는 첩경

셋째, 하나님의 계명에 순종하여 부모를 공경하는 자들에게는 하나님이 주시는 복이 약속되어 있습니다. 16절 말씀을 읽겠습니다. "너는 네 하나님 여호와께서 명령한 대로 네 부모를 공경하라. 그리하면 네 하나님 여호와가 네게 준 땅에서 네 생명이 길고 복을 누리리라."

에베소서 6장 1-3절에서도 이렇게 말합니다. "너는 네 하나님 여호와께서 명령한 대로 네 부모를 공경하라 그리하면 네 하나님 여호와가 네게 준 땅에서 네 생명이 길고 복을 누리리라." 소요리문답 66번은 이렇게 질문합니다.

문 66: "다섯째 계명에 첨부된 근거는 무엇입니까?"

답. "다섯째 계명에 첨부된 근거는 (이 약속이 하나님의 영광과 그들 자신들의 선에 제 역할을 하는 경우에만) 이 계명을 지키는 모든 이들을 대상으로 한 장수와 번영의 약속입니다."

"생명이 길[리라]"는 복은 단지 모든 자녀들의 육체적인 장수만을 의미하지 않습니다. 부모를 공경하는 자녀라 하더라도 장수하지 못하는 경우가 있기 때문입니다. 여기서 장수한다는 것은 자녀가 부모 공경을 통해 하나님의 명령에 순종함으로써 따라오는 질서와 안정의 축복을 의미합니다. 하나님이 세우신 권위에 순종할 때 그 결과로 가정을 포함한 삶의 전반에 질서가 잡히고 안정이 뿌리를 내립니다. 마찬가지로 가정에서 자녀에게 교회와 하나님 말씀의 권위에 복종할 것을 가르치지 않으면 그렇게 자란 자녀가 교회의 질서와 권위에 순종할 리가 없습니다. 그런 자녀들이라면 교회와 국가의 권위 및 지도자를 존중하지도 않게 될 것입니다. 당연히 질서는 무너지고 안정은 흔들립니다. 위에 있는 권세는 강제력을 사용할 수밖에 없습니다. 그렇게 되면 하나님의 백성들으로서 땅에서 장수하고 복을 누리는 삶은 결코 이루어지지 않을 것입니다. 삶 가운데 평안이 없으며 안녕도 사라질 것입니다. 이것이 5계명이 말하는 복입니다. 순종을 배우지 못하는 자녀는 복을 받지 못합니다. 우리가 자녀로 하여금 순종하게 할 이유가 여기 있습니다.

또한 우리가 국가의 위정자들을 위해 기도할 이유가 무엇입니까? 교회가 고요하고 평안한 생활을 하기 위함입니다. "그러므로 내가 첫째로 권하노니 모든 사람을 위하여 간구와 기도와 도고와 감사를 하되 임금들과 높은 지위에 있는 모든 사람을 위하여 하라 이는 우리가 모든 경건과 단정함으로 고요하고 평안한 생활을 하려 함이라"(딤전 2:1-2). 가정이 최고선으로서의 하나님을 인정하고 교회가 하나님의 영예를 드높이며, 국가가 가정과 교회를 보호하고 악을 제어하며 선을 장려한다면 그런 가정과 교회와 국가는 장수하고 잘될 것입니다. 이것은 개인적인 차원에서 그치는 복이 아니라 가정과 교회와 국가가 받아 누릴 공동체적 복입니다.

"부모에게 공경하라"는 하나님의 계명을 신실하게 순종함으로 고요하고 평안한 삶의 복을 받는 성도들이 됩시다.

우리는 오늘날 부모를 공경하라든지, 위에 있는 권세에 순복하라는 말을 하기가 어려운 시대를 살고 있습니다. 그럼에도 불구하고 우리는 그렇게 외쳐야 하며 우리 자신이 그렇게 살아내야 합니다. 그렇게 하기 위해서는 하나님의 은혜가 필요합니다. 특별히 부모와 자녀들에게 하나님의 은혜가 필요합니다. 이 은혜를 달라고 기도해야 합니다. 우리 주님은 이 땅에 계실 때 육신의 부모를 공경하셨습니다. 창조주 하나님의 독생자 예수 그리스도가 육신의 부모를 공경하셨다면 더 무슨 말을 더 하겠습니까? 전능하신 하나님의 아들께서 육신의 부모를 공경하셨다면 우리는 얼마나 더 그렇게 해야겠습니까? 더 나아가 우리 주님은 하늘에 계신 하나님 아버지의 뜻을 모두 다 순종하셨습니다. 저와 여러분은 얼마나 더 해야겠습니까? 부모에게 순종하면서 더욱 하늘에 계신 하나님 아버지께 순종하는 삶을 살아가는 자녀들이 되기를 소망합니다.

○ 칼뱅, 『기독교 강요』, 2.8.36.

우리는 여호와께서 여기서 하나님의 보편적인 규범을 세우셨다는 것을 의심해서는 안 된다. 즉, 여호와께서 정하신 대로 누군가가 우리의 윗자리에 있게 되었다는 것을 인정하고, 그 사람에게 경의와 복종과 감사를 돌려야 하며, 또한 그를 위하여 할 수 있는 만큼 다른 의무들도 감당해야 한다는 것이다. 우리의 윗사람들이 과연 이런 존귀를 받을 가치가 있느냐 없느냐 하는 것은 전혀 문제가 되지 않는다. 왜냐하면 그들의 상태가 어떻든 간에, 그들은 하나님의 섭리를 통해 그 지위에 오른 것이며, 이것이야말로 율법을 제정하신 하나님이 친히 우리가 그 사람들을 존귀로 받들기를 바라신다는 증거이기 때문이다. 그러나 우리를 이 세상에 있게 해준 우리의 부모에 대해서는 하나님이 공경하라고 분명하게 명령하셨다. 자연의 이치도 어떤 점에서 이를 우리에게 가르쳐 준다. 부모의 권위를 반항하고 어기며 고집을 부리는 자들은 괴물이지 사람이 아니다. 그렇기 때문에 여호와께서는 부모에게 불순종하는 자들은 모두 죽이라고 명령하시는 것이다. 자기들을 세상에 있게 해준 부모들의 수고를 인정하지 않으니, 그들은 삶의 혜택을 받을 자격이 없는 자들이기 때문이다.

■ 나눔 질문

1. 부모를 공경해야 할 근본적인 이유는 무엇입니까?
2. 부모는 더 넓은 의미에서 어떻게 확장될 수 있습니까?
3. 부모를 공경하는 구체적인 세 가지 방법은 무엇입니까?
4. 부모를 공경하는 자가 장수의 복을 받는다는 의미는 무엇입니까?
5. 부모 공경을 위해 어떤 일들을 실천할 수 있을지 함께 나눠봅시다.

27장
제6계명 - 살인하지 말라

²¹옛 사람에게 말한 바 살인하지 말라 누구든지 살인하면 심판을 받게 되리라 하였다는 것을 너희가 들었으나 ²²나는 너희에게 이르노니 형제에게 노하는 자마다 심판을 받게 되고 형제에 대하여 라가라 하는 자는 공회에 잡혀가게 되고 미련한 놈이라 하는 자는 지옥 불에 들어가게 되리라 ²³그러므로 예물을 제단에 드리려다가 거기서 네 형제에게 원망들을 만한 일이 있는 것이 생각나거든 ²⁴예물을 제단 앞에 두고 먼저 가서 형제와 화목하고 그 후에 와서 예물을 드리라. 마 5:21-24

소요리문답 67, 68, 69번

문 67: 어떤 것이 여섯째 계명입니까?

답: 여섯째 계명은 "살인하는 말라"입니다(출 20:13).

문 68: 여섯째 계명에서는 무엇이 요구됩니까?

답: 여섯째 계명은 우리 자신의 생명과(엡 5:28-29) 다른 이들의 생명을 보존하는 모든 합법적인 노력들을 요구합니다(왕상 18:4).

문 69: 여섯째 계명에서는 무엇이 금지됩니까?

답: 여섯째 계명은 우리 자신의 생명이나 이웃의 생명을 부당하게 제거하는 것뿐 아니라, 이와 같은 경향이 있는 것은 무엇이라도 금지합니다(행 16:28; 창 9:6).

이번 장에서는 "살인하지 말라"는 제6계명의 말씀을 다루겠습니다. 우리는 이 계명이 나와는 상관없다고 생각하는 경향이 있습니다. 실제로 우리는 매스컴에 등장하는 살인자들처럼 누군가를 죽이거나 하지 않습니다. 그러나 우리는 우리도 모르는 사이에 많은 사람들을 죽였을지도 모릅니다. "살인하지 말라"는 이 계명은 단순히 육신의 생명을 해치지 말라는 의미가 아니기 때문입니다.

이 땅에서 살인은 거의 매순간 발생하고 있습니다. 자고 일어나면 뉴스를 통해 온갖 살인과 테러가 실시간 사건으로 보도됩니다. 전쟁이나 테러 같은 극한의 상황에서 일어나는 살인이 아니더라도 은밀하게 우리 주변에서 일어나는 살인도 있습니다. 아직 세상에 태어나지 않은 태아를 낙태시키는 행위입니다. 이 역시 다른 살인과 마찬가지로 치명적인 범죄임은 분명합니다. 조직신학자 로버트 젠슨은 낙태의 합법화는 야만으로 돌아가는 살인의 사유화라고 했습니다. 더 나아가 신약의 윤리는 살인이라는 개념을 단순히 물리적 살인 이상으로 더욱 확장시킵니다. 또한 우리가 간과하는 살인이 더 있습니다. 바로 자신의 목숨을 스스로 끊는 행위입니다. 생명의 주권은 오직 하나님에게만 있습니다. 그러므로 "살인하지 말라"는 계명은 오늘날에도 매우 적실성 있는 계명입니다. 우리는 하나님이 말씀을 통해 정당하게 허용하신 경우를 제외하고는 결코 자신이나 다른 사람의 생명을 해치거나 상해를 입혀서는 안 됩니다.

개인과 가정과 국가의 생명과 권리를 보호하는 정당한 수단

첫째, "살인하지 말라"는 계명은 개인과 가정과 국가의 생명 보호를 위한 정당한 방어를 금하지 않습니다. 21절 말씀을 읽겠습니다. "옛 사람에게 말한 바 살인하지 말라 누구든지 살인하면 심판을 받게 되리라 하였다는 것을 너희가 들었으나."

이 말씀은 분명히 살인을 금하는 계명입니다. 그러나 이 말씀이 모든 살인 행위를 완전히 금하는 건 아님을 분명히 할 필요가 있습니다. 그에 대한 근거로 구약 성경은 살인을 저지른 자를 사형에 처하는 것이 정당한 것으로 기록하고 있고(출 21:23), 전쟁 상황에서는 살인이 허용되기도 했기 때문입니다(신 20장).

우선, 자기 생명을 지키기 위한 정당한 살인은 죄가 없습니다. 출애굽기 22장 2절은 이렇게 말합니다. "도둑이 뚫고 들어오는 것을 보고 그를 쳐죽이면 피 흘린 죄가 없으나." 자신과 가족의 생명과 재산을 지키기 위한 정당한 살인은 죄가 없습니다. 불가피한 비극을 초래한 원인 제공자에게 책임이 따를 뿐입니다.

마찬가지로 나라를 지키기 위한 행위에 따른 정당한 살인 역시 죄가 되지 않습니다. 한 나라의 통치자는 국민의 생명과 안녕과 재산을 지킬 의무가 있습니다. 어떤 이유로도 결코 사람을 죽이지 않겠다며 군복무를 거부하는 사람들이 있지만, 그것은 옳은 방법이 아닙니다. 군 복무는 칼의 권세를 가진 정부와 국가에 의해 부과되는 의무이기 때문입니다. 로마서 13장에 따르면 주님은 한 나라의 통치자에게 범죄자를 처벌할 권세를 주셨습니다. 그러나 여기에 전제가 있습니다. 소요리문답 69번을 보겠습니다.

문 69: "여섯째 계명에서는 무엇이 금지됩니까?"

답: "여섯째 계명은 우리 자신의 생명이나 이웃의 생명을 부당하게 제거하는 것뿐 아니라, 이와 같은 경향이 있는 것은 무엇이라도 금지합니다."

제69문답이 시사하는 것은 무엇입니까? 사람의 생명을 해하는 일에는 정당성이 있어야 한다는 것입니다. 살인 행위 그 자체보다는 살인을 저지르게 된 이유의 정당성이나 고의성 여부가 핵심이 됩니다. 살인의 정당성이 인정되면 그것은 죄가 되지 않습니다. 그렇더라도 우리는 누군가의 목숨을 해치는 일이 발생하지 않도록 최대한 노력해야 합니다. 우리가 법을 지키는 것은 바로 그런 이유 때문이며, 나라와 민족과 위정자들을 위해 기도하는 이유 역시 그러합니다. 이는 우리가 한 나라의 시민이자 하나님 나라의 성도로서 모든 경건과 단정함으로 고요하고 평안한 생활을 영위하기 위해서입니다(딤전 2:1-2). 오늘날 많은 지역에서 종교와 민족과 국가와 정파와 사상의 이름으로 무고한 사람들이 희생당하고 있습니다. 그것은 명백한 살인이며 하나님이 증오하시는 죄악입니다. 그런 비극이 우리 주변에서 일어나지 않도록 해야 합니다.

사무엘 러더포드의 교리문답 제520번은 이렇게 질문하고 답합니다.

520문 "제6계명에서 우리가 명령받은 것은 무엇입니까?"

답. "제6계명에서 우리가 명령받은 것은 모든 사람의 생명에 자비롭게 행동하는 것입니다. 즉 우리 자신의 생명뿐 아니라 다른 사람들의 생명에도 심지어는 우리의 원수들과 짐승들의 생명에도 자비롭게 행동하는 것입니다. 우리 이웃의 생명을 해치는 모든 내적 증오와 외적 폭력은 금지되어야 마땅합니다."

이런 일을 제외하고, 자신과 가족의 생명이 위협에 직면하는 위급 상황에서 정당하게 벌어진 살인은 죄가 되지 않습니다. 사형제도는 오늘날에 와서 바람직한 제도로 간주되지 않지만 그 자체가 비성경적이라고 말할 수는 없습니다. 사형제도는 사형에 해당할 만큼 중대한 범죄를 저지른 자를 벌하는 제도이기 때문입니다. 국가가 살인자를 그에 상응하게 처벌하지 않는다면 억울하게 희생된 무고한 사람들을 보호하는 일에 실패하는 것이나 마찬가지입니다.

그러므로 이런 점들을 고려하여 오해나 과도한 해석 없이 "살인하지 말라"는 계명을 이해하고 실천하도록 애써야 할 것입니다.

확장된 윤리로서의 살인

둘째, "살인하지 말라"는 계명은 신약에 와서 우리 마음의 의도와 동기까지 확장해 적용됩니다. 마태복음 5장 22절 말씀을 보겠습니다. "나는 너희에게 이르노니 형제에게 노하는 자마다 심판을 받게 되고 형제를 대하여 라가라 하는 자는 공회에 잡혀가게 되고 미련한 놈이라 하는 자는 지옥 불에 들어가게 되리라."

히브리인들의 욕설인 아람어 "라가"는 경멸의 의미를 담아 "바보 같은 놈", "천치 같은 놈…" 등 사람을 비방할 때 사용합니다. 구약의 계명과 달리 예수님은 동족을 향해 이처럼 욕을 하는 경우에도 살인죄와 다름없이 심판을 받게 된다고 말씀하십니다. 이로 볼 때, 신약성경은 더 확장된 윤리를 적용합니다. 구약은 제6계명에 저촉되는 행위를 살인으로 간주합니다. 말하자면 실제로 다른 이의 생명을 해치는 행위입니다. 신약의 윤리는 그와 달리 행위를 넘어 마음에까지 확장됩니다. 실제로 누군가를 죽이지 않았으나 그를 죽이고 싶은 의도가 있었다면, 더 나아가 누군가를 미워하는 것만으로도 지옥 불에 들어갈 만큼 중대한 죄가 된다는 것입니다. 이것은 다음 장에서 살펴볼 제7계명인 간음죄에도 동일하게 적용됩니다. 구약은 간음을 죄로 규정하지만 신약에서 예수님은 "나는 너희에게 이르노니 음욕을 품고 여자를 보는 자마다 마음에 이미 간음하였느니라"(마 5:28)고 말씀하시기 때문입니다.

많은 사람들이 실제로 사람을 죽이지 않는 선에서 6계명을 지키면 계명을 준행한 것으로 생각합니다. 마음에 악독함과 분노가 가득한데도 말입니다. 실제로 사람을 죽이지 않았어도 자신의 생각과 말과 태도로 누군가의 인격을 짓밟는다면 그는 살인과 동일한 죄를 저지르는 것입니다. 오늘날 인격 살인이라는 용어가 유행하는 것도 그 때문입니다. 상대를 향한 유언비어를 퍼뜨리거나 모욕적인 언사를 일삼음으로 그의 인격을 파괴하는 일은 그 사람을 살해하는 것이나 마찬가지의 악한 죄입니다. 사무엘 러더포드의 교리문답 제521문은 이렇게 질문합니다. "제6계명에서 금지되어 있는 내적 증오는 무엇입니까? 그러고는 다음과 같이 답합니다. "1. 격렬하게 내는 화, 2. 증오, 3. 측은히 여기는 마음이 없음, 심술궂음, 복수심과 시기심, 해가 지도록 품는 원한 혹은 분노가 그것입니다." 우리의 주변을 돌아보십시오. 이 사회와 정치 영역 곳곳에서 많은 사람들이 다른 이들의 인격을 짓밟습니다. 말과 태도와 행동으로 사람을 매장시킵니다. 그렇게 하고도 도무지 사과하지 않습니다. 오히려 그런 상황들을 즐깁니다. 바울이 "분을 내어도 죄를 짓지 말며 해가 지도록 분을 품지 말고"(엡 4:26)라고 명령한 이유도 여기에 있습니다. 죄의 본성이 여전히 남아 있는 우리는 생각과 말과 태도와 행동으로 살인을 일삼습니다. 특히 분노 가득한 마음으로부터 비롯되는 말은 살인의 최적의 도구라고 할 수 있습니다.

사람의 마음에 분노가 가득하면 말과 태도와 행동으로 그것을 뿜어내게 되어 있습니다. 그러다 보면 실수하고 죄를 짓게 될 가능성이 높아집니다. 그렇기에 야고보 사도는 "우리가 다 실수가 많으니 만일 말에 실수가 없는 자라면 곧 온전한 사람이라 능히 온 몸도 굴레 씌우리라 우리가 말들의 입에 재갈 물리는 것은 우리에게 순종하게 하려고 그 온 몸을 제어하는 것이라"(약 3:2-3)고 했습니다. 솔로몬 왕도 이렇게 말합니다. "말이 많으면 허물을 면하기 어려우나 그 입술을 제어하는 자는 지혜가 있느니라"(잠 10:19). 그러므로 신자는 율법을 문자적으로 지켰다는 것에 만족할 것이 아니라 그 율법에 발현된 정신을 바르게 이해하고 준수하는데 더욱 힘써야 할 것입니다. 할 수만 있으면 듣기는 속히 하고 말하기는 더디 하는 것이 훨씬 더 지혜로울 것입니다(약 1:19).

실제로 사람을 죽이지 않고서도 생각과 말과 태도와 행동으로 살인할 수 있음을 명심하고 늘 언행에 신중해야 할 것입니다.

모든 이들과의 화목을 추구

셋째, "살인하지 말라"는 계명은 긍정적으로는 모든 이들과의 화목을 추구할 것을 가르칩니다. 23-24절 말씀을 읽겠습니다. "그러므로 예물을 제단에 드리려다가 거기서 네 형제에게 원망들을 만한 일이 있는 것이 생각나거든 예물을 제단 앞에 두고 먼저 가서 형제와 화목하고 그 후에 와서 예물을 드리라."

그러면 우리는 어떻게 해야 합니까? 실제로 사람을 죽이지 않았어도 형제에게 분노를 퍼붓고 형제를 노하게 했으면 어떻게 해야 합니까? 최선을 다해 화목을 추구해야 합니다. 형제와 화목하지 못한 상태로 하나님을 예배한다면, "네 이웃을 네 자신과 같이 사랑하라" 또는 "서로 사랑하라"는 새 계명을 준행하지 못한 것입니다. 그러므로 예배하기 전에 무언가 원망들을 만한 일이 있다면 먼저 화목하고 와서 예배해야 합니다(마 5:23-24). 자신의 행위를 사과하고 화목할 상황을 만들지 않는 것이 제일 좋겠지만 의도했든 의도치 않았든 형제에게 분노했다면 반드시 풀어야 합니다. 우리가 이렇게 해야 할 이유는 무엇입니까? 그렇게 하지 않을 경우 송사와 재판에 휘말리게 되고 죄를 지었다면 유죄 선고를 받을 수도 있기 때문입니다. 만일 상대방에게 진심으로 사과한다면 상대방은 그 사과를 받고 용서해야 하며, 악한 마음을 품고 앙갚음하려 해서는 안 됩니다. 진심으로 뉘우치고 사과하는데도 상대방이 마음을 풀지 않고 일을 더욱 악화시킨다면 이는 그의 잘못이며 하나님의 말씀을 어기는 행위입니다. 이럴 경우 사과하는 사람은 그 의무를 다했지만 사과를 받지 않는 사람은 도리어 하나님의 계명을 어기는 행위를 하는 것입니다.

그렇다면 어떻게 화목해야 합니까? 우리는 모든 방법으로 화목을 추구해야 합니다. 먼저 긍정적으로 우리와 다른 사람의 생명을 보존하는 노력을 기울여야 합니다. 소요리문답 68번을 보겠습니다.

문 68: "여섯째 계명에서는 무엇이 요구됩니까?"

답: "여섯째 계명은 우리 자신의 생명과 다른 이들의 생명을 보존하는 모든 합법적인 노력들을 요구합니다."

우리는 우리와 다른 사람들의 생명을 지키기 위해 모든 적법한 노력을 기울여야 합니다. 혹 그렇게 하다가 실수했다면 본문 말씀처럼 신속하게 화해해야 합니다.

그렇다면 부정적으로는 어떻게 합니까? 제69문을 보겠습니다.

문 69: "여섯째 계명에서는 무엇이 금지됩니까?"

답: "여섯째 계명은 우리 자신의 생명이나 이웃의 생명을 부당하게 제거하는 것뿐 아니라, 이와 같은 경향이 있는 것은 무엇이라도 금지합니다."

그렇다면 더욱 구체적으로 다른 사람의 생명을 제거하려는 경향이 있는 것은 무엇입니까? 다시 한 번 사무엘 러더포드의 교리문답 522문답을 보겠습니다. 522문은 이렇게 묻습니다. "제 6계명에서 금지되어 있는 다른 악행은 무엇입니까?" 그러고는 이렇게 답합니다. "살인의 모든 계기, 즉 결함을 들추어내고 조롱하고 칼로 폐부를 찌르고 아울러 증오에 찬 저주스러운 모든 말, 언짢은 얼굴을 하는 것, 곧 무서운 얼굴을 하는 것, 경멸하여 코웃음을 치는 것, 우리의 건강을 상하게 하기까지 과식하는 것, 많은 사람들이 다니는 길과 다리와 계단이 훼손되었는데도 고치지 않는 것 등입니다." 이런 말과 태도와 행동은 공통적으로 다른 사람의 생명을 소중히 여기고 보호하는 일에 전혀 무심한 행태입니다.

그러므로 우리는 삶의 모든 영역에서 법적으로나 도덕적으로 나와 다른 사람의 생명을 아끼고 지키기 위한 최선의 노력을 아끼지 말아야 합니다. 동시에 나와 타인의 삶에 피해를 주는 행위나 태도를 살펴 자제해야 합니다. 우리는 지극히 개인주의적이고 이기적인 시대를 살고 있습니다. 내 생명이 귀한 만큼 타인의 생명도 귀합니다. 내 자식이 귀한 만큼 다른 이의 자식도 귀합니다. 내 부모가 소중한 만큼 다른 이의 부모도 소중합니다. 우리 모두가 동일한 하나님의 형상으로 지음 받은 존재이기 때문입니다. 따라서 무고하게 타인의 피를 흘리게 하는 행위는 하나님의 저주와 심판을 면키 어렵습니다. 자신뿐 아니라 타인의 생명을 보호하고 지키기 위해 최선의 노력을 기울이는 성도들이 됩시다.

여섯째 계명은 단순히 타인의 생명만이 아니라 자기 생명을 해치는 것을 포함합니다. 자신의 생명을 위험에 처하게 만드는 모든 생각과 태도와 행위는 죄입니다. 우리는 생명을 가볍게 여겨서는 안 됩니다. 생명을 담보로 하는 무모한 도전이나 오락조차 삼가야 합니다. 과거 검투사들이 목숨을 걸고 벌이던 싸움은 물론, 요즘 유행하는 UFC 격투기나 투우 경기 등은 결코 성경적이지 않습니다. 더욱이 유튜브 조회수를 올리기 위해 고층빌딩을 맨손으로 올라가는 등 극한의 위험을 감수하는 익스트림 스포츠 역시 바람직하지 않습니다.

우리는 더 나아가 나의 생명뿐 아니라 다른 사람들의 생명을 적극적으로 보호해야 합니다. 예수님은 말씀 한 마디로 천군천사를 동원할 능력이 있으셨고 창조자의 권세로 자신을 변호하고 복수하실 충분한 이유가 있으셨습니다. 그러나 주님은 결코 다른 이의 생명을 함부로 해치지 않으셨습니다. 도리어 당신의 생명을 내어주셨습니다. 죽음의 고통을 당하시는 순간에도 묵묵히 인내하시고 입을 열지 않으셨으며, 십자가에서 숨을 거두시기까지 하나님의 뜻에 순종하셨습니다. 주님은 자신을 희생하여 죽으심으로 우리에게 생명을 주셨습니다. 우리 역시 주님을 본받아야 마땅합니다. 우리 자신을 내어줄지라도 우리가 새롭게 누리는 생명의 기쁨을 다른 이들에게 전하는 삶을 살아야 할 것입니다.

그러므로 지금 나의 말과 생각과 태도와 행동이 과연 나와 타인의 생명을 지키고 보호하는 일에 도움이 되는지를 깊이 생각하여 매사에 절제하는 신자들이 됩시다.

○ **칼뱅,『기독교 강요』, 2.8.40.**

피를 흘리기를 삼간다고 해서 그것이 곧 살인의 범죄를 피하는 것이 되는 것은 아니다. 이웃의 안전을 해치는 어떤 일을 행하거나, 그런 일을 고의로 시도하거나, 그런 것을 바라거나 계획하는 경우에도, 살인의 범죄를 저지른 것이 되는 것이다. 뿐만 아니라, 여러분에게 능력도 있고 기회도 있는데 이웃의 안전을 보살피는 노력을 하지 않는다면, 이 역시 마찬가지로 사악하게 율법을 범하는 것이 되는 것이다. 한편 이웃의 육체의 안전에 대해 이렇듯 많은 관심을 기울인다면, 하물며 영혼의 안전에 대해서야 얼마나 더 열심과 수고를 기울여야 하는지를 충분히 생각할 수 있는 것이다.

■ 나눔 질문

1. 살인하지 말라는 계명은 정당한 방어나 전쟁을 금하는 명령입니까?
2. 살인하지 말라는 계명은 생명에 대해 어떤 마음을 품는 것을 뜻합니까?
3. 살인하지 말라는 계명에 비추어볼 때 사형제도에 대해서는 어떤 입장을 취해야 합니까?
4. 살인하지 말라는 구약의 계명은 신약에서 어떻게 더 확장됩니까?
5. 사무엘 러더포드에 따르면 살인하지 않기 위해 조심해야 할 내적증오에는 어떤 것들이 있습니까?
6. 혹시 사람을 증오하거나 죽이고픈 유혹이 있었다면 어떤 경우였는지 생각해 보고 그럴 때는 어떻게 해야 하는지 나누어 봅시다.

28장
제7계명 - 간음하지 말라

²⁷또 간음하지 말라 하였다는 것을 너희가 들었으나 ²⁸나는 너희에게 이르노니 음욕을 품고 여자를 보는 자마다 마음에 이미 간음하였느니라 ²⁹만일 네 오른 눈이 너로 실족하게 하거든 빼어 내버리라 네 백체 중 하나가 없어지고 온몸이 지옥에 던져지지 않는 것이 유익하며 ³⁰또한 만일 네 오른손이 너로 실족하게 하거든 찍어 내버리라 네 백체 중 하나가 없어지고 온몸이 지옥에 던져지지 않는 것이 유익하니라. 마 5:27-30

소요리문답 70, 71, 72번

문 70: 어떤 것이 일곱째 계명입니까?

답: 일곱째 계명은 "간음하지 말라"입니다 (출 20:14).

문 71: 일곱째 계명에서는 무엇이 요구됩니까?

답: 일곱째 계명은 성정과 말과 행동에서 우리 자신과 우리 이웃의 순결이 보존되는 것을 요구합니다. (고전 7:2-3, 5, 34, 36; 골 4:6; 벧전 3:2).

문 72: 일곱째 계명에서는 무엇이 금지됩니까?

답: 일곱째 계명에서는 순결하지 않은 모든 생각들과 말들과 행위들을 금지합니다 (마 15:19; 5:28; 엡 5:3-4).

오늘날 우리는 성에 대한 정체성을 새롭게 정의하고 있습니다. 이미 미국이나 유럽은 사람이 태어날 때 부여받은 성의 정체성을 부인하고 스스로 성을 선택할 권리를 법적으로 부여했습니다. 즉 자신이 다른 성으로 잘못 태어났기에 새로운 성을 선택할 권리가 있다는 것입니다. 우리는 또한 성 전환 수술 등이 자유롭게 이루어지는 시대에 살고 있습니다. 이런 성 정체성 선택의 자유는 오늘 우리가 살펴보는 제7계명을 불필요하고 고리타분한 계명으로 만들어 버립니다. 그러나 성경은 하나님이 사람을 남자와 여자로 지으셨다고 명백하게 선포합니다(막 10:6). 모든 인간은 남성과 여성 둘 중 하나로 살아가는 삶을 선물 받았다는 말입니다. 그러므로 원하지 않는 성으로 잘못 태어났다거나 중성이라거나 하는 이유로 이미 선물받은 성을 바꾼다거나 동성 간 애정 행위를 하는 것은 하나님이 부여하신 질서를 파괴하는 행위입니다.

제7계명을 생각할 때 우리는 먼저 하나님이 창조하신 남성과 여성, 그리고 하나님이 제정하신 혼인의 법칙을 살펴보아야 합니다. 하나님은 아담을 지으시고 그가 독처하는 것이 좋지 못하다 판단하셨습니다. 아담을 잠들게 하시고 그의 갈빗대를 취하여 하와를 지으심으로 그 둘을 한 몸 되게 하셨습니다(창 2:18, 22-23). 독신이라는 예외가 있지만, 결혼과 부부생활은 하나님이 정하신 법칙입니다. 결혼과 부부생활을 통해 성적인 욕구를 채우며 거룩한 자녀를 낳고 나아가 가정과 사회와 국가에 기여하는 것은 바람직한 일입니다. 더 나아가 가정은 그저 사회와 국가에 기여하는 것으로 만족하지 않고 그리스도와 교회의 관계를 상징합니다.

반면에 간음이란 하나님이 제정하신 이 제도 밖에서 이루어지는 모든 성적 성향과 생각과 마음과 행위 전부를 가리킵니다. 하나님은 제7계명을 통해 이런 일체의 행위를 하지 말라고 부정적으로 명령하셨습니다.

영적으로 육적으로 간음의 행위

첫째, 성경은 육체적인 간음뿐 아니라 영적인 간음도 심각한 죄로 간주합니다. 27-28절 말씀을 읽겠습니다. "또 간음하지 말라 하였다는 것을 너희가 들었으나 나는 너희에게 이르노니 음욕을 품고 여자를 보는 자마다 마음에 이미 간음하였느니라."

예수님은 우리에게 먼저 "간음하지 말라 하였다는 것"을 들었다고 말씀하십니다. "간음하지 말라 하였다"는 말씀은 출애굽기 20장의 십계명 가운데 14절 말씀입니다. 간음이란 앞서 언급한 바와 같이 하나님이 제정하신 법칙과 제도 밖에서 성적인 욕구를 채우는 모든 행태입니다. 성은 하나님이 창조하신 것이며 그 자체로 선하고 아름답습니다. 그것이 선하고 아름답게 쓰여지지 못한다면 간음의 도구가 될 수 있습니다. 오늘날 혼전 동거라든가 계약 결혼 같은 개념은 너무나 자연스러운 시대의 현상이 되어 버렸습니다. 과도하게 선정적이거나 논란을 일으키는 연애 프로그램, 셀럽들의 독신 생활을 멋지게 보여주는 동영상 등이 젊은 세대를 너머 모든 세대의 관심을 끌면서 결혼이라는 신성한 제도의 본래 의미와 목적은 사라진 지 오래입니다.

신명기에 따르면 구약에서 혼인하지 않은 처녀와 관계를 맺은 남자는 그 여자를 책임지든지 아니면 그 여자의 아버지에게 은 50세겔을 배상함으로써 책임을 져야 하는 일종의 범죄였습니다(신 22:28-29). 그만큼 성경은 합법적인 테두리 안에서의 성 관계를 중요하게 여기지만, 오늘날에는 간음을 마치 앞서가는 사람들이 내세울 만한 자기 자랑의 일환 쯤으로 간주합니다. 결코 그렇지 않습니다. 합법적인 결혼이라는 테두리 밖에서 이루어지는 모든 형태의 성적 관계는 간음이며, 하나님의 계명을 어기는 것이기에 심각한 죄입니다. 심지어 성경은 간음의 범위를 훨씬 더 확장시킵니다. 출애굽기를 보면 짐승과 행음하는 수간이 기록되어 있고(출 22:22), 레위기는 동성끼리, 즉 여자와 여자, 남자와 남자끼리 행음하는 동성애를 가증한 죄라고 경고합니다(레 18:22). 사실상 동성애는 오늘날 새롭게 대두된 것이 아니라 고대 그리스 로마 헬라 세계에서도 지극히 만연했던 행태였습니다.

본문의 말씀은 여기서 멈추지 않습니다. 신약성경은 이 간음의 죄를 영적인 부분까지 확장하고 있음에 주의를 기울여야 합니다. 28절에 보면 마음으로 하는 간음을 지적합니다. 구약의 율법이 행위에 초점이 맞춰져 있다면, 신약은 마음, 즉 동기에 더 강조점이 있습니다. 행위가 없다 하더라도 마음의 동기와 욕망이 있었다면 그것이 바로 간음이라는 것입니다. 우리는 예수님이 신자의 윤리를 외적인 부분뿐 아니라 내적인 부분까지 넓혀 적용하고 계심을 보아야 합니다.

여기에는 마음과 의도가 중요한 요소로 자리합니다. 내 마음과 내 의도가 내 눈과 내 손을 움직입니다. 남자가 여자를 보는 것이나 여자가 남자를 보는 것 자체는 문제가 되지 않습니다. 그러나 그 마음과 의도가 간음의 동기와 욕망으로 가득차서 누군가를 바라본다면, 그 다음에는 눈에 이어 손과 발을 움직이게 될 것이며, 혹 단지 바라보는 것으로 그친다 해도 그는 이미 간음을 저지른 것이나 마찬가지입니다. 음란한 영상을 보는 것 역시 예외가 아닙니다. 이미 마음에 음욕을 품고 보는 것이기 때문입니다. 그럼에도 오늘날 우리 사회는 그런 것을 당연시 하고 자연스러운 문화 현상 정도로 치부합니다. 그러므로 우리는 무엇보다 마음을 지켜내야 합니다. 솔로몬은 "모든 지킬 만한 것 중에 더욱 네 마음을 지키라 생명의 근원이 이에서 남이니라"고 했습니다(잠 4:23).

간혹 우리는 남의 소유를 훔치거나 탐하는 것보다 간음이 훨씬 더 나쁜 죄라고 생각합니다. 그러나 바울은 이렇게 말합니다. "그러므로 땅에 있는 지체를 죽이라 곧 음란과 부정과 사욕과 악한 정욕과 탐심이니 탐심은 우상 숭배니라"(골 3:5). 음란만큼이나 탐심은 우상숭배입니다. 지금 바울은 영적 간음, 우상숭배의 간음에 대해 말합니다. 간음이나 탐심은 우상숭배가 될 수 있습니다. 우리의 간음죄가 더욱 심각해지는 것은 우리가 하나님 이외에 다른 신을 섬기고 경배하게 될 때입니다. 그것은 십계명의 1-4계명의 위반일 뿐 아니라 7계명의 위반이기도 하기 때문입니다. 하나님 이외에 다른 신을 두는 것은 다른 신을 사랑하는 것이기에 명백히 영적 간음입니다. 그것이 재물이든 권력이든 관계없습니다. 그것이 사소해 보이는 것이든 중대한 것이든 관계없이 말입니다.

그러므로 우리의 마음을 거룩하고 정결하게 하여 영육의 간음으로부터 올곧게 지켜내도록 합시다.

간음을 피하는 비결, 더욱 뜨겁게 하나님을 사모함

둘째, 간음을 피하는 가장 성경적인 방법은 하나님을 더욱 뜨겁게 사랑하는 것입니다. 29-30절 말씀을 읽겠습니다. "만일 네 오른 눈이 너로 실족하게 하거든 빼어 내버리라 네 백체 중 하나가 없어지고 온 몸이 지옥에 던져지지 않는 것이 유익하며 또한 만일 네 오른손이 너로 실족하게 하거든 찍어 내버리라 네 백체 중 하나가 없어지고 온 몸이 지옥에 던져지지 않는 것이 유익하니라."

이 말씀은 간음을 행하게 되는 요소들을 적극적으로 제거하라는 말입니다. 그런 상황과 환경들을 피하라는 말입니다. 간음에는 형벌이 따르기 때문입니다. 간음이 아닌 행음에도 물리적인 형벌이 따릅니다. 일단 처녀를 범하게 되면, 그 처녀를 책임지든지 부모에게 배상해야 합니다. 물리적인 형벌이라 할 수 있습니다. 또한 간음에는 영적인 형벌이 뒤따르는데 양심이 고통을 당하게 되는 것입니다. 간음은 육신과 영적인 삶을 위험에 노출시킵니다. 주님은 간음으로 말미암은 참혹한 결과를 피하기 위해 우리를 실족케 하는 요인들을 과감히 제거해야 한다고 말씀하십니다. 오른손을 잃어버리는 것이 온몸이 지옥에 들어가는 것보다 낫기 때문입니다.

그러면 간음하지 않기 위해 구체적으로 어떻게 해야 합니까? 소요리문답 71번과 72번은 우리에게 두 가지를 제시합니다. 우리 마음과 말과 행동에서 자신과 이웃의 순결을 지키기 위해 노력하라고 말합니다.

문 71: "일곱째 계명에서는 무엇이 요구됩니까?"

답: "일곱째 계명은 성정과 말과 행동에서 우리 자신과 우리 이웃의 순결이 보존되는 것을 요구합니다."

문 72: "일곱째 계명에서는 무엇이 금지됩니까?"

답: "일곱째 계명에서는 순결하지 않은 모든 생각들과 말들과 행위들을 금지합니다."

여기서 강조되는 것은 마음과 말과 행동입니다. 본문 말씀은 마음을 강조합니다. "나는 너희에게 이르노니 음욕을 품고 여자를 보는 자마다 마음에 이미 간음하였느니라"(마 5:28). 에베소서는 입을 언급합니다. "무릇 더러운 말은 너희 입 밖에도 내지 말고 오직 덕을 세우는 데 소용되는 대로 선한 말을 하여 듣는 자들에게 은혜를 끼치게 하라"(엡 4:29). "음행과 온갖 더러운 것과 탐욕은 너희 중에서 그 이름조차도 부르지 말라 이는 성도에게 마땅한 바니라 누추함과 어리석은 말이나 희롱의 말이 마땅치 아니하니 오히려 감사하는 말을 하라"(엡 5:3-4). 디모데후서는 행동을 강조합니다. "또한 너는 청년의 정욕을 피하고 주를 깨끗한 마음으로 부르는 자들과 함께 의와 믿음과 사랑과 화평을 따르라"(딤후 2:22).

사무엘 러더포드는 자신의 교리문답 533번에서 간통, 근친상간, 간음, 수간, 남색에 물들지 않게 우리 몸을 보호할 것을 권면하면서 534번에서 더 구체적으로 이렇게 말합니다.

534문: "제7계명은 바로 위에서 언급한 답변 외에 더 이상 금지하는 것이 없습니까?"

답: "위에서 언급한 것 외에 금지하는 것은 다음과 같습니다. 제7계명은 폭음, 폭식, 술 취함, 추잡한 이야기, 야한 옷, 음탕한 눈과 귀, 음란한 신체적 접촉, 음란한 춤, 매춘부와 음란한 여자와 자리를 같이하는 것, 그리고 추잡함을 일으키는 모든 경우를 금지합니다."

마음과 말과 행동에 있어 외설적이거나 불경하지 않은지 늘 자신을 삼가 조심하며 사는 노력을 기울여야 합니다. 그러나 과연 우리는 그런 노력을 기울일 수 있습니까? 그리고 그런 노력의 성공 여부를 확신할 수 있습니까? 어떻게 그렇게 할 수 있겠습니까? 결국 하나님을 더욱 뜨겁게 사랑하고 진리의 말씀을 더욱 깊이 사랑하는 길 외에는 다른 방법이 없습니다. 하나님과 사랑에 빠지지 않으면 우리는 결국 세상과 사랑에 빠질 수밖에 없기 때문입니다. 인간이란 어딘가에 빠질 수밖에 없는 연약한 존재입니다. 그것을 종교성이라 부르든, 죄성이라 부르든 간에 인간은 의존적 존재입니다. 그래서 죄인은 창조주 하나님을 섬기기보다 하나님이 만드신 피조물들을 섬기는 것이 아닙니까!

그러므로 이런 부패와 타락으로부터 우리가 보전될 수 있는 유일한 길은 하나님의 사랑의 은혜에 빠져드는 길뿐입니다. 베드로는 이렇게 말합니다. "하나님과 우리 주 예수를 앎으로 은혜와 평강이 너희에게 더욱 많을지어다 그의 신기한 능력으로 생명과 경건에 속한 모든 것을 우리에게 주셨으니 이는 자기의 영광과 덕으로써 우리를 부르신 이를 앎으로 말미암음이라 이로써 그 보배롭고 지극히 큰 약속을 우리에게 주사 이 약속으로 말미암아 너희가 정욕 때문에 세상에서 썩어질 것을 피하여 신성한 성품에 참여하는 자가 되게 하려 하셨느니라"(벧후 1:2-4). 하나님 사랑이 우리를 지키고 보호합니다. 하나님께 무릎 꿇고 기도하며 진리의 말씀을 가까이 하는 것만이 우리 자신과 타인의 순결을 지키는 길이기 때문입니다.

단순히 음욕을 품거나 그 음욕대로 따르는 것이 잘못이라고 책망하는 것으로 충분하지 않습니다. 대부분 그것이 악하다는 것을 몰라서 죄를 범하는 것이 아니기 때문입니다. 그 죄가 약속하는 달콤함 때문에 벗어나지 못하는 것입니다. 그 죄가 위험하다는 것을 알고도 그것을 너무 탐하기 때문에 잘못 선택하는 것입니다. 그러므로 간음이 나쁘다고 경고하는 것만으로는 충분하지 않습니다. 하나님의 더 크고 강력한 사랑의 은혜를 누려야 그 잘못에서 헤어나올 수 있습니다.

하나님의 진리의 말씀과 사랑에 깊이 잠겨 자기 자신과 다른 사람들의 순결과 명예를 보전하고 모든 음란한 생각과 말과 행위에서 자신을 지키는 성도들이 되어야 합니다.

우리는 여기저기 도처에서 하나님 말씀을 혼잡하게 하며 성도를 비진리로 유혹하는 영적 간음의 시대에 살고 있습니다. 어떤 사람은 세상 쾌락에 과도하게 빠져 있어 세상 연락을 즐기며 영원한 생명을 대비하지 않습니다. 하나님을 떠난 부자의 삶이 참혹한 이유는 그것이 바로 마지막 날에 하나님의 저주와 심판을 쌓아놓는 영적 간음의 죄이기 때문입니다. 그는 하나님 사랑하는 것보다 돈과 쾌락을 사랑하며 살다가 지옥에 빠져 들어갔습니다.

야고보 사도는 일부 부자들이 살아가는 그런 삶은 도살의 날을 위해 마음을 살지게 하는 것이라고 경고한바 있습니다. "너희가 땅에서 사치하고 연락하여 도살의 날에 너희 마음을 살지게 하였도다"(약 5:5). 누가복음에는 호화롭게 살아가는 한 부자가 나옵니다. "한 부자가 있어 자색 옷과 고운 베옷을 입고 날마다 호화로이 연락하는데"(눅 16:19). 그러나 그 결국은 심판입니다.

어떤 사람들에게는 이 시대의 문화와 쾌락에 물들지 않고 자신을 지켜 하나님을 사랑하고 예배하며 살아가는 삶이 고리타분하게 보일지 모릅니다. 그러나 그 길은 자신의 영혼과 마음과 몸을 지키는 가장 안전한 길입니다. 영적 육적 간음의 행위를 피하고 더욱 하나님을 사랑하고 예배하는 은혜의 일에 진력하며 살아갑시다.

○ **칼뱅**, 『**기독교 강요**』, 2.8.41.
사람은 혼자 살지 않고 돕는 배필과 연합을 누리며 살도록 창조되었는데, 죄의 저주로 말미암아 이러한 필연성에 더욱 더 얽매이게 되었다. 그러므로 하나님은 결혼을 제정하셔서 이 문제에 대해 우리를 위해 필요한 방도를 충족히 마련해 주셨고, 그의 권위 아래에서 시작된 이 결혼의 교제를 축복으로써 거룩하게 하신 것이다. 그러므로 결혼 이외의 다른 모든 결합은 하나님 보시기에 저주받은 것임이 분명해지며, 또한 결혼의 동반관계가 우리를 무절제한 정욕에 빠지지 않도록 지켜주는 하나의 필연적인 치유책으로서 제정되었다는 사실이 분명해지는 것이다. 이렇듯 결혼 관계 외에는 남자가 여자와 동거하는 것을 하나님이 저주하신다는 말씀을 듣고 있으니, 우리는 절대로 스스로를 속이는 일이 없어야 할 것이다.

○ **칼뱅,『기독교 강요』, 2.8.44.**

결혼한 부부가 자기들의 결합에 주께서 복을 주신다는 것을 깨닫는다면, 동시에 무절제하고 방탕한 정욕으로 그 결합을 더럽혀서는 안 된다는 점도 알아야 할 것이다. 결혼의 존귀함이 무절제의 추잡함을 덮어준다 할지라도, 그렇다고 해서 결혼이 무절제를 유발시키는 것이 되어서는 안 되는 것이다. 그러므로 결혼한 부부들은 자기들에게 모든 것이 다 허용된다는 식으로 생각해서는 안 되며, 남편은 자기 아내를 또한 아내는 자기 남편을 각각 진지하게 대하여야 할 것이며, 따라서 결혼의 존귀함과 절제를 무가치하게 만드는 것은 그 어떠한 것도 용인해서는 안 될 것이다. 주 안에서 맺어진 결혼 생활이 극도의 음탕함에 빠지는 일이 없도록 정숙함과 절도를 지키는 것이 합당하기 때문이다. 암브로시우스는 이런 방탕함에 대해 아주 가혹하게 정죄하고 있는데, 일리 있는 판단이라 여겨진다. 그는, 사람이 자기의 결혼 생활에서 부끄러움에 대한 생각이나 존귀함이 없이 행한다면, 그것은 자기 아내와 간음을 행하는 것이라고까지 하였다.

■ 나눔 질문

1. 간음의 정의는 무엇입니까?
2. 육체적 간음과 영적 간음은 어떻게 다릅니까?

3. 간음하지 말라는 구약의 계명은 신약에서 어떻게 더 확장됩니까?

4. 오늘날은 간음을 부추기는 문화가 도처에 퍼져 있습니다. 이런 환경에서 간음을 피하려면 어떤 노력들이 필요합니까?

5. 나 자신의 영혼과 마음과 몸을 가장 안전하게 지키는 방법은 무엇입니까?

29장
제8계명 - 도둑질하지 말라

¹¹너희는 도둑질하지 말며 속이지 말며 서로 거짓말하지 말며 ¹²너희는 내 이름으로 거짓 맹세함으로 네 하나님의 이름을 욕되게 하지 말라 나는 여호와이니라 ¹³너는 네 이웃을 억압하지 말며 착취하지 말며 품꾼의 삯을 아침까지 밤새도록 네게 두지 말며 ¹⁴너는 귀먹은 자를 저주하지 말며 맹인 앞에 장애물을 놓지 말고 네 하나님을 경외하라 나는 여호와이니라. 레 19:11-14

소요리문답 73, 74, 75번

문 73: 어떤 것이 여덟째 계명입니까?

답: 여덟째 계명은 "도둑질하지 말라"입니다(출 20:15).

문 74: 여덟째 계명에서는 무엇이 요구됩니까?

답: 여덟째 계명은 우리 자신들과 다른 사람들의 부와 재산을 합법적으로 얻고 늘리는 것을 요구합니다(창 30:30; 딤전 5:8; 레 25:35; 신 22:1-5; 출 23:4-5; 창 47:14, 20).

문 75: 여덟째 계명에서는 무엇이 금지됩니까?

답: 여덟째 계명은 우리 자신이나 또는 우리 이웃의 부나 재산을 불공정하게 방해하거나 그럴 가능성이 있는 모든 것을 금지합니다(잠 21:17; 23:20-21; 28:19; 엡 4:28).

도둑질이 살인이라고 생각해 본 적이 있습니까? 도둑질이 죄이기는 하지만 살인이나 간음보다 덜 나쁜 죄라고 생각하진 않습니까? 만일 그렇다면 "도둑질하지 말라"는 이 계명은 십계명에서 빠져야 할 것입니다. 그러나 성경은 도둑질을 다른 계명만큼이나 중요하고 무겁게 다뤄 십계명에 포함시켰습니다. 출애굽기 20장의 십계명 본문 이후 21장에서 도둑질의 구체적인 사례를 납치나 유괴나 인신매매로 기록하는 것도 이 때문입니다. 출애굽기 21장 16절은 이렇게 쓰고 있습니다. "사람을 납치한 자가 그 사람을 팔았든지 자기 수하에 두었든지 그를 반드시 죽일지니라."

뿐만 아니라 오늘날 우리의 소유는 넓은 의미에서 우리의 인격을 대변하기도 합니다. 우리가 무엇인가를 도난당했다면, 단순히 어떤 물건을 도난당한 것이 아닙니다. 삶에서 소중히 여기는 물건을 하나 떠올려 보십시오. 스마트폰일 수도 있고 노트북일 수도 있으며, 시계일 수도 있고 자동차일 수도 있습니다. 그것은 단순히 물건만은 아닙니다. 그것은 우리 삶의 일부입니다. 그렇기에 누군가 그것을 훔쳐갔다면, 우리의 일부를 도난당한 것과 같습니다. 오늘 우리가 읽은 본문은 레위기의 십계명이라 할 수 있습니다. 레위기 19장은 하나님을 향한 의무와 사람을 향한 의무가 기록되어 있습니다. 그 가운데 하나가 바로 "도둑질하지 말라"는 계명입니다. "도둑질하지 말라"는 계명은 십계명 가운데 여덟째 계명입니다. 도둑질이란 나의 소유가 아닌 남의 소유를 불법적으로 강탈하는 것을 뜻하며 성경은 그것을 엄격하게 금하고 있습니다.

재산권 인정과 땀 흘리는 노동

첫째, "도둑질하지 말라"는 계명은 다른 사람이 소유한 재산의 권리를 인정하라는 것이며, 소득을 얻기 위해 땀 흘려 일할 것을 교훈해 주는 계명입니다. 11-12절 말씀을 보겠습니다. "너희는 도둑질하지 말며 속이지 말며 서로 거짓말하지 말며 너희는 내 이름으로 거짓 맹세함으로 네 하나님의 이름을 욕되게 하지 말라 나는 여호와이니라."

우선 "도둑질하지 말라"는 계명은 개인의 재산권을 인정하는 말씀입니다. 이는 서론에서 말한 바와 같이 내 소유가 아닌 타인의 소유를 불법적으로나 부당하게 내 것으로 만드는 행위를 가리킵니다. 이 계명에는 세 가지 사실이 전제됩니다. 첫째, 나의 소유가 아닌 것을 부당하게 취한다고 해서 그것이 나의 소유가 되지 않습니다. 둘째, 타인의 소유권을 인정하라는 것입니다. 셋째, 그것을 내 것으로 삼으려는 부당한 시도는 죄라는 것입니다. 그래서 도둑질이란 응당 범죄입니다. 이것은 누군가가 나의 것을 불법하고 부당하게 소유하려 할 때 역시 동일하게 적용됩니다. 그러면 우리는 어떻게 살아야 합니까? 소요리문답 74번을 보겠습니다.

문 74: "여덟째 계명에서는 무엇이 요구됩니까?"

답: "여덟째 계명은 우리 자신들과 다른 사람들의 부와 재산을 합법적으로 얻고 늘리는 것을 요구합니다."

합법적으로 우리 자신과 다른 사람들의 부와 재물을 늘리는 방법은 무엇입니까? 바로 노동입니다. 근면하게 일하는 것 말입니다. 성경은 우리에게 열심히 땀 흘려 일할 것을 요구합니다. 사실 하나님 앞에서 범죄한 인류에게 제일 먼저 선고된 것 가운데 하나가 무엇입니까? 바로 얼굴에 땀을 흘려야 식물을 먹을 것이라는 말씀입니다(창 3:19). 바울도 이렇게 말합니다 "수고하는 농부가 곡식을 먼저 받는 것이 마땅하니라"(딤후 2:6). 심지어 바울은 그릇된 종말주의자들의 사상을 경고하면서 데살로니가 교인들에게 이렇게 말했습니다. "우리가 너희와 함께 있을 때에도 너희에게 명하기를 누구든지 일하기 싫어하거든 먹지도 말게 하라 하였더니"(살후 3:10). 일하는 만큼 벌고, 버는 만큼 먹을 수 있습니다.

오늘날은 열심히 일하지 않으면 먹고 살기 힘든 시대입니다. 그러므로 일하지 않고 남의 것을 강탈하려는 도둑질은 보다 무거운 죄가 된다고 할 수 있습니다. 어떤 사람은 사유재산을 인정하는 성경의 말씀에 대해 이렇게 말할지 모릅니다. 사도행전 2장의 초대 교회는 모든 재산을 다 나누어 쓰지 않았습니까? 그러므로 내 것도 내 것이고 당신 것도 내 것이 될 수 있지 않습니까? 초대 교회의 소위 유무상통에는 두 가지 원리가 있습니다. 첫째는 자발성입니다. 둘째는 합법성입니다. 초대 교회 그리스도인들은 복음의 말씀을 듣고 기쁨으로 자신의 재산과 소유를 팔아 각 사람의 필요를 따라 자원하여 나누어 주었습니다. 여기에는 그 어떤 강요나 폭압이나 불법도 존재하지 않습니다. 사도행전 4장 마지막과 5장에 보면 바나바와 같은 신자들이 자신의 밭을 팔아 사도들의 발 앞에 두자 사도들은 그것을 절차에 따라 교회와 성도의 유익을 위해 나누어 주는 장면이 나옵니다. 자원하여 자신의 소유물을 사도들의 발 앞에 바친 행위는 그 마음이 회심한 증거이며 복음으로 변화된 증거입니다. 루터의 말을 빌리면, 지갑도 회개한 사람들입니다. 영혼이 회심했는데 그 사람의 지갑이 회개하지 않는 것은 불가능합니다. 회심은 삶의 모든 국면에 영향을 끼치기 때문입니다.

물질 자체는 악하지 않습니다. 물질은 하나님이 우리에게 선물로 주신 것입니다. 그것을 어떻게 바라보고 어떻게 사용하느냐에 따라 선하게도 되고 악하게도 됩니다. 성경은 돈을 사랑하는 것이 온갖 악의 뿌리가 된다고 말합니다. 돈은 사랑의 대상이 아닙니다. 오직 하나님만이 사랑의 대상이십니다. 그러므로 우리의 재산권과 재산의 증식과 보호가 우리가 사랑하는 하나님을 섬기는 수단으로 사용된다면 물질 그 자체는 하나님의 축복이 됩니다. 그런 경우에 우리는 열심히 일하여 돈을 벌어야 합니다. 하나님이 우리 각자에게 허락하신 곳에서 나와 가족을 위해 그리고 내가 속한 공동체의 유익을 위해 열심히 땀흘려 일해야 할 것입니다.

땀흘려 일하지 않으면서 다른 사람의 소유를 내 것으로 만들려는 탐심과 불법한 도둑질에 미혹되지 않도록 특별한 노력을 기울이십시오.

도둑질, 불법적으로 재산을 증식하는 모든 종류의 행위

둘째, "도둑질하지 말라"는 계명은 하나님이 정당하고 합법하지 않은 방법으로 재산을 증식하는 모든 행위를 금하는 말씀입니다. 레위기 19장 13-14절 말씀을 읽겠습니다. "너는 네 이웃을 억압하지 말며 착취하지 말며 품꾼의 삯을 아침까지 밤새도록 네게 두지 말며 너는 귀먹은 자를 저주하지 말며 맹인 앞에 장애물을 놓지 말고 네 하나님을 경외하라 나는 여호와이니라."

모세는 본문에서 억압하지 말고 착취하지 말며 품꾼의 삯을 미루지 말라고 경고합니다. 이는 모두 불법한 행위입니다. 성경은 이런 종류의 악을 강력하게 비판합니다. 그러나 오늘날 많은 사람들이 그것이 하나님이 금하신 행위인 줄 알면서도 부끄러움을 모르고 불의를 행합니다. 품꾼에게로 돌아가야 할 삯을 이런저런 이유로 미루고 속이기까지 합니다. 사도 야고보의 말씀을 들어 보십시오. "보라 너희 밭에서 추수한 품꾼에게 주지 아니한 삯이 소리 지르며 그 추수한 자의 우는 소리가 만군의 주의 귀에 들렸느니라 너희가 땅에서 사치하고 방종하여 살륙의 날에 너희 마음을 살찌게 하였도다"(약 5:4-5). 그렇다면, 어떻게 하는 것이 부정적으로 도둑질하지 않는 것입니까? 이제는 75번을 보겠습니다.

문 75: "여덟째 계명에서는 무엇이 금지됩니까?"

답: "여덟째 계명은 우리 자신이나 또는 우리 이웃의 부나 재산을 불공정하게 방해하거나 그럴 가능성이 있는 모든 것을 금지합니다."

우리는 도둑질이라고 하면 눈에 보이는 재물을 훔치는 것만 생각하는 경향이 있습니다. 그러나 그런 식으로 남의 재물을 훔치지 않았어도 도둑질이 도둑질이 되는 경우가 상당히 많습니다. 소요리문답 75번이 바로 그것을 가리킵니다. 소요리문답의 대가 윌리엄슨 박사는 불법적으로 재산을 획득하는 네 가지 사례를 다음과 같이 말합니다. 도박, 게으름, 낭비, 그리고 사기입니다. 도박은 요행을 바라는 도둑의 심보입니다. 땀을 흘려 열심히 일한 대가가 아닙니다. 게으름은 직장에서 근무 시간에 열심히 일하지 않고 돈을 버는 것이기에 일종의 도둑질입니다. 낭비는 주인의 재산을 부주의하게 관리하고 심지어 횡령하는 것입니다. 그리고 사기는 각종 거짓으로 돈을 벌려는 행위이기에 도둑질에 해당됩니다.

우리는 여덟째 계명과 관련하여 매우 상세한 설명을 대요리문답 142번에서 발견할 수 있습니다. 대요리문답은 무려 일곱 가지의 도둑질을 언급합니다. 인신매매, 장물의 소유, 속이는 저울, 지계표의 제거, 고리대금업, 뇌물, 소송남용, 불법봉쇄와 추방, 매점매석, 임금체불, 세상재물을 과도하게 좋아하는 것, 재물의 낭비와 사치, 타인의 번영에 대한 질투, 게으름과 방탕, 표절, 커닝 같은 부당한 행위, 그리고 불법복제 프로그램이 그것입니다. 이처럼 도둑질의 범위는 상당히 광범위합니다.

오늘날 몇몇 사람들이 단행본을 불법 복제하고 파일로 묶어 판매하는 일들이 종종 발생합니다. 만일 신학생이 그런 일을 저지른다면 그는 목회자가 되어서는 안 될 것입니다. 그것은 타인의 지적 재산권을 도둑질 하는 것이며, 책 한권을 만들기 위해 수많은 시간과 비용을 들인 저자와 출판사의 재산을 강탈하는 행위이기 때문입니다. 윌리엄슨 박사의 지적이 아니더라도 8계명을 범할 수 있는 방법은 부지기수입니다. 우리는 불법적으로 재산을 증식하는 모든 종류의 행위를 근절하도록 노력해야겠지만 그것보다는 긍정적으로 그리고 적극적으로 땀흘려 일함으로 나와 타인의 재산을 보호하고 증식하는 일에 노력해야 할 것입니다.

에베소서 6장에서 바울은 크게 고용주와 피고용인을 종들과 상전으로 나누어 칭하면서 일을 시키는 자들과 일을 하는 자들에게 이렇게 권면합니다. 먼저 고용되어 일하는 사람들을 향한 권면입니다. "종들아 두려워하고 떨며 성실한 마음으로 육체의 상전에게 순종하기를 그리스도께 하듯 하라 눈가림만 하여 사람을 기쁘게 하는 자처럼 하지 말고 그리스도의 종들처럼 마음으로 하나님의 뜻을 행하고 기쁜 마음으로 섬기기를 주께 하듯 하고 사람들에게 하듯 하지 말라 이는 각 사람이 무슨 선을 행하든지 종이나 자유인이나 주께로부터 그대로 받을 줄을 앎이라"(엡 6:5-8). 그렇기에 우리의 노동은 작게는 고용주를 의식한 일이어야 하지만 더 크게는 하나님을 의식하는 일이어야 합니다. 출근하는 직장인이라면 습관적으로 지각해서는 안 되며 도리어 더 일찍 출근해 성실히 일할 준비를 하는 것이 바람직합니다.

둘째 고용주를 향한 권면입니다. "상전들아 너희도 그들에게 이와 같이 하고 위협을 그치라 이는 그들과 너희의 상전이 하늘에 계시고 그에게는 사람을 외모로 취하는 일이 없는 줄 너희가 앎이라"(엡 6:9). 어떤 직종에서든 고용주가 된 자들은 더 큰 고용주가 하늘에 계심을 알고, 거짓을 말하지 않고 위협을 그치며 임금을 체불하지 않거나 불법한 일을 강요하지 않으며 종들을 격려해야 합니다. 불법적으로 재산을 증식하려는 그 어떤 행위라도 멀리하고 동시에 땀흘려 성실하게 일함으로 8계명을 지켜 나가는 성도들이 되십시오.

오늘날 우리는 돈이 된다면 수단과 방법을 가리지 않고 무엇이든 행하는 시대에 살고 있습니다. 그러나 모든 삶에는 따라야 할 법이 있고 규칙이 있습니다. 더 나아가 신자에게는 우리의 육체와 영혼의 주인 되신 하나님이 계시며 준행해야 할 하나님의 말씀이 있습니다. 우리가 8계명을 지켜야 할 이유는 만일 그것을 어긴다면 하나님의 뜻을 거스르고 하나님 앞에 범죄하는 일이 되기 때문입니다. 우리의 하나님은 경외해야 할 하나님이십니다. 우리의 하나님은 만홀히 여김을 받지 않으시는 하나님이십니다. 갈라디아서 6장 7절에서 바울은 "스스로 속이지 말라 하나님은 업신여김을 받지 아니하시나니 사람이 무엇으로 심든지 그대로 거두리라"고 경고했습니다.

우리가 남의 것을 탐내지 말아야 할 이유, 그리고 땀을 흘려 열심히 일해야 할 이유는 바로 우리를 이 세상에 두신 창조주 하나님이 계시기 때문입니다. 우리가 신실히 계명을 지켜 나간다면, 거짓말을 하고 사기를 치고 도둑질을 해서 얻은 재산보다 훨씬 더 크고 좋은 재산을 하나님 아버지로부터 유업으로 받게 될 것입니다. 이런 의미에서 도둑질은 우상숭배입니다. 오늘날 세상에서 가장 인정받는 것은 다름 아닌 돈입니다. 정치권에서 권력이 우상이 되듯이 경제권에서는 돈이 바로 우상입니다. 이들에게 생명은 소유의 넉넉함과 재물의 풍성함에 있습니다. 남의 것을 빼앗아 내 주머니를 더 가득하게 채워야 안전하다고 말합니다. 우리 주님은 유산 상속으로 싸우는 형제들에게 이렇게 말씀하셨습니다. "그들에게 이르시되 삼가 모든 탐심을 물리치라 사람의 생명이 그 소유의 넉넉한 데 있지 아니하니라 하시고"(눅 12:1-5).

우리 예수님을 생각해 보십시오. 주님은 다른 사람의 것을 부당하게 강탈하거나 빼앗지 않으셨습니다. 주님은 훔치지 않으셨습니다. 도리어 자신의 생명을 주셨고 우리가 진 죄의 빚을 대신 갚아주셨습니다. 주님은 철저하게 하나님 아버지께서 명령하신 뜻대로 사셨습니다. 주님은 하나님의 아들로서 높고 높은 곳에 계신 존귀하신 분으로서 가장 부유한 분이셨으나, 우리로 하여금 하나님의 이 구원의 부요함에 참여하게 하시려고 친히 낮아지셨습니다. 이렇게 사셨기에 하나님은 이런 주님을 다시 살리셨고 높고 높은 보좌에 올려 다시 높여주셨습니다. 우리 모두는 하나님의 형상으로 지음 받았고 하나님의 소유입니다. 우리에게 우리 것은 아무것도 없습니다. 다 하나님의 선물입니다.

그러므로 하나님이 주신 선물에 감사하며 다른 사람의 것을 시기하거나 도둑질하지 않고 열심히 자기 일을 하여 복음을 위해 우리 자신을 다른 사람들의 선물로 내어주는 성도들이 되어야 할 것입니다.

○ 칼뱅, 『기독교 강요』, 2.8.46.
우리에게 주어진 것으로 만족하고, 정직하고도 합법적인 이익만을 얻는 데 힘쓴다면, 이는 이 계명을 합당하게 복종하는 것이 될 것이다. 그리고 불의를 통해 재물을 얻기를 추구하거나 이웃의 재물을 빼앗아 우리의 재물을 늘리려 하지 않는다면, 잔인하게 다른 사람의 고혈을 뽑아 부를 축적하려 애쓰지 않는다면, 수단 방법을 가리지 않고 어디서든 미친 듯이 재물을 긁어모아 우리의 탐욕을 채우거나 방탕함을 만족시키려 하지 않는다면, 이 계명을 합당하게 복종하는 것이 될 것이다. 그러나 반대로 다음과 같은 것을 항상 우리의 목표로 삼아야 할 것이다. 곧 할 수 있는 만큼 우리의 권고와 협력으로 모든 사람들을 도와서 그 사람들이 자기 것을 유지하도록 신실하게 도와야 하지만, 신실하지 못하고 부정직한 사람들을 대해야 할 경우에는 그들과 맞서 싸우기보다는 차라리 우리의 것을 포기할 준비를 갖추도록 하자.

■ 나눔 질문

1. 다른 사람의 것을 훔친다는 것은 그 자체로 무엇을 의미하는 것입니까?
2. 우리 자신과 다른 사람들의 부와 재물을 증진시키는 가장 바람직한 방법은 무엇입니까?
3. 윌리엄슨 박사가 말하는 불법적으로 재산을 획득하는 네 가지 종류는 무엇입니까?
4. 우리의 노동은 누구를 의식하는 것이어야 합니까?
5. 대요리문답 142번이 말하는 도둑질의 종류는 무엇이며, 오늘날 또 어떤 것들이 도둑질의 범주에 포함될 수 있는지 생각해 봅시다.
6. 예수님의 낮아지심은 그리스도인들에게 삶의 어떤 교훈을 줄 수 있습니까?

30장
제9계명 - 거짓 증거하지 말라

네 이웃에 대하여 거짓 증거하지 말라. 출 20:16

소요리문답 76, 77, 78번

문 76: 어떤 것이 아홉째 계명입니까?

답: 아홉째 계명은 "네 이웃에 대하여 거짓 증거하지 말라"입니다(출 20:16).

문 77: 아홉째 계명에서는 무엇이 요구됩니까?

답: 아홉째 계명은 사람과 사람 사이의 진리와(슥 8:16) 우리 자신과 우리 이웃의 명성을(요삼 12) 유지하고 증진시킬 것을 요구하는데 특히 증언에서 그러합니다(잠 14:5, 25).

문 78: 아홉째 계명에서는 무엇이 금지됩니까?

답: 아홉째 계명은 진리에 편견을 갖게 하는 것이나 우리 자신이나 또는 우리 이웃의 명성에 해를 끼치는 것은 무엇이라도 금지합니다(삼상 17:28; 레 19:16; 시 15:3).

우리는 하나님이 어떤 분이신지를 다양하게 정의합니다. 그 가운데 하나가 하나님은 진실하시다는 것입니다. 무엇보다 하나님은 진리의 하나님이십니다. 바울은 죄인들이 하나님의 진리를 바꾼다고 정죄한 바 있습니다. "이는 그들이 하나님의 진리를 거짓 것으로 바꾸어 피조물을 조물주보다 더 경배하고 섬김이라"(롬 1:25). 또한 예수 그리스도는 진리의 절정이십니다. 그러므로 예수님을 믿는 신자들은 거짓을 버려야 합니다. 바울은 또 이렇게 말합니다. "진리가 예수 안에 있는 것같이 너희가 참으로 그에게서 듣고 또한 그 안에서 가르침을 받았을진대 너희는 유혹의 욕심을 따라 썩어져 가는 구습을 따르는 옛 사람을 벗어 버리고"(엡 4:21-22). 그리스도인은 거짓의 사람이 아니라 진리의 사람이어야 합니다. 예수님은 이렇게 말씀하셨습니다. "내가 곧 길이요 진리요 생명이니 나로 말미암지 않고는 아버지께로 올 자가 없느니라"(요 14:6). 뿐만 아니라 성령님 역시 진리의 영이십니다. "내가 아버지께 구하겠으니 그가 또 다른 보혜사를 너희에게 주사 영원토록 너희와 함께 있게 하리니 그는 진리의 영이라"(요 14:16-17).

진실과 진리는 우리가 믿는 삼위 하나님의 인격적 속성 가운데 하나입니다. 무엇보다 하나님은 진리이십니다. 또한 하나님은 언제나 진실하십니다. 그러므로 하나님을 믿는 신자의 기본 덕목은 진실함이어야 합니다. 그 진리가 우리를 진정으로 자유케 하기 때문입니다. 이번 장에서 우리는 십계명 가운데 아홉째 계명인 "거짓 증거하지 말라"는 말씀을 살펴보겠습니다. 이 계명은 단순히 각 개인에게 거짓말을 금하는 말씀이 아닙니다. 이 계명은 개인적인 차원에서뿐 아니라 공동체 차원에서도 거짓 증거하지 말아야 한다는 점을 강조하고 있습니다.

이웃에 대해 진실을 지킴

첫째, "거짓 증거하지 말라"는 계명은 이웃에 대해 진실할 것을 명령하는 말씀입니다. 16절 말씀을 읽겠습니다. "네 이웃에 대하여 거짓 증거하지 말라."

거짓 증거하지 말라는 이 말씀의 긍정적 의미는 진실을 말하라는 것입니다. 더 엄격히 번역하면, 진실만을 증거하는 증인이 되라는 말입니다. 거짓 증언을 한다는 것은 그 당사자에게 모욕이며, 진실하신 하나님을 모독하는 것과 같습니다. 소요리문답 77번을 보겠습니다.

문 77: "아홉째 계명에서는 무엇이 요구됩니까?"

답: "아홉째 계명은 사람과 사람 사이의 진리와 우리 자신과 우리 이웃의 명성을 유지하고 증진시킬 것을 요구하는데 특히 증언에서 그러합니다."

이로 볼 때, 진실이란 또는 거짓을 말하지 않는 것이란 들은 것을 있는 그대로 말하지 않는 것입니다. 우리는 있는 그대로의 "팩트"(fact), 즉 실제로 일어난 사실을 정확히 말해야 합니다. 그래서 증거보다 더 중요한 것이 증인입니다. 증인은 목격자입니다. 사람들에게 들은 말은 그야말로 들은 말입니다. 신자는 할 수만 있으면 풍문으로 들은 것, 사실관계가 확인되지 않은 소문은 늘 경계해야 합니다. 특히 증언할 때는 더욱 그러합니다. 구약의 스가랴 선지자는 이렇게 말합니다. "너희가 행할 일은 이러하니라 너희는 이웃과 더불어 진리를 말하며 너희 성문에서 진실하고 화평한 재판을 베풀고"(슥 8:16). 베드로는 이렇게 말합니다. "선한 양심을 가지라 이는 그리스도 안에 있는 너희의 선행을 욕하는 자들로 그 비방하는 일에 부끄러움을 당하게 하려 함이라"(벧전 3:16). 이 말씀은 증언할 때 양심의 소리에 귀 기울여야 함을 말하고 있습니다.

우리는 종종 다른 사람이 잘되는 것을 두고 보지 못하는 경향이 있습니다. 다른 사람이 잘되면 마땅히 축하해 주어야 합니다. 그런데도 다른 사람이 잘되는 것에 시기심이 나서 그에 대한 거짓을 말하고 해가 되는 일을 한다면 그것이 바로 진실을 허무는 것이 됩니다. 미국에서 한인교회를 섬기던 때, 교인들의 통역 조력을 위해 종종 미국 법정에 다녀올 일이 있었습니다. 법정에서 증인들이나 피고들이 선서하는 것을 보았습니다. 성경에 손을 얹고 다음과 같은 선서를 합니다. "I swear to tell the truth, the whole truth, and nothing but the truth." 즉 "나는 오직 진실, 모든 진실, 오직 진실만을 말할 것을 맹세합니다"라는 선서입니다. 증인들은 오직 진실만 말하겠다는 맹세를 성경책 위에 손을 얹고 합니다.

우리 사회에서 가장 막강한 영향력을 발휘하는 통신회사가 있는데 바로 "카더라" 통신입니다. "그랬다 카더라, 저랬다 카더라. 그런데 나중에 알고 보니 아니다 카더라." 그러므로 신자는 절대로 "카더라" 통신을 멀리해야 합니다. 그런 통신을 여기저기로 퍼뜨려서도 안 됩니다. 어쩌다 들은 내용에 대한 사실여부를 반드시 확인해야 합니다. 사람들이 법정에서 진실을 말하겠다 엄숙하게 선서하듯, 신자는 매일의 삶이 하나님의 법정임을 깨닫고 늘 진실만을 말할 것을 마음으로 선서해야 합니다. 그렇다면 신자는 왜 진실만을 말하려 노력해야 합니까? 하나님이 원하시는 바이기 때문입니다. 하나님은 진실하신 분이기 때문입니다. 진리이신 하나님의 자녀들은 마땅히 진리의 자녀들로 살아야 합니다. 사도 요한은 성도들이 진리 안에서 행하는 것을 듣는 것이 가장 기쁜 일이라고 했습니다(요삼 1:4).

그러므로 입을 열어 말할 때 먼저 늘 나의 말이 진실한지, 사실에 입각한 것인지를 성찰하고 신중히 말하며 때로는 추측에 불고하거나 사실이 아닌 것에는 침묵하는 편이 더 낫다는 점을 알아야 합니다. 이웃이 사실이 아닌 중상모략이나 위증이나 거짓말로 불의한 일을 당할 때는 침묵하지 않고 용기를 내어 진실을 말할 줄 알아야 합니다. 뿐만 아니라 우리 자녀들을 어떤 일이 있어도 거짓말을 하지 않는 진리의 자녀로 키워내야 합니다.

이런 방식으로 여러분 자신과 다른 사람의 이름과 명예를 지키고 진리를 증진시켜 나가시기 바랍니다.

거짓 증언을 통한 명예 훼손

둘째, 거짓증언하지 말아야 할 이유는 그것이 이웃의 명예를 훼손하는 일이 되기 때문입니다. 16절 말씀을 한 번 더 읽겠습니다. "네 이웃에 대하여 거짓 증거하지 말라."

말그대로 부정적인 명령입니다. 거짓을 말하지 말라는 것입니다. 솔로몬 왕은 이렇게 말합니다. "신실한 증인은 거짓말을 아니하여도 거짓 증인은 거짓말을 뱉느니라"(잠 14:5). 예전이나 지금이나 위증하는 자들이 있다는 것입니다. 그렇다면 아홉째 계명이 금하는 거짓은 무엇입니까? 소요리문답 78번을 보겠습니다.

문 78: "아홉째 계명에서는 무엇이 금지됩니까?"

답: "아홉째 계명은 진리에 편견을 갖게 하는 것이나 우리 자신이나 또는 우리 이웃의 명성에 해를 끼치는 것은 무엇이라도 금지합니다."

위증이란 무엇입니까? 진실에 반하는 것 또는 진실을 비틀어 말하는 것입니다. 이미 진실을 알고 있음에도 그것을 부정하거나 왜곡하는 행위입니다. "술 마시고 운전은 했지만 음주 운전은 하지 않았다." 이런 말장난이 아무렇지 않게 받아들여진다면 그 사회에서 진실이 힘을 얻기란 요원한 일입니다. 음주 운전의 당사자가 정작 다른 사람에게 책임을 떠넘기는 일도 있습니다. 이 역시 치명적인 거짓 증언입니다. 자신뿐 아니라 다른 사람의 이름과 명예에 먹칠을 하는 행위입니다. 권력을 휘둘러 진실을 비틀고 왜곡하는 경우 역시 거짓 증언입니다. 판사들이 뇌물을 받거나 개인적인 친분으로 판결을 굽게 한다면 그것 역시 거짓 증언입니다. 피터 레이하르트는 십계명 주해에서 이렇게 말합니다. "만일 법원의 결정이 돈이나 폭력에 의해 좌지우지된다면, 사회는 부유하고 권력 있고 악의적인 사람들에 의해 통제될 것이다. 정의로운 사회가 되기 위해서는 진실이 사회를 만들어 가고 참된 증언과 그에 따른 판결이 중심에 있어야 한다."

선의의 거짓말은 어떻습니까? 선의의 거짓말이란 거짓말 자체를 정당화할 수 있는 상황을 특정합니다. 그러나 윌리엄슨 박사는 세 가지를 지적하면서 선의의 거짓말은 옳지 않다고 논박합니다. 첫째, 과장되거나 거짓된 친절과 아첨에서 비롯된 거짓말입니다. 우리는 그저 습관처럼 이렇게 말합니다. "야, 너 정말 오늘 멋진데?" 마음에도 없는 거짓말입니다. 그냥 습관처럼 예의상 하는 말입니다. 둘째는 편의상의 거짓말입니다. 우리는 보통 관계가 껄끄러운 사람에게 전화가 왔을 때, 자녀들이나 친구들에게 "나 없다 그래" 이렇게 말하곤 합니다. 그러나 성경은 선을 위해 악을 행하지 말라고 합니다. 우리는 사소한 것이라도 거짓말을 하지 않으려고 노력해야 합니다. 셋째는 필연적 거짓말입니다. 자기 자신이나 가족의 생명이 위태로운 지경에 빠졌을 때 하는 거짓말입니다. 예를 들면, 아브라함이 두 번이나 자기 목숨을 구하기 위해 거짓을 말했습니다. 자기 아내를 누이라 했습니다. "그 아내 사라를 자기 누이라 하였으므로 그랄 왕 아비멜렉이 보내어 사라를 데려갔더니"(창 20:2). 아기 모세가 죽음의 위협에 처했을 때도 역시 마찬가지입니다. 히브리 산파들이 갓난아기를 구하기 위해 바로 왕에게 한 거짓말이 그것입니다(출 1장). 또한 자국의 왕과 병사들을 배반하고 정탐군을 살려준 기생 라합의 거짓말이 그것입니다(수 2장; 약 2장).

이런 경우에 우리는 하나님이 대단히 위험한 상황에서 적들에게 사실을 숨기기 위해 진리의 한 부분을 감출 수 있도록 허용하심을 알게 됩니다. 레이하르트는 이런 거짓말은 하나님의 정의를 반영한다고 말합니다. 우리는 우리가 알고 있는 모든 진실을 다 말할 필요는 없습니다. 우리가 알고 있는 사실이 도리어 큰 해를 초래하게 될 경우 그것을 말하지 않을 자유도 있습니다. 그러나 이런 거짓말은 모두 예외적인 특수한 상황에서만 허용된다는 제한이 있습니다. 성경에 이런 필연적 거짓말의 사례가 있다는 이유로 우리의 거짓말을 합리화해서는 안 됩니다. 우리는 알려서 해가 되지 않을 것은 알려야 하며, 해가 될 것은 감출 수도 있습니다. 그럼에도 그것이 우리가 거짓말을 할 수 있다는 자유를 보장하는 것은 아니라는 점을 분명히 해야 합니다. 우리는 어떠한 경우에도 진실해야 하며, 어떤 상황에서도 진실하신 하나님의 도우심을 간구하며 진실을 증진시켜야 합니다.

아홉째 계명은 안식일을 기억하여 거룩히 지키라는 4계명과 긴밀히 연결되어 있습니다. 우리는 주일에 진실하신 하나님을 예배하며, 진리의 말씀을 듣고, 진실하신 하나님을 찬양하며, 진실한 그리스도인들과 교제를 나눕니다. 주일은 우리가 진실한 사람이 되는 훈련을 받는 주님의 날입니다. 이 날을 통해 우리는 하나님의 진리의 사람이 되어 갑니다. 예배를 드리면 드릴수록 주일을 지키면 지킬수록 더욱 진실한 사람이 되어 가야 하는 것입니다. 하나님의 거룩한 복음의 설교를 들으면 들을수록 그 사람은 진실의 사람이 되어야 합니다. 매 주일마다 설교를 듣는데 더 이기적이고 자기 중심적이고 권모술수와 중상모략과 거짓말을 일삼는다면 그런 사람을 신자라고 말할 수는 없을 것입니다.

사무엘 러더포드는 자신의 교리문답 550번에서 "말로써 진리와 우리 이웃의 명성을 손상시키는 방법은 무엇입니까?"라고 묻고는 네 가지를 다음과 같이 말합니다. "헐뜯고 날조하는 이야기를 하는 것, 악평을 의도적으로 듣고 있는 것, 거짓말을 하는 것, 그리고 괴롭히고 아첨하고 자랑하고 위선을 떨고 비밀을 발설하고 헛된 말을 하는 것"입니다. 자신과 다른 사람에 대한 거짓을 말함으로 이름과 명예에 먹칠을 하는 사람뿐 아니라 그런 말을 들으면서 적극적으로 동조하거나 소극적으로 침묵하는 것 역시 모두 다 우리 자신의 이웃의 이름과 명예를 손상시키는 행위가 됩니다. 그러므로 사람과의 모든 관계에서 항상 진실만을 말하도록 노력하고 거짓은 입 밖에도 내지 않음으로 나 자신과 다른 사람의 이름에 먹칠을 하지 않는 진실한 사람들이 되어야 할 것입니다.

거짓말은 어떤 경우에도 진실이 아닙니다. 더욱이 그런 거짓 증거로 자신과 이웃의 이름과 명예를 더럽혔다면 그것은 사실에 대한 거짓을 퍼뜨리는 죄와, 다른 사람을 곤경에 빠뜨리는 이중의 죄에 자신을 노출시키는 것입니다. 그래서 법정에서 위증의 죄는 그토록 무섭습니다. 형법 152조 위증죄는 이렇게 명시합니다. "법률에 의하여 선서한 증인이 허위의 진술을 한 때에는 5년 이하의 징역 또는 1천만 원 이하의 벌금형에 처한다."

세상 법정도 이렇게 위증하는 죄를 엄하게 다스립니다. 성경의 관점도 이와 다르지 않습니다. 오히려 더 엄중합니다. 성경에 따르면 거짓말을 하는 자는 비참한 운명에 처하게 됩니다. 그 이유는 거짓의 아비가 바로 마귀이기 때문입니다(요 8:44). 사람이 진실을 말함으로써 진리의 사람으로 살고자 한다면 예수 그리스도를 영접하고 그분을 본받아야 합니다. 예수님은 진리로 충만하신 분이십니다. "말씀이 육신이 되어 우리 가운데 거하시매 우리가 그의 영광을 보니 아버지의 독생자의 영광이요 은혜와 진리가 충만하더라"(요 1:14). 오직 진리로 충만하신 예수님을 믿고 영접하는 자만이 하나님의 자녀요 진리의 자녀가 될 수 있습니다.

이미 신자라면 더욱 진리이신 그리스도 예수 안에서 진리로 교제해야 합니다. 신자는 할 수만 있으면 진리의 말씀 안에서 서로 교제하고 공부하고 권면함으로 진실을 증진시켜 나가야 합니다. 진리의 사람이란 추상적이지 않습니다. 하나님의 중생케 하심을 받아 하나님의 자녀가 된 신자, 즉 구원받은 자에게 도덕법으로 주신 십계명을 지켜내는 것입니다.

우리 구주 예수 그리스도의 다른 이름은 진실이요 진리입니다. 주님은 사람의 몸을 입고 이 땅에 사셨음에도 시종일관 진실하셨고 거짓을 멀리 하셨으며, 이 때문에 사람들의 질시와 핍박을 받으셨습니다. 거짓 증언으로 불의한 재판을 당하시고 십자가에 못박히셨습니다. 주님은 빌라도에게 이렇게 말씀하셨습니다. "무릇 진리에 속한 자는 내 음성을 듣느니라"(요 18:37).

오직 우리를 진실한 자로 만드시는 주 예수 그리스도 안에서 계명들을 지키고 실천하면서 진실의 삶을 살아가시는 진리의 사람들이 됩시다.

○ 칼뱅, 『기독교 강요』, 2.8.47.

이 계명의 목적은, 진리이신 하나님은 거짓을 미워하시므로 우리가 서로 속임이 없이 진실을 행해야 한다는 것이다. 정리해서 말하자면, 우리는 남을 거짓된 혐의를 씌워 비방하거나 거짓으로 그 사람을 해치지 말아야 한다는 것이다. 요컨대, 함부로 뻔뻔스러운 험담을 하여 남을 해치는 일이 없어야 한다는 것이다. 이러한 금지 명령에는, 할 수 있는 대로 누구에게든지 진실을 증언하여 그 사람의 명예와 소유를 순전하게 보호하도록 도와야 한다는 적극적인 명령이 포함되어 있는 것이다.

■ 나눔 질문

1. 거짓 증언의 행위를 하는 것은 누구를 모독하는 일입니까?
2. 사실 여부가 완전히 확인되지 않은 일에 대해 우리는 어떤 태도를 취해야 합니까?
3. 위증이란 무엇이며 그것은 왜 나쁜 것입니까?
4. 윌리엄슨 박사가 말하는 세 가지 선의의 거짓말은 무엇이며, 레이하르트는 어떤 경우에 선의의 거짓말이 용납될 수 있다고 말합니까?
5. 성경은 거짓의 아비를 누구라고 말하고 있습니까?
6. 거짓말을 해야만 했던 과거의 경험이 있다면 어떤 거짓말이었는지 고백하고 나누어 봅시다.

31장
제10계명 - 네 이웃의 집을 탐내지 말라

네 이웃의 집을 탐내지 말라 네 이웃의 아내나 그의 남종이나 그의 여종이나 그의 소나 그의 나귀나 무릇 네 이웃의 소유를 탐내지 말라. 출 20:17

소요리문답 79, 80, 81번

문 79: 어떤 것이 열째 계명입니까?

답: 열째 계명은 "네 이웃의 집을 탐내지 말라 네 이웃의 아내나 그의 여종이나 그의 소나 그의 나귀나 무릇 네 이웃의 소유를 탐내지 말라" 입니다(출 20:17).

문 80: 열째 계명에서는 무엇이 요구됩니까?

답: 열째 계명은 우리의 이웃과 그가 가진 모든 것에 대한(욥 31:29; 롬 12:15; 딤전 1:5; 고전 13:4-7) 올바르고 자비로운 영의 태도와 함께 우리 자신의 형편에 대한 온전한 만족을 요구합니다(히 13:5; 딤전 6:6).

문 81: 열째 계명에서는 무엇이 금지됩니까?

답: 열째 계명은 우리 자신의 재산에 대한 모든 불만족과(왕상 21:4; 에 5:13; 고전 10:10) 우리 이웃의 이익을 시기하거나 배 아파하는 것과(갈 5:26; 약 3:14,

16) 그가 소유한 것에 대한 모든 과도한 활동들과 애착들을 금지합니다(롬 7:7-8; 13:9; 신 5:21).

사람을 죽음에 이르게 하는 일곱 가지 큰 죄라는 것이 기독교 역사 속에서 오랫동안 전해지고 있습니다. 교만, 허영, 분노, 나태, 탐욕, 탐식 그리고 정욕입니다. 일곱 가지 큰 죄는 세상을 벗어나 경건한 삶을 영위하고자 했던 소위 사막 교부들이 지적했던 것이기도 합니다. 그러나 이는 사막 교부나 성직자뿐 아니라 일반 그리스도인들에게도 적용되는 사안입니다.

한때 사람을 죽음에 이르게 하는 큰 죄라고 규정했던 것들이 오늘날에 와서는 도리어 인생을 즐겁고 행복하게 살아가게 만드는 활력소로 간주되고 있습니다. 피터 레이하르트는 십계명 해설에서 이렇게 말합니다. "오늘날 교만은 자존감의 과시로, 허영은 당신이 가치를 부여하는 멋진 모습으로, 분노는 감정의 해방으로, 나태는 휴식으로, 탐욕은 힐링과 소비라는 이름으로, 탐식은 미식가들의 종교로 그리고 정욕은 개인의 성적 취향으로 탈바꿈하고 있다."

그 가운데 하나인 탐욕에 대해 오늘 살펴보려고 합니다. 바울은 탐욕 또는 탐심이 일만 악의 뿌리라고 했습니다(딤전 6:10), 야고보는 욕심이 잉태하여 죄를 낳고 그 죄가 장성하여 죽음을 낳는다고 말합니다(약 1:14-15). 이런 이유 때문에 바울은 골로새 교회에 편지하면서 탐심하는 자는 곧 우상을 숭배하는 자라고 말한 것입니다(골 3:5). 왜 탐심이 우상숭배입니까? 그것이 지향하는 바가 바로 하나님의 자리를 대신하는 것이기 때문입니다. 십계명은 그 대표 사안으로 이웃의 집을 탐내는 것에 대해 말씀합니다.

자신의 상태를 불만하여 타인의 행복을 시기함

첫째, 이웃의 집을 탐내는 것은 하나님이 허락하신 자신의 현재 상태에 만족하지 않는 일이며, 타인의 행복을 시기하는 일입니다. 17절 말씀을 읽겠습니다. "네 이웃의 집을 탐내지 말라 네 이웃의 아내나 그의 남종이나 그의 여종이나 그의 소나 그의 나귀나 무릇 네 이웃의 소유를 탐내지 말라."

소요리문답 81번을 먼저 보겠습니다.

문 81: "열째 계명에서는 무엇이 금지됩니까?"

답: "열째 계명은 우리 자신의 재산에 대한 모든 불만족과 우리 이웃의 이익을 시기하거나 배 아파하는 것과 그가 소유한 것에 대한 모든 과도한 활동들과 애착들을 금지합니다."

제10계명은 불만족하지 말라고 경고합니다. 탐심의 가장 근본 원인은 만족하지 못하는 마음에서 시작됩니다. 열째 계명이 정확히 이 지점을 경계합니다. 어리석은 부자는 넘치는 재산으로 이미 충분한데도 또 다른 곳간을 지어 더 많은 재산을 탐했습니다(눅 12:16-21). 재산 증식 자체가 목적이 된다면 그것은 탐심이자 불만족의 삶입니다.

최초의 인간 아담과 하와는 하나님이 설정해 놓으신 환경과 축복에 만족하지 않았습니다. 그들의 마음에 유혹이 들어왔고 자신들이 누리는 것에 대해 불평하기 시작했습니다. 자신들의 상태를 비관했습니다. 만족과 감사는커녕 결국 탐욕에 이끌려 금지된 열매를 먹음으로 불행의 시조가 되고 말았습니다. 이런 마음은 자신과 타인을 비교하게 되고 자신보다 타인이 더 행복하다고 느끼게 만들며 나아가 그것을 질투하고 그들의 행복을 자기 것으로 강탈하는 일을 행하게 만듭니다.

불만과 불평이 시작되면 곧 원망하는 마음으로 이어집니다. 구약성경은 하나님의 섭리와 돌보심에 대해 원망하다가 멸망을 자초한 이들의 이야기를 많이 담고 있습니다. 바울은 고린도 교회에게 이렇게 말했습니다. "그들 가운데 어떤 사람들이 원망하다가 멸망시키는 자에게 멸망하였나니 너희는 그들과 같이 원망하지 말라"(고전 10:10). 불평과 원망은 쌍둥이 형제와 같습니다. 불만을 품으면 원망하게 되고, 원망은 또 다른 불만을 낳습니다.

불만과 원망을 품다 보면 그 다음 발생하는 것이 바로 시기와 질투입니다. 제81문답을 한 번 더 보십시오.

81문: "열째 계명에서는 무엇이 금지됩니까?"

답: "열째 계명은 우리 자신의 재산에 대한 모든 불만과 이웃의 이익을 부러워하거나 배 아파하는 것과 그가 소유한 것에 대한 모든 과도한 활동들과 애착들을 금지합니다."

이것이 본문 말씀 17절이 의미하는 바입니다. 하나님은 탐내는 것을 금하십니다. 탐내는 대상이 무엇입니까? 본문에 보면, 이웃의 아내, 그의 남종, 여종, 그의 소나 나귀, 그리고 그의 소유물입니다. 이웃이 가장 소중히 여기는 아내로부터, 소유물인 물질에 이르기까지 모든 것이 대상입니다. 비교하는 마음은 곧 자신은 불행하고 이웃은 행복하니 그것을 내 것으로 삼고 싶다는 탐심을 낳고 이는 모든 종류의 부당하고 불법한 감정과 행위를 낳습니다. 그러므로 탐욕과 탐심은 죄악입니다.

그 대표적인 인물이 떠오릅니까? 부당한 방법으로 우리야의 아내를 취한 다윗이 그렇습니다. 다윗은 이미 아내가 있었고 많은 후궁들까지 거느렸음에도 불구하고 남의 아내를 욕심냈습니다. 이 탐심은 살인까지 저지르게 만들었습니다(삼하 11:11-15). 탐심의 위력이 얼마나 강력한지를 잘 보여주는 장면입니다. 또한 포도원을 불법하게 빼앗기 위해 무고한 나봇을 죽이기까지 한 아합 왕이 그렇습니다(왕상 21:1-16). 아버지의 사랑을 독차지한 막내 요셉을 질투하여 죽이려고 모의하다가 노예로 팔아버린 열 한 명의 형제들이 그렇습니다(창 37장).

이렇듯 하나님이 우리에게 주신 기업과 소유와 환경에 불만족하기 시작하면 매사에 불평이 생깁니다. 그러므로 탐심은 어떤 의미에서 하나님의 공급하심에 대한 불신앙입니다. 하나님의 은혜에 대한 배은입니다. 사는 것이 아무리 힘들다 하여도 오늘날 우리는 얼마나 많은 것을 누리고 있습니까? 많은 것을 가졌고 풍족하게 살면서도 우리는 여전히 더 좋은 것과 더 화려한 것을 원합니다. 자신에게 허락된 것에 불만과 불평을 품어서는 안 된다는 말이 우리의 재산과 부를 증식시키지 말라는 의미는 아닙니다. 성경은 우리가 날마다 부지런히 일해야 하며, 심지어 일하기 싫거든 먹지도 말라고 명령한 바 있습니다. 그럼에도 불구하고 우리가 자신의 상태를 비관하고 불만한 나머지 하나님이 금하신 방식으로 탐욕을 품는다면 그것은 하나님의 계명에 대한 명백한 위반입니다. 그렇다면 이렇게 풍요롭게 살면서도 왜 인간은 탐심을 부리는 것일까요? 그것은 탐심이란 환경이 아니라 마음에서 흘러나오는 것이기 때문입니다. 찰스 라이리는 이렇게 말했습니다. "사람은 소유가 적을 때, 소유가 많을 때, 혹은 그 중간 어느 정도일 때 탐욕스러울 수 있다. 탐욕은 환경 때문이 아니라 마음에서 나오기 때문이다."

우리 각자가 처한 환경에 불평하지 않고 감사하며 동시에 타인의 행복을 부당하게 시기하지 않는 그리스도인이 되어야 합니다.

자신의 상태에 만족하고 의와 사랑으로 이웃을 대함

둘째, 이웃의 집을 탐내지 말라는 계명에서 요구되는 것은 하나님이 자신에게 주신 물질적 여건에 만족하고 의와 사랑으로 이웃을 대하라는 것입니다. 17절 말씀을 한 번 더 읽겠습니다. "네 이웃의 집을 탐내지 말라 네 이웃의 아내나 그의 남종이나 그의 여종이나 그의 소나 그의 나귀나 무릇 네 이웃의 소유를 탐내지 말라."

이번에는 소요리문답 제80번을 보겠습니다.

문 80: "열째 계명에서는 무엇이 요구됩니까?"

답: "열째 계명은 우리의 이웃과 그가 가진 모든 것에 대한 올바르고 자비로운 영의 태도와 함께 우리 자신의 형편에 대한 온전한 만족을 요구합니다."

히브리서 설교자는 있는 바를 족한 줄 알라고 권면합니다. "돈을 사랑하지 말고 있는 바를 족한 줄로 알라 그가 친히 말씀하시기를 내가 결코 너희를 버리지 아니하고 너희를 떠나지 아니하리라 하셨느니라"(히 13:5). 또한 디모데에게 편지하면서 바울은 이렇게 말합니다. "그러나 자족하는 마음이 있으면 경건은 큰 이익이 되느니라 우리가 세상에 아무 것도 가지고 온 것이 없으매 또한 아무 것도 가지고 가지 못하리니 우리가 먹을 것과 입을 것이 있은즉 족한 줄로 알 것이니라"(딤전 6:6-8).

자족의 근원은 하나님이 우리와 함께 하심에 있으므로 자족하기를 배우라는 말씀입니다. 현대 문화가 우리에게 부추기는 것은 무엇입니까? 무엇이든지 원하는 대로 더 많이, 더 크게, 더 빠르게, 더 새롭게 무엇이든지 추구하라는 것입니다. 구매한 지 얼마 되지 않은 멀쩡한 제품임에도 새롭고 신기한 것으로 바꾸라는 유혹이 쏟아집니다. 신제품을 갖지 않으면 시대에 뒤떨어진 것처럼 느껴집니다.

이런 행태에서 오는 만족과 쾌감은 일시적이어서 우리를 근본적으로 행복하게 만들지 못합니다. 우리는 아우구스티누스가 말한 것처럼 하나님 안에 안식하기 전까지 진정으로 행복할 수 없고 참되게 안식을 누릴 수 없는 존재이기 때문입니다. 전도자는 이렇게 말했습니다. "하나님이 모든 것을 지으시되 때를 따라 아름답게 하셨고 또 사람들에게는 영원을 사모하는 마음을 주셨느니라 그러나 하나님이 하시는 일의 시종을 사람으로 측량할 수 없게 하셨도다"(전 3:11).

그러므로 하나님이 주신 것으로 자족할 때 우리 마음은 넉넉하게 되고 복을 누립니다. 더 나아가 자족하는 마음은 경건한 신앙생활에 큰 유익을 줍니다(딤전 6:6). 그것은 하나님 한 분만으로 만족하는 복이며 그런 복을 누릴 때 우리는 진정으로 의롭고 사랑하는 마음으로 이웃의 모든 것을 대할 수 있게 됩니다. 이런 사람들만이 이웃의 집을 탐내지 않고 도리어 이웃에게 선을 행할 수 있습니다. 사무엘 러더포드는 그의 교리문답 556번에서 이렇게 묻습니다. "우리 안에 어떤 죄들이 제10계명에서 정죄되어 있습니까?" 그러고는 이렇게 세 가지로 답합니다. "우리 이웃에게 선을 행하려는 거룩한 성향이 우리의 본성에 없는 것, 악을 행하도록 부추기는 정도에서 벗어난 악한 생각, 그리고 우리가 갑작스러운 소원과 악한 꿈과 같은 것들을 매우 기뻐함으로써 환영하여 받아들인 정도에서 벗어난 악한 생각과 우리로 하여금 우리 이웃에게 선을 행하라고 가르치는 성령을 거슬러 싸우는 것입니다."

그렇다면 우리는 이런 자족하는 마음을 어떻게 얻을 수 있을까요? 지금보다 더 많은 소유와 더 새로운 경험을 통해 가능한 일일까요? 성경은 사람이 오직 그리스도 예수를 믿음으로써만 이런 자족과 감사가 가능하다고 선포합니다. 예수 그리스도는 우리의 탐심이라는 질병을 치유하시는 의사이십니다. 그리스도의 십자가 앞에 진정으로 나아갈 때 우리에게는 진정한 자유가 있을 것입니다. 진리를 알지니 진리가 너희를 자유케 하리라고 하셨고 내가 곧 길이요 진리요 생명이니 나로 말미암지 않고는 아버지께로 올 자가 없다 하셨습니다(요 8:32; 14:6).

우리 자신의 형편에 대해 만족을 누리면서 의와 사랑의 마음으로 이웃과 그들의 소유를 대하시는 성도들이 됩시다.

아우구스티누스는 "내 하나님이 아닌 모든 부유함은 내게 빈곤이다"라고 말한 바 있습니다. 많은 것을 가지고도 더 많은 것을 바라며 하나님으로 만족하지 못한다면 그는 탐심이라는 우상에 빠진 자입니다. 진정한 신자의 넉넉함은 그 소유에 있지 않고 믿음에 있습니다. 예수님은 사람이 제아무리 부요하다 하더라도 그의 재산이 생명을 보장해 주지 못한다고 말씀하셨습니다(눅 12:15). 그러므로 우리는 탐심을 물리쳐야 합니다. 신자의 진정한 행복은 그리스도 안에서 자족하고 감사할 때 얻어지는 법입니다.

끝으로 바울은 빌립보 교회에 편지하면서 신자의 행복의 비결에 대해 이렇게 말합니다. "내가 궁핍하므로 말하는 것이 아니니라 어떠한 형편에든지 나는 자족하기를 배웠노니 나는 비천에 처할 줄도 알고 풍부에 처할 줄도 알아 모든 일 곧 배부름과 배고픔과 풍부와 궁핍에도 처할 줄 아는 일체의 비결을 배웠노라 내게 능력 주시는 자 안에서 내가 모든 것을 할 수 있느니라"(빌 4:11-13).

하나님 한 분만으로 만족하며 그분이 베푸시는 은혜 가운데 자족하는 단순한 삶을 추구하며, 또한 적은 물질로도 기꺼이 사람들을 돕고 구제하는 성도들이 됩시다.

○ 칼뱅,『기독교 강요』, 2.8.47.
이 계명의 목적은, 하나님은 우리의 영혼 전체가 사랑으로 가득하기를 원하시므로 사랑과 반하는 모든 욕망을 우리 마음에서 제거하여야 한다는 것이다. 정리하여 말하자면, 이웃에게 손실을 초래하게 만드는 해로운 탐욕이 생겨나도록 마음을 움직이는 그런 생각이 우리에게 스며들도록 해서는 안 된다는 것이다. 여기에는 동시에 정반대의 계명도 포함되어 있다. 곧, 우리가 무엇을 생각하고 계획하고 바라고 시도하든 그것이 이웃에게 선을 끼치고 유익이 되는 것이어야 한다는 것이다.

■ 나눔 질문
1. 탐심의 가장 근본적인 원인은 무엇입니까?
2. 탐심은 하나님의 어떤 것에 대한 불신앙입니까?
3. 자족하는 일은 어떻게 해야 가능해집니까?
4. 신자의 넉넉함은 그 소유에 있지 않고 무엇에 있습니까?
5. 우리가 어떤 경우에 이웃의 것을 탐내거나 시기하게 되는지 나누어 봅시다.

32장
율법의 의, 믿음의 의

¹⁹우리가 알거니와 무릇 율법이 말하는 바는 율법 아래에 있는 자들에게 말하는 것이니 이는 모든 입을 막고 온 세상으로 하나님의 심판 아래에 있게 하려 함이라 ²⁰그러므로 율법의 행위로 그의 앞에 의롭다 하심을 얻을 육체가 없나니 율법으로는 죄를 깨달음이니라 ²¹이제는 율법 외에 하나님의 한 의가 나타났으니 율법과 선지자들에게 증거를 받은 것이라 ²²곧 예수 그리스도를 믿음으로 말미암아 모든 믿는 자에게 미치는 하나님의 의니 차별이 없느니라. 롬 3:19-22

소요리문답 82번

문 82: 그 누구라도 하나님의 계명들을 완벽하게 지킬 수 있습니까?

답: 단지 사람은 그 누구라도 타락 이후로부터 하나님의 계명들을 이생에서 완전하게 지킬 수 없고(전 7:20; 요일 1:8, 10; 갈 5:17), 오히려 생각과 말과 행동에서 그것들을 매일 어깁니다(창 6:5; 8:21; 롬 3:9-21; 약 3:2-13).

우리는 이제까지 하나님의 백성의 도덕법으로서 구약의 십계명을 배웠습니다. 하나님의 백성이라고 하면, 당연히 하나님의 명령을 지켜야 하고

그 가운데 십계명은 필수여야 합니다. 그러나 신약의 계명은 구약의 그것보다 훨씬 더 확장된 계명의 특징을 보인다고 했습니다. 예를 들면, 구약의 계명은 실제 행위를 통해 위반했을 경우 범죄가 되지만, 신약의 계명은 행위 없이 마음에 동기를 품은 경우에도 범죄로 보기 때문입니다. 신약 시대를 살아가는 신자들은 구약시대보다 훨씬 더 엄격한 기준이 적용되며 그렇기에 더욱 치열하게 살아야 합니다. 그럼에도 불구하고 오늘날의 그리스도인들이 구약시대나 우리 신앙의 선배들보다 훨씬 더 치열하게 사는지 돌아보면 결코 그렇지 못한 것이 현실입니다.

여기서 우리가 경계해야 할 것이 있습니다. 참된 종교는 인간의 노력과 공로로 구원을 얻는다고 가르치지 않기 때문입니다. 행위로 구원을 얻을 수 있다는 주장은 타락한 종교의 가르침입니다. 그런 종교의 기준점은 언제나 죄인의 공로에 맞춰져 있습니다. 죄인인 우리가 계명을 지켜내야 구원을 얻을 자격이 주어진다고 말합니다. 언제나 사람을 높입니다. 그러나 구원은 전적으로 하나님의 은혜입니다. 기독교의 구원은 전적으로 인간의 공로가 아닌 하나님의 선물이며 그렇기에 하나님께만 찬양과 영광을 돌릴 수 있습니다. 이러한 기준은 구원받기 이전뿐 아니라 구원 이후에도 동일합니다. 구원받은 신자로서 우리가 계명과 율법의 말씀을 대할 때도 이와 동일한 기준이 적용됩니다.

교회의 모든 성도들이 조심해야 할 것 가운데 하나가 바로 자기 의입니다. 하나님과 사람들 앞에서 자신의 행위와 능력과 공로를 앞세우는 태도입니다. 그러나 하나님은 인간의 의가 아닌 하나님의 의를 믿고 의지하는 성도를 기뻐하십니다.

전적 타락과 무능력

첫째, 죄인은 하나님의 율법을 완벽히 지킬 수 없을 만큼 그 본성이 타락하고 무능력한 존재입니다. 19-20절 말씀을 읽겠습니다. "우리가 알거니와 무릇 율법이 말하는 바는 율법 아래에 있는 자들에게 말하는 것이니 이는 모든 입을 막고 온 세상으로 하나님의 심판 아래에 있게 하려 함이라 그러므로 율법의 행위로 그의 앞에 의롭다 하심을 얻을 육체가 없나니 율법으로는 죄를 깨달음이니라."

바울은 온 세상이 하나님의 심판 아래 있다고 말합니다. 이유는 율법을 지키는 행위로는 의롭다 하심을 얻지 못하기 때문입니다. 즉 이 말씀은 신자들이 예수 그리스도를 믿음으로 의롭다 하심을 얻지만, 인간의 부패한 속성과 죄의 결과에서 완전히 자유로워지는 것은 아니라는 사실을 교훈해 줍니다. 하나님의 은혜를 체험하고 구원을 얻고 기쁨을 누린다고 해서 그가 실재하는 죄로부터 완벽하게 자유할 수는 없습니다. 아마 누군가 로마서 8장 1-2절을 지적하며 "그러므로 이제 그리스도 예수 안에 있는 자에게는 결코 정죄함이 없나니 이는 그리스도 예수 안에 있는 생명의 성령의 법이 죄와 사망의 법에서 너를 해방하였음이라"고 말할지 모릅니다. 바울은 정죄함이 없다고 했지 범죄함이 없다고 하지 않았습니다. 우리를 법에서 해방했다고 했지 죄에서 완전히 해방되었다고 말하지 않습니다.

조금 더 말씀드리자면, 우리가 그리스도를 믿음으로 말미암아 법적으로나 신분적으로 의인이 된 것이지 실제적으로든 도덕적으로든 실제로 거룩한 의인이 된 것은 아니라는 말입니다. 사실상 우리 모두는 이땅에서 죄를 안고 살아갑니다. 신자가 된 이후에도 우리는 죄를 버리고 죄에서 떠나고 죄를 짓지 않으려고 노력하는 삶을 부단히 훈련하지만 마치 끊어낼 수 없는 습관처럼 죄는 우리를 따라다닙니다. 사도 바울이 영적 고투를 벌이는 신자의 삶을 묘사하면서 한 말을 기억하십니까? "내가 원하는 바 선은 행하지 아니하고 도리어 원하지 아니하는 바 악을 행하는도다"(롬 7:19). 이것이 타락한 인간의 실존입니다. 만일 누군가가 신자가 되기 위해 소요리문답 39번부터 81번까지의 모든 계명, 즉 십계명을 조금도 모자람 없이 다 지켜야 한다면, 단지 절망만 맛보게 될 것입니다. 바로 이것이 우리가 82번을 공부하는 이유 가운데 하나입니다. 82번을 보겠습니다.

문 82: "그 누구라도 하나님의 계명들을 완벽하게 지킬 수 있습니까?"

답: "단지 사람은 그 누구라도 타락 이후로부터 하나님의 계명들을 이생에서 완전하게 지킬 수 없고, 오히려 생각과 말과 행동에서 그것들을 매일 어깁니다."

소요리문답은 당연히 우리가 하나님의 계명들을 완전히 지킬 수 없다고 선언합니다. 오늘 본문 로마서 3장 20절에도 율법의 행위로 의롭다 함을 얻을 육체가 없다고 했습니다. 율법으로는 단지 죄를 깨닫게 되기 때문입니다. 계명을 지키면 지킬수록 말씀을 읽으면 읽을수록 우리는 나 자신의 무능력을 깨닫고 절망합니다. 계명은 우리를 정죄하고 하나님의 두려운 심판으로 이끌어 갑니다. 우리에게 소망이 없고 절망뿐임을 깨닫습니다. 바로 이것이 계명이 우리에게 주는 은혜 가운데 하나입니다. "나에게는 아무런 소망이 없구나. 나에게는 아무런 능력도 선함도 없구나. 아 화로다 나여, 망하게 되었도다"라고 애통하며 자신의 비참함을 깨닫게 되는 것이 은혜입니다. 그것을 통해 우리는 진정으로 피할 길, 구원의 길을 찾게 되기 때문입니다. 이런 의미에서 율법은 우리를 그리스도께로 인도하는 초등교사 역할을 하는 것입니다(갈 3:24).

그러므로 하나님의 말씀인 계명을 대할 때 그것을 완전히 지킬 수 없는 자신의 무능력을 절감하고 오직 그리스도 예수께 피하여 그리스도만 의지하는 성도들이 됩시다.

생각과 말과 행동으로 계명을 어김

둘째, 죄인은 생각과 말과 행동을 통해 능동적으로 하나님의 계명을 어깁니다. 20절 말씀을 한 번 더 읽겠습니다. "그러므로 율법의 행위로 그의 앞에 의롭다 하심을 얻을 육체가 없나니 율법으로는 죄를 깨달음이니라."

그리스도 예수께 피하기 전에 먼저 우리의 죄악된 상태를 좀 더 살펴볼 필요가 있습니다. 이것은 앞 단원의 상세한 해설이랄 수 있습니다. 소요리문답 82번은 인간이 하나님의 계명을 완전히 지킬 수 없는 이유를 인간이 생각과 말과 행동으로 그것을 어기기 때문이라고 말합니다. 언제 말입니까? 매일입니다. 이것을 확인하기란 어렵지 않습니다. 인간은 수시로 약속을 어깁니다. 여러 가지 상황과 이유로 약속을 지키지 않습니다. 새해를 맞이하면서 우리는 많은 계획을 세우고 다짐을 합니다. 그것을 완벽하게 지키는 사람은 아무도 없습니다. 그것이 우리의 무능력입니다. 하나님의 말씀인 계명에 대해서도 이와 같습니다. 우리는 사람과의 약속도 무시하고 하나님과의 약속도 저버립니다.

모세는 사람의 마음의 생각이 어려서부터 악하다고 했습니다(창 8:21). 야고보 선생은 사람이 말로 죄를 짓는다고 했습니다. "우리가 다 실수가 많으니 만일 말에 실수가 없는 자라면 곧 온전한 사람이라 능히 온 몸도 굴레 씌우리라"(약 3:2). 오늘 본문에도 사람이 율법의 행위로 죄를 깨닫는다고 했습니다(20절). 결국 의인은 단 한 사람도 없으며 율법의 행위로 의를 이룰 수 있는 사람도 없습니다.

예나 지금이나 율법주의자들은 이 말씀을 마음에 새겨야 합니다. 예수님을 믿을 뿐 아니라 선도 행해야 구원을 얻는다고 주장하는 신율법주의자들도 회개해야 합니다. 율법의 행위든, 인간의 선행이든 공로를 쌓을 수 있고 그것을 하나님이 보시고 우리를 의롭다 하신다는 생각은 신화에 불과합니다. 인간의 성화가 구원의 근거와 공로가 된다고 주장하는 사람들에게 묻겠습니다. 여러분의 생각과 말과 행동으로 얼마나 많은 공로를 쌓았습니까? 율법의 요구는 한 치의 오차도 없어야 하며 먼지만큼의 불순물도 없어야 합니다. 과연 그렇습니까? 칼뱅은 기독교 강요에서 사람이 생각해 낼 수 있는 가장 순수한 선행에도 이기주의라는 더러운 죄와 불순물이 섞여 있다고 했습니다. 구약성경을 샅샅이 뒤져 보십시오. 죄에서 자유로운 사람이 단 하나라도 있습니까? 곳곳에서 단행되는 하나님의 그 많은 심판과 정죄 장면은 인간이 변함없이 죄인임을 밝히 증거하고 있습니다.

그렇기에 솔로몬 왕은 이렇게 말했습니다. "선을 행하고 전혀 죄를 범하지 아니하는 의인은 세상에 없기 때문이로다"(전 7:20). 바울은 로마서 3장 9-10절에서 이렇게 선언합니다. "그러면 어떠하냐 우리는 나으냐 결코 아니라 유대인이나 헬라인이나 다 죄 아래에 있다고 우리가 이미 선언하였느니라 기록된 바 의인은 없나니 하나도 없으며." 사도 요한도 이렇게 선언합니다. "만일 우리가 죄가 없다고 말하면 스스로 속이고 또 진리가 우리 속에 있지 아니할 것이요 만일 우리가 우리 죄를 자백하면 그는 미쁘시고 의로우사 우리 죄를 사하시며 우리를 모든 불의에서 깨끗하게 하실 것이요"(요일 1:8-9). 이 모든 말씀들을 미루어볼 때 우리 모두가 죄인이며 예외없이 죄악을 저지르는 무능력한 자들임을 깨닫게 해 줍니다.

그러므로 사람의 생각과 말과 행동이라는 율법의 행위로는 의롭다 함을 얻을 육체가 하나도 없음을 깨닫고 오직 예수 그리스도 안에서만 구원을 찾는 성도들이 됩시다.

오직 그리스도를 믿음으로 말미암는 의

셋째, 죄인은 오직 예수 그리스도를 믿음으로 말미암는 의를 통해 의롭다 하심을 얻을 수 있습니다. 21-22절 말씀을 읽겠습니다. "이제는 율법 외에 하나님의 한 의가 나타났으니 율법과 선지자들에게 증거를 받은 것이라 곧 예수 그리스도를 믿음으로 말미암아 모든 믿는 자에게 미치는 하나님의 의니 차별이 없느니라."

인간은 죄인이며, 율법을 지킬 수 있는 사람은 아무도 없고 도리어 매일 생각과 말과 행동으로 계명을 범하여 하나님의 진노의 심판 아래 있다는 것을 살펴보았습니다. 그렇다면 타락한 죄인인 인류에게는 아무 소망이 없습니까? 그렇지 않습니다. 소망 없는 가련한 죄인들에게 하나님이 준비하신 치료책이 있습니다. 그것이 바로 율법 외에 나타난 하나님의 한 의입니다. 21절에 "이제는 율법 외에 하나님의 한 의가 나타났다"고 했습니다. 그것은 예수 그리스도를 믿음으로 말미암는 의입니다. 모세의 율법으로 말미암는 의가 아닙니다. 모세의 율법 준수로는 의롭다 하심을 얻지 못하고 도리어 죄만 깨달을 뿐입니다. 율법의 말씀은 우리로 하여금 죄를 깨닫게 하고 절망하게 하고 그래서 비로소 하나님이 준비하신

의이신 그리스도에게로 우리를 인도합니다. 이것은 바울의 설교에서도 확실히 드러납니다. "그러므로 형제들아 너희가 알 것은 이 사람을 힘입어 죄 사함을 너희에게 전하는 이것이며 또 모세의 율법으로 너희가 의롭다 하심을 얻지 못하던 모든 일에도 이 사람을 힘입어 믿는 자마다 의롭다 하심을 얻는 이것이라"(행 13:38-39).

신자를 의롭다 하시는 근거는 그리스도의 십자가 공로입니다. 신자를 의롭다 하시는 주체는 우리 안에 거처를 정하신 성령님이십니다. 신자를 의롭다 하시는 것은 그래서 하나님의 은혜입니다. 참된 신자는 그런 의미에서 하나님의 계명에 순종하기 위해 부단히 노력하는 것입니다. 그러다가 연약하여 범죄하면 그리스도의 의를 바라보는 것입니다. 내가 매일 믿음으로 산다는 것은 예수 그리스도의 공로를 방패 삼아 자유롭게 산다는 말이 아니라 예수 그리스도를 믿기 때문에 그의 계명을 지킨다는 것을 의미합니다. 사도 요한은 이렇게 말합니다. "우리가 그의 계명을 지키면 이로써 우리가 그를 아는 줄로 알 것이요 그를 아노라 하고 그의 계명을 지키지 아니하는 자는 거짓말하는 자요 진리가 그 속에 있지 아니하되 누구든지 그의 말씀을 지키는 자는 하나님의 사랑이 참으로 그 속에서 온전하게 되었나니 이로써 우리가 그의 안에 있는 줄을 아노라 그의 안에 산다고 하는 자는 그가 행하시는 대로 자기도 행할지니라"(요일 1:3-6).

그러므로 하나님을 아노라 하는 믿음은 율법을 폐하지 않고 굳게 세웁니다. 율법을 굳게 세우는 것은 그리스도의 의입니다. 그리스도를 믿는 믿음입니다. 그리스도의 의를 믿는 신자는 의를 이루려 율법을 세우지 않고 의를 얻었기에 의를 세우는 것입니다. 사도 바울은 로마서 3장을 마감하면서 이렇게 말합니다. "그런즉 우리가 믿음으로 말미암아 율법을 파기하느냐 그럴 수 없느니라 도리어 율법을 굳게 세우느니라"(롬 3:31).

우리를 의롭다 하시는 예수 그리스도를 더욱 굳게 믿음으로 하나님의 계명의 말씀에 순종하며 주님께서 성취하신 그 의와 거룩을 이루어 나갑시다.

예수 그리스도를 믿어 의롭다 함을 얻었다면 최선을 다하여 감사함으로 계명을 지키십시오. 그것이 성도의 본분이기 때문입니다. 그러다가 연약하여 생각과 말과 행동으로 범죄하면 즉시 회개하십시오. 하나님 앞에 자신의 무능력과 불의함을 인정하고 회개하십시오. 사도 바울은 그렇게 했습니다. 바울도 스스로를 곤고한 사람이라 한탄하면서 하나님 앞에서 자신의 무능력을 고백했습니다. 그러면서 또다시 일어나 계속해서 계명의 말씀을 준행해 나가십시오. 그러면 우리는 날마다 회개와 거룩을 병행하면서, 오직 그리스도 예수 안에서 안식하게 될 것입니다. 우리는 하나님이 주시는 평안을 누리게 될 것입니다. 로마서 5장 1절 말씀처럼 "그러므로 우리가 믿음으로 의롭다 하심을 받았으니 우리 주 예수 그리스도로 말미암아 하나님과 화평을 누리자"(롬 5:1).

이제 날마다 깨어 근신하십시오. 거룩한 손을 들어 가정과 교회와 나라와 민족과 하나님의 나라를 위해 기도하십시오. 장차 하나님의 나라로 완성될 주님의 몸 된 교회를 위해 죽기까지 충성하십시오. 믿음과 기도로 가정을 이끌고 그리스도의 몸 된 교회를 사랑하며, 하나님의 나라에 이를 때까지 믿음의 경주를 끝까지 매진하십시오.

우리의 능력을 의지하거나 공로를 자랑하지 말고 오직 율법 외에 나타난 하나님의 한 의이신 주 예수 그리스도만을 의지하고 자랑하는 성도들이 됩시다.

○ 칼뱅, 『기독교 강요』, 3.14.9.

그들이 아무리 훌륭한 행위를 이룬다 할지라도 거기에는 여전히 항상 육체의 불순물들이 섞여 있어 얼룩지고 부패할 수밖에 없고, 이를테면 거기에 찌꺼기가 섞여 있을 수밖에 없다는 것이다. 하나님의 거룩한 종이라 할 만한 사람을 불러서 그의 전 생애 가운데서 자기가 정말 훌륭한 일을 했다고 생각하는 것이 있으면, 골라서 내어놓으라고 해보라. 그리고 그 일을 아주 자세하게 살펴보라고 해보라. 그러면, 그 사람은 어디에선가 육체의 부패한 냄새를 맡게 될 것이 틀림없다. 의로운 행위를 추구하는 우리의 열심이 완전치 못하며, 신속히 달려가야 하는데도 우리의 연약함 때문에 그렇게 하지 못하기 때문이다.

■ 나눔 질문

1. 사람이 율법의 행위로 의롭다 함을 받지 못한다는 증거는 무엇입니까?
2. 계명이 죄인에게 끼치는 은혜는 무엇입니까?
3. 인간의 성화가 구원의 근거와 공로가 되지 못하는 원인은 무엇입니까?
4. 소망 없는 가련한 죄인에게 하나님이 준비하신 치료책은 무엇입니까?
5. 예수 그리스도를 믿음으로 의롭다 함을 받았다면, 이제는 어떻게 살아야 합니까?

33장
더 중한 죄와 심판

²³율법을 자랑하는 네가 율법을 범함으로 하나님을 욕되게 하느냐 ²⁴기록된 바와 같이 하나님의 이름이 너희 때문에 이방인 중에서 모독을 받는도다. 롬 2:23-24

> **소요리문답 83, 84번**
>
> 문 83: 율법을 범하는 죄들은 모두 동등하게 가증스러운 것입니까?
>
> 답: 어떤 죄들은 그 자체에 있어서, 또한 여러 가지 악화 요인들에 의해 다른 죄들보다 하나님 보시기에 더욱 가증스럽습니다(겔 8:6, 13, 15; 요일 5:16; 시 78:17, 32, 56).
>
> 문 84: 모든 죄는 무엇을 마땅히 받을 만합니까?
>
> 답: 모든 죄는 이 세상과 오는 세상의 삶 모두에서 하나님의 진노와 저주를 받기에 마땅합니다(엡 5:6; 갈 3:6; 애 3:39; 마 25:4).

사도 요한은 그의 서신에서 이렇게 말합니다. "누구든지 형제가 사망에 이르지 아니하는 죄 범하는 것을 보거든 구하라 그리하면 사망에 이르지 아니하는 범죄자들을 위하여 그에게 생명을 주시리라 사망에 이르는 죄가 있으니 이에 관하여 나는 구하라 하지 않노라"(요일 5:16). 그러니까 사망에 이르는 무거운 죄가 있는 반면, 사망에 이르지 않는 죄도 있으니 형제가 그런 죄를 범하면 그를 구원하도록 권면하라는 말입니다.

이 말씀은 인간이 범하는 모든 죄가 하나님 앞에서 본질적으로 가증하고 악하고 무거운 것임을 보여줍니다. 그리고 각각의 모든 죄는 하나님의 심판과 형벌의 대상이 됩니다. 그러나 죄의 종류와 강도에 따라서 더 무거운 죄와 가벼운 죄가 있다는 것도 알려주고 있습니다. 대요리문답 150번은 하나님의 법을 위반하는 모든 범죄 가운데 어떤 죄는 본질적으로 그리고 여러 가지 악화 요인들 때문에 다른 죄보다 하나님 보시기에 더 가증스럽다고 말합니다.

상식적으로도 신체의 일부를 상하게 하는 죄와 목숨을 빼앗는 죄는 그 경중에 있어 같을 수 없습니다. 저항력이 현저히 떨어지는 미성년자를 대상으로 저지르는 범죄가 성인을 대상으로 하는 범죄보다 더 무겁습니다. 물론 아무리 사소한 죄라 할지라도 무한하시고 거룩하신 하나님의 진노를 초래하기에 충분합니다. 그럼에도 어떤 죄는 다른 죄보다 더 흉악합니다.

신분적으로 볼 때 더 중하게 되는 죄

첫째, 그 사람의 신분과 지위에 따라 더 중하게 취급되는 죄가 있습니다. 23절 말씀을 읽겠습니다. "율법을 자랑하는 네가 율법을 범함으로 하나님을 욕되게 하느냐."

율법을 자랑하는 자는 다름 아닌 유대인입니다. 바울은 로마서 1장에서 복음의 본질을 개괄적으로 설명한 이후 18절에서부터 인간의 죄에 대한 교리를 진술해 나갑니다. 특히 1장 28-31절에서 불의, 추악, 탐욕, 악의가 가득한 자, 시기, 살인, 분쟁, 사기 등 이방인들이 저지르는 약 21가지 죄의 목록을 언급합니다. 이런 의미에서 하나님을 섬기지 않는 이방인들은 죄인입니다. 그런데 놀라운 사실은 바울이 2장 1절에서부터 하나님을 안다고 하는 사람들, 하나님을 섬긴다고 하는 사람들조차 이방인들과 동일한 죄를 저지른다고 고발합니다. "그러므로 남을 판단하는 사람아, 누구를 막론하고 네가 핑계하지 못할 것은 남을 판단하는 것으로 네가 너를 정죄함이니 판단하는 네가 같은 일을 행함이니라 이런 일을 행하는 자에게 하나님의 심판이 진리대로 되는 줄 우리가 아노라"(롬 2:1-2). 남을 판단하고 정죄하는 사람이 똑같은 일을 행한다면 그의 범죄는 더 중하다는 것입니다.

유대인은 어떤 사람들입니까? 17절에 따르면, 율법을 의지하며 하나님을 자랑하는 자들입니다. 18절에 따르면, 하나님의 뜻을 아는 자들입니다. 19절에 따르면, 맹인의 길을 인도하는 자입니다. 20절에 따르면, 어린아이의 선생입니다. 3장 1절에 따르면, 이들은 하나님의 말씀과 제사를 맡았습니다. 할례를 받았습니다. 그런 그들이 도둑질과 간음을 일삼고 살인을 저지릅니다. 즉 율법을 자랑하는 자들이 율법을 어김으로 율법을 욕되게 합니다. 그로 말미암아 결국 하나님을 욕되게 합니다. 24절을 보십시오. 하나님의 이름이 누구 때문에 욕을 먹습니까? "너희로 인하여" 누구에게서요? "이방인 중에서…"

그렇기에 야고보는 이렇게 권면합니다. "내 형제들아 너희는 선생된 우리가 더 큰 심판을 받을 줄 알고 선생이 많이 되지 말라"(약 3:1). 그만큼 누군가에게 선생 역할을 하는 일이 중대하기 때문입니다. 같은 범죄라도 시민으로서 한 개인이 저질렀을 때보다 한 나라의 통치자가 저질렀을 때 더욱 가중하다고 간주됩니다. 범죄로 인한 파괴력이 훨씬 강력하기 때문입니다. 더 중한 죄가 있다는 말은 그 죄를 저지르는 사람이 누구냐에 따라 죄의 경중이 달라진다는 말입니다. 지금 우리가 살펴보는 소요리문답 83번이 바로 그것을 교훈해 주고 있습니다.

문 83: "율법을 범하는 죄들은 모두 동등하게 가증스러운 것입니까?"

답: "어떤 죄들은 그 자체에 있어, 또한 여러 가지 악화 요인들에 의해 다른 죄들보다 하나님 보시기에 더욱 가증스럽습니다."

대요리문답 151번은 어떤 죄를 다른 죄보다 더 악하고 가증스럽게 만드는 요인 가운데 하나가 죄를 범하는 자에게 있다고 하는데 그 범죄자에 대해 이렇게 진술합니다. "그가 보다 성숙한 연령에 이르렀든지, 더 많은 경험이나 은총을 가졌는지, 혹은 직업 재능, 위치, 직책, 타인에 대한 지도성, 그리고 그의 모범이 당연히 타인에 의해 추종되어야 하는가에서 고위에 있다면, 그만큼 가중된다."

노블리스 오블리제(nobless oblige)라는 말이 있습니다. 프랑스어로서 문자 그대로 말하자면, "가진 자의 도덕적 의무"입니다. 초기 로마시대의 왕과 귀족의 의무를 뜻하는 말입니다. 높은 사회적 신분에 상응하는 고귀한 도덕적 의무 말입니다. 그런데 그런 의무를 수행하기보다 부정부패를 일삼고 악을 행한다면 그들의 범죄는 사회적 약자의 범죄보다 더 커지는 것입니다.

거두절미하고 본문 말씀은 하나님을 알고 하나님을 섬긴다고 하면서 하나님의 이름을 욕되게 하는 유대인을 향한 고발입니다. 더 나아가 신자를 향한 경고입니다. 나는 사회지도층 인사가 아니니 관계없다고 피해 갈 수 없습니다. 신자들은 매사에 자신으로 인하여 하나님의 이름이 모독을 받으시지 않도록 늘 생각과 말과 행동을 주의하여 말씀 위에서 반듯하게 행해야 합다.

우리로 인하여 하나님의 이름이 모독이 아닌 영광을 받으시도록 매사에 믿음과 말씀으로 살아가야 할 것입니다.

관계적으로 볼 때 더 가중되는 죄

둘째, 어떤 죄는 관계적으로 볼 때 더 가중되기도 합니다. 24절 말씀을 보겠습니다. "기록된 바와 같이 하나님의 이름이 너희 때문에 이방인 중에서 모독을 받는도다."

유대인의 범죄로 말미암아 모독을 당하시는 분은 유대인이 아니라 다름 아닌 하나님이십니다. 이것은 관계적으로 볼 때 크나큰 죄입니다. 하나님은 인자를 베푸셔서 회개할 기회를 제공하시는데 만일 죄인이 오래 참으심을 멸시하여 회개하지 않고 고집을 피운다면 그 죄는 훨씬 더 중한 죄가 될 것입니다(롬 2:4). 바울은 "그날에 임할 진노를 네게 쌓는도다"라고 경고합니다(롬 2:5). 말하자면 하나님을 향한 범죄는 다른 사람을 향한 범죄와 차원이 다르다는 것입니다. 우리가 관계하는 하나님이 우리의 범죄로 인해 모독을 받으신다면 그것만큼 가증스러운 것도 없습니다. 우리는 그 어떤 일보다 최우선적으로 하나님과 나와의 관계에 있어 어긋남이나 경솔함이나 망령된 일이 없도록 삼가 조심해야 합니다.

성경은 하나님과의 관계뿐 아니라 사람과의 관계에서도 더욱 중한 죄가 있다고 합니다. 이 부분에 대한 대요리문답의 설명은 특히 유용합니다. 대요리문답 151번은 하나님과의 관계 이외에 사람과의 관계에 있어 더 중한 죄악을 여섯 가지로 요약합니다. 첫째, 윗사람들과 지도자들에 대한 대적, 둘째 친족과 연고자들에 대한 대적, 셋째 성도들을 향한 대적, 넷째 연약한 형제들에 대한 대적, 다섯째 자신과 다른 이들의 영혼에 대한 대적 그리고 여섯째 많은 사람의 공동 복지에 대한 대적이 그것입니다.

뿐만 아니라 상황적으로 볼 때 더 중한 범죄가 있습니다. 예를 들면, 평일에 범하는 죄보다 주일에 범하는 죄가 더 크고 중하며 가증합니다. 주일은 하나님이 명하시고 구별하신 안식일이요 그리스도 예수께서 구원을 완성하시고 부활하신 것을 기념하는 날이기 때문입니다. 주일을 범할 때 많은 이들이 권징을 당하기도 했습니다. 하나님은 안식일을 범하는 것을 하나님에게 행한 악이라고 책망하십니다. "이 외에도 그들이 내게 행한 것이 있나니 당일에 내 성소를 더럽히며 내 안식일을 범하였도다"(겔 23:38). 주일에 하나님을 경배하지 않고 범죄한다면 그것은 더 큰 죄가 됩니다. 뿐만 아니라 하나님께 경배를 드리고 난 직후에 범죄한다든가, 공적인 자리나 신자들의 목전에서 악을 행하고 범죄하는 것은 더 큰 범죄가 됩니다.

제가 번역한 책들 가운데 다섯 손가락에 꼽을 만큼 중요한 『칼뱅의 제네바 목사회의 활동과 역사』라는 책이 있습니다. 장로교 목사라면 반드시 읽어야 할 책으로, 주일을 고의로 범한 자들을 향한 교회의 권징과 책망이 기록되어 있습니다. 예를 들면, 16세기 종교개혁 당시 스위스 제네바에서는 아무런 이유 없이 석 달 동안 주일 예배 설교에 불참한 페르네트 뒤프레(Pernette Dupre)가 성찬 참여를 금지 당했습니다. 앙뚜안 드크루(Antoine Decroux) 역시 주일 예배 설교에 참석하는 대신 견과류를 시골로 수송한 일로 인해 성찬 참여를 금지 당했습니다. 유버 르 섹(Hubert Le Sec)과 귀욤 모랑(Guillaume Morand)은 주일 설교시간에 플랑팔레(Plainpalais)에서 중요한 재산을 놓고 도박을 벌여 성찬 참여를 금지 당했고 제네바시 행정당국은 이들을 사흘 동안 물과 빵만 먹으며 지내는 금고형에 처했습니다. 이런 모든 일들이 관계적으로나 상황적으로 더 중한 범죄가 되는 이유는 이 일로 인해 하나님의 거룩하신 이름이 이방인 중에서 모독을 받기 때문입니다.

따라서 위로는 하나님과의 관계에서 옆으로는 사람과의 관계에서 삼가 조심하며 때와 장소를 구분하여 지혜롭게 처신합시다.

하나님의 율법을 거스르는 모든 범죄를 심판하시는 하나님

셋째, 하나님은 율법을 거스르는 모든 범죄를 심판하시는 하나님이십니다. 로마서 3장 19절 말씀을 함께 읽겠습니다. "우리가 알거니와 무릇 율법이 말하는 바는 율법 아래에 있는 자들에게 말하는 것이니 이는 모든 입을 막고 온 세상으로 하나님의 심판 아래에 있게 하려 함이라."

모든 범죄는 하나님의 심판을 받는데 그 중에서도 더 가증하고 악한 죄는 더 큰 심판을 받을 것입니다. 소요리문답 84번이 이것을 잘 설명해 줍니다.

문 84: "모든 죄는 무엇을 마땅히 받을 만합니까?"

답: "모든 죄는 이 세상과 오는 세상의 삶 모두에서 하나님의 진노와 저주를 받기에 마땅합니다."

죄인이 저지르는 모든 범죄는 두 가지 방법으로만 처리될 것입니다. 죄가 불러올 하나님의 마땅한 심판을 받든지 아니면 회개하든지 둘 중 하나입니다. 이 두 가지 이외에 죄 문제가 해결되는 방법은 없습니다. 회개하지 않고 심판을 면하는 길은 없습니다. 때때로 회개해도 하나님의 책망과 징계가 있습니다. 그러나 영혼은 살게 될 것입니다. 여기서 악인들의 범죄와 의인들의 범죄의 성격이 다릅니다. 하나님은 악인들이 저지르는 모든 죄는 형벌로 심판하시고 의인들이 저지르는 모든 죄는 징계로 심판하십니다. 우리는 이것을 형벌적 심판과 부성적 징계라고 부를 수 있습니다. 그러므로 신자는 범죄의 유혹에 빠졌을 때 하나님의 큰 심판을 받을 줄 알고 삼가 두려워하며 더 중한 죄에 빠지지 않도록 필사적으로 노력해야 합니다.

세 살 버릇 여든까지 간다는 우리 속담이 있듯, 사소한 범죄, 사소한 잘못, 작아 보이는 문제를 그냥 방치하면 그것은 내 안에서 더 큰 문제로 자라게 됩니다. 혹시 죄를 범했다면 즉시 회개해야 합니다. 그 죄에 다시 빠지지 않도록 각고의 노력을 기울여야 합니다. 우리 자녀들도 그렇게 가르쳐야 합니다. 바울은 디모데에게 이렇게 권면했습니다. "오직 너 하나님의 사람아 이것들을 피하고 의와 경건과 믿음과 사랑과 인내와 온유를 따르며 믿음의 선한 싸움을 싸우라 영생을 취하라 이를 위하여 네가 부르심을 받았고 많은 증인 앞에서 선한 증언을 하였도다"(딤전 6:11-12).

여기 심판에 이르게 하는 범죄에 빠지지 않는 효과적인 방법이 있습니다. 경건에 방해가 되는 것들을 피하고 믿음을 좇으며 이를 위해 분투하고 훈련하는 등 영생을 취하는 노력을 게으르게 하지 않는 것입니다. 모든 범죄 특히 하나님 앞에서 더욱 가중한 범죄들이 있음을 깨닫고 그런 범죄에 빠지지 않도록 노력해야 합니다. 다음 장에서 살펴볼 은혜의 방편들이 필요한 이유는 그것이 바로 신자가 율법의 행위와 관련하여 범죄에 빠지지 않도록 도우시는 하나님의 은총이기 때문입니다. 말씀과 기도와 예배와 세례와 성찬 같은 은혜 받는 방편들을 부지런히 사용하여 하나님의 은혜 안에서 기뻐하시는 성도들이 되십시오.

그러면 신자는 어떻게 살아야 합니까? 우선 죄를 가볍게 생각해서는 안 됩니다. 죄는 뿌리 뽑힌 나무에 붙어있는 꽃잎과 같습니다. 당분간 아름다워 보이고 살아 있는 것처럼 보이지만 실상은 죽었고 더럽게 되며 냄새가 날 것입니다. 우리 교회 강단에는 난 화분이 두 개 있습니다. 몇 달에 한번 씩 교체하는데 오래되면 잎이 마르고 꽃이 떨어집니다. 그러면 목양실로 옮겨서 심폐소생을 시키고 새로 난 화분 두 개를 강단에 가져다 놓습니다. 목양실로 옮겨온 화분은 한동안 생명을 유지하지만 결국 뿌리가 썩어서 아무리 정성을 들여도 죽고 맙니다.

하나님의 유일한 명령에 불순종한 아담과 하와는 "정녕 죽으리라"는 하나님의 말씀에 따라 죽었습니다. 노랫말처럼 사람은 꽃보다 아름답기도 하지만 또한 뿌리 뽑힌 나무처럼 부패하고 타락한 존재이기도 합니다. 따라서 부지런히 자기 자신을 살펴 혹여 더 중한 죄를 범하지 않도록 노력하며 하나님이 허락하신 은혜의 모든 방편들을 사용하여 믿음을 강화하고 성장시켜 나가야 합니다. 회개와 은혜의 방편의 사용은 신자의 양심을 항상 살아 있게 만들며 은혜 안에 있게 만들어 줄 것이기 때문입니다.

예수 그리스도를 믿는 믿음과 생명에 이르게 하는 회개 그리고 모든 은혜의 방편들을 사용하여 하나님께 더 가까이 나아가도록 합시다.

○ 칼뱅, 『기독교 강요』, 3.4.31.
형벌의 심판이란 하나님이 그의 원수들을 향하여 복수하시는 심판으로서, 이를 통하여 하나님은 그들을 향하여 그의 진노를 발하시고, 그들을 혼란에 빠뜨리시고, 흩으시고, 완전히 멸절시키신다. 그러므로 이것을 하나님의 복수라고 할 수 있다. 형벌에 그의 진노가 합쳐져 나오는 것이다.

징계의 심판에서는 하나님의 노여워하심이 그렇게 심하지 않고, 완전히 멸망시킬 정도로 벌하지 않으신다. 그러므로 이 경우는 형벌 혹은 복수라기보다는 오히려 교정과 훈계로 보아야 할 것이다.

■ 나눔 질문

1. 한 나라의 시민이 범하는 죄보다 일국의 왕이나 대통령이 범하는 죄가 더 크고 중하게 되는 이유는 무엇입니까?
2. 대요리문답 151번이 말하는 관계적으로 악화되는 죄 가운데는 어떤 것들이 있습니까?
3. 평일에 범하는 죄보다 주일에 범하는 죄가 더 큰 이유는 무엇입니까?
4. 죄인이 저지르는 모든 범죄를 제거하는 두 가지 방법은 무엇입니까?
5. 신자가 심판에 이르게 하는 범죄에 빠지지 않는 효과적인 방법은 어떤 것들이 있습니까?

6부

은혜를 받으려면

The Westminster Shorter Catechism

34장
실족하지 않으려면 - 은혜의 방편들

¹⁰그러므로 형제들아 더욱 힘써 너희 부르심과 택하심을 굳게 하라 너희가 이것을 행한즉 언제든지 실족하지 아니하리라 ¹¹이같이 하면 우리 주 곧 구주 예수 그리스도의 영원한 나라에 들어감을 넉넉히 너희에게 주시리라 ¹²그러므로 너희가 이것을 알고 이미 있는 진리에 서 있으나 내가 항상 너희에게 생각나게 하려 하노라. 벧후 1:10-12

소요리문답 85번

문 85: 우리의 죄 때문에 임한 하나님의 진노와 저주로부터 벗어나기 위해 하나님이 우리에게 요구하시는 것은 무엇입니까?

답: 죄로 말미암아 우리에게 임한 하나님의 진노와 저주로부터 벗어나기 위해 하나님이 우리에게 요구하시는 것은 그리스도가 구속의 은덕들을 우리에게 전달하시기 위한 외적인 수단들을 부지런히 사용하는 것과 함께(잠 2:1-5; 8:33-36; 사 55:3), 예수 그리스도를 믿는 믿음과 생명을 향한 회개입니다(행 20:21).

실족이란 발을 잘못 디뎌 미끄러지는 것을 뜻합니다. 등산할 때 주로 실족사고가 발생하는데, 실족하는 이유는 크게 세 가지입니다. 정상적인

등산로에서 벗어났을 때입니다. 다른 하나는 체력이 급격하게 소진되었을 때입니다. 마지막은 이 두 가지보다 중요한데 평소 체력 훈련이나 등산 경험이 부족한 경우입니다. 세 가지 경우 모두 몸을 크게 다치는 위험을 초래합니다. 마찬가지로 영적으로 훈련이 안 된 신자 역시 위험을 분별하기 어려우며, 위험을 분별했더라도 영적 체력이 안 되면 작은 시험에도 실족하기 쉽습니다. 따라서 실족하지 않기 위해선 신앙 훈련이 매우 중요합니다.

이 세상에서 가장 불행한 사람은 하나님의 진노와 저주라는 위험에 처한 사람입니다. 그러나 지난 장에서 살펴보았듯이 하나님은 우리에게 율법의 정죄와 진노와 저주로부터 피할 길을 내어주셨습니다. 하나님은 율법 외에 나타난 한 의, 즉 그리스도 예수를 믿는 믿음으로 우리를 의롭다 하시고 진노와 저주로부터 구해 주십니다. 그뿐 아니라 의롭다 하심을 얻은 우리가 계속해서 거룩하고 순결하게 신자의 삶을 강화하고 훈련시켜 나갈 수단들을 마련해 주셨습니다.

이것을 신학적인 용어로 은혜의 방편(the means of grace)이라 부릅니다. 은혜의 방편은 거룩한 복음인 하나님 말씀의 신실한 설교, 세례와 성찬의 집례, 그리고 하나님을 향한 기도의 교제입니다. 이것을 은혜의 외적 수단들이라고 부르기도 합니다. 눈에 보이지 않는 성령님이 신자에게 계속 은혜를 베풀기 위해 눈에 보이는 외적 방편들을 사용하시기 때문입니다. 이 은혜의 방편들은 본문 10절 말씀처럼 내게 은혜로 주신 부르심과 택하심을 굳게 하는 데 필수적인 수단입니다. 이 수단을 부지런히 사용하지 않는다면 우리는 신앙의 길에서 자주 실족하게 되고 더 나아가 평계할 수 없는 참혹한 결과를 맞이하게 될 것입니다. 하나님은 우리가 진노와 저주에서 피하기를 바라시며 실족하지 않기를 바라십니다.

그리스도를 신앙하고 생명에 이르는 회개를 불러일으킴

첫째, 은혜의 방편들은 신자로 하여금 그리스도를 더욱 의지하게 하고 생명에 이르는 회개를 불러일으킵니다. 10절 말씀을 읽겠습니다. "그러므로 형제들아 더욱 힘써 너희 부르심과 택하심을 굳게 하라 너희가 이것을 행한즉 언제든지 실족하지 아니하리라."

이 부르심과 택하심을 굳게 하기 위해서는 먼저 그 부르심과 택하심을 경험해야 합니다. 이는 종말을 살아가는 신자들에게 주신 말씀입니다. 따라서 이 말씀의 대상자는 부르심과 택하심을 경험한 신자들입니다. 이미 소요리문답 29번에서 36번까지 구원론을 다루었습니다. 그런데 믿음과 생명에 이르는 회개를 지금에서야 다루는 이유는 무엇입니까? 그것은 구원을 경험한 신자라도 계속해서 믿음과 회개가 필요함을 강조하기 위해서입니다.

그렇기에 소요리문답 85번이 우리에게 매우 필요합니다.

문 85: "우리의 죄 때문에 임한 하나님의 진노와 저주로부터 벗어나기 위해 하나님이 우리에게 요구하시는 것은 무엇입니까?"

답: "죄로 말미암아 우리에게 임한 하나님의 진노와 저주로부터 벗어나기 위해 하나님이 우리에게 요구하시는 것은 그리스도가 구속의 은덕들을 우리에게 전달하시기 위한 외적인 수단들을 부지런히 사용하는 것과 함께, 예수 그리스도를 믿는 믿음과 생명을 향한 회개입니다."

소요리문답은 신자들에게 "그리스도가 우리에게 구속의 은덕을 전달하시는 모든 외적인 수단들을 부지런한 사용"할 것에 대해 말합니다. 이 외적인 수단들은 예배 시에 선포되는 하나님의 말씀의 설교와 성례, 즉 세례와 성찬 그리고 권징과 기도입니다. 이런 은혜의 방편을 통해 신자들은 그리스도를 더욱 바라보고 생명에 이르도록 죄를 후회하고 죄로부터 돌이키게 됩니다. 전자를 믿음이라 하고 후자를 회개라 합니다. 믿음이란 복음 안에서 우리에게 제시된 그리스도를 받아들이고 구원을 위해 다만 그를 의지하는 것입니다. 생명에 이르는 회개란 죄에 대한 깊은 슬픔과 미워함을 통해 하나님께로 돌이키고 새롭게 순종하는 것입니다. 이런 일을 은혜의 방편이 가능케 합니다. 죄인이 구원받기 전이나 구원을 얻은 이후에도 계속해서 이런 역할을 합니다.

신자는 말씀을 들을 때 죄를 회개하고 그리스도를 의지하게 됩니다. 이 말씀은 다른 사람이 아닌 자신을 향한 말씀입니다. 초대 교회 신자들은 베드로의 말씀을 하나님의 말씀으로 받았습니다. "그들이 이 말을 듣고 마음에 찔려 베드로와 다른 사도들에게 물어 이르되 형제들아 우리가 어찌할꼬 하거늘 베드로가 이르되 너희가 회개하여 각각 예수 그리스도의 이름으로 세례를 받고 죄 사함을 받으라 그리하면 성령의 선물을 받으리니"(행 2:37-38). 말씀은 마음을 찌릅니다. 그 말씀을 받아들이든지 완고하게 거부하든지 둘 중 하나를 선택하게 만듭니다. 말씀의 능력이 하는 일입니다. 그때 죄를 회개하고 주님을 의지하면 구원을 얻고 하나님의 백성이 되어 제사장 나라의 역할을 감당하게 될 것입니다. 그러므로 신자는 하나님의 말씀과 그 말씀의 선포인 설교를 중요하게 여기고 사모해야 합니다.

또한 세례를 받을 때나 세례를 받는 모습을 볼 때 죄에 대해 죽고 믿음에 대해 다시 사는 우리의 모습을 보게 됩니다. 장로교는 종종 세례를 베풀지만 침례교는 침례를 베풉니다. 장로교는 죄 씻음을 더 강조하는 것 같고 침례교는 죽었다가 살아나는 것을 더 강조하는 듯합니다. 그러나 세례의 효력은 그 형식에 있는 것이 아니라 그 세례를 통한 성령의 역사하심에 있습니다. 어떤 형식을 택하든 세례는 죄에 대하여 죽고 새로운 생명으로 사는 것을 뜻합니다. 세례는 신자가 세례를 받을 때에만 유익한 것이 아니라 죽음에 이를 때까지 평생에 걸쳐 유익을 끼칩니다. 자신이 세례받은 하나님의 자녀라는 확신은 특히 고난과 어려움이 엄습해 올 때 하나님 아버지께서 지키시고 보호하실 것을 확신하게 해 줍니다.

또한 권징이 시행될 때 신자는 죄와 악의 참혹한 결과를 목도하며 죄에서 떠나 의를 좇을 것을 결심하게 됩니다. 사도행전에 기록된 아나니아와 삽비라의 사건이 대표적입니다. "베드로가 이르되 너희가 어찌 함께 꾀하여 주의 영을 시험하려 하느냐 보라 네 남편을 장사하고 오는 사람들의 발이 문 앞에 이르렀으니 또 너를 메어 내가리라 하니 곧 그가 베드로의 발 앞에 엎드러져 혼이 떠나는지라 젊은 사람들이 들어와 죽은 것을 보고 메어다가 그의 남편 곁에 장사하니 온 교회와 이 일을 듣는 사람들이 다 크게 두려워하니라"(행 5:9-11). 권징은 온 교회와 사람들에게 하나님의 심판의 두려움을 안겨줍니다. 그래서 죄를 회개하고 그리스도에게로 피하게 만듭니다. 그리고 기도는 하나님과의 영적 교제로서, 이 모든 것들을 은혜로 받게 해줍니다. 이렇게 하나님이 우리에게 은혜의 방편을 마련해 주신 것은 날마다 죄를 회개하고 주님을 더욱 의지하게 만드시기 위함입니다. 복음서에서 끊임없이 강조하는 것이 하나님 나라가 가까웠으니 회개하고 믿으라는 것이었습니다.

우리에게 주신 은혜의 방편들을 통해 끊임없이 마음의 동기와 행실을 돌아보고 그 곳에 죄가 있지 않은지 경계하고 회개하며 주 예수 그리스도를 온전히 의지하는 신자들이 됩시다.

부르심과 택하심을 확신시키는 강력한 도구

둘째, 은혜의 방편은 신자를 향하신 하나님의 부르심과 택하심을 더욱 확신케 하는 강력한 도구입니다. 10절 말씀을 한 번 더 읽겠습니다. "그러므로 형제들아 더욱 힘써 너희 부르심과 택하심을 굳게 하라 너희가 이것을 행한즉 언제든지 실족하지 아니하리라."

교회는 은혜의 저장고여야 합니다. 교회는 무엇보다 말씀과 성례와 말씀을 통한 권징과 기도가 살아 있어야 합니다. 교회가 교회답기 위해서는 이 세 가지가 필수 요소입니다. 그래서 이것들을 교회의 참된 표지라고 부르는 것입니다. 말씀의 표지와 은혜의 방편을 소홀히 여기면서 신자의 영적 건강을 자신하거나 보장할 수는 없습니다.

은혜의 방편은 하나님이 우리에게 처방해 주신 영적 종합비타민과도 같습니다. 나이가 들면서 우리가 자주 먹게 되는 것이 종합비타민입니다. 헤모글로빈이나 철분이 부족하면 비타민 B_{12}를 복용하고 소화가 잘 안 되고 대사 작용이 원활하지 않으면 비타민 A를 복용합니다. 쉽게 피로하고 입병이 자주 나면 비타민 C 등을 먹습니다. 요즈음은 비타민을 나이 들어서 먹는 것이 아니라 젊을 때부터 먹어야 한다고 말하는 의사들이 많습니다. 그만큼 젊을 때부터 건강을 지켜나가는 것이 중요하기 때문입니다.

영적으로 대입해 보십시오. 여러분에게 영적 건강을 지켜주는 비타민이 무엇입니까? 신자에게 그것은 오직 말씀, 눈에 보이는 말씀인 세례와 성찬, 말씀을 통해 자기 영혼을 돌아보고 감독하는 매일의 권징 생활 그리고 믿음의 기도입니다. 이것이 바로 신자의 영적 비타민입니다.

삼시세끼를 꼬박 잘 먹고 비타민까지 챙겨 먹으며 적절한 운동을 병행하는 사람이 그렇지 않은 사람보다 더욱 건강한 것은 의문의 여지가 없습니다. 영적으로는 어떻습니까? 우리에게는 주일이 있습니다. 수요일이 있습니다. 매일의 말씀 묵상이 있습니다. 기도 생활이 있습니다. 예배를 드리지 않으면서 영적으로 건강하기를 기대하는 것은 전적으로 불가능합니다. 하나님 말씀을 사모하지 않으면서 건강함을 기대할 수 없습니다. 기도하지 않으면서 신앙이 강건해지기를 바랄 수 없습니다. 그렇게 해서는 결코 부르심과 택하심을 굳게 할 수 없습니다. 우리 교회에는 목사의 설교를 주일에 들을 뿐 아니라 평일에도 출근하면서 퇴근하면서 자주 다시 듣고 은혜를 받는 성도들이 있습니다. 그들은 주일에 선포된 은혜의 말씀이라는 방편을 주중에도 부지런히 사용하고 있습니다. 말씀을 들으면서 새롭게 깨닫습니다. 말씀을 붙들고 기도하면서 은혜를 받고 힘을 냅니다. 뿐만 아니라 주일예배를 마치면, 오늘도 주옥 같은 은혜의 말씀 전해 주셔서 감사하다고 설교자에게 진심을 담아 격려를 전합니다. 한 교회를 담임하는 목사로서 매우 보람된 일이 아닐 수 없습니다.

그렇다면 왜 우리는 은혜의 외적 방편인 영적 비타민을 먹어야 합니까? 그것은 우리의 믿음과 생명에 이르는 회개가 참되고 진실하다 할지라도 그것이 칼뱅이 말한 대로 오류와 불신앙이라는 질병에 둘러 싸여 있기 때문입니다. 우리가 육체라는 연약함에 둘러 싸여 있기 때문입니다. 거두절미하고 베드로를 보십시오. 뿐만 아니라 주님과 오랜 시간 함께 지냈음에도 불구하고 다시 살아나리라는 주님의 말씀을 깨닫지 못했던 제자들을 생각해 보십시오. 그들은 주님이 돌아가시자 모두 다 흩어지고 예전에 하던 대로 물고기를 잡으러 갔습니다. 그들을 다시 회복시킬 방법은 무엇이었을까요? 그들은 부활하신 그리스도의 몸을 눈으로 보고 몸소 만지고 그가 하신 말씀을 들은 이후에야 확신하게 되었습니다. 그들은 예수님으로부터 "너는 나를 본 고로 믿느냐 보지 못하고 믿는 자들은 복되도다"라는 책망의 말씀의 들어야 했습니다(요 20:29). 바로 이런 이유 때문에 부르심과 택하심을 굳게 해야 합니다. 그러므로 어떻게 하든지 하나님 말씀을 가까이 하는 것은 아무리 강조해도 지나치지 않은 일입니다.

칼뱅의 말처럼 말씀과 믿음, 믿음과 말씀은 태양과 거기서 나오는 광선처럼 서로 분리할 수 없습니다. 예수님은 진리를 알지니 진리가 너희를 자유케 하리라 하셨습니다(요 8:32). 이사야 선지자는 이렇게 말합니다. "너희는 귀를 기울이고 내게로 나아와 들으라 그리하면 너희의 영혼이 살리라 내가 너희를 위하여 영원한 언약을 맺으리니 곧 다윗에게 허락한 확실한 은혜이니라"(사 55:3). 사도 요한은 이렇게 말합니다. "오직 이것을 기록함은 너희로 예수께서 하나님의 아들 그리스도이심을 믿게 하려 함이요 또 너희로 믿고 그 이름을 힘입어 생명을 얻게 하려 함이니라"(요 20:31).

말씀은 나를 살리고 내 가족을 살리고 교회를 살리고 나라를 살립니다. 말씀을 제외한 믿음은 상상할 수 없습니다. 이런 의미에서 교회는 교회다워야 합니다. 교회의 생명은 말씀과 성례와 기도에 있기 때문입니다. 은혜의 방편을 힘써 부지런히 사용하여 여러분의 부르심과 택하심을 굳게 하시기 바랍니다.

주님의 영원한 나라에 넉넉히 들어가게 해 줌

셋째, 신자는 주의 영원한 나라에 넉넉히 들어가도록 이 은혜의 방편들을 부지런히 사용해야 합니다. 11절을 읽겠습니다. "이같이 하면 우리 주 곧 구주 예수 그리스도의 영원한 나라에 들어감을 넉넉히 너희에게 주시리라."

11절에서 베드로 사도는 넉넉히 들어가게 하신다고 말합니다. 우리가 은혜의 방편을 소홀히 여겨서는 안 되는 이유가 여기에 있습니다. 하나님이 정해 놓으신 수단을 거부하면서 영적인 축복을 기대할 수 없습니다. 히브리서 설교자는 종말을 살아가는 신자들에게 이렇게 말합니다. "모이기를 폐하는 어떤 사람들의 습관과 같이 하지 말고 오직 권하여 그 날이 가까움을 볼수록 더욱 그리하자"(히 10:25).

은혜의 방편을 효과적으로 부지런히 사용한 결과는 영원함입니다. 신자들이 구주 예수 그리스도의 영원한 나라에 들어가는 것입니다. 넉넉히 들어갑니다. 충분히 들어간다는 말입니다. 환영을 받으며 들어간다는 말입니다. 여기에 조건이 있습니다. 더욱 힘써 자기의 부르심과 택하심을 굳게 하는 자만이 들어갑니다. 그러기 위해서는 모이기에 힘써야 합니다. 만일 우리가 진정으로 하나님의 부르심과 택하심의 은총을 입은 자라면 이런 은혜의 방편을 소홀히 여기지 않을 것입니다. 이 말은 우리가 부르심과 택하심을 굳게 하는 행위가 공로가 되고 근거가 되어서 하나님의 나라에 들어갈 수 있다는 말이 아닙니다. 하나님의 부르심과 택하심을 참되게 경험한 신자라면, 은혜의 방편을 사모하게 될 것이고 그것을 부지런히 사용하게 될 것임을 의미합니다. 매일의 죄의 회개, 매일 그리스도를 의지하는 일, 말씀과 성례와 권징을 소중히 여기는 일, 기도하는 일을 소홀히 여기면서 하나님 나라에 들어갈 자는 없습니다. 직분자도 여기엔 예외가 없습니다.

은혜의 생활은 무언가 특별한 것이 아닙니다. 기적을 행하고 죽은 자를 살려내고 병자를 고치고 미래를 예언하고 성령의 음성을 듣는 것 같은 특별한 체험이 아닙니다. 유대인들은 표적을 구하며 이리저리 몰려다녔습니다. 헬라인들은 지혜를 구하며 여러 유려한 달변가들과 수사학자들을 선생으로 모시고 개인적인 가르침을 받았습니다(고전 1:22). 오늘도 주변에 이런 교인들이 많습니다. 지역 교회에서 열심히 섬기기보다 개인적으로 자기 귀를 간지럽게 해주는 스승을 많이 두고 사는 사람들 말입니다. 그러나 바울은 그리스도와 그분의 십자가만 바라보았습니다(고전 1:23-24).

부흥이란 특별한 것이지만, 부흥이 발생하는 방편은 기도와 말씀입니다. 그리고 그 열매와 결과는 바로 지역 교회를 중심으로 예배를 소중히 여기며 말씀을 배우고 봉사하는 것입니다. 평범함을 무시한 특별함은 전혀 특별한 것이 아니라 일탈입니다. 윌리엄슨 박사는 "하나님의 축복은 어떤 이상하고 특별한 것에서 발견되는 것이 아니라 통상적인 은혜의 방편에서 발견된다는 사실을 배워야 한다"고 말한 바 있습니다.

초대 교회를 보십시오. 그들은 말씀을 사모했습니다. 사도의 가르침을 하나님의 말씀으로 받고 순종했습니다. "그들이 사도의 가르침을 받아 서로 교제하고 떡을 떼며 오로지 기도하기를 힘쓰니라"(행 2:42). "날마다 마음을 같이하여 성전에 모이기를 힘쓰고 집에서 떡을 떼며 기쁨과 순전한 마음으로 음식을 먹"었습니다(46절). 그들은 하나님의 말씀을 순종하는 마음으로 읽고 그 말씀 듣기를 사모할 뿐만 아니라 함께 모여 식탁의 교제를 나누면서 들은 말씀을 같이 나누었습니다. 그 결과 온 백성에게 칭송을 받고 부흥했습니다(47절). 교회는 교회다워야 합니다. 모이기에 힘쓰고 받은 은혜를 흩어져서 전해야 합니다. 진정한 부흥은 언제든지 그 열매가 지역 교회의 예배와 봉사 생활에 힘쓰는 것으로 나타나야 합니다.

지역 교회에서 목회자와 함께 땀을 흘리고 애쓰며 말씀으로 자기를 점검하고 하나님의 부르심과 택하심의 은혜에 감격하여 그 나라에 넉넉히 들어가는 성도들이 됩시다.

히브리서 설교자는 신자들에게 우리가 받은 구원을 소홀히 여기지 말라고 권면합니다. "우리가 이같이 큰 구원을 등한히 여기면 어찌 그 보응을 피하리요 이 구원은 처음에 주로 말씀하신 바요 들은 자들이 우리에게 확증한 바니"(히 2:3). 자신이 받은 구원이 진실하다고 믿는 신자는 결코 그 구원을 등한히 여기지 않습니다. 등한이 여기는 것은 무시하거나 방치하는 것입니다. 무엇이든지 방치하고 소홀히 하면 녹이 슬고 못쓰게 됩니다. 신자도 마찬가지입니다. 바울 사도는 신자들을 향해 주님을 주라고 시인하고 믿는다면 두렵고 떨림으로 너희 구원을 이루라고 말씀한 바 있습니다. "모든 입으로 예수 그리스도를 주라 시인하여 하나님 아버지께 영광을 돌리게 하셨느니라 그러므로 나의 사랑하는 자들아 너희가 나 있을 때뿐 아니라 더욱 지금 나 없을 때에도 항상 복종하여 두렵고 떨림으로 너희 구원을 이루라"(빌 2:11-12).

두렵고 떨림으로, 즉 경외와 겸손함으로 하나님의 말씀 한 구절 한 구절에 순종하며 그 뜻대로 살아가길 원하고 하나님을 예배하기 원하는 마음은 중생한 모든 신자들의 특징이어야 합니다. 진정으로 구원받은 신자는 마치 구원에서 떨어질 것처럼 두렵고 떨리는 마음으로 힘쓰고 애써서 하나님의 부르심과 택하심을 확신하며 계명에 순종합니다. 이것이 실족하지 않는 유일한 비결입니다. 하나님의 말씀과 기도와 성찬에 참여함으로 신앙생활에서 실족하지 않고 항상 하나님 중심, 성경 중심, 교회 중심의 삶을 살아갑시다.

○ 칼뱅, 『기독교 강요』, 4.14.17.

성례들은 우리에게는 마치 기쁜 소식을 전하는 사자나 계약들을 확증해 주는 보증물과도 같아서, 그 자체가 우리에게 어떤 은혜를 베풀어 주는 것이 아니라 다만 하나님이 자비하심으로 우리에게 베풀어 주시는 은혜들을 우리에게 선언하고 전해 주며, 또한 보증물과 증거물로서 그 은혜들을 우리 가운데서 확증시켜 주는 것이다. 성령이야말로 하나님의 은혜들을 가져다주시며 우리 가운데 성례를 받을 여지를 주시고, 성례들이 열매를 맺도록 하시는 분이신 것이다.

■ 나눔 질문

1. 성도가 은혜를 받는 방편들에는 어떤 것들이 있습니까?
2. 생명에 이르는 회개란 무엇입니까?
3. 예배를 드리지 않고 기도를 하지 않으면서 영적으로 건강함을 기대하거나 신앙이 강해지기를 바랄 수 없는 이유는 무엇입니까?
4. 칼뱅은 신자가 왜 은혜의 방편을 부지런히 사용해야 한다고 말합니까?
5. 윌리엄슨 박사는 하나님의 축복이 어디에서 발견된다고 말하고 있습니까?

35장
의인은 오직 믿음으로

¹⁶내가 복음을 부끄러워하지 아니하노니 이 복음은 모든 믿는 자에게 구원을 주시는 하나님의 능력이 됨이라 먼저는 유대인에게요 그리고 헬라인에게로다 ¹⁷복음에는 하나님의 의가 나타나서 믿음으로 믿음에 이르게 하나니 기록된 바 오직 의인은 믿음으로 말미암아 살리라 함과 같으니라. 롬 1:16-17

> **소요리문답 86번**
>
> 문 86: 예수 그리스도 안에 있는 믿음이란 무엇입니까?
>
> 답: 예수 그리스도 안에 있는 믿음이란 구원적 은혜인데(히 10:39) 이를 통해 우리가 구원을 위해 복음 안에서 우리에게 제시된 대로 오직 그리스도만을 영접하고 그분만을 의지하는 것입니다(요 1:12; 사 26:3-4; 빌 3:9; 갈 2:16).

우리가 방금 읽은 로마서 1장 16-17절은 기독교 복음의 위대한 헌장이라 불립니다. 지난 장에서 우리는 하나님의 진노와 저주를 피하는 유일한 길로서 그리스도 예수를 믿고 생명에 이르도록 죄를 회개하며, 은혜의 방편을 부지런히 사용해야 한다고 교훈한 바 있습니다.

이번 장에서는 바로 그 첫째 관문인 그리스도 예수를 믿는 믿음이 무엇인지 로마서 말씀을 통해 살펴보고자 합니다. 어느 종교나 마찬가지이겠지만 기독교는 믿음의 종교입니다. 일반화해서 말할 순 없겠지만 대체적으로 거의 모든 종교들이 강조하는 것은 열심 있는 믿음입니다. 정성과 치성을 잘 드린 믿음 말입니다. 지성이면 감천이라는 말, 간절히 원하면 우주가 돕는다는 말도 같은 맥락입니다. 굳게 믿고 정성껏 기도하면 하늘이 감동한다는 뜻이지요. 무엇인가 소원하는 바가 이루어지지 않았다면 그것은 정성이 부족해서라 말합니다. 우리 조상들이 새벽에 소위 정한수를 떠놓고 몇 시간씩 치성을 드린 이유도 그런 이유입니다. 영과 진리로 예배하라는 성경의 말씀도 이런 식으로 해석합니다.

기독교의 믿음은 엄밀한 의미에서 인간적인 열심이나 정성의 산물이 아닙니다. 기독교는 은혜의 종교이며 믿음은 은혜의 결과물입니다. 즉 하나님이 베풀어주시는 선물이라는 말입니다. 이것이 여타 다른 종교와 기독교의 가장 극명한 차이입니다. 오늘 우리가 살펴볼 소요리문답 86번이 그것을 가장 잘 보여줍니다.

문 86: "예수 그리스도 안에 있는 믿음이란 무엇입니까?"

답: "예수 그리스도 안에 있는 믿음이란 구원적 은혜인데 이를 통해 우리가 구원을 위해 복음 안에서 우리에게 제시된 대로 오직 그리스도만을 영접하고 그분만을 의지하는 것입니다."

하나님이 베푸시는 구원의 은혜로서의 믿음

첫째, 의인의 믿음은 하나님이 베푸시는 구원의 은혜로서의 믿음입니다. 16절 말씀을 읽겠습니다. "내가 복음을 부끄러워하지 아니하노니 이 복음은 모든 믿는 자에게 구원을 주시는 하나님의 능력이 됨이라 먼저는 유대인에게요 그리고 헬라인에게로다."

"복음은 모든 믿는 자에게 구원을 주시는 하나님의 능력이" 된다고 했습니다. 그러니까 구원을 얻으려면 믿어야 하고 믿지 않으면 구원이 없다는 말입니다. 하나님이 제공하신 의를 믿음으로 받아들여야 한다는 말입니다.

17절에서도 믿음이 강조되고 있습니다. "복음에는 하나님의 의가 나타나서 믿음으로 믿음에 이르게 하나니 기록된 바 오직 의인은 믿음으로 말미암아 살리라 함과 같으니라." 히브리서 설교자도 믿음의 중요성을 강조합니다. 에 따르면 믿음이 없이는 하나님을 기쁘시게 할 수 조차 없습니다. "믿음이 없이는 하나님을 기쁘시게 하지 못하나니 하나님께 나아가는 자는 반드시 그가 계신 것과 또한 그가 자기를 찾는 자들에게 상 주시는 이심을 믿어야 할지니라"(히 11:6).

믿음이 없으면 아무것도 아닙니다. 사실 믿음과 회개는 논리적으로 구별될 뿐이지 시간적으로 구분될 수 없습니다. 믿음 없이 회개할 수 없고 회개 없이 믿을 수 없습니다. 믿음과 회개는 하나님의 성령님이 죄인을 중생시키실 때 발생하는 회심의 국면, 즉 마음을 돌이키시는 국면에서 동시적으로 벌어지는 은총의 역사입니다.

문제는 이 믿음이 우리의 의지대로 되지 않는다는 것입니다. 우리가 누군가를 믿게 될 때 그것은 우리 마음에서 우리의 지식과 경험과 관계없이 독립적으로 발생하지 않습니다. 존재하지 않고 경험하지 못한 대상을 믿을 수는 없습니다. 아무런 정보가 없는데 믿을 수는 없습니다. 그렇기에 이 믿음은 외부의 어떤 힘에 의해 발생합니다. 특히 구원의 은혜로서의 믿음은 우리가 아닌 전적으로 하나님의 능력 덕분입니다. 우리의 믿음은 하나님의 영역입니다. 하나님의 주권에 따른 결과입니다. 눈에 보이지도 않는 하나님을 어떻게 믿습니까? 우리를 위해 십자가에 못 박히셨다는 분을 우리의 두 눈으로 본 적이 없는데 어찌 믿습니까? 그렇기에 어떤 의미에서 우리의 믿음이란 신비에 속한 영역입니다. 그래서 히브리서 설교자는 "믿음은 바라는 것들의 실상이요 보이지 않는 것들의 증거"라고 했습니다(히 11:1). 일단 믿음이 발생하면, 보지 못하는 것을 보게 되고 아직 실현되지 않은 것을 실현된 것처럼 여기는 능력이 발생합니다. 그렇기에 하나님의 은혜로 믿게 된 신자는 믿는 것이 보는 것이 될 때까지 계속 믿게 됩니다.

이것은 설명하기 어려운 진리입니다. 경험해야 하는 영역입니다. 그런데 우리가 노방전도를 할 때 종종 이런 역사를 경험합니다. 대부분의 사람들이 복음 전도를 외면하거나 신경질적인 반응을 보입니다. 그런데 그 가운데 어떤 이들은 복음 전도를 통해 죄를 회개하고 예수님을 영접하는 기적을 경험합니다. 우리는 전도할 수 있지만 믿게 할 수는 없습니다. 그런 능력은 우리에게 없습니다. 우리가 전도하러 가기 전에 기도를 오래 해야 하는 이유입니다. 그렇기 때문에 이 능력이 우리의 것이 아니라 하나님의 선물인 것입니다. 바울이 "너희는 그 은혜에 의하여 믿음으로 말미암아 구원을 받았으니 이것은 너희에게서 난 것이 아니요 하나님의 선물이라"고 한 이유가 여기에 있습니다(엡 2:8). 믿음의 기원은 사람이 아니라 하나님이십니다. 하나님의 은혜로 성령님이 내 맘에 오셔서 구원의 복음을 받아들일 마음의 밭을 일구시고 그리스도를 영접하게 하신 것입니다. 마치 빌립보에서 바울이 복음을 전할 때 비단 장사 루디아의 마음의 문을 주께서 열어주신 것처럼 말입니다. "두아디라 시에 있는 자색 옷감 장사로서 하나님을 섬기는 루디아라 하는 한 여자가 말을 듣고 있을 때 주께서 그 마음을 열어 바울의 말을 따르게 하신지라"(행 16:14).

죄인이 하나님의 은혜로 그리스도를 영접하고 구원하는 믿음을 갖게 될 때 윌리엄슨 박사는 죄인의 영혼에 세 가지가 발생한다고 설명합니다. 첫째, 영혼에 빛이 들어갑니다. 둘째, 열이 들어갑니다. 셋째, 능력이 들어갑니다. 빛이 들어간 영혼은 복음을 이해하게 됩니다. 열이 들어간 영혼은 죄를 깨닫고 그리스도에 대한 인격적인 확신을 얻고 감동합니다. 시키지도 않았는데 그리스도를 사랑하게 됩니다. 물론 그 확신과 감동은 개개인마다 정도의 차이가 있습니다. 그리고 마지막으로 능력이 들어간 영혼은 복음에 대해 반응하고 복음을 받아들입니다. 헌신하고 희생합니다. 그리스도를 전적으로 의지합니다. 이럴 때 우리는 죄인이 회심했으며 그리스도를 믿게 되었다고 말할 수 있습니다. 이 모든 것이 다 하나님이 베푸시는 은혜의 선물입니다. 우리는 이런 믿음을 신학적인 용어로 설명할 수 있습니다. 참된 믿음은 지식(notitia)과 동의(assensus)와 확신, 즉 신뢰(fiducia)입니다. 그러므로 믿음이 있는 신자는 빛과 열과 능력이 균형 있게 발산되어야 합니다. 이런 관점에서 볼 때 아직도 교회 안에는 구원하시는 은혜를 경험하지 못한 사람들이 많습니다. 교회는 그들이 구원하시는 은혜로서의 믿음을 경험하게 해 달라고 끊임없이 기도해야 합니다. 만일 우리 안에 이런 빛과 열과 능력이 있다면 교회는 나오지만 여전히 육적인 사람들에게 그 빛과 열과 능력을 전해 주어야 합니다. 교회에 출석하지 않는 이웃에게도 그 빛과 열과 능력을 전해 주어야 합니다.

복음 안에 제시된 그리스도 예수를 바르게 이해하고 믿고 영접함으로 구원하시는 은혜의 축복을 계속 누리시기 바랍니다.

복음을 통해 제공하는 의를 받아들이고 의지하는 믿음

둘째, 의인의 믿음이란 복음의 말씀을 통해 제공하시는 하나님의 의를 받아들이고 의지하는 믿음입니다. 17절 말씀을 보겠습니다. "복음에는 하나님의 의가 나타나서 믿음으로 믿음에 이르게 하나니 기록된 바 오직 의인은 믿음으로 말미암아 살리라 함과 같으니라."

"복음에는 하나님의 의가 나타나서"라고 했습니다. 즉 복음에 나타난 하나님의 의의 실체를 인식해야 한다는 말입니다. 이런 측면에서 기독교의 믿음은 일단 지성적인 믿음(notitia), 즉 지식적인 믿음입니다. 이것은 미신도 맹신도 아닙니다. 막연한 감정이나 신비스러운 느낌도 아닙니다. 참된 구원의 믿음은 복음에 나타난 하나님의 의를 구체적으로 인식하고 이해하고 지식적으로 받아들여야 합니다. 그러면 그 복음에 나타난 하나님의 의가 무엇입니까?

이 점에 있어 칼뱅은 기독교 강요 제3권 2장 1항에서 믿음의 특성을 정의하며 4세기의 교부 아우구스티누스의 말을 인용합니다. 아우구스티누스는 "우리가 알아야 할 것은 우리가 어디로 가느냐 하는 것과 어느 길로 그곳에 가느냐 하는 것"이라고 가르쳤습니다. 말하자면 하나님이 제공하신 유일한 의로서의 예수 그리스도, 즉 하나님이시자 사람이신 그분을 알아야 하는 것입니다. 그러니까 의의 실체는 성부 하나님이 제공하신 성자 예수 그리스도이십니다. 하나님 아버지가 준비하신 독생자의 길, 이 길 외에 다른 길은 없습니다.

그러니까 참된 믿음은 지식에 대해 두 가지 일을 합니다. 첫째는 하나님이 계시다는 것을 지성적으로 받아들이는 것입니다. 둘째는 그 하나님이 우리의 구원을 위해 그리스도 예수라는 의를 제공하셨는데, 이것이 우리의 죄를 씻고 우리를 의롭다 하시는 하나밖에 없는 의라는 사실을 지성적으로 받아들이는 것입니다. 이런 의미에서 우리는 그리스도를 통해 또는 그리스도로 말미암아 하나님을 믿게 됩니다. 베드로는 이렇게 설교했습니다. "이 예수는 너희 건축자들의 버린 돌로서 집 모퉁이의 머릿돌이 되었느니라 다른 이로써는 구원을 받을 수 없나니 천하 사람 중에 구원을 받을 만한 다른 이름을 우리에게 주신 일이 없음이라 하였더라"(행 4:11-12).

예수님도 이렇게 말씀하셨습니다. "예수께서 이르시되 내가 곧 길이요 진리요 생명이니 나로 말미암지 않고는 아버지께로 올 자가 없느니라"(요 14:6). 그러므로 구원하는 믿음은 구원을 얻기 위한 오직 한 길로서의 주 예수 그리스도가 온 세상의 구세주가 되신다는 사실을 인식하는 것으로서 출발합니다. 이런 의미에서 믿음은 맹신이나 신념이나 확신과 다릅니다. 구원하시는 은혜로서의 믿음, 즉 구원하는 믿음은 생각이나 견해나 철학이 아닙니다. 믿음이 없이는 그 어떤 생각이나 견해나 사상이나 철학이나 지적 동의도 아무 능력을 만들어내지 못합니다.

참된 구원하는 믿음이 하는 두 번째 일은 하나님의 의를 지성적으로 인식하고 인정할 뿐 아니라 그것을 기꺼이 받아들이고 환영하게 합니다. 이것을 영접하는 믿음이라 할 수 있습니다. 요한은 이렇게 말합니다. "영접하는 자 곧 그 이름을 믿는 자들에게는 하나님의 자녀가 되는 권세를 주셨으니"(요 1:12). "영접"이라는 말은 두 팔을 벌려 환영(welcoming)한다는 뜻입니다. 여기에는 지적인 동의 그 이상의 의미가 담겨 있습니다. 환영뿐 아니라 사랑의 의미까지 담겨 있습니다. 단순한 지적 동의가 아닙니다. 그렇다면 악수 정도나 하고 끝나겠지요. 그런데 두 팔을 벌려 환영합니다. 그것이 영접입니다. 여기 "영접하다"의 동사는 과거완료형으로 쓰였습니다. 그러니까 과거에 한번 영접했다는 말입니다. 환영했다는 말입니다. 그런데 계속해서 12절에 보면 "그 이름을 믿는 자들에게는"이라 했습니다. 여기 "믿는다"는 단어는 미완료입니다. 그러니까 한번 끌어안은 예수님의 이름을 계속 반복적으로 믿어야 한다는 것입니다. 그런 자에게 하나님의 자녀가 되는 권세가 주어진다는 말입니다.

결론적으로 말하자면, 구원하는 믿음은 내가 죄인임을 깨닫고 하나님이 나의 죄를 사하시고 의를 수여하시기 위해 그리스도 예수라는 의를 복음을 통해 제공하심을 인식하는 것입니다. 그리고 우리가 자랑하던 능력이나 공로나 행위를 더러운 넝마를 벗듯 내던지고 복음 안에 나타난 그리스도 예수를 두 팔 벌려 환영하면서 예수 그리스도로 옷 입는 것입니다(사 64:6; 슥 3:1-5; 갈 3:27; 롬 13:14). 언제 말입니까? 매일 그리고 항상 말입니다.

신자는 왜 이렇게 살아야 합니까? 바울이 빌립보 교인들에게 이렇게 말합니다. "그 안에서 발견되려 함이니 내가 가진 의는 율법에서 난 것이 아니요 오직 그리스도를 믿음으로 말미암은 것이니 곧 믿음으로 하나님께로부터 난 의라"(빌 3:9). 신자는 그리스도 안에서 발견되는 자입니다. 누가 참된 신자인지 구별하는 시금석은 그가 그리스도를 높이는지 아니면 자기를 높이는지를 보면 알 수 있습니다. 말과 행동에서 자꾸만 자기가 나오는 사람은 그리스도 안에서 발견되려는 자가 아니라 그리스도 밖에서 발견되려는 사람입니다. 그는 믿음이 아직 무엇인지 모르는 자입니다. 주 예수 그리스도를 진정으로 영접했다면 진정으로 그분께만 영광을 돌리는 성도들이 되어야 할 것입니다.

우리를 구원에 이르게 하는 이 구원하는 은혜로서의 믿음이 놀랍고 감사한 이유는 우리가 받은 구원이 오직 믿음으로만 가능하기 때문입니다. 달리 말하면 하나님이 우리에게 요구하시는 것은 단 한 가지 믿음입니다. 17절에 복음에는 하나님의 의가 나타나서 믿음으로 믿음에 이르게 한다고 했는데 주석가들은 이것을 처음 믿음과 나중 믿음 또는 유대인의 믿음과 이방인의 믿음, 시작의 믿음과 끝의 믿음이라고 설명합니다. 그러나 어떤 견해를 취하든 어쨌든 초점은 오직 믿음입니다. 믿음은 살아 움직입니다. 생명력이 있습니다. 생명이 없다면 믿음은 죽습니다. 과거 완료에서 우리의 믿음이 끝났다면 지금 현재 계속되는 믿음은 없습니다. 우리는 믿음에서 믿음으로 계속 자라가야 합니다. 믿음이 중요한 이유는 믿음에서 확신이 나오며 확신에서 담대함이 나오기 때문입니다. 바울은 이런 믿음을 가진 자들이 받을 축복에 대해 이렇게 확신하고 있습니다. "내가 확신하노니 사망이나 생명이나 천사들이나 권세자들이나 현재 일이나 장래 일이나 능력이나 높음이나 깊음이나 다른 어떤 피조물이라도 우리를 우리 주 그리스도 예수 안에 있는 하나님의 사랑에서 끊을 수 없으리라"(롬 8:38-39).

○ **칼뱅,『기독교 강요』, 3.2.28.**
믿음의 주된 확신은 바로 장차 올 내세에 대한 기대에 있다. 하나님의 말씀을 통해 의심의 여지없이 그런 확신이 주어지기 때문이다. 하나님이 사랑으로 껴안으신 자들에게 이 땅에서 아무리 비극과 재난이 닥친다 해도, 그런 것들이 하나님의 자비하심을 충만히 누리고 그 안에서 행복을 느끼는 데 하등의 방해거리가 되지 않는 것이다. 그러므로, 축복의 요체를 한 마디로 표현하자면, 바로 하나님의 은혜라 할 수 있을 것이다. 바로 이 샘에서 온갖 선한 것이 우리에게로 흘러나오는 것이다. 흔히 관찰할 수 있는 사실이지만, 성경은 영원한 구원이나 이 땅에서 누리는 온갖 선한 일에 대해 말씀할 때마다 항상 주님의 사랑과 연결시키는 것을 보게 된다. 그렇기 때문에 다윗은 경건한 자의 마음은 하나님의 선하심을 생명 그 자체보다도 오히려 더 감미롭고 더 귀하게 느낀다고 노래하는 것이다 (시 63:3).

■ 나눔 질문

1. 히브리서 11장 1절에 근거해서 믿음이 발생하면 신자에게 어떤 능력이 주어집니까?
2. 윌리엄슨 박사는 죄인이 그리스도를 믿음으로 영접할 때 믿음이 빛과 열과 능력이 발생한다고 말하는데 이 빛과 열과 능력의 기능은 무엇입니까?
3. 우리가 믿어야 할 의의 실체는 누구십니까?
4. 예수 그리스도를 영접한다고 할 때, 영접의 뜻은 무엇입니까?
5. 누가 참된 신자인지 그렇지 않은지를 우리는 어떤 시금석으로 분별할 수 있겠습니까?

36장
생명에 이르는 회개

¹⁷그런즉 하나님이 우리가 주 예수 그리스도를 믿을 때에 주신 것과 같은 선물을 그들에게도 주셨으니 내가 누구이기에 하나님을 능히 막겠느냐 하더라 ¹⁸그들이 이 말을 듣고 잠잠하여 하나님께 영광을 돌려 이르되 그러면 하나님이 이방인에게도 생명 얻는 회개를 주셨도다 하니라. 행 11:17-18

소요리문답 87번

문 87: 생명에 이르는 회개란 무엇입니까?

답: 생명에 이르는 회개란 구원적 은혜로서(행 11:18), 이로 말미암아 죄인이 자신의 죄에 대한 참된 지각과(행 2:37-38), 그리스도 안에 있는 하나님의 자비에 대한 인식으로(욜 2:12; 렘 3:22), 그의 죄를 슬퍼하고 미워하며, 새로운 순종에 대한 온전한 목적과 그것을 따르는 온전한 노력을 동반하여(고후 7:11; 사 1:16-17), 죄에서 하나님께로 돌아서는 것입니다(렘 31:18-19; 겔 36;31).

회개는 기독교의 가장 큰 메시지 가운데 하나입니다. 사도들의 설교와 오고 오는 모든 교회 설교의 중심에는 회개가 있었습니다. 신약 최초의

선지자 세례 요한도 "회개하라 천국이 가까이 왔느니라"고 했습니다(마 3:2). 예수님의 첫 메시지도 "회개하라 천국이 가까이 왔느니라"였습니다 (마 4:17). 회개는 기독교에서 치명적으로 중대한 주제입니다. 회개는 바로 죄인을 향하신 하나님의 무서운 진노와 심판과 저주를 피하는 유일한 길이기 때문입니다.

그런데 오늘날 가장 듣기 어려운 설교 주제 또한 죄에 대한 회개이기도 합니다. 현대인들은 회개하라는 말 자체를 싫어합니다. 신자들도 책망 듣기를 힘들어합니다. 그러나 하나님이 성경을 통해 우리에게 가장 자주 하시는 말씀이 회개하고 돌이키라는 것 아닙니까? 선지자들도 백성들을 향해 회개하고 여호와께로 돌아오라 설교하지 않았습니까? 사도들도 사람들에게 죄와 우상을 버리고 사시는 하나님께 돌아오라고 선포하지 않았습니까? 왜 그렇습니까? 그것이야말로 죄인된 우리가 하나님 앞에서 살 수 있는 유일한 길이기 때문입니다. 선지자들과 사도들은 사람들의 눈치를 보지 않았습니다. 그들은 사람들이 무엇을 좋아하고 무엇을 싫어하는지 설문조사 따위를 하지 않았습니다. 그들은 하나님이 전하라고 하신 말씀을 가감없이 전했습니다.

지난 장은 하나님의 진노와 저주를 피하는 유일한 길의 첫 관문인 예수 그리스도 안에 있는 믿음에 대해 살펴보았습니다. 이번에는 그 둘째 관문인 생명에 이르는 회개에 대해 살펴보고자 합니다.

인종을 초월하여 임하는 하나님의 선물

첫째, 생명에 이르는 회개는 온 세상의 민족을 초월하여 임하는 하나님의 선물입니다. 17절 말씀을 읽겠습니다. "그런즉 하나님이 우리가 주 예수 그리스도를 믿을 때에 주신 것과 같은 선물을 그들에게도 주셨으니 내가 누구이기에 하나님을 능히 막겠느냐 하더라."

소요리문답 87번도 보겠습니다.

문 87: "생명에 이르는 회개란 무엇입니까?"

답: "생명에 이르는 회개란 구원적 은혜로서, 이로 말미암아 죄인이 자신의 죄에 대한 참된 지각과, 그리스도 안에 있는 하나님의 자비에 대한 인식으로, 그의 죄를 슬퍼하고 미워하며, 새로운 순종에 대한 온전한 목적과 그것을 따르는 온전한 노력을 동반하여, 죄에서 하나님께로 돌아서는 것입니다."

오늘 본문 말씀은 두 사람의 연이은 회심 사건에 이어지는 내용입니다. 9장에서 기독교 역사상 전무후무하게 그리스도인을 핍박했던 유대인 사울의 회심 사건이 기록되었고 10장에서 하나님을 진지하게 추구하고 종교적 열심을 지닌 이방인 고넬료의 회심 사건이 기록되어 있습니다. 사울은 유대인이었고 고넬료는 이방인이었습니다. 사울은 대단한 학자였고 고넬료는 군인이었습니다. 사울은 율법주의자였고 고넬료는 진지하게 하나님을 찾는 종교인이었습니다. 하나님의 복음은 이 두 사람 모두에게 임했습니다. 하나님의 복음은 민족과 인종을 구분하지 않습니다. 하나님은 복음을 통해 사울을 회심시켰고 고넬료에게도 생명 얻는 회개를 주셨습니다.

복음이 하지 못할 일은 하나도 없습니다. 복음은 유대인뿐 아니라 헬라인에게도 능력이 됩니다. 부활하신 그리스도의 실체를 목격한 바울은 그 자리에서 쓰러졌습니다. 14절 말씀처럼 구원하는 복음의 메시지를 들은 고넬료는 회개했습니다. 복음은 모든 믿는 자에게 구원을 주시는 하나님의 능력입니다. 이 능력을 받는 자는 누구든지 회개하게 될 것입니다. 회개의 복음은 인종을 초월합니다. 문화를 초월합니다. 신분을 초월합니다. 모든 편견을 초월합니다. 회개의 복음이 감당치 못할 죄인은 단 한 사람도 없습니다. 여기에는 차별이 없습니다. 이 회개는 율법주의자, 도덕주의자, 은혜주의자 모두에게 다 필요한 구원의 선물이요 은혜입니다. 베드로의 설교를 들은 유대인들이 이구동성으로 "형제들아 우리가 어찌할꼬" 하자 베드로는 "너희가 회개하여 각각 예수 그리스도의 이름으로 세례를 받고 죄 사함을 받으라 그리하면 성령의 선물을 받으리니"라고 했습니다(행 2:37-38). 회개와 믿음은 성령을 선물로 받는 수단입니다. 더 정확히 말하면 성령을 선물로 받은 자들은 회개하고 믿게 되어 있습니다.

여기서 강조해야 할 것이 있습니다. 생명에 이르는 회개 역시 예수 그리스도를 믿는 믿음과 마찬가지로 하나님의 구원의 은혜라는 사실입니다. 회개하고 싶다고 회개할 수 있지 않습니다. 특별히 (바울이 되기 전) 사울은 회개할 마음이 전혀 없는 자였습니다. 고넬료는 어땠습니까? 진심으로 신을 찾는 구도자이자 경건한 도덕주의자였고 그 열심과 정성은 둘째 가라면 서러울 정도였습니다. 그러나 하나님이 생명을 얻는 회개를 이방인에게도 허락하시지 않았다면 고넬료는 죄를 깨닫거나 슬퍼하거나 생명에 이르는 회개의 기도를 올리지 못했을 것입니다. 이 회개의 복음을 들은 모든 유대인과 이방인들이 이구동성으로 하나님께 영광을 돌렸습니다. 인종을 초월하여 생명 얻는 회개를 이방인에게 주신 하나님을 찬양했습니다.

예기치 못한 은혜입니다. 선지자 요나가 이해하지 못했던 은혜입니다. 요나는 하나님의 구원의 은혜가 악독한 이방 앗수르의 니느웨 백성들에게 임하는 것을 죽기보다 싫어했습니다. 그렇기에 요나는 여호와의 낯을 피하여 도망치기까지 했습니다. 그러나 요나가 박넝쿨을 아꼈듯이 하나님은 니느웨 백성들을 아끼셨습니다. 도무지 받을 자격이 없었던 니느웨 백성들에게는 예기치 못한 은혜를 베푸셨습니다. 자격 없는 자에게 회개의 복음이 선포된다면 마땅히 회개해야 하는 것이 죄인된 자의 의무입니다. 또한 복음이 선포될 때 회개하여 구원을 얻은 놀라운 성경 속 사건들을 읽으며 오늘날의 현대인들도 회개해야 합니다. 우리는 하나님의 회개의 선물이 인종과 문화와 배경과 신분과 지위를 초월하여 모든 자에게 임하기를 위해 기도해야 합니다.

우리가 알고 있는 모든 사람들이 회개의 복음을 듣고 구원을 얻게 되기를 기도하며 베드로처럼 복음을 전파하는 성도들이 됩시다.

죄에서 빠져나와 하나님의 자비를 맛보는 생명

둘째, 생명에 이르는 회개는 죄의 종노릇에서 해방되어 하나님의 자비를 맛보게 합니다. 18절 말씀을 읽겠습니다. "그들이 이 말을 듣고 잠잠하여 하나님께 영광을 돌려 이르되 그러면 하나님께서 이방인에게도 생명 얻는 회개를 주셨도다 하니라."

회개는 생명을 얻게 합니다. 회개하는 자는 생명에 이르게 됩니다. 그리고 하나님 나라가 시작됩니다. 죄를 회개하는 믿음과 그리스도 예수를 영접하는 믿음을 통해 죄를 용서받고 의를 공급받아 우리가 의인이 됩니다. 이 믿음과 회개, 회개와 믿음을 통해 신자가 그리스도와 연합하면 그리스도의 영이 우리 마음에 거하시게 됩니다. 그런 신자는 성령님을 통해 하나님을 아바 아버지로 부르게 되고 그리스도 예수를 구주로 모시게 되며 계속해서 죄 된 생각과 말과 행동에서 떠나 새로운 생명을 경험하게 됩니다. 즉 참된 회개는 우리 자신에게서 하나님께로 돌아서는 것이요, 죄를 죽이고 영을 살리는 것입니다. 이런 의미에서 믿음과 회개, 회개와 믿음은 어느 것이 앞서지 않고 분리되지 않으면서 동시적으로 발생하는 하나님의 은혜입니다.

 17절 말씀처럼 이 선물을 받을 때 죄인은 회개함으로 죄용서를 받고 예수 그리스도를 굳게 붙잡고 영접함으로 그분의 생명을 얻습니다. 그러므로 예수 그리스도를 믿는 자는 항상 회개하며 죄를 회개하는 자는 항상 그리스도를 붙잡습니다. 어느 것 하나 소홀히 할 수 없습니다. 이것이 중대한 이유는 예수님을 한 번 믿었다는 이유로 계속 죄를 미워하며 죄에서 떠나려는 삶을 살지 않으려는 율법폐기론주의를 배격하기 때문입니다. 이와 동시에 죄를 죽이고 회개하고 돌이키는 과정을 계속 반복함으로 스스로의 노력과 성화적 진보를 통해 구원을 얻을 수 있다는 율법주의적 도덕주의 역시 배격하기 때문입니다. 참된 믿음과 회개는 연약하고 무능력한 나의 믿음과 회개를 가지고는 아무것도 할 수 없음을 인정합니다. 참된 회개와 믿음은 그럼에도 불구하고 예수님을 믿는 그 믿음이 주시는 생명력으로 계속해서 끊임없이 하나님 말씀을 지켜 냅니다. 그러므로 진정으로 회개하는 신자는 그리스도 예수의 생명을 맛봅니다. 회개하는 신자는 죄에 빠져 나와 그것이 하나님의 자비였음을 깨닫습니다. 다시는 그리로 돌아가려 하지 않습니다. 그는 계속해서 하나님께 가까이 하기를 열망합니다.

 생명에 이르는 회개와 믿음을 경험했다면, 계속해서 죄에서 떠나며 하나님께로 가까이 나아가려는 성도의 삶을 살아야 합니다.

죄를 슬퍼하고 미워하며 하나님께로 돌이켜 순종함

셋째, 생명에 이르는 회개는 죄를 슬퍼하고 미워하며 그 마음을 하나님께로 돌이켜 하나님의 말씀에 순종하게 합니다. 18절 말씀을 한 번 더 보겠습니다. "그들이 이 말을 듣고 잠잠하여 하나님께 영광을 돌려 이르되 그러면 하나님께서 이방인에게도 생명 얻는 회개를 주셨도다 하니라."

회개는 어느 한 순간 강하게 하고 끝나지 않습니다. 회개의 진정성은 그것의 즉각성에 있지 않고 점진적 계속성과 그 열매에 있습니다. 말하자면 계속 죄를 슬퍼하고 미워하며 돌이키는 것입니다. 이런 측면에서 진정한 회개는 일시적인 후회(regret)나 센티멘탈한 느낌이나 감정(sentimental feeling or emotion)이 아닙니다. 진정한 회개는 죄를 인식합니다. 죄가 죄인 것임을 확실히 지성적으로 확인합니다. 그리고 그것을 슬퍼합니다. 거기서 멈추지 않고 그것을 미워합니다. 그리고 그것으로부터 떠납니다. 떠난다는 것은 어디론가 향한다는 것인데 그 방향은 하나님이어야 합니다. 결국 참된 회개는 죄로부터 떠나 생명의 근원이신 하나님께로 돌아가는 것입니다. 인식하고 미워하고 슬퍼하는 것만으로는 충분하지 않습니다. 떠나야 합니다. 죄가 나쁘다는 것을 아는 것만으로는 충분하지 않습니다. 그것으로부터 돌이켜야 합니다. 그리고 하나님께로 돌아가야 합니다.

어떤 일이나 어떤 것에 깊이 중독되어 있는데, 그 상태가 괴롭고 슬프고 위험하다는 것을 잘 아는 것만으로는 회개가 아닙니다. 술이나 약물에 중독되었을 때 그 현실을 슬퍼할 수 있습니다. 그러나 또다시 술과 약물에 손을 대면 그 상태는 결코 호전되지 않습니다. 그저 슬퍼하는 것은 회개가 아닙니다. 눈물 한번 흘린다고 회개가 완성되지 않습니다. 회개는 한번 하고 끝나는 것이 아니라 점진적이며 계속적으로 이루어지는 일종의 훈련이라 할 수 있습니다.

가룟 유다는 예수님을 팔아넘긴 자신의 행위가 수치스러웠습니다. 자신이 밉고 후회가 밀려왔습니다. 딱 거기까지였습니다. 거기서 돌이켜 하나님 앞으로 나와야 했습니다. 새로운 순종을 삶으로 실천해야 했습니다. 그러나 유다는 자신의 감정과 생각에 함몰되어 스스로 목숨을 끊고 말았습니다. 이런 경우 생명에 이르는 회개가 아니라 생명을 파멸하는 후회가 될 뿐입니다.

자신의 회개가 진정한 것임을 확신하려면 지금 내가 죄를 슬퍼하고 미워하고 있는지를 보아야 하며, 그리고 그것에서 떠나 하나님을 향해 돌이키고 하나님을 향한 새로운 순종으로 나아가고 있는지를 살펴야 합니다. 그저 후회하는 것만으로는 충분하지 않습니다. 매일 회개가 이루어진다면 그 삶에서 그 동안의 잘못을 끊고 하나님의 말씀에 순종하려는 노력과 흔적이 나타나게 되어 있습니다. 말씀으로 책망을 받으면 그로 인해 각성된 나의 양심이 내 죄를 슬퍼하고 뉘우치고 미워하며 고치려는 구체적인 결심과 행동들이 나타나게 되어 있습니다. 베드로 사도가 이렇게 명령하는 이유입니다. "그러므로 형제들아 더욱 힘써 너희 부르심과 택하심을 굳게 하라 너희가 이것을 행한즉 언제든지 실족하지 아니하리라"(벧후 1:10).

진정한 회개는 죄 용서함을 받는 것에서 그치지 않고 적극적으로 하나님의 뜻에 순종하려는 새로운 목적을 가지게 됩니다. 이제부터 살아도 주를 위해 살고 죽어도 주를 위해 죽겠다는 마음을 품게 됩니다(롬 14:8). 살든지 죽든지 자신의 생명이 주님의 것이라는 고백과 더불어 자신의 지성과 감정과 의지가 하나님이라는 목적을 향해 달려가고 있음을 깨닫게 됩니다. 육신이 연약해서 또는 유혹에 넘어가 잠시 실족하게 되었을 때 신자는 반복적으로 회개해야 합니다. 베드로가 주님을 세 번 부인했을지라도 다시금 회개하고 돌이켜 주의 은혜로 형제를 굳게 하는 위대한 사도가 된 것처럼 말입니다.

주님이 구원의 은혜로 베풀어주신 생명에 이르는 회개를 부단히 실천하십시오. 날마다 죄에서 돌이키고 하나님께로 가까이 나아가는 성도들이 되시기를 소원합니다.

지상에서 완벽한 의인은 존재하지 않습니다. 사람은 "의인이며 동시에 죄인이"(simul iustus et peccator)라는 루터의 경구를 빌리지 않더라도 모든 의인은 죄인입니다. 그렇기에 회개가 필요합니다. 루터는 이런 말도 했습니다. "다시는 똑같이 행동하지 않는 것이 참된 회개다." 의인이면서 죄인인데 다시는 똑같이 행동하지 않는 것이 어떻게 회개라고 할 수 있을까요? 그것은 바로 우리가 원리적으로는 주님과 연합된 의인이어서 죄를 지을 수 없지만 아직 연약하여 남아 있는 부패함으로 인해 실제로 죄를 짓는데, 이때 다시는 똑같이 행동하지 않도록 부단히 애써야 한다는 의미입니다. 이것이 바로 사도 요한이 "그(그리스도) 안에 거하는 자마다 범죄하지 아니하나니 범죄하는 자마다 그를 보지도 못하였고 그를 알지도 못하였느니라"고 한 말씀의 의미입니다(요일 3:6). 그럼에도 우리는 또한 주님께서 사도 요한을 통해 에베소 교회에 주신 경고의 말씀을 잘 알고 있습니다. 그것은 바로 "어디서 떨어졌는지를 생각하고 회개하여 처음 행위를 가지라"는 것입니다(계 2:4-5). 그렇지 않고 회개하지 않으면 주께서 촛대를 옮기실 것이기 때문입니다.

바울은 이것을 가리켜 하나님의 뜻대로 하는 근심이라고 했습니다. 회개를 정의하자면 그것은 곧 하나님의 뜻대로 하는 근심입니다. 사람의 걱정이나 사람의 눈치를 보는 근심이 아니라 하나님의 뜻과 원리를 두려

위하는 근심입니다. 바울은 이렇게 말합니다. "보라 하나님의 뜻대로 하게 된 이 근심이 너희로 얼마나 간절하게 하며 얼마나 변증하게 하며 얼마나 분하게 하며 얼마나 두렵게 하며 얼마나 사모하게 하며 얼마나 열심 있게 하며 얼마나 벌하게 하였는가 너희가 그 일에 대하여 일체 너희 자신의 깨끗함을 나타내었느니라"(고후 7:11).

오늘날 한국 교회는 회개를 잃어버렸습니다. 회개하지 않습니다. 아니 값싼 회개가 난무합니다. 사람을 너무 의식하고 하나님보다 사람을 두려워합니다. 그렇기에 회개의 메시지를 전하지 못합니다. 사람들이 싫어하기 때문입니다. 그러나 참된 교회와 설교자들은 어려운 상황일수록 언제나 회개할 것을 촉구해야 합니다. 이런 시대에 생명에 이르는 회개를 통해 하나님의 심판과 저주를 피하고 하나님의 계명의 말씀에 순종하는 성도들이 됩시다.

○ 칼뱅, 『기독교 강요』, 3.3.5.

회개를 뜻하는 히브리어 단어는 전환(conversion) 또는 돌아감(return)이라는 뜻의 단어에서 파생된 것이다. 그리고 헬라어 단어는 마음의 변화 혹은 의도의 변화를 뜻하는 단어에서 파생되었다. 회개라는 것 그 자체도 이 두 단어의 어원과 아주 밀접하게 일치하고 있다. 그 의미는 곧 우리가 우리 자신에게서 벗어나서 하나님께로 돌아서는 것이요, 또한 우리의 이전의 마음을 벗어버리고 새 마음을 입는다는 것이다. 그렇기 때문에 나의 판단으로는 회개를 다음과 같이 잘 정의할 수가 있다고 여겨진다. 회개란 우리의 삶이 하나님께로 참되게 돌아가는 것(true turning of our life to God) — 이는 하나님께 대한 순전하고 진지한 두려움에서 생겨난다 — 으로서, 우리의 육체와 옛 사람을 죽이는 일과 영을 살리는 일로 이루어져 있다.

■ 나눔 질문
1. 생명에 이르는 회개를 하려면 어떻게 해야 합니까?
2. 참된 회개는 누구에게로 돌아가는 것을 뜻합니까?
3. 생명에 이르는 회개는 단회적입니까 아니면 계속 반복되는 것입니까?
4. 참된 회개는 죄에 대하여 어떤 태도를 견지하게 됩니까?
5. 자신의 회개가 진정한 것임을 확신하려면 무엇을 보아야 합니까?
6. 바울의 표현대로 회개를 정의해 보시기 바랍니다.
7. 최근에 하나님 앞에서 회개한 경험이 있다면 나누어 봅시다.

37장
은혜의 방편 – 하나님의 말씀 선포

지금 내가 여러분을 주와 및 그 은혜의 말씀에 부탁하노니 그 말씀이 여러분을 능히 든든히 세우사 거룩하게 하심을 입은 모든 자 가운데 기업이 있게 하시리라. 행 20:32

소요리문답 88, 89, 90번

문 88: 그리스도가 구속의 은덕들을 우리에게 전달하시는 외적이며 통상적인 수단들은 무엇입니까?

답: 그리스도가 구속의 은덕들을 우리에게 전달하시는 외적이며 통상적인 수단들은 그의 규례들인데 특별히 하나님의 말씀과 성례들과 기도입니다. 이 모든 것들은 구원을 위해 택자들에게 효력 있게 됩니다(마 28:19-20; 행 2:42, 46-47).

문 89: 하나님의 말씀은 구원에 있어 어떻게 효력 있게 됩니까?

답: 하나님의 성령님은 말씀을 읽는 것, 특별히 말씀을 설교하는 것을, 죄인들을 확신시키고 회심하게 하며, 거룩함과 위로 안에서 믿음을 통해 구원에 이르도록 그들을 세우는 효력 있는 수단이 되게 합니다(느 8:8; 고전 14:24-25; 행 26:18; 시 19:8; 행 20:32; 롬 15:4; 딤후 3:15-17; 롬 10:13-17ㅣ 1:16).

> 문 90: 하나님의 말씀은 구원에 효력 있게 되기 위해 어떻게 읽히고 들려야 합니까?
>
> 답: 하나님의 말씀이 구원에 효력 있게 되기 위해 우리는 반드시 부지런함과(잠 8:34) 준비와(벧전 2:1-2) 기도에(시119:18) 주의해야 합니다. 그것을 믿음과 사랑으로 받고(히 4:2; 살후 2:10) 우리의 마음에 간직하며(시 119:11) 우리 생활들을 통해 실천해야 합니다(눅 8:15; 약 1:25).

참된 교회와 거짓된 교회를 구분하는 시금석이 무엇일까요? 여러 가지가 있겠지만 대표적으로 그 교회에 은혜가 있는가 하는 것입니다. 더 정확히 말하면 그 교회에 은혜의 방편이 잘 흐르고 있는가 하는 것입니다. 여기 말하는 은혜란 그저 좋은 것이 좋다는 식의 값싼 은혜를 말하지 않습니다. 그 교회에서 하나님의 구속의 경륜이 정확하게 전달되고 있는지 확인하라는 것입니다. 참된 교회는 그 안에서 은혜의 방편이 제대로 기능하고 있어야 합니다. 하나님은 교회를 위해 은혜의 방편을 제정하셨습니다. 성경이 말하는 은혜의 방편은 하나님의 말씀 선포와 성례의 정당한 시행 그리고 기도의 사용입니다. 오늘은 그 중 말씀 선포에 대해 살펴보고자 합니다. 먼저 소요리문답 88번을 보겠습니다.

문 88: "그리스도가 구속의 은덕들을 우리에게 전달하시는 외적이며 통상적인 수단들은 무엇입니까?"

답: "그리스도가 구속의 은덕들을 우리에게 전달하시는 외적이며 통상적인 수단들은 그의 규례들인데 특별히 하나님의 말씀과 성례들과 기도입니다. 이 모든 것들은 구원을 위해 택자들에게 효력 있게 됩니다."

"은혜의 방편"이란 무엇입니까? 은혜가 전달되는 통로를 뜻합니다. 비유적으로 설명하면, 파이프 같은 수도관을 통해 각 가정에 물이 공급되는 것처럼 하나님의 말씀을 통해 하나님의 구속의 은혜가 흘러들어 간다고 할 수 있습니다. 물론 하나님은 방편 또는 수단에 묶이시는 분이 아니십니다. 우리는 하나님이 사용하시는 수단과 하나님 자신의 능력을 혼동해서는 안 됩니다. 하나님은 방편이 없어도 자기 능력으로 얼마든지 죄인을 구원하실 수 있습니다. 그럼에도 불구하고 성경 곳곳에서 드러나는 바 하나님은 우리를 위해 통상적인 수단을 사용하신다는 것을 알 수 있습니다. 기나긴 역사를 통해 개혁 교회들이 이단과의 피흘리는 전투를 치르는 과정에서, 그리고 개혁 교회의 정체성을 잘 드러내기 위한 목적으로 신앙고백과 교리들을 제정했는데 그 안에 이것들이 잘 정리되어 있습니다. 소요리문답도 그 중 하나로 신앙의 선배들이 남겨 놓은 위대한 유산이자 믿음과 교리의 고백입니다.

구속의 은혜를 전달하는 방편

첫째, 하나님의 말씀과 그 말씀 선포는 구속의 은혜를 전달하는 방편이 됩니다. 32절 말씀을 보겠습니다. "지금 내가 여러분을 주와 및 그 은혜의 말씀에 부탁하노니 그 말씀이 여러분을 능히 든든히 세우사 거룩하게 하심을 입은 모든 자 가운데 기업이 있게 하시리라."

바울은 "그 은혜의 말씀에 부탁하노니"라고 했습니다. 말씀에 부탁한다는 표현은 말씀을 전하는 설교자의 중요성을 간과하는 말은 결코 아닙니다. 설교자도 중요하지만, 설교자가 전하는 그 말씀이 훨씬 더 중요하다는 의미입니다. 말씀 자체가 은혜의 수단이 된다는 의미입니다. 바울은 에베소 교회의 장로들과 교우들을 말씀에 부탁했습니다. 그리고 그들은 말씀에 정진했습니다. 왜 그렇습니까? 이것이 하나님이 정하신 성경적인 법칙이기 때문입니다. 바울이 "사람이 마음으로 믿어 의에 이르고 입으로 시인하여 구원에 이르느니라"고 말하고 나서 "그러므로 믿음은 들음에서 나며 들음은 그리스도의 말씀으로 말미암았느니라"고 말하는 이유입니다(롬 10:10, 17). 그리스도의 말씀을 듣지 못한다면 구속의 은혜가 전달되지 않습니다.

우리는 설교자에 대해 이런저런 말을 늘어놓습니다. 칼뱅과 루터와 에드워즈와 바빙크에 대해 열띤 논의를 벌입니다. 팀 켈러와 존 맥아더와 존 파이퍼가 얼마나 탁월한 설교자인지 이구동성으로 칭찬합니다. 우리는 설교자에 대해 환호하는 경향이 있습니다. 초대 교회의 분위기 역시 크게 다르지 않았던 것 같습니다. 그 중 고린도 교회도 있었습니다. 그들은 은혜의 방편이 되는 말씀과 그리스도에 집중하기보다 설교자에 집중했습니다. 베드로가 어떻고, 바울이 어떻고, 아볼로가 어떻고 하는 식으로 비교하면서 은연중에 사람을 높였습니다.

오늘날은 가히 인터넷 설교의 시대입니다. 버튼 하나만 누르면 유명 목사들의 설교가 하루 종일 쏟아지고 성도들은 그 가운데 누가 더 좋은 설교자인지 평가하고 비교합니다. 그러는 동안 말씀은 현저히 사라지고 사람이 부각됩니다. 냉정히 말하자면 설교자는 그저 하나님이 사용하시는 도구일 뿐입니다. 진정한 은혜의 방편은 말씀입니다. 그러므로 우리는 설교자가 누구이든지 관계없이 그가 선포하고 가리키는 그리스도와 말씀에 집중해야 합니다. 아무리 탁월한 재능이 있다 해도 설교자 자체에 열광해서는 안 됩니다. 바울이 금한 것이 정확히 이런 행태입니다.

지역 교회의 예배와 말씀은 등한시하면서 인터넷으로 소위 스타 설교자들을 쇼핑하듯 하고 그것으로 만족하는 성도들이 많습니다. 대단히 위험한 일이 아닐 수 없습니다. 소요리문답이 말하는 은혜의 방편으로서의 말씀과 말씀의 선포는 혼자서 성경을 읽고 공부하고 묵상할 뿐 아니라 보다 중요하게는 공동체로 함께 모여 말씀을 듣고 청종하는 성도의 모습을 지향하고 있습니다. 지역 교회 성도로서 담임 목사의 목양과 지도를 받고 그를 통해 선포되는 설교로 은혜를 누려야 한다는 뜻입니다. 이런 방편을 통해 하나님은 구속의 은혜를 효과적으로 하시는 것입니다.

그러면 소요리문답은 왜 말씀과 성례와 기도만이 은혜의 방편이라 가르칩니까? 함께 찬송을 부르고, 믿음 안에서 함께 교제하고, 하나님이 창조하신 멋진 하늘을 볼 때도 은혜를 경험하지 않습니까? 신자로 살아가는 일상의 경험을 통해서도 하나님의 은혜를 경험하지 않습니까? 신자의 삶 전체가 은혜의 통로가 아닙니까? 맞습니다. 그러나 여기서 말하는 은혜의 방편은, 객관적 실체로서 하나님의 구속의 은혜가 신자의 영혼에 직접적으로 효력을 발생시키는 수단으로 성경이 명시해 놓은 것들입니다. 따라서 찬송을 부르고 교제를 나누고 피조 세계를 보면서 경험하는 은혜는, 엄밀히 말하자면 은혜의 수단이라기보다 은혜의 수단을 사용한 열매 또는 결과로 보아야 합니다. 신비주의자들이나 신사도주의자들은 은혜의 방편을 무시하고 하나님과의 직접 대화와 교통, 직통 계시 등을 강조합니다. 이런 사람들일수록 정상적인 교회생활을 증진하는 대신 감정을 비정상적으로 고양시키며 황홀경에 빠지는 경험 등을 선호합니다. 그것이 성령의 역사라고 주장합니다. 그러나 성령의 역사는 신자로 하여금 절대로 성경과 멀어지게 하지 않습니다. 신자를 성경과 말씀 독경과 설교 청종과 정상적인 교회생활과 멀어지게 하는 것이라면 성령의 역사가 아니라 도리어 사탄의 역사일 수도 있음을 명심해야 합니다.

이런 의미에서 지역 교회를 등한히 하게 만드는 정체가 확인되지 않은 각종 부흥회에 참석하거나, 신학적으로 위험한 강사들을 내세우는 행사에 참석하는 것을 경계해야 합니다.

어떤 의미에서 하나님으로부터 직통계시를 받는다고 주장하는 신사도주의자들은 설교 준비를 할 필요가 없습니다. 그들은 설교도 직통으로 받는다 말하며 성경책을 펼칩니다. 그리고 눈에 들어오는 본문을 읽습니다. 성도를 위해 필요한 주제를 고민하고 핵심이 되는 성경 본문을 찾아 밤샘 연구를 해도 부족한데 설교 강단에서 즉석으로 본문을 찾아 행하는 설교가 얼마나 능력이 있겠습니까? 그 안에 과연 하나님의 은혜가 담겨 있기나 할까요?

척 스윈돌 목사도 하나님의 뜻을 찾는 데 있어 열린 창문을 이용하는 신자들의 예를 들면서 이를 경고한 바 있습니다. 아침에 일어나면 맨 먼저 성경책을 창문 곁에다 두고는 바람이 불기를 기다립니다. 마침 바람이 불어 성경의 가벼운 종이가 넘어갈 때 손가락으로 불특정 페이지를 짚습니다. 거기에 적힌 성경 구절을 살피고는 그날 자신에게 필요한 말씀을 하나님이 주셨다고 믿는 것입니다. 성경을 마치 오늘의 운세처럼 사용합니다. 이런 식으로 성경을 사용하면서 하나님의 뜻을 찾는 행태는 매우 어리석은 일임을 명심해야 합니다.

말씀은 결코 가볍게 취급되어서는 안 됩니다. 말씀은 깊은 묵상과 열심 있는 연구가 뒷받침 된 다음에서야 교회당 강단에서 설교자를 통해 전파되어야 합니다. 또한 성도는 매 주일 강단에서 설교자를 통해 전파되는 말씀을 사모하고 이를 청종해야 합니다. 바울은 이렇게 말합니다. "나는 심었고 아볼로는 물을 주었으되 오직 하나님께서 자라나게 하셨나니"(고전 3:6). 우리가 부지런히 말씀을 사모하고 읽고 묵상하고 연구하고 설교하고 전함으로 정성껏 심고 부지런히 물을 주면 하나님은 자라나게 하십니다. 하나님이 그 말씀을 효력 있게 하십니다. 그러나 심지 않으면, 물을 주지 않으면 자라지 않습니다.

하나님의 말씀을 사모하고 읽고 묵상하고 연구하십시오. 특별히 매 주일 강단에서 설교자를 통해 전파되는 그 말씀을 듣는 것이 하나님의 은혜를 받는 외적이며 통상적인 방편임을 확실히 믿으십시오. 개인적으로는 하나님의 말씀 읽는 일과 교회 공동체적으로는 함께 모여 말씀을 듣는 일에 전심전력하는 성도들이 되시기를 기도합니다.

죄인을 구원하고 거룩케 하시는 방편

둘째, 하나님의 말씀의 선포인 설교는 죄인을 구원으로 초청하고 거룩하게 하는 은혜의 방편입니다. 32절 말씀을 한 번 더 보겠습니다. "지금 내가 여러분을 주와 및 그 은혜의 말씀에 부탁하노니 그 말씀이 여러분을 능히 든든히 세우사 거룩하게 하심을 입은 모든 자 가운데 기업이 있게 하시리라."

"그 말씀이 여러분을 능히 세우사"라고 했습니다. 말씀은 신자를 세웁니다. 또한 교회를 세웁니다. 말씀은 세워 주고 강하게 하고 든든하게 합니다. 이것을 명심하십시오. 교회를 세우는 것은 말씀입니다. 신자를 세우는 것은 하나님의 말씀뿐입니다. 신자를 세운다는 것은 무엇을 전제합니까? 그가 살아 있다는 것입니다. 살지 않고 죽었으면 아무 소용이 없습니다. 죽었는데 어떻게 든든히 세울 수 있습니까? 죽었는데 어찌 밥을 먹을 수 있습니까? 시인 다윗은 여호와의 율법, 곧 말씀이 영혼을 소성케 한다고 했습니다(시 19:7). 말씀은 신자를 세울 뿐 아니라, 혹 죽은 영혼이라 할지라도 하나님의 기쁘신 뜻을 따라 다시 살릴 능력이 그 안에 있습니다.

사도행전 2장에서 베드로가 "누구든지 주의 이름을 부르는 자는 구원을 받으리라"고 설교할 때에 3천 명이 회개하고 세례를 받았던 것은 베드로의 설교 실력이 아니라 말씀 자체가 가진 능력 때문이었습니다(행 2:21; 롬 10:13). 복음을 전달하는 인격적인 매개체로서 설교자의 중요성은 아무리 강조해도 지나치지 않습니다. 그럼에도 언제나 핵심은 말씀에 있습니다.

그렇다면 하나님의 말씀이 어떻게 죄인을 구원하십니까? 소요리문답 89번을 보겠습니다.

문 89: "하나님의 말씀은 구원에 있어 어떻게 효력 있게 됩니까?"

답: "하나님의 성령님은 말씀을 읽는 것, 특별히 말씀을 설교하는 것을, 죄인들을 확신시키고 회심하게 하며 거룩함과 위로 안에서 믿음을 통해 구원에 이르도록 그들을 세우는 효력 있는 수단이 되게 합니다."

하나님의 말씀 선포는 은혜의 세 가지 방편 가운데 1차적이고 수위적이며 최우선의 방편입니다. 그러므로 어찌하든지 교회는 말씀 선포에 최선의 노력을 기울여야 합니다. 이 일을 위해 지역 교회는 자격을 갖춘 설교자가 있어야 하며, 설교자는 하나님 말씀을 가감 없이 설교할 수 있어야 합니다. 설교자는 무언가 진기한 말을 하는 사람이 아닙니다. 설교자는 하나님을 섬기며 하나님의 위임을 받은 대사와 같습니다. 그러므로 설교자는 자신이 하고 싶은 말은 무엇이든, 아무렇게나 말하는 사람이 아닙니다. 설교자는 죄인을 향해서 회개할 것을 요청하며, 죄인을 구원할 능력이 하나님께 있음을 선포하며, 죄인을 구원하는 보혈의 능력이 오직 그리스도로 말미암음을 외치며, 구원받은 죄인을 향해서 은혜 안에서 자라갈 것을 호소해야 합니다. 하나님이 모든 성경 속에 바로 그 말씀을 기록하셨을 뿐 아니라 그 진리를 전할 것을 명하시기 때문입니다.

교회와 모든 성도는 설교자가 그 말씀을 신실하게 선포할 수 있도록 기도하고 협력해야 합니다. 그들이 세속적인 근심 없이 하나님 말씀을 전할 수 있도록 지원해야 합니다. 이런 측면에서 설교자는 강단에서 사라져서도 안 되며 드러나서도 안 됩니다. 칼뱅은 기독교 강요에서 이렇게 말합니다. "설교자가 강단에 올라가서 말씀을 전할 때 그 자신은 사라져야 하는가 아니면 탁월하게 드러나야 하는가? 사람의 입을 통해 말씀하시는 분은 하나님이시다. 설교를 통해 하나님은 자기를 우리에게 나타내시기 원하신다. 그것을 위해 무한하신 하나님은 죽을 수밖에 없는 유한한 인간을 자기 메신저로 사용하시기를 기뻐하신다." 설교자가 이런 의식을 가지고 강단에 올라갈 때 비로소 하나님 자신이 회중에게 말씀하시는 것과 같이 되는 것입니다. 설교자가 바로 이와 같은 자세로 설교하고 성도들이 이와 같은 마음으로 설교 말씀을 들을 때, 바울이 로마 교회에 증거하듯, 복음은 모든 믿는 자에게 구원을 주시는 하나님의 능력이 됩니다.

하나님의 말씀만이 우리를 구원하고 거룩케 하시는 은혜의 수단이 됨을 굳게 믿고, 말씀을 읽고 설교를 청종하는 일에 최선을 다하는 성도들이 되시기 바랍니다.

모든 부지런함으로 효력 있게 사용해야 할 은혜의 방편

셋째, 하나님의 말씀의 설교는 모든 성도들이 읽고 듣고 묵상하고 실천함으로 부지런하게 사용해야 할 은혜의 방편입니다. 32절 말씀을 한 번 더 보겠습니다. "지금 내가 여러분을 주와 및 그 은혜의 말씀에 부탁하노니 그 말씀이 여러분을 능히 든든히 세우사 거룩하게 하심을 입은 모든 자 가운데 기업이 있게 하시리라."

"거룩케 하심을 입은 모든 자 가운데 기업이 있게 하시시라"고 했습니다. 하나님의 말씀 선포라는 은혜의 방편이 효력 있는 수단이 되려면 신자편에서의 준비가 있어야 합니다. 늘 말하지만 은혜 받는 일에 있어 모든 것이 하나님의 은혜이지만 신자가 준비되지 않으면 아무 일도 일어나지 않습니다. 하나님의 말씀이 은혜의 방편으로 효과적이게 되려면 신자편에서의 두 가지의 준비가 필요합니다. 첫째, 신자는 부지런함과 준비된 마음과 꾸준한 기도에 더해 믿음과 사랑으로 그 말씀을 받아야 합니다. 소요리문답 90번을 보겠습니다.

문 90: "하나님의 말씀은 구원에 효력 있게 되기 위해 어떻게 읽히고 들려야 합니까?"

답: "하나님의 말씀이 구원에 효력 있게 되기 위해 우리는 반드시 부지런함과 준비와 기도에 주의해야 합니다. 그것을 믿음과 사랑으로 받고 우리의 마음에 간직하며 우리 생활들을 통해 실천해야 합니다."

말씀을 받고 마음에 새기기 위해 부지런하고 준비하고 기도하고 믿음과 사랑으로 임해야 한다는 말입니다. 소요리문답은 이런 방식으로 부주의하게 말씀을 대하는 자들을 책망합니다. 우리의 성경 읽기는 그저 시간 때우기가 되어서는 안 됩니다. 우리의 예배 생활, 특히 말씀 청종은 아무런 준비 없이는 가능하지 않습니다. 예배와 설교는 그저 보고 즐기는 쇼가 아닙니다. 오락이 아닙니다. 두렵고 떨림으로 자신을 성찰하고 기대하는 마음으로 말씀을 받을 준비를 해야 합니다. 예배가 시작하기 전에 미리 와서 예배를 준비하는 이유가 여기에 있습니다. 성찬을 받기 전에 자신의 마음을 살피는 이유가 여기 있습니다. 이렇게 하지 않으면 신자는 말씀을 온전히 받아들이지 못합니다. 그는 자기 지식과 경험과 느낌과 상상력을 동원하여 선포된 하나님 말씀을 마음대로 재단하고 평가하기가 쉽습니다. 아무리 은혜로운 말씀이라도 청중의 마음이 준비되어 있지 않으면 소용이 없습니다.

예배가 시작되기 전에 그날 설교할 본문 말씀을 미리 고지하는 이유도 마찬가지입니다. 성도가 그날의 설교 본문을 읽으면서 그 뜻을 묵상하고 동시에 설교자를 통해 하나님 말씀이 온전히 선포될 수 있도록 기도하기 위함입니다. 이런 준비는 신자 자신에게 큰 유익이 됩니다.

둘째, 신자는 그렇게 개인적으로 읽은 말씀과 함께 모여 들은 말씀을 삶 속에서 실천해야 합니다. 사도 야고보는 "자유롭게 하는 온전한 율법을 들여다보고 있는 자는 듣고 잊어버리는 자가 아니요 실천하는 자니 이 사람은 그 행하는 일에 복을 받으리라"(약 1:25)고 했습니다. 참된 경건은 말씀의 실천을 통해 드러나고 증명됩니다. 시간이 흐르면 우리의 경건은 드러나게 되어 있습니다. 삶에서 우리의 말과 행동과 인격을 통해 은혜의 방편을 겸손하게 사용한 사람인지 아니면 메말라 비틀어진 장작처럼 쉬이 분노하고 자신을 제어하지 못하며 쉽게 남을 비판하는 사람인지 다 드러나게 되어 있습니다. 혹여 그것이 지상에서 드러나지 않는다면 마지막 날에 주님 앞에서 하나도 남김없이 드러날 것입니다.

그러나 기억하십시오. 절대로 신자편에서의 첫째 준비 없이 둘째 준비도 없습니다. 밥을 먹지 않고 힘을 쓸 수 없습니다. 밥은 에너지가 되고 비로소 삶이 가능해집니다. 예배와 말씀은 기본입니다. 그 기본을 통해 우리 삶이 영위됩니다. 말씀이 온전한 은혜의 방편이 되기 위하여 우리는 하나님의 말씀을 읽고 듣고 묵상하는 것을 최우선으로 삼아야 합니다. 베드로는 "갓난 아기들 같이 순전하고 신령한 젖을 사모하라"(벧전 2:2)고 했습니다. 히브리서 설교자는 "그들과 같이 우리도 복음 전함을 받은 자이나 들은 바 그 말씀이 그들에게 유익하지 못한 것은 듣는 자가 믿음과 결부시키지 아니함이라"(히 4:2)고 했습니다.

말씀은 누구든지 들을 수는 있습니다. 그러나 그들 모두가 말씀의 은혜를 받는 것은 아닙니다. 오랜 교수 및 목회 사역의 경험으로 볼 때 목사가 매 주일 설교해도 모든 교인들이 말씀의 은혜를 누리는 것은 아닙니다. 말씀을 듣고 그 말씀의 은혜를 충만히 누리는 것은 그야말로 하나님의 특별한 섭리입니다. 또한 말씀 가운데 은혜를 받은 신자들은 더욱 그 은혜를 사모하며 하나님 말씀에 집중하게 됩니다. 또한 강단에서 선포된 말씀을 통해 은혜를 받게 해주시라고 하나님께 기도하는 것도 신자가 소유한 특권임을 잊지 마십시오.

하나님의 말씀이 우리의 구원과 삶의 효과적인 은혜의 방편이 되기 위하여 겸손히 자신을 돌아보고 준비하는 성도가 되십시오.

○ 칼뱅, 『기독교 강요』, 4.8.9.

바로 이것이야말로 교회의 목회자들이—어떤 이름으로 불리든 간에—부여받아야 할 지고한 능력이다. 이 능력으로 그들은 하나님의 말씀에 의하여 모든 일을 담대히 행하며, 모든 세상의 권세와 영광과 지혜와 교만을 꺾어서 하나님의 위엄에 복종시키는 것이다. 그리고 하나님의 능력을 힘입어 고하를 막론하고 모든 사람들을 명하여, 그리스도의 집을 세우고 사탄의 집을 무너뜨리며, 양 떼를 먹이고 늑대들을 몰아내며, 가르침을 받기에 합당한 자들을 가르치고 양육하며, 배반하고 완악한 자들을 책망하고 억제시키며, 매고 풀며, 그리고 필요시에는 불을 발하고 번개 치듯 호령하는 것이다. 그러나 이 모든 일들을 하나님의 말씀 안에서 하는 것이다.

■ 나눔 질문

1. 하나님의 말씀만이 구속의 은혜가 전달되는 방편이 되는 이유는 무엇입니까?
2. 소요리문답은 왜 말씀과 성례 그리고 기도만이 은혜의 방편이라고 말합니까?
3. 설교자는 어떤 사람입니까?
4. 설교자가 강단에 올라갈 때는 어떤 마음가짐이어야 합니까?
5. 성도들은 하나님의 말씀 설교를 듣기 위해 어떤 준비와 노력을 기울여야 합니까?
6. 하나님의 말씀 선포인 설교를 듣고 은혜를 누린 경험이 있다면 함께 나누어 봅시다.

38장
은혜의 방편 - 성례

²⁶그들이 먹을 때에 예수께서 떡을 가지사 축복하시고 떼어 제자들에게 주시며 이르시되 받아서 먹으라 이것은 내 몸이니라 하시고 ²⁷또 잔을 가지사 감사 기도 하시고 그들에게 주시며 이르시되 너희가 다 이것을 마시라 ²⁸이것은 죄 사함을 얻게 하려고 많은 사람을 위하여 흘리는 바 나의 피 곧 언약의 피니라. 마 26:26-28

소요리문답 91, 92, 93번

문 91 : 성례들은 어떻게 구원에 효력 있게 됩니까?

답 : 성례들은 성례들 그 자체 안이나 또는 그것들을 시행하는 자 안에 있는 어떤 덕으로부터 효력 있게 되는 것이 아닙니다. 그것은 오직 그리스도의 축복하심과(벧전 3:21; 마 3:11; 고전 3:6-7) 그것들을 믿음으로 받는 자들 안에 있는 그의 성령님의 역사하심에 의해 효력 있는 구원의 수단들이 됩니다(고전 12:13).

문 92 : 성례는 무엇입니까?

답 : 성례는 그리스도에 의해 제정된 거룩한 규례입니다. 그 안에서 감각적인 표들에 의해 그리스도와 새 언약의 은덕들이 신자들에게 나타나고 인쳐지며 적용됩니다(창 17:7, 10; 출 12; 고전 11:23, 26).

> 문 93: 신약의 성례들은 어떤 것들입니까?
> 답: 신약의 성례들은 세례와(마 28:19) 주의 만찬입니다(마 26:26-28).

이전 장에서 우리는 참된 교회와 거짓된 교회를 구분하는 시금석 가운데 하나가 바로 하나님의 말씀의 참된 선포라고 했습니다. 우리가 믿는 역사적 개혁파 신앙고백서 가운데 장로교 전통의 1647년에 제정된 웨스트민스터 신앙고백서가 있고 1561년에 제정된 네덜란드 개혁교회 전통의 벨직 신앙고백서가 있습니다. 벨직 신앙고백서는 교회를 참된 교회와 거짓된 교회(29항)로 구분한 반면, 웨스트민스터 신앙고백서는 교회를 순수한 교회와 덜 순수한 교회로 구분합니다(25장 4항). 그리고 이런 참된 교회와 거짓된 교회, 또는 순수한 교회와 덜 순수한 교회는 하나님의 말씀 설교와, 성례가 참되고 바르게 선포되고 집례되느냐에 따라 좌우된다고 했습니다. 따라서 참된 교회에 있어 성례의 중요성은 아무리 강조해도 지나치지 않습니다.

　이번 장에서 살펴볼 부분이 바로 참된 교회와 거짓된 교회를 구분하는 시금석 그 둘째 부분인 성례입니다. 참된 말씀 선포와 더불어 성례는 신자가 은혜를 받는 방편이기도 하면서 동시에 참된 교회의 표지, 즉 특징과도 같습니다. 교회가 성례를 어떻게 이해하고 집례하느냐에 따라 참된 교회가 될 수도 있고 그렇지 못한 덜 순수한 교회가 될 수 있습니다.

그리스도가 제정하시고 명령하심

첫째, 세례와 주의 만찬으로서의 성례는 그리스도가 제정하시고 명령하신 규례입니다. 26-27절 말씀을 읽겠습니다. "그들이 먹을 때에 예수께서 떡을 가지사 축복하시고 떼어 제자들에게 주시며 이르시되 받아서 먹으라 이것이 내 몸이니라 하시고 또 잔을 가지사 감사 기도 하시고 그들에게 주시며 이르시되 너희가 다 이것을 마시라."

성례가 무엇인지부터 살펴보겠습니다. 반복되는 얘기지만, 성경을 밝히 해석하고 요약한 신앙고백서들과 요리문답서들이 이 점에 있어 큰 도움을 줍니다. 소요리문답 92번을 보겠습니다.

문 92: "성례는 무엇입니까?"

답: "성례는 그리스도에 의해 제정된 거룩한 규례입니다. 그 안에서 감각적인 표들에 의해 그리스도와 새 언약의 은덕들이 신자들에게 나타나고 인쳐지며 적용됩니다."

성례는 무엇으로 구성되어 있을까요? 하나님의 말씀인 신약성경은 성례에는 두 가지가 있다고 가르칩니다. 두 가지 모두 그리스도가 이땅에서 사역하시는 동안 제정 및 명령하셨고 구속 역사에 있어서나 개인 구원 및 공동체 신앙에 있어 치명적으로 중대합니다. 그것은 우리 소요리문답 93번이 밝히고 있듯 세례와 주의 만찬이라 불리는 성찬입니다.

본문에서 예수님은 죽으시기 전 주의 만찬을 통해 새 언약의 피를 기념할 것을 명령하셨습니다. 또한 지상대명령을 주시면서 아버지와 아들과 성령의 이름으로 세례를 베풀라고 명하셨습니다(마 28:19-20). 이것은 주님의 직접적인 명령이며 주님이 직접 제정하셨습니다. 특정 인간이나 조직이나 교회가 필요에 의해 만든 예식이 아닙니다. 우리가 읽은 본문

28절에서도 주님은 "이것은 죄 사함을 얻게 하려고 많은 사람을 위하여 흘리는 바 나의 피 곧 언약의 피니라"고 말씀하셨습니다. 우리 주님은 당신이 다시 오실 때까지 이것을 지키라고 명하셨습니다. 영속적인 명령입니다. "볼지어다 내가 세상 끝날까지 너희와 항상 함께 있으리라." 따라서 세례와 성찬은 주님이 다시오실 때까지 끊임없이 정기적으로 계속되어야 합니다.

예수님의 이 명령에 따라 사도들은 복음을 전하고 세례와 성찬 예식을 거행했습니다. 초대 교회는 날마다 성전에 모이기를 힘쓰며 기도하고 떡을 떼는 일에 전념했고 그 결과 믿고 세례를 받는 이들이 더욱 많아졌습니다. 이 전통을 이어받은 바울은 주님이 제정하신 성찬식을 이렇게 가르치고 있습니다. "식후에 또한 그와 같이 잔을 가지시고 이르시되 이 잔은 내 피로 세운 새 언약이니 이것을 행하여 마실 때마다 나를 기념하라 하셨으니 너희가 이 떡을 먹으며 이 잔을 마실 때마다 주의 죽으심을 그가 오실 때까지 전하는 것이니라"(고전 11:25-26). 바울은 이후의 모든 교회들이 이것을 항상 기념하고 지켜야 할 예식으로 규정하고 있습니다. 로마 가톨릭교회의 전통인 7성례(세례, 견진, 고해, 성체, 종부, 신품, 혼배성사)는 전혀 성경적이지 않습니다. 세례와 성찬 이외에 다른 의식을 성례로 시행하거나 은혜의 방편으로 여기거나 교회의 표지로 삼는 것은 성경적이지 않습니다. 이런 것들은 주님이 제정하시지도 승인하시도 않았습니다.

신약 시대에 주님께서 오직 두 가지 성례만 제정하셨음을 굳게 믿고 이 성례를 통하여 구원의 은덕을 충만히 경험하시기 바랍니다.

구원의 효력 있는 방편입니다

둘째, 성례는 성령의 역사하심을 통해 그것에 믿음으로 참여하는 자들에게 구원의 효력 있는 수단이 됩니다. 28절 말씀을 읽겠습니다. "이것은 죄 사함을 얻게 하려고 많은 사람을 위하여 흘리는 바 나의 피 곧 언약의 피니라."

우리는 성찬이 표징(symbol), 표지(sign) 또는 인장(sealing)인 것을 이해할 필요가 있습니다. 말하자면 성찬의 요소인 떡과 포도주는 주님의 은혜가 임하는 상징이라고 표현할 수 있습니다. 상징이란 우리에게 보이지 않는 것을 보이게끔 나타내줍니다. 예를 들어 보겠습니다. 여기 비둘기가 있습니다. 눈에 보이는 것은 비둘기이지만 그것이 상징하는 바는 순결입니다. 마찬가지로 세례와 성찬은 보이지 않는 하나님의 은덕의 상징입니다. 그렇기에 상징은 상징일 뿐 그 안에 어떤 능력이나 효력이 내재한 것이 아닙니다.

신학자들은 종종 세례와 성찬을 가리켜 가시적인 하나님의 말씀, 즉 보이는 하나님의 말씀이라고 부릅니다. 그러나 이 말이 성례 그 자체가 말씀임을 뜻하지는 않습니다. 보이지 않는 말씀 그 자체가 보이는 상징을 통해 우리에게 영적으로 임한다는 의미에서 그렇게 표현할 뿐입니다. 그러므로 떡과 포도주는 주님의 구속사건의 실체를 상징하는 것입니다. 즉 그의 찢기신 몸과 그의 흘리신 피를 말입니다. 이것을 한마디로 십자가 구속사역이라고 합니다. 신자가 과연 이 십자가 구속사역의 은혜를 받았는지를 확인하는 방법이 무엇입니까? 바로 세례와 성찬입니다. 그가 세례를 받았을 뿐 아니라 성찬의 의미를 이해하고 분별해서 정기적으로 예식에 참여하고 있는지를 확인하는 것입니다.

어쨌든 세례와 성찬, 물과 떡과 포도주라는 요소 그 자체에는 아무런 효력이나 능력이 없습니다. 상징이기 때문입니다. 구원의 효력은 그 요소 자체에 있지 않고 그것을 통해 역사하시는 하나님의 은혜에 있습니다. 성례를 통해 은혜를 주시는 당사자는 성례의 요소 그 자체가 아니라 성령 하나님이십니다. 이런 의미에서 로마 가톨릭교회의 화체설이라 불리는 성변화설(transubstantiation)은 성경적이지 않을 뿐 아니라 야만적입니다. 칼뱅의 제자였던 데오도르 베자는 "화체설은 아메리카 대륙 원주민들이 시행하는 사육제보다 악하다"고 말한 바 있습니다.

더욱이 세례와 성찬을 집례하는 자에게 어떤 효력이나 능력이 있는 것이 아니라는 사실도 명심해야 합니다. 세례와 성찬이 바르게 집례되었다면 집례자가 누구냐에 따라서 효력이 발생하지 않는다는 말입니다. 성례의 은덕은 사람으로부터 나오지 않습니다. 그렇다고 해서 아무나 성례를 집례 할 수는 없습니다. 웨스트민스터 신앙고백서 제28장 성례에 대하여 제4항은 이렇게 말합니다. "두 성례는 아무나 베풀지 못하고 반드시 합법적으로 세움을 받은 하나님의 말씀의 사역자인 목사로 말미암아 집행되어야 한다."

로마 가톨릭교회는 이 두 가지 사항에 있어 성경적이지 않은 가르침을 행하고 있습니다. 사효성(事效性, opus operatum)과 인효성(人效性, opere operantis)입니다. 사효성은 믿음과 관계없이 누구든지 성례에 참여하기만 하면 성례 그 자체가 주는 효력을 자동적으로 받게 된다는 교리입니다. 따라서 로마 가톨릭교회는 7성례, 즉 성세성사(영세), 견진성사(입교), 성체성사(성찬), 고백성사(고해), 혼배성사(혼인), 신품성사(사제임직), 종부성사(병자도유) 그 자체에 효력이 있다고 주장합니다. 인효성은 성례의 은혜가 그 성례를 집례하는 사람과 참여하는 사람의 선행에 따라 좌우된다는 교리입니다. 그러나 성경과 소요리문답은 두 가지 모두를 배격합니다.

그렇다면 성례의 효력은 어떻게 발생합니까? 오직 주 예수 그리스도와 그리스도의 영으로부터 나옵니다. 소요리문답 91번을 보겠습니다.

문 91: "성례들은 어떻게 구원에 효력 있게 됩니까?"

답: "성례들은 성례들 그 자체 안이나 또는 그것들을 시행하는 자 안에 있는 어떤 덕으로부터 효력 있게 되는 것이 아닙니다. 그것은 오직 그리스도의 축복하심과 그것들을 믿음으로 받는 자들 안에 있는 그의 성령님의 역사하심에 의해 효력 있는 구원의 수단들이 됩니다."

바로 이것입니다. 성례가 신자의 구원에 있어 효력 있게 되는 능력은 그리스도가 복을 주시고 그것을 받아들인 신자 안에 계신 성령님이 그 신자 안에서 역사하시기 때문입니다. 세례와 성찬은 앞서 언급한 대로 그리스도가 제정하시고 축복하셨습니다. 따라서 그것을 효력 있게 하시는 분도 역시 그리스도뿐이십니다.

성례가 구원에 효력 있는 가시적인 말씀임을 굳게 믿고 성찬에 임할 때 주께서 베푸시는 영적 임재의 은혜를 충만히 누립시다.

합당히 집례해야 할 성례와 합당한 성례 참여

셋째, 그렇기에 성례는 집례자가 합당하게 집례해야 하며, 참여자 역시 성례를 분별하며 합당하게 참여해야 합니다. 26-28절 말씀을 읽겠습니다. "그들이 먹을 때에 예수께서 떡을 가지사 축복하시고 떼어 제자들에게 주시며 이르시되 받아서 먹으라 이것은 내 몸이니라 하시고 또 잔을 가지사 감사 기도 하시고 그들에게 주시며 이르시되 너희가 다 이것을 마시라 이것은 죄 사함을 얻게 하려고 많은 사람을 위하여 흘리는 바 나의 피 곧 언약의 피니라."

신자는 주의 떡과 잔을 받아 먹고 마셔야 합니다. 받아 먹고 마신다는 말은 성찬을 받기에 합당한 준비가 되어 있어야 한다는 의미입니다. 신자는 성찬을 합당하게 받기 위한 세 가지 준비가 필요합니다.

첫째, 성례에 대한 분별력이 있어야 합니다. 바울은 고린도 교회에게 이렇게 말합니다. "그러므로 누구든지 주의 떡이나 잔을 합당하지 않게 먹고 마시는 자는 주의 몸과 피에 대하여 죄를 짓는 것이니라 사람이 자기를 살피고 그 후에야 이 떡을 먹고 이 잔을 마실지니 주의 몸을 분별하지 못하고 먹고 마시는 자는 자기의 죄를 먹고 마시는 것이니라"(고전 11:27-29). 여기 주의 몸을 분별한다는 말은 주의 살과 피가 의미하는 바가 무엇인지를 잘 알고 받아야 한다는 말입니다. 주의 살은 우리가 당할 징계를 상징하고 주의 피는 우리가 당할 죄의 삯인 죽음의 심판을 상징합니다. 그러므로 성찬은 우리의 구원을 위한 그리스도의 은혜를 가시적으로 보여줍니다. 성찬에 참여하는 신자는 적어도 성찬이 상징하는 구속의 은혜가 무엇인지 이해하고 있어야 합니다.

둘째, 성찬을 가치 있게 받으려면 죄와 악을 멀리해야 합니다. 이것은 자기를 살피는 것, 즉 자기 자신을 말씀으로 면밀히 성찰하는 것을 뜻합니다. 자신에게 있는 죄와 악을 살펴 회개하고 그것을 멀리해야 합니다. 그렇지 않으면, 성찬은 오염되고 그것에 참여하는 자는 자기 죄를 먹고 마시는 일이 됩니다. 이것이 모든 신자가 성찬을 받기 전 적어도 일주일 동안 자신의 삶을 말씀과 기도로 경건하게 유지해야 할 이유입니다.

마지막 셋째로, 은혜를 사모하며 믿음으로 받아야 합니다. 주의 살과 피를 믿음으로 받아들이면, 하나님이 성찬 예식에서 신비로운 영적 은혜를 부어 주십니다. 따라서 성례는 그것을 믿음으로 받아들이는 사람에게만 역사하는 신령한 예식입니다. 이런 의미에서 성례는 공동체적입니다. 주의 만찬입니다. 세례와 성찬은 특수한 경우의 예외를 제외하고는 개인이 사사로이 집례할 수 없습니다. 교회 공동체와 분리된 성례는 존재하지 않습니다. 세례와 성찬은 모든 교우들이 출석한 상태로 진행되어야 합니다.

성례를 올바로 시행하지 않는다면 그리스도가 그 은덕과 유익들을 베푸시지 않으실 수도 있음을 명심해야 합니다. 하나님은 그분이 원하실 때만 은혜를 베푸신다는 사실을 마음에 새겨야 합니다. 이런 의미에서 세례와 성찬은 결코 무분별하게 시행되어서는 안 됩니다. 예를 들면 그저 떡과 포도주가 먹고 싶어서 세례를 받는 것을 금합니다. 스스로의 신앙고백을 통해 입교하지 않은 자녀에게 떡과 잔을 나눠 먹이는 일 역시 금합니다. 어린 자녀에게 세례가 무엇을 뜻하는지도 모르고 건성으로 임하게 하는 것을 금합니다. 떡과 포도주가 의미하는 바가 무엇인지 알지 못하고 군중심리에 이끌려 세례를 받고 성찬에 임하는 것도 금합니다. 그러므로 신자는 성례를 대할 때 믿음으로 그것을 잘 분별할 줄 알아야 하며, 교회는 성도들에게 그것이 의미하는 바를 잘 가르칠 수 있어야 합니다. 그것이 바로 성례 자리에서 먼저 항상 말씀으로 성례를 설명한 후 집례하는 이유입니다.

성례는 믿음 있는 신자가 하나님의 말씀을 감각적으로 수용하는 은혜의 방편입니다. 따라서 성례를 잘 활용할수록 신자는 받은 은혜를 더 깊이 경험하게 됩니다. 전술한 바와 같이 성례는 가시적인 말씀입니다. 달리 말하면 성례는 가시적인 설교라고 할 수도 있습니다. 세례식과 성찬식 자체가 바로 보이는 설교 자체라고 할 수 있는 것입니다.

합당하게 집례되는 성례를 믿음으로 기대하고 마음으로 사모하며 참여하는 성도가 되시기를 바랍니다.

웨스트민스터 신앙고백서 제27장 "성례에 관하여" 제1항은 은혜 언약의 거룩한 표와 인침으로서의 성례에 대해 이렇게 고백합니다. "성례는 그리스도와 그의 은혜를 나타내고 그 안에 있는 우리의 관심을 견고하게 하며 교회에 속한 사람과 세상에 속한 사람을 뚜렷하게 구별시키며 성도들로 하여금 하나님의 말씀을 따라 그리스도 안에서 하나님을 엄숙하게 섬기도록 하기 위해 제정하신 것이다."

이것은 우리에게 그리스도의 은혜를 나타내는 성례의 제정 목적 세 가지를 알려 줍니다. 첫째, 우리의 신앙의 관심을 견고하게 합니다. 둘째, 성도를 구별시킵니다. 셋째, 말씀을 따라 하나님을 엄숙하게 섬기도록 합니다. 그러므로 성례를 대할 때 신자는 자신이 세상에 속하지 않은 하나님의 자녀임을 확신하고 하나님을 섬기는 자로 거듭나야 합니다. 이런 방식으로 시행되는 성례는 신자에게 은혜의 방편이 됩니다. 성례에 바르게 참여하면 하나님의 축복을 받습니다. 그러나 부주의할 뿐 아니라 불신앙이나 무심함으로 성례에 참여하면 그것은 자기의 죄를 먹고 마시는 것과 같아서 결국 하나님의 심판을 받게 됩니다.

성례에 내재된 의미를 바르게 깨닫고 합당하게 성례를 준비할 뿐 아니라 믿음으로 은혜를 사모하며 성찬에 임하시는 성도들이 됩시다.

○ **칼뱅, 『기독교 강요』, 4.14.17.**
성례들은 마치 기쁜 소식을 전하는 사자나 계약들을 확증해 주는 보증물과도 같아서, 그 자체가 우리에게 어떤 은혜를 베풀어 주는 것이 아니라 다만 하나님이 자비하심으로 우리에게 베풀어 주시는 은혜들을 우리 가운데서 확증시켜 주시는 것이다. 성례가 모든 사람에게 차별 없이 성령을 소유하게 해 주는 것이 아니라, 주께서 오직 자기 백성에게만 성령을 베풀어 주신다. 성령님이야말로 하나님의 은혜들을 가져다주시며, 우리 가운데 성례를 받을 여지를 주시고, 성례들이 열매를 맺도록 하시는 분이신 것이다.

■ 나눔 질문

1. 참된 교회와 거짓된 교회 그리고 순수한 교회와 덜 순수한 교회란 무엇에 의해 판별됩니까?
2. 그리스도가 세우신 성례는 몇 가지이며 무엇입니까?
3. 로마 가톨릭교회는 몇 가지 성례를 가르치며, 그들이 주장하는 사효성과 인효성은 무엇입니까?
4. 성례는 어떻게 신자의 구원에 효력 있는 수단이 됩니까?
5. 성찬을 합당하게 받기 위한 신자편에서의 세 가지 준비는 무엇입니까?
6. 설교가 들리는 하나님의 말씀이라면 성례는 어떤 하나님의 말씀입니까?

39장
은혜의 방편 - 세례

¹그런즉 우리가 무슨 말을 하리요 은혜를 더하게 하려고 죄에 거하겠느냐 ²그럴 수 없느니라 죄에 대하여 죽은 우리가 어찌 그 가운데 더 살리요 ³무릇 그리스도 예수와 합하여 세례를 받은 우리는 그의 죽으심과 합하여 세례를 받은 줄을 알지 못하느냐 ⁴그러므로 우리가 그의 죽으심과 합하여 세례를 받음으로 그와 함께 장사되었나니 이는 아버지의 영광으로 말미암아 그리스도를 죽은 자 가운데서 살리심과 같이 우리로 또한 새 생명 가운데서 행하게 하려 함이라. 롬 6:1-4

소요리문답 94, 95번

문 94: 세례는 무엇입니까?

답: 세례는 아버지와 아들과 성령의 이름으로 물을 가지고 씻음으로(마 28:19;), 우리가 그리스도에게로 접붙여짐으로 은혜 언약의 유익들에 참여하는 것과 그로 인해 주님의 소유가 되겠다는 우리의 맹세를 표하고 인치는 성례입니다(롬 6:4; 갈 3:27).

문 95: 세례는 누구에게 시행되어야 합니까?

답: 세례는 눈에 보이는 교회 밖에 있는 자에게는 그들이 그리스도를 믿는 믿음

> 을 고백하고 그리스도를 향한 순종을 나타내기 전까지는 그 누구에게라도 시행되어서는 안 됩니다(행 8:36-37; 2:38). 그러나 눈에 보이는 교회의 회원들의 유아들에게는 세례를 베풀어야 합니다(행 2:38-39; 창 17:10; 골 2:11-12; 고전 7:14).

이번 장에서는 은혜 받는 수단으로서의 세례에 관해 살펴보고자 합니다. 대개의 경우 교인 중에는 이미 세례를 받은 사람이 있는 반면, 교회를 출석하고는 있지만 아직 학습 세례를 받지 못한 사람들도 있습니다. 그렇기에 이번 장에서 세례에 대해 다시 한 번 살펴볼 필요가 있습니다. 은혜의 방편으로서의 세례는 물로 씻는 것과 인치는 것, 이 두 가지 요소를 지닙니다. 이는 세례의 본질을 드러낼 뿐 아니라 세례의 방식까지도 지정해 줍니다. 장로교 신앙고백서인 웨스트민스터 신앙고백서 제28장 3항은 이렇게 말합니다. "세례 받는 사람을 물에 잠기게 할 필요는 없다. 세례 받는 사람에게 물을 붓거나 뿌리기만 해도 세례를 올바로 시행하는 것이다."

침례교는 오직 침례, 즉 물에 완전히 잠겼다 나오는 방식만이 성경적인 세례라고 말합니다. 1689년에 제정된 런던 침례교 신앙고백서 제29장 침례에 관하여 제4항은 이렇게 쓰고 있습니다. "침수례, 즉 사람을 물속에 담그는 방식이 이 의식의 합당한 시행을 위해 요구되는 방식이다." 그러나 성경은 침례만이 유일하고 본질적이라는 주장을 지지하지 않습니다. 구약 및 신약성경, 특히 복음서를 면밀히 읽어 보면 물에 완전히 잠긴다는 표현은 찾을 수 없습니다.

예수님의 경우도 세례를 받으셨는데 세례 받으신 예수님이 물에서 올라오셨다고 기록합니다(막 1:9-10). 물에 잠겼다는 명시적인 언급이 없습니다. 마찬가지로 에디오피아 관리였던 내시가 세례를 받을 때도 물에 잠겼다는 표현이 없습니다. "길 가다가 물 있는 곳에 이르러 그 내시가 말하되 보라 물이 있으니 내가 세례를 받음에 무슨 거리낌이 있느냐"(행 8:36). 이어지는 38-39절에서도 "빌립과 내시가 둘 다 물에 내려가 빌립이 세례를 베풀고 둘이 물에서 올라올새 "라고 기록하고 있습니다. 바울은 구약의 조상들이 모세에게 속하여 다 구름과 바다에서 세례를 받았다고 말합니다(고전 10:2). 그러나 그들은 바다 가운데로 지나갔습니다. 물이 그들을 상하지 못했습니다. 도리어 홍해 바다에서 죽임을 당한 자들은 애굽의 군대였습니다. 소요리문답 강해의 거장 윌리엄슨 박사는 이에 대해 물에 잠긴 애굽인의 경우는 세례가 아니었고 물에 잠기지 않은 이스라엘의 경우에는 세례에 해당된다고 설명한 바 있습니다. 말하자면 세례의 방식보다 세례의 본질이 더욱 중요하다는 것입니다. 그렇다면 세례의 본질은 무엇입니까?

예수 안에서 믿음으로 죽고 믿음으로 다시 사는 일

첫째, 세례란 예수 안에서 죄에 대해서는 죽고 생명에 대하여는 믿음으로 다시 살아나는 일입니다. 3-4절을 읽겠습니다. "무릇 그리스도 예수와 합하여 세례를 받은 우리는 그의 죽으심과 합하여 세례를 받은 줄을 알지 못하느냐 그러므로 우리가 그의 죽으심과 합하여 세례를 받음으로 그와 함께 장사되었나니 이는 아버지의 영광으로 말미암아 그리스도를 죽은 자 가운데서 살리심과 같이 우리로 또한 새 생명 가운데서 행하게 하려 함이라."

그렇다면 세례는 무엇입니까? 소요리문답 94번을 보겠습니다.

문 94: "세례는 무엇입니까?"

답: "세례는 아버지와 아들과 성령의 이름으로 물을 가지고 씻음으로, 우리가 그리스도에게로 접붙여짐으로 은혜 언약의 유익들에 참여하는 것과 그로 인해 주님의 소유가 되겠다는 우리의 맹세를 표하고 인치는 성례입니다."

이로 볼 때, 세례는 크게 두 가지를 의미를 담고 있습니다. 첫째는 죽는다는 것이고 둘째는 산다는 것입니다.

1. 죄에 대하여 죽는다는 것

먼저 죽는다는 것을 생각해 봅시다. 여기서는 물로 씻는다는 것이 중요합니다. 물은 씻어내는 것을 상징합니다. 물은 정결을 위한 수단입니다. 우리는 아침마다 세수를 하고 샤워를 합니다. 외출하고 돌아오면 다시 샤워를 하거나 손발을 씻습니다. 밤에 잠들기 전에도 마찬가지로 물로 씻습니다. 왜 이렇게 자주 씻습니까? 우리 몸이 더러워졌기 때문입니다. 땀과 먼지 등으로 더러워진 몸을 흐르는 물로 씻습니다. 마찬가지로 세례를 통해 물로 씻는다는 것은 더러움을 깨끗하게 하는 것을 상징합니다. 그렇다면 세례는 무엇을 씻습니까? 바로 더러운 죄입니다. 본문에 그것을 죄에 대하여 죽는 것으로 묘사합니다. 비록 물로 씻지만, 그 물은 그리스도의 죽음을 통해 죄를 씻는 것을 상징합니다. 3절에서 신자가 "그의 죽으심과 합하여 세례를 받음으로 그와 함께 장사지낸 바 되었다"고 말하는 이유입니다. 2절에서도 "죄에 대하여 죽은 우리가"라고 말합니다. 6절에서도 "우리의 옛 사람이 예수와 함께 십자가에 못 박힌 것은 죄의 몸이 죽어 다시는 우리가 죄에게 종 노릇 하지 아니하려 함이니"라고 말하는 이유입니다.

물이 우리 몸의 더러운 것들을 씻어내듯이, 세례가 우리의 죄를 씻어냅니다. 저는 건강을 위해 오랫동안 테니스를 했습니다. 제가 자주 다니던 테니스장 옆에 거대한 정수사업소가 있었습니다. 더러운 물을 깨끗하게 정화시켜 주는 시설입니다. 지금 우리가 사용하는 수돗물은 원래는 오염된 물을 깨끗하게 정수시켜 공급한 물입니다. 그 거대한 정수사업소를 보면서 만약 이런 정수시설이 없으면 인류가 멸망할지도 모른다는 생각을 했습니다. 가정마다 있는 정수기도 마찬가지입니다. 그러나 우리가 아무리 깨끗한 물을 마신다 해도, 우리의 죄를 씻을 수는 없습니다. 우리가 아무리 목욕을 자주 한다 해도 죄를 씻지는 못합니다.

우리 영혼을 더럽힌 죄를 씻으려면 그리스도의 보혈이 필요합니다. 예수 그리스도의 보혈의 공로를 인정하고 받아들이며 예수 그리스도를 자신의 구세주로 믿고 고백해야 합니다. 그때 받는 것이 세례입니다. 더러워진 우리 영혼을 씻으려면 반드시 그리스도의 죽으심과 합해야 합니다. 즉 그리스도의 십자가 죽음을 믿음으로 고백하여 그분과 하나로 연합되는 일이 전제되어야만 죄에 대해 죽을 수 있습니다. 베드로는 이렇게 말합니다. "베드로가 이르되 너희가 회개하여 각각 예수 그리스도의 이름으로 세례를 받고 죄 사함을 받으라 그리하면 성령의 선물을 받으리니"(행 2:38)라고 말했습니다. 따라서 세례는 믿음으로 죄사함을 얻는 표식입니다.

2. 생명에 대하여 사는 것

바울은 4절부터 그리스도와 함께 죽었으면 그리스도와 함께 다시 산다는 부활의 영생을 가르치고 있습니다. 죄에 대하여 죽는 것으로만 끝난다면 무슨 의미가 있습니까? 그가 영생에 이르지 못한다면 죄 사함이 무슨 유익이 있습니까? 세례는 죄 씻음과 죄 사함에 멈추지 않습니다. 세례는 죄의 용서를 받은 신자가 다시 살아나는 의식입니다. 바울은 4절에서 우리를 새 생명 가운데서 행하기 위해 그리스도의 죽으심과 합하여 세례를 받는다고 말합니다. 그러므로 세례는 생명을 주는 의식입니다. 그리스도의 죽음 안에서 죄에 대해 죽고 그리스도의 부활 안에서 의에 대하여 그리고 생명에 대하여 다시 사는 의식입니다. 그 결과 신자는 죄의 종노릇에서 해방되어 그리스도의 종이 됩니다. 소요리문답은 이것을 그리스도에게 접붙여졌다고 말합니다. 바울은 접붙임을 이렇게 설명합니다. "또한 가지 얼마가 꺾이었는데 돌감람나무인 네가 그들 중에 접붙임이 되어 참감람나무 뿌리의 진액을 함께 받는 자가 되었은즉 그 가지들을 향하여 자랑하지 말라 자랑할지라도 네가 뿌리를 보전하는 것이 아니요 뿌리가 너를 보전하는 것이니라"(롬 11:17-18). 결론은 죄인이 세례를 받음으로 죄를 씻고 이제는 새 생명 안에서 그리스도께 속했음을 의미합니다.

신자가 세례를 받을 때 누구의 이름으로 받습니까? 바울입니까? 아볼로입니까? 사도 베드로입니까? 모두 아닙니다. 신자는 성부와 성자와 성령의 이름으로 세례를 받습니다. 세례를 받을 때 우리는 공적인 회중 앞에서 세례를 받는 자가 삼위일체 하나님께 속했다는 것을 나타내기 위함입니다. 그것을 통해 세례를 받는 자는 자신이 그리스도 안에 있음을 나타냅니다. 그는 더 이상 자기 마음대로가 아닌 그리스도의 뜻대로 삽니다. 바울은 의롭다 하심을 얻는 것이 그리스도 안에 있는 믿음으로만 가능함을 말하면서 그리스도 안에 있는 삶을 이렇게 강조합니다. "내가 그리스도와 함께 십자가에 못 박혔나니 그런즉 이제는 내가 사는 것이 아니요 오직 내 안에 그리스도께서 사시는 것이라 이제 내가 육체 가운데 사는 것은 나를 사랑하사 나를 위하여 자기 자신을 버리신 하나님의 아들을 믿는 믿음 안에서 사는 것이라"(갈 2:20). 말하자면 옷 입은 대로 행하는 것입니다. 사람의 옷은 그의 신분을 나타냅니다. 어떤 옷을 입느냐에 따라 그의 행위가 결정됩니다. 신자가 그리스도로 옷을 입었으면 그리스도의 뜻대로 살아야 합니다(갈 3:27).

신자는 또한 세례를 받음으로써 은혜 언약의 유익에 참여하게 됩니다. 구약 시대에 하나님의 백성들은 할례를 받고 희생제사를 드려야 했습니다. 그리스도의 구속 사역 이후부터는 세례와 예배를 통한 은혜 언약으로 새롭게 갱신되었습니다. 우리는 더 이상 할례를 행하지 않으며 희생제사를 드리지 않습니다. 할례는 세례로, 그리고 희생제사는 성찬 예식으로 대체되었습니다. 이처럼 세례는 언약 아래 있는 백성들을 향한 하나님의 은혜의 표식입니다. 하나님은 자기 백성들을 세례라는 상징적 행위를 통해 그들의 영혼에 능력의 도장을 찍어 주십니다. 이를 통해 세례 받는 자가 죄에 대해 죽고 의에 대해 살고, 삼위일체 하나님께 속한 하나님의 사람이 되었음을 선언하게 됩니다. 따라서 세례를 받는 자뿐 아니라 단순히 세례의식에 참여하는 자에게도 세례는 은혜의 방편임이 증거됩니다.

세례가 죄에 대하여는 죽고 생명 안에서 다시 살아나 하나님의 자녀가 되었다는 표식임을 굳게 믿고, 더 이상은 죄의 종노릇하지 않으며 의롭다 하심을 받은 자로서 살아가시길 기도합니다.

회개와 믿음의 열매를 맺는 중생 받은 신자들에게만 베풀어야

둘째, 세례는 하나님의 은혜로 중생하여 자신이 죄인임을 깨닫고 예수님을 구주로 영접함으로 회개와 믿음의 열매를 맺는 신자들에게만 베풀어야 합니다. 1-2절 말씀을 보겠습니다. "그런즉 우리가 무슨 말을 하리요 은혜를 더하게 하려고 죄에 거하겠느냐 그럴 수 없느니라 죄에 대하여 죽은 우리가 어찌 그 가운데 더 살리요."

바울은 1-2절에서 세례의 전제조건에 대해 선언합니다. 세례를 받는 신자는 죄에 대해 죽었다는 것입니다. 하나님의 은혜가 많은 죄를 사하신 것은 맞지만 그렇다고 해서 은혜가 더욱 넘치게 하려고 죄에 거하는 것은 말이 안 된다는 것입니다. 세례를 받는 신자는 이미 죄에 대해 죽었기 때문입니다. 그렇다면 세례를 받는 자는 반드시 죄에 대해 죽는, 즉 씻는 경험이 있어야 합니다. 이것은 누구에게 세례를 베풀 것이냐의 질문과도 맥이 닿습니다.

이제 소요리문답 95번을 보겠습니다.

문 95: "세례는 누구에게 시행되어야 합니까?"

답: "세례는 눈에 보이는 교회 밖에 있는 자에게는 그들이 그리스도를 믿는 믿음을 고백하고 그리스도를 향한 순종을 나타내기 전까지는 그 누구에게라도 시행되어서는 안 됩니다. 그러나 눈에 보이는 교회의 회원들의 유아들에게는 세례를 베풀어야 합니다."

말하자면 세례를 받으려면 첫째 신앙고백이 있어야 합니다. 이 신앙고백은 두 가지를 내포합니다. 하나는 내가 죄에 대해 죽었다는 것입니다. 그리고 거기서 머무르지 않고 내게 메시아이신 예수 그리스도가 전적으로 필요하다는 것입니다.

둘째는 순종이 있어야 합니다. 어떤 순종입니까? 그리스도를 향한 순종, 그의 계명과 뜻을 이루려는 순종 말입니다. 소요리문답이 왜 순종을 이야기할까요? 신앙고백이 위선적일 수 있기 때문입니다. 가식적일 수 있기 때문입니다. 참된 회개와 믿음 없이 세례 의식에 참여하는 자가 지상 교회에 있을 수 있기 때문입니다. 엄밀한 의미에서 회개하지 않고 믿음이 없는 자에게는 세례를 베풀 수 없습니다. 중생의 경험이 없는 자는 세례를 받을 수 없습니다. 교회는 그에게 과연 진정한 신앙고백이 있는지 그리스도의 말씀에 순종하려는 전인격적인 열매가 있는지를 면밀히 살펴서 세례를 베풀어야 합니다.

세례에 대한 척 스윈돌 목사의 다음과 같은 예화를 읽은 적이 있습니다. "다른 교파에서 사역하는 목사님이 인근 침례교회 목사님에게 전화로 특이한 부탁을 했다. 최근에 새신자 몇 사람이 교회에 왔는데 머리에 물을 뿌리는 세례 대신 훨씬 보기 좋은 침례를 받고 싶어 한다는 것이었다. 전화를 건 목사님은 침례교회를 예식 장소를 빌려주는 것뿐 아니라 직접 그 침례교 목사님이 집례해 줄 것을 요청했다. 이러지도 저러지도 못하는 딜레마였다. 만약 침례를 받고 싶어하는 사람들이 거듭난 사람들이 아니라면 어떻게 하나? 예수님을 구주로 영접한 사람들만이 세례를 받아야 한다고 확신하는 목사님이었기 때문에 선한 양심으로는 그 부탁에 응할 수가 없었다. 침례를 부탁한 목사님에게 상처를 주지 않으면서 이 문제를 지혜롭게 해결하기 원했던 그 목사님은 고민 끝에 편지 한 통을 썼다. 그 안에는 다음과 같은 유머도 함께 포함되어 있었다. "우리는 빨랫감을 받지는 않습니다만 세탁조는 기꺼이 빌려 드릴 수 있습니다." 이 예화는 세례를 단순히 미신적 종교의식으로 받아서는 안 되며, 반드시 하나님의 은혜로 회심하여 자신이 죄인임을 인정하고 구세주 예수 그리스도를 영접한 신자들만 받아야 한다는 것을 잘 보여줍니다.

역사적으로 교회가 세례의 본질보다는 세례의 방식을 놓고 더 큰 논쟁을 벌인 것은 유감스러운 일입니다. 중요한 것은 본질입니다. 세례의 영적 의미가 더욱 중요합니다. 침례와 세례 같은 외형적인 형식보다 중요한 것은 세례를 받는 자가 죄에 대해 죽고 의에 대해 살았는지를 살피는 것입니다. 세례를 받겠다고 하는데도 자신이 죄인임을 깨닫지 못하고 말씀에 대한 순종의 의지와 열매도 없는 자라면 결코 세례를 베풀어서는 안 됩니다.

그럼에도 소요리문답은 언약의 자손, 즉 보이는 교회 회원들의 유아들에게 세례를 베풀 수 있다고 말합니다. 앞서 세례를 받으려면, 중생체험, 회개, 믿음 그리고 순종이 있어야 한다고 했는데 소요리문답은 예외적으로 언약의 자손인 유아들에게 세례를 베풀 수 있다고 합니다. 스스로 회개하거나 믿거나 순종할 수 없는 갓난아이들에게 세례를 주는 것은 모순이 아닙니까? 그래서 우리는 성경을 통전적으로 이해해야 합니다. 구약시대 하나님의 백성들은 자녀가 태어나면 8일 만에 할례를 거행해야 했습니다. 하나님의 명령이었기 때문입니다. 조건은 하나님 백성의 자녀입니다. 하나님이 그 부모에게 베푸신 은혜 언약을 그 자손들에게도 이어가시며 변함없이 은혜를 베푸시겠다는 약속의 표식입니다.

신약시대에 와서 할례가 세례로 대체되었습니다. 그러므로 당연히 세례를 베푸는 것이 성경적입니다. 바울은 "믿지 아니하는 남편이 아내로 말미암아 거룩하게 되고 믿지 아니하는 아내가 남편으로 말미암아 거룩하게 되나니 그렇지 아니하면 너희 자녀도 깨끗하지 못하니라 그러나 이제 거룩하니라"고 말함으로 어린 자녀에게도 세례를 베풀고 성도라는 이름을 줄 수 있다는 것을 확증합니다(고전 7:14). 그렇게 유아세례를 받는 자녀의 부모는 이 자녀가 하나님의 언약의 후손임을 고백하고 자녀의 구원과 믿음의 성장을 위해 말씀과 교리를 부지런히 가르칠 뿐 아니라 그의 영혼을 위해 평생 기도할 것을 다짐합니다.

신약성경은 주로 복음을 전하고 세례를 받을 때 개인뿐 아니라 그 집의 모든 가족이 구원을 받는다고 표현합니다. 바울은 에베소에 있는 성도들이라고 에베소 교회 교인들을 통칭했습니다(엡 1:1). 바울의 말씀을 청종한 루디아도 집안 사람들이 다 예수님을 믿고 세례를 받았습니다(행 16:14-15). 특별히 바울과 실라는 간수에게 복음을 전하면서 "이르되 주 예수를 믿으라 그리하면 너와 네 집이 구원을 받으리라"(행 16:31)고 말했습니다. 이에 간수뿐 아니라 그의 온 가족이 세례를 받았습니다. 특별히 베드로는 이 약속이 자녀에게까지 확장된다고 말합니다. "베드로가 이르되 너희가 회개하여 각각 예수 그리스도의 이름으로 세례를 받고 죄 사함을 받으라 그리하면 성령의 선물을 받으리니 이 약속은 너희와 너희 자녀와 모든 먼 데 사람 곧 주 우리 하나님이 얼마든지 부르시는 자들에게 하신 것이라 하고"(행 2:38-39).

따라서 죄를 회개하고 그리스도를 구세주로 고백하며 복음의 말씀에 순종하는 모든 성인 성도에게 세례를 베풀 수 있으며 그렇게 세례를 받은 모든 성도의 자녀들을 언약의 후손으로 간주하여 그 자녀에게도 세례를 베풀 수 있습니다.

웨스트민스터 대요리문답 167문은 "우리의 세례를 어떻게 효과적으로 증진할 수 있습니까?"라고 묻습니다. 도대체 평생 한번 받은 세례를 어떻게 증진할 수 있다는 말입니까? 이에 대해 이렇게 말합니다. "필요하지만 소홀히 되어 있는 세례를 잘 사용하는 의무는 우리가 평생 동안 이행해야 합니다. 특별히 시험을 당할 때와 다른 사람들이 세례를 받고 있는 자리에 참석했을 때, 세례의 성질과 그리스도가 그것을 제정하신 목적, 그것에 의해 우리에게 주어지고 보증된 특권 및 은덕, 그곳에서 행한 엄숙한 서약 등을 심각히 또는 감사히 성찰함으로 가능합니다."

말하자면 교회에서 시행하는 세례식을 볼 때마다 우리는 세례의 영적 의미를 마음에 되새기고 삶 가운데 적용해야 한다는 의미입니다. 내가 죽었던 자이며 내가 하나님 은혜로 다시 살았음을 깨달아야 합니다. 이런 교리문답 공부를 통해서도, 하나님이 나를 다시 살려 주셨음을 감사하고 은혜의 방편인 말씀과 성례와 기도에 대한 이해가 더욱 깊어져야 합니다.

하나님이 주님의 몸 된 교회에 허락해 주신 참된 말씀과 성례와 기도를 통해 참된 신자들 모두에게 더욱 풍성한 은혜를 베풀어 주시기를 소원합니다.

○ 칼뱅, 『기독교 강요』, 4.15.3.

우리는—마치 세례의 효력이 이미 지나가 버리기라도 한 것처럼—우리가 세례를 과거에 받았으니 세례를 받은 후에 새로이 범한 죄에 대해서는 다른 성례를 통해 그것을 속할 어떤 새로운 방도를 찾아야 할 것이라는 식으로 생각해서는 안 된다. 옛날에는 이런 오류 때문에, 어떤 사람들은 목숨이 경각에 달려 있고 마지막 임종이 임박한 상태에 이르기 전에는 세례받기를 거부하기도 했다. 그때에 세례를 받아야 자기들의 전 생애에 대하여 사면을 받을 수 있다고 생각한 때문이다. 고대의 감독들은 이런 터무니없는 염려에 대하여 자주 책망하였다. 우리가 반드시 명심해야 할 것은 언제 세례를 받든지, 우리의 온 생에 전체가 단번에 깨끗이 씻음 받고 정결케 되다는 사실이다. 그러므로 넘어질 때마다 우리는 우리의 세례에 대한 기억을 떠올리고 그것으로 우리의 생각을 든든히 하며 언제나 죄 사함을 확신하여야 하는 것이다.

■ 나눔 질문

1. 바울은 세례를 죽음과 다시 살아남의 비유로 설명하는데 세례란 무엇에 대해 죽고 무엇에 대해 살아나는 것입니까?
2. 목회자는 누구에게 세례를 베풀어야 합니까?
3. 소요리문답은 유아세례에 대해 어떻게 말하고 있습니까?
4. 침례만이 유일한 세례의 방식이 아니라는 것을 설명해 보십시오.
5. 세례의 형식보다 본질이 더욱 중요한 이유는 무엇입니까?
6. 세례가 세례 받을때만 아니라 전 생애에 유익한 이유는 무엇입니까?

40장
은혜의 방편 - 성찬

²³내가 너희에게 전한 것은 주께 받은 것이니 곧 주 예수께서 잡히시던 밤에 떡을 가지사 ²⁴축사하시고 떼어 이르시되 이것은 너희를 위하는 내 몸이니 이것을 행하여 나를 기념하라 하시고 ²⁵식후에 또한 그와 같이 잔을 가지시고 이르시되 이 잔은 내 피로 세운 새 언약이니 이것을 행하여 마실 때마다 나를 기념하라 하셨으니 ²⁶너희가 이 떡을 먹으며 이 잔을 마실 때마다 주의 죽으심을 그가 오실 때까지 전하는 것이니라 ²⁷그러므로 누구든지 주의 떡이나 잔을 합당하지 않게 먹고 마시는 자는 주의 몸과 피에 대하여 죄를 짓는 것이니라 ²⁸사람이 자기를 살피고 그 후에야 이 떡을 먹고 이 잔을 마실지니 ²⁹주의 몸을 분별하지 못하고 먹고 마시는 자는 자기의 죄를 먹고 마시는 것이니라. 고전 11:23-29

소요리문답 96, 97번

문 96: 성찬은 무엇입니까?

답: 성찬은 그 안에서 그리스도의 제정하심에 따라 떡과 포도주를 주고받음으로써 그분의 죽음이 분명하게 드러나고, 그로 인해 가치 있게 받는 자들은 그분의 모든 은덕들을 가지고 영적인 양육과 은혜 안에 있는 성장에 이르도록 육체적이고 세속적인 방식을 따르지 않고 믿음으로 그의 몸과 피의 참여자들이 되게 하는 성례입니다(고전 11:23-26; 10:16).

> 문 97: 성찬을 가치 있게 받기 위해서는 무엇이 요구됩니까?
>
> 답: 성찬에 가치 있게 참여하기 원하는 자들에게는 주님의 몸을 분별하는 지식에 대해(고전 11:28-29), 그분을 양식으로 삼는 믿음에 대해(고후 13:5), 그들의 회개와(고전 11:31) 사랑과(고전 10:16-17) 새로운 순종에 대해(고전 5:7-8), 그들이 스스로를 점검할 것이 요구됩니다. 이는 그들이 무가치하게 나와서 그들을 향한 심판을 먹고 마시지 않게 하기 위함입니다(고전 11:28-29).

하나님이 우리에게 제정해 주신 구속의 은혜를 받는 방편은 말씀과 성례 그리고 기도, 이렇게 세 가지입니다. 이미 우리는 말씀에 이어 성례 중에서 세례에 대해 살펴본 바 있습니다. 다음 장에서 은혜의 방편 중 마지막인 기도에 대해 그리고 이어지는 주기도문을 살펴보기 전에 성례의 또 다른 부분인 성찬에 대해 살펴보고자 합니다.

성찬은 공관복음(마 26장, 막 14장, 눅 22장)이 공통적으로 기록하고 있습니다. 바울 역시 고린도전서 11장에서 성찬에 대해 언급하고 있습니다. 성찬식은 은혜를 받는 방편이기도 하지만 교회 역사상 가장 많이 왜곡되고 오용 및 남용되기도 했습니다.

예수 그리스도가 제정하신 은혜의 식탁

첫째, 성찬은 예수 그리스도가 제정하신 최후의 만찬이며 은혜의 식탁입니다. 본문 23-24절을 읽겠습니다. "내가 너희에게 전한 것은 주께 받은 것이니 곧 주 예수께서 잡히시던 밤에 떡을 가지사 축사하시고 떼어 이르시되 이것은 너희를 위하는 내 몸이니 이것을 행하여 나를 기념하라 하시고."

소요리문답 96번도 보겠습니다.

문 96: "성찬은 무엇입니까?"

답: "성찬은 그 안에서 그리스도의 제정하심에 따라 떡과 포도주를 주고받음으로써 그분의 죽음이 분명하게 드러나고, 그로 인해 가치 있게 받는 자들은 그분의 모든 은덕들을 가지고 영적인 양육과 은혜 안에 있는 성장에 이르도록 육체적이고 세속적인 방식을 따르지 않고 믿음으로 그의 몸과 피의 참여자들이 되게 하는 성례입니다." 여기서 우리가 강조해야 할 것이 세 가지가 있습니다.

첫째, 성찬은 주님이 제정하신 명령이라는 것입니다. 주님은 십자가에서 대속의 죽음을 당하시기 전 제자들을 불러 유월절 식사를 하셨습니다. 떡과 포도주를 준비해서 먹고 마시는 이 행위 자체를 그리스도가 친히 준비하시고 시행하셨습니다. 그뿐 아니라 주님은 이것을 명령하셨습니다(24, 25절). 즉 주님이 제정하셨고 주님이 명령하셨습니다.

둘째, 성찬은 그리스도를 통해 사도와 교회들에게 전승된 것이라는 사실입니다. 바울은 23절에서 이 성찬 예식을 자기 자신이 제정하거나 갑자기 만들어낸 것이 아님을 밝힙니다. 이것은 "주께 받은 것"입니다. 사람이 만들어 놓은 전통과 규칙도 목숨을 걸고 지키는데 생명의 주인이신 그리스도가 제정하셨다면 얼마나 더 간절하게 지켜야 하겠습니까?

그러므로 셋째, 오고 오는 모든 진실한 교회들이 이 성찬 예식을 기념해야 한다는 것입니다. 교회는 무엇을 하느냐에 따라 그 본질과 정체성이 드러납니다. 그런 점에서 성찬의 올바른 시행 여부는 교회의 참됨과 정체성을 판단하는 중요한 기준입니다. 따라서 교회는 성찬을 합당하게 시행함으로 그들의 참됨과 바른 정체성을 드러내야 합니다.

하나님이 구약시대에는 할례와 제사를 명령하셨지만 그리스도 예수께서 오신 이후에는 세례와 성찬을 명령하셨습니다. 그래서 소요리문답 93번에서 "신약의 성례들은 오직 세례와 성찬"이라고 한 것입니다. 진실한 신자는 할례와 제사를 통해 자기 자신을 하나님께 드리듯이 세례와 성찬을 통해 자신이 그리스도의 죽음을 통해 죄에 대해 죽고 그리스도의 부활을 통해 의에 대하여 다시 사는 은혜를 믿음으로 기억하고 받기 위해 성찬을 시행하고 그 성찬에 참여해야 합니다.

그리스도가 명령하신 바를 믿음으로 준행하는 성도들이 되십시오.

그리스도의 죽으심을 상징하는 표지

둘째, 성찬은 우리를 위한 그리스도의 죽으심을 상징하는 표지입니다. 24-26절을 읽겠습니다. "축사하시고 떼어 이르시되 이것은 너희를 위하는 내 몸이니 이것을 행하여 나를 기념하라 하시고 식후에 또한 그와 같이 잔을 가지시고 이르시되 이 잔은 내 피로 세운 새 언약이니 이것을 행하여 마실 때마다 나를 기념하라 하셨으니 너희가 이 떡을 먹으며 이 잔을 마실 때마다 주의 죽으심을 그가 오실 때까지 전하는 것이니라."

본문에 따르면 성찬을 대할 때 세 가지를 기억해야 합니다. 첫째, 이것이 교회를 위한 몸이라는 것입니다. 둘째, 교회를 위한 피라는 것입니다. 셋째, 결론적으로 예수 그리스도 구속의 은덕을 상징한다는 것입니다. 따라서 신자는 성찬을 대할 때 교회를 위한 그리스도의 구속의 은덕을 생각해야 합니다.

그런데 여기 합당한 수찬자는 육체와 정욕을 따라 참여하지 않는다고 했습니다. 육체와 정욕을 따라 참여하지 않는다는 것은 비록 떡과 포도주를 먹고 마시지만 주님의 살과 주님의 피를 육신적으로 먹고 마신다는 것을 뜻하지 않는다는 말입니다. 그래서 소요리문답 96번은 성찬을 믿음으로 받는다고 한 것입니다. 로마 가톨릭교회가 바로 이 지점에서 오류에 빠졌습니다. 소위 성변화설(화체설)이라 불리는 것은 본질이 바뀐다는 교리입니다. 문자적으로 정의하면 화체, 즉 몸으로 변화한다는 것입니다. 떡과 포도주의 본질이 주님의 육체와 피로 변화한다는 교리입니다. 그것을 가리켜서 미사의 기적이라 부릅니다. 그들이 이것을 주장한 이유는 성찬을 통해 은혜와 의가 주입된다고 믿기 때문입니다. 그래서 그들은 성찬 중에 떡이나 포도주가 바닥에 떨어지지 않게 하기 위해 전병으로 만들어 입 안에 넣어 주고 포도주는 대표로 신부가 마십니다. 이에 대한 윌리엄슨 박사의 요한복음 2장 1-11절의 해설은 매우 유익합니다. 화체설이 진리가 되려면 진짜 본체의 변화가 있어야 합니다. 가나에서의 혼인잔치가 그러했습니다. 물이 포도주로 변했습니다. 기적 전에는 물만 있었지만 기적 후에는 포도주만 있었습니다. 화체설이 진리가 되려면 기적 후에 주님의 육신과 주님의 보혈이 실제로 존재해야만 합니다. 그러나 그런 일은 일어나지 않습니다.

이와 유사한 교리가 바로 루터파 교회의 공재설입니다. 공재설은 화체설과 달리 본질 자체가 변화하지 않지만 본질이 들어온다는 교리입니다. 떡과 포도주가 나누어질 때 여전히 떡과 포도주이지만 그 안에 주님의 영과 육신이 동시에 임한다는 것입니다. 이것 역시 바람직한 설명이 아닙니다. 주님의 육신과 영은 분리되어 임하지 않습니다. 그리고 떡과 포도주 안에 들어가 계시지 않습니다.

중요한 사실은 성찬이 주님의 죽으심을 기념한다는 것입니다. 그것을 기념할 때 그리스도의 희생의 은혜에 참여함으로 영적인 영양을 공급받는다는 것입니다. 개혁신학은 신자가 성찬에 믿음으로 참여할 때 그리스도가 물리적으로든 장소적으로든 임재하시는 것이 아니라 영적으로 임재하셔서 은혜를 베풀어 주신다고 믿습니다. 본문 24, 25절에서는 계속해서 "기념하라"는 표현을 강조해서 사용합니다. 그리고 26절에서 우리가 떡을 먹고 잔을 마실 때마다 그것이 주의 죽으심을 오실 때까지 전하는 것이라 말합니다. 즉, 주님은 떡을 주셨고 포도주를 주셨지 당신의 육신이나 몸에 흐르는 피를 주신 것이 아닙니다. 떡과 포도주로 주님의 죽으심을 기억하고 기념할 때 주님은 내주하시는 그리스도의 영을 통해 우리에게 특별히 임재하셔서 은혜를 베푸십니다.

성찬에 참여할 때마다 우리를 위한 그리스도의 죽으심을 기억하며 그 구속의 은덕의 유익을 누리시는 성도들이 되시기를 축원합니다.

믿음으로 합당하게 참여해야 할 성찬

셋째, 성찬은 신자가 믿음으로 합당하게 참여해야 할 주의 식탁입니다. 27-29절을 보겠습니다. "그러므로 누구든지 주의 떡이나 잔을 합당하지 않게 먹고 마시는 자는 주의 몸과 피에 대하여 죄를 짓는 것이니라 사람이 자기를 살피고 그 후에야 이 떡을 먹고 이 잔을 마실지니 주의 몸을 분별하지 못하고 먹고 마시는 자는 자기의 죄를 먹고 마시는 것이니라."

소요리문답 97번도 보겠습니다.

문 97: "성찬을 가치 있게 받기 위해서는 무엇이 요구됩니까?"

답: "성찬에 가치 있게 참여하기 원하는 자들에게는 주님의 몸을 분별하는 지식에 대해, 그분을 양식으로 삼는 믿음에 대해, 그들의 회개와 사랑과 새로운 순종에 대해, 그들이 스스로를 점검할 것이 요구됩니다.

이는 그들이 무가치하게 나와서 그들을 향한 심판을 먹고 마시지 않게 하기 위함입니다."

개혁신앙에 있어 성찬에 참여하는 자의 준비는 매우 중요합니다. 로마 가톨릭이나 루터파 교회에서 성찬 참여시 신자의 영적 준비는 그다지 중요하지 않습니다. 왜냐하면 화체설과 공재설에서는 신자의 준비 여부와 상관없이 그리스도의 신체적 인격과 영이 자동적으로 임한다고 믿기 때문입니다. 그러나 개혁교회 신자들은 언제나 자신을 살펴야 합니다. 그러므로 본문 28절에서 주님도 "사람이 자기를 살피고 그 후에야 이 떡을 먹고 이 잔을 마시라"고 명령하셨습니다.

소요리문답은 신자가 성찬에 합당하게 참여하기 위해서는 세 가지가 필요하다고 말합니다. 그리고 이것이 본문 28절에 대한 바른 설명입니다.

첫째, 분별력이 있어야 합니다(29절). 분별하라는 말은 주님의 몸에 대한 바른 인식을 가지라는 말입니다. 떡과 잔이 상징하는 바가 무엇이고, 언약의 의미가 무엇이고, 그것을 믿음으로 받을 때 어떤 일이 일어나는지 등에 대한 분명한 지식적 자각이 있어야 합니다. 떡은 우리가 당할 징계를 대신 당하심으로 찢기신 주님의 살을 의미하며, 잔은 우리가 당할 죄에 대한 삯으로서의 죽음을 대신 겪으심으로 흘리신 주님의 피를 의미합니다.

둘째, 믿음과 회개와 사랑으로 새롭게 순종하겠다는 다짐이 있어야 합니다(28절). 이것은 하나님과의 관계에서 필요한 입니다. 하나님은 겸손하게 통회하고 죄를 자복하고 은혜를 구하는 심령을 구하십니다. 하나님이 구하시는 것은 상한 심령입니다. 다윗은 "주께서는 제사를 기뻐하지 아니하시나니 그렇지 아니하면 내가 드렸을 것이라 주는 번제를 기뻐하지 아니하시나이다 하나님께서 구하시는 제사는 상한 심령이라 하나님이여 상하고 통회하는 마음을 주께서 멸시하지 아니하시리이다"(시 51:16-17)라고 했습니다.

셋째, 성찬에 대하는 합당한 자세를 견지해야 합니다(27절). 성찬에 참여하는 자의 자격을 말하는 것이 아닙니다. 자세를 말하는 것입니다. 아무리 자격이 있어도 자세가 되어 있지 않으면 소용이 없습니다. 사실 주의 만찬에 참여할 자격이 죄인에게 있겠습니까? 하나님의 은혜가 아니고서는 결코 참여할 수 없습니다. 그러므로 우리는 자격보다 자세를 갖추어야 합니다. 바른 분별력, 믿고 사랑하고 순종하겠다는 새로운 다짐, 성찬을 바르게 대하겠다는 자세입니다.

그러므로 성찬에 참여하는 자는 성찬에 대한 바른 지식과 하나님과의 바른 관계와 그에 따른 합당한 자세가 있어야 합니다. 성찬식이 거행될 때마다 바른 분별력과 새로운 다짐과 합당한 자세로 임하시기를 바랍니다.

제자들의 발을 씻어 주시려는 예수님에게 베드로는 "내 발을 절대로 씻지 못하시리이다"라고 말했습니다. 주님이 이렇게 말씀하십니다. "대답하시되 내가 너를 씻어 주지 아니하면 네가 나와 상관이 없느니라"(요 13:8). 교회를 다니는 신자가 성찬에 참여하지 않으면 그리스도와 상관없는 자가 됩니다. 성찬이 의미하는 바를 바르게 분별하고 믿음으로 준비하며 회개와 겸손과 새로운 순종의 각오로 주님의 은혜를 구하지 않으면 아무 상관이 없는 자가 됩니다. 신자가 모든 예배에 부지런함과 열심을 다해 참여해야 하지만 특별히 성찬이 시행되는 주일은 더욱 열심을 품고 신중하게 참여해야 합니다. 주님께서 제자들에게 성찬의 본질뿐 아니라 성찬의 참여 방법까지 가르쳐 주신 이유가 바로 여기에 있습니다.

○ **칼뱅,『기독교 강요』, 4.17.5.**

성찬이 비로소 그리스도를 생명의 떡이 되시도록 만드는 것이 아니다. 성찬은 다만 그리스도가 우리가 계속해서 먹는 바 그 생명의 떡이 되신 사실을 생각나게 해 주는 것이요, 그리하여 그 떡의 맛과 향기를 취하고 그 떡의 능력을 느끼도록 해주는 것이다. 성찬은 그리스도가 행하셨고 당하신 모든 것이 우리를 살기 위하여 된 것이며, 또한 그러한 살리시는 역사가 영원하다는 사실을 확신하게 해주며, 또한 성찬을 통해 우리는 평생토록 끊임없이 영양을 공급받고 지탱되며 보존되는 것이다. 그리스도가 만일 우리를 위해 나지 않으셨고 우리를 위해 죽지도 않으셨고 또한 우리를 위해 다시 살지도 않으셨다면 그는 결코 우리를 위하여 생명의 떡이 되셨을 수가 없다. 이와 마찬가지로, 그의 탄생과 죽으심과 부활의 효력과 결과가 영원하거나 불멸한 것이 아니라면, 그는 지금 결코 우리를 위한 생명의 떡이실 수가 없는 것이다.

■ 나눔 질문

1. 신자는 성찬을 대할 때 무엇을 생각해야 합니까?
2. 로마 가톨릭교회가 말하는 '미사의 기적'이란 무엇이며, 그것은 왜 비성경적입니까?
3. 소요리문답 97번에 따르면 신자는 성찬에 어떤 각오로 참여해야 합니까?
4. 성찬에 합당하게 참여하기 위한 세 가지 요소는 무엇입니까?
5. 칼뱅에 따르면 성찬의 떡과 잔을 먹고 마시는 것은 무엇을 생각나게 해 줍니까?

41장
은혜의 방편 - 기도

²³그날에는 너희가 아무것도 내게 묻지 아니하리라 내가 진실로 진실로 너희에게 이르노니 너희가 무엇이든지 아버지께 구하는 것을 내 이름으로 주시리라 ²⁴지금까지는 너희가 내 이름으로 아무것도 구하지 아니하였으나 구하라 그리하면 받으리니 너희 기쁨이 충만하리라. 요 16:23-24

> **소요리문답 98번**
>
> 문 98: 기도는 무엇입니까?
>
> 답: 기도는 하나님의 뜻에 알맞은 것들을 따라(요일 5:14), 그리스도의 이름으로(요 16:23), 우리 죄들의 고백과(시 32:5-6) 하나님의 자비에 대한 감사의 인정과 함께(빌 4:6), 우리의 소원을 하나님께 올려드리는 것입니다(시 62:8).

성경은 도처에서 기도에 대해 말합니다. 구약성경은 열렬히 기도하는 선지자들을 묘사합니다. 시편 전체는 구약 성도의 기도입니다. 신약성경은 특별히 신자들에게 기도를 명령하는 말씀들을 자주 반복합니다. 특히 바울은 빌립보 교인들에게는 "아무 것도 염려하지 말고 다만 모든 일에 기도와 간구로, 너희 구할 것을 감사함으로 하나님께 아뢰라"고 했고 (빌 4:6), 데살로니가 교인들에게는 "쉬지 말고 기도하라"고 명령합니다(살전 5:17). 바울은 계속해서 성도들에게 사역자들인 "우리를 위하여 기도하라"고 명령합니다(살전 5:25). 더욱이 에베소 교인들에게는 마귀를 대적하는 전신갑주를 다 입었음에도 해야 할 일이 있는데 바로 "모든 기도와 간구를 하되 항상 성령 안에서 기도하고 이를 위하여 깨어 구하기를 항상 힘쓰며 여러 성도를 위하여 구하라"는 것이었습니다(엡 6:18).

'신자' 하면 떠오르는 대표적인 단어가 바로 기도이어야 합니다. 신자는 기도의 사람이어야 합니다. 아 저 분. 기도하시는 분! 이런 말이 나와야 합니다. 그런데 신자들이 가장 어려워하는 것 가운데 하나가 바로 기도이기도 합니다. 일반적으로 '기도' 하면 주로 하나님을 향한 나의 요청이나 요구라고 생각하는 경향이 많습니다. 엄밀히 말하면 기도는 하나님에 대한 인간의 요구나 요청이 아니라 하나님을 믿고 의지하겠다는 행위입니다. 하나님 없이는 그리고 하나님께 요청함이 없이는 우리 사람이 결코 살아갈 수 없는 존재들이기 때문입니다.

바울은 하나님이 만민에게 생명과 호흡과 만물을 주셨다고 했습니다(행 17:25). 그러므로 사람은 하나님을 의지하지 않고는 살 수 없습니다. 또한 하나님은 사람을 영과 육을 가진 존재로 창조하셨습니다. 영적으로도 하나님을 의지하지 않고는 결코 살 수 없는 존재로 만드신 것입니다. 하나님을 향한 이 신뢰와 의지가 너무나 자연스럽고 당연한 듯 보이기 때문에 간과하기 쉽습니다. 마치 우리가 숨을 쉬며 대기 중에 있는 산소를 마실 때 그것을 거의 의식하지 못하듯이, 하나님을 향한 신뢰와 의지 역시 그렇습니다. 그렇다면 기도란 무엇입니까?

진실한 마음으로 하나님께 구하며 올림

첫째, 기도란 진실한 마음으로 하나님께 구하며 마음의 소원을 올리는 것입니다. 본문 23절을 읽겠습니다. "그 날에는 너희가 아무 것도 내게 묻지 아니하리라 내가 진실로 진실로 너희에게 이르노니 너희가 무엇이든지 아버지께 구하는 것을 내 이름으로 주시리라."

소요리문답 98번도 보겠습니다.

문 98: "기도는 무엇입니까?"

답: "기도는 하나님의 뜻에 알맞은 것들을 따라, 그리스도의 이름으로, 우리 죄들의 고백과 하나님의 자비에 대한 감사의 인정과 함께 우리의 소원을 하나님께 올려드리는 것입니다."

요한복음 본문에도 기도는 "아버지께 구하는 것"이라 했습니다. 소요리문답은 "우리의 소원을 하나님에게 올려드리는 것"이라 했습니다. 우리는 이 두 가지를 연계해서 생각할 필요가 있습니다. 소요리문답이 우리의 소원을 올린다고 할 때 소원은 요구, 바라는 것, 마음에서 솟구쳐 올라오는 것을 의미합니다. 즉 하나님께 자기 마음속에 있는 것을 드린다는 말입니다. 기도는 기계적이지 않습니다. 기도는 관계적입니다. 기도는 대상이 있습니다. 기도는 하나님께 드리는 것입니다. 따라서 기도는 인격적입니다. 그렇기에 대요리문답 179번은 우리의 기도를 오직 하나님에게만 올려드려야 하는데 그 이유가 "오직 하나님만이 우리 마음을 감찰하실 수 있고 우리의 요청을 들으시며 죄를 용서하시고 모든 사람의 소원을 들어주실 수 있"기 때문이라고 말합니다.

아버지가 자식에게 좋은 것으로 주는 이유는 자식이 끈질기게 요청해서가 아니라 아버지이기 때문입니다. 그렇기에 성도는 그 좋으시고 선하신 하나님 아버지께 담대하게 기도할 수 있습니다. 우리 예수님은 "너희가 악한 자라도 좋은 것으로 자식에게 줄 줄 알거든 하물며 하늘에 계신 너희 아버지께서 구하는 자에게 좋은 것으로 주시지 않겠느냐"(마 7:11)라고 말씀하셨습니다. 사도 요한은 이렇게 말합니다. "그를 향하여 우리가 가진 바 담대함이 이것이니 그의 뜻대로 무엇을 구하면 들으심이라"(요일 5:14). 그래서 동원되는 것이 마음입니다. 기도는 마음입니다. 마음을 드리는 것입니다. 아이유가 부른 "마음을 드려요"라는 노래가 있습니다. 그 가사가 이렇게 시작합니다. "당신에게 드릴 게 없어서 나의 마음을 드려요. 그대에게 받은 게 많아서 표현을 다 할 수가 없어요." 사랑하는 사람을 위해 모두 주고자 하는 마음이 느껴지는 노래입니다. 세속적인 사랑에도 중요한 것이 마음입니다. 그런데 정말 마음이 동원되어야 할 것이 바로 하나님을 향한 기도입니다. 외식하는 자들은 정작 마음을 드리지 않으면서 입술로는 하나님을 존경하는 말을 청산유수처럼 할 수 있기 때문입니다(사 29:13; 마 15:8).

기도는 엄밀한 의미에서 정성을 드리는 것이 아니라 진정한 마음을 드리는 것입니다. 다윗은 이스라엘 백성들에게 이렇게 촉구합니다. "백성들아 시시로 그를 의지하고 그의 앞에 마음을 토하라 하나님은 우리의 피난처시로다"(시 62:8). 기도는 마음 없는 일천 번제를 드리는 게 아니라 진실함이 있는 마음을 드리는 행위입니다. 그래서 기도는 주문이 아닙니다. 주기도문이나 사도신경이나 십계명을 일천 번 읊는 것이 기도는 아닙니다.

기도란 진실한 마음을 하나님께 토해내는 것입니다. 구약 성경에 좋은 예가 있습니다. 사무엘상에서 한나는 마음이 괴로워서 여호와께 기도하고 통곡했습니다(삼상 1:10). 병들어 죽게 된 히스기야 왕은 어떻습니까? 얼굴을 벽으로 향하여 눈물을 흘리며 심히 통곡하며 기도했습니다 (왕하 20:1-6). 통곡, 눈물, 괴로움, 번민, 아픔, 고통 등 이 모든 것들이 마음에 담겨 있습니다. 그 마음을 하나님께 올려드렸습니다. 구약의 선지자들이 도처에서 부르짖었습니다. 다윗을 보십시오. 사울을 얼마든지 죽일 기회가 있었지만, 다윗은 부하들을 만류하며 원수 갚는 것이 하나님께 있으니 그분의 진노하심에 맡기며 기도했습니다. 예수님도 때로 마음에 통분히 여겨 기도하셨습니다. 마음을 드리는 것이 가장 중요합니다. 기계적이고 상투적이며 일률적인 기도가 아니라 하나님께 마음을 드리는 기도가 되어야 합니다.

예수님은 제자들에게 기도를 가르쳐 주시면서 중언부언하거나 말을 많이 하지 말라고 하셨습니다(마 6:7). 기도는 간결하고 단순해야 하지만 뜨거워야 하고 진심이 담겨야 합니다. 이방인들은 말을 많이 해야 들으실 것이라 생각하여 기도에 온갖 미사여구를 장식했습니다. 로마 가톨릭 교회는 소위 묵주알을 돌리며 기도문을 계속 반복했습니다. 청교도들은 17세기 지금의 성공회의 전신인 영국국교회가 발행한 공동기도서의 사용을 탐탁하게 여기지 않았습니다. 그 이유는 바로 매주일 정해 놓은 기도문을 사용하기 때문입니다. 매주일 예배 시에 기도문을 그저 읽는다면 그것은 마음에 진실함을 담아 하나님께 기도하는 것이 아니기 때문입니다.

바울은 빌립보 교인들을 향해 "너희 안에서 행하시는 이는 하나님이시니 자기의 기쁘신 뜻을 위하여 너희에게 소원을 두고 행하게 하시나니"(빌 2:13)라고 했습니다. 주님은 우리의 마음에 관심이 있으십니다. 우리가 마땅히 빌 바를 알지 못할 때라도 성령님이 말할 수 없는 탄식으로 친히 우리를 위하여 간구하십니다(롬 8:26).

기도의 외형이나 형식에 집중하기보다 진실한 마음으로 하나님께 기도를 올리는 성도들이 되시기를 바랍니다.

하나님의 뜻에 따라 회개와 감사를 올려드림

둘째, 기도란 하나님의 뜻에 따라 죄를 회개하고 구원해 주신 것을 감사하는 것입니다. 본문 23절을 읽겠습니다. "그 날에는 너희가 아무 것도 내게 묻지 아니하리라 내가 진실로 진실로 너희에게 이르노니 너희가 무엇이든지 아버지께 구하는 것을 내 이름으로 주시리라."

예수님은 우리가 아버지께 구하는 것을 "내 이름으로 주시리라"고 하셨습니다. 앞서 우리는 진실한 마음으로 기도해야 한다고 했습니다. 그것만으로는 충분하지 않습니다. 사람들은 진실한 마음으로도 악행을 저지르기 때문입니다. 죄를 일삼을 때도 마음을 다하고 욕심을 채우기 위해 정성을 들이는 것이 인간의 속성입니다. 이단 종교나 미신의 전매특허 가운데 하나가 바로 진심을 담아 정성을 드리는 기도라는 건 잘 알려진 사실입니다.

그렇다면 어떻게 기도해야 할까요? 우리의 기도가 바르게 되려면 하나님의 뜻에 따라 기도해야 합니다. 기도는 내가 원하는 대로 하는 것이 아닙니다. 내 목적 달성을 위해 입을 여는 것이 아닙니다. 하나님의 뜻에 따라 기도한다는 것은 하나님의 뜻이 이루어지기를 기도하는 것입니다. 이는 마태복음 6장의 주님이 가르쳐 주신 기도에도 잘 나타나 있습니다. 하늘에 계신 우리 아버지의 뜻 말입니다. 소요리문답은 그것을 무엇이라고 합니까? 지금까지 살펴본 소요리문답이 말하는 모든 내용이 하나님의 뜻입니다. 특별히 소요리문답 39번에 보면 하나님이 사람에게 요구하시는 것은 하나님이 나타내신 뜻에 복종하는 것이며 그것을 40번에서 도덕법이라고 말합니다. 그 다음부터 십계명을 해설하고 있습니다. 그러니까 바른 기도를 드리기 위해서는 십계명을 포함한 하나님의 말씀을 부단히 마음에 새겨야 한다는 말입니다.

말씀 없는 기도는 위험합니다. 말씀 없는 기도는 방향과 목적을 잃어버릴 가능성이 큽니다. 하나님의 말씀 없는 기도는 인간적인 소원만을 비는 기도가 될 위험이 큽니다. 다시 소요리문답 98번을 보겠습니다.

문 98: "기도는 무엇입니까?"

답: "기도는 하나님의 뜻에 알맞은 것들을 따라, 그리스도의 이름으로, 우리 죄들의 고백과 하나님의 자비에 대한 감사의 인정과 함께 우리의 소원을 하나님께 올려드리는 것입니다."

그러므로 하나님의 뜻에 맞춘 기도는 세 가지로 구분할 수 있을 것입니다. 첫째, 회개입니다. 하나님 앞에 나아갈 수도, 아뢸 수도 없는 자신의 죄악된 상태에 대한 처절한 인식입니다. 다윗도 회개의 기도를 올렸습니다. "내가 이르기를 내 허물을 여호와께 자복하리라 하고 주께 내 죄를 아뢰고 내 죄악을 숨기지 아니하였더니 곧 주께서 내 죄악을 사하셨나이다"(시 32:5). 그렇기에 기도하는 사람은 자기 죄를 고백하고 회개하며 교만하지 않고 겸손합니다.

둘째, 베풀어 주신 자비에 대한 인식과 감사입니다. 그런 죄로 말미암아 죽어버린 죄인을 십자가 보혈의 공로로 용서하시고 다시 살려 주신 자비하심에 대한 감사입니다. 바울은 데살로니가 교회에 편지하면서 "쉬지 말고 기도하라 범사에 감사하라 이것이 그리스도 예수 안에서 너희를 향하신 하나님의 뜻이니라"(살전 5:17-18)고 선언합니다. 어떤 기도이든지 회개와 감사가 빠져서는 안 됩니다. 우리의 소원을 빨리 말하려 하기 전에 먼저 회개와 감사가 있어야 합니다. 죄의 고백과 감사는 늘 같이 가야 합니다.

셋째, 그리스도의 이름으로 기도를 드리는 것입니다. 그리스도는 우리 구원의 중보자이실 뿐 아니라 우리 기도의 중보자이십니다. 모든 것이 그리스도의 이름으로 말미암습니다. 그리스도의 이름에 능력과 공로가 있기 때문입니다. 우리를 구원하시고 살게 하시는 유일한 길이요 진리요 생명이시기 때문입니다. 이것이 얼마나 중요한지 모릅니다. 예수님의 이름으로 기도하는 것은 예수님이 하나님이심을 인정하는 행위입니다.

때때로 기도하는 것을 어렵게 느끼는 분들이 있습니다. 특히 대표기도가 그렇습니다. 어떤 기도는 준비 없이 너무 짧고 또 어떤 기도는 너무 장황합니다. 어떤 기도는 지나치게 사적이며 선동적입니다. 우리는 예배의 형식과 목적과 상황을 살펴서 그것에 합당한 내용으로 하나님의 뜻에 알맞게 기도해야 합니다. 기도의 내용에 관해서는 일반적으로 네 가지를 제시할 수 있을 것입니다.

첫째, 하나님을 향한 찬미와 영광입니다. 하나님의 위대하심과 영광스러우심을 노래하고 찬양하는 것입니다. 이것을 송영이라 부릅니다. 기도는 너무 급히 우리의 소원을 말하는 것이 아니라 하나님의 위대하심을 찬미하는 것으로 시작해야 합니다. 구약의 위대한 기도, 시편의 기도 그리고 신약에 기록된 바울의 기도를 부지런히 읽고 또 읽으십시오. 기도의 지평이 훨씬 넓어질 것입니다. 찬송을 부를 때도 성부와 성자와 성령 하나님을 찬양하는 곡들을 선정하십시오.

둘째, 회개입니다. 기도할 때 하나님이 우리의 죄를 용서하신 것을 감사하며, 그럼에도 여전히 죄와 악을 행하는 우리의 모습을 회개하며 나아가야 합니다. 회개는 죄의 고백이며 죄를 고백한다는 것은 하나님이 죄를 싫어하시듯 우리도 죄를 싫어한다는 고백이며 결단입니다. 또한 진정한 회개는 단순히 죄를 슬퍼하거나 미워하는 것에 머무르지 않고 하나님께 더 가까이 나아가는 신앙의 행위입니다.

셋째, 감사입니다. 기도할 때 우리는 피조물을 향하신 무한하신 하나님의 자비와 사랑에 감사해야 합니다. 특별히 우리를 죄와 사망과 지옥의 형벌에서 구원하신 것에 대해서도 감사해야 합니다. 또한 삶 속에서 세심하게 돌보시는 것과 일용할 양식을 풍성히 베풀어 주심에 대해서도 감사해야 합니다. 사도 바울이 교훈하는 것처럼 모든 종류의 감사, 즉 범사에 감사하는 자세가 필요합니다.

넷째, 간구입니다. 기도로 우리의 소원을 아뢰는 것입니다. 그러나 무엇보다 먼저 그 소원은 하나님의 뜻이 하늘에서 이루어지는 것처럼 이 땅에서도 이루어지기 위한 간구이어야 합니다. 그것을 이루기 위해 필요한 모든 것을 하나님께 의지하고 의탁하는 것이 바로 간구입니다. 신자는 무엇을 간구해야 할까요? 대요리문답 184번은 성도들이 "하나님의 영광을 향하는 것, 교회의 복락, 우리 자신과 다른 사람의 유익을 위한 모든 것을 간구해야 한다"고 말합니다. 누구를 위해 간구해야 할까요? 183번은 이렇게 말합니다. "우리는 지상에 있는 그리스도의 교회 전체를 위해, 위정자들을 위해, 사역자를 위해, 우리 자신을 위해, 우리의 형제와 원수를 위해 그리고 살아 있는 사람과 앞으로 살아갈 사람들을 위해 간구해야 합니다. 그러나 죽은 사람이나 사망에 이르는 죄를 지은 것으로 알려진 사람들을 위해 기도해서는 안 됩니다."

성경과 교리는 우리의 기도를 더욱 풍성하게 해 줍니다. 그러므로 어떤 예배의 어떤 기도이든지 이 네 가지 구성 요소는 기도할 때 일반적이며 공통적인 내용입니다.

개인기도, 대표기도, 묵상기도, 통성기도 등 많은 기도가 있지만 변함없이 말씀과 교리를 따라 항상 하나님의 뜻대로 기도하시는 성도들이 되시기를 바랍니다.

우리는 이번 장에서 기도에 대해 살펴보았습니다. 앞으로 주님이 가르쳐 주신 기도에 대해 마태복음 6장과 소요리문답을 중심으로 살펴볼 예정입니다. 은혜의 마지막 방편과 주기도문을 여는 첫 번째 장에서 기도에 대해 살펴보았습니다. 무엇보다 기도로 아뢰는 우리의 소망과 소원과 생각과 계획 등 모든 것이 과연 하나님의 뜻에 합당한가를 점검해야 합니다. 우리의 기도가 사심이 없고 하나님의 뜻에 합당한지 살펴야 합니다. 그리고 그보다 먼저 우리는 과연 마음으로 기도하고 있는지 돌아보아야 합니다. 기도는 관계적이라 했습니다. 우리는 의식하지 않는데도 자연스레 호흡을 합니다. 무의식적인 것 같지만 우리 몸은 끊임없이 숨을 쉬어야 한다는 걸 의식한다는 듯 절대로 호흡을 멈추지 않습니다. 그것이 육신이 사는 길이기 때문입니다. 영적으로도 마찬가지입니다.

우리 영혼은 끊임없이 하나님을 추구해야 합니다. 우리 죄에 대해 회개하는 마음, 하나님의 자비하심에 감사하는 마음을 품고 마음의 소원을 아뢰며 그것이 하나님의 뜻에 합당한 기도가 되기를 기도해야 합니다. 뿐만 아니라 그렇게 기도한 대로 살아내야 합니다. 시편의 마지막 구절에서 시인은 "호흡이 있는 자마다 여호와를 찬양할지어다 할렐루야"(시 150:6)라고 외쳤습니다. 그렇다면 호흡이 있는 신자들마다 여호와께 기도해야 할 것입니다. 그렇게 할 때 예수님의 말씀처럼 우리 마음에 기쁨이 충만할 것입니다.

우리는 외식하는 자나 중언부언하는 자처럼 기도하지 않고 하나님의 뜻에 따라 진심으로 마음의 소원을 아뢰는 기도를 드려야 합니다.

○ **칼뱅,『기독교 강요』, 3.20.2.**

그러므로, 하늘의 아버지께서 우리를 위해 간직하고 계시는 그 온갖 풍성한 것들을 얻는 데는 기도가 반드시 필요하다. 하나님과 사람 사이에는 일종의 교제가 있다. 곧 사람이 하늘의 성소에 들어가서 하나님 앞에 서서 하나님이 하신 약속들을 근거로 하나님께 호소하여, 결국 사정이 생길 때에 그들이 하나님의 말씀의 권위만을 의지하여 믿은 바가 헛되지 않았다는 것을 경험을 통해 배우게 되는 그런 교제가 있다는 말이다. 따라서 주께서 주시기로 약속하신 모든 것에 대해 기도로 그에게 구하라고 명하시는 것을 보게 된다. 이것이 과연 사실이기에, 우리는 기도로써 우리 주님의 복음이 우리의 눈에 밝혀주는 그 보화들을 파내는 것이다.

■ 나눔 질문

1. 기도란 거짓 없는 진실한 무엇을 하나님께 토해내는 것입니까?
2. 이방인들은 기도할 때 무엇을 많이 해야 하나님이 들으실 것이라 생각했습니까?
3. 하나님의 뜻인 말씀이 없는 기도가 위험한 이유는 무엇입니까?
4. 하나님의 뜻에 알맞은 기도의 세 가지 요소는 무엇입니까?
5. 성도들이 기도할 때 포함해야 할 네 가지는 무엇입니까?
6. 칼뱅은 기도를 하나님과의 교제라고 말하는데 그 의미는 무엇입니까?

7부

하늘에 닿는 기도

The Westminster Shorter Catechism

42장
주기도문 - 기도의 표준과 법칙

⁹그러므로 너희는 이렇게 기도하라 하늘에 계신 우리 아버지여 이름이 거룩히 여김을 받으시오며 ¹⁰나라가 임하시오며 뜻이 하늘에서 이루어진 것같이 땅에서도 이루어지이다 ¹¹오늘 우리에게 일용할 양식을 주시옵고 ¹²우리가 우리에게 죄 지은 자를 사하여 준 것같이 우리 죄를 사하여 주시옵고 ¹³우리를 시험에 들게 하지 마시옵고 다만 악에서 구하시옵소서 나라와 권세와 영광이 아버지께 영원히 있사옵나이다 아멘. 마 6:9-13

소요리문답 99번

문 99: 하나님은 기도에 있어서 우리를 위한 지침으로 어떤 법칙을 주셨습니까?

답: 하나님의 말씀 전체가 기도에 있어서 우리를 지도하기 유용합니다(요일 5:14). 그러나 지침의 특별한 법칙은 그리스도가 그의 제자들에게 가르치신 바로 그 기도의 형식인데 그것은 일반적으로 주님의 기도라고 불립니다(마 6:9-13; 눅 11:2-4).

기도란 진실한 마음으로 하나님께 마음의 소원을 올리는 것이라 했습니다. 기도의 외형이나 형식보다 진실한 마음을 하나님께 올리는 것이 중요합니다. 그 다음은 하나님의 뜻에 따라 회개와 감사를 드리는 것이라 했습니다. 진실한 마음으로는 충분하지 않고 그 기도의 내용이 하나님의 뜻에 부합하는 것이 중요합니다.

이번 장은 앞으로 몇 주 동안 계속될 주기도문의 서론을 살펴보겠습니다. 오늘 본문의 내용은 일반적으로 주기도문이라 불리지만 사실은 주님께서 가르쳐 주셨을 뿐이지 제자들의 기도문이라 불려야 합니다. 본문 9절에 주님께서 너희는 이렇게 기도하라 명령하셨고, 제자 가운데 하나가 우리에게도 기도를 가르쳐 달라고 요청했기 때문입니다(눅 11:1). 그래서 주님이 제자들에게 가르쳐 주셨고 이후에 모든 신자들이 드려야 하는 기도가 된 것입니다.

소요리문답 99번은 하나님의 모든 말씀이 우리의 기도를 지도하는데 유용하지만 특별히 우리에게 주기도문을 주셨다고 합니다. 소요리문답 99번을 보겠습니다.

문 99: "하나님은 기도에 있어 우리를 위한 지침으로 어떤 법칙을 주셨습니까?"

답: "하나님의 말씀 전체가 기도에 있어 우리를 지도하기 유용합니다. 그러나 지침의 특별한 법칙은 그리스도가 그의 제자들에게 가르치신 바로 그 기도의 형식인데 그것은 일반적으로 주님의 기도라고 불립니다."

우리는 지난 장에서 우리의 기도가 하나님의 말씀에 담긴 그분의 뜻과 부합되어야 한다고 배운 바 있습니다. 즉 성경 전체가 우리의 기도를 지도한다는 말입니다. 그 중에서도 특별히 주기도문이 그 일을 합니다. 따라서 주기도문은 기도를 위한 일종의 기준 또는 표준이 됩니다. 주기도문은 그리스도의 제자들이 따라야 할 모범과 같습니다. 우리가 반드시 배워야 할 주기도문은 어떤 기도입니까?

오직 하나님께만 영광을 돌리는 기도

첫째, 주기도문은 오직 하나님께만 영광을 돌리는 기도입니다. 9절과 13절을 보겠습니다. "그러므로 너희는 이렇게 기도하라 하늘에 계신 우리 아버지여 이름이 거룩히 여김을 받으시오며… 우리를 시험에 들게 하지 마시옵고 다만 악에서 구하시옵소서 나라와 권세와 영광이 아버지께 영원히 있사옵나이다 아멘."

이는 주님께서 가르쳐 주신 기도의 서론과 결론입니다. 주기도문은 기도를 시작하는 9절 서론과 기도를 맺는 13절 결론이 있고 그 사이에 여섯 개의 간구가 포함된 구조입니다. 여섯 개의 간구를 서론과 결론이 마치 앞문과 뒷문처럼 에워싼 형태입니다.

서론과 결론 부분만 보아도 알 수 있듯, 주기도문은 하나님으로 시작해서 하나님으로 마치며 오직 하나님께만 영광을 돌리는 기도입니다. 이런 의미에서 진정한 기도는 사람이 아니라 하나님 중심적이어야 합니다. 소요리문답의 구조도 이와 마찬가지이며, 사도 바울이 쓴 모든 서신서의 구조도 이와 동일합니다. 소요리문답 1번을 기억하십니까?

문: "사람의 제일 되는 목적은 무엇입니까?"

답: "사람의 제일 되는 목적은 하나님께 영광을 돌리고 그를 영원토록 즐거워하는 것입니다."

그러면 소요리문답 마지막 문답인 107번은 무엇이라 말합니까?

문: "주기도문의 결론은 우리에게 무엇을 가르칩니까?"

답: "주기도문의 결론(즉, 나라와 권세와 영광이 아버지께 영원히 있사옵나이다)은 우리에게 기도에 있어 오직 하나님께로부터 용기를 얻어서, 나라와 권세와 영광을 그분께 돌리면서 우리의 기도들 안에서 그분을 찬양하도록 가르칩니다. 그리고 우리의 소원과 그에 따른 확신에 대한 간증으로 우리는 아멘 이라고 말합니다."

우리가 살펴보는 소요리문답도 하나님의 영광으로 시작해서 하나님의 영광으로 진행하다가 하나님의 영광으로 결론을 맺습니다.

참된 기도는 결코 사람에게 무관심하지 않지만 그보다 하나님의 영광이 우선한다는 사실을 분명히 하고 있습니다. 인간적인 관심사보다 하나님을 향한 영적 관심사가 먼저입니다. 먹고 입고 마시는 것을 염려하기 보다 하나님의 나라와 그의 의를 먼저 추구하는 것이 옳습니다. 그렇기에 우리 주님도 이방인들처럼 무엇을 먹을까 무엇을 마실까 무엇을 입을까 염려하지 말고 먼저 하나님의 나라와 그의 의를 구하라 하신 것입니다(마 6:31-33). 그러므로 참된 신자는 특별한 경우에만 기도하거나 자신의 삶에 하나님이 도와주셔야 하는 때만 기도하지 않고, 항상 통상적으로 하나님의 나라와 그의 의를 생각하며 기도하는 사람입니다.

우리 민족은 전통적으로 기도하는 민족입니다. 온갖 토속 신앙을 가졌던 우리 조상들은 하늘의 태양과 달과 별을 향해 기도하고 오래된 나무를 신으로 모셨습니다. 아침 저녁으로 정한수를 떠놓고 치성을 드리고 이름도 모르는 천지신명께 밤새워 소원을 빌었습니다. 그런 전통 때문인지 기독교가 들어온 이후에 신자들은 전세계에서 유래가 없을 정도로 새벽기도에 열심을 냈습니다. 칭찬받아 마땅한 모습이지만 혹시 그런 기도의 삶 속에 미신적 요소가 있었다면 제거해야 마땅합니다. 무조건적인 열심이 마냥 좋은 것은 아니기 때문입니다. 열심과 정성을 다한다고 기도가 이루어지는 것도 아닙니다. 왜 기도하는지, 기도의 대상이 누구 이신지, 어떻게 기도해야 하는지를 정확히 알고 기도하는 것이 더욱 중요하기 때문입니다. 주님이 가르쳐 주신 기도는 바로 그것을 보여주는 기도의 표준입니다.

 기도를 많이 하는 것이 중요한 것이 아니라 하나님의 영광을 위해 바르게 기도하는 것이 중요함을 깨닫고 우리 기도의 최우선의 관심을 하나님께 영광 돌리는 것에 두는 성도들이 됩시다.

기도를 잘 배우는 훈련이 필요함

둘째, 주기도문은 신자가 기도를 잘 배우는 훈련이 필요하다는 사실을 교훈해 줍니다. 9절을 읽겠습니다. "그러므로 너희는 이렇게 기도하라 하늘에 계신 우리 아버지여 이름이 거룩히 여김을 받으시오며."

 예수님은 "이렇게 기도하라"고 명하십니다. 이런 방식으로, 이런 표준으로, 이런 길로, 이런 단계를 따라 기도하라는 말입니다. 이는 잘못된 기도가 있으며, 진정한 기도가 쉽지 않다는 것을 전제하는 말씀입니다. 기도를 우리 마음 가는대로 하는 것이라면 예수님이 이렇게 기도하라고 명령하시지 않았을 것입니다. 따라서 우리는 주님이 가르쳐 주시는 기도를 표준 삼아 우리의 혹 있을지도 모르는 잘못된 기도의 내용과 형식을 개혁해 나가야 합니다.

 그렇다면 무엇이 잘못된 기도입니까? 마태복음 6장 5-8절에서 주님은 사람에게 보이려고 하는 기도, 중언부언하는 기도를 예로 드십니다. 우리는 왜 이렇게 잘못된 기도를 할까요? 우리의 죄악된 본성이 기도에도 영향을 끼치기 때문입니다. 예수님이 지적하셨듯 마음은 원이로되 육신이 약하여 기도하지 못할 때도 있습니다. 타락한 사람은 본능적으로 기도하기를 싫어합니다. 기도에 시간을 들이기를 싫어합니다. 그것은 명백히 잘못된 태도입니다. 중생한 신자라면 반드시 그 영혼 안에 육체의 소욕과 싸우는 성령이 소욕이 생겼습니다. 그러므로 성령의 소욕을 따르기 위해 애써야 합니다. "내가 이르노니 너희는 성령을 따라 행하라 그리하면 육체의 욕심을 이루지 아니하리라 육체의 소욕은 성령을 거스르고 성령은 육체를 거스르나니 이 둘이 서로 대적함으로 너희가 원하는 것을 하지 못하게 하려 함이니라"(갈 5:16-17).

신자는 마땅히 기도하기에 힘써야 합니다. 이것은 시간을 들이는 것뿐 아니라 기도하는 훈련까지 포함합니다. 죄의 본성에 지배를 받는 육체를 쳐서 복종시키는 훈련이 있어야 합니다. 나태해질 때 돌이켜 기도에 매진하는 시간을 확보해야 합니다. 시간을 정해 놓고 습관을 들여 기도해야 합니다. 나아가 소요리문답 강해의 권위자인 윌리엄슨 박사가 지적하듯, 지적이고 집중적인 노력을 통해 기도하는 법을 배워야 합니다. 참되게 예배드리는 것에 노력이 필요하고, 진정으로 헌금을 드리는 것에 정성이 필요하듯 참되게 기도하는 일에도 노력과 훈련이 필요합니다. 구약 성도의 기도서인 시편을 읽고, 바울의 기도를 읽는 일, 기도에 대한 경건서적을 읽고 진실되게 기도해 보는 일, 또는 기도문을 작성해 보는 일은 일상에서 매우 효과적인 훈련입니다. 가만히 있는다고 숨이 자동적으로 쉬어지는 것 같아도 결코 그렇지 않습니다. 사람의 몸은 숨을 쉬기 위해 온 세포가 끊임없이 노력합니다. 왜 그렇습니까? 살아야 하기 때문입니다. 영적으로도 마찬가지입니다. 가만히 있는다고 자동적으로 하나님과 교제가 이루어지지 않습니다. 새벽이든 저녁이든 기도와 묵상에 시간을 쏟고 하나님과 교제하려는 치열한 노력을 기울여야 합니다. 교회가 정해준 기도 시간을 적극 활용하는 것도 좋은 방법입니다. 어떤 방법을 사용하든, 기도를 방해하는 요소들을 과감히 제거하고 기도 시간을 확보하는 것이 우선적으로 필요합니다.

우리는 기도하지 않기 위해서라면 온갖 핑계를 댈 수 있습니다. 기분이 좋아서 기도하지 않고 기분이 나빠서 기도하지 않고, 바빠서 기도하지 않고 한가해서 기도하지 않는 연약한 사람입니다. 기도란 그래서 쉽지 않습니다. 겟세마네 동산에서 기도하시던 예수님은 제자들이 자는 것을 보시고 이렇게 말씀하셨습니다. "베드로에게 말씀하시되 시몬아 자느냐 네가 한 시간도 깨어 있을 수 없더냐 시험에 들지 않게 깨어 있어 기도하라 마음에는 원이로되 육신이 약하도다"(막 14:37-38). 예수님이 병사들에게 잡히시기 직전 참으로 긴박한 순간이었음에도, 간절히 기도하시던 예수님과 전혀 딴판으로 제자들은 자거나 졸았던 것을 보면 기도가 결코 쉬운 일이 아님을 알게 됩니다. 그렇기에 우리는 기분이 좋아서 기도하고 기분이 나빠서 기도하고, 바쁠 때 기도하고 한가할 때 기도하는 습관을 들여야 합니다.

진실한 기도가 쉽지 않음을 날마다 깨닫고 우리의 육신을 쳐서 복종시키며 기도를 배우고 훈련하는 일에 시간을 투자합시다.

기도할 때 몇 가지 조심할 점을 염두에 두는 일

셋째, 주기도문은 우리가 몇 가지 주의해야 할 점을 염두에 두고 기도할 것을 가르쳐 줍니다. 9-13절 말씀을 읽겠습니다. "그러므로 너희는 이렇게 기도하라 하늘에 계신 우리 아버지여 이름이 거룩히 여김을 받으시오며 나라가 임하시오며 뜻이 하늘에서 이루어진 것 같이 땅에서도 이루어지이다 오늘 우리에게 일용할 양식을 주시옵고 우리가 우리에게 죄 지은 자를 사하여 준 것 같이 우리 죄를 사하여 주시옵고 우리를 시험에 들게 하지 마시옵고 다만 악에서 구하시옵소서 나라와 권세와 영광이 아버지께 영원히 있사옵나이다 아멘".

주기도문이 기도의 표준이라 할 때, 우리가 기도하면서 주의할 점이 무엇입니까? 먼저 간결성입니다. 기도는 무엇보다도 간결해야 합니다. 많은 사람들이 기도는 길면 길수록 좋다는 오해를 안고 있습니다. 하지만 주님은 그와 같은 기도를 비판하셨습니다. 특별히 이방인들의 기도하는 모습을 지적하셨는데 그들이 중언부언하면서 말을 많이 해야 하나님이 들으실 거라 생각했기 때문입니다. 참된 기도는 그 횟수나 길이가 아니라 방향성과 내용에서 판가름이 납니다.

둘째는 포괄성입니다. 윌리엄슨 박사는 이렇게 말합니다. 기도가 포괄적이라는 말은 "많은 말로 적은 것을 아뢰는 것이 아니라 적은 말로 많은 것을 아뢰는 것이다." 참으로 그렇습니다. 특히 주기도문이야말로 몇 줄 되진 않지만 참으로 많은 것을 아뢰고 있습니다. 하나님의 거룩, 하나님의 나라, 하나님의 뜻의 성취, 일용할 양식, 죄의 사면, 시험과 악에서의 구원, 하나님 아버지의 영광 등 그 내용은 가히 모든 영역을 포괄합니다.

셋째는 교만한 기도를 지양해야 한다는 것입니다. 적지 않은 신자들이 기도할 때 저지르는 실수가 바로 하나님을 가르치는 듯이 기도하는 것입니다. 또는 성도들을 책망하고 가르치는 듯이 기도하는 것입니다. 전자는 마치 하나님이 모르시는 것처럼 여기는 방자함이고, 후자는 자신의 마음을 드릴 기도의 시간을 다른 목적으로 사용하는 것입니다. 이것은 하나님을 하나님으로 대우하는 기도가 결코 아닙니다. 기도는 자신을 과시하는 기회가 아니라 공동체와 더불어 자신이 얼마나 연약한 피조물인지를 겸손히 인정하며 도우심을 요청하는 시간입니다. 따라서 교만한 기도란 있을 수 없습니다. 기도란 자신의 무능력을 철저히 인정하며, 도와주실 것을 겸손히 부탁드리고 요청하는 것이기 때문입니다.

나아가 우리는 기도하지 않으려는 구실을 제거해야 합니다. 유명한 신약학자인 도날드 카슨 박사는 그가 쓴 〈바울의 기도〉라는 책에서 신자들이 기도하지 않는 구실을 여섯 가지로 요약합니다.

첫째, 너무 바빠서 기도할 수 없다는 겁니다. 우리는 실로 미친 듯이 바쁜 시대에 삽니다. 무언가를 하지 않으면 도태된다는 생각으로 살아갑니다. 우리 주님은 바쁜 우리에게 무어라 말씀하십니다. "주께서 대답하여 이르시되 마르다야 마르다야 네가 많은 일로 염려하고 근심하나 몇 가지만 하든지 혹은 한 가지만이라도 족하니라 마리아는 이 좋은 편을 택하였으니 빼앗기지 아니하리라 하시니라"(눅 10:41-42). 너무 바빠서 기도할 수 없다면, 그것은 정말 너무 바쁜 것입니다. 그러니 뭔가를 잘라내야 합니다.

둘째로, 영적으로 메말라서 기도가 안 된다는 것입니다. 기도의 시간은 있지만 그때가 되면 공허해서 기도할 수 없다는 겁니다. 그러나 이것은 내 기분이나 상태가 어떠하냐에 따라 하나님이 기도를 들으시기도 하고 듣지 않으신다고 생각하는 것입니다. 바울은 환난 중에 참으며 항상 기도에 힘쓰라고 했습니다(롬 12:12). 평안 중에도 기도해야 하지만 환난 중에는 더욱 기도해야 할 것입니다. 그 반대도 역시 마찬가지입니다.

셋째, 기도할 필요성을 느끼지 못한다는 것입니다. 기도할 필요성을 느끼지 못한다면 그보다 교만한 마음이 어디 있겠습니까? 하나님은 마음이 겸손한 자, 통회하는 자, 온유한 자의 기도를 들으십니다. 기도란 자신이 죄인임을 인식하고 깨어져서 상한 갈대와 같은 마음으로 올리는 간구입니다. 그러므로 기도할 필요성이 없는 사람은 아무도 없습니다. 그저 기도할 필요성을 느끼지 못할 정도로 교만한 사람이 있을 뿐입니다.

넷째, 마음에 원한이 사무쳐서 기도할 수 없다는 것입니다. 타락한 이 세상을 살아갈 때, 우리는 오해를 받기도 하고 여러 억울한 일에 엮이기도 합니다. 만일 이때 복수심과 원한을 품는다면 적대감과 악의와 저주 섞인 험담에 사로잡히게 될 것입니다. 기도와는 점점 담을 쌓게 될 것입니다. 그러나 주님은 오히려 우리에게 "너희를 박해하는 자를 위하여 기도하라"고 명하십니다(마 5:44; 롬 12:14).

다섯째, 너무 부끄러워서 기도할 면목이 없다는 것입니다. 그러나 부끄럽다고 하나님을 피할 수는 없습니다. 우리의 수치심도 하나님을 피할 충분한 근거가 되지는 못합니다. 도리어 우리의 수치심까지 하나님은 있는 모습 그대로 내놓으라 하십니다. 있는 모습 그대로 하나님 앞에 나아오는 것을 하나님은 오히려 기뻐하십니다. 있는 모습 그대로 나아온다는 것은 우리의 연약함을 인정하고 대신 하나님이 주시는 거룩한 의의 옷을 덧입기 원한다는 겸손의 자세 그 자체입니다. 그것은 자기 합리화도 아니며, 거룩을 추구하지 않는 게으름도 아닙니다. 우리가 쌓은 거룩으로 하나님을 만족시키려 하기 보다 하나님의 자비하심에 기대어 그분 앞에 기도로 나아오십시오.

마지막 여섯째, 적당한 선에서 만족하는 것입니다. 어떤 분들은 그리스도인이라 불리기는 하지만 교회 깊숙히 들어오지 않습니다. 마찬가지로 교회는 다니지만 기도를 제대로 실천해 본 적이 없습니다. 야고보 사도는 "너희가 얻지 못함은 구하지 아니하기 때문이요"(약 4:2)라고 말합니다. 우리는 얻을 때까지 기도해야 합니다. 응답하실 때까지 기도해야 합니다.

그러므로 기도하지 않을 구실과 핑계를 찾기보다, 간결하게 포괄적으로 겸손하게 그리고 더욱 뜨겁게 하나님께 우리의 소원을 기도로 간구해야 합니다.

자녀가 진심으로 부모를 공경하고 신뢰하며 도움을 요청할 때 그것을 거절할 부모는 없습니다. 하나님은 그 누구보다도 자기 자녀를 사랑하시는 하늘에 계신 우리 아버지이십니다. 신자가 기도할 때 마음의 진정성이 요구되는 것이 바로 이 때문입니다. 우리의 기도가 하늘에 계신 아버지 하나님의 자녀로서 진실한 마음을 담은 간구라면, 사랑의 하나님이 들으시고 그분의 뜻에 따라 응답해 주실 것입니다. 사도 요한은 이렇게 말합니다. "그를 향하여 우리가 가진 바 담대함이 이것이니 그의 뜻대로 무엇을 구하면 들으심이라 우리가 무엇이든지 구하는 바를 들으시는 줄을 안즉 우리가 그에게 구한 그것을 얻은 줄 또한 아느니라"(요일 5:14-15). 하나님은 이미 우리가 구하기도 전에 우리에게 무엇이 필요한지 너무 잘 알고 계시는 자비의 아버지이십니다.

그러므로 기도할 때 몇 가지 조심할 점을 염두에 두되, 참된 기도를 배우기를 소원하며 하나님의 영광을 위해 쉬지 않고 기도하는 성도들이 됩시다.

○ **칼뱅, 『기독교 강요』, 3.20.35.**

이 기도 전체에서 하나님의 영광이 최고의 자리를 차지하고 있으나, 처음 세 가지 간구들은 특별히 하나님의 영광에 관계된 것이므로, 이 세 가지 간구에서 우리는 우리 자신의 이익이라 할 수 있는 것을 생각하지 말고 오직 하나님의 영광만을 바라보아야 할 것이다. 뒤의 세 가지 간구들은 우리 자신들의 문제에 관한 것이며, 특히 우리 자신들의 유익을 위하여 구할 것들을 말하고 있다. 그러므로 하나님의 이름이 거룩히 여김을 받으시기를 구할 때 — 하나님은 우리가 아무런 조건 없이 그를 사랑하고 예배하는지, 아니면, 상급을 받을 것을 기대하여 그렇게 하는지를 시험하시기를 바라시므로 — 우리 자신의 유익에 대해서는 생각하지 말고 오직 우리 자신을 하나님의 영광 앞에 세워놓고서, 오직 그것 하나만을 두 눈으로 바라보아야 하는 것이다.

■ 나눔 질문

1. 주기도문이 하나님으로 시작하고 마치는 이유는 무엇입니까?
2. 잘못된 기도의 실례로서 사람에게 보이려는 기도와 중언부언하는 기도는 어떤 기도입니까?
3. 참된 기도의 본질은 기도의 횟수나 양이 아니라 기도의 무엇과 무엇에 있습니까?
4. 윌리엄슨 박사가 말하는 기도의 포괄성은 무엇을 의미합니까?
5. 도날드 카슨 박사가 말하는 기도하지 않는 구실 여섯 가지는 무엇이며, 이 가운데 나에게 해당하는 것들은 무엇인지 생각해 봅시다.
6. 주님이 가르쳐 주시는 기도의 표준과 법칙을 따라 기도하기 위해 할 수 있는 결심들이 무엇인지 나누어 봅시다.

43장
서문 - 하늘에 계신 우리 아버지

⁹그러므로 너희는 이렇게 기도하라 하늘에 계신 우리 아버지여 이름이 거룩히 여김을 받으시오며 ¹⁰나라가 임하시오며 뜻이 하늘에서 이루어진 것같이 땅에서도 이루어지이다 ¹¹오늘 우리에게 일용할 양식을 주시옵고 ¹²우리가 우리에게 죄 지은 자를 사하여 준 것같이 우리 죄를 사하여 주시옵고 ¹³우리를 시험에 들게 하지 마시옵고 다만 악에서 구하시옵소서 나라와 권세와 영광이 아버지께 영원히 있사옵나이다 아멘. 마 6:9-13

소요리문답 100번

문 100: 주기도문의 서문은 우리에게 무엇을 가르칩니까?

답: 주기도문의 서문, 즉 "하늘에 계신 우리 아버지여"는(마 6:9) 우리를 도울 수 있고 그럴 준비가 되어 있는 아버지에게(롬 8:15; 눅 11:13; 3) 자녀들이 하듯이 우리가 완벽히 거룩한 경외와 확신을 가지고 하나님께 다가가도록 가르쳐 줍니다. 그리고 우리가 다른 이들과 함께 그리고 그들을 위해 기도해야 한다는 것을 가르쳐 줍니다(행 12:5; 딤전 2:1-2).

지난 장에서 기도의 표준으로서의 주기도문을 살펴보았습니다. 우리의 기도는 하나님의 영광으로 시작해서 하나님의 영광으로 마쳐야 합니다. 우리는 기도가 쉽지 않음을 인정하며 기도를 잘 배워야 합니다. 기도할 때 중언부언하지 않으며 말을 많이 하지 않아야 합니다. 또한 주기도문은 물론이고 시편의 기도, 바울의 기도 등 성경에 기록된 여러 위대한 기도를 자주 읽고 묵상해야 합니다.

동시에 예수님을 진실로 믿는다면, 가만히 있어도 자동적으로 주님과의 교제가 이루어진다고 여기지 말고 힘써서 기도의 시간을 확보해야 합니다. 성경의 말씀을 지식으로만 접해서는 소용이 없습니다. 날마다 말씀을 읽고 설교를 통해 듣고 삶에서 적용하고 경험하면서 그 말씀의 진리를 밝히 드러내야 합니다. 종교개혁자 마르틴 루터도 성경을 이런 방식으로 읽어야 한다고 했는데 그것이 바로 '묵상, 기도, 시련'입니다. 하나님 말씀인 성경을 읽고 묵상하며, 그것으로 기도하고 더 나아가 그 말씀대로 살 때 당하는 시련을 통해 하나님 말씀을 깊이 경험해야 한다는 것입니다. 기도 역시 마찬가지입니다. 기도에 관한 말씀을 읽고 묵상하고 동시에 기도를 드리며, 기도한 대로 살아갈 때 당하는 시련을 넉넉히 감당할 때 우리의 기도는 더욱 깊어지고 강해질 것입니다.

이번 장에서는 소요리문답 100번을 기초로 주기도문의 서문, 즉 "하늘에 계신 우리 아버지여"라는 말씀을 살펴보고자 합니다. 먼저, 소요리문답 100번을 보겠습니다.

문 100: "주기도문의 서문은 우리에게 무엇을 가르칩니까?"

답: "주기도문의 서문, 즉 "하늘에 계신 우리 아버지여"는 우리를 도울 수 있고 그럴 준비가 되어 있는 아버지에게 자녀들이 하듯이 우리가 완벽히 거룩한 경외와 확신을 가지고 하나님께 다가가도록 가르쳐 줍니

다. 그리고 우리가 다른 이들과 함께 그리고 그들을 위해 기도해야 한다는 것을 가르쳐 줍니다."

이것은 주기도문의 서문, 즉 머리말입니다. 무슨 책이든지 머리말처럼 중요한 것은 없습니다. 이 짧은 주기도문의 머리말은 다음과 같은 두 가지 큰 의미를 담고 있습니다.

우리의 기도를 들으시는 분은 우리의 하나님 아버지

첫째, 우리의 기도를 들으시는 분이 우리의 하나님 아버지이심을 가르쳐 줍니다. 9-10절 말씀을 읽겠습니다. "그러므로 너희는 이렇게 기도하라 하늘에 계신 우리 아버지여 이름이 거룩히 여김을 받으시오며 나라가 임하시오며 뜻이 하늘에서 이루어진 것 같이 땅에서도 이루어지이다."

먼저 이 말씀은 하나님이 우리를 도우실 수 있다는 것을 뜻합니다. 하나님은 하늘의 능력의 보좌에 좌정해 계십니다. 하나님은 도울 힘이 없는 인생이 아니십니다. "귀인들을 의지하지 말며 도울 힘이 없는 인생도 의지하지 말지니 그의 호흡이 끊어지면 흙으로 돌아가서 그 날에 그의 생각이 소멸하리로다 야곱의 하나님을 자기의 도움으로 삼으며 여호와 자기 하나님에게 자기의 소망을 두는 자는 복이 있도다"(시 146:3-5). 하나님은 도울 힘이 없는 인생을 의지하지 말라고 하십니다. 사람들은 의지의 대상이 아닙니다. 도울 수 있을 것 같아도 그저 타락하고 부패한 인생입니다. 우리의 시선은 언제나 하늘에 계신 하나님께 고정시켜야 합니다. 바울이 그 이유를 이렇게 말합니다. "우리 가운데서 역사하시는 능력대로 우리가 구하거나 생각하는 모든 것에 더 넘치도록 능히 하실 이에게"(엡 3:20). 하나님만이 우리를 진정으로 도우실 수 있으십니다.

이사야 선지자는 하나님에 대해 이렇게 증거하고 있습니다. "내가 왔어도 사람이 없었으며 내가 불러도 대답하는 자가 없었음은 어찌 됨이냐 내 손이 어찌 짧아 구속하지 못하겠느냐 내게 어찌 건질 능력이 없겠느냐 보라 내가 꾸짖어 바다를 마르게 하며 강들을 사막이 되게 하며 물이 없어졌으므로 그 물고기들이 악취를 내며 갈하여 죽으리라"(사 50:2). 구약의 성도들이 고난을 만나거나 억울한 일을 당했을 때 자연스레 하나님께 부르짖어야 할 이유가 바로 이것이었습니다. 다윗은 이렇게 기도합니다. "그는 자기를 경외하는 자들의 소원을 이루시며 또 그들의 부르짖음을 들으사 구원하시리로다"(시 145:19). 하나님은 높은 하늘의 보좌에 앉으사 우리를 넉넉히 도우실 수 있는 전능하신 분이십니다.

또한 이 말씀은 하나님이 아버지로서 우리를 도우신다는 뜻입니다. 높은 하늘 보좌에 좌정하신 초월자이신 하나님은 그럼에도 우리와 친밀하고 가까이 계시는 분으로 우리의 아버지가 되어 주십니다. 우리는 이 주기도문의 서문에서 위대한 양자 교리를 보게 됩니다. 바울은 이것을 다음과 같이 선언합니다. "너희는 다시 무서워하는 종의 영을 받지 아니하고 양자의 영을 받았으므로 우리가 아빠 아버지라고 부르짖느니라"(롬 8:15). 우리는 양자의 영을 받았기에 하나님을 친근하게 아버지로 부르며 도움을 요청할 수 있습니다. 하늘 높은 곳에 좌정하신 하나님은 또한 인자하시고 사랑이 넘치시는 우리의 아버지이십니다. 우리는 그 하나님의 사랑 안에서 안식하고 도움을 요청할 수 있는 자녀입니다.

이 사실은 그렇기 때문에 우리가 자녀로서 기도해야 함을 가르쳐 줍니다. 하나님께 나아가는 우리의 모습은 자녀이어야 합니다. 하나님을 아버지와 자녀의 관계로 대할 수 있다는 것은 놀라운 특권입니다. 세상 그 누구도 하나님을 함부로 아버지라 부르지 못합니다. 본질과 관계에서 근본적인 변화를 경험한 사람들만이 하나님을 아버지로 부를 수 있습니다. 즉 복음이 전하는 진리 속에서 자신이 죄인임을 깨닫고 예수 그리스도를 구주로 믿고 영접한 사람만이 얻게 되는 자격입니다. 기도할 때 하나님을 아버지로 부르게 된다면 그것은 자녀로서 하나님 앞에 나아가는 것입니다.

신자가 자녀로서 하나님 앞에 나아갈 때 필요한 두 가지 자세가 있습니다. 첫째는 거룩한 존경과 확신을 가지는 것입니다. 하나님이 우리의 아버지이시기는 하지만 하늘에 계신 전능하신 하나님이심을 늘 기억하야 합니다. 그렇기에 그분에게 합당한 자세와 태도를 견지해야 마땅합니다. 하나님 아버지께 존경과 합당한 예배는 드리지 않으면서 그저 이것저것을 달라고만 하는 자녀는 참된 자녀로서의 태도를 망각한 자입니다. 하나님은 아버지이시지만 여전히 높고 높은 보좌에 좌정하신 전능하신 하나님이십니다. 하나님은 우리의 아버지이시지만 동시에 창조주 하나님이십니다.

그럼에도 불구하고 둘째로 신자는 언제든지 하나님께 가까이 나아가야 합니다. 하나님은 사람들이 결코 가까이 가지 못할 빛에 거하시는 분이시지만 자녀는 가까이 갈 수 있습니다. 심지어 언제든지 가능합니다. 이것이야말로 특권 중의 특권이 아닙니까? 윌리엄슨 박사가 잘 말했듯이 "우리 아버지가 하나님이시기에 존경심이, 하나님이 우리의 아버지이시기에 확신이 가능한 것"입니다.

하나님 아버지는 이미 우리에게 무엇이 필요한지 잘 알고 계십니다. 그리스도가 기도를 가르치시면서 하신 말씀을 수시로 마음에 굳게 새기십시오. "너희가 악한 자라도 좋은 것으로 자식에게 줄 줄 알거든 하물며 하늘에 계신 너희 아버지께서 구하는 자에게 좋은 것으로 주시지 않겠느냐"(마 7:11). 하나님이 우리에게 주시는 모든 것은 궁극적으로 하나도 나쁜 것이 없습니다.

요약하자면, 하나님은 전능하신 분이시며, 우리를 도우실 수 있는 하나님이십니다. 그분은 본래 인간이 가까이 가지 못할 빛에 거하시는 분이시나 친히 사람이 되셔서 우리가 담대하게 가까이 갈 수 있는 은혜의 보좌를 향한 길을 열어 주셨습니다. 그렇기에 우리는 언제든지 하나님께 가까이 나아갈 수 있지만 또한 우리의 신을 벗고 존경을 넘은 거룩한 경외심과 경배심으로 나아가야 합니다.

전능하신 하나님을 친근한 아버지라고 부를 수 있는 것이 우리에게 주어진 큰 특권임을 깨닫고 기도로 담대히 나아가는 성도들이 되시기를 바랍니다.

"우리 아버지"와 다른 사람을 위한 기도

둘째, 주기도문의 서문은 하나님 아버지가 나의 하나님이시자 또한 우리의 하나님이심을 교훈합니다. 9-10절 말씀을 한 번 더 읽겠습니다. "그러므로 너희는 이렇게 기도하라 하늘에 계신 우리 아버지여 이름이 거룩히 여김을 받으시오며 나라가 임하시오며 뜻이 하늘에서 이루어진 것 같이 땅에서도 이루어지이다."

주기도문의 서문이 우리에게 교훈하는 것 또 하나가 바로 복수 대명사 "우리"입니다. 하나님은 나의 하나님이시자 동시에 우리의 하나님이십니다. 우리는 주기도문의 서문에서 신앙의 공공성과 지체로서의 교회론을 보게 됩니다. 하나님은 나의 아버지이시자 동시에 모든 교회 성도의 아버지이십니다.

비록 교회가 여러 지역에 흩어져 있지만 그렇더라도 모든 교회는 하나님 안에서 한 가족입니다. 모든 나라와 지역에 흩어져 있는 성도는 보편교회의 일원입니다. 그리스도를 머리로 하는 거룩하고 단일한 교회의 지체입니다. 우리가 개인주의와 이기주의를 경계해야 하는 이유이기도 합니다. 자신을 위해서나 교회를 위해 기도하는 것은 잘못이 아니며 도리어 권장할 일입니다. 우리는 교회와 성도를 위해 부지런히 기도해야 합니다. 그러나 자기 교회만을 위해 기도하는 자세는 이기적이며 유아적입니다. 주기도문이 선언하고 있듯 하늘에 계신 하나님은 우리 모두의 아버지이시기 때문입니다.

따라서 우리는 나와 내 가족과 내 교회를 위해 기도할 뿐 아니라 다른 지역 교회와 보편교회를 위해 기도할 줄 알아야 합니다. 야고보서는 믿음과 행함, 행함과 믿음의 관계에 대해 가르치는 편지입니다. 믿음이 있는데 그 믿음에 합당한 행동이 나오지 않는다면, 그 믿음이 참된 것인지 생각해 보아야 합니다. 이것은 기도에도 정확히 적용됩니다. 성도 가운데 누군가 헐벗고 일용할 양식이 없는데 그들을 돕지 않으면서 그저 열심히 기도한다면, 그것은 나의 이익에만 관심을 둔 것일 뿐 우리의 하나님께 기도하는 것이 아닙니다(약 2:15-16). 욥은 자신이 부르짖는 빈민과 도와줄 자 없는 고아를 건졌으며 자신이 의를 옷으로 삼아 입었고 그의 정의는 겉옷과 모자 같았다고 고백합니다(욥 29:12, 14).

바울은 에베소 교인들을 향해 "모든 기도와 간구를 하되 항상 성령 안에서 기도하고 이를 위하여 깨어 구하기를 항상 힘쓰며 여러 성도를 위하여 구하라"(엡 6:18)고 권면했습니다. 우리의 기도의 폭은 생각보다 넓어야 합니다. 대요리문답 183번은 이런 기도의 폭을 우리 자신을 넘어 목회자와 모든 교회뿐 아니라 위정자와 심지어 원수들을 향하도록 확장시킵니다. 대요리문답 183번은 "우리는 누구를 위해 기도해야 합니까?"라고 묻고 이렇게 답합니다. "우리는 지상에 있는 그리스도의 교회 전체를 위해, 위정자를 위해, 사역자를 위해, 우리 자신을 위해, 우리의 형제와 원수를 위해, 그리고 살아 있는 모든 사람과 앞으로 살아갈 사람들을 위해 기도해야 합니다. 그러나 죽은 사람이나, 사망에 이르는 죄를 지은 것으로 알려진 사람들을 위해 기도해서는 안 됩니다."

대요리문답 183번은 우리의 기도의 폭이 얼마나 넓어야 하는지를 잘 가르쳐 주고 있습니다. 보편교회 전체와 위정자와 사역자와 우리 자신과 형제뿐 아니라 원수를 위해서도 기도해야 합니다. 그들 역시 구원이 필요한 죄인들이기 때문입니다. 또한 살아 있는 모든 사람 역시 하나님을 영화롭게 하기 위해 지음 받은 피조물이기 때문에 그들의 구원을 위해 기도해야 합니다.

특히 바울은 틈만 나면 자신들을 위해 기도해 달라고 호소합니다. 사역자들을 위한 교회의 기도는 사역의 원동력 가운데 하나입니다. 데살로니가, 골로새, 에베소, 그리고 히브리인들에 이르기까지 교회를 이루는 모든 수신자들을 향해 끊임없이 사역자들을 위해 기도하라고 권면합니다. 그러나 바울 스스로는 틈만 나면 각 교회의 성도들을 위해 쉼 없이 기도한 사람입니다(골 1:3, 9). 바울은 성도들의 이름을 불러가며 기도했습니다. 성도는 목회자와 설교자를 위해, 목회자는 모든 성도를 위해 항상 기도하는 교회야말로 참으로 아름답습니다. 그러나 사도는 그들의 교회를 위해서만 기도하라고 하지 않았습니다. 여러 지역의 교회와 그 성도들을 위해 기도하라고 했습니다. 이 지상에는 그리스도를 머리로 하는 단 하나의 교회만 있기 때문입니다. 주 예수 그리스도의 교회 말입니다.

우리가 기도할 때 하늘에 계신 하나님을 상대하고 있음을 늘 잊지 마십시오. 바울은 디모데에게 편지하면서 하나님이 어떤 분이신지를 이렇게 설명합니다. "기약이 이르면 하나님이 그의 나타나심을 보이시리니 하나님은 복되시고 유일하신 주권자이시며 만왕의 왕이시며 만주의 주시요 오직 그에게만 죽지 아니함이 있고 가까이 가지 못할 빛에 거하시고 어떤 사람도 보지 못하였고 또 볼 수 없는 이시니 그에게 존귀와 영원한 권능을 돌릴지어다 아멘"(딤전 6:15-16). 하나님은 가까이 가지 못할 빛에 거하시는 하나님, 천지와 우주와 만물을 창조하신 홀로 죽지 아니하시는 전능하신 여호와이십니다. 그런 하나님이 우리를 자녀 삼아주셨고 아바 아버지라고 부르게 하셨으며, 뿐만 아니라 우리의 모든 필요를 채워주시는 좋은 아버지이십니다. 이런 하나님께 더욱 더 가까이 나아가는 것이 자녀된 우리의 자세입니다. 오직 길이요 진리요 생명 되신 주 예수 그리스도를 통해 하나님 앞에 나아가는 것만이 신자와 교회가 사는 유일한 생명의 길이기 때문입니다(요 14:6).

우리가 간구하는 것이나 생각하는 것보다 더욱 넘치도록 응답하시고 채워주시는 우리의 하나님 아버지께 존경과 경외와 예배로 항상 기도합시다.

○ 칼뱅, 『기독교 강요』, 3.20.40.

"아버지"라는 호칭에서 드러나는 사실은 그 자신의 형상으로 우리에게 나타나신 그 하나님을 확실한 믿음으로 불러야 한다는 사실이다. 또한 "아버지"라는 친밀한 호칭이 신뢰를 가져다주는 것은 물론 우리의 마음이 미심쩍은 거짓 신들에게 이끌리지 않도록 막아주는 효과를 내기도 한다. 우리는 이 "아버지"라는 호칭을 통해 독생자에게서부터 천사들과 교회의 유일하신 아버지에게로 올라가는 것이다. 둘째로, 하늘에 하나님의 보좌가 세워져 있고 하나님이 우주를 다스리신다는 사실에서 우리는 우리가 하나님께로 나아가는 것이 헛되지 않다는 사실을 생각하게 된다. 하나님이 우리를 기꺼이 맞으시고 필요한 도움을 주시기 때문이다.

■ 나눔 질문

1. 하나님 아버지께서 하늘에 계시며 능력의 보좌에 좌정하신다는 것은 무엇을 의미합니까?
2. 주기도문의 서문에는 어떤 교리가 담겨 있습니까?
3. 하나님 아버지께 기도할 때 우리는 어떤 자세로 나아가야 합니까?
4. "하늘에 계신 우리 아버지여"라고 할 때 "우리"라는 단어가 담고 있는 의미는 무엇입니까?
5. 우리가 보편교회와 위정자와 사역자와 우리 자신과 형제뿐 아니라 원수를 위해서도 기도해야 하는 이유는 무엇입니까?
6. 오랜 시간 특별히 마음에 두고 기도하는 대상이 있다면 함께 나누어 봅시다.

44장
첫째 간구 – 이름이 거룩히 여김을 받으시오며

⁹그러므로 너희는 이렇게 기도하라 하늘에 계신 우리 아버지여 이름이 거룩히 여김을 받으시오며 ¹⁰나라가 임하시오며 뜻이 하늘에서 이루어진 것같이 땅에서도 이루어지이다 ¹¹오늘 우리에게 일용할 양식을 주시옵고 ¹²우리가 우리에게 죄 지은 자를 사하여 준 것같이 우리 죄를 사하여 주시옵고 ¹³우리를 시험에 들게 하지 마시옵고 다만 악에서 구하시옵소서 나라와 권세와 영광이 아버지께 영원히 있사옵나이다 아멘. 마 6:9-13

> **소요리문답 101번**
>
> 문 101: 첫째 간구에서 우리는 무엇을 위해 기도합니까?
>
> 답: 첫째 간구(즉, 이름이 거룩히 여김을 받으시오며, 마 6:9)에서 우리는 하나님이 스스로 자신을 알리시는 모든 것 안에서 우리와 다른 이들이 하나님께 영광 돌릴 수 있도록 해주실 것을 기도합니다(시 67:2-3). 그리고 하나님이 자신의 영광을 위해 모든 것을 처리하시기를 기도합니다(시 83).

지난 장에서 우리는 주기도문의 서문, 즉 "하늘에 계신 우리 아버지여"에 대해 살펴보았습니다. 첫째는 우리의 기도를 들으시는 분이 전능하신 하나님이시자 동시에 자애로우신 아버지이시라는 것을 생각했습니다. 둘째는 이 하나님이 바로 "우리"의 하나님이시기에 다른 사람을 위해서도 기도해야 한다고 했습니다. 신앙의 공공성과 교회의 지체성에 대해 살펴보았습니다. 그것이 우리 아버지라는 문구에 담긴 의미입니다.

이제 본격적으로 주기도문 안에 있는 간구의 기도를 살펴보겠습니다. 그 첫째가 9절 말씀에 있는 "이름이 거룩히 여김을 받으시오며"입니다. 먼저 주기도문의 첫째 간구가 기록된 소요리문답 101번을 보겠습니다.

문 101: "첫째 간구에서 우리는 무엇을 위해 기도합니까?"

답: "첫째 간구(즉, 이름이 거룩히 여김을 받으시오며)에서 우리는 하나님이 스스로 자신을 알리시는 모든 것 안에서 우리와 다른 이들이 하나님께 영광 돌릴 수 있도록 해주실 것을 기도합니다. 그리고 하나님이 자신의 영광을 위해 모든 것을 처리하시기를 기도합니다."

주기도문의 첫 간구에서 우리가 받아야 할 교훈은 무엇입니까? 그것은 기도할 때 중요한 것이 무엇이냐는 질문과 동일합니다. "이름이 거룩히 여김을 받으시오며"는 모든 신자가 기도할 때 가장 중요한 것이 무엇인지를 가르쳐 줍니다.

하나님의 이름에 합당한 예의

첫째, 우리가 기도할 때 거룩하신 하나님의 이름에 합당한 예의를 갖추어야 한다는 말입니다. 본문 9절 말씀을 읽겠습니다. "그러므로 너희는 이렇게 기도하라 하늘에 계신 우리 아버지여 이름이 거룩히 여김을 받으시오며."

"이름이 거룩히 여김을 받으시오며." 대개 우리는 기도를 시작하자마자 곧바로 하나님께 우리의 필요를 요청하는 경향이 있습니다. 우리의 관심사는 주로 우리가 요청하고 응답받는 것에 집중되어 있기 때문입니다. 주님이 가르쳐 주신 기도는 그렇게 시작하지 않습니다. 주기도문은 "하늘에 계신 하나님 아버지"로 시작하며 그 하나님의 이름이 거룩히 여김을 받으시기를 간구하는 것으로 이어집니다. 기도의 시작 자체가 다릅니다. 이름이란 무엇입니까? 누군가를 부르는 호칭이지만 그저 호칭 이상의 의미가 있습니다. 성경에서 이름이란 그가 누구인지, 그의 신분과 지위가 무엇인지, 그의 성격이 어떠한지, 그의 속성이 무엇인지를 나타냅니다. 그래서 이름은 그 사람의 인격과 같습니다.

마찬가지로 하나님의 이름 역시 단순한 호칭 이상의 의미를 내포합니다. 이름은 곧 하나님의 성품이요 속성을 드러냅니다. 하나님이 자기의 이름을 우리에게 계시해 주실 때 그것은 자신이 어떤 분이신지를 알려주시는 것이기도 합니다. 그래서 시인 다윗은 여호와의 이름이 참으로 아름답다고 노래합니다. "여호와 우리 주여 주의 이름이 온 땅에 어찌 그리 아름다운지요 주의 영광이 하늘을 덮었나이다"(시 8:1). 하나님은 이스라엘 백성에게 십계명을 주시면서 여호와의 이름을 망령되게 일컫는 것이 죄라고 경고하십니다. "너는 네 하나님 여호와의 이름을 망령되게 부르지 말라 여호와는 그의 이름을 망령되게 부르는 자를 죄 없다 하지 아니하리라"(출 20:7).

그렇기에 우리는 하나님의 이름에 대한 합당한 예의를 갖추어야 하며, 그것을 가리켜 찬송과 영광이라고 합니다. "하나님은 우리에게 은혜를 베푸사 복을 주시고 그의 얼굴 빛을 우리에게 비추사 주의 도를 땅 위에, 주의 구원을 모든 나라에게 알리소서 하나님이여 민족들이 주를 찬송하게 하시며 모든 민족들이 주를 찬송하게 하소서"(시 67:1-3). 바울도 절대 주권자이신 하나님께 마땅한 영광에 대해 이렇게 선언합니다. "이는 만물이 주에게서 나오고 주로 말미암고 주에게로 돌아감이라 그에게 영광이 세세에 있을지어다 아멘"(롬 11:36).

우리는 이미 소요리문답 54번에서 56번까지 제3계명을 다루면서 하나님의 이름에 나타난 인격과 속성과 사역을 살펴본 바 있습니다. 하나님의 이름은 하나님의 능력, 하나님의 역사, 하나님이 행하신 일을 나타냅니다. 몇 가지 예를 들어보겠습니다.

출애굽기 20장 2절은 구원의 여호와를 알려줍니다. "나는 너를 애굽 땅, 종 되었던 집에서 인도하여 낸 네 하나님 여호와니라." 출애굽기 6장 8절은 약속의 땅으로 인도하시는 여호와를 묘사합니다. "내가 아브라함과 이삭과 야곱에게 주기로 맹세한 땅으로 너희를 인도하고 그 땅을 너희에게 주어 기업을 삼게 하리라 나는 여호와라 하셨다 하라." 출애굽기 12장 12절은 하나님을 배격하는 자들을 심판하시는 하나님을 묘사합니다. "내가 그 밤에 애굽 땅에 두루 다니며 사람이나 짐승을 막론하고 애굽 땅에 있는 모든 처음 난 것을 다 치고 애굽의 모든 신을 내가 심판하리라 나는 여호와라." 하나님은 그저 이름만 갖고 계신 분이 아니십니다. 하나님은 구원하시고 역사하시며 심판하시는 분이십니다.

그러므로 우리는 무엇보다 하나님의 이름이 거룩히 여김을 받으시는 것이 최우선이 되도록 기도해야 합니다. 하나님의 이름을 부르며 기도할 때 망령되게 일컫거나 농담으로 부르거나 장난치며 부를 수 없는 이유입니다. 하나님의 이름을 부를 때 그것으로 우리는 그분의 존재와 인격과 사역을 총칭하는 것이기 때문입니다.

우리를 도우실 수 있는 전능하신 하나님의 이름과 그분의 인격에 합당한 예의를 갖추지 않으면서, 즉 하나님의 이름을 높이는 데는 전혀 관심이 없으면서 우리의 필요한 것만 달라는 것은 참된 기도가 아닙니다. 하나님은 무엇보다도 거룩하신 아버지이십니다. 따라서 신자라면 당연히 하나님의 거룩하심과 하나님의 이름의 영광을 높이려는 겸손한 태도로 기도해야만 합니다. 존재하는 모든 인류의 지상 최고의 목적은 하나님을 영화롭게 하는 것뿐입니다. 그렇게 할 때만 우리는 진정으로 행복해집니다. "이름이 거룩히 여김을 받으시오며"라는 첫 간구는 나머지 이후에 이러지는 여섯 가지 간구의 목적이 됩니다.

조국 교회의 모든 성도들이 하나님의 성품과 속성에 합당한 예의를 갖추어 기도하는 훈련에 매진하시기를 소원합니다.

하나님의 영광을 위해 만사를 처리하시기를 위한 기도

둘째, 주기도문의 첫 간구는 하나님이 자신의 영광을 위해 모든 일을 처리하시기를 간구하는 기도입니다. 다시 한 번 9절을 읽겠습니다. "그러므로 너희는 이렇게 기도하라 하늘에 계신 우리 아버지여 이름이 거룩히 여김을 받으시오며."

"이름이 거룩히 여김을 받으시오며"에 담긴 또 다른 뜻은 모든 일이 하나님의 영광을 위해 처리되기를 기도하는 것입니다. 소요리문답 101번을 다시 한 번 보겠습니다.

문 101: "첫째 간구에서 우리는 무엇을 위해 기도합니까?"

답: "**첫째 간구**(즉, 이름이 거룩히 여김을 받으시오며)에서 우리는 하나님이 스스로 자신을 알리시는 모든 것 안에서 우리와 다른 이들이 하나님께 영광 돌릴 수 있도록 해주실 것을 기도합니다. 그리고 하나님이 자신의 영광을 위해 모든 것을 처리하시기를 기도합니다."

소요리문답은 신자가 일체의 모든 일이 하나님의 영광을 위해 처리되기를 간구하는 것이 하나님의 이름이 거룩히 여김을 받는 길이라고 설명합니다. 우리의 기도 가운데 응답되지 않는 주된 이유는 하나님의 영광을 위하거나 목적하며 구하지 않기 때문입니다. 야고보 사도는 이것을 가리켜 정욕으로 쓰려고 잘못 구하기 때문이라고 말합니다. "너희는 욕심을 내어도 얻지 못하여 살인하며 시기하여도 능히 취하지 못하므로 다투고 싸우는도다 너희가 얻지 못함은 구하지 아니하기 때문이요 구하여도 받지 못함은 정욕으로 쓰려고 잘못 구하기 때문이라"(약 4:2-3). 하나님의 영광과 인간의 욕심은 서로 대적합니다. 성령의 소욕과 육체의 소욕은 함께 갈 수 없습니다. 바울은 갈라디아 교회에게 이렇게 말합니다. "내가 이르노니 너희는 성령을 따라 행하라 그리하면 육체의 욕심을 이루지 아니하리라 육체의 소욕은 성령을 거스르고 성령은 육체를 거스르나니 이 둘이 서로 대적함으로 너희가 원하는 것을 하지 못하게 하려 함이니라"(갈 5:16-17). 신자가 죄악된 본성의 욕심, 즉 세상의 정욕을 내려놓지 않는 한 참된 기도를 올릴 수는 없습니다.

예를 들어, 교회의 부흥을 위해 기도한다고 생각해 보십시오. 교회에 일꾼을 보내 달라고 기도한다 생각해 보십시오. 그것 자체에는 아무런 잘못이 없습니다. 오히려 자연스럽게 권장되어야만 하는 일입니다. 그러나 교회의 양적 성장에만 관심이 있어서 그런 기도를 드릴 뿐, 정작 삶의 변화와 영적 성장을 통한 하나님의 영광과 진리의 수호에 관심을 보이지 않는다면, 그것은 도리어 하나님의 이름을 욕되게 하는 것이나 다를 바 없습니다. 교회 역사를 통해 볼 때, 진정한 부흥은 교회가 하나님의 이름을 영화롭게 하고 그 이름에 합당한 삶을 추구할 때 결과적으로 하나님이 부어주신 축복의 은혜였습니다.

참된 기도는 이런 의미에서 삶입니다. 교회의 각종 예배와 모임에 참여하면서도 삶에서 하나님의 이름의 영광을 드높이지 않는다면 그런 신자의 기도는 열매를 맺는 대신 땅에 떨어지고 말 것입니다. 우리의 기도는 삶으로 확장되어야 합니다. 성경을 읽으며 밑줄을 긋듯 우리 삶에도 밑줄을 그어야 합니다. 우리 삶에서 비로소 하나님의 영광이 빛을 발할 때 그 삶은 참된 기도인 것이 드러날 것입니다.

우리의 기도가 삶이 되어야 한다고 할 때 그것은 삶의 모든 국면에서 하나님의 이름이 드러나고 거룩히 여김을 받으셔야 한다는 의미입니다. 우리의 삶의 한정된 영역에서만 그렇게 되어서는 안 됩니다. 우리의 교회뿐 아니라 가정, 학교, 사회, 사업, 직장, 친구관계, 재정 등 모든 영역에서 하나님의 이름이 거룩히 여김을 받으시게 해야 합니다. 이 일을 위해 교회의 공적 예배에 부지런하며, 기도 모임에 참석해 함께 기도하고 또한 홀로 고요히 기도하는 일에 열심을 내야 합니다.

여기서 기억해야 할 것은 하나님의 영광을 위해 만사를 처리하시는 분은 내가 아니라 하나님이시라는 사실입니다. 우리가 비록 각자 직분을 맡고 있고 교회에서 하나님을 영화롭게 하는 사명을 부여받았지만 하나님을 영화롭게 하는 것이 내 능력에 있다면 그것만큼 불행한 것이 없습니다. 만일 하나님을 영화롭게 하는 일이 전적으로 우리 행위와 공로와 능력에 달려 있다면 우리는 단 하루도 맘 편히 쉴 수 없을 것입니다. 하나님의 표준과 기준을 맞출 의인은 단 한 명도 없기 때문입니다. 우리에게 능력은 없습니다. 하나님의 영광은 하나님이 몸소 높이십니다. 우리는 다만 하나님의 영광을 위해 모든 일을 하나님이 처리하시도록 겸손히 기도하며 말씀에 순종할 뿐입니다. 우리를 거룩하게 하시는 일에도 마찬가지 원리가 적용됩니다. 우리는 스스로의 노력과 능력으로 거룩하게 될 수 없습니다. 그리스도의 의와 거룩이 필요합니다. 예수 그리스도는 하나님으로부터 나와서 우리에게 지혜와 의로움과 거룩함과 구원함이 되어 주셨습니다(고전 1:30). 그렇기에 그리스도 안에서 우리를 거룩하게 하시는 하나님의 이름을 거룩하게 여겨야 하는 것입니다.

하나님이 그분의 영광을 위해 우리 개인과 가정과 교회와 사회에서의 모든 일들을 하나님의 뜻대로 처리해 주시기를 겸손히 기도합시다.

기도할 때마다 우리가 하늘에 계신 전능하신 하나님의 이름을 부르고 있음을 상기하십시오. 하나님의 이름은 호칭 이상의 것을 내포합니다. 이름은 곧 인격이요 성품이며 속성입니다. 하나님이 백성에게 십계명을 주시면서 여호와의 이름을 망령되게 일컫지 말라고 경고하신 이유입니다. 그러므로 우리는 기도할 때, 피조물로서 감히 하나님의 이름을 부를 수 있음에 감사하며 하나님의 은혜와 성품을 찬양해야 믿습니다. 모든 일에서 우리의 이름이 아닌 오직 하나님의 이름이 영광을 받으시기를 위해 기도해야 합니다.

하나님의 이름에 합당한 영광과 경배를 돌리기 위해 힘쓰고 하나님이 모든 일에서 직접 하나님의 영광을 위해 역사하시기를 신뢰하며 믿음으로 살아가시는 기도의 사람이 되기를 소원합니다.

○ **칼뱅**, 『**기독교 강요**』, 3.20.41.

하나님이 스스로 합당하신 존귀를 받으시기를, 사람이 하나님에 대해 말하거나 생각할 때 최고의 경의를 품기를 우리가 간절히 바라야 한다는 것이다. 이러한 경의의 자세와 정반대되는 불경의 자세가 오늘날에 이르기까지 언제나 세상에 너무나 만연되어 왔다. 그렇기 때문에 이런 간구가 필요한 것이다. 우리 가운데 조금이라도 경건이 있었다면, 구태여 이러한 간구가 필요하지 않았을 것이다. 그러나 만일 하나님의 이름이 다른 모든 이름들과 분리되어 홀로 영광을 받을 때에 비로소 그 이름이 거룩히 여김을 받는 것이라면, 이러한 간구를 통해 우리는 하나님이 그의 거룩하신 이름을 모든 멸시와 모욕에서 보호하시기를 구할 뿐 아니라 그가 모든 인류를 복종시키사 그 이름을 경외하게 만드시기를 구하여야 한다는 사실을 깨우쳐야 하는 것이다.

■ 나눔 질문

1. 성도들이 하나님의 거룩하신 이름에 대한 합당한 예의를 갖추는 방법은 무엇입니까?
2. 우리가 드리는 기도가 때때로 응답되지 않는 이유는 무엇입니까?
3. 교회 역사를 통해 볼 때, 교회의 진정한 부흥은 어떤 경우에 발생했습니까?
4. 주기도문의 둘째 간구부터 마지막 여섯째까지를 아우르는 기도의 목적은 무엇입니까?
5. 하나님의 이름을 농담이나 장난으로 부르거나 사용한 경험이 있다면 나누어 봅시다.

45장
둘째 간구 - 나라가 임하시오며

⁹그러므로 너희는 이렇게 기도하라 하늘에 계신 우리 아버지여 이름이 거룩히 여김을 받으시오며 ¹⁰나라가 임하시오며 뜻이 하늘에서 이루어진 것같이 땅에서도 이루어지이다 ¹¹오늘 우리에게 일용할 양식을 주시옵고 ¹²우리가 우리에게 죄 지은 자를 사하여 준 것같이 우리 죄를 사하여 주시옵고 ¹³우리를 시험에 들게 하지 마시옵고 다만 악에서 구하시옵소서 나라와 권세와 영광이 아버지께 영원히 있사옵나이다 아멘. 마 6:9-13

소요리문답 102번

문 102: 둘 간구에서 우리는 무엇을 위해 기도합니까?

답: 둘째 간구(즉, 나라가 임하시오며, 마 6:10)에서 우리는 사탄의 나라가 파괴되기를 기도하며(시 68:1, 18), 은혜의 나라가 흥왕해지고(계 12:10-11), 우리와 다른 이들이 그 안으로 들어가서 그 안에 머물게 되기를 기도하며(살후 3:1; 롬 10:1; 요 17:9, 20), 영광의 나라가 속히 임하기를 기도합니다(계 22:20).

지난 장에서 우리는 주기도문의 첫 간구를 살펴보았습니다. 그것은 "이름이 거룩히 여김을 받으시오며"였습니다. 이 간구를 통해 배운 바는 이렇습니다. 첫째로 전능하신 하나님의 이름을 부른다는 사실을 기억해서 그 하나님의 이름에 합당한 예의를 갖추어 기도해야 합니다. 둘째는 하나님의 영광을 위해 모든 일을 하나님이 친히 처리하시기를 기도해야 합니다.

주기도문을 가르쳐 주신 예수님의 관심은 언제나 하늘에 계신 하나님 아버지의 거룩하신 이름이 영광을 받으시는 것이었습니다. 우리의 신앙은 언제나 이와 관련된 싸움입니다. 영광의 초점이 나인지 아니면 하나님인지 끊임없이 결단하는 선택입니다. 그렇기에 우리는 하나님의 거룩하신 이름을 합당하게 부르는 것에 익숙해져야 하며, 먼저 하나님의 나라를 구하는 것에 관심이 모아져야 합니다.

주기도문의 그 다음 간구는 "나라가 임하시오며"로 시작됩니다. 물론 하나님의 나라를 가리킴입니다. 이번 장에서는 주기도문의 둘째 간구에 담긴 의미를 묵상하면서 하나님이 주시는 깨달음을 얻기를 소원합니다.

먼저 소요리문답 102번을 보겠습니다.

문 102: "둘째 간구에서 우리는 무엇을 위해 기도합니까?"

답: "둘째 간구(즉, 나라가 임하시오며)에서 우리는 사탄의 나라가 파괴되기를 기도하며, 은혜의 나라가 흥왕해지고, 우리와 다른 이들이 그 안으로 들어가서 그 안에 머물게 되기를 기도하며, 영광의 나라가 속히 임하기를 기도합니다."

주기도문의 둘째 간구를 통해 주님께서 우리에게 가르쳐 주시려는 교훈은 무엇입니까?

눈에 보이지 않으나 존재하는 하나님의 나라

첫째, 주기도문의 두 번째 간구는 눈에 보이지 않지만 하나님의 나라인 천국이 존재한다는 사실을 교훈합니다. 10절을 읽겠습니다. "나라가 임하시오며 뜻이 하늘에서 이루어진 것같이 땅에서도 이루어지이다."

여기 "나라가 임하시오며"라고 할 때 이 나라는 어떤 나라입니까? 일단 전후 문맥으로 볼 때, 이 나라가 세상 나라나 사람의 나라가 아님이 분명합니다. 9절에 보면 우리 주님께서 기도를 가르쳐 주시면서 하늘에 계신 아버지의 이름이 거룩히 여김을 받으셔야 한다고 선언하시고 바로 이어서 "나라가 임하시오며"라고 하셨습니다. 그렇다면 하나님 아버지의 나라인 것이 분명합니다. 연이어 10절에서 뜻이 하늘에서 이루어진 것같이 땅에서도 이루어지기를 기도하는 것으로 보아 하늘에 있는 하나님의 나라인 것이 명백합니다.

이 하나님의 나라는 무엇입니까? 대조적으로 볼 때 우리가 살아가고 있는 나라가 아닌 것만은 분명합니다. 일단 주님은 하늘과 땅을 대조합니다. 하나님은 하늘에 계시며 우리는 땅에 있습니다. 하나님의 뜻은 하늘에 있으며 그 뜻은 땅의 우리 뜻과는 다릅니다. 이 나라는 하나님이 주도하시고 하나님이 통치하시는 나라입니다. 엄밀히 말하면 우리가 살아가는 역사는 두 가지로 구분할 수 있습니다. 하나는 하나님이 주도하시는 역사와 다른 하나는 하나님이 허용하시는 역사입니다. 전자를 구속의 역사, 구원의 역사 또는 하나님의 나라라 할 수 있고 후자는 세상 역사, 세속의 역사라고 할 수 있습니다. 소요리문답의 표현을 빌자면 사탄의 나라가 아닌 은혜의 나라입니다. 세례 요한은 "회개하라 천국이 가까이 왔느니라"(마 3:2)고 외쳤습니다. 주님께서도 동일하게 외치셨습니다.

"이 때부터 예수께서 비로소 전파하여 가라사대 회개하라 천국이 가까이 왔느니라 하시더라"(마 4:17).

첫째 교훈에서 우리가 깨달아야 할 바는 육신의 눈으로는 보이지 않지만 하나님의 나라, 곧 천국이 존재하며 신자들은 그것을 믿음으로 볼 수 있다는 것입니다. 예수님을 믿는 신자는 이 나라를 볼 수 있어야 합니다. 신자는 이 나라에 시선을 고정시켜야 합니다. 사도 바울도 골로새 교인들에게 편지하면서 이렇게 권면했습니다. "그러므로 너희가 그리스도와 함께 다시 살리심을 받았으면 위의 것을 찾으라 거기는 그리스도께서 하나님 우편에 앉아 계시느니라 위의 것을 생각하고 땅의 것을 생각하지 말라"(골 3:1-2). 신자는 이 하나님 나라를 목적으로 하고 지금 이 세상을 살아야 합니다. 우리 주님은 산상수훈을 가르치시면서 제자들과 신자들에게 먼저 하나님의 나라와 의를 구하라고 명령하셨습니다(마 6:33). 그렇다면 우리는 얼마나 그 나라를 추구하고 있습니까? 우리는 하나님의 나라를 위해 살고 주님의 재림을 고대한다 말했지만 실제론 너무 쉽게 잊어버릴 만큼 이 세상에 몰두하고 있지는 않습니까?

우리 주님은 너무 늦지 않게 다시 오실 것입니다. "너희에게 인내가 필요함은 너희가 하나님의 뜻을 행한 후에 약속하신 것을 받기 위함이라 잠시 잠깐 후면 오실 이가 오시리니 지체하지 아니하시리라"(히 10:36-37). 주님도 열 처녀 비유를 말씀하시면서 이렇게 권면하셨습니다. "그런즉 깨어 있으라 너희는 그 날과 그 때를 알지 못하느니라"(마 25:13). 그 날은 어떤 날입니까? 모든 민족 가운데 나타나신 하나님이 왕으로 통치하시는 나라입니다. 그 날을 고대하던 다윗은 "하나님이 일어나시니 원수들은 흩어지며 주를 미워하는 자들은 주 앞에서 도망하리이다"(시 68:1)라고 간구했고 솔로몬은 "모든 왕이 그의 앞에 부복하며 모든 민족이 다 그를 섬기리로다"(시 72:11)라고 노래했습니다.

그러므로 육신의 눈에는 보이지 않지만 하나님 나라가 존재한다는 사실을 깨닫고 하나님의 나라가 온전히 임하기를 간절히 사모하면서 말씀과 기도 가운데 늘 깨어 있는 성도들이 되시기를 바랍니다.

존재하는 하나님의 나라의 임함

둘째, 그 하나님의 나라가 이 세상에 임하고 있다는 사실을 교훈합니다. 다시 한 번 10절을 읽겠습니다. "나라가 임하시오며 뜻이 하늘에서 이루어진 것같이 땅에서도 이루어지이다."

"나라가 임하시오며"는 "당신의 나라가 오기를 소원합니다"라는 뜻입니다. 이 세상의 역사는 하나님의 나라와 사탄의 나라의 치열한 전쟁터라 할 수 있습니다. 우리가 "나라가 임하시오며"라고 기도할 때는 사탄의 나라가 그 세력을 잃고 파괴되기를 원하며 동시에 하나님의 나라, 즉 은혜의 나라가 세력을 얻고 성장하기를 소원하며 기도하는 것입니다.

하나님의 이 나라는 어떻게 임하고 있습니까? 우리는 하나님도 보여 주시고 그 나라도 보여 달라는 바리새인들의 요청에 대한 주님의 응답에서 실마리를 얻을 수 있습니다. "바리새인들이 하나님의 나라가 어느 때에 임하나이까 묻거늘 예수께서 대답하여 이르시되 하나님의 나라는 볼 수 있게 임하는 것이 아니요 또 여기 있다 저기 있다고도 못하리니 하나님의 나라는 너희 안에 있느니라"(눅 17:20-21). 예수님은 하나님의 나라가 너희 안에 있다고 말씀하셨습니다.

보통 나라가 성립하기 위해서는 세 가지 요소가 있어야 합니다. 국민, 영토, 주권입니다. 대한민국이라는 나라는, 대한민국 국적을 가진 국민이 있고 한반도라는 영토가 있고, 그 영토 안에서 자국민을 지키고 보호하고 통치하는 정부라는 주권이 있습니다. 그러나 하나님 나라의 본질적인 특성은 바로 영적이라는 점입니다. 물론 영적이라는 것이 아주 적절한 표현은 아닙니다. 그럼에도 주님은 하나님의 나라가 여기저기 장소가 아니라 마음에 있다고 하셨습니다. 즉 하나님의 나라가 마음속에 임하여 건설된다는 말입니다. 말하자면 신자의 영혼이 하나님 나라의 영토라 할 수 있습니다. 하나님은 이 나라의 왕으로서 주권적으로 신자의 영혼을 통치하십니다.

그렇다면 하나님 나라가 임한다는 말은 신자의 마음에 하나님의 나라가 건설된다는 것입니다. 신자의 마음에 하나님 나라가 건설된다는 말은 무엇입니까? 하나님은 예수 그리스도를 보내시고 하나님 아버지와 예수 그리스도는 그의 성령을 보내셔서 우리 마음을 변화시키십니다. 죄와 악이 지배했던 우리의 마음에 예수 그리스도의 십자가 복음이 임하면 죄와 악의 씨앗이 죽고 의와 생명의 씨앗이 심기웁니다. 이때부터 하나님 나라는 시작되고 건설되며 자라고 성장합니다. 복음을 받아들이고 예수님을 영접한 사람들은 옛 사람의 일을 벗어버리고 새 사람을 입습니다. 골로새서 표현대로 하자면 땅의 것을 찾지 않고 하늘의 것을 찾기 시작합니다. 죄를 떠나 의를 추구합니다. 세상 쾌락과 즐거움만 추구했다가 이제 하나님의 나라의 즐거움을 추구합니다. 이 땅에서 잘 먹고 잘사는 것만 생각했던 사람이 이제 다가올 하나님의 나라를 준비하며 사는 사람으로 변화됩니다. 이 모든 일들이 예수 그리스도의 십자가 복음으로 시작됩니다. 예수님의 표현대로 하자면 다음과 같습니다. "그러나 내가 하나님의 성령을 힘입어 귀신을 쫓아내는 것이면 하나님의 나라가 이미 너희에게 임하였느니라"(마 12:28). 바로 이것입니다. 주님이 오시면 사탄이 물러가고 귀신이 떠나가고 죽은 자가 살아나고 아픈 자가 고침을 받는 일이 발생한다는 것은 초자연적인 하나님의 나라가 임했다는 것을 의미합니다.

오늘날은 어떻게 하나님 나라가 임합니까? 교회의 설교와 복음 전파를 통해 임하십니다. 교회는 중대한 하나님 나라 운동의 구속기관이요 설교와 전도는 하나님 나라 운동의 중대한 열쇠입니다. 우리 주님이 내 나라가 여기 이 세상에 속한 것이 아니라고 말씀하신 이유입니다(요 18:36). 예수님은 정치적인 나라가 아니라 완전히 새로운 종류의 나라를 세우기 위해 오셨습니다. 이것이 바로 하나님의 나라가 영적인 특징을 가지고 있다는 것의 의미입니다. 그러므로 불신자가 신자가 되기 전에, 믿음 없는 자가 믿음을 가지기 전에, 죄인이 십자가 은혜로 의인이 되어 은혜의 왕국에 들어가기 전에 참된 하나님 나라는 완전히 임하지 않습니다. 그러므로 신앙이 없는 자에게 하나님 나라를 기대할 수 없습니다. 그것만큼 고역인 일도 없습니다. 복음을 믿고 예수님을 영접하지 않고는 하나님이 통치하시는 하나님의 자녀가 되는 권세를 누릴 수 없습니다. 따라서 우리가 "나라가 임하시오며"라는 기도를 올릴 때, 우리는 죄인들이 죄를 회개하고 주님을 영접하고 다가올 하나님의 나라를 준비하는 변화된 심령이 되게 해달라고 기도해야 하는 것입니다. 하나님의 나라는 시작되었습니다. 지금도 진행 중이고 건설 중입니다.

지금도 온 세상 만국에서 하나님의 나라 건설이 진행되고 있음을 굳게 믿고 그 하나님의 나라를 위해 살아갑시다.

우리와 다른 이들이 이 은혜의 나라에 들어가기를 기도함

셋째, 이것은 우리 자신과 다른 이들이 이 은혜의 나라에 들어가기를 소망하는 기도입니다. 10절을 다시 한 번 읽겠습니다. "나라가 임하시오며 뜻이 하늘에서 이루어진 것같이 땅에서도 이루어지이다."

"나라가 임하시오며." 소요리문답 마지막 부분에 "은혜의 나라가 흥왕하여 우리와 다른 이들이 그 나라에 들어가 머물게 되기를 기도하고, 영광의 나라가 속히 임하기를 기도합니다"라고 했습니다. 이미 하나님의 나라가 임했는데 왜 또 속히 임해야 한다고 말합니까? 이는 나라가 이미 시작되었지만 아직 완성되지는 않았다는 뜻입니다. 결론적으로 말하자면 이 나라는 주님의 재림으로 완성될 것입니다. 그렇기에 이 나라는 건물로 치자면 계속 자라고 건설되어 가는 중입니다. 여기저기 공사 중입니다. 중요한 사실은 하나님의 나라는 마침내 완공될 것입니다. 하나님의 나라 건설에는 부도가 나는 법이 없습니다. 건축이 시작되었다가 부도가 나서 흉물스럽게 방치되지 않을 것입니다. 마침내 영광스럽게 완공될 것이고 이 나라는 영원히 존재할 것입니다. 이 나라가 완성되는 날에 두 번째 기회는 없습니다. 이 나라에 들어갈 유일한 기회는 바로 지금 이순간입니다.

그렇기 때문에 누구든지 지금 이 나라에 들어가야 합니다. 세상 나라는 일시적이고 유한합니다. 하나님의 나라는 영원합니다. 소요리문답은 이 나라를 가리켜 영광의 나라라고 합니다. 부강한 나라, 아름다운 나라도 아니고 '영광의 나라'입니다. 지상 그 어디에 영광의 나라가 있습니까? 이 말은 오직 하나님의 나라를 묘사할 때만 사용됩니다. 하나님 나라의 영광을 조금이라도 경험한다면, 우리는 세상 나라에 그리 큰 미련이나 연민을 두지 않을 것입니다.

바울은 에베소 교회 성도들을 위해 바로 이것을 기도했습니다. "내가 기도할 때에 기억하며 너희로 말미암아 감사하기를 그치지 아니하고 우리 주 예수 그리스도의 하나님, 영광의 아버지께서 지혜와 계시의 영을 너희에게 주사 하나님을 알게 하시고 너희 마음의 눈을 밝히사 그의 부르심의 소망이 무엇이며 성도 안에서 그 기업의 영광의 풍성함이 무엇이며 그의 힘의 위력으로 역사하심을 따라 믿는 우리에게 베푸신 능력의 지극히 크심이 어떠한 것을 너희로 알게 하시기를 구하노라"(엡 1:16-19).

성도는 지혜와 계시의 영을 받아 하나님을 알고 믿게 되었습니다. 성도는 나를 하나님의 자녀로 부르셨다는 것을 잘 알고 있는 사람입니다. 그렇다면 하나님이 준비하신 나라를 기대하고 소망하고 기다리는 것은 너무나도 당연한 일이 아닙니까? 그렇기 때문에 우리는 세상에 발을 붙이고 살되 늘 하나님의 나라를 생각할 줄 알아야 합니다. 신자는 최선을 다해서 이 세상에 하나님의 나라가 임하도록 간절히 기도해야 합니다. 또한 하나님의 자녀로서 십계명을 지키며 말씀대로 살아내며 이 세상이 좀 더 나은 곳이 되도록 기도하고 힘쓰고 애써야 합니다. 우리는 부지런히 빛을 밝히고 소금의 짠 맛을 내야 합니다. 그러나 그것이 우리의 유일한 목적이 되어서는 안 됩니다. 사도 요한은 계시록을 마감하면서 "이것들을 증언하신 이가 이르시되 내가 진실로 속히 오리라 하시거늘 아멘 주 예수여 오시옵소서"(계 22:20)라고 기도했습니다. 속히 오겠다 약속하신 주님을 기대하며 기도하는 것이 우리의 목적이 되어야 합니다.

그러는 중에 여전히 개인적인 죄와 싸우고 사회적인 악과 부조리와 부패와 싸워야 합니다. 히브리서 설교자는 이렇게 말합니다. "그러므로 우리가 흔들리지 않는 나라를 받았은즉 은혜를 받자 이로 말미암아 경건함과 두려움으로 하나님을 기쁘시게 섬길지니"(히 12:28). 우리는 흔들리지 않는 하나님의 나라를 받았습니다. 그러므로 경건함과 두려움으로 하나님을 기쁘게 섬기며 하나님 나라의 백성된 삶을 살아가야 합니다. 세상에선 모든 것이 헛되니 이 세상으로부터 도피하는 삶을 추구하라는 뜻이 아닙니다. 오히려 그 누구보다도 능동적이고 적극적인 삶이 필요합니다. 그럼에도 불구하고 이 세상에 지나친 미련을 두지 말고 날마다 하나님의 나라가 임하기를 간절히 사모하는 성도들이 됩시다.

베드로 사도는 종말과 신자의 삶에 대해 이렇게 말합니다. "하나님의 날이 임하기를 바라보고 간절히 사모하라 그 날에 하늘이 불에 타서 풀어지고 물질이 뜨거운 불에 녹아지려니와 우리는 그의 약속대로 의가 있는 곳인 새 하늘과 새 땅을 바라보도다"(벧후 3:12-13). 장차 완성될 하나님의 나라가 우리가 살고 있는 이 세상을 변화의 측면에서 새롭게 하시는 것인지, 아니면 기존의 세상을 멸하고 전적으로 새로운 나라를 만드시는 것인지에 대해서는 의견이 분분합니다. 그러나 분명한 것은 있습니다. 주님이 곧 다시 오십니다. 그리고 새 하늘과 새 땅으로 불리는 하나님 나라가 완성될 것입니다. 그날이 오면, 완성된 그 나라에 다시는 사망이 없고 애통하는 것이나 곡하는 것이나 아픈 것이 없을 것입니다(계 21:4). 주님께서 우리 눈의 눈물을 닦아 주실 것이기 때문입니다. 그날에 주를 향한 우리의 수고와 눈물과 땀방울들은 승리의 기쁨과 영생의 면류관으로 충만히 보상될 것입니다. 주님은 그동안 주님을 위해 흘린 모든 눈물을 우리 눈에서 닦아주시고 우리를 고통스럽게 했던 악인들을 친히 심판하실 것입니다.

이제 우리에게 남은 일은 더욱 굳건히 신앙생활에 매진하며 교회 안에서나 밖에서나 하나님 말씀에 순종하는 삶을 영위하는 것입니다. 바울은 부활장을 마감하면서 이렇게 권면합니다. "우리 주 예수 그리스도로 말미암아 우리에게 승리를 주시는 하나님께 감사하노니 그러므로 내 사랑하는 형제들아 견실하며 흔들리지 말고 항상 주의 일에 더욱 힘쓰는 자들이 되라 이는 너희 수고가 주 안에서 헛되지 않은 줄 앎이라"(고전 15:57-58).

이 세상을 살아가면서 복음에 순종하며 교회를 위해 봉사하고 하나님 나라를 준비하는 우리의 수고가 주 안에서 헛되지 않을 줄 알고 항상 주의 일에 더욱 힘쓰시기 바랍니다.

○ **칼뱅,『기독교 강요』, 3.20.42.**
우리는 하나님이 이 땅 각처에서 교회들을 자기 자신에게로 모으시기를, 그들의 숫자를 늘려 주시기를, 그들에게 은사들을 주시기를, 그들 가운데 온전한 질서를 세우시기를, 그리고 반대로, 순결한 교리와 신앙을 반대하는 모든 대적들을 내어 쫓으시기를, 그들의 도모를 흩으시고 그들의 노력을 깨뜨리시기를 날마다 간절히 바라고 간구해야 하는 것이다. 이렇게 볼 때에, 날마다 더 나아지기를 위하여 열심을 내라는 명령을 우리에게 주신 일이 그만한 근거가 있다는 것이 드러난다. 왜냐하면 악의 더러운 것들이 완전히 씻겨 없어지고, 순전함이 꽃피고 자라날 때처럼 인간사가 잘되는 때가 절대로 없을 것이기 때문이다. 그러나 그 충만한 완성의 상태는 마지막 그리스도 강림하실 때까지 유보되어 있다.

■ 나눔 질문

1. "나라가 임하시오며"라고 할 때 이 나라는 어떤 나라입니까?
2. 이 세상이 하나님의 나라와 사탄의 나라의 전쟁터라고 할 때, "나라가 임하시오며"는 구체적으로 무엇을 기도하는 것입니까?
3. 오늘날 하나님의 나라는 어떻게 이 세상에 임하고 있습니까?
4. 이 나라는 언제 완성되며, 그때까지 신자는 무엇을 위해 기도해야 합니까?
5. 신자의 마음에 하나님의 나라가 건설되면 발생하는 결과가 무엇입니까?
6. 하나님의 나라에 대한 각자의 생각과, 그 나라를 위해 무엇을 하고 싶은지 나누어 봅시다.

46장

셋째 간구 – 뜻이 이루어지이다

⁹그러므로 너희는 이렇게 기도하라 하늘에 계신 우리 아버지여 이름이 거룩히 여김을 받으시오며 ¹⁰나라가 임하시오며 뜻이 하늘에서 이루어진 것같이 땅에서도 이루어지이다 ¹¹오늘 우리에게 일용할 양식을 주시옵고 ¹²우리가 우리에게 죄 지은 자를 사하여 준 것같이 우리 죄를 사하여 주시옵고 ¹³우리를 시험에 들게 하지 마시옵고 다만 악에서 구하시옵소서 나라와 권세와 영광이 아버지께 영원히 있사옵나이다 아멘. 마 6:9-13

소요리문답 103번

문 103: 셋째 간구에서 우리는 무엇을 위해 기도합니까?

답: 셋째 간구(즉, 뜻이 하늘에서 이루어진 것같이 땅에서도 이루어지이다, 마 6:10)에서 우리는 하늘에서 천사들이 그렇게 하듯이(시 103:20-21) 하나님이 그분의 은혜로 우리가 모든 것에서 하나님의 뜻을 알고, 순종하고, 복종할 수 있을 뿐 아니라(시 67; 119:36; 마 26:39; 삼하 15:25; 욥 1:21), 기꺼이 그렇게 하게 해주실 것을 기도합니다.

앞에서 우리는 주기도문의 둘째 간구, 즉 "나라가 임하시오며"에 대해 살펴보았습니다. 하나님의 나라는 우리 가운데 영적으로 임했고 완성되어 가고 있습니다. 신자는 그 나라가 속히 완성되게 해달라고 기도해야 합니다. 하나님의 나라에서는 하나님이 중심입니다. 소요리문답 강해를 처음 시작할 때, 소요리문답은 하나님의 영광으로 시작해서 하나님의 영광으로 끝난다고 한 바 있습니다. 주기도문 역시 마찬가지입니다. 하늘에 계신 하나님의 영광으로 시작해서 나라와 권세와 영광을 세세토록 받으실 하나님으로 끝납니다. 그래서 주기도문의 둘째 간구는 첫째 간구를 성취하는 수단입니다. 이제 살펴볼 셋째 간구는 역시 둘째 간구를 성취하는 수단이 됩니다.

하나님의 이름을 거룩히 여기며, 그 나라가 속히 임하기를 기도하는 방법은 아버지의 뜻이 이루어지기를 기도하는 것입니다. 그런데 이 기도는 사실 제일 어려운 기도가 아닐까 합니다. 몇 해 전에 우리 교회를 방문해 말씀을 전해 주신 캐나다 개혁교회의 코르넬리스 프롱크 목사님은 자신이 쓰신 『하이델베르크 교리문답으로 보는 주기도문』이란 책에서 "주기도문의 이 셋째 간구로 기도하는 게 어쩌면 기독교 신앙에서 가장 어려운 부분"이라고 말한 바 있습니다. 왜 그럴까요? 이 셋째 간구는 내 뜻이 아니라 하나님 아버지의 뜻대로 하는 기도이기 때문입니다. 우리에게는 모두 다 자기 뜻이 있고 그 뜻대로 만사가 이루어지기를 바라는 죄악된 본성이 있기 때문입니다. 이번 장에서는 주기도문의 셋째 간구가 의미하는 바가 무엇인지 살펴보겠습니다.

성경, 모든 것에 대한 하나님의 뜻

첫째, 성경은 만사에 대한 하나님의 뜻이 담겨 있는 하나님 말씀입니다. 11절을 읽겠습니다. "뜻이 하늘에서 이루어진 것같이 땅에서도 이루어지이다."

주기도문의 셋째 간구가 기록된 소요리문답 103번도 보겠습니다.

문 103: "셋째 간구에서 우리는 무엇을 위해 기도합니까?"

답: "셋째 간구(즉, 뜻이 하늘에서 이루어진 것같이 땅에서도 이루어지이다)에서 우리는 하늘에서 천사들이 그렇게 하듯이 하나님이 그분의 은혜로 우리가 모든 것에서 하나님의 뜻을 알고 순종하고 복종할 수 있을 뿐 아니라, 기꺼이 그렇게 하게 해주실 것을 기도합니다."

하나님의 뜻이 이루어지기를 원한다면, 하나님의 뜻이 무엇인지 알아야 합니다. 땅에서도 이루어져야 할 하나님의 뜻을 모른다면 그저 우리 마음대로 기도할 수밖에 없습니다. 우선 우리는 주기도문 본문에서 하늘에서 이루어진 뜻과 땅에서도 이루어지는 뜻을 생각해 보아야 합니다. 얼핏 두 가지 다른 종류의 뜻이 있는 것처럼 오해할 수 있습니다. 그렇지 않습니다. 하늘에 계신 하나님의 뜻은 이 세상에 내려오다가 바뀌거나 변질되지 않습니다. 하늘에 계신 하나님의 뜻은 땅에서도 여전히 동일합니다.

그렇다면 하늘에서 이루어진 것같이 땅에서도 이루어진다는 말은 동일한 하나님의 뜻이 성취되는 다른 국면으로 이해해야 합니다. 우리의 삶은 날마다 집에서, 교회에서, 직장에서, 사업장에서 다양한 국면에서 영위됩니다. 그곳에서 살아가는 동안 여러 다양한 상황을 만납니다. 어느 때는 예상할 수 있는 상황이지만 또 어느 때는 예상하지 못한 상황이 발생합니다. 전혀 낯선 삶의 상황과 국면을 접하기도 합니다. 그러나 이런 각기 상이한 상황 속에서 변하지 않는 것이 있는데 그것이 바로 하나님의 뜻입니다.

주님도 십자가를 목전에 두고 겟세마네 동산에서 기도하실 때, "내 아버지여 만일 내가 마시지 않고는 이 잔이 내게서 지나갈 수 없거든 아버지의 원대로 되기를 원하나이다"(마 26:42)라고 아뢰셨습니다. 주님은 자신의 뜻보다 하나님 아버지의 뜻대로 되기를 기도하셨습니다. 내 뜻대로 말하고 생각하고 행동하는 대신 하나님 뜻대로 생각하고 말하고 행동하는 것이 얼마나 어려운 일입니까? 여기서 우리는 하나님의 뜻을 하나님이 하신 말씀으로 대입해 보겠습니다. 더 노골적으로 지금 우리가 가지고 있는 성경이라고 대입해 보십시오. 이것이 하늘에서 이루어진 뜻인데 땅에서도 이루어져야 합니다. 그리고 구약과 신약의 모든 신앙의 선배들은 그 뜻대로 살아갔습니다. 그렇다면 성경은 우리가 날마다 부딪히는 다양하고 새롭고 각기 다른 삶의 현장에서 하나님의 뜻이 됩니다. 우리가 해야 하는 일은 바로 이 하나님의 말씀을 각기 다른 현재적인 삶의 정황을 판별하는 기준으로 사용해야 한다는 것입니다.

하나님의 말씀은 모든 것, 모든 상황에 알맞는 뜻을 가지고 있습니다. 무슨 말씀입니까? 우리가 만나는 여러 다양한 상황에 기준과 원리를 제시해 준다는 말입니다. 이런 의미에서 하나님의 말씀에서 벗어나서 존재하는 삶의 정황은 없습니다. 하나님의 말씀은 우리의 행동을 지도하는 데 충분합니다. "모든 성경은 하나님의 감동으로 된 것으로 교훈과 책망과 바르게 함과 의로 교육하기에 유익하니 이는 하나님의 사람으로 온전하게 하며 모든 선한 일을 행할 능력을 갖추게 하려 함이라"(딤후 3:16-17). 신학자들은 이 성경을 가리켜 구원과 행위의 유일무이한 법칙이라고 불러왔습니다. 구원뿐 아니라 우리 일상의 삶에서도 기준이 되고 표준이 되며 법칙이 되는 말씀입니다.

우리가 이 하나님의 뜻을 알게 된 것이 은혜입니다. 그래서 소요리문답은 "하나님이 그분의 은혜로 우리가 모든 것에서 하나님의 뜻을 알고"라고 답하는 것입니다. 모든 것에 대한 하나님의 뜻은 하나님의 말씀에 다 있는데 신자가 그것을 믿고 이해하게 된 것이 하나님의 은혜라는 것입니다. 그 하나님의 뜻 가운데 가장 중요한 것을 꼽으라면, 사람들이 죄를 회개하고 하나님이 보내신 독생자 예수 그리스도를 믿고 영생을 얻는 것입니다. 예수 그리스도를 믿고 구주로 영접하는 사람들은 주님 말씀에 순종하고 복종하며 살아갈 것입니다. 구원 받은 신자로서 우리는 하나님의 말씀인 성경을 열심히 읽고 묵상하면서 그 안에서 하나님의 뜻을 알려 애쓰고 분투해야 합니다. 마치 밭에 숨겨진 보화를 발견하고 그 밭을 사기 위해 모든 수고를 기울이는 상인과 같이 말입니다.

하나님의 말씀인 성경을 우리에게 주심으로 하나님의 뜻을 알게 해 주신 은혜에 감사하는 우리가 되기 바랍니다.

하나님의 뜻을 알려는 그릇된 방식

둘째, 때때로 죄인들은 어리석게도 성경 이외의 다른 방법으로 하나님의 뜻을 알려고 시도합니다. 11절 말씀을 한 번 더 읽겠습니다. "뜻이 하늘에서 이루어진 것같이 땅에서도 이루어지이다."

그렇다면 우리는 어떻게 하나님의 뜻을 알 수 있을까요? 이를 위해 성경 본문 두 곳을 살펴보고자 합니다. 신명기 29장 29절과 욥기 1-2장입니다. 먼저 신명기 29장 29절입니다. "감추어진 일은 우리 하나님 여호와께 속하였거니와 나타난 일은 영원히 우리와 우리 자손에게 속하였나니 이는 우리에게 이 율법의 모든 말씀을 행하게 하심이니라." 여기 감추어진 일이란 하나님의 뜻과 계획을 의미합니다. 반면에 나타난 일이란 우리에게 알려진 뜻입니다. 그러니까 하나님의 뜻은 우리에게 감추어져 있으며, 하나님이 역사 속에서 드러내셔서 우리에게 알게 하시기 전까지, 우리는 그것이 하나님의 뜻인지 모릅니다.

이것을 다시 욥기 1-2장을 통해 생각해 보겠습니다. 욥은 까닭모를 고난을 당합니다. 재산이 하루아침에 사라지고 자식들도 다 죽고, 본인에게 질병까지 생깁니다. 상상조차 할 수 없는 재앙이 닥쳤습니다. 욥기 1장부터 42장까지 모든 내용을 알고 있는 우리와 달리 욥은 그저 현실이 괴롭기만 합니다. 도무지 이유를 모릅니다. 욥이 확신할 수 있는 거라곤 자신에게 일어난 모든 비극적 현실에서 하나님이 주권자로 계신다는 사실입니다. 그것을 인정하고 고백하지요. 욥이 무엇이라고 고백합니까? "이르되 내가 모태에서 알몸으로 나왔사온즉 또한 알몸이 그리로 돌아가올지라 주신 이도 여호와시요 거두신 이도 여호와시오니 여호와의 이름이 찬송을 받으실지니이다 하고"(욥 1:21). 심지어 아내가 스스로를 저주하고 죽으라고 악담을 퍼부을 때도 욥은 이렇게 말합니다. "그가 이르되 그대의 말이 한 어리석은 여자의 말 같도다 우리가 하나님께 복을 받았은즉 화도 받지 아니하겠느냐 하고 이 모든 일에 욥이 입술로 범죄하지 아니하니라"(욥 2:10).

그러나 그런 욥도 시간이 갈수록 극심해지는 고통 때문에 하나님께 원망하고 불평합니다. 하나님의 뜻을 여전히 모르기 때문입니다. 욥은 언제 하나님의 뜻을 압니까? 하나님이 그 뜻을 보여주실 때 비로소 알게 됩니다. 욥기 42장 1-6절을 보겠습니다. "욥이 여호와께 대답하여 이르되 주께서는 못 하실 일이 없사오며 무슨 계획이든지 못 이루실 것이 없는 줄 아오니 무지한 말로 이치를 가리는 자가 누구니이까 나는 깨닫지도 못한 일을 말하였고 스스로 알 수도 없고 헤아리기도 어려운 일을 말하였나이다 내가 말하겠사오니 주는 들으시고 내가 주께 묻겠사오니 주여 내게 알게 하옵소서 내가 주께 대하여 귀로 듣기만 하였사오나 이제는 눈으로 주를 뵈옵나이다 그러므로 내가 스스로 거두어들이고 티끌과 재 가운데에서 회개하나이다."

시험이 오고 재난이 닥칠 때 욥처럼 고백하려면 정말 많은 기도와 하나님의 은혜가 필요합니다. 그렇지 않으면, 우리 옛사람의 본성이 튀어나오고 원망하고 불평하게 됩니다. 더 나아가 불신하고 배교하는 일도 벌어질 수 있습니다. 그때 우리는 모든 상황 가운데 하나님의 감추어진 일과 섭리가 있음을 신뢰해야 합니다. 하나님이 욥을 가르치실 때, 욥이 당하는 고난의 이유를 밝히시지 않았음에 주의해야 합니다. 오히려 하나님은 하나님의 창조의 능력과 역사와 우주와 만물을 통치하시는 절대 주권을 언급하십니다. "너는 대장부처럼 허리를 묶고 내가 네게 묻는 것을 대답할지니라 내가 땅의 기초를 놓을 때에 네가 어디 있었느냐 네가 깨달아 알았거든 말할지니라"(욥 38:3-4). 즉 고난의 이유를 모른다 할지라도 전능하신 하나님을 신뢰하라는 말씀입니다.

하나님의 감추어진 일은 하나님의 영광을 드러내고 모든 것을 그 예정된 뜻에 따라 역사하시기 위한 목적이 있으며, 그 과정을 통해 부르심을 입은 자들에게는 모든 것이 합력하여 선을 이루도록 역사하십니다(롬 8:28). 우리 눈에는 분명하게 보이지 않는, 배후에서 작용하는 인도하심입니다. 그러므로 우리가 할 일은 욥처럼 하나님의 주권을 고백하는 것뿐입니다. 우리 방식대로 규칙과 법과 시스템을 만들어 하나님의 뜻을 무시하려 하거나 우리 입맛에 맞는 특정 조건을 걸어서 하나님의 뜻을 단정하려 해서도 안 됩니다.

사사 시대의 기드온은 300명의 용사로 미디안 대군과 싸워 승리했지만, 사실은 자기 나름대로의 확신을 위한 표적을 두 번씩이나 요구하면서 믿음의 사람답지 못한 모습을 보였습니다(삿 6:36-40). 그럼에도 자비하시고 오래 참으시는 하나님은 기드온을 참아 주시고 그에게 확신을 주시고 사사 직무를 감당하게 도와 주셨습니다. 구약과 신약 성경의 계시가 모두 완성된 지금 우리는 그런 식으로 하나님을 시험하거나 그분의 뜻을 알려 해서는 안 됩니다. 구원뿐 아니라 행위에 있어서도 유일무이한 법칙이 완성되었고 종결되었기 때문입니다. 하나님이 계시하신 성경 말씀 이외의 다른 방법으로 하나님의 뜻을 찾고자 하는 어리석음을 범하지 마십시오.

하나님이 우리에게 주신 성경 말씀이 하나님의 뜻임을 굳게 믿고 말씀을 통해 날마다 하나님의 뜻을 깨닫도록 추구해야 합니다.

순종과 복종해야 할 하나님의 뜻

셋째, 신자는 성경에 계시된 하나님의 뜻을 온전한 순종과 복종으로 지켜내야 합니다. 11절 말씀을 한 번 더 보겠습니다. "뜻이 하늘에서 이루어진 것같이 땅에서도 이루어지이다."

하늘에 계신 하나님 아버지의 뜻은 땅에서 이루어져야 할 뜻입니다. 말하자면, 하나님의 뜻은 하나님의 사람들을 위한 뜻이라고도 할 수 있습니다. 이 뜻이 어떻게 이 땅에서 이루어질까요?

소요리문답은 신자가 그것을 순종과 복종으로 실천하기를 명하고 있습니다. 신자가 하나님 뜻에 순종하고 복종하려면 먼저 그것이 하나님의 뜻임을 알 수 있는 분별력과 통찰력이 있어야 합니다. 분별력과 통찰력은 어떻게 옵니까? 도를 닦아야 합니까? 40일 동안 금식기도를 해야 합니까? 세상의 방식은 도를 닦고 엄청난 연구와 훈련이 있어야 합니다. 제가 강의하는 신학교 인근에 자주 가는 카페가 있는데 그 이름이 커피 인사이트입니다. 통찰력을 주는 커피라니 이름이 참 마음에 들었습니다. 그런데 이름뿐 아니라 스페셜티 원두로 드립한 커피 역시 일품이었습니다. 이 카페에는 여러 대회에서 우승한 실력이 있는 국가대표 바리스타들이 있습니다. 이들은 한 잔의 풍미 넘치고 깊은 맛을 내는 커피를 내리기 위해 오랫동안 훈련을 받고 연구하고 실험하는 어려운 과정을 통과한 사람들입니다. 세상에서 통찰력을 얻으려면, 고된 훈련이 필요하고 연구가 필요합니다.

그러나 신자가 하나님의 뜻을 알기 위한 분별력과 통찰력을 얻기 위해 필요한 것은 실험이나 연구나 훈련이 아닙니다. 하나님의 은혜를 받아야 합니다. 하나님의 은혜가 무엇입니까? 깨달음입니다. 말씀을 통해 성령님이 우리 영혼을 조명해 주심으로 말씀이 깨달아지는 기쁨 그것이 은혜입니다. 이런 방식으로 은혜 받은 사람들은 하나님 뜻을 아는 일에 언제나 민감합니다. 그러고는 순종하고 복종하려는 태도를 견지합니다. 그러므로 하나님의 뜻을 아는 일에 진심인 신자는 계시된 말씀인 성경을 읽을 때 무릎을 꿇고 그 말씀을 깨닫게 해달라고 기도하게 됩니다. 성경을 많이 읽는 것도 중요하고 책을 읽고 연구하고 훈련하는 것도 다 중요합니다. 그러나 성령의 조명하심이 없다면 분별력과 통찰력은 얻지 못할 것입니다.

구약의 출애굽한 이스라엘 백성들은 끊임없이 불평했습니다. 이유가 무엇입니까? 오늘만 보았기 때문입니다. 내일을 보지 않습니다. 언약의 말씀을 보지 않습니다. 가나안을 보지 않습니다. 현실만 봅니다. 상황만 봅니다. 그러니 애굽으로 돌아가자 합니다. 열두 정탐꾼 사건도 마찬가지입니다. 열 명의 정탐꾼은 상황만 봅니다. 문제만 봅니다. 자신들은 메뚜기 같아 보입니다. 그래서 죽게 되었다고 한탄합니다. 또한 이스라엘 공동체에 절망과 패배감과 우울감을 안겨줍니다(민 13:33-14:4). 그러나 여호수아와 갈렙 같은 믿음의 사람들은 하나님을 바라봅니다. 그들 역시 아낙 자손이 강대함을 모른 것이 아닙니다. 그러나 아낙 자손을 그들의 손에 붙이실 하나님을 보았습니다. 그랬기에 아낙 자손들은 우리의 먹이라고 말할 수 있었던 것입니다(민 14:9). 그것이 통찰력입니다. 하나님을 의지하는 지혜 말입니다. 하나님이 도우실 것이라는 믿음 말입니다. 그러면 복종하게 됩니다. 순종하게 됩니다.

우리는 끊임없이 내 뜻과 우리 뜻과 땅의 뜻이 아니라 하나님의 뜻을 살피려 노력해야 합니다. 왜 이렇게 해야 합니까? 소요리문답은 하나님 뜻에 복종하고 순종하는 것에 대해 언급할 때 다음과 같은 구절을 덧붙입니다. "천사들이 하늘에서 그렇게 하듯이…" 이는 시편 103편 20-21절의 인용입니다. "능력이 있어 여호와의 말씀을 행하며 그의 말씀의 소리를 듣는 여호와의 천사들이여 여호와를 송축하라 그에게 수종들며 그의 뜻을 행하는 모든 천군이여 여호와를 송축하라." 천사들은 하나님의 뜻과 자신의 뜻 사이에 갈등이 없습니다. 천사들은 철저하게 하나님의 뜻을 받들어 지킵니다. 천사들의 존재 목적이 하나님의 뜻에 순종하는 것입니다.

이것이 모든 신자들의 본보기입니다. 우리도 천사들처럼 하나님 아버지의 뜻에 완벽하게 순종해야 합니다. 하늘에 있는 천사들도 하나님 말씀을 듣고 그 뜻을 지키려 노력한다면 하나님의 형상대로 지음 받은 우리는 얼마나 더 그 뜻을 지켜내려 노력해야겠습니까? 우리 예수님은 어떻습니까? 십자가를 지시고 택한 백성의 죄를 속하시려는 구속 사역이 얼마나 괴로우시면, 이 잔이 자신에게서 지나가게 해달라고 기도하셨겠습니까? 그런데도 주님은 "그러나 나의 원대로 마시옵고 아버지의 원대로 하옵소서"(마 26:39)라고 기도하셨습니다. 우리 주님은 정확히 자신이 제자들에게 가르쳐 주신 그대로 기도하심으로 모범을 보이셨습니다.

우리는 그렇게 하지 못합니다. 연약해서 그렇습니다. 부패성이 여전히 남아 있어서 그렇습니다. 말로는 주님의 뜻대로 산다고 하면서 수시로 내 생각대로 지극히 이기적이게 살아갑니다. 평상시에는 잘 드러나지 않다가도 시험이 닥치면 말씀은 다 팽개치고 자기 생각을 우선합니다. 그래서 소요리문답은 마지막에 다음과 같은 구절을 덧붙이고 있습니다. "우리도 그 뜻에 순종하여 복종할 수 있을 뿐 아니라, 기꺼이 그렇게 하게 해주시기를 기도합니다." 천사들이 하늘에서 그렇게 하는 것처럼 우리도 그렇게 할 수 있도록 기도하는 것 말입니다.

하나님의 뜻은 내 뜻과 다를 수 있습니다. 우리의 신앙은 하나님의 뜻과 내 뜻 사이에서 벌어지는 끊임없는 싸움입니다. 하나님은 이스라엘 백성들에게 죄 짓기를 그치고 여호와께로 돌아오라 초청하시면서 이렇게 말씀하십니다. "이는 내 생각이 너희의 생각과 다르며 내 길은 너희의 길과 다름이니라 여호와의 말씀이니라 이는 하늘이 땅보다 높음 같이 내 길은 너희의 길보다 높으며 내 생각은 너희의 생각보다 높음이니라"(사 55:8-9).

우리는 세상에서 더 성공하고 싶어 하지만, 하나님의 뜻은 지금 이대로 자족하는 것일지도 모릅니다. 주일에도 일해서 돈을 더 버는 것보다,

안식일을 기억하여 거룩히 지키는 것이 하나님의 뜻이기 때문입니다. 가정에 아무런 문제가 없기를 바라고 모두가 건강하기를 바라지만, 때로 하나님은 우리에게 시험을 허용하시고 질병을 얻게 하셔서 곤고함 중에 하나님만을 의지하게 하십니다. 교회 일에 있어서도 내 마음대로 일이 되기를 바라지만, 교회의 머리 되시는 주님께서는 당신의 뜻대로 섭리하시고 이끄십니다. 이 모든 일에서 진실한 신자는 내 뜻이 아니라 하늘에 계신 아버지 하나님의 뜻을 구하며 그 뜻대로 살아가기를 소원해야 합니다. 그래서 소요리문답은 맨 마지막에 "그 뜻에 순종하여 복종할 수 있을 뿐 아니라, 기꺼이 그렇게 하게 해주시기를 기도합니다"로 마치는 것입니다. 순종과 복종이 당연하지만, 마지못해가 아니라 기꺼이 그렇게 할 수 있기를 기도하는 것 말입니다. 즉, 기쁨으로 즐겁게 그 뜻을 수행하기를 기도하는 것 말입니다. 바울은 이것이 어떻게 가능한지를 빌립보 교인들에게 말했습니다. "너희 안에서 행하시는 이는 하나님이시니 자기의 기쁘신 뜻을 위하여 너희에게 소원을 두고 행하게 하시나니"(빌 2:13). 하나님은 우리 안에서 구원을 시작하셨습니다. 이것은 하나님의 기쁘신 뜻이며 즐거운 일입니다. 동시에 신자들에게도 기쁨과 즐거움이 되는 일입니다. 그러므로 우리가 주님을 믿고 섬길 때 그 일은 마지못해 하는 일이 아니라 기꺼운 일이 되는 것입니다.

우리의 상황이 어떠하든지 매사에 계시된 하나님의 말씀의 뜻에 순종하고 복종하려 노력하는 성도들이 되시기 바랍니다.

지난 장에서 하나님 나라에 대해 다루면서, 하나님의 나라가 우리 안에 있다는 사실을 언급했습니다. 하나님의 뜻도 마찬가지입니다. 하나님의 뜻이 여기 있다 저기 있다 하는 말에 귀 기울이지 마십시오. 하나님의 뜻은 성경 안에 있습니다. 그래서 중생한 신자는 성경을 최고의 권위로 여기는 것입니다. 항상 성경을 펼쳐서 하나님의 뜻을 읽고 묵상하되 성령의 조명하심으로 그 뜻을 깨닫게 되기를 부단히 기도해야 합니다.

하나님은 우리가 하나님의 뜻에 순종할 때 그것으로 말미암아 하나님 나라가 확장되게 하시며, 그 결과 하늘에 계신 하나님 아버지의 이름이 영광을 받게 되기를 원하십니다. 그러므로 우리는 어떻게 하든지 나의 뜻이 아닌 성경에 충만히 담긴 하나님의 뜻에 복종하는 삶을 구현해야 합니다. 그런 삶이 현실이 되기 위해, 우리는 온갖 시험을 받으시되 죄는 없으신 예수 그리스도를 닮기를 사모하고 그분께 나아가야 합니다. 예수님은 우리가 당하는 시험을 아십니다. 예수님이 사람의 몸을 입고 친히 그 시험을 겪으셨기 때문입니다. 그러나 예수님은 시험을 이기시고 하나님 아버지의 뜻에 온전히 순종하셨습니다. 우리는 힘이 없고 능력이 없지만, 그리스도 예수 안에서 하나님의 뜻을 이룰 수 있는 믿음과 능력을 공급받을 것입니다. 예수님이 하신 말씀처럼, 우리는 예수 그리스도 안에서 모든 것을 할 수 있습니다.

우리에게 계시된 성경을 통해 하나님의 뜻을 알고 예수 그리스도를 진심으로 영접할 뿐 아니라, 드러난 하나님의 뜻에 순종하고 복종함으로 겸손히 하나님 나라를 확장해 갑시다.

○ **칼뱅, 『기독교 강요』, 3.20.43.**
이 간구를 드릴 때에, 우리는 우리의 육체의 소욕들을 버린다. 왜냐하면, 자기의 감정을 거두어 그것을 하나님께 굴복시키지 않는 사람은 누구든지 할 수 있는 만큼 하나님의 뜻을 대적하는 사람이 되기 때문이다. 또한 이 간구로 말미암아 하나님이 그의 결정에 따라서 우리를 다스리시도록 우리 자신을 부인하는 모습이 우리에게서 이루어진다. 그리하여 그뿐 아니라 하나님이 우리 속에 새로운 영광의 마음을 창조하셔서(시 51:10) 우리의 뜻이 아무것도 아닌 것이 되어 우리로 하여금 우리 속에서 정욕의 충동에 사로잡히지 않고 오직 하나님의 뜻에 순전히 따르는 것이 느껴지게 되는 것이다.

■ 나눔 질문

1. 주기도문의 셋째 간구로 참되게 기도하는 것이 그리스도인의 삶에서 가장 어려운 일 가운데 하나인 것은 무엇 때문입니까?
2. 오늘날 확신을 위해 표적을 구하는 것은 왜 잘못된 일입니까?
3. 이스라엘 백성들이 광야에서 그리고 가나안 정탐 후에 끊임없이 원망하고 불평했던 이유는 무엇입니까?
4. 내 뜻과 하나님의 뜻이 다를 때 우리가 취해야 하는 선택은 무엇이어야 합니까?
5. 칼뱅에 따르면 우리가 이 간구를 올릴 때, 우리의 무엇을 버려야 하며, 그것은 왜 중요합니까?

47장
넷째 간구 - 일용할 양식을 주시옵고

⁹그러므로 너희는 이렇게 기도하라 하늘에 계신 우리 아버지여 이름이 거룩히 여김을 받으시오며 ¹⁰나라가 임하시오며 뜻이 하늘에서 이루어진 것같이 땅에서도 이루어지이다 ¹¹오늘 우리에게 일용할 양식을 주시옵고 ¹²우리가 우리에게 죄 지은 자를 사하여 준 것같이 우리 죄를 사하여 주시옵고 ¹³우리를 시험에 들게 하지 마시옵고 다만 악에서 구하시옵소서 나라와 권세와 영광이 아버지께 영원히 있사옵나이다 아멘. 마 6:9-13

소요리문답 104번

문 104: 넷째 간구에서 우리는 무엇을 위해 기도합니까?

답: 넷째 간구(즉, 오늘 우리에게 일용할 양식을 주시옵고, 마 6:11)에서 우리는 우리가 하나님의 값없는 선물에 속하는 이생에서의 좋은 것들에 대한 충분한 몫을 받고, 그것들을 가지고 하나님의 복을 즐거워하기를 기도합니다(잠 30:8-9; 창 28:20; 딤전 4:4-5).

우리는 지난 장에서 주기도문의 셋째 간구, 즉 "뜻이 이루어지이다"에 대해 살펴보았습니다. 하나님은 자신의 말씀이 담긴 성경을 우리에게 주심

으로 모든 것에 대한 자신의 뜻을 밝히 알려주셨습니다. 그럼에도 불구하고 사람들은 성경 이외의 다른 방법으로 하나님의 뜻을 알려고 어리석은 선택을 합니다. 그러므로 신자는 성경에 계시된 하나님의 뜻을 밝히 알아 순종과 복종으로 지켜내야 합니다.

이렇게 해서 주기도문의 첫 세 가지 간구를 살펴보았습니다. 그것은 "이름이 거룩히 여김을 받으시오며," "나라가 임하시오며," "뜻이 땅에서도 이루어지이다"였습니다. 우리가 하나님께 나아가 기도할 때 가장 먼저 간구해야 할 내용입니다.

그 다음에도 예수님은 주기도문을 통해 우리가 계속 간구해야 할 내용을 가르쳐 주십니다. 이번 장부터 이어지는 세 가지 간구는 우리의 삶과 관계되어 있습니다. 그 첫째가 일용할 양식을 위한 간구입니다. 주기도문의 넷째 간구가 기록된 소요리문답 104번을 보겠습니다.

문 104: "넷째 간구에서 우리는 무엇을 위해 기도합니까?"

답: "넷째 간구(즉, 오늘 우리에게 일용할 양식을 주시옵고)에서 우리는 우리가 하나님의 값없는 선물에 속하는 이생에서의 좋은 것들에 대한 충분한 몫을 받고, 그것들을 가지고 하나님의 복을 즐거워하기를 기도합니다."

주기도문의 넷째 간구가 우리에게 가르쳐 주는 교훈은 무엇입니까?

일용할 양식을 위한 간구는 경건한 신앙의 행위

첫째, 신자가 일용할 양식을 위해 간구하는 것은 경건한 신앙의 행위입니다. 11절 말씀을 읽겠습니다. "오늘 우리에게 일용할 양식을 주시옵고."

일용할 양식이란 하루에 사용할 양식, 즉 하루 동안 먹고 살 양식을 가리킵니다. 일용할 양식을 위한 간구에 대한 오해 가운데 하나는 바로 금욕주의입니다. 금욕주의란 인간의 육체적 욕구와 욕망을 이성이나 의지로 제어함으로써 인간의 도덕적, 종교적 이상을 성취하려는 사상이나 태도를 가리킵니다. 중세시대 수도원에 입문하는 사람들이 이러한 금욕을 요구받았고 그곳에서 철저한 금욕을 실천한 사람들은 수준 높은 신앙인으로 인정받았습니다. 시간이 흐르면서 금욕주의는 신앙을 영적인 것과만 결부시키게 되었고 육체로 하는 모든 활동은 세속적이며 악하다고까지 잘못 생각하게 되었습니다.

그러나 성경은 참된 경건이 우리의 영혼과 육신이 모두 관련된다고 가르칩니다. 하나님은 흙으로 사람을 지으시고 그 코에 생기를 불어넣으셨습니다. 그렇게 만드신 사람을 보시고 하나님은 심히 좋았다고 말씀하셨습니다(창 1:31; 2:7). 참된 경건은 영혼과 몸의 일을 분리하지 않습니다. 서로 영향을 미칩니다. 바울은 경건은 범사에 유익하지만 육체의 연단도 약간의 유익이 있다고 말합니다(딤전 4:8). 육체는 무조건 악하며 억눌러야 한다는 식의 금욕주의는 잘못된 생각입니다.

때때로 인문학은 사람에 대한 귀한 통찰력을 제공합니다. 사실 묘사의 대가인 소설가 김훈은 "사람은 입과 항문이다"라는 표현으로 사람을 정의했습니다. 얼마나 사실적인 인간론입니까? 아무리 고상한 사람이라 할지라도 생존을 위해 입으로는 먹고 항문으로는 배설하는 존재가 인간이 아닙니까? 그러나 또 다른 소설가 최인훈은 사람에 대해 이렇게 말했습니다. "보고 만질 수 없는 사랑을 볼 수 있고 만질 수 있게 하고 싶은 외로움이 사람의 몸을 만들어낸 것인지도 모른다." 하나님 앞에서는 인간 삶의 모든 국면이 영적입니다. 어떤 부분은 영적이지만 다른 부분은 영적이지 않은 삶의 국면은 없다는 말입니다.

먹지 않으면 생존할 수 없는 존재이면서 먹는 것에 관심을 가지는 것을 죄나 불경건으로 말한다면, 이 세상에 경건한 사람은 단 하나도 없을 것입니다. 바울이 고린도 교회에 편지하면서 제사 음식으로 고민하는 성도들에게 "그런즉 너희가 먹든지 마시든지 무엇을 하든지 다 하나님의 영광을 위하여 하라"고 명령한 이유입니다(고전 10:31). 전도서에서 솔로몬 왕은 이렇게 통찰을 드러냈습니다. "사람이 하나님께서 그에게 주신 바 그 일평생에 먹고 마시며 해 아래에서 하는 모든 수고 중에서 낙을 보는 것이 선하고 아름다움을 내가 보았나니 그것이 그의 몫이로다"(전 5:18).

우리 주님은 어떤 생각을 갖고 계실까요? 종종 우리는 예수님이 우리 영혼을 구원하러 오셨지 육신에는 별 관심이 없다고 생각하는 경향이 있습니다. 그렇지 않습니다. 예수님은 기적도 행하시고 귀신도 내어 쫓으시고 죽은 자도 살리시는 주님이시지만 백성들을 먹이시는 일에도 특별한 관심을 쏟으셨습니다. 큰 무리가 예수님을 만나러 나아왔을 때 요한이 기록한 주님의 말씀이 무엇입니까? "우리가 어디서 떡을 사서 이 사람들을 먹이겠느냐"(요 6:5). 그뿐입니까? 부활 후에 물고기를 한 마리도 잡지 못한 제자들에게 그물을 들 수 없을 정도로 물고기를 잡게 하신 분도 주님이시고 지친 제자들을 위해 숯불을 피워 생선을 굽고 떡도 준비해 주신 분도 주님이십니다(요 21:1-13). 예수님은 죄인의 영혼 구원이 가장 우선이셨지만 그들의 육신의 필요도 잘 알고 계셨습니다. 그렇기에 주님은 주기도문을 통해 우리에게 넷째 간구를 가르쳐 주신 것입니다.

그럼에도 불구하고 우선순위는 분명합니다. 우리가 가장 먼저 구해야 할 것은 하나님의 이름이요, 그분의 나라요, 그분의 뜻이라는 말입니다. 산상수훈의 표현대로 하자면, 먼저 그의 나라와 그의 의를 구해야 합니다(마 6:33). 그리고 나서 일용할 양식입니다. 때때로 우리는 이런 우선순위를 무시하고 그저 육신의 필요에만 과도하게 집착한 나머지 도리어 재물을 잃고 건강도 잃어버리는 경우를 보게 됩니다.

주님이 가르쳐 주신 주기도문은 간구할 내용을 그저 떠오르는 대로 무작위로 담은 것이 아닙니다. 주기도문은 처음과 마지막이 하나님의 영광으로 시작해서 영광으로 끝납니다. 그리고 그 안의 여섯 가지 간구는 전반부 세 개와 후반부 세 개로 이루어져 있습니다. 마치 십계명처럼 하나님에 관한 간구와 사람에 관한 간구로 구분됩니다. 먼저 구할 것과 그 다음에 구할 것이 있습니다. 그러므로 기도의 우선순위를 잘 분별해서 일용할 양식을 구한다면 이는 매우 권장할 만한 기도가 될 것입니다.

일용할 양식을 위해 간구하는 것이 결코 비성경적이지 않음을 알고 기쁜 마음으로 기도하시기 바랍니다.

풍성하게 주실 하나님을 의지하는 기도

둘째, 삶에 필요한 좋은 것들을 순적하게 베푸실 하나님을 의지함으로 기도해야 합니다. 11절 말씀을 한 번 더 읽겠습니다. "오늘 우리에게 일용할 양식을 주시옵고."

살아가기 위해 신자도 먹고 마셔야 합니다. 입을 옷이 있어야 합니다. 편히 쉬고 잘 수 있는 집이 필요합니다. 그러나 하나님을 믿는 신자라고 해서 이런 먹고사는 문제가 자동적으로 해결되지 않습니다. 이것들을 위해 하나님 아버지께 기도해야 합니다. 모든 선하고 좋은 것이 하나님께로부터 나오기 때문입니다. 특별히 하나님은 우리에게 좋은 것으로 주실 수 있는 아버지이시기 때문입니다.

예수님은 간구하는 자녀들을 대하시는 하나님 아버지의 선하심에 대해 이렇게 말씀하셨습니다. "너희 중에 누가 아들이 떡을 달라 하는데 돌을 주며 생선을 달라 하는데 뱀을 줄 사람이 있겠느냐 너희가 악한 자라도 좋은 것으로 자식에게 줄 줄 알거든 하물며 하늘에 계신 너희 아버지께서 구하는 자에게 좋은 것으로 주시지 않겠느냐"(마 7:9-11). 그렇다면 우리가 할 일은 하나님이 일용할 양식을 주실 것을 믿고 의지함으로 기도하는 것입니다. 자녀들이 아버지를 의지하지 못하면 누구를 의지하겠습니까? 자녀들이 부모에게 도움을 요청하지 못한다면 누구에게 요청하겠습니까?

본문 말씀에서 주의를 기울여야 할 두 표현이 있습니다. 영어로 말하자면 "give us today!" 하나는 '주세요!'라는 것이고 다른 하나는 '오늘'이라는 단어입니다. 이 말은 하나님이 오늘 우리에게 필요한 것이 무엇인지 아시며, 오늘 필요한 양식을 주실 수 있는 분이심을 의미합니다. 따라서 우리가 일용할 양식을 하나님께 간구하는 것은 믿음의 기도입니다. 윌리엄슨 박사는 여기 "일용할 양식"은 일반적으로 군인 한 사람의 하루 배급량을 뜻한다고 해설합니다. 그것이 군인의 배급량이든 일반인의 하루 필요 칼로리이든, 초점은 내일이나 모레까지 필요한 양식이 아니라 오늘 하루 필요한 양식이라는 데 있습니다. 내일 필요한 양식은 내일 구해야 합니다. 내일을 준비하지 말라는 것이 아니라 매일 매일 주님께 의지해야 한다는 뜻입니다.

하나님 아버지가 아니고서는 우리는 살 수 없습니다. 오늘도 내일도 모레도 다 주님의 손 안에 있습니다. 예수님도 산상수훈 마지막 대목에서 이렇게 말씀하셨습니다. "그러므로 내일 일을 위하여 염려하지 말라 내일 일은 내일이 염려할 것이요 한 날의 괴로움은 그 날로 족하니라"(마 6:34). 내일까지 걱정하지 말라! 내일도 주님께서 먹여주시고 입혀주신다. 주님을 신뢰하고 의지하라는 가르침입니다. 사실 미래를 준비하지 않는 것도 문제지만 그보다는 우리가 지나치게 미래를 걱정하지 않습니까?

여기서 가장 중요한 것은 주님이 우리의 필요를 채우실 것이라는 믿음입니다. 시인 모세는 이렇게 고백했습니다. "주 우리 하나님의 은총을 우리에게 내리게 하사 우리의 손이 행한 일을 우리에게 견고하게 하소서 우리의 손이 행한 일을 견고하게 하소서"(시 90:17). 시편에 유일하게 기록된 이 모세의 시는 하나님의 영원하심과 인생의 덧없음을 비교하면서 하나님 앞에서 겸손한 마음으로 하나님을 의지할 것을 촉구하고 있습니다. 오직 하나님이 우리의 필요를 채우시고 우리 손의 행사를 강하게 해주십니다. 이스라엘 백성들은 광야에서 하나님이 주시는 오늘의 만나를 먹었습니다. 그날의 메추라기를 먹었습니다. 하나님은 까마귀를 명령하여 선지자 엘리야에게 고기를 물어 공급하셨습니다. 하나님은 선지자 엘리야를 도운 사르밧 과부의 병에는 기름이 마르지 않고 통에는 밀가루가 끊어지지 않도록 일용할 양식으로 복을 주셨습니다(왕상 17:9-16). 우리 주님은 떡 다섯 개와 물고기 두 마리로 많은 무리를 먹이셨습니다(마 14:15-21). 우리 주님은 하나님 아버지께서 공중의 새들도 살뜰히 기르시는데 하물며 우리가 그보다 훨씬 귀한 존재라고 말씀하십니다. "공중의 새를 보라 심지도 않고 거두지도 않고 창고에 모아들이지도 아니하되 너희 하늘 아버지께서 기르시나니 너희는 이것들보다 귀하지 아니하냐"(마 6:26).

하나님이 우리 현실 삶에 필요한 모든 것을 순적하게 공급하실 것을 믿고 의지함으로 기도하는 성도들이 되십시오.

응답하심을 믿고 올리는 기도

셋째, 하나님이 일용할 양식을 베푸실 것을 믿고 감사함으로 기도해야 합니다. 11절 말씀을 다시 보십시오. "오늘 우리에게 일용할 양식을 주시옵고."

우리가 할 일은 먼저 감사함으로 기도하는 것입니다. 어떻게 해서 우리는 일용할 양식을 하나님께 간구할 수 있게 되었습니까? 우리는 그럴 자격조차 없던 사람들입니다. 죄와 허물로 죽었던 자들입니다(엡 2:1). 본질상 진노의 자녀였습니다(엡 2:3). 죄의 삯인 사망을 경험한 자들입니다(롬 6:23). 이런 사실은 대요리문답이 가장 잘 보여줍니다. 대요리문답 193번은 "넷째 간구에서 우리는 무엇을 위해 기도합니까"라고 묻고는 이렇게 답합니다. "넷째 간구(즉, 오늘 우리에게 일용할 양식을 주시옵고)에서 우리는 아담의 원죄와 우리 자신의 죄로 말미암아 현세에 나타나는 모든 축복을 받을 권리를 상실하였으므로 하나님에게서 그 모든 것을 빼앗기는 것이 마땅하고, 우리가 이를 사용할 때에 우리에게 저주가 되어도 마땅하다는 것을 인정합니다. 그리고 우리는 그것을 유지할 능력도 그것을 받을 공로도 없으며, 우리 자신의 노력으로는 그것을 얻을 수 없음을 인정합니다." 말하자면 우리는 전적 타락과 전적 무능력으로 함몰된 자들이었습니다. 우리는 하나님 앞에서 어떤 권리도 주장한 게 없는 자들이었습니다.

하나님은 이런 우리를 사랑하셔서 살려 주시고 자녀로 삼아 주셨습니다. 전적으로 하나님의 은혜입니다. 우리는 교회에서나 일상에서나 이 감격스런 진리를 잊고 살 때가 많습니다. 그러면서 마치 당연하다는 듯 하나님께 이것 저것을 기도로 청구합니다. 마치 하나님이 나를 먹여 살려야 한다고 당당히 말하듯이 말입니다. 이런 사람들은 감사함으로 기도하는 법을 잊어버립니다. 기도한 대로 이루어지지 않으면 불평하고 원망합니다.

지금 우리가 누리고 있는 모든 것은 하나님으로부터 나왔습니다. 긍휼이 한량없으신 하나님이 자비와 은혜를 베푸셔서 지금 우리가 이 모든 것을 누리고 있습니다. 하나님은 아무 대가도 바라지 않으시고 무조건 주십니다. 끊임없이 주시고 원망과 불평 없이 주십니다. 창조하심으로 주셨고 구원하심으로 주시고 섭리하심으로 주시고 돌보고 보호하심으로 우리에게 필요한 모든 것을 주십니다. 그런데도 우리는 이 모든 것 가운데 단 하나라도 거두어 가시면 금방 원망하고 불평합니다. 감사는 없는데 불평은 끊어지지 않습니다. 쉽게 잊고 까먹습니다. 우리는 하나님의 돌보심을 믿고 감사함으로 기도해야 합니다.

일용할 양식을 위한 우리의 간구가 먼저 감사로 출발하려면 어떻게 해야 합니까? 우리 주님께서는 이렇게 말씀하십니다. "이와 같이 너희도 명령 받은 것을 다 행한 후에 이르기를 우리는 무익한 종이라 우리가 하여야 할 일을 한 것뿐이라 할지니라"(눅 17:10). 일용할 양식을 위한 우리의 기도가 감사가 되려면, 먼저 열심히 일해야 합니다. 자녀를 위한 하나님의 돌보심과 공급은 자녀의 땀 흘리는 노력과 모순되지 않습니다. 바울은 데살로니가 교회에 편지하면서, "누구든지 일하기 싫어하거든 먹지도 말게 하라"(살후 3:10)고 경고한 바 있습니다. 우리는 하나님이 자기 자녀를 돌보실 것을 굳게 믿되 동시에 열심히 일해야 합니다. 한 달란트 받은 자처럼 땅 속에 묻어두어서는 안 됩니다. 우리가 이렇게 열심히 일하는 이유는 무엇입니까? 주님을 신뢰하지 않기 때문입니까? 아닙니다. 베풀어 주신 은혜가 감사하기 때문입니다. 구원의 은혜가 감격적이기 때문입니다. 맡겨주신 사명이 막중하기 때문입니다.

그러므로 우리는 할 수만 있으면 감사함으로 주어진 자리에서 땀 흘리며 일해야 합니다. 영적인 것을 위해서는 하나님을 의지하고 육적인 것을 위해서는 우리 능력을 의지하라는 것이 아닙니다. 우리는 얼마나 자주 이 지점에서 실패합니까? 우리는 미래를 위해 저축을 하고 여기저기 투자를 하고, 건강을 위해 병원에 가고, 노후를 위해 연금을 듭니다. 성경은 이런 것을 금하거나 정죄하지 않습니다. 그러나 이런 것을 주실 수 있는 하나님을 의지하지 않고 하나님 없이 이런 것들 자체를 의지하는 것을 금하시고 불신앙을 책망하십니다. 그리스도인은 살아계신 하나님을 믿는 사람입니다. 일용할 양식을 주실 것을 구하라고 하신 것은 매일 매일 주님을 의지하며 범사에 하나님 아버지를 신뢰하는 법을 가르치신 것입니다.

하나님이 반드시 일용할 양식을 베푸실 것을 믿고 감사함으로 기도하며 열심히 주님의 나라와 그 뜻을 이루기 위해 일하는 성도들이 되십시오.

주기도문의 넷째 간구를 가장 잘 실천할 수 있는 기도의 모범이 있습니다. 잠언 30장 7-9절입니다. "내가 두 가지 일을 주께 구하였사오니 내가 죽기 전에 내게 거절하지 마시옵소서 곧 헛된 것과 거짓말을 내게서 멀리 하옵시며 나를 가난하게도 마옵시고 부하게도 마옵시고 오직 필요한 양식으로 나를 먹이시옵소서 혹 내가 배불러서 하나님을 모른다 여호와가 누구냐 할까 하오며 혹 내가 가난하여 도둑질하고 내 하나님의 이름을 욕되게 할까 두려워함이니이다." 아굴의 기도라 불리는 가장 아름다운 말씀입니다.

아굴의 기도는 일용할 양식을 간구하는 목적을 직설적으로 묘사해 줍니다. 주기도문 전반부의 세 가지 간구를 생각나게 합니다. 여호와 하나님의 이름이 영광을 받으시기 위해 너무 가난하지도 너무 부하지도 않게 해 달라는 것이 아굴의 기도입니다. 어느 정도가 너무 가난한 건지, 또는 너무 부한 건지 각자 생각이 다를 것입니다. 그래서 우리는 또다시 바울에게로 돌아와야 합니다.

빌립보서 4장 11-13절입니다. "내가 궁핍하므로 말하는 것이 아니니라 어떠한 형편에든지 나는 자족하기를 배웠노니 나는 비천에 처할 줄도 알고 풍부에 처할 줄도 알아 모든 일 곧 배부름과 배고픔과 풍부와 궁핍에도 처할 줄 아는 일체의 비결을 배웠노라 내게 능력 주시는 자 안에서 내가 모든 것을 할 수 있느니라." 일용할 양식에 관한 한 세 가지를 기억하십시오. 첫째, 일용할 양식을 위해 간구하는 것은 종교적이며 경건한 행위라는 사실입니다. 둘째, 신자는 우리에게 일용할 양식을 주실 수 있는 전능하신 하나님을 의지하고 간구해야 한다는 것입니다. 그리고 셋째는 받을 자격이 없는 죄인들에게 은혜를 베풀어주시는 하나님께 감사함으로 기도해야 한다는 사실입니다.

마지막으로 하나가 더 있습니다. 우리에게는 그리스도 예수가 참된 양식이 되어 주신다는 사실입니다. 예수 그리스도야말로 하늘에서 내려오신 산 떡이십니다(요 6:58). 예수님이야말로 하늘의 신령한 양식이 되십니다. 참된 양식을 구하지 않고 이 땅의 양식만 구한다면, 우리는 세속주의자요 물질주의자에 불과합니다. 하늘의 참된 양식이신 그리스도를 믿음으로 먹고 마시는 성도야말로 가장 복된 사람입니다.

그러므로 우리의 참된 양식이 되시는 그리스도를 매일 구하며, 아굴의 기도와 바울의 권면을 마음에 새기고 주기도문의 넷째 간구를 매일 기도하는 성도들이 되시기를 바랍니다.

○ 칼뱅, 『기독교 강요』, 3.20.44.

이 간구를 통해 우리는 우리의 몸이 이 세상에서 필요로 하는 모든 것들을 전반적으로 하나님께 구하는 것이다. 비단 음식과 의복뿐 아니라, 우리로 하여금 평화롭게 일용할 양식을 취할 수 있도록 하나님이 친히 베풀어 주시는 모든 은혜를 위하여 간구하는 것이다. 간단히 말하자면, 이 간구를 통해 우리는 우리 자신을 하나님의 보살피심 아래 맡기며, 우리 자신을 그의 섭리에 온전히 의탁하여, 그가 우리를 먹이시고 양육하시고 보존하시도록 하는 것이다. 지극히 은혜로우신 우리 아버지께서는 우리의 몸을 그의 보살피심과 보호하심 아래 두기를 개의치 않으시고, 그리하여 우리로 하여금 모든 것을, 심지어 빵 한 부스러기나 물 한 방울까지도 하나님께로부터 기대하게 하셔서 이런 작은 문제들에 대해서까지도 우리 믿음을 실행하게 하는 것이다.

■ 나눔 질문

1. 일용할 양식이란 무엇을 의미합니까?
2. 일용할 양식을 구하는 기도를 올릴 때 주의해야 할 것은 무엇입니까?
3. 우리가 일용할 양식을 구하기 전에 먼저 구해야 할 것은 무엇이며 그것은 왜 중대합니까?
4. "오늘" 일용할 양식을 달라고 할 때 "오늘"은 무엇을 강조하는 표현입니까?
5. 주기도문의 넷째 간구를 가장 잘 실천하게 해주는 아굴의 기도는 무엇입니까?
6. 일용할 양식을 위해 올린 기도의 응답을 받은 경험이 있다면 나누어 봅시다.

48장
다섯째 간구 - 우리 죄를 사하여 주시옵고

⁹그러므로 너희는 이렇게 기도하라 하늘에 계신 우리 아버지여 이름이 거룩히 여김을 받으시오며 ¹⁰나라가 임하시오며 뜻이 하늘에서 이루어진 것같이 땅에서도 이루어지이다 ¹¹오늘 우리에게 일용할 양식을 주시옵고 ¹²우리가 우리에게 죄 지은 자를 사하여 준 것같이 우리 죄를 사하여 주시옵고 ¹³우리를 시험에 들게 하지 마시옵고 다만 악에서 구하시옵소서 나라와 권세와 영광이 아버지께 영원히 있사옵나이다 아멘. 마 6:9-13

소요리문답 105번

문 105: 다섯째 간구에서 우리는 무엇을 위해 기도합니까?

답: 다섯째 간구(즉, 우리가 우리에게 죄 지은 자를 사하여 준 것같이 우리 죄를 사하여 주시옵고, 마 6:12)에서 우리는 하나님이 그리스도에 의해서만 우리의 모든 죄들을 값없이 용서해 주시기를 기도합니다(잠 30:8-9; 창 28:20). 그리고 하나님의 은혜로 우리가 진심으로 다른 사람들을 용서할 수 있기 때문에 우리가 그것을 간구하도록 어느 정도 용기를 얻게 됩니다(딤전 4:4-5).

용서는 사람이 하기 가장 어려운 것 가운데 하나입니다. 특별히 상대방의 말이나 행동에 심각한 상해를 입었을 때는 더욱 그러합니다. 그런 상해가 정신적인 것이든 신체적인 것이든 상관없이 일단 우리에게 그런 일이 벌어지면 용서가 참으로 어려워집니다. 영화나 소설에서 사용되는 주된 소재가 복수인 것도 그 때문입니다.

19세기의 저명한 설교자이자 목사인 헨리 워드 비처는 이런 말을 했습니다. "우리는 친구들의 잘못을 묻기 위해 꽤 큰 묘지를 갖고 있어야 한다." 이 말은 우리가 저지르는 잘못도 참 많지만 우리가 친구들이나 사람들에게 당하는 잘못도 참 많다는 것을 뜻합니다. 그러므로 용서보다는 복수하기가 더 쉬운 것이 사람 마음입니다. 과연 용서는 어디까지 가능할까요?

절대로 용서 못할 사람이 있습니까? 그를 용서하고자 할 때 어떤 감정이 떠오릅니까? 진정한 용서가 가능하리라 생각합니까? 오늘 우리는 이 용서에 대해 살펴보려 합니다. 사람의 용서 이전에, 하나님의 용서에 관해 먼저 다루겠습니다. 그러기 위해 주기도문의 다섯째 간구와 소요리문답 105번을 살펴보고자 합니다.

문 105: "다섯째 간구에서 우리는 무엇을 위해 기도합니까?"

답: "다섯째 간구(즉, 우리가 우리에게 죄 지은 자를 사하여 준 것같이 우리 죄를 사하여 주시옵고)에서 우리는 하나님이 그리스도에 의해서만 우리의 모든 죄들을 값없이 용서해 주시기를 기도합니다. 그리고 하나님의 은혜로 우리가 진심으로 다른 사람들을 용서할 수 있기 때문에 우리가 그것을 간구하도록 어느 정도 용기를 얻게 됩니다."

주님이 가르치신 기도의 다섯째 내용은 "용서하라"입니다.

우리 모두는 용서가 필요한 죄인들

첫째, 주님의 이 기도는 바로 우리가 용서가 필요한 죄인들임을 가르쳐 줍니다. 12절 말씀을 읽겠습니다. "우리가 우리에게 죄 지은 자를 사하여 준 것같이 우리 죄를 사하여 주시옵고."

한글 성경에는 드러나지 않지만, "우리가 우리에게 죄 지은 자를 사하여 준 것같이"라는 문구 바로 앞에 '그리고'라는 단어가 삽입되어 있습니다. 즉 "오늘 우리에게 일용할 양식을 주시옵고 그리고 우리 죄도 사하여 주옵소서"라는 기도입니다. 프롱크 목사님은 일용할 양식을 구하는 주기도문의 넷째 기도가 겸손과 의존의 간구라면 다섯째 기도는 회개와 통회의 기도이며, 넷째 간구는 우리가 피조물임을 떠올려 주고 다섯째 간구는 우리가 죄인임을 떠올려 준다고 말한 바 있습니다. 참으로 그렇습니다. 말하자면, 우리가 매일 오늘의 양식이 필요한 만큼, 용서 역시 매일 필요한 존재임을 가르쳐 주는 기도입니다.

우리가 끊임없이 잊고 사는 것이 하나 있는데 그것은 바로 우리가 죄인이라는 사실입니다. 똥 묻은 개가 겨 묻은 개 나무란다는 말이 있습니다. 자신은 똥을 묻히고 다녀서 냄새가 펄펄 나는데 겨 묻은 개가 더럽다고 난리를 칩니다. 죄가 하나도 없을 만큼 고상한 사람은 아무도 없습니다. 죽지 않을 만큼 정결한 사람도 없습니다. 성경의 일관된 선포는 인간이 죄인이라는 것입니다. 예수님을 믿으면 단번에 죄를 용서받기 때문에 회개할 필요가 없다고 생각하는 사람들이 있는데 그것은 성경을 오해한 결과입니다. 하나님은 그리스도 안에서 죄인인 우리의 모든 죄를 객관적으로든 법적으로든 용서해 주십니다. 그것을 적용하시는 분은 성령님이시며, 우리가 믿을 때 우리 죄가 용서된 것을 경험하게 되고 그 이후 우리 삶에서 회개를 통하여 계속 그 용서하심의 은혜를 누리게 됩니다. 우리 주님이 제자들의 발을 씻기시면서 온몸 대신 발만 씻으면 된다고 하신 것도 이런 의미입니다(요 13:10). 그리스도 안에서 믿음으로 의롭다 하심을 받은 성도들은 매일 더러워지는 자기 발을 씻어야 합니다. 이것이 죄와 싸우는 성도들의 성화의 삶입니다. 중요한 것은 모든 인간은 회개를 통해 용서를 받아야 할 죄인이라는 사실입니다.

창세기에서 하나님은 인간의 악함을 탄식하셨습니다. "여호와께서 사람의 죄악이 세상에 가득함과 그의 마음으로 생각하는 모든 계획이 항상 악할 뿐임을 보시고"(창 6:5). 예레미야 선지자도 "만물보다 거짓되고 심히 부패한 것은 마음이라"고 했습니다(렘 17:9). 바울은 "의인은 없나니 하나도 없도다"라고 했으며, "모든 사람이 죄를 지었으므로 사망이 모든 사람에게 이르렀느니라"고 했습니다(롬 3:10; 5:12). 그리고 결국 죄의 삯은 사망이라고 말합니다(롬 6:23). 성경은 모든 인간이 죄인이라는 사실을 선언합니다. 그렇다면 주기도문의 다섯째 간구는 우리가 아무것도 내세울 게 없는 죄인임을 웅변적으로 고백하고 인정하는 기도입니다. 여기 12절에서 첫째로 "우리 죄를"이라 했습니다. 이는 "우리는 죄인입니다"라는 사실을 인정하는 고백입니다. 죄인이 어찌 교만할 수 있습니까? 그러므로 언제 어디서든 우리는 우리 자신이 용서가 필요한 죄인임을 깨닫고 항상 겸손해야 합니다.

둘째로, "사하여 주시옵고"라고 했는데 이는 우리가 용서가 필요한 죄인임을 뜻합니다. 말하자면 우리는 스스로를 용서할 능력이나 방법이 전혀 없는 자입니다. 죄는 마치 우리가 갚아야 할 빚과 같습니다. 그런데 우리에게는 그 빚을 갚을 능력이 없습니다. 이 빚은 그저 몇억 원의 빚이 아닙니다. 이 빚은 살아계신 하나님의 공의를 대적하고 명령에 불순종한 죄의 빚입니다. 죽음으로밖에 갚을 길이 없습니다. 우리는 이 빚을 지고도 연약하여 또 매일 빚을 지며 살아갑니다. 그래서 용서해 주시는 하나님의 방법이 필요합니다. 그것이 바로 십자가의 능력입니다. 십자가는 하나님이 죄인을 용서하시는 하나님의 지혜요 능력입니다(고전 1:18, 23-24).

구약 시대에 죄를 용서하기 위해서는 반드시 제물의 피가 필요했습니다. 우리가 알고 있는 구약의 지성소, 성소, 법궤, 분향단, 번제단 및 복잡한 제사 제도, 해마다 한 번씩 희생을 드리는 레위기 16장의 대속죄일 등 제사와 관련해 성경에 기록된 모든 내용은 인간의 죄를 용서하기 위한 구약의 의식적인 방편입니다. 신약 시대에 예수님은 사람의 몸을 입고 오셔서 십자가에서 피흘려 돌아가심으로써 단번에 우리 죄를 도말하셨습니다. 히브리서 설교자는 이렇게 말합니다. "염소와 송아지의 피로 하지 아니하고 오직 자기의 피로 영원한 속죄를 이루사 단번에 성소에 들어가셨느니라"(히 9:12). 계속해서 히브리서 설교자는 이렇게 말합니다. "이 뜻을 따라 예수 그리스도의 몸을 단번에 드리심으로 말미암아 우리가 거룩함을 얻었노라 제사장마다 매일 서서 섬기며 자주 같은 제사를 드리되 이 제사는 언제나 죄를 없게 하지 못하거니와 오직 그리스도는 죄를 위하여 한 영원한 제사를 드리시고 하나님 우편에 앉으사 그 후에 자기 원수들을 자기 발등상이 되게 하실 때까지 기다리시나니 그가 거룩하게 된 자들을 한 번의 제사로 영원히 온전하게 하셨느니라"(히 10:10-14). 이것을 바울은 이렇게 설명합니다. "우리는 그리스도 안에서 그의 은혜의 풍성함을 따라 그의 피로 말미암아 속량 곧 죄 사함을 받았느니라"(엡 1:7).

그러므로 주기도문의 다섯째 간구로 기도할 때마다 이것을 기억해야 합니다. 우리는 허물과 죄로 죽었습니다. 우리는 죄인입니다. 우리가 죄의 용서와 함께 의롭다 함을 받은 것은 전적으로 하나님의 은혜입니다. 우리는 아직도 부패성과 무능력이 남아 여전히 죄를 범하고 있기에 하나님의 용서가 필요한 자입니다. 그럼에도 우리가 죄 용서함을 받는 이유는 그리스도가 우리를 위해 산 제물이 되셨기 때문입니다. 하나님이 우리에게 요구하시는 것은 죄를 자백하고 용서를 구하는 것입니다. 시인 다윗은 밧세바를 범하고 우리야를 죽이는 등 많은 허물이 있었습니다. 그때 다윗은 이렇게 기도합니다. "내가 이르기를 내 허물을 여호와께 자복하리라 하고 주께 내 죄를 아뢰고 내 죄악을 숨기지 아니하였더니 곧 주께서 내 죄악을 사하셨나이다"(시 32:5). 그러므로 주기도문의 다섯째 간구는 우리의 허물과 죄에 대한 겸손한 고백입니다. 자신이 마땅히 죽어야 할 만큼 용서가 필요한 죄인임을 깨닫는다면 하나님 앞에서 어떻게 교만할 수 있겠습니까? 죄 사함의 은총이 절실한 죄인이라면 어떻게 기도하지 않을 수 있겠습니까?

자신이 하나님의 용서가 필요한 죄인임을 겸손하게 고백하고 하나님의 구원의 은총을 날마다 사모합시다.

우리가 받은 용서, 용서해야 할 이유

둘째, 이는 우리가 죄인으로서 하나님께 용서를 받았으므로 마땅히 다른 사람들을 용서해야 할 이유가 있는 사람임을 가르쳐 줍니다. 12절 말씀을 한 번 더 읽겠습니다. "우리가 우리에게 죄 지은 자를 사하여 준 것 같이 우리 죄를 사하여 주시옵고."

이 구절만 놓고 보면 마치 우리가 타인을 용서하는 것에 비례하여 우리도 용서 받는 이유가 생기는 것처럼 오해할 위험이 있습니다. 우리의 용서가 주님의 용서보다 앞섭니까? 아니면 우리가 용서하는 만큼 주님도 우리를 용서한다는 뜻입니까? 만일 그렇다면 우리의 용서 유무에 따라 주님의 용서가 좌우되는 것입니다. 용서가 그런 방식을 따른다면, 우리는 결코 용서받지 못했을 것입니다. 우리가 얼마나 용서를 쌓아야 하나님의 용서를 받아낼 수 있겠습니까? 이 세상에 그럴 수 있는 사람은 아무도 없습니다.

본문 말씀은 전혀 그런 뜻이 아닙니다. 앞서 언급했듯이 우리는 용서가 필요한 죄인입니다. 죄인된 우리는 누구를 용서할 위치에 있지 않습니다. 그리고 용서한 만큼 용서 받을 자격이 생기는 것도 아닙니다. 우리는 피고일 뿐입니다. 따라서 용서받은 죄인이 누구를 용서한다는 것은 권리가 아니라 의무입니다. 이어지는 마태복음 6장 13-14절 말씀을 이렇게 번역할 수 있을 것입니다. "하나님의 용서를 받은 네가 너에게 범죄한 누군가를 용서하는 것은 너무나 당연한 이치다. 그를 용서하라. 그리하면 너를 용서하신 하늘에 계신 하나님 아버지의 용서를 확인하고 또 경험하게 될 것이다." 그래서 15절은 이렇게 말합니다. "너희가 사람의 잘못을 용서하지 아니하면 너희 아버지께서도 너희 잘못을 용서하지 아니하시리라."

우리는 이런 방식으로 용서를 배웁니다. 우리는 사랑을 어떻게 배웁니까? 사도 요한은 "사랑은 여기 있으니 우리가 하나님을 사랑한 것이 아니요 하나님이 우리를 사랑하사 우리 죄를 속하기 위하여 화목 제물로 그 아들을 보내셨음이라"고 말합니다(요일 4:10). 그래서 사랑을 경험한 사람이 사랑할 수 있고 같은 맥락에서 용서를 경험했기에 용서할 수 있는 것입니다. "어느 때나 하나님을 본 사람이 없으되 만일 우리가 서로 사랑하면 하나님이 우리 안에 거하시고 그의 사랑이 우리 안에 온전히 이루어지느니라"(요일 4:12). 마찬가지 원리로 우리가 만일 서로 용서하면 하나님이 우리 안에 거하시고 그분의 용서가 우리 안에 온전히 이루어집니다. 결국 용서의 근거는 주님에게 있습니다. 그분이 우리를 용서하셨기 때문입니다.

예수님은 용서에 대해 이렇게 말씀하셨습니다. "너희가 각각 마음으로부터 형제를 용서하지 아니하면 나의 하늘 아버지께서도 너희에게 이와 같이 하시리라"(마 18:35). 이 말씀은 일만 달란트 빚진 자와 백 데나리온 빚진 자의 천국 비유의 결론입니다. 왕에게 일만 달란트 빚진 종이 있었습니다. 그는 빚을 갚을 길이 없어 왕 앞에 엎드려 간청했습니다. 종을 불쌍히 여긴 왕은 그 빚을 탕감하고 놓아 주었습니다. 그러나 일만 달란트를 탕감받은 종은 자기에게 백 데나리온 빚진 동료를 만났을 때 일말의 긍휼도 없이 빚을 갚으라며 옥에 가두어 버렸습니다. 이 비유의 결론이 무엇입니까? 33절입니다. "내가 너를 불쌍히 여김과 같이 너도 네 동료를 불쌍히 여김이 마땅하지 아니하냐 하고." 그 다음이 35절입니다. "너희가 각각 마음으로부터 형제를 용서하지 아니하면 나의 하늘 아버지께서도 너희에게 이와 같이 하시리라." 주님의 불쌍히 여김을 받고 용서를 받은 자는 반드시 동료를 용서해야 한다는 뜻입니다. 동료의 죄악을 눈감으라는 말이 아닙니다. 그가 내게 행한 악이나 손해를 용서하라는 것입니다. 왜 그렇게 해야 합니까? 우리가 행한 악과 손해를 주님께서 용서해 주셨기 때문입니다. 그 은혜로 말미암아 우리가 구원을 얻었기 때문입니다. 우리가 그 은혜를 경험한 자들이기 때문입니다.

은혜 받은 자의 특징은 용서하는 것입니다. 우리가 다른 이를 용서하지 않고 악감정을 지닌 채로 주님으로부터 용서받기를 간구한다면 그것은 우리의 죄도 용서하지 마시기를 기도하는 것과 같습니다. 타인을 향한 우리의 용서는 우리를 향하신 주님의 용서를 반영합니다. 우리가 용서하면 할수록 복음의 빛을 높이 드러내고 비추는 것입니다. 우리가 구원의 은혜를 받은 자들이라는 증거 가운데 하나가 바로 용서하는 마음입니다. 용서하는 마음은 하나님의 구원의 은혜를 경험한 자들만이 품을 수 있습니다.

아낌없이 이웃에게 용서를 베풀고 사랑을 나타내는 성도들이 되기를 소망합니다.

마태복음 18장 21-22절에서 베드로는 형제가 내게 죄를 범하면 몇 번이나 용서해 주어야 하는지 주님께 여쭙습니다. 일곱이라는 수는 완전함을 상징합니다. 일곱 번 용서하는 것도 대단한 겁니다. 주님은 무엇이라 말씀하셨습니까? 일흔 번씩 일곱 번이라도 용서하라고 하십니다. 산술적으로만 보더라도, 완전함을 열 번 반복하고 그것을 일곱 배나 더해 용서하라는 것입니다. 말그대로 끝없는 용서입니다. 주님은 왜 이렇게 용서를 강조하십니까? 그만큼 우리의 죄와 악이 크기 때문입니다. 주님은 값싼 용서를 말씀하신 것이 아닙니다. 실상 저와 여러분은 용서 받을 자격이 없는 자들입니다. 지금까지 살면서 우리가 범한 죄를 헤아릴 수나 있습니까? 그렇다면 몇 번의 용서가 필요할까요? 그렇기에 주님의 용서에는 한계가 없습니다.

바울은 에베소 신자들에게 이렇게 권면합니다. "서로 친절하게 하며 불쌍히 여기며 서로 용서하기를 하나님이 그리스도 안에서 너희를 용서하심과 같이 하라"(엡 4:32). 바울은 원수를 사랑하라고 명하면서 이렇게 말했습니다. "네 원수가 주리거든 먹이고 목마르거든 마시게 하라 그리함으로 네가 숯불을 그 머리에 쌓아 놓으리라 악에게 지지 말고 선으로 악을 이기라"(롬 12:20-21).

　용서는 마음에 평안과 기쁨을 가져다 줍니다. 이런 평안과 기쁨은 용서하는 자에게 더 큰 경험으로 다가옵니다. 용서로 번역된 헬라어는 "묶여 있는 것을 풀어주다"의 뜻입니다. 용서는 분노와 악독과 보복과 복수와 같은 파괴적인 감정들로부터 우리를 해방시켜 줍니다. 그러므로 용서는 용서를 받는 자에게 복이지만, 용서하는 사람에게도 더 큰 평안의 복이 됩니다.

　하나님이 그리스도 안에서 우리를 용서하심과 같이 우리서 서로 관용하고 용서하며 하나님이 주시는 평안과 기쁨을 경험합시다.

○ **칼뱅, 『기독교 강요』, 3.20.45.**

우리가 용서한다는 것은 이런 뜻이다. 곧 마음에서 분노와 증오와 복수하고픈 생각을 기꺼이 지워버리며, 우리에게 행해진 악행에 대한 기억을 기꺼이 망각 속에 사라지게 한다는 뜻이다. 그렇기 때문에 하나님께 우리의 죄를 용서해 주시기를 구할 때에는 동시에 우리 스스로, 우리에게 해를 가하거나 가했던 모든 자들의 과실을 용서하여야 마땅한 것이다. 만일 우리 마음에 분노의 감정을 그대로 갖고 있고, 앙갚음을 하고 상대방에게 해를 끼칠 계략을 생각하고 있으며, 그리고 심지어 우리의 모든 호의를 다하여 상대방에게 선한 은혜를 끼치도록 애를 쓰지 않고 있는 상태에서 이 간구를 드린다면, 이는 곧 하나님께 우리 죄를 용서하지 말아주십사 하고 구하는 것이 되는 것이다. 왜냐하면 우리가 다른 사람에게 행하는 것처럼 하나님이 우리에게 행하여 주시기를 구하는 것이기 때문이다(마 7:12).

■ 나눔 질문

1. 신자에게 매일 오늘의 양식이 필요한 만큼 동일하게 필요한 것이 무엇입니까?
2. 죄 용서와 구원의 은혜를 받은 자가 타인과의 관계에서 나타내는 대표적인 특징은 무엇입니까?
3. 예수님은 형제가 우리에게 죄를 범하면 일곱 번을 일흔 번까지라도 용서하라고 하셨는데 그것은 무엇을 시사해 줍니까?
4. 용서는 우리의 마음에 무엇을 가져다 줍니까?
5. 최근에 누군가를 미워해서 용서하지 못하거나 또는 하나님의 은혜로 용서한 경험이 있다면 나누어 봅시다.

49장
여섯째 간구 – 다만 악에서 구하시옵소서

⁹그러므로 너희는 이렇게 기도하라 하늘에 계신 우리 아버지여 이름이 거룩히 여김을 받으시오며 ¹⁰나라가 임하시오며 뜻이 하늘에서 이루어진 것같이 땅에서도 이루어지이다 ¹¹오늘 우리에게 일용할 양식을 주시옵고 ¹²우리가 우리에게 죄 지은 자를 사하여 준 것같이 우리 죄를 사하여 주시옵고 ¹³우리를 시험에 들게 하지 마시옵고 다만 악에서 구하시옵소서 나라와 권세와 영광이 아버지께 영원히 있사옵나이다 아멘. 마 6:9-13

소요리문답 106번

문 106: 여섯째 간구에서 우리는 무엇을 위해 기도합니까?

답: 여섯째 간구(즉, 우리를 시험에 들게 하지 마시옵고 다만 악에서 구하시옵소서, 마 6:13)에서 우리는 하나님이 우리가 죄를 짓는 시험에 빠지는 것을 막아 주시거나(마 26:41), 혹은 우리가 시험에 빠졌을 때(고전 12:7-8) 우리를 지원해 주고 견져 주시기를 기도합니다.

이제 우리는 주님이 가르쳐 주신 기도의 여섯째이자 마지막 간구를 살펴보려 합니다. 지금까지 배운 주기도문의 교훈을 정리해 보겠습니다. 첫

째로 하늘에 계신 우리 하나님 아버지는 그 거룩한 이름에 합당한 대우를 받으셔야 할 분입니다. 둘째로 우리는 하나님의 나라가 우리 안에 임하기를 간구해야 하며, 셋째로 우리 뜻보다 하나님의 뜻이 이루어지기를 간절히 기도해야 합니다. 넷째로 우리는 하나님이 그날에 필요한 양식을 매일 공급해 주실 것을 위해 기도해야 합니다. 다섯째로 우리는 매일 용서가 필요한 죄인이며, 주님이 우리를 용서하심과 같이 우리도 우리에게 죄 지은 자들을 용서할 수 있어야 합니다. 그리고 이제 마지막 기도 부분입니다.

주기도문의 교훈을 따라 "시험에 들게 하지 마옵시고 다만 악에서 구하시옵소서"라고 간구하지 않아도 되는 사람이 이 세상에 얼마나 될까요? 아무도 없습니다. 우리는 매일 시험에 들고 매일 악에 빠지기 쉬운 존재입니다. 이 기도를 하지 않아도 되는 누군가가 있다면, 오직 예수 그리스도 한 분뿐이십니다. 그럼에도 불구하고 예수님은 겟세마네 동산에서 시험에 들지 않기를 위해 기도하셨습니다. "조금 나아가사 얼굴을 땅에 대시고 엎드려 기도하여 이르시되 내 아버지여 만일 할 만하시거든 이 잔을 내게서 지나가게 하옵소서 그러나 나의 원대로 마시옵고 아버지의 원대로 하옵소서"(마 26:39). 그러고는 자고 있던 제자들에게 오셔서 "시험에 들지 않게 깨어 기도하라 마음에는 원이로되 육신이 약하도다"라고 하셨습니다(41절). 우리 주님은 비록 하나님이셨지만 결코 자만하지 않으시고 친히 기도의 본을 보여 주셨습니다. 이번 장에서는 "다만 악에서 구하시옵소서"가 무슨 의미인지를 살펴보고자 합니다.

시시각각 죄와 시험에 빠질 위험

첫째, 신자에게는 시시각각 죄와 시험에 빠질 위험이 있다는 것을 의미합니다. 13절 말씀을 읽겠습니다. "우리를 시험에 들게 하지 마시옵고 다만 악에서 구하시옵소서 나라와 권세와 영광이 아버지께 영원히 있사옵나이다 아멘."

주기도문의 마지막 간구가 기록된 소요리문답 106번을 보겠습니다.

문 106: "여섯째 간구에서 우리는 무엇을 위해 기도합니까?"

답: "여섯째 간구(즉, 우리를 시험에 들게 하지 마시옵고 다만 악에서 구하시옵소서)에서 우리는 하나님이 우리가 죄를 짓는 시험에 빠지는 것을 막아주시거나, 혹은 우리가 시험에 빠졌을 때 우리를 지원해 주고 건져주시기를 기도합니다."

이 기도는 첫째는 시험에 빠지지 않게 하시고, 둘째는 죄나 유혹이라는 시험에 빠졌을 때 구원해 주시라는 기도입니다. 이 말씀은 우리에게 유혹이나 죄에 빠질 가능성이 있다는 것을 시사합니다. 신자가 예수님을 믿고 죄 용서함을 받으면 즉시 의인이 되고 거룩하게 되어 아무런 유혹도 받지 않고 죄도 짓지 않는 자가 되지는 않습니다. 신자는 예수님을 믿은 이후 그 믿음이 동반하는 사랑으로 역사하는 힘을 공급받아 매일 거룩과 경건한 삶으로 나아가야 합니다(갈 5:6). 이 거룩과 경건은 지상 생애에서 완전해지지 않습니다. 이 땅에서 사는 동안 우리는 날마다 죄와 싸우고 유혹에 맞서면서 승리와 실패를 반복할 것이기 때문입니다. 이 세상에 머무는 동안은 죄와 유혹에 빠질 가능성이 충분합니다. 심지어 대적 마귀는 믿는 자들을 시험하고 삼키기 위해 우는 사자같이 두루 다닐 것입니다(벧전 5:8-9).

그러므로 신자는 성경의 명령을 따라 깨어 있고 근신해야 합니다. 그러나 우리는 내적으로는 자기의 욕심 때문에 시험에 들고 외적으로는 마귀의 시험을 받습니다. 우리가 기도할 때조차 죄에 빠지는 이유는 육체의 정욕을 위해 잘못 구하는 때가 있기 때문입니다. 하지만 마귀의 시험은 전능하신 하나님의 주권 아래 있습니다. 마귀는 처음부터 자기 지위를 지키지 않고 자기 처소를 떠난 교만한 거짓말쟁이며, 진리가 그 속에 있지 않고 항상 시도 때도 없이 신자를 미혹하는 자입니다(유 1:6; 요 8:44). '유혹하다'로 번역된 헬라어 원어는 "속인다, 사기친다"는 뜻입니다. 마귀는 창세기 3장부터 하나님 말씀을 빙자해 인류에게 사기를 쳤습니다. 사람이 하나님 자리에 올라갈 수 있다고 부추겼습니다. 사탄이 거짓말쟁이로 불리는 이유입니다.

하나님은 우리를 유혹하시는 분이 아니십니다. 하나님은 악에게 시험을 받지도 아니하시고 친히 아무도 시험하지 않으십니다(약 1:13). 그런데 창세기에 보면 하나님이 아브라함에게 이삭을 바치라고 시험하지 않으셨나요? 이는 시험이 아니라 믿음의 시련입니다. 하나님은 특수한 목적으로 마귀가 우리를 시험하도록 허용하실 때가 있습니다. 또한 하나님이 우리를 시험하실 때 그것은 유혹이 아니라 시련입니다. 우리에게 믿음을 발휘할 기회를 주시는 셈입니다. 우리의 믿음을 알아보시기 위해 또는 우리의 믿음을 강하게 하시기 위해 우리를 고난과 시련의 현장으로 이끄시는 것입니다.

신자들은 시험을 당할 때 과연 이 시험이 나의 정욕 때문인지 마귀의 시험인지 아니면 둘 다인지 스스로에게 물어야 합니다. 다시 말하면, 이 시험이 우리 내면에서 비롯되었는지 외부에서 비롯되었는지, 또는 그 너머 하나님의 섭리에 따른 것인지를 묻고 살펴야 합니다. 우리의 이해를 넘어 우리를 위해 모든 것이 합력하여 선을 이루게 하시는 하나님이 어떤 목적이 있으신지 묻되, 하나님을 전적으로 신뢰하고 의지해야 합니다 (롬 8:28). 그리고 모든 선한 뜻과 능력을 가지신 하나님께 우리를 시험에 들게 하지 말아 달라고 기도해야 합니다. 그것이야말로 최고의 결과를 가져오는 우리의 선택입니다. 만일 하나님의 섭리 아래 마귀의 시험이 있다면, 또는 나의 정욕으로 넘어졌다면, 우리는 즉시 하나님께 무릎을 꿇고 회개해야 합니다.

우리는 언제든지 죄와 시험에 빠질 위험이 있음을 기억하되 늘 깨어 근신하며 말씀과 기도로 경건생활에 전념합시다.

즉시 하나님의 도우심을 기도해야

둘째, 신자는 죄와 시험에 빠지거나 유혹에 직면했을 때, 즉시 하나님의 도우심을 기도해야 합니다. "우리를 시험에 들게 하지 마시옵고 다만 악에서 구하시옵소서 나라와 권세와 영광이 아버지께 영원히 있사옵나이다 아멘."

여기 "다만 악에서 구하시옵소서"라는 구절에서 "악에서"라는 표현은 원어적으로 "악한 자에게서"라고 번역해야 합니다. 그러나 악한 자이든, 악한 시간, 장소, 영역이든 큰 의미는 차이가 없습니다. 여기서 악 또는 악한 자란 무엇입니까? 두 가지를 생각해 볼 수 있습니다. 먼저 악한 자로서의 마귀를 가리킬 수 있고, 그리고 마귀가 우리를 유혹하기 위해 동원하는 악을 가리킬 수도 있습니다. 그러면 다시, 악이란 무엇입니까? 하나님이 미워하시는 것이 악입니다.

하나님이 미워하시는 악은 다음과 같습니다. "여호와께서 미워하시는 것 곧 그의 마음에 싫어하시는 것이 예닐곱 가지이니 곧 교만한 눈과 거짓된 혀와 무죄한 자의 피를 흘리는 손과 악한 계교를 꾀하는 마음과 빨리 악으로 달려가는 발과 거짓을 말하는 망령된 증인과 및 형제 사이를 이간하는 자이니라"(잠 6:16-19). 이런 것들은 하나님의 진리의 말씀을 거역하게 하고, 하나님을 사랑하지 못하게 하며, 하나님을 향한 의지와 신뢰에서 떠나게 만듭니다.

죄와 악은 신자와 하나님과의 관계를 망가뜨립니다. 신자가 죄를 짓지 말아야 할 이유입니다. 특별히 하나님께 고의로 짓는 죄에 대해 시인은 이렇게 말합니다. "또 주의 종에게 고의로 죄를 짓지 말게 하사 그 죄가 나를 주장하지 못하게 하소서 그리하면 내가 정직하여 큰 죄과에서 벗어나겠나이다"(시 19:13). 죄의 지배를 당하게 되면 하나님과의 교제가 끊어지고 이로 인해 성령님이 탄식하십니다. 우리는 하나님과의 교제를 위해서라도 악으로부터 구해 달라고 기도해야 합니다. 17세기 청교도 조직신학자인 토마스 왓슨 목사는 신자가 악으로부터의 구원을 위해 기도해야 한다고 가르치는데, 그 악을 다음 세 가지로 구분합니다. 우리 마음의 악, 사탄의 악 그리고 세상의 악이 그것입니다. 우리의 악한 마음이 우리를 유혹합니다. 마음으로부터 악한 생각, 분노, 간음, 살인, 도둑질이 떠오르기 때문입니다. 이 모든 악한 생각을 떠오르게 하고 유혹한 장본인이 사탄입니다. 이 세상은 그 악한 자의 영향을 받아 타락했습니다. 그런 세상 한가운데서 우리는 오염되지 않기가 대단히 힘듭니다. 하나님을 거부하고 쾌락을 추구하는 이 세상의 가치관, 세계관, 문화관이 지뢰처럼 도처에 깔려 있습니다.

예전에 저는 신학생들에게 "당장 인터넷 게임을 그만두십시오"라고 설교하곤 했습니다. 이제는 "당장 유튜브 시청을 그만두십시오"라고 말해야 할지도 모릅니다. 물론 유익한 채널들도 있지만 그보다는 주님을 바라보아야 할 우리의 시선을 방해하는 자극적이고 무익한 방송들이 너무 많습니다. 프롱크 목사님이 경고한 것처럼, 우리의 죄악된 본성의 마음은 마치 화약통 같아서 성냥 한 개비만 있어도 쉽게 터져버릴 것입니다. "나는 절대로 이런 유혹에 안 넘어가"라고 자신만만해서는 안 됩니다. 바울은 "선 줄로 생각하면 항상 넘어질까 조심하라" 했고(고전 10:12), "만일 누가 아무 것도 되지 못하고 된 줄로 생각하면 스스로 속임이라"고 했습니다(갈 6:3). 따라서 하나님이 우리를 시험에 들지 않게 인도하실 뿐 아니라 죄와 유혹에 빠졌을 때 건져 주시기를 기도하는 것은 선택이 아니라 필수입니다.

저와 여러분이 죄와 악에 빠졌을 때, 즉시로 하나님께 도우심을 간구함으로 시험으로부터 빠져나오는 은혜가 있기를 소망합니다.

우리를 친히 도우시는 하나님의 전능하신 능력

셋째, 우리가 기도할 때 하나님은 친히 우리를 유혹에서 구원하실 능력이 있으심을 교훈해 줍니다. 13절 말씀을 한 번 더 보십시오. "우리를 시험에 들게 하지 마시옵고 다만 악에서 구하시옵소서 나라와 권세와 영광이 아버지께 영원히 있사옵나이다 아멘."

이는 우리가 시험에 들지 않게 할 능력이 하나님께 있음을 인정하는 말씀입니다. 욥기 1-2장을 보면 사탄이 욥을 시험했습니다. 욥은 시험당할 뿐이었습니다. 파도가 치면 파도를 맞을 뿐입니다. 허우적대면 더 깊이 빠지는 늪처럼 인간은 시험과 유혹 앞에서 철저히 무능력하며, 스스로를 구원할 지혜나 능력이 없습니다. 그렇기에 신자는 죄에 빠졌을 때 하나님의 도우심을 간구해야 합니다. 오직 하나님만이 죄에 빠진 신자를 구원하실 능력의 소유자이시기 때문입니다.

하나님은 말씀으로 지으신 만물을 또한 통치하십니다. 눈에 보이는 물질 세계뿐만 아니라 보이지 않는 영적 세계도 하나님의 손 안에 있습니다. 하나님은 천사들도 다스리시고 마귀와 온갖 영적 권세들도 친히 통치하십니다. 실제로 사탄은 하나님이 허용하시는 범위 내에서만 욥을 시험할 수 있었습니다. 사탄이 밀을 까부르듯 베드로를 유혹하려 했을 때에도 예수님이 기도하심으로 베드로를 구하셨습니다. "시몬아, 시몬아, 보라 사탄이 너희를 밀 까부르듯 하려고 요구하였으나 그러나 내가 너를 위하여 네 믿음이 떨어지지 않기를 기도하였노니 너는 돌이킨 후에 네 형제를 굳게 하라"(눅 22:31-32).

사탄은 밀을 까부르듯 우리 역시 흔들어 댑니다. 많은 생각과 말과 행동으로 충동하여 우리를 혼란스럽게 합니다. 미처 인지하지도 못하는 사이에 우리는 사탄의 유혹을 당하곤 합니다. 그런데도 우리가 여전히 신자로 살아가는 것은 바로 주님의 도우심 덕분에 가능하다는 말입니다. 어떻게 이것이 가능합니까? 주님께서 우리가 당하는 모든 시험을 친히 당하셨고 그 시험 가운데 승리하셨기 때문입니다. 이 진리를 아는 것은 매우 중요합니다. 예수님은 죄가 없으심에도 불구하고 우리를 위해 친히 시험을 당하신 우리의 대제사장이십니다. "우리에게 있는 대제사장은 우리의 연약함을 동정하지 못하실 이가 아니요 모든 일에 우리와 똑같이 시험을 받으신 이로되 죄는 없으시니라 그러므로 우리는 긍휼하심을 받고 때를 따라 돕는 은혜를 얻기 위하여 은혜의 보좌 앞에 담대히 나아갈 것이니라"(히 4:15-16).

우리를 구원하시는 주님은 친히 시험을 받으셨습니다. 주님이 먼저 시험을 받으셨지만 그 시험에서 능히 자기를 구원하셨을 뿐 아니라 시험당하는 우리를 또한 구원하실 수 있다는 것입니다. 또한 전능하신 하나님은 우리에게 감당할 수 있는 시험만 주십니다. 거기에 더해 시험 당할 때에 피할 길까지 제공하십니다. 바울은 이렇게 말합니다. "사람이 감당할 시험 밖에는 너희가 당한 것이 없나니 오직 하나님은 미쁘사 너희가 감당하지 못할 시험 당함을 허락하지 아니하시고 시험 당할 즈음에 또한 피할 길을 내사 너희로 능히 감당하게 하시느니라"(고전 10:13). 그렇기에 이 여섯째 간구를 드릴 때 우리는 다음 두 가지를 기억해야 합니다. 하나는 우리가 주님의 도우심을 간구해야 할 만큼 연약하다는 사실입니다. 이런 간구가 필요 없는 사람은 아무도 없습니다. 다른 하나는 우리가 철저하게 하나님의 도우시는 은혜에 의존해야 하는 존재라는 사실입니다.

여기서 하이델베르크 교리문답 127번이 "여섯째 간구는 무엇입니까?"라고 묻고는 이렇게 대답합니다. "여섯째 간구는 '우리를 시험에 들게 하지 마시옵고 다만 악에서 구하시옵소서'입니다. 우리 자신은 매우 연약하여 한순간도 스스로 설 수 없으며, 이 외에도 우리의 치명적 원수인 마귀와 세상과 우리 육신이 끊임없이 우리를 공격하니 주님의 성령의 능력으로 우리를 보존하시고 강하게 하셔서 이 영적 전쟁에서 패하지 않고 마침내 완전한 승리를 얻을 때까지 우리의 원수에게서 계속해서 굳세게 대항하게 해주시길 구하는 것입니다."

누가 교만한 사람입니까? 자기 자신만을 의지하는 자입니다. 바리새인들이 그런 자들이었습니다. 그들은 자기 행위를 의지하고 자랑했습니다. 그들에게는 경건의 모양은 있었지만 경건의 능력은 없었습니다. 그런 사람에게 시련이 오고 시험이 닥치면 선택은 하나입니다. 도망칩니다. 실패가 뻔합니다. 자기 자신을 향한 확신이 한낱 여름날의 아침 안개와 같이 쉽사리 사라져 버리는 것을 깨닫게 됩니다. 진실로 겸손한 사람은 자신의 연약을 인정하고 매사에 하나님의 도우심에 의존합니다. 그러므로 매일 아침 저녁으로 이렇게 기도하십시오. "우리를 시험에 들게 하지 마시옵고 다만 악에서 구하시옵소서." 우리에게 피할 길을 내사 능히 시험을 감당하게 하시는 사랑의 하나님을 굳게 믿고 매사에 그분을 의지하는 성도들이 되기를 소망합니다.

하나님이 사탄과 세상의 악이 우리를 시험하도록 허용하시는 이유는 우리를 심판하시기 위함이 아니라 우리를 사랑하시기 때문입니다. 사탄의 목적은 온갖 수단을 동원하여 우리를 하나님과 멀어지게 하는 것 단 하나입니다. 시험을 당할 때 우리가 사탄을 대적할 수 있는 강력한 무기 역시 단 하나, 하나님께 더욱 가까이 나아가는 것입니다. 때때로 하나님께 가까이 나아가는 일로 인해 돈과 명예를 잃고 소중한 것을 잃을 수 있습니다. 사탄은 그와 반대로 돈과 명예와 세상의 부귀영화를 주면서까지 이루려는 것이 있는데, 우리를 하나님으로부터 등을 돌리게 한 다음 자기의 종으로 삼는 것입니다.

비록 소중한 것들을 잃는다 해도 하나님의 집에서 하나님과 함께 거하는 일을 택할 수 있다면, 기꺼이 그렇게 해야 합니다. 시인은 "주의 궁정에서의 한 날이 다른 곳에서의 천 날보다 나은즉 악인의 장막에 사는 것보다 내 하나님의 성전 문지기로 있는 것이 좋사오니"라고 고백했습니다(시 84:10). 우리 주님도 말씀하셨습니다. "내가 진실로 너희에게 이르노니 나와 복음을 위하여 집이나 형제나 자매나 어머니나 아버지나 자식이나 전토를 버린 자는 현세에 있어 집과 형제와 자매와 어머니와 자식과 전토를 백 배나 받되 박해를 겸하여 받고 내세에 영생을 받지 못할 자가 없느니라"(막 10:29-30). 하나님이 우리를 시험에 들게 하지 않으시기를 기도할 뿐 아니라, 시험과 유혹에 빠졌을 때 거기서 구원함을 얻기 위해 주님을 사랑하고 진리를 택하며 하나님을 의지하는 성도들이 되시길 기도합니다.

○ 칼뱅, 『기독교 강요』, 3.20.46.

이런 시험들이 좌우에서 엄습하고 있다. 우편에는, 예를 들어, 부귀와 권세와 명예가 있어 그 번쩍이는 아름다운 모습을 드러내고 그 화려함으로 꾀임으로 말미암아 사람의 시각을 무디게 만들고, 그리하여 그런 간계에 사로잡히고 그런 달콤함에 취하여 마침내 사람으로 하여금 하나님을 잊어버리게 만든다. 그리고 좌편에는, 예를 들어, 빈곤과 수치와 멸시와 환난 같은 것들이 공격을 해온다. 이러한 온갖 어려움과 환난의 훼방을 받아, 마음이 무기력해지고, 확신과 소망을 완전히 내팽개쳐버리고, 그리하여 마침내 하나님께로부터 완전히 떠나버리게 되는 것이다. 이 간구를 통해 우리는 우리의 무절제한 정욕에 부추김을 받거나 마귀의 궤계로 말미암아 우리를 향하여 공격해 오는 그 두 가지 종류의 시험에 빠지지 않게 해주시기를 아버지 하나님께 간구하는 것이다.

■ 나눔 질문

1. 사람이 죄에 빠지는 근본적인 두 가지 이유는 무엇입니까?
2. 하나님이 마귀의 손을 통해 우리를 시험하신다면 그 목적은 무엇입니까?
3. 토마스 왓슨에 따르면 신자가 구원해 달라고 기도해야 할 세 가지 악은 무엇입니

까?

4. 죄 많고 유혹이 많은 이 세상에서 우리가 신자로 잘 살아간다면 그것은 무엇 때문입니까?

5. 우리가 시험당할 때 마귀를 대적할 수 있는 가장 강력한 무기는 무엇입니까?

6. 하나님께 더 가까이 가기 위해 세상에서 무엇인가를 과감히 포기한 일이 있다면 나누어 봅시다.

50장
결론 - 나라와 권세와 영광이 아버지께 영원히

⁹그러므로 너희는 이렇게 기도하라 하늘에 계신 우리 아버지여 이름이 거룩히 여김을 받으시오며 ¹⁰나라가 임하시오며 뜻이 하늘에서 이루어진 것같이 땅에서도 이루어지이다 ¹¹오늘 우리에게 일용할 양식을 주시옵고 ¹²우리가 우리에게 죄 지은 자를 사하여 준 것같이 우리 죄를 사하여 주시옵고 ¹³우리를 시험에 들게 하지 마시옵고 다만 악에서 구하시옵소서 나라와 권세와 영광이 아버지께 영원히 있사옵나이다 아멘. 마6:9-13

소요리문답 107번

문 107: 주기도문의 결론은 우리에게 무엇을 가르칩니까?

답: 주기도문의 결론(즉, 나라와 권세와 영광이 아버지께 영원히 있사옵나이다, 마 6:13)은 우리에게 기도에 있어 오직 하나님께로부터 용기를 얻어(단 9:4, 7-9, 16-19), 나라와 권세와 영광을 그분께 돌리면서 우리의 기도들 안에서 그분을 찬양하도록 가르칩니다(대상 29:10-13). 그리고 우리의 소원과 그에 따른 확신에 대한 간증으로 우리는 아멘이라고 말합니다(고전 14:16; 계 22:20-21).

우리는 이제 주기도문의 결론이자 소요리문답의 마지막 결론인 107번에 도달했습니다. 소요리문답 107번을 보겠습니다.

문 107: "주기도문의 결론은 우리에게 무엇을 가르칩니까?"

답: "주기도문의 결론(즉, 나라와 권세와 영광이 아버지께 영원히 있사옵나이다)은 우리에게 기도에 있어 오직 하나님께로부터 용기를 얻어서, 나라와 권세와 영광을 그분께 돌리면서 우리의 기도들 안에서 그분을 찬양하도록 가르칩니다. 그리고 우리의 소원과 그에 따른 확신에 대한 간증으로 우리는 아멘이라고 말합니다."

주기도문의 결론은 "나라와 권세와 영광이 아버지께 영원히 있사옵나이다 아멘!"입니다. 이 결론은 두 가지로 구성되어 있습니다. 먼저 나라와 권세와 영광이 아버지께 있음을 고백하고, 그런 후에 아멘으로 기도를 마치는 것입니다. "나라와 권세와 영광이 아버지께 영원히!" 이 말씀은 우리에게 무엇을 교훈해 줍니까? 이것은 사실 찬양입니다. 하나님을 높이며 부르는 신자의 노래입니다. 하나님을 믿지 않는 불신자는 이런 노래를 부를 수가 없습니다. 주기도문의 이 찬양은 무엇을 교훈해 주고 있습니까?

다시 한 번 영광에서 영광으로

첫째, 주기도문의 결론은 우리에게 세상을 살아가는 인생의 목적을 다시 한 번 깨닫게 해줍니다. "우리를 시험에 들게 하지 마시옵고 다만 악에서 구하시옵소서 나라와 권세와 영광이 아버지께 영원히 있사옵나이다 아멘."

우리 인생의 목적은 하나님께 모든 영광을 돌리는 것입니다. 이는 소요리문답 첫 대목을 떠올리게 합니다. 소요리문답 1번은 "사람의 제일 되는 목적은 무엇입니까?"라고 묻고는 이렇게 답합니다. "사람의 제일되는 목적은 하나님을 영화롭게 하고 그 하나님을 영원토록 즐거워하는 것입니다." 모든 영광을 하나님께 영원토록 돌리는 것이야말로 사람이 존재하는 이유와 목적입니다. 아니 더 엄밀하게 말하면, 이미 하나님께 영원토록 있는 영광을 그분의 피조물인 우리가 드러내며 찬미하는 것입니다. 우리는 하나님을 영광스럽게 만들 수 없습니다. 하나님은 이미 영원부터 영원까지 영광스러우시기 때문입니다. 그러므로 하나님을 영화롭게 한다는 말은 이미 존재하는 그 영광을 거울처럼 반영한다는 말입니다. 이런 의미에서 성경은 우리에게 무엇을 하든지 다 하나님의 영광을 위하여 하라고 명령하는 것입니다(고전 6:20; 10:31; 롬 11:36). 우리가 무슨 선한 일을 하고 공로를 많이 쌓는다고 해서 하나님이 영화롭게 되시는 것이 아닙니다. 하나님은 이미 영화로우신 분이시기 때문입니다. 우리가 그렇게 선을 행할 수 있는 것조차 나라와 권세와 영광을 모두 가지신 하나님이 계시기 때문입니다.

이사야 선지자는 높이 들린 보좌에 앉아 계신 하나님을 보았습니다. 천사들이 하나님을 모시고 섰는데 여섯 날개가 있어 둘로는 얼굴을 가리고 둘로는 자기 발을 가리고 둘로는 날면서 "서로 불러 이르되 거룩하다 거룩하다 거룩하다 만군의 여호와여 그의 영광이 온 땅에 충만하도다"(사 6:1-3)라고 노래했습니다. 존 파이퍼 목사는 이를 하나님의 내재적 영광이라 말합니다. 하나님의 영광은 이미 온 땅에 충만합니다. 이를 시인은 하늘이 하나님의 영광을 선포하고 궁창이 그 손으로 하신 일을 나타낸다고 노래했습니다(시 19:1). 스데반은 하늘을 우러러 보고 거기서 하나님의 영광을 보았습니다(행 7:55). 바울은 이 하나님의 영광이 그리스도의 얼굴에 있다고 말합니다(고후 4:6). 히브리서 설교자도 예수 그리스도가 하나님의 영광의 광채시요 그 본체의 형상이시라고 말했습니다(히 1:3). 사도 요한은 하나님의 영광이 하늘에서 내려오는 거룩한 성 예루살렘에 충만하다고 말합니다(계 21:11). 이 성에선 해나 달의 비침이 쓸 데 없습니다. 그곳엔 이미 하나님의 영광이 비치고 어린 양이 그 등불이 되시기 때문입니다(계 21:23).

그런데도 우리는 왜 하나님께 모든 영광을 돌려야 합니까? 소요리문답이 잘 설명하고 있듯이 나라와 권세와 영광이 오직 하나님께만 있기 때문입니다. 나라와 권세와 영광 모두 말입니다. 사실 우리말 성경 주기도문에는 생략되어 있지만, 원문에는 '왜냐하면'이란 단어가 들어 있습니다. 앞서 하나님의 이름이 거룩히 여김을 받으시며, 나라가 임하시며, 뜻이 땅에서도 이루어지며, 일용할 양식을 주시며, 우리 죄를 용서하시며, 다만 악에서 구하실 수 있는 것은, 왜냐하면, 나라와 권세와 영광이 아버지 하나님께 영원히 있기 때문입니다.

땅도 하나님의 것이요 바다도 하나님의 것이며 하늘도 하나님의 것입니다. 자연계가 하나님의 소유입니다. 시인은 이렇게 선언합니다. "하늘이 주의 것이요 땅도 주의 것이라 세계와 그 중에 충만한 것을 주께서 건설하셨나이다"(시 89:11). 불순종한 선지자 요나조차 "나는 히브리 사람이요 바다와 육지를 지으신 하늘의 하나님 여호와를 경외하는 자로라"(욘 1:9)라고 고백했습니다. 뿐만 아니라 하나님이 그 모든 것들을 다스리십니다. 시인은 이렇게 노래합니다. "주의 팔에 능력이 있사오며 주의 손은 강하고 주의 오른손은 높이 들리우셨나이다 의와 공의가 주의 보좌의 기초라 인자함과 진실함이 주 앞에 있나이다"(시 89:13-14). 다윗의 또다른 고백도 있습니다. "여호와여 위대하심과 권능과 영광과 승리와 위엄이다 주께 속하였사오니 천지에 있는 것이 다 주의 것이로소이다 여호와여 주권도 주께 속하였사오니 주는 높으사 만물의 머리이심이니이다"(대상 29:11).

뿐만 아니라 눈에 보이지 않는 영적 세계가 하나님의 것입니다. 천사도 하나님이 창조하셨습니다. 나아가 인간 개인의 역사뿐 아니라 우주의 역사가 하나님의 손에 있습니다. 참새 한 마리도 하나님의 역사가 아니고서는 땅에 떨어지지 않습니다. 사계절의 변화도 하나님의 손에 있습니다. 하나님에게는 그분의 나라를 통치하시는 완전한 권세가 있으십니다. 이 세상 나라에 부조리가 있고 이 세상 나라에 죄악이 관영하다 할지라도 하나님이 통치하십니다. 이 세상이 정의보다는 불법과 불의가 판치는 것처럼 보인다 할지라도 하나님의 자녀들은 하늘을 보면서 "나라가 아버지께 있사옵나이다"라고 고백해야 합니다. 하나님이 반드시 불법과 악을 심판하실 날이 올 것이기 때문입니다. 분열왕국 시대와 바벨론 유배기에 활동했던 모든 선지자들이 악인들이 심판받을 날을 예언한 바 있습니다. 그날에 하나님의 영광이 밝히 드러날 것입니다. 여기 영광이란 단어는 "탁월함과 아름다움"의 뜻을 지닙니다. 나라와 권세와 탁월함과 아름다움이 아버지께 있고 그날에 완전히 드러날 것입니다.

뿐만 아니라 이 나라와 권세와 영광은 영원히 계속됩니다. 나라가 영원하다는 것은 유한하지 않다는 말입니다. 이 나라는 모든 것을 견디고 모든 것을 이깁니다. 그러므로 바울이 로마서에서 기독교의 근본 교리 설명을 멈추고 더 이상 말로 형언할 수 없는 하나님의 주권을 이렇게 노래할 수밖에 없었던 것입니다. "깊도다 하나님의 지혜와 지식의 풍성함이여, 그의 판단은 헤아리지 못할 것이며 그의 길은 찾지 못할 것이로다 누가 주의 마음을 알았느냐 누가 그의 모사가 되었느냐 누가 주께 먼저 드려서 갚으심을 받겠느냐 이는 만물이 주에게서 나오고 주로 말미암고 주에게로 돌아감이라 그에게 영광이 세세에 있을지어다 아멘"(롬 11:33-36). 하나님께 영광을 돌린다는 말은 우주와 역사와 개인을 통치하시는 하나님의 선하심과 아름다우심을 찬양하는 것을 뜻합니다. 그 하나님의 선하심이 우리 영혼과 주님의 몸된 교회를 위해 우리로 하여금 하나님께 영광을 돌리게 할 것입니다.

우리는 항상 이것을 생각해야 합니다. 인간은 하나님으로 시작해서 하나님으로 마쳐야 한다는 것 말입니다. 이것이 바로 하나님 중심의 사상입니다. 진정한 개혁주의 신앙인의 모습입니다. 하나님의 말씀의 뜻을 하나님의 영광을 위하여 실천하며 살아내는 것이 하나님 중심의 신앙생활입니다. 내 삶의 어느 한 부분만 하나님의 것이 아니라 모두 다 하나님의 것임을 인정하는 것입니다. 우리 인생의 유일하고도 궁극적인 목적이 오직 하나님께 영광 돌리는 것임을 다시 한 번 확인하고, 우리의 자아를 내려놓고 하나님 중심의 신앙생활을 하는 성도들이 됩시다.

용기를 주는 기도

둘째, 주기도문의 결론인 "나라와 권세와 영광이 아버지께 영원히"는 우리가 기도할 때 용기를 얻게 해주는 말씀입니다. 13절 말씀을 한 번 더 읽겠습니다. "우리를 시험에 들게 하지 마시옵고 다만 악에서 구하시옵소서 나라와 권세와 영광이 아버지께 영원히 있사옵나이다 아멘."

그래서 주기도문은 '아멘'으로 마치는 것입니다. 성도가 가장 많이 말하는 단어가 있다면 '하나님' 다음으로 '아멘'일 것입니다. 설교를 듣다가도 깨달음이 있으면 아멘을 외칩니다. 찬송을 부르다가도 감동을 받으면 아멘을 외칩니다. 대표 기도 시간에 은혜가 되면 역시 아멘으로 고백합니다. '아멘'은 인정의 의미가 있습니다. 시인입니다. 자백입니다.

시인은 이렇게 기도합니다. "여호와를 영원히 찬송할지어다 아멘 아멘"(시 89:52). 구약의 모든 백성들도 아멘을 외치며 하나님을 찬양했습니다. "여호와 이스라엘의 하나님을 영원부터 영원까지 송축할지로다 하매 모든 백성이 아멘 하고 여호와를 찬양하였더라"(대상 16:36). 아멘이란 "그렇게 될 것입니다"란 믿음의 고백이 담겨 있습니다. 본래 구약시대 제사장이 저주의 맹세를 할 때 그 자리에 함께 있던 문제의 당사자가 그대로 될 것을 받아들이며 외쳤던 말입니다(민 5:12-31). 또한 하나님이 율법의 복과 저주를 선포하실 때에도 백성들이 호응하며 외쳤던 말입니다(신 27:11-26). 하나님 아버지의 말씀이 실로 진실하고 옳다는 고백이며, 그대로 될 것이라는 고백입니다. 하나님의 말씀이 과거에 실로 그러했고 지금도 그러하며 앞으로도 그러할 것이란 믿음의 고백입니다. 그러니까 주기도문 결론에 나오는 아멘은 진정 나라와 권세와 영광이 아버지께 영원히 있으며, 지금도 그러하며, 앞으로도 그럴 것이라는 고백입니다. "과거에도 나의 존재 목적은 하나님의 영광이었고 지금도 그러하며, 앞으로도 그럴 것입니다"라는 고백입니다.

어떤 이들은 신앙의 추억만 먹고 삽니다. 그러나 참된 신자는 추억을 계속 만들어냅니다. "옛날엔 참 좋았는데…"가 아니라 "지금도 좋고 앞으로도 좋을 것입니다"라고 고백하고 노력해야 합니다. 동시에 이 말은 "나라와 권세와 영광이 아버지께 영원히 있사오니 하나님이 나를 도우실 것입니다"라는 믿음의 고백이 됩니다. 바로 이런 이유 때문에 우리가 이 주기도문의 마지막 결론의 말씀에 용기를 얻는 것입니다. 우리가 아멘을 외칠 때, 나라와 권세와 영광을 가지신 하나님이 우리의 기도를 더욱 확실하게 응답하실 것이기 때문입니다. 따라서 이 아멘은 우리가 하나님께 영광을 돌리는 방법이라 할 수 있습니다. 그렇기 때문에 엄밀히 말하면 주기도문의 마지막 결론은 우리에게 두 가지를 교훈합니다. 첫째, 인생의 제일 되는 목적의 확인과 둘째, 그 목적을 성취하는 방법으로서 아멘입니다.

따라서 하나님께 진정으로 영광 돌리는 방법은 아멘의 자세로 살아가는 것입니다. 앞서 우리가 살펴보았던 주기도문의 여섯 가지 간구와 이 책 전체를 통해 공부했던 하나님의 말씀과 기도의 내용에 대해 아멘의 자세, 즉 기도하는 자세로 살아가는 것입니다. 개혁주의 교회의 신자는 어떤 사람입니까? 나라와 권세와 영광이 아버지께 영원히 있음을 깨닫고 자기 의존은 부인하고 삶의 모든 영역을 완벽히 통치하시는 하나님을 신뢰하며, 기도하는 자세로 살아가는 사람입니다. 한편으로 기도하는데 다른 한편으로는 자기 힘으로만 살아가는 시간은 적어도 신자에게는 없습니다. 우리의 삶에서 기도가 요구되지 않는 국면은 단 한 곳도 없고 단 1초도 없습니다. 기도하는 자세로 살아가는 것이 바로 하나님께 영광 돌리는 삶입니다. 내가 할 수 있다는 호언이 아니라 하나님이 도우시지 않으시면 아무것도 할 수 없다고 고백하는 것입니다. 그러는 가운데 바울처럼 내게 능력 주시는 자 안에서 내가 모든 것을 할 수 있다고 고백하는 것입니다(빌 4:13). 그래서 삶에서 문제가 생겨도 진정한 신자는 하나님의 뜻이 이루어지기를 기도하는 것입니다.

가정에서 아버지는 언제 멋있을까요? 기도할 때입니다. 가정에서 어머니는 언제 아름다울까요? 기도할 때입니다. 교회의 목사님을 비롯한 직분자들은 언제 믿음직할까요? 기도할 때입니다. 기도만큼 아름답고 힘 있는 것도 없습니다. 우리는 아멘을 오용해서는 안 되겠지만 그렇다고 아무것도 없다 할지라도, 우리에게는 그 어느 때에나 기도할 이유가 있으며, 응답의 확신이 있는 것이다. 왜냐하면 우리의 아버지께서 그의 나라와 권세와 영광을 언제나 보유하고 계시기 때문이다. 그리고 맨 마지막에 "아멘"이 덧붙여 있다. 우리가 하나님께 구한 바를 얻고자 하는 간절한 마음의 소망을 이를 통해 표현하는 것이다.

■ 나눔 질문
1. 우리가 주기도문의 여섯 가지 기도를 하나님의 영광을 위해 해야 할 이유는 무엇입니까?
2. 하나님 중심의 신앙 생활은 어떤 것입니까?
3. 원래 '아멘'이란 구약시대에 어떤 경우에 누가 하는 것이었습니까?
4. 주기도문이 아멘으로 마치는 것은 신자에게 어떤 의미가 있습니까?
5. 개혁주의 교회의 신자는 어떤 사람입니까?
6. 교리를 잘 배우는 사람은 필연적으로 어떤 사람이 되어야 합니까?
7. 소요리문답은 무엇으로 시작해서 무엇으로 끝납니까? 그리고 그것은 우리 그리스도인들에게 무엇을 시사해 줍니까?
8. 하나님 중심으로 살아가기 어려운 부분이 있다면 나누어보고 어떻게 극복할 수 있을지 생각해 봅시다.

영광에서 영광으로
웨스트민스터 소요리문답 강해

초판 1쇄 발행   2024년 10월 25일

지은이	신호섭
펴낸이	신은철
펴낸곳	좋은씨앗
출판등록	제4-385호(1999. 12. 21)
주소	서울시 서초구 바우뫼로 156(MJ 빌딩), 402호
주문전화	(02)2057-3041
주문팩스	(02)2057-3042

www.facebook.com/goodseedbook

ISBN 978-89-5874-404-7   03230

ⓒ 신호섭 2024

이 책의 저작권은 저자와 독점계약한 도서출판 좋은씨앗에 있습니다.
신저작권법에 의하여 보호를 받는 저작물이므로 무단 전재와 복제를 금합니다.